Isabelle Noth

Freuds bleibende Aktualität

Kohlhammer

Praktische Theologie heute

Herausgegeben von
Gottfried Bitter
Kristian Fechtner
Ottmar Fuchs
Albert Gerhards
Thomas Klie
Helga Kohler-Spiegel
Christoph Morgenthaler
Ulrike Wagner-Rau

Band 112

Isabelle Noth

Freuds bleibende Aktualität

Psychoanalyserezeption in der Pastoral- und
Religionspsychologie im deutschen Sprachraum
und in den USA

Verlag W. Kohlhammer

Alle Rechte vorbehalten
© 2010 W. Kohlhammer GmbH Stuttgart
Reproduktionsvorlage: Andrea Siebert, Neuendettelsau
Gesamtherstellung:
W. Kohlhammer Druckerei GmbH + Co. KG, Stuttgart
Printed in Germany

ISBN 978-3-17-021726-3

Vorwort

Die vorliegende zum Druck leicht überarbeitete und gekürzte Untersuchung wurde im Frühlingssemester 2010 von der Theologischen Fakultät der Universität Zürich als Habilitationsschrift angenommen. Ich danke meinen beiden Mentoren Prof. Dr. theol. et phil. Christoph Morgenthaler und Prof. Dr. Dr. hc. mult. Ulrich Luz: Ersterer hat mich stets mit grosser Sachkenntnis hilfreich unterstützt, ermutigt und gefördert und insbesondere Interesse und Freude an der Pastoral- und Religionspsychologie geweckt, Letzterer hat mich mit engagierter, durchweg konstruktiver Kritik immer wieder herausgefordert und begleitet.

Danken möchte ich auch Prof. Dr. Susanne Heine und Prof. Ph.D. Kathleen J. Greider, die mich je eineinhalb Jahre in Wien und in Claremont/Los Angeles als Gast empfingen und an ihren Instituten am Thema forschen liessen. Ohne diese Einladungen wären diese Studie und zahlreiche unvergessliche Erlebnisse nicht möglich gewesen.

Prof. Dr. Ralph Kunz, der das Erstgutachten, und Prof. Dr. Thomas Schlag, der das Zweitgutachten verfasste, danke ich sehr für Ihre wohlwollende Unterstützung und hilfreichen Hinweise. Schliesslich danke ich auch dem Schweizerischen Nationalfonds, der mich mit einem dreijährigen Forschungsstipendium in vortrefflicher Weise gefördert und diese Untersuchung ermöglicht hat, dem HerausgeberInnenkreis der Reihe *Praktische Theologie heute* für die freundliche Aufnahme, der Lang Stiftung für einen namhaften Druckkostenzuschuss und Herrn Jürgen Schneider vom Kohlhammer-Verlag für die wiederum sehr erfreuliche Zusammenarbeit.

Mit ihrem wertvollen Rat zur Seite gestanden haben mir Pfr. Markus Schärer, Rev. Dr. Jane Heckles, Dr. Neekah Charleston, Pfrn. Dr. Claudia Kohli Reichenbach, Pfrn. Astrid Maeder und Pfr. Dr. Hermann Kocher. Wem ich am meisten zu danken habe, sagt die Widmung.

Bern, im Sommer 2010   *Isabelle Noth*

Für

Angela Römer-Gerner

Inhaltsverzeichnis

13

I. Einleitung

„Ich bin sehr frappiert, daß ich selbst nicht daran gedacht habe,
welche außerordentliche Hilfe die ψα Methodik der Seelsorge
leisten kann […].“

Sigmund Freud an Oskar Pfister am 9. Februar 1909
[Library of Congress, Washington D.C.: 38,23 Oskar Pfister,
Sigmund Freud Papers, Sigmund Freud Collection, Manuscript Division][1]

„How we interpret the past will determine the meaning we
find in the present and the action we take in the future.“

Allison Stokes (1985): Ministry After Freud, New York (The Pilgrim Press), xiii.

1. Thema, Motivation und Begriffsklärung

Als „die größte Frage“, die Sigmund Freuds Werk hervorrufe, bezeichnete der
jüdische Kulturhistoriker und Freud-Biograf *Peter Gay* jene, ob Psychoanalyse
„eine Wissenschaft, eine Kunst oder ein Schwindel“ sei.[2] Die Antwort scheint
heute zu ihren Ungunsten auszufallen: Psychoanalyse gilt vielen als altmodisch
und wissenschaftlich überholt.[3] Nach dem Urteil des langjährigen Vorsitzenden

---

[1]   Transkription IN. Vgl. Sigmund FREUD / Oskar PFISTER (1980[2] [1963]): Briefe. 1909–1939, hg. v.
      Ernst L. FREUD / Heinrich MENG, Frankfurt a.M. (Fischer), 13. In der Folge abgekürzt mit F/P.
      Zum Projekt einer neuen, möglichst vollständigen und kommentierten Gesamtausgabe der
      Korrespondenz siehe http://www.theol.unibe.ch/ipt/forschung.html.
[2]   Peter GAY (2004[5] [1989]): Freud. Eine Biographie für unsere Zeit, aus dem Amerikan. v. Joa-
      chim A. FRANK, Frankfurt a.M. (Fischer), 5. Vehement für ein Verständnis von Psychoanalyse
      als Kunst plädiert Hans-Martin LOHMANN (2004): [Rez.:] Herbert WILL (2003): Was ist klassi-
      sche Psychoanalyse? Ursprünge, Kritik, Zukunft, Stuttgart (Kohlhammer), in: Luzifer-Amor 33,
      176f. Psychoanalyse wolle „nicht primär Kranke heilen“, dennoch sei das, „was heute […] weit-
      hin betrieben wird, […] nicht Kunst, sondern Psychotherapie“ (177). Zum Verständnis der Psy-
      choanalyse als Schwindel und zum sog. „Freud-Bashing“ vgl. Thomas KÖHLER (1996): Anti-
      Freud-Literatur von ihren Anfängen bis heute. Zur wissenschaftlichen Fundierung von Psycho-
      analyse-Kritik, Stuttgart/Berlin/Köln (Kohlhammer). – Mit der hier fokussierten Psychoanalyse
      wird im Folgenden das von Freud begründete und das in seiner Tradition stehende tiefenpsy-
      chologische Theoriekonzept bezeichnet, wobei zu beachten gilt: „*Die* Psychoanalyse gibt es
      schon lange nicht mehr.“ Stattdessen herrscht eine „Koexistenz von verschiedenen Theorie- und
      Schulrichtungen“. Wolfgang Mertens 2004[3] [1997]): Psychoanalyse. Geschichte und Methoden,
      München (Beck), 15. In Aufnahme der in der Fachliteratur meist üblichen Verwendung dient
      der Begriff Tiefenpsychologie v.a. als Oberbegriff für die Psychoanalyse, für die von Freuds
      Schüler Alfred Adler initiierte sog. Individualpsychologie und für die vom Freud-Schüler Carl
      Gustav Jung her stammende sog. Analytische Psychologie.
[3]   Vgl. Jürgen KÖRNER (2007): Die Attraktivität der Psychoanalyse im 21. Jahrhundert, in: Edith
      GEUS-MERTENS (Hg.): Eine Psychoanalyse für das 21. Jahrhundert, Stuttgart (Kohlhammer),
      21–30, hier 22.

der *Deutschen Psychoanalytischen Gesellschaft*, des Berliner Sozialpädagogen *Jürgen Körner*, ist Psychoanalyse an den Universitäten kaum ein Thema mehr; ihren Ausbildungsstätten, die sich in den 1970er und 1980er Jahren noch regen Zulaufs erfreuten, mangelt es an InteressentInnen, und das wöchentlich mehrstündige und sich über Jahre hinziehende psychoanalytische Therapieverfahren gelangt nur noch selten zur Anwendung und wird von den Krankenkassen nicht mehr finanziert.[4]

Entsprechend ihres *allgemeinen* Bedeutungsverlustes hat die Psychoanalyse auch in der Theologie stark an Einfluss und Ansehen eingebüsst. Das gemeinsame Gespräch fand hier von Beginn an am nachhaltigsten in der praktisch-theologischen Subdisziplin der Pastoralpsychologie statt, und zu seinen massgeblichen Auswirkungen zählt, dass diese sich die psychoanalytische Anthropologie – nicht zuletzt aufgrund der besonderen Anschlussfähigkeit an ihre biblische Prägung – in hohem Masse zueigen machte.[5] Der aktuelle Stellenwert der Psychoanalyse steht in Kontrast zu ihrer bisherigen Anziehungskraft. So formulierte *Christoph Morgenthaler* folgende These:

„Die Wirkung der Psychoanalyse innerhalb der Entwicklung der deutschen Pastoralpsychologie kann kaum hoch genug eingeschätzt werden. Sie hat das theologische Nervenzentrum dieser Disziplin gereizt. Sie hat einen tiefen Einfluss auf Menschenbild und Gottesverständnis ausgeübt. Sie hat selbstreflexive und emanzipatorische Impulse innerhalb der Theologie verstärkt. Sie hat die Praxis der Seelsorge tief greifend verändert.“[6]

Zweifelsohne hat die Psychoanalyse die bisherige Entwicklung der Pastoralpsychologie sowohl im deutschsprachigen Raum als auch in den Vereinigten Staaten nachhaltig beeinflusst – letztere insbesondere im Zuge der in den 1930er und 1940er Jahren erfolgten Emigration zahlreicher PsychoanalytikerInnen aus Europa. *Christian Henning* sprach von einer „starken Fixierung der Pastoralpsychologie auf die Psychoanalyse“,[7] und *Allison Stokes* meinte mit Blick auf die

---

[4]   Vgl. KÖRNER (2007), 21f. Tröstend erwähnt KÖRNER, „dass wenigstens die Forschungslage über die Wirksamkeit der psychoanalytischen Methoden von Jahr zu Jahr erfreulicher" werde und „dass einige abgewandelte Verfahren, insbesondere die tiefenpsychologisch fundierte Psychotherapie Verbreitung und Anerkennung" fänden (22).

[5]   Hartmut RAGUSE verweist – wie schon 1949 Eduard Thurneysen – „auf eine gemeinsame Herkunft [...], nämlich auf das Gottes- und Menschenverständnis der jüdischen Tradition. Psychoanalyse und christliche Theologie sind beide deren gemeinsame Erben". DERS. (2000): Grenzübertritte zwischen Seelsorge und Psychoanalyse, in: BASSLER (Hg.): Psychoanalyse und Religion. Versuch einer Vermittlung, Stuttgart/Berlin/Köln (Kohlhammer), 53–65, hier 64. Zu Thurneysen siehe unten S. 78ff.

[6]   Christoph MORGENTHALER (2007): Zur Funktion der Psychoanalyse in der gegenwärtigen Pastoralpsychologie. Acht Thesen mit Erläuterungen, in: Isabelle NOTH / DERS. (Hg.): Seelsorge und Psychoanalyse, Stuttgart (Kohlhammer), 59–67, hier 62. Vgl. auch Wolfgang DRECHSEL (2007): Die Psychoanalyse und ihre Kritik in der Seelsorgetheorie, in: NOTH / MORGENTHALER, 122–136, hier 132: „Psychoanalyse und psychoanalytisches Denken haben über mehr als eine Generation einen zentralen Bereich der Praktischen Theologie entscheidend geprägt."

[7]   Christian HENNING (2000b): Zankapfel Psychoanalyse. Ein Rückblick auf das gespannte Verhältnis von Theologie und Psychologie im 20. Jahrhundert, in: DERS. / Erich NESTLER (Hg.): Religionspsychologie heute, Frankfurt a.M. u.a. (Lang), 67–102, hier 90. Vgl. Michael KLESSMANN

USA sogar: „pastoral psychology derives from Freudian psychology".[8] Stokes wies u.a. den lange unterschätzten Einfluss Freuds auf Anton T. Boisen (1876-1965) nach, den „Begründer der Pastoralpsychologie" in den USA, der im Sommer 1925 mit vier Studierenden am *Worcester State Hospital* in Massachusetts das Fundament für die *Clinical Pastoral Education (CPE)* legte.[9] Stokes Urteil über den Einfluss der Psychoanalyse auf die Entstehung der Disziplin der Pastoralpsychologie trifft jedoch nicht nur auf die USA zu, sondern lässt sich auch für den deutschsprachigen Raum behaupten. Wer im Schweizer Pfarrer Oskar Pfister (1873-1956) den „ersten wirklichen Pastoralpsychologen" überhaupt erkennt,[10] will m.E. zu Recht die schon sehr frühen Anstrengungen würdigen, eine „qualifizierte Menschen- und Realitätsnähe beim Umgang mit ratsuchenden Personen" durch Einbezug psychologischer Konzepte zu erzielen.[11] In Aufnahme dieses Sprachgebrauchs und um sowohl die US-amerikanischen als auch die deutschsprachigen z.T. zeitverschobenen historischen Entwicklungen festhalten zu können, wird der uneinheitlich definierte Begriff Pastoralpsychologie hier in einem grössere Zeithorizonte umfassenden Sinn verwendet.[12] Das heisst, ich grenze ihn nicht ein auf die in den 1950er Jahren einsetzende „Renaissance [!;

(2004): Pastoralpsychologie. Ein Lehrbuch, Neukirchen-Vluyn (Neukirchener Verl.), 27: „In der Pastoralpsychologie geht es bisher vorrangig nur um tiefenpsychologische Ansätze. Diese Auswahl ist als historisch gewachsen zu verstehen, sie resultiert aus einer besonderen hermeneutischen Affinität beider Wissenschaften".

[8] Allison STOKES (1985): Ministry After Freud, New York (The Pilgrim Press), 196 (Anm. 25).

[9] KLESSMANN (2004), 46. Vgl. Dietrich STOLLBERG (1969): Therapeutische Seelsorge. Die amerikanische Seelsorgebewegung. Darstellung und Kritik, München (Kaiser), 60: „[...] geschichtlich bildet die Entwicklung der modernen Pastoralpsychologie, des Clinical Pastoral Training und des Pastoral Counseling von Anfang an eine Einheit. Anton T. Boisen gilt in den USA sowohl als Begründer des Clinical Pastoral Training wie auch als bedeutender pastoralpsychologischer Autor und Counseling-Lehrer. Auf dem Kontinent darf man den Beginn einer zeitgemäßen Pastoralpsychologie wohl mit dem Erscheinen der Arbeiten Oskar Pfisters und Werner Gruehns ansetzen, die wie ihre amerikanischen Kollegen der religionspsychologischen Schule und der Freudschen Psychoanalyse in gleicher Weise verpflichtet sind." Letzteres Urteil trifft hingegen auf Werner Gruehn kaum zu (vgl. unten II.5). Zu STOKES siehe unten 2.1.2.

[10] Joachim SCHARFENBERG (1990² [1985]): Einführung in die Pastoralpsychologie, Göttingen (Vandenhoeck & Ruprecht), 40. Vgl. Eckart NASE (1993): Oskar Pfisters analytische Seelsorge. Theorie und Praxis des ersten Pastoralpsychologen, dargestellt an zwei Fallstudien, Berlin/New York (de Gruyter); Reinhard SCHMIDT-ROST (1996): Oskar Pfister. Der erste Pastoralpsychologe, in: Christian MÖLLER (Hg.): Geschichte der Seelsorge in Einzelporträts, Bd. 3, Göttingen (Vandenhoeck & Ruprecht), 185–200; KLESSMANN (2004), 92: „Einer der ersten, der als Pastoralpsychologe im modernen Sinn zu bezeichnen ist, ist [...] *Oskar Pfister*". Im Ausschreibungstext des Pastoralpsych. Instituts in Schleswig-Holstein und Hamburg e.V. zum „Studientag im 10. Todesjahr von Joachim Scharfenberg" gilt Pfister lediglich als „einer der Wegbereiter", Scharfenberg dafür als „einer der Begründer der Pastoralpsychologie in Deutschland".

[11] Jürgen ZIEMER (2003): Art. Pastoralpsychologie, in: RGG⁴ 6, 993–996, hier 994. Vgl. auch Martin JOCHHEIM (1993): Die Anfänge der Seelsorgebewegung in Deutschland. Ein Beitrag zur neueren Geschichte der Pastoralpsychologie, in: ZThK 90, 462–493, hier 464.

[12] Vgl. zuletzt Jürgen ZIEMER, der darauf hinweist, „dass es gegenwärtig noch keinen Konsens hinsichtlich einer Definition und Funktionszuweisung von Pastoralpsychologie gibt." DERS. (2009² [2007]): Psychologische Grundlagen der Seelsorge, in: Wilfried ENGEMANN (Hg.): Handbuch der Seelsorge, Leipzig (Ev. Verlagsanstalt), 34–62, hier 36.

IN] of Pastoral Psychology" in den USA, die sich u.a. in der neu gegründeten Zeitschrift *Pastoral Psychology* und im ersten *Dictionary of Pastoral Psychology (1955)* manifestierte,[13] und auch nicht auf die Ende der 1960er Jahre einsetzende deutsche Seelsorgebewegung.[14]

Die Pastoralpsychologie wurde in der Poimenik als „eine spezifische Variante angewandter Psychologie entwickelt".[15] Auch wenn sie einst „ganz aus dem praktischen Bedürfnis der Seelsorge heraus" entstand,[16] reflektiert Pastoralpsychologie dennoch nicht bloss seelsorgerliches Handeln, sondern alle mit dem pastoralen Arbeitsfeld zusammenhängenden Vollzüge mit dem Ziel, deren Qualität zu fördern.[17]

Historisch wurde die Pastoralpsychologie zuerst „programmatisch [...] für die Arbeit in den pastoralen Handlungsfeldern durch die nordamerikanische Seelsorgebewegung", in welcher sie als „Psychologie für den Pfarrer und für das kirchliche Leben konzipiert und von Anfang an mit einem praxisbegleitenden und personenbezogenen Ausbildungsprogramm, dem *Clinical Pastoral Education/Training* verbunden" war.[18] Von den USA aus erreichte die Seelsorgebewegung schliesslich Europa und fasste Fuss v.a. in den Niederlanden und in Deutschland. 1972 wurde die *Deutsche Gesellschaft für Pastoralpsychologie*

---

[13] E. Brooks HOLIFIELD (1983): A History of Pastoral Care in America. From Salvation to Self-Realization, Nashville/TN (Abingdon Press), 269. Vgl. E.A. HOOVER (2005² [1990]): Art. Pastoral Psychology, in: Dictionary of Pastoral Care and Counseling [= DPCC], ed. by Rodney J. HUNTER / Nancy J. RAMSAY, Nashville/TN (Abingdon Press), 859f.; Vergilius Ture Anselm FERM (1955): A Dictionary of Pastoral Psychology, New York (Philosophical Library).

[14] Damit unterscheidet sich der Begriff, wie er hier verwendet wird, u.a. von der sehr differenzierten Terminologie von Uta POHL-PATALONG (1996): Seelsorge zwischen Individuum und Gesellschaft. Elemente zu einer Neukonzeption der Seelsorgetheorie, Stuttgart/Berlin/Köln (Kohlhammer), die „Pastoralpsychologie" im deutschen Sprachraum als „Weiterentwicklung" der „therapeutischen Seelsorge" in den 1980er Jahren versteht – trotz der schon 1972 gegründeten DGfP – und beide unter den Begriff „Seelsorgebewegung" subsumiert (159). Weshalb Pohl-Patalong in ihrer sonst durchweg präzisen Terminologie den Begriff „beratende Seelsorge" aufgrund des gleichlautenden Buchtitels von Thilo (1971) nicht verwendet, jedoch den Begriff „therapeutische Seelsorge" trotz des gleichlautenden Titels des Buches von Stollberg (1969) benutzt, ist unklar.

[15] Christoph MORGENTHALER (2009): Seelsorge, Gütersloh (Gütersloher Verlagshaus), 90.

[16] Heribert WAHL (2000): Selbst- und objektbeziehungstheoretische Überlegungen zur Religions- und Pastoralpsychologie, in: BASSLER, 67–91, hier 70.

[17] Vgl. MORGENTHALER (2009), 90; ZIEMER (2003), 993f. MORGENTHALER (ebd., 91) hält fest: Pastoralpsychologie „ist Psychologie vom Standpunkt der Pfarrperson aus, beschäftigt sich also nicht nur mit Seelsorge, sondern mit all jenen Vorgängen, die die pastorale Praxis in Seelsorge, Unterricht, Liturgik und Gottesdienst, aber auch der Kirche als Institution ausmachen." Morgenthaler nimmt die berühmte Definition von Seward HILTNER (1950) auf: The Meaning of Pastoral Psychology. An Editorial, in: PastPsy 1/4, 7f., hier 7: „Pastoral psychology [...] is psychology from the pastor's point of view."

[18] ZIEMER (2003), 994. Das Urteil von Peter HOMANS, Pastoralpsychologie sei viel eher eine Praxis denn eine akademische Disziplin („since it is a praxis rather than an academic discipline"), verkannte schon damals ihr Reflexionsniveau und widersprach ihren eigenen Intentionen. DERS. (1970): Theology After Freud. An Interpretive Inquiry, Indianapolis (Bobbs-Merrill), 108. Vgl. HILTNER (1950), 7: „Pastoral psychology is both scientific and existential. It must be scientific, for there is no way to secure, examine, and correct facts about the human psyche than the patient and methodical investigations which we call scientific."

18

(DGfP) gegründet. Eine ihrer fünf Fachsektionen hat den Schwerpunkt Tiefenpsychologie. Die Zeitschrift *Wege zum Menschen* ist das Fachorgan der *DGfP*.

Unter anderem im Zuge des Bedeutungsverlustes der Kirchen in Mitteleuropa und der Zunahme religiöser Vielfalt lässt sich ein Wandel im Verständnis der Pastoralpsychologie verfolgen. Analog zu dem im Vergleich zu früher erweiterten Begriff der Praktischen Theologie wird auch die Reichweite des pastoralpsychologischen Erkenntnisanspruchs neu bestimmt:[19] Während etwa *Dietrich Stollberg* Pastoralpsychologie 1968 noch als „Psychologie im Dienste der Glaubenserkenntnis" und als „Psychologie für die gesamte Praxis der Kirche" verstand,[20] liegt *Michael Klessmann* angesichts der Zunahme ausserkirchlicher religiöser Praktiken an einer Erweiterung des Bezugsbereichs auf „religiöse[r] Praxis insgesamt".[21] Pastoralpsychologie ist schliesslich nicht mehr bloss lediglich eine Subdisziplin, sondern eine „Grunddimension der Praktischen Theologie" bzw. „der Theologie überhaupt".[22] Auch innerhalb eines solch erweiterten Verständnisses von Pastoralpsychologie ist der Einfluss der Psychoanalyse nach wie vor am deutlichsten im Bereich der Seelsorge nachzuweisen, die den Schwerpunkt bisheriger und auch gegenwärtiger pastoralpsychologischer Reflexion bildet.[23] Ihr gilt das Hauptinteresse in der folgenden Untersuchung.

---

[19]   Zur „Hinwendung" der Praktischen Theologie zu „gelebte[r] Religion in der ganzen Breite ihrer auch nicht-christlichen Spielarten" vgl. Bernd SCHRÖDER (2004): Praktische Theologie evangelischer Prägung in Deutschland. Themen und Tendenzen seit der Wiedervereinigung Deutschlands, in: IJPT 8, 288–314, hier 291f.

[20]   Dietrich STOLLBERG (1968): Was ist Pastoralpsychologie?, wieder abgedruckt in: Volker LÄPPLE / Joachim SCHARFENBERG (Hg.) (1977): Psychotherapie und Seelsorge (WdF 454), Darmstadt (Wiss. Buchgesellschaft), 350–359, hier 351 u. 359.

[21]   KLESSMANN (2004), 27.

[22]   Vgl. KLESSMANN (2004), 17: „Pastoralpsychologie als Grunddimension der Praktischen Theologie untersucht Kommunikationsprozesse im Bereich von Religion und Kirche". Klessmann schliesst sich demnach der Forderung von Heribert WAHL an, der die Pastoralpsychologie jedoch als „eine unverzichtbare Grunddimension der Theologie überhaupt" verstanden wissen haben möchte. WAHL (2000), 68. Siehe dazu unten Hauptteil V. In den USA war es Chris R. SCHLAUCH, der auf die Notwendigkeit hinwies, das Fach neu zu definieren und zwar als „a dimension of pastoral theology, a kind of practical theology" und „a practical-clinical enterprise". DERS. (1996): Mapping the Terrain of Pastoral Psychology, in: PastPsy 44/4, 237–249, hier 237.

[23]   Vgl. ZIEMER (2009² [2007]), 36: „Die spezifische Disziplin einer Anwendung wissenschaftlicher Psychologie auf die Handlungsfelder der pastoralen Praxis und speziell der Seelsorge ist die Pastoralpsychologie." Vgl. schon STOLLBERG (1968), 359: „Allerdings wird naturgemäß vor allem die Poimenik psychologische Aspekte ihrer [sc. der Pastoralpsychologie; IN] Perspektive aufgreifen und intentional verarbeiten. Deshalb bedeutet ‚Pastoralpsychologie' im allgemeinen Sprachgebrauch meist Psychologie im Dienste der Seelsorge als der ‚cura animarum specialis'." Die TRE hat keinen eigenen Artikel über Pastoralpsychologie aufgenommen, sondern verweist auf jenen zur Seelsorgelehre. Vgl. TRE 26 (1996), 68. Eine Öffnung der Reichweite der Pastoralpsychologie bezeichnet die auf die Aszetik fokussierte Untersuchung von Sabine BOBERT-STÜTZEL (2000): Frömmigkeit und Symbolspiel. Ein pastoralpsychologischer Beitrag zu einer evangelischen Frömmigkeitstheorie, Göttingen (Vandenhoeck & Ruprecht). Sie verarbeitet in überzeugender Weise objektbeziehungs- und selbstpsychologische Perspektiven.

Den Weg zur Rezeption tiefenpsychologischer Theoriebildungen in der *Homiletik* bereitet hatte Otto Haendler (1890-1981) mit seinen an Carl Gustav Jung konzeptualisierten Studien zur Persönlichkeit des Predigers, doch stiess er mit seinem Bemühen nur auf geringes Interesse.[24] Erst die Studie von Fritz Riemann (1902-1979) über den Prediger aus tiefenpsychologischer Sicht zeitigte Erfolg,[25] sodass etwas überzeichnet behauptet werden kann, dass „in den 1970er Jahren das ganze Feld des Predigtgeschehens unter dem Blickwinkel des neopsychoanalytischen Persönlichkeitsstruktur-Modells [...] beleuchtet wurde".[26] Wissenschaftstheoretische Erörterungen über die Möglichkeit des Transfers psychoanalytischer Konzepte in die Theologie und allgemeine religionstheoretische und methodische Fragen blieben aus.[27]

Trotz Oskar Pfisters grossem Einsatz für eine psychoanalytisch orientierte Erziehungslehre wurde im Bereich der *Religionspädagogik* v.a. Jungs Analytische Psychologie rezipiert. Sein Gedankengut wurde insbesondere im Zusammenhang mit der Symboldidaktik wirksam:[28] „In gewisser Hinsicht könnte man sogar sagen, daß die Jung'sche Symbollehre sich nahezu verselbständigt hat und heute in mehrfacher Hinsicht didaktisch wirksam ist: durch den Einsatz von Märchen [...]; zur Interpretation religiöser [...] und v.a. biblischer Texte [...]; zur Meisterung didaktisch-inhaltlicher Fragen der Religionspädagogik".[29] Im Vergleich zur Aufnahme Jungs blieb die Rezeption Freuds in der Religionspädagogik marginal. Hingegen erlangte das psychoanalytische Modell von Erik Homburger Erikson (1902-1994) im Zuge der Integration human- und sozialwissenschaftlicher Forschungen in den 1980er Jahren grossen Einfluss.[30] Sowohl für die Homiletik als auch für die Reli-

---

[24] Otto HAENDLER (1960³ [1941]): Predigt: tiefenpsychologische Grundlagen und Grundfragen, Berlin-West (Alfred Töpelmann). Vgl. Hans Martin MÖLLER (1986): Art. Homiletik, in: TRE XV, 526–565, hier 546: Begriffliche Unschärfen Haendlers mögen zur mangelnden Aufmerksamkeit zumindest beigetragen haben. Der von Niebergall erhobene Vorwurf des „Psychologismus" jedoch sei abzulehnen, da „Haendler zu einer Zeit auf Grundbedingungen der Predigt aufmerksam gemacht hat, die die Wort-Gottes-Theologie mit ihrem Unverfügbarkeitsdogma zu rasch zur Seite geschoben hatte."

[25] Fritz RIEMANN (1974): Die Persönlichkeit des Predigers aus tiefenpsychologischer Sicht, in: Richard RIESS (Hg.): Perspektiven der Pastoralpsychologie, Göttingen (Vandenhoeck & Ruprecht), 152–166.

[26] Hellmut SANTER (2003): Persönlichkeit und Gottesbild. Religionspsychologische Impulse für eine Praktische Theologie, Göttingen (Vandenhoeck & Ruprecht), 91. Vgl. ebd., 104.

[27] Vgl. ebd., 93. SANTER gelangt zum Urteil: „Das umfassendere Anliegen Haendlers mit seiner Art der Frage nach der Persönlichkeit des Predigers blieb jedoch auf der Strecke und machte einem pragmatischen Interesse Platz, das sowohl auf grundsätzliche theologische Fragestellungen als auch auf die Erörterung der Implikationen, welche die Übernahme einer Persönlichkeitstheorie aus der psychoanalytischen Tradition für die theologische Inanspruchnahme erfordert, verzichtete." Ebd.,104.

[28] Vgl. Edgar Josef KORHERR (1993): Von Freud bis Drewermann. Tiefenpsychologie und Religionspädagogik, Innsbruck (Tyrolia), 79: „Eine der breitesten Strassen, auf denen heute Jung'sche Ideen in die Religionspädagogik einströmen, ist die Symboldidaktik." Vgl. auch Peter BIEHL (2001): Art. Symboldidaktik, in: Lexikon der Religionspädagogik, hg. v. Norbert METTE / Folkert RICKERS, Neukirchen (Neukirchener Verl.), 2074–2079, hier 2075.

[29] KORHERR (1993), 79f.

[30] Vgl. ebd., 35–38 [„Die Rezeption der Psychoanalyse in der Religionspädagogik"]. KORHERR gibt hier im Wesentlichen das Werk von Marielene LEIST (1972): Kein Glaube ohne Erfahrung. Notizen zur religiösen Erziehung des Kindes, Kevelaer (Butzon & Bercker), wieder, die auf die frühkindliche Prägung des Gottesbildes durch die Mutter hingewiesen hat. Vgl. auch Hans-Jürgen FRAAS (2001): Art. Psychoanalyse [3. Religionspädagogisch], in: METTE / RICKERS, 1579–1582, hier 1579: „Im Gegensatz v.a. zur Seelsorge-Theorie, in der schon früh diskutiert wurde,

gionspädagogik gilt jedoch, dass eine fundierte Aufarbeitung des Rezeptionsprozesses der Psychoanalyse noch aussteht.

Während den Beginn der deutschen Seelsorgebewegung ab Ende der 1960er Jahre eine intensive – v.a. mit den Namen Scharfenberg, Thilo und Winkler verbundene – Freud-Renaissance und eine Rezeption verschiedener psychoanalytischer methodischer Verfahren auszeichnete,[31] konstatierte *Dietrich Rössler* 1983, dass „in der Seelsorgebewegung der letzten Jahre vor allem Methoden eine Rolle (spielen), die aus anderen (und theoretisch wie praktisch weniger anspruchsvollen) Bereichen der Psychologie stammen."[32] Gegenwärtig ist eine Hinwendung zu modernen Therapieverfahren und von der akademischen Psychologie favorisierten experimentell gesicherten Methoden auszumachen.[33] So zeigen mehrere Publikationen im Bereich der Pastoralpsychologie, dass die ohne Zweifel „anthropologisch weitgehend an der psychoanalytischen Theorietradition orientierte"[34] Poimenik zunehmend mit Fragen hinsichtlich der empirischen Überprüfbarkeit ihrer Vorgehensweisen konfrontiert und von lange nicht rezipierten Ansätzen wie vor allem lösungsorientierten, system- und verhaltenstherapeuti-

---

welche Rolle die Psychoanalyse für die Theologie spielen könne […], hat sie in die Religionspädagogik […] einen mehr mittelbaren Eingang gefunden." Im TRE-Artikel über Religionspädagogik von Klaus WEGENAST fällt weder der Name Freud noch Jung. Auf die Psychoanalyse wird lediglich im Zusammenhang mit Erikson hingewiesen. Vgl. DERS. (1997): Art. Religionspädagogik, in: TRE XXVIII, 699–730, hier 714.

[31] Alle drei waren psychoanalytisch ausgebildet. Vgl. THILO (1986³ [1975]), WINKLER (1984 u.a.). Zu Scharfenberg siehe unten III 2.1. Vgl. auch JOCHHEIM (1993), 467: „Es war Joachim Scharfenberg, der im Jahre 1959 unter dem Eindruck einer Amerikareise sowohl erste Hinweise auf die dortige Klinische Seelsorge-Ausbildung gab als auch die Wiederaufnahme des Gesprächs mit der Freudschen Psychoanalyse anmahnte." Ebd., 469: „[…] die Seelsorgebewegung (fand) für ihre Ideen einen Nährboden […], der von den tiefenpsychologisch geschulten Theologen und Medizinern bereitet war."

[32] Dietrich RÖSSLER (1983): Art. Freud, Sigmund, in: TRE XI, 578–584, hier 580. Vgl. MORGENTHALER (2007), 63f.: „Neben der Psychoanalyse sind in der Pastoralpsychologie rivalisierende psychotherapeutische Richtungen groß geworden. Im Bereich der praktischen Seelsorge-Ausbildung von Pfarrerinnen und Pfarrern hat Gesprächspsychotherapie der Psychoanalyse seit den 70er-Jahren des letzten Jahrhunderts als Referenzdisziplin den Rang abgelaufen." Vgl. JOCHHEIM (1993), 485: „Die Dominanz der Klinischen Seelsorge-Ausbildung […] hängt auch mit dieser neuen Art der Gesprächsführung [sc. nach Carl R. Rogers; IN] zusammen, die so leicht zu erlernen schien und so großen Erfolg versprach."

[33] Eberhard HAUSCHILDT beklagte noch 2000 ein „Pluralitätsdefizit" und forderte Seelsorgende dazu auf, „die Abwehr gegenüber verhaltenstherapeutischen Schulen […] aufzugeben und die systemische Therapie zu entdecken." DERS. (2000): Zur Seelsorge zwischen Spezialisierung und Globalisierung. 10 Thesen mit Erläuterungen, in: Christoph SCHNEIDER-HARPPRECHT (Hg.): Zukunftsperspektiven für Seelsorge und Beratung, Neukirchen-Vluyn (Neukirchener Verl.), 12–18, hier 17. Auch KLESSMANN (2004), 27 fordert: „Ansätze aus der humanistischen Psychologie, aus der Verhaltenstherapie, aus der systemischen Psychologie und aus den Körpertherapien sollten auch für die Pastoralpsychologie relevant werden."

[34] Isolde KARLE (1996): Seelsorge in der Moderne. Eine Kritik der psychoanalytisch orientierten Seelsorgelehre, Neukirchen-Vluyn (Neukirchener Verl.), 67. Vgl. ebd., 73 (Anm. 60): „Kritiker wie Vertreter der psychoanalytisch orientierten Seelsorgelehre sind sich darin einig, daß die Pastoralpsychologie sich bei der Interpretation anthropologischer und theologischer Fragen fast ausschließlich auf die Tiefenpsychologie bezieht".

schen konkurriert wird.[35] Wenn diese vorsichtige Neuorientierung bzw. Öffnung pauschal damit quittiert wird, es handele sich um „unkritische Ansätze", so spiegelt sich darin ein Exklusivitätsanspruch, der jene erwähnte Fixierung auf die Psychoanalyse stets begleitete, heute aber m.E. nicht mehr aufrecht erhalten werden kann.[36] Zu Recht ruft jedoch *Helmut Thomä* in Erinnerung, dass sich die Verwertung psychoanalytischer Erkenntnisse „in allen psychotherapeutischen Richtungen" nachweisen lässt, ihre Quelle jedoch „meist verschwiegen" wird.[37]

Während nun einige FachvertreterInnen eine grundsätzliche Abwendung vom psychoanalytischen Paradigma fordern, plädieren andere trotz mancher moderner und angesehener Konzepte für ein Beibehalten bzw. für eine Erweiterung des psychoanalytischen Ansatzes um andere Zugänge, da er – so *Michael Klessmann* – „vielen Weiterentwicklungen innerhalb der Psychologie zugrunde liegt" und da „das ausdifferenzierte Theoriegebäude der Psychoanalyse nach wie vor einen

---

[35] Vgl. Klaus WINKLER (1997): Ist Seelsorge überprüfbar?, in: WzM 49, 402–413. Zu den entsprechenden Publikationen vgl. zuletzt u.a. Torsten BERNDT (2007): Seelsorge und Verhaltenstherapie: Über Grenzen und Möglichkeiten, Münster u.a. (LIT); David A. HOGUE (2003): Remembering the Future. Imagining the Past: Story, Ritual, and the Human Brain, Cleveland/OH (The Pilgrim Press); Sandor JAKAB (2006): Beziehungen erleben. Aspekte menschlicher Beziehungen aus der Sicht heilender systemischer Poimenik für Gemeindeseelsorge, Spezialseelsorge und Diakonie, Berlin (LIT); Timm H. LOHSE (2008³ [2003]): Das Kurzgespräch in Seelsorge und Beratung. Eine methodische Anleitung, Göttingen (Vandenhoeck & Ruprecht); DERS. (2006): Das Trainingsbuch zum Kurzgespräch. Ein Werkbuch für die seelsorgliche Praxis, Göttingen (Vandenhoeck & Ruprecht); Arnd GÖTZELMANN (2000): Seelsorge zwischen Subjekt und System. Die Entdeckung familientherapeutischer Ansätze in der Pastoralpsychologie, in: PTh 35/3, 209–227; Christoph MORGENTHALER (2005⁴ [1999]): Systemische Seelsorge. Impulse der Familien- und Systemtherapie für die kirchliche Praxis, Stuttgart (Kohlhammer).

[36] So das Urteil des Theologen und Psychoanalytikers Dieter SEILER (1998): Zum Verhältnis von Psychoanalyse und Religion. Eine Literaturübersicht, in: WzM 50, 479–485, hier 481: „Unkritische Ansätze wie Verhaltenstheorie und lösungsorientierte Verfahren sind denn auch besser integrierbar und entbehren des bösartigen Stachels einer Religionskritik." Auch die Behauptung, es handele sich bei der Psychoanalyse um das „einzige[s] Therapieverfahren, das langfristige, strukturelle Veränderungen in einem Menschen bewirken kann", spiegelt diesen Exklusivitätsanspruch. Wolfgang MERTENS (2005⁶ [1981]): Psychoanalyse. Grundlagen, Behandlungstechnik und Anwendung, Stuttgart (Kohlhammer), 10. Ähnliche Urteile findet man im US-amerikanischen Kontext, vgl. etwa Stephen A. MITCHELL / Margaret J. BLACK (1995): Freud and Beyond. A History of Modern Psychoanalytic Thought, New York (Basic Books), xviii: „[…] the briefer, problem-oriented, symptomatic treatments are appealing to many people. In our modern world, with its frantic rate of change, its emphasis on cost effectiveness, its relentless demands for profit and productivity, the languorous timelessness and deep reflectiveness of psychoanalysis *can* seem as dated as Freud's Victorian chaise longue draped with Oriental throw rugs."

[37] Auf Freuds Rat z.B., „Phobiker müssten sich der Angstsituation aussetzen", baut die verhaltenstherapeutische Therapie von Phobien. Helmut THOMÄ (2007): Über „Psychoanalyse heute?!" – und morgen, in: Psychoanalyse heute?! Tagungsband der 57. Jahrestagung der Deutschen Gesellschaft für Psychoanalyse, Psychotherapie, Psychosomatik und Tiefenpsychologie 2006, hg. v. Anne SPRINGER / Karsten MÜNCH / Dietrich MUNZ, Gießen (Psychosozial Verl.), 273–303, hier 275. Vgl. Jürgen KRIZ (2007⁶ [1985]): Grundkonzepte der Psychotherapie, Weinheim (Beltz/Psychologie Verlags Union), 12f. [Einfluss der Psychoanalyse auf andere Ansätze].

großen heuristischen Wert besitzt."[38] Es stellt sich die Frage, ob es sich dabei nicht um den letzten Endes vergeblichen Versuch handelt, am Alten und Bekannten festzuhalten und Neues zu verhindern. Hat die Psychoanalyse nicht auch in der Pastoralpsychologie bald ausgedient?

Die vorliegende Studie ist von der Überzeugung getragen, dass dem nicht so ist. Nicht erst die Pastoralpsychologie, sondern schon Freud selbst hatte wiederholte Male mit dem angekündigten Ableben der Psychoanalyse zu schaffen. Es scheint sich um einen ihre bisherige Geschichte begleitenden Topos zu handeln:

„Ich [sc. Sigmund Freud; IN] habe etwa ein Dutzend Male im Laufe dieser Jahre, in Berichten über die Verhandlungen bestimmter Kongresse und wissenschaftlicher Vereinssitzungen oder in Referaten nach gewissen Publikationen zu lesen bekommen: nun sei die Psychoanalyse tot, endgültig überwunden und erledigt! Die Antwort hätte ähnlich lauten müssen wie das Telegramm Mark Twains an die Zeitung, welche fälschlich seinen Tod gemeldet hatte: **Nachricht von meinem Ableben stark übertrieben.** *Nach jeder dieser Totsagungen hat die Psychoanalyse neue Anhänger und Mitarbeiter gewonnen oder sich neue Organe geschaffen. Totgesagt war doch ein Fortschritt gegen Totgeschwiegen!"[39]*

In dieser Untersuchung gehe ich davon aus, dass Entscheidungen hinsichtlich der Weiterentwicklung einer Disziplin nur auf der Basis einer wissenschaftshistorischen Selbstreflexion eben dieser Disziplin erfolgen können. Angesichts der fundamentalen Bedeutung der Psychoanalyse für bisherige und auch gegenwärtige Modelle der Seelsorge fällt auf, dass eine aktuelle historische Darstellung des Verlaufs, *wie* die Psychoanalyse auf die Entstehung und Ausformung der Pastoralpsychologie eingewirkt hat und nach wie vor einwirkt, fehlt.[40] Anders als die USA, wo *Allison Stokes'* Monografie „*Ministry after Freud"* diesen Zweck hinsichtlich der Rezeption in der US-amerikanischen protestantischen Theologie erfüllte, verfügen wir nur über rudimentäre Kenntnisse des Rezeptionsverlaufs im eigenen Sprachraum.[41] Man mag darin einen weiteren Beleg für die „Geschichtsvergessenheit" (nicht nur) der Poimenik sehen,[42] die umso schwerer wiegt, je mehr sich die These von *Christoph Morgenthaler* bewahrheitet: „Eine

---

[38] KLESSMANN (2004), 28. Vgl. auch DRECHSEL (2007), 122: „Sowohl als Verstehenshorizont wie auch als Praxisorientierung bietet sie [sc. die Psychoanalyse; IN] eine Perspektive auf das seelsorgliche Beziehungsgeschehen, die wegzudenken bzw. zu eliminieren einen gravierenden Verlust für die Seelsorgetheorie beinhalten würde."

[39] FREUD (1914d): Zur Geschichte der psychoanalytischen Bewegung, in: GW X, 44–113, 74f.

[40] Zu Scharfenbergs kurzer Darstellung der theologischen Psychoanalyserezeption von 1981 siehe unten S. 27f.

[41] Allison STOKES (1985): Ministry After Freud, New York (The Pilgrim Press). SCHARFENBERG (1981) wird darin – um etwaige transatlantische Querverbindungen aufzuzeigen – nicht berücksichtigt.

[42] Johann Anselm STEIGER (1993): Die Geschichts- und Theologie-Vergessenheit der heutigen Seelsorgelehre, in: KuD 39, 64–67. Auch wenn es Steiger ums Vergessen der klassischen christlichen Traditionen ging, erscheint seine Kritik nochmals in einem anderen Licht, wenn man bedenkt, dass oft nicht einmal die jüngste Geschichte des Faches erinnert wird. Vgl. HAUSCHILDT (2000), 15: „Das im Vergleich mit der Seelsorgeliteratur des 19. Jh.s eklatante Geschichtsdefizit in der Seelsorgetheoriebildung des ganzen 20 Jh.s ist aufzuarbeiten […]."

Pastoralpsychologie, die Zukunft will, tut gut daran, ihre Vergangenheit nicht zu vergessen. Wer vergisst, könnte sich Potenzprobleme einhandeln."[43]

Zu dieser Vergangenheit gehört auch das anfänglich sehr fruchtbare, seit langem aber ins Stocken geratene, jedoch nie ganz versiegte Gespräch zwischen Theologie und Religionspsychologie. In Aufnahme der evangelischen Theologin *Susanne Heine*, die in ihrem religionspsychologischen Grundlagenwerk von 2005 zwar die Frage offen lässt, „[w]ieweit Theologie und Seelsorge von der Religionspsychologie lernen können", jedoch davon überzeugt ist, es werde für diese „jedenfalls [...] nützlich sein, sie nicht einfach zu übergehen",[44] soll in der vorliegenden Untersuchung anhand ausgewählter Beispiele ein Einblick in die Psychoanalyserezeption in der Pastoral- *und* der Religionspsychologie gegeben werden. Dies geschieht u.a. in der Absicht, der Frage nach dem von *Susanne Heine* erwähnten, aber nicht ausgeführten Nutzen der Religionspsychologie für die Seelsorge nachzugehen. Dass ein Nachweis dieses Nutzens, der hier am Beispiel ausgewählter Forschungsperspektiven psychoanalytisch fundierter Religionspsychologie aufgezeigt werden soll,[45] auch im Interesse von ReligionspsychologInnen ist, spricht aus dem Urteil des US-amerikanischen Fachvertreters *Bernie Spilka*, der 1995 beim Treffen der *Society for the Scientific Study of Religion* in Missouri zur Frage nach der Zukunft seiner Disziplin meinte, sie müsse verstärkt religiös Praktizierende („religious practitioners [clergy, etc.]") als AdressatInnen im Blick haben: „Doing this will increase the impact of our work."[46]

Wenn ich mich dem deutschsprachigen Raum *und* den sich bei diesem Thema geradezu aufdrängenden Vereinigten Staaten von Amerika zuwende, aus denen entscheidende Impulse zur Pastoral- und Religionspsychologie kommen, so handelt es sich um ein Forschungsdesiderat.[47] *Michael Klessmann* beklagte vor weni-

---

[43] MORGENTHALER (2007), 59.

[44] Susanne HEINE (2005): Grundlagen der Religionspsychologie. Modelle und Methoden, Göttingen (Vandenhoeck & Ruprecht), 396. Hans-Jürgen FRAAS betonte, „daß die Theologie ein nicht nur praxis-bezogenes, sondern theoretisches eigenständiges Interesse an der Religionspsychologie hat, und auch einen spezifischen Beitrag zum Gespräch mit der Psychologie zu leisten in der Lage ist." DERS. (2000): Anthropologie als Basis des Diskurses zwischen Theologie und Psychologie, in: HENNING / NESTLER, 105–121, hier 105f.

[45] Ein Schwerpunkt liegt in der folgenden Untersuchung auf hermeneutisch-objektbeziehungstheoretischen und auf fast nur in den USA breiter rezipierten feministischen Perspektiven in der Religionspsychologie. Vgl. dazu Michael UTSCH (2008): [Rez.:] Godwin LÄMMERMANN (2006): Einführung in die Religionspsychologie, Neukirchen-Vluyn (Neukirchener Verl.), in: ThLZ 133/1, 103–105, hier 104: „In der gegenwärtig recht angeregten Fachdebatte um eine psychoanalytische Religionspsychologie konkurrieren die Symbol-, Narzissmus-, Objektbeziehungs- und Bindungstheorie um die Deutungsmacht hinsichtlich religiöser Phänomene." – Den Nutzen *empirischer* Religionspsychologie für die Seelsorge wies Christoph MORGENTHALER anhand des religiösen Copings nach. Vgl. DERS. (2002): Von der Pastoralpsychologie zur empirischen Religionspsychologie? Das Beispiel ‚religiöses Coping', in: WzM 54, 287–300.

[46] Michael E. NIELSEN (1995): Psychology of Religion's Future [http://www.psywww.com/psyrelig/ porfutur.htm], 15.02.2009. Vgl. ebd.: Allgemein wird eine bessere Kommunikation mit denselben gefordert („better communication with religious practitioners").

[47] Zur französischsprachigen Rezeption der Psychoanalyse in der Religionspsychologie vgl. Heine (2005), 192–194 („Der französische Sonderfall"). Zur deutschen und holländischen vgl. Herman WESTERINK (2009): Controversy and Challenge. The Reception of Sigmund Freud's Psychoana-

gen Jahren, dass „die nordamerikanische pastoralpsychologische Diskussion seit den 80er Jahren in Deutschland kaum noch wahrgenommen" werde, obwohl gerade die deutsche Pastoralpsychologie „einen Teil ihrer Wurzeln in den USA" habe.[48] Um sowohl diese Wurzeln als auch die gegenwärtige Diskussion vor Ort kennenlernen zu können, habe ich mich – nach einem eineinhalbjährigen Aufenthalt in Wien als Heimstätte der Psychoanalyse und als Sitz des einzigen Lehrstuhls für Praktische Theologie und Religionspsychologie im deutschen Sprachraum – die vergangenen eineinhalb Jahre in den USA aufgehalten, wo ich geboren wurde und den grössten Teil meiner Kindheit verbrachte. Meine theologische Ausbildung sowie meine Pfarramts- und spezifischen Seelsorgeerfahrungen stammen jedoch aus dem deutschen Sprachraum. Eine zweifellos kontinentaleuropäische Standortgebundenheit bleibt also bestehen; sie äussert sich am offensichtlichsten im Gebrauch der deutschen Sprache.[49]

2. Forschungsstand

Ausgangspunkt vorliegender Studie ist die von verschiedener Seite her beklagte Krise der Seelsorge.[50] Mit ihr konvergieren die beiden in der gegenwärtigen praktisch-theologischen Forschungslandschaft virulenten Diskurse um die zukünftige Ausrichtung der Pastoralpsychologie und um die angemessene Verhältnisbestimmung zur Religionspsychologie. Der erste Diskurs wird zu einem beträchtlichen Teil von der Frage bestimmt, wie es um die bisherige Dominanz der Psychoanalyse in der Pastoralpsychologie bestellt ist (2.1), und im zweiten widerspiegelt sich der interdisziplinäre Streit über das angemessene Verhältnis von Psychologie, Religionswissenschaft und Theologie (2.2).[51]

---

lysis in German and Dutch-speaking Theology and Religious Studies, Wien (LIT), siehe unten S. 393–395.

[48]   KLESSMANN (2004), 8f. Vgl. auch Klaus WINKLER (2000a): Die Seelsorge zwischen Spezialisierung und Globalisierung, in: SCHNEIDER-HARPPRECHT, 3–11, hier 5. Die letzte deutschsprachige monografische Darstellung der US-amerikanischen Pastoralpsychologie mit Fokus auf die Seelsorge stammt von Dietrich STOLLBERG (1969).

[49]   Dass im historischen, ersten Hauptteil über die Anfänge der Rezeption Freuds der Fokus auf den deutschen Sprachraum gerichtet wird, erklärt sich v.a. durch das Vorhandensein der Untersuchungen von Peter HOMANS (1970) und Allison STOKES (1985), welchen auf deutscher Seite nichts Äquivalentes entspricht.

[50]   Klaus Winkler verwies mit Blick auf eine Analyse von Manfred Josuttis darauf, dass Klagen über die Krise der Seelsorge schon Ende der 1960er bzw. Anfang der 1970er Jahre zu vernehmen gewesen seien, vgl. Klaus WINKLER (1986): Karl Barth und die Folgen für die Seelsorge, in: PTh 75, 458–470, hier 458. Sie begegnen auch schon zu Pfisters Zeiten. Es handelt sich also um ein wiederkehrendes Phänomen.

[51]   Vgl. Isabelle NOTH (2005): Klare Profile. Religionswissenschaft – Von einer theologischen Hilfs- zur Nachbarsdisziplin, in: Reformatio. Zs. für Kultur, Politik, Religion, Nr. 3, 162f. und die Auseinandersetzung zwischen dem Theologen Ulrich LUZ (2005): Ein Plädoyer für Zusammenarbeit. Theologie und Religionswissenschaft aus theologischer Sicht, in: ebd., 164–174 und der Religionswissenschaftlerin Karénina KOLLMAR-PAULENZ (2005): Für eine Klärung der Standorte. Zum Verhältnis von Religionswissenschaft und Theologie, in: ebd., 175–181.

2.1 Theologie, Pastoralpsychologie und Psychoanalyse

2.1.1 Deutschsprachiger Raum

Mitte der 1990er Jahre ist in der Pastoralpsychologie eine tief greifende und nicht abreissende Kontroverse um die rechte Einschätzung des gegenwärtigen Standes und die nötige zukünftige Ausrichtung einer zeitgemässen wissenschaftlichen Poimenik ausgebrochen. Während *Rolf Schieder* in einem 1994 veröffentlichten Aufsatz über „*Seelsorge in der Postmoderne*" im Hinblick auf den Bedeutungsverlust des psychotherapeutischen Paradigmas das „Ende der Seelsorgebewegung" aufziehen sah und damit eine diametral zur Einschätzung Klaus Winklers entgegengesetzte Position einnahm,[52] analysierte *Eberhard Hauschildt* noch im gleichen Jahr den Unterschied als „Generationenkonflikt".[53] Nach Hauschildt steht nicht das Ende der Seelsorgebewegung zur Debatte, „wohl aber das Ende der Dominanz einer Theorie und Praxis von Seelsorge allein unter der (tiefen)psychologischen Perspektive", und auch *Joachim Scharfenberg* bekundete die Auffassung, dass die Seelsorgebewegung „nicht tot", jedoch im Wandel begriffen sei.[54] Tatsächlich ist die Seelsorge mittlerweilen insgesamt eklektisch und die Praxis unübersichtlich geworden. Wir treffen heute auf eine Vielzahl verschiedener Modelle.[55] Sie unterscheiden sich im Wesentlichen durch die Theoriekonzepte jener psychologischen bzw. psychotherapeutischen Schulrichtung, die sie favorisieren, und sie gleichen einander durch die mangelnde metatheoretische Reflexion ihrer Rezeptionskriterien.[56]

Die sich spezifisch u.a. auf die Psychoanalyse beziehenden theologischen Un-

---

[52] Rolf SCHIEDER (1994): Seelsorge in der Postmoderne, in: WzM 46, 26–43; Klaus WINKLER (1993): Die Seelsorgebewegung. Selbstkritische Anmerkungen, in: WzM 45, 434–442.

[53] Eberhard HAUSCHILDT (1994): Ist die Seelsorgebewegung am Ende? Über alte und neue Wege zum Menschen, in: WzM 46/5, 260–273, hier 260. Ebd., 262: „Der alte Beziehungskonflikt zwischen den Vätern und den Söhnen, den Kindern und den Eltern spielt sich hier ab."

[54] HAUSCHILDT (2000), 18; Joachim SCHARFENBERG (1996): Geleitwort, in: KARLE, VIII.

[55] Vgl. das Schaubild in Doris NAUER (2001): Seelsorgekonzepte im Widerstreit. Ein Kompendium, PTh 55, Stuttgart/Berlin/Köln (Kohlhammer), 439 (psychoanalytisch orientierte Pastoralpsychologie ist von 29 existierenden Richtungen innerhalb der Disziplin!); HENNING (2000b), 90: „Als Resultat der Öffnung zur Psychologie bietet die Seelsorge seit den 70er Jahren ein buntes Bild verschiedenartigster Einflüsse." Ebd., 93: „Zudem adaptiert man in der Poimenik allerhand Therapieansätze und Heilungsmethoden in grosser Zahl – seit einer Trendwende Mitte der 80er Jahre auch in der evangelikalen [...] und charismatischen [...] Seelsorge." Siehe auch das Urteil von Emmanuel Y. LARTEY (2006): Pastoral Theology in an Intercultural World, Cleveland/OH (The Pilgrim Press), 81: „There is the very real danger of pastoral practitioners becoming so fascinated by approaches in the human sciences that they become absorbed into these disciplines as amateur (or [...] professional) psychologists, psychotherapists, management scientists or sociologists as the case may be. The danger lies not in becoming qualified but rather in the uncritical adoption of presuppositions and practices without the important contribution of theological critique. Pastoral theologians run the risk of becoming mediocre social scientists espousing out-dated theories in an eclectic and exclusively pragmatic manner."

[56] Zu der schon längere Zeit in den USA geäusserten Kritik daran und zu den dortigen Bemühungen um eine stärkere theologische Fundierung von Seelsorge vgl. Liston O. MILLS (2005 [1990]): Art. Pastoral Care (History, Traditions, and Definitions), in: DPCC, 836–844, hier 843f.

tersuchungen konzentrieren sich entweder auf das Ganze des Gesprächs zwischen Psychologie/Psychoanalyse und Seelsorge/Theologie oder auf einzelne Themen bzw. Gestalten wie z.B. Oskar Pfister.[57] Sie alle fussen auf den nach wie vor unerlässlichen Schriften des 1996 verstorbenen *Joachim Scharfenberg*.[58] Sein historischer Gesamtüberblick über die Rezeption der Psychoanalyse in der deutschsprachigen Theologie aus dem Jahre 1981 umfasst neben einem Dokumententeil eine knapp neunseitige sog. „Orientierung".[59] In seiner kurzen Bestandesaufnahme behandelt Scharfenberg – anders als der Titel des Buches und anders als es der Herausgeber in der Einleitung ankündigt – weder nur die Zeitspanne „bis 1940" noch „bis 1933 bzw. 1938", sondern bis Ende der 1960er Jahre.[60] Seit den Hauptschriften Scharfenbergs zu Freud gibt es keine weiteren Untersuchungen, die sich explizit einem rezeptionshistorischen Längsschnitt der Psychoanalyse in der deutschsprachigen Theologie widmen, weshalb sein Ertrag hier kurz zusammengefasst werden soll.

Scharfenberg unterscheidet in der theologischen Rezeption der Psychoanalyse im deutschen Sprachraum fünf so genannte „Gliederungsprinzipien":

„1. Die Übernahme der psychoanalytischen Methoden in die Theologie durch Oskar Pfister; 2. Die Abweisung der Psychoanalyse durch die Theologie im Banne des moralistischen Vorurteils; 3. Das schiedlich-friedliche Nebeneinander von Theologie und Psychoanalyse:

---

[57] Vgl. z.B. Kurt LÜTHI / Koloman N. MICKSEY (Hg.) (1991): Theologie im Dialog mit Freud und seiner Wirkungsgeschichte, Wien/Köln/Weimar (Böhlau); Martina PLIETH (1994): Die Seele wahrnehmen. Zur Geistesgeschichte des Verhältnisses von Seelsorge und Psychologie, Göttingen (Vandenhoeck & Ruprecht); Martin JOCHHEIM (1998): Seelsorge und Psychotherapie. Historisch-systematische Studien zur Lehre von der Seelsorge bei Oskar Pfister, Eduard Thurneysen und Walter Uhsadel, Bochum (Dieter Winkler); Anne M. STEINMEIER (1998): Wiedergeboren zur Freiheit. Skizzen eines Dialogs zwischen Theologie und Psychoanalyse, Göttingen (Vandenhoeck & Ruprecht).

[58] Vgl. Joachim SCHARFENBERG (1971³ [1968]): Sigmund Freud und seine Religionskritik als Herausforderung für den christlichen Glauben, Göttingen (Vandenhoeck & Ruprecht); DERS. (1972): Religion zwischen Wahn und Wirklichkeit. Gesammelte Aufsätze zur Korrelation von Psychoanalyse und Theologie, Hamburg (Furche); DERS. (1985): Einführung in die Pastoralpsychologie, Göttingen (Vandenhoeck & Ruprecht).

[59] Joachim SCHARFENBERG (1981): Die Rezeption der Psychoanalyse in der Theologie, in: Johannes CREMERIUS (Hg.): Die Rezeption der Psychoanalyse in der Soziologie, Psychologie und Theologie im deutschsprachigen Raum bis 1940, Frankfurt a.M. (Suhrkamp), 255–338. Vgl. auch SCHARFENBERG (1971³ [1968]), 20–39, wo vom „Widerstand" von Seiten der Theologie bis in die 1940er Jahre gesprochen wird. HENNING (2000b), 68 [Anm. 7] spricht von einem „historisch nicht sauber gearbeiteten Überblick", ohne diese Kritik näher auszuführen.
Der Beitrag von HENNING (2000b) stellt nicht den Anspruch, die theologische Rezeption der Psychoanalyse in einem Gesamtüberblick historisch nachzuzeichnen – sonst müssten z.B. sowohl Oskar Pfister als auch Joachim Scharfenberg eigene Schwerpunkte bilden –, sondern chronologisch Einblicke in verschiedene Verhältnisbestimmungen von evangelischer Theologie und (Religions-)Psychologie zu geben. Trotz einiger kleiner terminologischer Unklarheiten –„Psychoanalyse" wird nicht nur für die von Freud ins Lebens gerufene Wissenschaft, sondern auch für Jungs analytische Psychologie, Adlers Individualpsychologie etc. gebraucht und beinahe mit Psychologie gleichgesetzt – ist der Beitrag in unserem Zusammenhang sehr wichtig, siehe unten S. 32ff.

[60] CREMERIUS (1981), 7. Vgl. SCHARFENBERG (1981), 263f. u. die Dokumente 26 u. 27.

Psychoanalyse als ‚Hilfswissenschaft' der Pastoraltheologie; 4. Die Aufnahme des Pfister-schen Anliegens nach dem 2. Weltkrieg: Psychoanalyse als Fremdprophetie; 5. Die theologi-sche Interpretation der Psychoanalyse im Zeichen des hermeneutischen Problems."[61]

Scharfenbergs kurze und grobe Skizze des Rezeptionsverlaufs prägt das Bild der Wirkung Freuds und der theologischen Verarbeitung der Psychoanalyse bis auf den heutigen Tag. Ein vertieftes Quellenstudium zeigt, dass dieses Bild verfeinert werden kann. Scharfenbergs „Gliederungsprinzipien" erfassen vorherrschende Tendenzen im Sinne eines Phasenmodells und haben so einen hohen heuristi-schen Wert. So hilfreich seine Darstellung des Rezeptionsverlaufs ist, sie folgt allzu stark dem Diktum Freuds und der vom Herausgeber des Bandes tradierten Sicht einer – nicht nur bis Ende des 2. Weltkriegs – letztlich misslungenen Psy-choanalyserezeption.[62] In seiner Einleitung hielt *Johannes Cremerius* als Heraus-geber ganz allgemein die Breite der wissenschaftlichen Aufnahme und Ver-arbeitung der Psychoanalyse fest, die „alle Spielarten mißglückter Rezeption" aufweise.[63]

Cremerius unterscheidet zwischen Schwierigkeiten, die der Psychoanalyse bereitet, und solchen, die von ihr selbst verursacht wurden. Zu ersteren zählt er die „Rezeptionsverwei-gerung in Form des Totschweigens", die „Diffamierung", die Behauptung ihrer Unwissen-schaftlichkeit, Überholtheit oder Amoralität (9f.). Gegnerische Beiträge zeichneten sich aus durch „Vernachlässigung der einfachsten Regeln kritischer Textanalyse" bzw. Nicht-Erkennen der „Sinnzusammenhänge", Unterstellungen, „Einengung des Blickfeldes" und selektive bzw. einseitige Bezugnahmen (10f.). Als „ganz zentrales Moment in der Er-schwernis der Rezeption" der Psychoanalyse hebt *Cremerius* den Umstand hervor, „daß viele es gar nicht wagten, sich mit ihr zu beschäftigen, weil sie dann mit Repressalien rechnen mußten" (11).

Die „Motive für die Rezeptionsschwierigkeiten" waren nach *Cremerius* „affektiver Natur", wobei massgebend „ein Gefühl des Bedrohtseins, ein Gefühl nahender Gefahr" war, das von den „emanzipatorisch-aufklärerischen Impulsen der Psychoanalyse" mit ihrer Be-hauptung der überwältigenden „Macht der Triebkräfte" her rührte (12f.). „Ängste und keine sachlichen Differenzen" bestimmten lange Zeit die Rezeption (16). Dabei seien verschiedene der Themata, die einst heftig bekämpft wurden, wie z.B. „die Tatsache der frühkindlichen Sexualität", „die Bedeutung der Onanie innerhalb der menschlichen Ent-wicklung" oder „die Existenz eines Unbewußten" inzwischen anerkannt (16). *Cremerius* hebt den „Gesinnungswandel in den beiden christlichen Religionen" [sc. die katholische und evangelische Konfession; IN] als „besonders eindrucksvoll" hervor (17).

Nach *Cremerius* sind die Widerstände der Psychoanalyse gegenüber im Vergleich zu früher „viel subtiler geworden" (18). Dazu gehört, dass sie z.B. „stillschweigend ‚resor-biert'" oder „wie eine Selbstverständlichkeit betrachtet" werde (ebd.).

Als „interessantes Phänomen" weist *Cremerius* darauf hin, dass „die Rezeption der Psy-

---

[61] SCHARFENBERG (1981), 257.
[62] So sprach Freud z.B. in einem Brief vom 09.02.1909 an Pfister von der „Uniformität der Re-aktionen", die „etwas auf die Stimmung drückt" (F/P, 16). Vgl. auch FREUD (1914d), 45, wo er vom „unvermeidliche[n] Schicksal der Psychoanalyse" spricht, „die Menschen zum Wider-spruch zu reizen und zu erbittern", und seinen Aufsatz von 1925: Die Widerstände gegen die Psychoanalyse, GW XIV, 99–110.
[63] CREMERIUS (1981), 9. Vgl. dazu KÖHLER (1996), insbes. 27–35.

choanalyse […] um so positiver (sei), je weiter das Fach von ihr entfernt" sei (19). So seien es Internisten und Dichter gewesen, die sie am meisten befürworteten und positiv rezipierten. Überhaupt darf bei der Aufzählung aller Schwierigkeiten, die einer sachgemässen Rezeption im Wege standen, nicht das immense Interesse vergessen gehen, auf das Freud stiess, der „in den Bibliotheken vor 1933 unter den meistgelesenen Autoren […] an zweiter Stelle stand".[64]

Zu den Rezeptionsschwierigkeiten, „die in der Psychoanalyse selber lagen" (21), zählt *Cremerius* das aus einer „typischen Minoritätenpsychologie" erwachsene „Verhalten der Psychoanalytiker" selbst, das sich u.a. in einer „sektiererische[n] Abschließung" äusserte (21f.).[65] Zudem fühlten sich „schwierige Charaktere" eher von Neuem angezogen, weshalb gerade die Gruppe um Freud zahlreiche vehemente Auseinandersetzungen zu bewältigen hatte (22).

Als weitere Rezeptionsschwierigkeiten nennt *Cremerius* die „Schwerverständlichkeit mancher Freudscher Texte", den „rasche[n] Begriffswandel innerhalb der psychoanalytischen Theorie" und den „veränderten Bedeutungsgehalt weiterhin identisch benutzter Begriffe" (23f.).[66] Zuletzt erwähnt *Cremerius* noch das der Rezeption Schwierigkeiten bereitende „ungenaue[n] und schwankende[n] Selbstverständnis[ses] der Psychoanalyse" selbst (25).[67]

Thomas Köhler, der sich im Rahmen seiner medizinhistorischen Habilitationsschrift mit der Anti-Freud-Literatur beschäftigte, weist ausdrücklich auf den oft verschwiegenen Umstand hin, dass die Psychoanalyse als von einem Juden formulierte Lehre und als hauptsächlich von Juden praktiziertes Heilverfahren auf spezifische Widerstände stiess.[68] Der Bücherverbrennung von 1933 in Berlin fielen auch Freuds Schriften zum Opfer.

Im Freud-Artikel der *Theologischen Realenzyklopädie* von 1983 stellte *Dietrich*

---

[64] Vgl. Paul FEDERN (1965): Ausblicke, in: Heinrich MENG (Hg.): Psychoanalyse und Kultur, München (Wilhelm Goldmann), 14–32, hier 21 (zit. in: CREMERIUS [1981], 21).

[65] Vgl. das zeitgenössische und auf einer Aussenperspektive beruhende Urteil von Josef DONAT (1932): Über Psychoanalyse und Individualpsychologie, Innsbruck (Rauch), 9: „Die […] Abweisung von seiten der Wissenschaft brachte es mit sich, daß sich Freud und die Schar von treuen Anhängern […] immer enger zusammenschlossen und eine geeinte Schule bildeten, die abseits von der übrigen Wissenschaft eine gewisse Sonderexistenz führt. […] Das ‚autos epha' der Jünger des alten Pythagoras hat sich die psa. Schule in hohem Grade angeeignet." Von Freud heisst es – 1932! – : „Er fühlt sich als ‚Führer' und übt die Rechte des Führers aus."

[66] Als Beispiel für Letzteres nennt CREMERIUS (1981), 24 den „Sinnwandel des Ich- und Über-Ich-Konzeptes von den ersten Schriften bis 1923."

[67] In diesem Zusammenhang ist auch auf die spezielle US-amerikanische Situation hinzuweisen, die lange eine Medizinalisierung der Psychoanalyse kennzeichnete, weshalb MITCHELL / BLACK (1995) als eine der vier Mythen über Psychoanalyse die Vorstellung erwähnen, diese sei ein „esoteric cult requiring both conversion and years of study" (xx). Sie führen dies darauf zurück, dass das „American medical establishment" Psychoanalyse monopolisierte und als „a highly technical medical specialty" darzustellen versuchte. Daher rühre der Eindruck, psychoanalytische Theorien seien *per se* „esoteric, highly technical, and accessible only to the officially initiated […]" (xxi).

[68] Vgl. KÖHLER (1996), 13–26. Darauf wies schon Freud selber hin! FREUD (1925): Die Widerstände gegen die Psychoanalyse, GW XIV, 99–110, hier 110: „Endlich darf der Autor in aller Zurückhaltung die Frage aufwerfen, ob nicht seine eigene Persönlichkeit als Jude, der sein Judentum nie verbergen wollte, an der Antipathie der Umwelt gegen die Psychoanalyse Anteil gehabt hat."

Rössler im Blick auf die Frage nach dem Einfluss und der Wirkung Freuds in der Theologiegeschichte und hier v.a. in der Praktischen Theologie einen „eigentümlichen Widerspruch" fest.[69] Während einerseits seine hervorragende wissenschaftstheoretische Bedeutung unhinterfragt bleibe, sei er andererseits „in der Theologie überraschend wenig greifbar". Freuds „Mangel an Präsenz" im theologischen Diskurs führte *Rössler* u.a. auf den Umstand zurück, dass er „nicht zum selbständigen Thema der Systematischen Theologie geworden" sei und dass ein „Gegensatz zwischen der tatsächlichen Bedeutung der Psychoanalyse für die Theologie und dem ihr zugeschriebenen Anspruch" bestehe.[70]

In seinen Ausführungen vertiefte *Rössler* seine Analyse: Vertreter der Systematischen Theologie, insbesondere *Karl Barth* und *Emanuel Hirsch*, hätten Freud kaum beachtet und „weithin abgelehnt" (581). In auffälligem Unterschied zur universitären Theologie bestand an der kirchlichen Basis und in der pfarramtlichen Praxis jedoch „schon früh ein größeres Informationsbedürfnis". Dieses äusserte sich etwa in der Aufnahme eines Artikels über Psychoanalyse schon in der ersten Auflage der *Religion in Geschichte und Gegenwart*.[71]

Im Unterschied zur Systematischen Theologie hätte die Praktische Theologie Freud von Beginn an rezipiert, wobei sich „zwei Programme" unterscheiden liessen, von denen das eine auf den Schweizer *Oskar Pfister* und das andere auf den Deutschen *Walter Buntzel* zurückzuführen sei.[72] Das Erste beabsichtige die Implementierung psychoanalytischer Methoden in die Seelsorge, das zweite hingegen möchte psychoanalytische Kenntnisse nutzen und insbesondere die psychoanalytische Anthropologie für die Seelsorge verwerten.[73]

In religionspsychologischer Hinsicht, meinte *Rössler,* hätte „eine intensive Beschäftigung mit Freud naheliegen müssen."[74] Eine solche sei jedoch erst seit kurzem auszumachen.[75] Das Schwergewicht läge dabei auf der „psychoanalyti-

---

[69] RÖSSLER (1983), 580.
[70] Ebd., 580 u. 582.
[71] Vgl. Adolf KELLER (1913): Art. Psychoanalyse, in: RGG 4, 1970–1973; siehe auch Oskar PFISTER (1928c): Art. Freud, Sigmund, in: RGG² 2, 777f.; DERS. (1930): Art. Psychoanalyse, in: RGG² 4, 1634–1638. In der dritten Auflage erscheint wiederum ein Art. über Freud (Otto HAENDLER [1958]: Art. Freud, Sigmund, in: RGG³ 2, 1127f.), jedoch kein eigener Art. Psychoanalyse mehr. Bei diesem Stichwort (vgl. RGG³ 5, 698) wird auf den Art. Psychotherapie verwiesen (vgl. Gustav BALLY / Dietrich RÖSSLER [1961]: Art. Psychotherapie, in: RGG³ 5, 709–718). Vgl. ebd., 715: „Das Verdienst, als erster die Verbindung mit der P[sychotherapie] aufgenommen zu haben (seit 1909), gebührt dem Schweizer Pfarrer Oskar Pfister."
[72] Zu Pfister siehe unten II.2. Walter BUNTZEL (1926): Die Psychoanalyse und ihre seelsorgerliche Verwertung, Göttingen (Vandenhoeck & Ruprecht).
[73] Vgl. RÖSSLER (1983), 582. Ein Verfechter dieses zweiten Programms sei v.a. *Eduard Thurneysen* gewesen. Dagegen weist Paul Fredi DE QUERVAIN (1977): Psychoanalyse und dialektische Theologie. Zum Freud-Verständnis bei K. Barth, E. Thurneysen und P. Ricœur, Bern/Stuttgart/Wien (Huber), 38f. auf Thurneysens „Wandlungen" und auf seine der Psychoanalyse gegenüber stets bewahrten „Ambivalenz-Gefühle" hin.
[74] RÖSSLER (1983), 581.
[75] Oskar Pfisters religionspsychologische Schriften und insbesondere seine Replik auf Freuds „Zukunft einer Illusion" (siehe unten II.3.4) bleiben unerwähnt.

sche[n] Anthropologie, während die Freudsche Kulturtheorie und ihr Religionsbegriff mit apologetischer Behutsamkeit behandelt" würden.[76]

Anders als Freuds Religionstheorie, die nur im Kontext der Psychoanalyse von
Wert sei,[77] beurteilte *Rössler* seine „kritische[n] Figuren des ‚infantilen Wunsch-
denkens‘ und dem ‚überhöhten Vaterbild‘ (sic)." Sich mit ihnen auseinanderzusetzen, sei theologisch notwendig, auch wenn sie sachlich „nichts Neues bieten."[78]

So verständlich Rösslers Urteil ist, es verkennt m.E., dass die Religionskritik
Freuds eingebettet war in eine psychologische Theorie und nicht von diesem
psychologischen Kontext losgelöst werden kann, es sei denn um den Preis, dass
sie an Originalität und Sprengkraft einbüsst.[79]

Wenn der Mediziner und Praktische Theologe *Rössler* zum Schluss gelangt,
dass die theologische Forschungsliteratur zu Freud und zur Psychoanalyse „in
ihrer Bedeutung eigentümlich begrenzt" geblieben sei und „ein Eigenleben unter
Experten (führe)", so lässt sich vermuten, dass er seine Darstellung Freuds aus
einer mit der Seelsorgebewegung und ihren Protagonisten nur losen Verbundenheit verfasst hat.[80] So bleibt etwa Joachim Scharfenbergs hervorragende Rolle
in der theologischen Wiederentdeckung Freuds unerwähnt. Die kaum zu über-
schätzende Bedeutung, die Freud insbesondere für die Poimenik hatte, erhält
auffallend wenig Aufmerksamkeit. Wenn der Einfluss Freuds und der Psychoanalyse in der Theologie allgemein nur sehr begrenzt blieb, obschon er für die
Entwicklung der Praktischen Theologie und hier insbesondere der Pastoralpsychologie bahnbrechend war, dann liesse sich darin auch ein Indiz für den geringen Status bzw. für die mangelnde Integration der Praktischen Theologie im
Gesamt des theologischen Fächerkanons erkennen.

---

[76]   RÖSSLER (1983), 581. Auch *Paul Tillich* als Exponent der systematisch-theologischen Freud-
Rezeption hätte Bezug „auf die psychoanalytische Anthropologie, nicht auf die Religionstheorie"
genommen (ebd.). Nach Tillich verhalf die Psychotherapie der Theologie zur „Wiederentdeckung der Wahrheit der Lehre von der menschlichen Verlorenheit, wie sie Augustin und die
Reformatoren vorgetragen haben." Paul TILLICH (1977 [1960]): Der Einfluß der Psychotherapie
auf die Theologie, in: LÄPPLE / SCHARFENBERG, 259–271, hier 260. Er hielt es (ebd., 261) für „erstaunlich, daß der amerikanische Protestantismus die Psychologie des Unbewußten brauchte,
um seine protestantische Tradition hinsichtlich dessen, was der Mensch ist und was Heilkräfte
sind, wiederzuentdecken."

[77]   Vgl. RÖSSLER (1983), 582: „Ihr argumentativer Gehalt ist entweder zufällig und unzureichend,
oder aber durch die Religionskritik der philosophischen Tradition längst überboten." Rössler
(ebd.) erläuterte dies am Beispiel von Freuds Aufsatz über *„Zwangshandlungen und Religionsübungen"* von 1907 (GW VII, 127–139). Die Entsprechung von religiösem Zeremoniell und
Zwangshandlungen sei „aufschlussreich für die Erforschung der Neurose. Die dabei vor Augen
stehende Form der ‚Religionsausübung‘, die sich offenbar am jüdischen Familienleben und am
österreichischen Trivialkatholizismus des ausgehenden 19. Jh.s orientiert, ist alles andere als re-
ligionstypisch und besitzt infolgedessen hier keinen Erklärungswert." Siehe unten S. 124f.*

[78]   Rössler ordnete sie ein in die religionskritische Tradition von Feuerbach, Büchner und Hume.
Ebd., 582.

[79]   Vgl. dazu FREUD (1927c), 358 selbst: „Ich habe bloß – dies ist das einzig Neue an meiner Darstellung – der Kritik meiner großen Vorgänger etwas psychologische Begründung hinzugefügt."

[80]   RÖSSLER (1983), 581.

Neue Aspekte in die Diskussion über den „Zankapfel Psychoanalyse" steuerte *Christian Henning* bei in seinem geschichtlichen „Rückblick auf das gespannte Verhältnis von Theologie und Psychologie im 20. Jahrhundert" aus dem Jahre 2000.[81] Ihm zufolge reagierte die protestantische Theologie auf Freuds Lehren „zwiespältig" bzw. „ambivalent" und „uneinheitlich".[82] Während ihre Vertreter einerseits gegen seine Religionskritik Sturm liefen, „bewunderte[n]" sie die Psychoanalyse „um ihrer therapeutischen Erfolge willen".[83] Henning beginnt mit der Darstellung der Position der Dialektischen Theologie, die sich gar nicht erst auf Freuds Religionskritik eingelassen habe, sondern die psychoanalytische Theoriebildung mit ihrer Lehre vom dynamischen Unbewussten wegen der Unverfügbarkeit Gottes und seiner Offenbarung meinte ablehnen zu müssen.

Friedrich Gogarten prangerte die „Vermischung von Göttlichem und Menschlichem" und den sog. „Psychologismus" der Psychoanalyse an (69). *Emil Brunner* wollte den Geist vor unzulässigen Übergriffen retten und erklärte ihn für naturwissenschaftlich-empirisch nicht fassbar. Religiosität bezeichne einen Bereich, der psychologisch nicht zugänglich sei; an ihm gelange Psychologie an ihre Grenzen. *Karl Barth*, der vom „schauerlichen Sumpf der Psychologie des Unbewußten" sprechen konnte und die Psychoanalyse in seiner „*Kirchlichen Dogmatik*" beinahe vollständig unerwähnt liess, bezeichnete als einzig nützliche Psychologie die „Psychologie der Gnade" (70f.). Diese Vorstellung, dass Heilung nur durch Gott und sein Evangelium bewirkt werden könne, hat Eingang gefunden in *Eduard Thurneysens „Lehre von der Seelsorge" (1946).*
Während die dialektisch-theologischen Systematiker die Psychoanalyse verwarfen, zeichneten die Praktischen Theologen der Zwischenkriegszeit ein vielfältigeres Bild. Henning unterscheidet drei Gruppen: Vertreter der ersten waren vehemente Gegner der Psychoanalyse wie z.B. *Martin Schian, Ernst Jahn*[84], *Erich Karl Knabe, Emil Pfennigsdorf, Horst Fichtner, Hans Asmussen* – letzterer mit seinem berühmt gewordenen Ausspruch über die Psychoanalyse: „Das Satanische ist nahe!"– und *Walter Hoch;* in der zweiten Gruppe befanden sich jene, die ein vorsichtig-zögerliches Interesse an den Tag legten, wie z.B. *Walter Buntzel* bzw. eine „begrenzte[n] Rezeption der Psychoanalyse in der Seelsorge" befürworteten wie z.B. *Gustav Mahr, Paul Blau* und *Otto Baumgarten.* Die dritte Gruppe war jene um *Oskar Pfister,* der die Psychoanalyse „zu Therapiezwecken" verwenden wollte, jedoch nur in der Schweiz selber, aber „in Deutschland kaum Anhänger fand" (76). Erst nach dem Ende des 2. Weltkriegs sei es zu einem „Dammbruch" in der Einstellung zur Psychoanalyse gekommen, der v.a. auf das Wirken von *Eduard Thurneysen* und *Paul*

---

[81]   HENNING (2000b).
[82]   HENNING (2000b), 68. Inwiefern Freuds jüdische Herkunft dabei eine Rolle spielte, bleibt – wie schon bei Rössler – unerwähnt.
[83]   Ebd. Henning spricht vom „Druck[s], der von den therapeutischen Erfolgen der Psychoanalyse auf die Praktische Theologie" ausgegangen sei (ebd., 71f.).
[84]   Inwiefern der Berliner Pastor Ernst Jahn, der ab 1932 in Kontakt mit Alfred Adler stand und sich intensiv mit der Individualpsychologie beschäftigte, wirklich in diese Reihe gehört, müsste dringend aufgearbeitet werden. Vgl. ihre von den Nazis umgehend vernichtete Publikation: Ernst JAHN / Alfred ADLER (1933): Religion und Individualpsychologie. Eine prinzipielle Auseinandersetzung über Menschenführung, Wien/Leipzig (Passer). Vgl. Henri F. ELLENBERGER (2005³ [1985]): Die Entdeckung des Unbewußten. Geschichte und Entwicklung der dynamischen Psychiatrie von den Anfängen bis zu Janet, Freud, Adler und Jung, aus dem Amerikan. v. Gudrun Theusner-Stampa, Zürich (Diogenes), 842f.

Tillich zurückzuführen sei. *Thurneysen* hätte sich zwar für eine begrenzte Aufnahme psychoanalytischer Erkenntnisse in die Seelsorge eingesetzt, jedoch stets an einem „Herrschaftsverhältnis" zwischen beiden festgehalten (77). In seinem Verständnis habe „es die Seelsorge mit dem Menschen*verständnis* zu tun, die Psychologie dagegen mit der Menschen*kenntnis*" (77). *Thurneysen* funktionalisierte die in Abgrenzung von der Theologie als Naturwissenschaft bzw. als theologische „Hilfswissenschaft" bestimmte Psychologie, deren „Erkenntnisse [...] der Optimierung der Evangeliumsverkündigung dienen" sollten.[85]

Henning befasst sich in seiner Studie ausführlicher mit *Paul Tillich*, dem er das Verdienst zubilligt, vorübergehend verloren gegangene „Einsichten über die Entfremdung des Menschen von seinem essentiellen Sein" wieder neu zu Tage befördert zu haben.[86] Die Psychoanalyse hätte der Theologie wieder Begriffe wie Gnade und Annahme eröffnet. Dennoch sei auch Tillich letztlich von einem hierarchischen Verhältnis zwischen Theologie und Psychologie ausgegangen.[87]

Nach *Henning* war die Rezeption der Psychoanalyse in der Theologie lange vom Bemühen geprägt, sie letztlich zu domestizieren und kritische Anfragen ihrerseits im Voraus zu verhindern. Gebetsmühlenartig erklärte man die Psychoanalyse in erstaunlicher Eintracht für gewisse Bereiche für unzuständig wie z.B. für den „innerste[n] personale[n] Kern des Menschen".[88] Zudem trachtete man danach, Pfarrer in ihrem Selbstverständnis nicht von ihr verunsichern zu lassen.

Walter Uhsadel propagierte einen psychoanalytisch gebildeten, aber nicht selber therapeutisch tätigen Pfarrer.[89] Er solle „im Wissen um Methoden der Psychotherapie reine Seelsorge" ausüben.[90] In der Tradition *Thurneysens* sah *Wolfgang Trillhaas* in den 1950er Jahren eine klare Trennung zwischen Seelsorge und Psychoanalyse für geboten. *Otto Haendler* hingegen rezipierte Jung und empfahl für jeden Seelsorger eine Lehranalyse. *Hans-Joachim Thilo* wiederum gehörte in die Tradition des „von Thurneysen beeinflußte[n] und von Trillhaas formulierte[n] common sense".[91] Auch bei ihm stand die Rezeption „im Dienste der zielgenauen Optimierung seelsorgerlicher Bemühungen".[92] Anders verhielt es sich bei seinem 1971 veröffentlichten Werk über „*Beratende Seelsorge*", in welchem er psychoanalytische Methoden zu integrieren versuchte. Dadurch veränderte sich die Seelsorge und wurde „gleichsam getaufte, psychoanalytisch orientierte Psychotherapie."[93]

---

[85]   HENNING (2000b), 79. Vgl. POHL-PATALONG (1996), 31, die darauf hinweist, dass die Verhältnisbestimmung „Hilfswissenschaft" von Ernst Pfennigsdorf stamme, jedoch von Thurneysen verbreitet worden sei. Vgl. auch Klaus WINKLER (2000b): Pastoralpsychologie und Psychoanalyse – Gemeinsames und Trennendes, in: BASSLER, 93–106, hier 94.

[86]   HENNING (2000b), 81. Vgl. JOCHHEIM (1993), 467.

[87]   Vgl. HENNING (2000b), 81.

[88]   So THURNEYSEN (1950), 5, zit. in: HENNING (2000b), 84.

[89]   Vgl. HENNING (2000b), 84.

[90]   UHSADEL (1952), 41, zit. in: HENNING (2000b), 85.

[91]   HENNING (2000b), 86.

[92]   Ebd., 86.

[93]   Ebd., 87.

Unbestritten ist, dass die Zurkenntnisnahme und Aufnahme der amerikanischen Seelsorgebewegung eine Öffnung in Richtung Humanwissenschaften und ein verändertes Seelsorgeverständnis im Sinne von „Lebenshilfe" bewirkte und damit eine deutliche Zäsur markierte.[94]

Die (Wieder-)Entdeckung und der Erfolg der Psychoanalyse, die nicht nur in der Poimenik „mit dem Ende der Adenauer-Ära" einsetzten, sieht *Henning* im Kontext der in den 1960er Jahren politisch-gesellschaftlichen Gärung und des kulturellen Wandels.[95] Die Rezeption bestimmte ein „ins Sozialkritische gewendete[r] Freudianismus klassischer Prägung", für den die aus den USA heimgekehrte und die Frankfurter Schule bildende Gruppe von Sozialwissenschaftlern verantwortlich zeichnete.[96] In den USA hatte sich nämlich „längst eine lebhafte Rezeption psychoanalytischen Wissens seitens der Theologie entwickelt, und zwar sowohl der Systematischen als auch der Praktischen Theologie."[97]

Dieser „reimportierte Freudianismus" hätte Einfluss ausgeübt auf Paul Tillich und Jürgen Moltmann, aber v.a. auch auf Praktologen wie „Adolf Allwohn, Werner Becher, Heinz Doebert, Heije Faber, Helmut Harsch, Walter Neidhart, Richard Riess, Joachim Scharfenberg, Yorick Spiegel, Dietrich Stollberg, Hans-Joachim Thilo und Klaus Winkler".[98] Ihnen wurde z.T. vorgeworfen, sie hätten sich nicht um die „weltanschaulichen Voraussetzungen" und auch nicht um eine empirische Überprüfbarkeit ihrer Thesen gekümmert.[99]

Henning sieht im Verhältnis von Theologie und Psychologie nach wie vor „alte Hegemonieansprüche unterschwellig nach(wirken)".[100] Von der Psychologie erhoffe man sich einerseits neue anthropologische und darauf gründende therapeutische Erkenntnisse, zugleich verweise man sie jedoch in Sachen Religion ständig in die Schranken. Nach *Henning* betreffe das Problem, „die wechselseitige Akzeptanz zu erhöhen [...] weniger die Ebene der tatsächlich erfolgenden Kooperation im Alltagsgeschäft praktizierender Theologen und Psychologen, sondern in erster Linie die Kooperation auf akademischer Ebene."[101]

So zutreffend Hennings Urteil ist, v.a. wenn man auf Literatur aus den 1960er bis 1980er Jahren zurückblickt, so belegen neuere Untersuchungen die enormen Veränderungen, die in den vergangenen beiden Jahrzehnten eingesetzt haben. Es ist darum vielleicht mehr als bloss ein Zufall, dass im Jahre 2000 unter der Kapitelüberschrift *„Zum gegenwärtigen Verhältnis von Psychologie und Theologie"* „die ungebrochene Tendenz, der Psychologie die Rolle der ancilla theologiae zuzuweisen", anhand eines Beitrags von Dietrich Stollberg aus dem Jahre 1980 zu

---

[94]   Ebd., 87.
[95]   So schon SCHARFENBERG (1990² [1985]), 36: „[...] nicht zufällig wurde bei uns in der Bundesrepublik Deutschland Freud Ende der sechziger Jahre neu entdeckt!"
[96]   Vgl. HENNING (2000b), 87.
[97]   JOCHHEIM (1993), 467.
[98]   HENNING (2000b), 88.
[99]   Ebd., 88f.
[100]   Ebd., 93.
[101]   Ebd., 93.

exemplifizieren versucht wird.[102] Aktuelle Anfragen an die Theologie handeln von ihren Bemühungen, sich psychologischen Theorierichtungen und Schulen ohne Bestimmung vorheriger Kriterien anzupassen bzw. diese in ihre eigenen Modelle einzuverleiben. Nicht die Vereinnahmung der Psychologie durch die Theologie, sondern vielmehr die selbstverschuldete und unkritische Anpassung der Theologie an die Psychologie stehen gegenwärtig ernsthaft zur Diskussion.[103]

Hennings Beobachtungen über die Schwierigkeit, sich gegenseitig zu akzeptieren, mögen ergänzt werden durch den Hinweis darauf, dass auf akademischer Ebene erworbene Einstellungen den Hang haben, sich in der Praxis auszuwirken. Wer in einer *scientific community* ausgebildet wird, dessen Umfeld u.a. vom wachsenden Konkurrenzkampf um knapper werdende materielle (und ideelle) Ressourcen geprägt ist, wird leicht dazu verleitet, an einer grundsätzlichen Höherbewertung der eigenen Disziplin und tendenziellen Abwertung anderer Fächer – insbesondere solcher, mit denen Überschneidungen bestehen – Gefallen zu finden. Angesichts der trotz aller metatheoretischen Bemühungen fortbestehenden Tendenz, Kriterien zu suchen, die es ermöglichen, das eigene Fach auf Kosten anderer besser zu positionieren statt es als *eine* mögliche Perspektive neben anderen auf zum Teil gleiche Phänomene und Forschungsbereiche zu begreifen, ist eine echte Zusammenarbeit schwierig. Das bemerkenswert selbstkritische Urteil des Theologen *Christian Henning* darf ergänzt werden durch das ebenso selbstkritische Urteil des US-amerikanischen Psychologen *David M. Wulff*. Dieser weist auf die der akademischen Psychologie von Beginn an inhärente religionsabweisende Einstellung hin.[104] Dass sich diese bis in die therapeutische Praxis auswirkt, darauf hat der Psychoanalytiker und Theologe *Hartmut Raguse* aufmerksam gemacht. Er erblickt in der „Verletzung analytischer Abstinenz" die Ursache für die Tabuisierung religiöser Themen in der Analyse.[105] Dass auch hier eine Veränderung in Gang ist und dass sich gerade auf psychoanalytischer Seite eine bisher noch nie dagewesene Offenheit für religiöse Fragen entwickelt hat, dies belegen neueste Veröffentlichungen.[106]

---

[102] Basierend auf Dietrich STOLLBERG (1980): Art. Religionspsychologie I, in: W. ARNOLD / H.J. EYSENCK / R. MEILI (Hg.): Lexikon der Psychologie, NA Bd. 3, 1881–1890, meint HENNING (2000b), 94, dass „Stollberg die Religionspsychologie als ‚konstruktiv-kirchenkritische' Pastoralpsychologie (konzipiert). [...] Angesichts solcher Verzwecklichung durch die Theologie erstaunt es einen nicht, daß in der akademischen Psychologie das Thema Religion bis in die 90er Jahre kaum eine Rolle spielt und dort selten ein positives Verhältnis zur Poimenik gesucht wird." Auch wenn dies zutrifft, dürften die Gründe dafür tiefer liegen und vielfältiger sein.

[103] Dies lässt sich zumindest für den deutschsprachigen Raum behaupten. Dass sich die Situation in den USA anders präsentiert und Hennings Urteil hier den Kern trifft und gegenwärtig auch Grund heftiger Diskussionen ist, dazu siehe unten S. 45.

[104] Vgl. unten S. 48 und IV.3.1.2.

[105] RAGUSE (2000), 56.

[106] Vgl. u.a. die Vorträge des Jahreskongresses 2003 der Dt. Gesellschaft für Psychoanalyse, Psychotherapie, Psychosomatik und Tiefenpsychologie: Alf GERLACH / Anne-Marie SCHLÖSSER / Anne SPRINGER (Hg.) (2004): Psychoanalyse des Glaubens, Gießen (Psychosozial-Verl.). Für die USA vgl. Rachel B. BLASS, die von psychoanalytischer Seite einen Wandel feststellt und von einer „reconciliatory attitude towards religion that has become increasingly prevalent within psycho-

2.1.2 Vereinigte Staaten von Amerika

Fast zur selben Zeit wie in der deutschsprachigen wurde in der US-amerikanischen Pastoralpsychologie der Versuch unternommen, den Einfluss Freuds auf die eigene Disziplin historisch nachzuzeichnen. Während *Joachim Scharfenberg* 1981 jedoch nur einen sehr kurzen Abriss der deutschsprachigen theologischen Rezeption der Psychoanalyse verfasste, veröffentlichte *Allison Stokes* 1985 in den USA eine ausführliche Monografie unter dem Titel *„Ministry After Freud".*[107] Ihr Ziel war, die Wirkung Freuds auf die US-amerikanische protestantische Theologie und Pastoralpsychologie historisch aufzuarbeiten. Sie fusste auf die 1970 erschienene Studie von *Peter Homans,* deren Titel *„Theology After Freud"* Stokes im Sinne ihres eigenen pastoralpsychologischen Fokus leicht abwandelte.[108] Im Unterschied zur deutschsprachigen Poimenik wurde in den USA nicht nur die allgemeine, sondern auch die landesspezifische Geschichte des Faches schon zur Darstellung gebracht.[109] Auf diesen Darstellungen aufbauend und in Auseinandersetzung mit ihnen versuchte *Stokes* den ihres Erachtens unterschätzten bzw. geradezu ignorierten Einfluss Freuds auf die US-amerikanische protestantische Pfarramtspraxis („practice of American Protestant ministry") bzw. Pastoralpsychologie nachzuweisen, denn:

> *„That pioneers of clinical pastoral education and pastoral psychology recognized in Freud one of the most outstanding thinkers of the twentieth century, a brilliant mind with which it was necessary to come to terms, is too little understood."*[110]

Eine ihrer schon zitierten Hauptthesen lautet: *„pastoral psychology derives from Freudian psychology".*[111] In der Folge sollen kurz die zentralen Ergebnisse der Studie von *Stokes* dargestellt werden, die auf zuvor z.T. unbekannten Quellen und Textanalysen basieren.

Nach *Stokes* müssen 1. die vom Pfarrer *Elwood Worcester* (1862-1940) initi-

---

analytic thinking and writing over the past 20 years" spricht (DIES. [2004]: Beyond Illusion: Psychoanalysis and the Question of Religious Truth, in: IJP 85, 615–634, hier 615).

[107] Siehe oben Anm. 8.

[108] Siehe oben Anm. 18.

[109] Vgl. v.a. William A. CLEBSCH / Charles R. JAEKLE (1964): Pastoral Care In Historical Perspective. An Essay With Exhibits, Englewood Cliffs/NJ (Prentice-Hall); HOLIFIELD (1983). Ich teile das freundliche Urteil von HAUSCHILDT (2000), 16 nicht: „Das Ausfallen einer Gesamtdarstellung der Geschichte der Seelsorge in der Seelsorgebewegung ist beendet worden durch Klaus Winkler." So begrüssenswert das Bemühen Winklers war, seine verschiedenen biografisch orientierten Kurzdarstellungen sind von unterschiedlicher Qualität (Pfisters Abschnitt ist z.B. ungenügend); zudem handelt es sich um keine durchgehende und historischen Ansprüchen genügende Seelsorgegeschichte, die sich mit jenen oben erwähnten messen lassen könnte. Die aktuellste fundierte Kurzdarstellung der Geschichte der Seelsorge findet sich in: MORGENTHALER (2009), 32–51.

[110] STOKES (1985), xi und xiii. Kronfavorit dieses mangelnden Verständnisses ist für sie HOLIFIELD (1983). Sie spricht von dessen „narrow understanding of Freud's achievement and the significance of his contribution", STOKES (1985), xiv.

[111] STOKES (1985), 196 (Anm. 25).

ierte Emmanuel-Bewegung, die ihren Anfang 1906 in der *Emmanuel Episcopal Church* in Boston nahm, 2. die *Clinical Pastoral Education (CPE)* und 3. die Pastoralpsychologie selbst als Teile einer grösseren Bewegung innerhalb des US-amerikanischen Protestantismus verstanden werden. Diese Bewegung sucht sie mit der Bezeichnung *„Religion and Health Movement"* zu fassen.[112] In ihr widerspiegelt sich der prägende Einfluss Freuds auf den US-amerikanischen Protestantismus, denn:

> *„The common denominator in all Religion and Health undertaking is the belief that dynamic psychological insights provide a tool that enables the minister to understand others (and himself or herself) with more clarity than ever before."*[113]

Stokes beklagt den Umstand, dass viel zu wenig deutlich wahrgenommen würde, dass die Pioniere der Emmanuel-Bewegung, der *CPE* und der Pastoralpsychologie, auch wenn sie ihr christliches Fundament stets beibehielten, Freud schätzten und seine Erkenntnisse *„in the service of ministry"* verwendeten.[114]

In einem eigenen Kapitel wendet sich *Stokes* der Vita von *Anton T. Boisen* (1876-1965) zu. Sie analysiert eingehend seine schriftlichen Äusserungen über Freud mit dem Ziel nachzuweisen, dass Boisens Einstellung Freud gegenüber oft falsch wiedergegeben wurde.[115] Seine intensive Beschäftigung mit der Psychoanalyse und ihr Einfluss auf sein Denken sei heruntergespielt worden.[116] Stokes geht davon aus, dass ihre Boisen-Interpretation auf

---

[112] STOKES (1985), xiv.

[113] STOKES (1985), 144.

[114] Ebd., 149. Vgl. ebd., 35f. Ebd., 36: „Worcester wrote [anno 1931; IN] that he felt a deep obligation to Freud ,for a new and incomparable method, an instrument of precision whose employment in the investigation of the mind has enabled us to discover the secret springs and motives of human conduct unknown before him and possibly unknowable but for his genius.'" Worcester hatte u.a. in Leipzig bei Wundt und Fechner studiert. Vgl. dazu auch den Hinweis ebd., 33, dass sich James Jackson Putnam von der Emmanuel Bewegung zurückzog, „when he perceived them as acting as leaders of a new medical movement."
Stokes' Kritik trifft auch auf die 1969 erschienene Gesamtdarstellung von STOLLBERG (1969) zu, die Kenntnisse der US-amerikanischen Geschichte von *Pastoral Care and Counseling* im deutschsprachigen Raum vermittelte. Boisen, „an dessen Erscheinung sich das Wesen der Seelsorgebewegung überhaupt demonstrieren läßt", sei kein „Freudianer" gewesen, sondern eher Anhänger Jungs, meint Stollberg (ebd., 29). Eine Untersuchung von „Boisens Leitgedanke, das Schuldbewusstsein stelle einen Hauptfaktor bei der Genese psychischer Störungen krankhaften Charakters dar" (43), ist jedoch mit Freuds Schuldverständnis kongruent. Zu (den eher äusserlichen) Gemeinsamkeiten und (den fundamentalen) Unterschieden zwischen Boisen und Jung – „Jung welcomes and trusts the unconscious imagination; Boisen fears it. Jung celebrates mystery; Boisen strives for control. Jung has transcended his psychic turbulence by immersing himself fully into it; Boisen is a man still sadly trapped in his pathology because he has stayed alien to it" – vgl. James E. DITTES (1990): Boisen as Autobiographer, in: Leroy ADEN / J. Harold ELLENS (eds.): Turning Points in Pastoral Care. The Legacy of Anton Boisen and Seward Hiltner, Grand Rapids/MI (Baker Book House), 225-231, hier 228f.

[115] Als Beispiele verweist sie – wie schon erwähnt – u.a. auf HOLIFIELD (1983), nach dem Boisen Freud zwar „useful but shortsighted" gefunden hätte, während Boisens „intellectual heirs felt more at home with the new depth psychologies" (zit. ebd., 54).

[116] Demgegenüber findet sie bei Psychoanalysehistorikern zuweilen Erwähnung wie z.B. bei Reuben FINE (1990): The History of Psychoanalysis, New Expanded Edition, New York (Conti-

Widerspruch stossen werde: „My point – that Boisen based psychological insight on a clinical, psychodynamic, essentially Freudian model – will meet with objections."[117] Stokes Boisen-Interpretation, die auch ausführlich dessen Kritik an der Psychoanalyse aufnimmt, steht m.E. jedoch nicht in einem grundsätzlichen, sondern nur graduellen Widerspruch zu anderen Verstehensweisen.[118]

Vor allem die von der Psychoanalyse bewirkte Verlagerung der Aufmerksamkeit im klinischen Training vom Patienten auf den Studenten (und seiner Beziehung zum Supervisor) hätte Boisen missfallen. Boisen sei zwar psychodynamisch orientiert gewesen und hätte deshalb z.B. die von *Russell Dicks* initiierte methodische Einführung von Verbatims aufgrund ihrer mangelnden Berücksichtigung psychodynamischer Aspekte kritisiert, dennoch lehnte er den überragenden Stellenwert ab, den man Freuds Lehren beizumessen begann. *Stokes* fasst ihre Einschätzung Boisens folgendermassen zusammen: „He was a *liberal* thinker who did not endorse Freud's ideas uncritically, but felt free to reject what was unacceptable, especially Freud's positivistic views about religion."[119]

Dieses Urteil lässt sich m.E. in aller Kürze am deutlichsten an Boisens Aufsatz über William James von 1953 verifizieren, in welchem er sowohl Freuds Verdienste („a new interest in the psychopathological" und „a psychology based upon the stuff of experience") als auch das reduktionistische Religionsverständnis der Psychoanalyse („the Freudians have shown little interest in religion and little understanding thereof") und den Mangel an empirischer Methodik („few, if any, of these books have been based upon first-hand study, and few, if any, have attempted to employ the methods of science") benennt.[120]

Im Unterschied zu anderen Darstellungen fokussiert Stokes auf den ungeachtet seiner Kritik an der Psychoanalyse bestehenden Einfluss derselben auf Boisen. Stokes bleibt also nicht einfach bei Boisens Kritik stehen, um aus ihr verallgemeinernd abzuleiten, dass Boisen weder etwas von der Psychoanalyse gehalten hätte noch von ihr beeinflusst worden wäre, sondern hakt nach und fragt, vor welchem Hintergrund seine Kritik zustandekommt. Dennoch: Wer Näheres über diesen Einfluss bzw. über die spezifische Psychoanalyserezeption von Boisen wissen will, erhält präzisere Auskunft in dem von Stokes nicht zur Kenntnis genommenen Beitrag von *Paul W. Pruyser* über Boisen und die Religionspsychologie. Pruyser zufolge hätte Boisen von Freud hauptsächlich dessen Libidotheorie und die Vorstellung innerpsychischer Konflikte verwendet, das dynamische Unbewusste hingegen, „while always protesting against the structural viewpoint and the idea of energy economics", nur mit Vorbehalt geschätzt („only a vague appreciation").[121] Kaum

---

nuum), 402: „Eventually large numbers of persons who had sought solace in religion, and failed to find it, turned to psychoanalysis. In the United States, Anton Boisen, a Protestant minister who had recovered from a schizophrenic breakdown and had gone through some analysis with Harry Stack Sullivan, began the movement of pastoral counseling. Boisen described his breakdown and recovery in *The Exploration of the Inner World (1936).*"

[117] STOKES (1985), 54. Anders als von ihr erwartet, wird ihre Studie zwar in einschlägigen Literaturverzeichnissen aufgeführt, jedoch ohne dass ihre Ergebnisse erkennbar rezipiert würden. Vgl. z.B. John PATTON (2000): Introduction to Modern Pastoral Theology in the United States, in: James WOODWARD / Stephen PATTISON (eds.): The Blackwell Reader in Pastoral and Practical Theology, Oxford, Malden/MA (Blackwell), 49–58.

[118] Vgl. STOKES (1985), v.a. 54–62.

[119] STOKES (1985), 56.

[120] Vgl. Anton T. BOISEN (1953): The Present Status of William James' Psychology of Religion, in: Glenn H. ASQUITH, Jr. (ed.) (1992): Vision From a Little Known Country. A Boisen Reader, JPC Publ., 109–112, hier 111.

[121] Paul W. PRUYSER (1967): Anton T. Boisen and the Psychology of Religion, in: ASQUITH, 145–156, hier 147.

je verstanden hätte er das psychoanalytische Konzept von Überich und Ich-Ideal. Pruyser sieht Boisens Anschlussfähigkeit an Freud in folgenden drei psychoanalytischen Prämissen begründet: 1. Freuds Verständnis von Sexualität und deren Beziehung zu psychischen Störungen, 2. die dynamischen bzw. fliessenden Übergänge zwischen Kind und Erwachsenem, gesund und krank, normal und abnormal und 3. und am wichtigsten, die Ansicht, „that the mentally ill are not hopelessly fixed in their miserable condition."[122]

Um ihre Boisen-Interpretation und insbesondere seine in anderen Darstellungen einseitig hervorgehobene Kritik an der Psychoanalyse in einen grösseren Kontext zu stellen, wendet sich Stokes der einflussreichen und vernichtenden Stellungnahme „The Crisis in Psychiatry and Religion" (1961) von O. Hobart Mowrer zu. Mowrers Kritik richtete sich direkt gegen den seines Erachtens zutiefst schädlichen Einfluss Freuds auf die Theologie. Mowrer meinte, zahlreiche Theologen predigten und schrieben, „as if Freudian theory and practice were the Alpha and Omega."[123] Er zeigte sich tief beunruhigt über die Wirkung Freuds und klagte: „Today there are literally thousands of ministers who are under the spell of Tillich, Fosdick, and the other Freudian apologists."[124] Wenn Mowrer den immensen Einfluss, den Freud auf den amerikanischen Protestantismus ausgeübt hat, beargwöhnte und eine deutliche Rückbesinnung auf Boisen forderte, so verkannte er nach Stokes wie manche andere Boisens Nähe zu Freud (vgl. xii).

Die sich aufdrängende Frage, wie es zu einer solchen Fehleinschätzung von Freuds Einfluss hatte kommen können, lässt Stokes offen. Die mangelnde historische Beschäftigung mit ihm hätte ein wissenschaftliches Vakuum („scholarly vacuum") erzeugt und zahlreiche Fehlannahmen („numerous misconceptions") zur Folge gehabt (xi). Zu ihnen gehörte auch die Ansicht, die christlichen Kirchen hätten anfänglich ablehnend und feindlich auf die Psychoanalyse reagiert und seien erst später rezeptiv geworden. Trotz tatsächlich mancherlei zu Tage getretener Animositäten hält *Stokes* es doch für erstaunlich, mit welcher Offenheit man gerade von religiös-liberaler Seite Freuds Lehren begegnete.[125] Diese Offenheit zeichnet *Stokes* anhand weiterer Protagonisten der *Religion and Health Movement* nach, die ihre Wurzeln in der liberalen Tradition des US-amerikanischen Protestantismus hat.[126]

---

[122]   Ebd., 148. Zur 2. Prämisse, die Boisen mit seiner Einteilung von „mentally ill" in zwei Gruppen, nämlich in „the organic and the functional disorders", wieder aufhob, vgl. ebd., 149.

[123]   Zit. in: STOKES (1985), 60.

[124]   Zit. in: STOKES (1985), 62. Zur ebenso vernichtenden Kritik an Mowrer vgl. ebd., 61f.

[125]   Vgl. STOKES (1985), xii: „[...] what is remarkable is the readiness with which many Protestant leaders accepted Freud's teaching" bzw. 10: „[...] I must say that what impressed me initially was the willingness of theological liberals to see God's purpose in Freud's work." Dies sei nirgends schöner zu beobachten als in der Korrespondenz Freuds mit Oskar Pfister und mit James Jackson Putnam in Boston, wobei letzterer von Beruf Mediziner war.

[126]   Ihre Blütezeit war zwischen 1870 und 1930. Zur näheren Umschreibung vgl. ebd., 7–12. „The primary characteristic of the liberal impulse is the conscious, intended adaptation of religious ideas to modern culture. Evangelical liberal leaders of Religion and Health endeavored to reconcile Christian faith and scientific psychology. In so doing they worked to achieve a careful balance, a proper tension, between ‚Christ and culture,' sacred and secular. The dual nature of their enterprise is expressed by the name of the movement itself: Religion *and* Health" (ebd., 149).

Seward Hiltner (1909–1984), der 1932 zum Studentenkreis Boisens am *Elgin State Hospital* in Illinois gehört hatte, stellte Stokes Dokumente zur Verfügung, dank der sie erstmals die Zusammenkunft der *„New York Psychology Group"* (NYPG) darzustellen vermochte. Diese tagte zwischen 1941 und 1945 monatlich im Haus des am *Union Theological Seminary* lehrenden *Harrison S. Elliott*, des Nachfolgers von *George Albert Coe.* Zu den TeilnehmerInnen gehörten ausser Hiltner so illustre Persönlichkeiten wie *Erich Fromm, Rollo May, Carl Rogers* und *Hanna* und *Paul Tillich*.[127] Die Rolle der NYPG fasst *Stokes* folgendermassen zusammen: „The NYPG essentially functioned not to break new conceptual ground, but to encourage and reinforce members in their own efforts to explore the interrelation of Religion and Health by providing a forum for intellectual exchange and fellowship."[128] *Tillichs* wichtige Versuche der Vermittlung von Psychoanalyse und Theologie würdigt *Stokes* vor dem Hintergrund seiner Teilnahme an den NYPG-Sitzungen, deren Anführer er und *Fromm* gewesen seien. Zusammenfassend stellt Stokes fest: „Emmanuel had prepared the way; Boisen and Dunbar mapped it out; the NYPG legitimated it."[129]

Eine herausragende Rolle in der weiteren Verbreitung der Bewegung spielte *Hiltner*, der als Sekretär des *Council for Clinical Training* für Theologiestudierende direkt *Helen Flanders Dunbar* unterstellt war. Sein Buch über *„Religion and Health"* (1943) beeinflusste Tillich, und sein Beitrag *„Freud for the Pastor"* (1955) animierte Studierende und Theologen, Freud selber zu lesen. Nach Hiltner war Freud „unintentionally a greater contributor to religious understanding than one could possibly guess merely from an examination of his negative views on the truth and validity of religion as he understood it."[130]

Alle bedeutenden AnführerInnen innerhalb der Religion and Health-Bewegung, zu denen u.a. Elwood Worcester, Anton T. Boisen, Helen Flanders Dunbar, das Team um Smiley Blanton und Norman Vincent Peale, Seward Hiltner und Paul Tillich zählten, entstammten einer liberalen Tradition. Stokes' Analyse der Hintergründe, weshalb Freud gerade bei liberalen Theologen auf offene Ohren stiess, ist von besonderem Interesse, da sich Parallelen zum deutschen Sprachraum ergeben. Stokes führt die Bereitschaft liberaler Theologen, sich auf Freud einzulassen bzw. sich den neuen psychoanalytischen Theorien zu öffnen, auf die einschneidenden ökonomischen, sozialen und wissenschaftlichen Veränderungen zurück, die Ende des 19. Jahrhunderts zu massiven gesellschaftlichen Umwälzungen führten und gerade für Seelsorger eine enorme Herausforderung bedeuteten. Sowohl die Social Gospel-Bewegung in den USA als auch der Religiöse Sozialismus in Europa haben ihre Wurzeln in diesen Umwälzungen.[131] Sie bilde-

---

[127] Vgl. STOKES (1985), 112.
[128] STOKES (1985), 113.
[129] STOKES (1985), 140. Zu Helen Flanders Dunbar (1902–1959), die eine der vier StudentInnen Boisens bei dessen Einführung des *clinical training* im *Worcester State Hospital* war, ihre Ausbildung auch in Zürich und in Wien erhielt und zu den Pionierinnen im Bereich der Psychosomatik gehörte, vgl. Allison STOKES (2005² [1990]): Art. Dunbar, Helen Flanders, in: DPCC, 320.
[130] Zit. nach STOKES (1985), 117.
[131] Vgl. Glenn H. ASQUITH, JR. (1990): An Experiential Theology, in: ADEN / ELLENS, 19–31, hier 21: „The Social Gospel movement, led by Walter Rauschenbusch, called attention to humanity's responsibility to move institutions, as well as individuals, toward the kingdom of God. This outlook joined with the Progressive movement to fight the economic injustices of the time. Continuing in this tradition, the clinical training movement sought to reform both religion and theology to make them more relevant to the needs of modern society. While the concerns of cli-

ten auch die Ursache für die sich ausbreitende Erfahrung zahlreicher Pfarrer, keine entsprechende Antwort auf die offensichtlichen Folgen der Industrialisierung wie wachsende Massenquartiere, Armut und Entkirchlichung zu haben und von der sozialen Not schlichtweg überfordert zu sein.[132]

Diese Verunsicherung und Erschütterung förderten die Offenheit für neue Lehren.[133] *Stokes* nimmt die These der Historiker *Gail Parker* und *Nathan Hale Jr.* auf, nach welcher die zur selben Zeit entstehende und zur sog. *„mind cure"*-Bewegung" gehörende *Christian Science* von *Mary Baker Eddy (1821–1910)* durch ihre Rückführung physischer Symptome auf psychische Ursachen viel zur Implementierung des psychosomatischen Prinzips und einer neuen Psychologie beigetragen habe.[134]

Nach *Stokes* sind die *Social Gospel Movement* und die *Religion and Health Movement* als zwei komplementäre Bewegungen innerhalb des amerikanischen protestantischen Liberalismus zu sehen:

*„From the beginning, the efforts of Religion and Health leaders were gospel-centered. Indeed, the facts suggest, although such an interpretation has never before been made, that **the Religion and Health Movement began as a movement in tension with and parallel to the Social Gospel**. With reference to the new sociological learning, proponents of the Social Gospel sought to carry on Jesus' social, prophetic ministry. With reference to the new depth psychological learning, proponents of Religion and Health sought to carry on Jesus' healing, priestly ministry. The Social Gospel, alone, was inadequate, Religion and Health leaders had learned. ‚Personal unbalance **never** leads to social stability.' And so, responding to felt human need, they sought to recover the unity of mind and body, to bring ‚wholeness'."*[135]

---

nical training were generally more individual than societal, Boisen never lost sight of the social focus." Zwischen Anführern beider Bewegungen dies- und jenseits des Atlantiks bestanden auch persönliche Kontakte, vgl. unten S. 74.

[132] Die Richtigkeit der These von Stokes lässt sich für Europa vorzüglich auch am Briefwechsel von Oskar Pfister und Leonhard Ragaz nachzeichnen. Pfister widerfuhr dieselbe Erfahrung während seiner Pfarramtszeit. Vgl. unten II.2.2 u. 3, v.a. S. 75 [Anm. 75].

[133] So sieht David M. WULFF die Wurzeln der Religionspsychologie u.a. auch in der *Social Gospel*-Bewegung: „Whereas the psychology of religion was in some measure yet another expression of the burgeoning, nineteenth-century interest in applying scientific methods in the human realm, it was also a manifestation of the reform-minded Progressive movement and in particular the Social Gospel." Letztes Ziel („ultimate goal") einiger Gründungsväter sei gewesen, Religion „compatible with twentieth-century understandings" zu machen und „serviceable to a society that had been profoundly disrupted by the […] changes of industrialization." Im Gegensatz zu ihnen gehörte Freud in der Gründungsphase der Religionspsychologie – von ca. 1890 bis in die 1920er Jahre – zu jenen, die Religion am heftigsten kritisierten. DERS. (2001): Psychology of Religion. An Overview, in: Diane JONTE-PACE / William B. PARSONS (eds.): Religion and Psychology: Mapping the Terrain. Contemporary Dialogues, Future Prospects, London/New York (Routledge), 15–29, hier 15 u. 18. Der Erste Weltkrieg und die anschliessende Wirtschaftskrise beendeten in den USA den Progressivismus, vgl. ebd. 19.

[134] Vgl. STOKES (1985), 24.

[135] STOKES (1985), 145f. [Hervorhebung i.O.; Zitat: Joshua Loth Liebman (1946): Peace of Mind, New York (Simon & Schuster), 6]. Vgl. dazu David M. WULFF (2000): On the Current Status of the Psychology of Religion in the United States, in: HENNING / NESTLER, 13–28, hier 13f., der darauf hinweist, dass die Religionspsychologie in den USA im Zeitalter des Progressivismus, also von den 1890ern bis etwa 1917, entstand und blühte und von liberalen Protestanten getragen

Im Rückblick auf die Gesamtgeschichte der Psychoanalyse unterscheidet Stokes im Anschluss an den Historiker *John C. Burnham* zwei Wellen der theologischen Rezeption Freuds in den USA. Nach der ersten soeben beschriebenen Aufnahme Freuds unter liberalen Theologen setzte eine zweite Welle der Rezeption ebenfalls unter liberalen Theologen mit dem Zweiten Weltkrieg ein und dauerte bis tief in die 1960er Jahre an. Die immense Zunahme psychischer Erkrankungen als Folge des Krieges förderte die Aufnahmebereitschaft für psychodynamische Ansichten. Das Zentrum der Psychoanalyse bildeten ab 1940 unbestrittenermassen die USA – auch aufgrund der zur Flucht aus Europa gezwungenen jüdischen PsychoanalytikerInnen.

Eine Prüfung der These von Stokes anhand der Originalquellen zeigt ihre Stärke als auch ihre besondere Schwierigkeit. Letztere besteht m.E. hauptsächlich darin, dass sie – wie im Falle Boisens – quer zu dessen Selbstaussagen steht. Boisen fühlte sich wiederholte Male gezwungen, aufgrund frappanter inhaltlicher Übereinstimmungen seine Unabhängigkeit von Freud zu betonen.

In seiner autobiografischen Schrift von 1960 „*Out of the Depths*" erinnert sich der inzwischen 84jährige Boisen an seine erste Freud-Lektüre. Während seiner Hospitalisierung 1920 erhielt er von einem Freund (Fred Eastman) die Einführungs-Vorlesungen Freuds und meinte dazu im Rückblick: „This was my first introduction to Freud, and I became very excited over finding in this book much that supported my independently-arrived-at ideas."[136] Boisen beharrt auf der Originalität seiner mit Freud z.T. kongruenten Ideen. In einem Dankesbrief vom 11. Dezember 1920, den er in seiner Autobiografie zitiert, schreibt er seinem Freund: „Freud's conclusions are so strikingly in line with those which I had already formed that it makes me believe in myself a little bit once more."[137] Zwei mit seinen eigenen Ansichten übereinstimmende Thesen Freuds hebt er 1920 hervor: erstens, dass krankhafte Zustände einen Zweck hätten („a purpose"). Nicht durch Unterdrückung der Symptome, sondern durch Lösung des zugrundeliegenden Konflikts müssten sie geheilt werden. Die zweite These betreffe die Frage der Behandlung. Im Dreischritt von 1. völliger Wahrhaftigkeit auf Seiten des Patienten und Verstehen auf Seiten des Therapeuten und dem Versuch, zu Bewusstsein zu bringen, was bisher unbewusst blieb, über 2. die Notwendigkeit des Übertragungsvorgangs bis zu 3. dessen Auflösung zu gegebener Zeit

---

war: „The liberal Protestants who championed the Social Gospel movement found support for their moral and spiritual vision in the new psychology and the other emerging social sciences. [...] American psychologists of religion [...] were among those who set about to reconceive religion in the framework of the social gospel and to gather empirical findings that could be used to promote human betterment." Der Erste Weltkrieg, die Wirtschaftskrise, das Aufkommen des Behaviorismus und der Dialektischen Theologie bereiteten der Religionspsychologie nachher beinahe ein Ende, vgl. ebd. 19.

[136] Anton T. BOISEN (1960): Out of the Depths. An Autobiographical Study of Mental Disorder and Religious Experience, New York (Harper & Brothers), 103. Während Boisen selber und – in Aufnahme seines Urteils – die pastoralpsychologische Fachliteratur seine Erkrankung als Schizophrenie diagnostizierten, zeigten Carol NORTH und William M. CLEMENTS (1981): The Psychiatric Diagnosis of Anton Boisen: From Schizophrenia to Bipolar Affective Disorder, in: JPC XXXV/4, 264–275 auf, dass sie nach DSM-III einer bipolaren Störung entsprach. Zur immer wieder aufflammenden Diskussion vgl. Curtis W. HART (2001): Notes on the Psychiatric Diagnosis of Anton Boisen, in: Journal of Religion and Health 40/4, 423–429.

[137] BOISEN (1960), 103.

erkennt sich Boisen wieder. Er betont, dass er zu dieser Einsicht unabhängig von Freud gekommen sei.[138] Deutlich wird in diesen Aussagen, dass Boisen Freud näher stand, als man von seiner späteren Kritik erwarten könnte; zugleich gilt es, Boisens Anspruch auf Originarität zu wahren. Eine angemessene Interpretation Boisens wird diese Spannung aufrechthalten müssen.

Stokes unterlässt es, den Begriff Pastoralpsychologie je zu definieren. Diese Disziplin einfach von der Psychoanalyse her abzuleiten, steht wiederum in einer gewissen Spannung zu Boisens Selbstaussagen. Richtig scheint mir jedoch die Beobachtung, dass die Ausformung der neuen Disziplin Pastoralpsychologie auch im US-Kontext nicht ohne den Einfluss und die Auseinandersetzung mit der Psychoanalyse zu denken und zu verstehen ist und dass gerade dieser wichtige Einfluss oftmals nicht genügend erkannt und gewürdigt wurde. Dies deutlich gemacht zu haben, ist das bleibende Verdienst von Allison Stokes.

2.2 Pastoralpsychologie und Religionspsychologie

Der zweite aktuelle und hier zu erwähnende Diskurs handelt von der Frage nach der angemessenen Verhältnisbestimmung von Pastoral- und Religionspsychologie. Beide Disziplinen sind trotz ihrer verschiedenen länderspezifischen Entwicklungen „Zwillinge geblieben, die früh voneinander getrennt wurden" und „bis heute [...] wenig voneinander wissen".[139] So forderte *Christoph Morgenthaler* 2002, der Dialog müsse dringend in Gang kommen.[140] Insbesondere die Pastoralpsychologie ist auf das bisher vernachlässigte Gespräch mit der im deutschen Sprachraum seit dem Nationalsozialismus marginalisierten und heute vor allem in den USA beförderten Religionspsychologie angewiesen.[141]

---

[138] Vgl. ebd., 104: „As I understand my own case, that is precisely what has been happening. Therein lies the explanation of the recent smash-up. May it not be the destruction or sublimation of the transference relationship and the completion of a process which has been going on for many years? That [...] is the interpretation I had arrived at before I ever heard of Freud. I am glad to receive support of this sort. It makes me feel as in the days of old when I was working on some difficult problem in algebra, and then after getting my answer, I would turn to the key in the back of the book and find that my answer was right. But this is a problem on which I have been working for eighteen years." Boisen sah den Grund seiner Hospitalisierung in der Auflösung seiner Übertragung auf Alice Batchelder, der unglücklichen Liebe seines Lebens, und missverstand Freuds Konzept der Übertragung mit dieser Interpretation gründlich.

[139] MORGENTHALER (2002), 297f.

[140] Vgl. ebd.

[141] Vgl. WULFF (2000), 14: „Today, even with the significant contributions that are coming out of the Nordic countries as well as Belgium and the Netherlands, it is mainly in America that the psychology of religion appears to be thriving." Vgl. Erich NESTLER (2000b): Wenn Seelsorge therapeutisch wird. Versuch einer Verhältnisbestimmung von psychologischer und theologischer Religionspsychologie am Beispiel der Seelsorgetheorie, in: HENNING / NESTLER, 181–200, hier 197: „Grundlagentheoretische religionspsychologische Fragen beschäftigen sie [sc. die Pastoralpsychologie; IN] meiner Einschätzung nach nur am Rande." Dabei wird verstärkt auf die Notwendigkeit einer religionspsychologischen Fundierung der Pastoralpsychologie hingewiesen, vgl. v.a. WAHL (2000), 71 u. SANTER (2003), 171.

Als Vorbedingung des Gesprächs ist es unerlässlich, die je eigenen Voraussetzungen sorgfältig zu klären. In der gegenwärtigen Forschungslandschaft werden folgende drei Punkte, in denen sich Pastoral- und Religionspsychologie voneinander unterscheiden, als wesentlich hervorgehoben: ihre jeweilige institutionelle Verankerung (2.2.1), ihre disziplinäre Zuordnung (2.2.2) und ihre Forschungsperspektive mitsamt ihrem Religionsverständnis (2.2.3).

2.2.1 Institutionelle Verankerung

Die erste grundlegende Differenz zwischen beiden Disziplinen betrifft ihre *institutionelle Verankerung*. Während sich die Pastoralpsychologie universitär etablieren konnte und einen „Sonderstatus" geniesst,[142] führt im deutschsprachigen Raum – im Gegensatz etwa zu den skandinavischen Ländern[143] – nur ein einziger Lehrstuhl, nämlich ein Lehrstuhl für Praktische Theologie in Wien, die Religionspsychologie mit im Titel.[144] Auch wenn in den ersten Jahrzehnten des 20. Jahrhunderts enorme Anstrengungen zur Förderung religionspsychologischer Forschung unternommen wurden – wie z.B. die Gründung der *Internationalen Gesellschaft für Religionspsychologie* und ihrer Reihe *Archiv für Religionspsychologie* im Jahre 1914 in Nürnberg durch den evangelischen Pfarrer Wilhelm Stählin oder die Einrichtung des vom lutherischen Theologen Karl Beth in Wien ins Leben gerufenen Forschungsinstituts und der von ihm gegründeten und präsidierten *Internationalen Religionspsychologischen Gesellschaft* –, verschwand die Religionspsychologie in Deutschland und Österreich während der Nazizeit fast vollständig.[145] Bis auf den heutigen Tag konnte im deutschen Sprachraum kein eigener religionspsychologischer Lehrstuhl eingerichtet werden.

Die Situation in den USA, wo sich die moderne Religionspsychologie zur selben Zeit wie in Europa ausbildete, sieht nicht viel rosiger aus.[146] *David M.*

---

[142]   HENNING (2000b), 90. Ebd., 89f. beleuchtet Henning die Gründe, weshalb die einst angestrebte „Kooperation von Seelsorge und Psychologie" nur auf der „Ebene der Praxisarbeit", nicht aber „auf akademischer Ebene […] so recht funktionierte." Zu ihnen zählt er die „eigenartige[n] Konzeption der Pastoralpsychologie", die einerseits als „spezifische Psychologie" anerkannt werden wolle, sich aber andererseits „den Bedingungen dafür nicht fügen" möge.

[143]   Die Niederlande, wo die Religionspsychologie auch zunächst primär von Theologen ausgeübt wurde, verfügt über die meisten religionspsychologischen Lehrstühle in Europa, orientiert sich aber stark an den USA. Vgl. Jacob A. van BELZEN (2002), 119f. u. 129.

[144]   Vgl. HEINE (2005), 44: „Der einzige Lehrstuhl im deutschsprachigen Raum – ein Lehrstuhl für Praktische Theologie –, der die Religionspsychologie im Titel führt, ist Mitte der 90er-Jahre von Zürich nach Wien übersiedelt." Inhaberin dieses Lehrstuhls ist Susanne Heine selber.

[145]   Vgl. die Homepage der heutigen *International Association for the Psychology of Religion*: http://www.iapr.de. Zu ihrer Geschichte vgl. Jacob A. van BELZEN (2004): Like a Phoenix from Its Ashes? On the Fate and Future of the International Association for the Psychology of Religion, in: PastPsy 52/6, 441–457.

[146]   Vgl. Nils G. HOLM (1997): Religionspsychologie gestern und heute. Einige Entwicklungslinien, in: ARPs 22, 15–27, hier 17: „Man hat sich gegenseitig in beiden Richtungen über den Atlantik beeinflußt, aber man kann jedoch ohne zu übertreiben behaupten, daß die europäische und besonders die deutsche Entwicklung die eigentliche Triebkraft sind."

Wulff, der Doyen der amerikanischen Religionspsychologie, stellt lakonisch fest, dass es schlichtweg keine Lehrstühle gäbe und es auch sonst nicht ohne weiteres möglich sei, Religionspsychologie zu studieren.[147] Anders als im deutschsprachigen Raum, wo von theologischer Seite her kein Anspruch mehr auf ein Deutungsmonopol religiöser Phänomene erhoben wird[148] und wo man sich im religionspsychologischen Diskurs mit der Forderung eines vermehrten Einbezugs und einer stärkeren Zusammenarbeit begnügt,[149] droht in den USA immer wieder die Gefahr einer christlich-fundamentalistischen Vereinnahmung des Fachs.[150] Spezifische Publikationsorgane wie das *Journal for the Scientific Study of Religion* oder das *International Journal for the Psychology of Religion* erhielten zu wenig qualifizierte Beiträge.

Wulff zeichnet ein eher düsteres Bild für die Zukunft der Religionspsychologie – mag man dies dem antireligiösen Impuls von PsychologInnen anlasten und/oder der mangelnden Anpassung religionspsychologischer Forschung an Theoriemodellen und Methoden der „mainstream psychology, especially its experimental and quasi-experimental methods."[151] Umso bemerkenswerter ist es, dass

---

147 WULFF (2000), 14f.: „There are correspondingly no chairs in the psychology of religion in the United States and only a handful in Europe. Graduate study in the psychology of religion is also seriously problematical in the United States. Formal programs in some combination of psychology and religion can be found only in schools of theology, and rarely if ever is that combination the classic psychology of religion." Vgl. NIELSEN (2000), 5: „More generally, religious studies in the U.S. has been termed the ‚hidden discipline' […]. The study of religion at public universities and colleges is uncommon". Vgl. auch HOLM (1997), 21: „In den USA bemerkt man eine Einteilung der Religionspsychologie nach verschiedenen Schulen. Die tiefenpsychologische Richtung orientiert sich deutlich an der Seelsorge, ‚pastoral psychology', und wird nicht selten an verschiedenen theologischen Seminaren ausgeübt." Dieselbe Aussage findet sich: DERS. (1998): Historische Einführung, in: Christian HENNING / Erich NESTLER (Hg.): Religion und Religiosität zwischen Theologie und Psychologie, Bad Boller Beitr. zur Religionspsychologie, Bd. 1, Frankfurt a.M. u.a. (Lang), 15–26, hier 22. Demgegenüber hält Michael UTSCH (2008): Religionspsychologie: Ein Forschungsüberblick, in: IJPT 12, 208–356, hier 308, die Religionspsychologie in den USA für „etabliert" und zitiert als Nachweis Robert A. EMMONS / Raimond F. PALOUTZIAN (2003): The Psychology of Religion, Annual Review of Psychology 54, 377–402, hier 379: „Die amerikanische Religionspsychologie hat sich zu einer ‚voll ausgereiften und führenden Forschungsdisziplin' entwickelt" (zit. nach UTSCH, 310). Leider bleibt die Aussage, dass „an zwei Dritteln der amerikanischen medizinischen Fakultäten ein Einführungskurs in Religionspsychologie Pflicht" (312) sei, ohne Beleg.

148 Anders HENNING (2000b), 95, der mit Blick auf die Psychologie einen „Alleinvertretungsanspruch der Theologie in Sachen christlicher Religion" festzustellen meint, und Karénina KOLLMAR-PAULENZ (2005): Zur Relevanz der Gottesfrage für eine transkulturell orientierte Religionswissenschaft, in: Ulrich H.J. KÖRTNER (Hg.): Gott und Götter, Neukirchen-Vluyn (Neukirchener Verl.), 23–49, hier 26f., die von einem „implizite[n] ‚Zuständigkeitsprimat' der Theologie für alles, was irgendwie mit ‚Religion' zu tun hat", und von einer „heimliche[n] Entrüstung, daß ihr dieser Primat scheinbar streitig gemacht wird", spricht.

149 Vgl. Sebastian MURKEN / Heribert WAHL (2002): Editorial, in: WzM 54/4, 183–184.

150 Vgl. WULFF (2000). DERS. (2001), 15 definiert vor diesem Hintergrund die Religionspsychologie: „Strictly conceived, psychology of religion comprises the systematic application of psychological theories and methods to the contents of the religious traditions and to the related experiences, attitudes, and actions of individuals."

151 Ebd., 22.

– gemessen an der wachsenden Zahl von Publikationen – allgemein von einem wieder erwachten Interesse an der Religionspsychologie gesprochen werden kann.[152] Dieses schlägt sich seit den 1990er Jahren in der Veröffentlichung neuer US-amerikanischer und – mit etwas zeitlicher Verzögerung – seit dem Jahrtausendwechsel auch deutschsprachiger Einführungen in die Religionspsychologie und entsprechender Handbücher nieder.[153] Die steigende Zahl fachspezifischer Publikationen verheisst nach Michael Utsch eine Lösung der „deutschsprachige[n] Religionspsychologie von der amerikanischen Vorherrschaft". Erstere „entwickelt eine eigenständige Perspektive. Das ist nötig, weil die Religiosität als ein kulturgeprägtes Phänomen die Beachtung des jeweiligen Kontexts erfordert."[154]

2.2.2 Disziplinäre Zugehörigkeit

Ein weiterer Unterschied zwischen Pastoral- und Religionspsychologie besteht in der Frage der *disziplinären Zuordnung*: Im Gegensatz zur Pastoralpsychologie, die ausschliesslich an theologischen Fakultäten gelehrt wird, lässt sich die Religionspsychologie – ihrer Entstehung entsprechend – theoretisch drei Disziplinen zuordnen, nämlich der Theologie, der Religionswissenschaft und der Psychologie,[155] auch wenn sie „traditionellerweise gerade in Deutschland von Theologen

---

[152]   Vgl. NESTLER (2000b), 197, der von einer „seit einigen Jahren international wieder aufblühende[n] Religionspsychologie" spricht, die „sich primär empirisch (definiert)". Sogar in Deutschland sei sie „wieder zum Leben erwacht", so HENNING / NESTLER (2000), 9 (Zum Geleit). Nils G. HOLM (2000): Bericht über die Arbeit der Internationalen Gesellschaft für Religionspsychologie und Religionswissenschaft, in: HENNING / NESTLER, 59–65, hier 62f. stellt „im heutigen Europa ein recht großes Interesse für religionspsychologische Fragen" fest.

[153]   Vgl. u.a. David M. WULFF (1997[2] [1991]): Psychology of Religion. Classic and Contemporary Views, New York u.a. (John Wiley & Sons); Henry Newton MALONY (ed.) (1992): Psychology of Religion: Personalities, Problems, Possibilities, Grand Rapids/MI (Baker Book House); DERS. (1995): The Psychology of Religion For Ministry, New York (Paulist Press); Ralph W. HOOD, Jr. / Bernard SPILKA / Bruce HUNSBERGER / Richard GORSUCH (1996[2] [1995]): The Psychology of Religion. An Empirical Approach, New York/London (The Guilford Press); Bernard SPILKA / Daniel N. MCINTOSH (eds.) (2007): The Psychology of Religion: Theoretical Approaches, Boulder/CO (Westview Press); Michael UTSCH (1998): Religionspsychologie. Voraussetzungen, Grundlagen, Forschungsüberblick, Stuttgart/Berlin/Köln (Kohlhammer); Jean Jacques WAARDENBURG (1999): Classical Approaches to the Study of Religion, New York (de Gruyter); Christian HENNING / Sebastian MURKEN / Erich NESTLER (Hg.) (2003): Einführung in die Religionspsychologie, Paderborn (Schöningh); Hansjörg HEMMINGER (2003): Grundwissen Religionspsychologie: ein Handbuch für Studium und Praxis, Freiburg i.Br. (Herder); HEINE (2005); Raymond F. PALOUTZIAN / Crystal L. PARK (eds.) (2005): Handbook of the Psychology of Religion and Spirituality, New York (Guilford Press); Godwin LÄMMERMANN (2006): Einführung in die Religionspsychologie. Grundfragen – Theorien – Themen, Neukirchen-Vluyn (Neukirchener Verl.); Bernhard GROM (2007[3] [1992]): Religionspsychologie, München (Kösel); Stefan HUBER (2007): Religionspsychologie. Eine Anleitung zur Selbstreflexion, Bern (Huber).

[154]   Michael UTSCH (2008): Religionspsychologie, in: EZW Berlin (3), 1–5, hier 1 [http://www.ekd.de/ezw/images/EZW_Utsch_Lit_Relpsy.pdf] 24.01.2008.

[155]   Vgl. HOLM (1997), 16: „Auf der Suche nach den Wurzeln der Religionspsychologie muß man auf jeden Fall drei wichtige Umstände nennen: erstens die Theologie und zweitens die Mitte des

betrieben werde".[156] Die wissenschaftshistorisch schon in ihrer Entstehung angelegte Interdisziplinarität der Religionspsychologie führt dazu, dass ihre Lehrstühle an allen drei erwähnten Fakultäten angesiedelt sein können. Angesichts ihres ungeklärten und hochschulpolitisch ungesicherten Status machen sich unterschiedliche Begehrlichkeiten bemerkbar, die auch vor dem Hintergrund universitätsökonomischer Verteilungskämpfe zu sehen sind. Während einst die Theologie in Sachen Religionspsychologie federführend war, herrscht heute ein Wettstreit der Fakultäten: So erklärt die im Aufschwung begriffene und sich heute v.a. als empirisch-deskriptive Kulturwissenschaft verstehende Religionswissenschaft die Religionspsychologie pragmatisch zu einem eigenen Teilgebiet,[157] während andere sie wiederum als „eine Spezialdisziplin der Psychologie" definieren, nämlich – wie die Pastoralpsychologie – als „ein[en] Bereich Angewandter Psychologie".[158]

Die Ansicht, Religionspsychologie sei ausschliesslich der Psychologie anzuvertrauen, vertritt z.B. mit aller Vehemenz der niederländische Religionspsychologe *Jacob A. van Belzen*. Wo religionspsychologische Stellen an theologischen Fakultäten nur mit Theologen besetzt werden dürften, spricht er der Religionspsychologie eine Zukunft ab: „Religionspsychologie ist eben Psychologie und nicht Theologie, obgleich sie dort auch getrieben werden und von der Zusammenarbeit mit Theologen Nutzen haben könnte."[159] Für van Belzen ist klar, dass Religionspsychologie zwar ohne Weiteres auch an theologischen Fakultäten angesiedelt und gelehrt werden könne, doch nur „– eben, um vollwertig Psychologie zu sein und zu bleiben – von (geneigten) Psychologen".[160] Van Belzen sieht es als

---

[156] 19. Jahrhunderts heranwachsende Religionswissenschaft, drittens die Philosophie und die allgemeine Psychologie, die Ende des 19. Jahrhunderts ein selbständiger Wissenschaftsbereich wurde."
FRAAS (2000), 105. Vgl. HEINE (2005), 58: „So fällt auf, dass die deutschen Religionspsychologen mit wenigen Ausnahmen Theologen waren und in ihrem theologischen Beruf" auch blieben.

[157] Vgl. schon Wilhelm KEILBACH (1962): Die empirische Religionspsychologie als Zweig der Religionswissenschaft, in: ARPs 7, 13–30, hier 30; Jean Jacques WAARDENBURG (1986): Religionen und Religion. Systematische Einführung in die Religionswissenschaft, Berlin (de Gruyter); Fritz STOLZ (2001³ [1980]): Grundzüge der Religionswissenschaft, Göttingen (Vandenhoeck & Ruprecht). Der Anspruch der Religionswissenschaft auf die Religionspsychologie widerspiegelt u.a. auch „die alte Spannung, ja bisweilen Haßliebe zwischen Theologie und Religionswissenschaft, ein symbiotisches Verhältnis, bei dem wechselweise das eine Fach der Wirt des anderen ist: Theologie muß weitgehend religionswissenschaftlich arbeiten, Religionswissenschaft braucht Theologie", Axel MICHAELS (1997): Einleitung, in: DERS. (Hg.): Klassiker der Religionswissenschaft. Von Friedrich Schleiermacher bis Mircea Eliade, München (Beck), 7–16, hier 7. Demgegenüber meint Karénina KOLLMAR-PAULENZ (2004): Die Religionswissenschaft – Zur Relevanz eines „kleines Fachs" in der akademischen Landschaft. Berner akademische Reden 2003, Bern (Haupt), 6: „Es geht der Religionswissenschaft um die Beschreibung und Analyse religiöser Traditionen in ihren kulturellen Manifestationen und öffentlichen Institutionalisierungen, aber es geht ihr nicht um ein Beschreiben und Nachvollziehen inneren religiösen Erlebens. Die subjektive Religiosität des Individuums entzieht sich der wissenschaftlichen Beschreibung."

[158] GROM (2007³ [1992]), 12f. Zur Pastoralpsychologie vgl. oben S. 18.

[159] BELZEN (2002), 138. Man beachte den Konjunktiv.

[160] Ebd., 140. Einen milderen Ton schlägt BELZEN (2004), 452 an: „the instrumentarium of the psychologists of religion is psychology in general [...], but this does not mean that it is exclusi-

akademischen Gewinn, dass die Religionspsychologie „nach einer anfänglichen Dominanz der Theologen in die Hände von Psychologen gelegt worden ist",[161] wobei diese sowohl im deutschen Sprachraum als auch in den USA eine gewisse Reserviertheit gegenüber Theologie und Religion an den Tag legen.[162] Sowohl Psychologie als auch Religionswissenschaft suchen „sich von der Theologie traditionell durch ein Objektivitäts- und Distanzpathos gegenüber religiöser Konfessionalität abzuheben".[163] Der Frankfurter Psychologe *Helfried Moosbrugger* schildert die von Vorurteilen geprägte komplexe Forschungssituation deutschsprachiger PsychologInnen, die sich auf das Gebiet Religion spezialisieren wollen, folgendermassen:

> *„Wenn man heute in Deutschland als psychologischer Wissenschaftler empirisch-religionspsychologische Forschungsarbeiten durchführen oder initiieren möchte, so läuft man Gefahr, sich angesichts der besonderen Entwicklung der deutschsprachigen Religionspsychologie einigen Mißverständnissen ausgesetzt zu sehen: Wendet man sich an die psychologische Fachöffentlichkeit, muß man sich nicht nur mit den Problemen einer fehlenden Forschungstradition und -infrastruktur auseinandersetzen, sondern auch befürchten, von den Fachkollegen voreilig als Vertreter einer Religionsapologetik mißverstanden oder in die Nähe der methodischen Traditionen der theologischen Religionspsychologie oder der Psychoanalyse gerückt zu werden und damit seine wissenschaftliche Reputation zu gefährden. Wendet man sich hingegen an Theologen oder Religionswissenschaftler, wird man, um nicht in den Verdacht einer unreflektierten Religionskritik oder eines psychologischen Reduktionismus zu geraten, sein Wissenschaftsverständnis gesondert begründen und erläutern müssen, wobei man feststellen wird, daß eine kommunikationsermöglichende Forschungssprache vielfach erst entwickelt werden muß."*[164]

Wenn *Wolfgang Huber* die primäre Aufgabe der Theologie im Wissenschaftsdiskurs darin sieht, „ein eigenständiger Dialogpartner" zu sein,[165] so gilt dies auch für die Religionspsychologie. Als klassisches Querschnittsfach soll es sich vor

---

vely reserved for those who are officially registered as psychologists or active in a faculty (or department) of psychology." Wieder exklusiv tönt DERS. (2008): Über Religionspsychologie: Konditionen und Gründe ihrer Existenz, in: Journal for Psychology 16/3, 1–13.

[161] Jacob A. van BELZEN (1998): Errungenschaften, Desiderata, Perspektiven – Zur Lage der religionspsychologischen Forschung in Europa, 1970–1995, in: HENNING / NESTLER, 131–158, hier 139f.

[162] WULFF (2001), 19 spricht von der Psychologie als einem Fach, „that had never been hospitable to the study of religion", und Markus BASSLER konstatiert „bei vielen Psychotherapeuten eine spürbare Zurückhaltung" hinsichtlich Religion (DERS. [2000]: Psychoanalyse und Religion – eine thematische Einführung, in: DERS., 9–16, hier 10). Vgl. jedoch neu oben Anm. 106.

[163] Georg PFLEIDERER (2007): Urbanität als Zukunft der Universitätstheologie. Ein Beitrag zur theologischen Selbstverständigungsdebatte, in: Helmut HOPING (Hg.): Universität ohne Gott? Theologie im Haus der Wissenschaften, Freiburg/Basel/Wien (Herder), 205–238, hier 211.

[164] Helfried MOOSBRUGGER (1996): Vorwort, in: DERS. / Christian ZWINGMANN / Dirk FRANK (Hg.): Religiosität, Persönlichkeit und Verhalten. Beiträge zur Religionspsychologie, Münster u.a. (Waxmann), V. Vgl. auch: DERS. (1998): Religionspsychologischer Standort Deutschland. Eine Betrachtung aus dem Blickwinkel der wissenschaftlichen Psychologie, in: HENNING / NESTLER, 159–179, hier 159f.

[165] Wolfgang HUBER (2004): Gute Theologie, in: DERS. (Hg.): Was ist gute Theologie?, Stuttgart (Kreuz), 39–45, hier 40f.

Vereinnahmungen jedweder Art schützen und sich einer vermeintlich notwendigen Zuordnung verweigern, so sehr auch hochschulökonomische Gründe dafür sprechen mögen. Deshalb scheint die zwar vage, aber sich an einer Haltung des gegenseitigen Respekts und des Interesses aneinander orientierende integrative Umschreibung von *Christian Henning, Sebastian Murken* und *Erich Nestler* sinnvoll und zukunftsweisend: Während die Psychologie „theoretische Perspektiven und das empirische Instrumentarium" liefere, brächten die Religionswissenschaft und die Theologie „Kenntnis und Material religiöser Phänomene sowie ein Verständnis dessen, was den Gegenstand ausmacht und charakterisiert".[166] Allgemein gilt das einstimmige Urteil von *Walter Sparn, Christian Henning* und *Erich Nestler*: „Will man an dem Ziel festhalten, daß die Standards aller drei Wissenschaften einmal als grundsätzliche Voraussetzung religionspsychologischer Forschung anerkannt und erfüllt werden, so ist ein Lernprozeß nötig."[167] Als Beitrag an einen solchen Lernprozess verstehe ich die vorliegende Untersuchung.

2.2.3 Forschungsperspektive und Religionsverständnis

Der dritte Unterschied zwischen Pastoral- und Religionpsychologie bestehe in ihrer *Forschungsperspektive* und damit zusammenhängend in ihrem *Religionsverständnis*. Dieser Unterschied leitet sich direkt ab von der häufig anzutreffenden Bestimmung der forschungsperspektivischen Differenz zwischen Religionswissenschaft und Theologie, die gerne mit den Stichworten „Beobachter- und Binnenperspektive" umschrieben wird.[168] Wie die Religionswissenschaft so setze auch die Religionspsychologie eine Beobachterrolle voraus, während die Pastoralpsychologie als theologische Disziplin eine Binnenperspektive vertrete. Auch wo diese Differenz implizit in Frage gestellt bzw. verfeinert wird wie z.B. in der Feststellung, Theologie insgesamt habe „das Christentum [...] nicht bloss zum Gegenstand (Beobachterperspektive), sondern ist ein Moment desselben (Binnenperspektive)",[169] so wird dennoch – in ungenügender Klärung bzw. Vermi-

---

[166] HENNING / MURKEN / NESTLER (2003), 8.

[167] HENNING / NESTLER (2000), Vorwort.

[168] Vgl. etwa Ulrich H.J. KÖRTNER (2004): Mut machen, von Gott zu reden, in: HUBER, 77–87, hier 83: „Soweit Theologie als Wissenschaft betrieben wird, verschränken sich in ihr auf spannungsvolle Weise die Binnenperspektive der Selbstbeschreibung christlichen Glaubens und die Außenperspektive wissenschaftlicher Fremdbeschreibung. Aus der Strittigkeit des Glaubensgrundes aber folgt die Strittigkeit der Wissenschaftlichkeit der Theologie." Zum Religionsbegriff in der Theologie und in der Religionswissenschaft, der „ein radikal anderer" ist (28), vgl. KOLLMAR-PAULENZ (2005). Nach KOLLMAR-PAULENZ unterscheiden sie sich auch durch ihre „unterschiedlichen methodischen Zugänge" (ebd., 40; vgl. auch 46f.) und in ihren „Zielsetzungen" (46). Anders dagegen LUZ (2005).

[169] KÖRTNER (2004), 82. Vgl. DERS. (2005a): Zur Einführung. Die Gottesfrage in Theologie und Religionswissenschaft, in: DERS. (Hg.): Gott und Götter. Die Gottesfrage in Theologie und Religionswissenschaft, Neukirchen-Vluyn (Neukirchener Verl.), 1–22, hier 7: „Eine konsequent kulturwissenschaftlich arbeitende Religionswissenschaft kann gar nicht nach Gott selbst fragen, sondern nur aus der Beobachterperspektive zweiter Ordnung beschreiben, wie andere das tun. Auch die moderne Theologie arbeitet über weite Strecken deskriptiv und historisch." Vgl.

schung der jeweiligen Standpunkte, die verglichen werden sollen – davon ausgegangen, dass es sich um keine richtige Aussenperspektive handelt. So sieht z.B.
der Theologe *Ulrich H.J. Körtner* in solchen Abgrenzungen „die Voraussetzung
für eine verstärkte interdisziplinäre Zusammenarbeit, die für die Theologie schon
deshalb fruchtbar sein kann, weil sie dazu anleitet, eine *echte* Außenperspektive
auf das Christentum, die nicht diejenige der Selbstbeobachtung, sondern einer
wirklichen Fremdbeobachtung ist, zur Binnenperspektive des christlichen Glaubens in Beziehung zu setzen."[170]

Die Religionswissenschaftlerin *Karénina Kollmar-Paulenz* erinnert daran, dass
ausser der Aussenperspektive „der Verzicht auf Normativität […] für die Religionswissenschaft konstitutiv ist […] und als eine wissenschaftstheoretische
Selbstbeschränkung akzeptiert" werden müsse.[171] Der Theologe *Körtner* pflichtet
ihr bei: „Entweder verfährt eine sich mit Religion bzw. mit dem Christentum
befassende Wissenschaft rein deskriptiv – dann handelt es sich um Religionswissenschaft, aber nicht um Theologie; oder aber sie formuliert – wenn nicht durchgängig, so doch zumindest auch – normative Urteile über religiöse Sachverhalte
– dann handelt es sich um Theologie, aber eben nicht um Religionswissenschaft."[172] Wenn die Theologie etwa nach dem Sinn einer christlichen Rede von
Gott frage, so sei dies – mit Bultmann – „keine rein deskriptiv-hermeneutische,
sondern eine normative Fragestellung."[173]

Diese Normativität der Theologie lasse sich auch in ihrem Verständnis von
Religion nachweisen. Anders als die Theologie mit ihrem „substantialistischen"
bzw. „normativen Religionsbegriff", in der die Gleichung „Religion = Gott"
gelte,[174] verwende die Religionswissenschaft heute weitgehend einen „funktiona-
len oder semiotischen" Religionsbegriff – „sofern sie nicht überhaupt meint, auf
einen einheitlichen Religionsbegriff verzichten zu sollen."[175] Dementsprechend
wird Religion in der Religionspsychologie nicht verstanden „as a system of reflection or scholarship that might actively engage in dialogue with psychology
but as a domain of human ideation and activity that may – without its consent –

KOLLMAR-PAULENZ (2005), 28, die von sich als Religionswissenschaftlerin sagt: „Ich frage […]
weder nach der Wahrheit des Glaubens an eine solche transzendente Wesenheit, noch danach,
ob diese Wesenheit selbst existent, wahr, ist. Ich frage lediglich nach dem Vorhandensein der
Vorstellung oder des Glaubens an transzendente Wesenheiten in einem von mir untersuchten
religiösen Symbolsystem." Ebd., 37: „Die moderne Religionswissenschaft hat […] den Anspruch, ohne eine explizite Stellungnahme zu einem möglichen Wahrheitsgehalt eine möglichst
genaue Deskription eines bestimmten religiösen Symbolsystems zu geben." Vgl. auch WULFF
(2001), 15: „the psychology of religion stands in principle outside of all religious tradition."

[170] KÖRTNER (2005a), 8. Hervorhebung IN. Zur gesamten Problematik und zur Kritik daran vgl.
Kim KNOTT (2010²): Insider/outsider perspectives, in: John HINNELLS (ed.): The Routledge
Companion to the Study of Religion, New York (Routledge), 259–273.

[171] KOLLMAR-PAULENZ (2005), 28.

[172] KÖRTNER (2005a), 6. Theologie unterscheidet sich von Religionswissenschaft durch den „normative[n] Geltungsanspruch ihrer Aussagen" (ebd.).

[173] KÖRTNER (2005a), 8. Vgl. KOLLMAR-PAULENZ (2005), 28.

[174] KOLLMAR-PAULENZ (2005), 41.

[175] KÖRTNER (2005a), 7. Vgl. KOLLMAR-PAULENZ (2005), die sich für die Beibehaltung der „analytischen Kategorie ,Religion'" stark macht (42).

be taken as the object of systematic psychological investigation.“[176] *Kollmar-Paulenz* fordert die Theologie vor diesem Hintergrund schliesslich dazu auf, „sich auf das Spezifische, Eigentliche zu besinnen, nämlich die existentielle Auseinandersetzung mit Gott wieder zu führen.“[177]

Bedenkenswert ist in diesem Zusammenhang der Hinweis von *Michael Utsch*, dass „ein Ernstnehmen religiöser Erfahrung […] doch nur möglich [erg. ist; IN], wenn der Wissenschaftler ihr die Chance auf eine mögliche Wirklichkeit einräumt.“[178] So ist die Religionswissenschaft daran zu erinnern, dass es sich nur dort um Religions*wissenschaft* handeln kann, wo diese Option ernsthaft offen gelassen wird.

2.2.4 Wissenschaftstheoretischer Kontext

2002 zeigte *Christoph Morgenthaler* anhand des religiösen Copings die Bedeutung quantitativ orientierter empirisch-kritischer Religionspsychologie für die Poimenik auf.[179] Die Pastoralpsychologie mit ihrer Tradition hermeneutisch-qualitativer Forschung kann von einer Integration empirisch-religionspsychologischer Fragestellungen, Methoden und Forschungserträge nur gewinnen. Sie vertieft ihr Verständnis für religiöse Forschungsfragen und signalisiert zudem eine Öffnung in Richtung akademischer Psychologie.[180] Mit seiner provokanten Frage, ob die Pastoralpsychologie als Bezugsdisziplin der Poimenik nicht von einer empirischen Religionspsychologie abgelöst werden müsste, forderte er implizit die Klärung einer zukünftigen angemessenen Positionierung der Pastoralpsychologie sowohl im theologischen Fächerkanon als auch im sozialwissenschaftlichen Diskurs. Im Übergang von einer christlichen zu einer postchristlich-multireligiösen Gesellschaft drängt sich die Diskussion über eine etwaige Zuordnung der bisher von der Kirche und der Tradition privilegierten Pastoralpsychologie als Subdisziplin zur Religionspsychologie als übergeordneter Integrationsdisziplin[181] oder eine klare Abgrenzung beider aufgrund ihres unter-

---

[176]   WULFF (2001), 15.

[177]   KOLLMAR-PAULENZ (2005), 46.

[178]   Michael UTSCH (1998): Religionspsychologie zwischen Wissenschaft und Weltanschauung, in: HENNING / NESTLER, 117–129, hier 118.

[179]   Vgl. Christoph MORGENTHALER (2002): Von der Pastoralpsychologie zur empirischen Religionspsychologie? Das Beispiel ‚religiöses Coping‘, in: WzM 54, 287–300.

[180]   Schon Gerhard BESIER (1980): Seelsorge und Klinische Psychologie. Defizite in Theorie und Praxis der „Pastoralpsychologie“, Göttingen (Vandenhoeck & Ruprecht), 206–208, forderte den Anschluß an die Universitätspsychologie vergebens. Besonders erwähnenswert ist hier die Studie von Sebastian MURKEN (1998a): Gottesbeziehung und psychische Gesundheit. Die Entwicklung eines Modells und seine empirische Überprüfung, Münster (Waxmann); DERS. (1998b): Hilft die Gottesbeziehung bei der Lebensbewältigung? Eine beziehungstheoretische Analyse, in: HENNING / NESTLER, 205–236.

[181]   So schlägt Erich NESTLER (2000b) vor, zwischen einer psychologischen und einer theologischen Religionspsychologie zu unterscheiden (vgl. 182) und die Pastoralpsychologie „als ein Teilgebiet“ einer theologischen Religionspsychologie zu verstehen (196).

schiedlichen Religionsverständnisses und ihrer differierenden Forschungsperspektive wissenschaftstheoretisch auf. Angesichts der Ausdehnung des pastoralpsychologischen Untersuchungsfeldes über den innerkirchlichen Rahmen hinaus sind die Grenzen zwischen beiden Disziplinen unmerklich ins Fliessen geraten.[182] In der Frage nach dem angemessenen Verhältnis zwischen Pastoral- und Religionspsychologie steckt in nuce wiederum die übergreifende Frage nach dem rechten Verhältnis von Theologie, Religionswissenschaft und Psychologie.

David M. Wulff bringt neue Aspekte in die Diskussion ein, indem er Einwände der kritischen Psychologie aufnimmt. Er weist darauf hin, dass die in der Psychologie deutlich vorherrschende empirisch-statistische Methodik nicht primär Ergebnis ausgiebiger Forschung ist, sondern politischer Notwendigkeit: „Fundamental decisions, such as the adoption of measurement as a prerequisite for empirical research, were not made chiefly on the basis of scholarly or scientific grounds but mainly in response to institutional demands and the competition for resources."[183] *Wulff* fasst kurz die Geschichte der Sozialpsychologie zusammen, in welcher das Gros der Religionspsychologen ausgebildet wurde und von welcher es die meisten Methoden und Theorien bezieht.[184] War diese Disziplin ursprünglich stark handlungsorientiert und von sozialem Engagement inspiriert, geriet sie nach dem Zweiten Weltkrieg unter Beschuss: aufgrund ihres Theoriedefizits genüge sie wissenschaftlichen Standards nicht, lautete die Kritik. Sie führte dazu, dass sich die Sozialpsychologie ins Labor zurückzog und ihr Blick sich unter anderem als Folge der Dominanz kognitiver Theorien individualistisch einengte.

Dieselbe Kritik richtete sich dann auch an die Religionspsychologie, die relativ unkritisch die Sozialpsychologie zur Grundlage auserkoren hatte: „Having un-

---

Vgl. dazu z.B. BELZEN (2002), 134 über die Situation in den Niederlanden: „Im letzten Viertel des vergangenen Jahrhunderts haben die Niederlanden eine rasante Entkirchlichung durchgemacht, die mit dazugeführt hat, dass die theologischen Fakultäten sich immer weniger verstehen (können) als (der) Amtsausbildung (dienlich) (sic). Sie wollen heutzutage stärker als Zentren für wissenschaftliche Erforschung des Phänomens ‚Religion' gelten. Bei einer solchen Entwicklung wird pastoralpsychologisches Interesse von einem religionspsychologischen abgelöst." Die Ansiedlung der Religionspsychologie an theologischen Fakultäten sei empirischer Forschung abträglich (ebd., 138). Demgegenüber beweist gerade Christoph Morgenthaler in Bern, dass dies nicht zutreffen muss. Vgl. MORGENTHALER (2002).

[182] Siehe oben S. 19. Vgl. KLESSMANN (2004), 19f.

[183] WULFF (2000), 22.

[184] Vgl. HOOD / SPILKA / HUNSBERGER / GORSUCH (1996² [1995]), 449: „Social psychology continues to drive the empirical psychology of religion. Most of the notable measurement-oriented researchers have their doctorates in social psychology. Systematic efforts to apply major social-psychological theories, such as attribution theory [...], are not surprisingly stressed by these social psychologists of religion. [...] Related to this is the ‚cognitive revolution' that has influenced both general psychology and social psychology." Die Autoren weisen auf die Bedeutung der Attachment-Theorie hin: „The natural-scientific basis for attachment theory is ultimately rooted in evolutionary theory. [...] Classic psychoanalysis, strongly based on Freud's use of evolution, is reemerging as a formidable force. Freud's discredited reliance upon Lamarckian ideas [...] is giving way to a modern version compatible with Darwinian theory." Ebd., 450. Die Autoren verweisen auf die eindrücklichen Arbeiten von C.R. BADCOCK. Vgl. u.a. DERS. (1991): Evolution and Individual Behavior: An Introduction to Human Sociobiology, Oxford (Basil Blackwell).

critically grounded itself in this new social psychology, modern empirical psychology of religion shares in large measure these various short-comings."[185] *Wulff* weist auf die Träger der Religionspsychologie hin: „white, male, middle-class Americans", meist mit einem christlichen Hintergrund und „highly individualistic in orientation".[186] Dieser vorherrschende Individualismus zeige sich auch „in the shift in correlational studies from an interest in social attitudes to the more individual-centered dimensions of mental and physical health."[187] Demgegenüber erinnert *Wulff* an die Väter der Religionspsychologie, die hochmotivierte und sozial engagierte liberale Protestanten waren wie z.B. *George Coe*. Die Gründungsväter des Faches glaubten an eine Veränderung der Gesellschaft, während die gegenwärtige Religionspsychologie in den USA den *Status quo* zu verteidigen suche.[188] *Wulff* beschliesst seinen Beitrag mit einer beachtenswerten selbstkritischen Aufforderung, die dem Dialog mit der Pastoralpsychologie förderlich sein dürfte:

> „We have to become more sensitive to the individualism and relatively asocial character of *mainstream psychology and find ways to transcend this regrettable bias. We need, further, to contextualize the forms and functions of our own activities and professed knowledge [...]. We should reopen ourselves to qualitative or naturalistic approaches [...] and to follow a more inductive and discovery-oriented path. Such actions will certainly not win the respect of mainstream psychologists [...], but I think we doom ourselves to failure if we take their respect as the measure of our success."[189]*

Ähnlich kritisch äussert sich *Hans-Jürgen Fraas*, wenn er versucht aufzuzeigen, dass die sich in ihren US-amerikanischen Anfängen „als empirisch arbeitende Tatsachenwissenschaft" verstehende Religionspsychologie heute zur Erkenntnis gelangen müsse, dass „jede Methode [...] grundsätzlich von ontologischen Leitbegriffen abhängig" sei und auch „empirisch gewonnene[n] Daten bereits eine kategoriale Deutung [enthalten]."[190] *Fraas* hält fest: „In jüngerer Zeit tritt neben die experimentell-statistische Psychologie die phänomenologisch-deskriptive,

---

[185] WULFF (2000), 24.
[186] Ebd., 24.
[187] Ebd., 24. Vgl. WULFF (2001), 21: „While research on religious orientation is in various ways representative of the empirical approach in the psychology of religion, especially its current interest in establishing a positive pattern of correlates between religiousness or ‚spirituality' and mental health, it does not constitute the whole of this substantial literature."
[188] So verweist WULFF (2000), 25 etwa auf die vielfach kritisierte und kaum wissenschaftlichen Zwecken dienende, dennoch nach wie vor verwendete „intrinsic-extrinsic scale" von Allport-Ross hin. Sie ist „aus theoretischen und testempirischen Erwägungen heraus als nicht vailde anzusehen." So MURKEN (1998b), 206.
[189] WULFF (2000), 26.
[190] FRAAS (2000), 106 u. 108. Ebd.: „Die empirisch gewonnenen Daten bestehen zum einen aus Elementen der Sinneswahrnehmung und zum anderen aus Erfahrung ermöglichenden kategorialen Begriffen, die selbst nicht aus der Erfahrung stammen, sondern aus Selbstreflexion des Erkenntnisprozesses".

eine sinnvolle Entwicklung, die dem Gespräch mit der Theologie entgegenkommt."[191]

Christian Henning sieht davon schon „erste Früchte auf dem Gebiet der Religionspsychologie [...]. Es könnte zu einem Partnerschaftsverhältnis jenseits von Integration und Negation führen, in dem jede Fachwissenschaft ihre jeweilige Kompetenz zur Erforschung der Religion der anderen Disziplin freundlich und bescheiden, ohne ‚Apologetik und Reduktionismus' (Belzen) zur Verfügung stellt."[192] Dem stimmt *Fraas* bei und signalisiert etwas von der in letzter Zeit sich ankündigenden vorsichtigen, aber verheissungsvollen Öffnung: „Der Komplexität religiöser Phänomene entsprechend ist Religionspsychologie ein Feld der Überschneidung mehrerer Wissenschaften und würde darum am besten in Teamarbeit betrieben."[193] Diese Einschätzung wird auch hier geteilt. Dass sie früher schon ganz selbstverständlicher Realität entsprach, daran wird die Beschäftigung mit dem *Ersten Internationalen Religionspsychologischen Kongress* in Wien im Jahre 1931 erinnern, der einst – erstaunlicherweise mit denselben Worten *Wulffs* – dem „Asozialismus" in der Wissenschaft beizukommen versuchte (siehe unten Kap. II.5.5). Er zeigte auf, wie gewinnbringend ein Austausch der unterschiedlichen Verstehenshorizonte und Perspektiven der an der Religionspsychologie beteiligten Disziplinen ist.

3. *Fragestellungen und methodisches Vorgehen*

Das erkenntnisleitende Interesse der vorliegenden Untersuchung gilt der Frage nach der bleibenden Bedeutung Freuds und der von ihm initiierten Psychoanalyse für die Seelsorge: Was vom reichen psychoanalytischen Erbe soll auch in

---

[191]   FRAAS (2000), 108 (Anm. 2).

[192]   HENNING (2000b), 96f. Vgl. DERS. / Michael MURRMANN-KAHL (1998): Jenseits von Integration und Negation. Zur Neubestimmung des Verhältnisses von Religionspsychologie und Theologie, in: DERS. / NESTLER, 99–116, hier 101f.: „Die Theologie steht [...] vor der Aufgabe, ihre Beziehung zur Religionspsychologie aus dem Stand der aporetischen Unmittelbarkeit in den der Vermittlung zu überführen. Sie vermag dies, insofern sie anerkennt, daß ihre Beziehung zur Religionspsychologie als Fachwissenschaft keine unmittelbare Beziehung sein kann, sondern eine über ihren gemeinsamen Gegenstand, die Religion, vermittelte Beziehung: Ist sie eine über ihren Gegenstand vermittelte Beziehung, so ist sie eine Beziehung, die einen *unterschiedlichen* Zugriff auf denselben Gegenstand einschließt. Diese vemittelte Beziehung [...] beinhaltet darum die *perspektivisch* gebrochene Zugangsweise zum selben Forschungsgegenstand." Vgl. Ingolf U. DALFERTH, der deutlich darauf hinweist, dass die Theologie „durch keinen Gegenstandsbereich und keine Methoden, sondern nur durch ihre Fragestellung zusammengehalten" wird. Sie „fällt in ihre einzelnen Disziplinen auseinander, wenn von dieser Fragestellung abgesehen wird." DERS. (2001): Theologie im Kontext der Religionswissenschaft. Selbstverständnis, Methoden und Aufgaben der Theologie und ihr Verhältnis zur Religionswissenschaft, in: ThLZ 126/1, 3–20, hier 6.

[193]   FRAAS (2000), 105. Vgl. auch Reinhold BERNHARDT (2005): Vom Wohnrecht der Theologie im Haus der Wissenschaften. Streit um die Theologie an der Universität – ein Rückblick, in: Reformatio 54/3, 182–191, hier 189: „Gerade die Überlagerung von innen- und aussenperspektivischer Betrachtung ist dem Phänomenkomplex ‚Religion' angemessen."

Zukunft Bestand haben, wo bestehen fruchtbare Anknüpfungspunkte an neuere Entwicklungen innerhalb der psychoanalytischen Theorienbildung, und welche Relevanz besitzt gerade psychoanalytisch orientiertes religionspsychologisches Wissen über Religion und religiöse Vollzüge für die Seelsorge? Was macht die Qualität dieses Wissens über diesen Wirklichkeitsbereich aus?

In seinem „Bericht zur neueren Seelsorgeliteratur" stellte *Michael Klessmann* 1998 fest, dass es „zur Zeit keine grundlegenden theologischen und methodischen Neuansätze" in der Pastoralpsychologie gebe.[194] Im Folgenden soll der Versuch unternommen werden, 1. die rein innerpastoralpsychologische Sichtweise durch den Einbezug der Religionspsychologie und 2. die bisherige deutschsprachige Innendebatte durch den Einbezug US-amerikanischer Forschungsperspektiven zu erweitern.

Die Wiederaufnahme dieses seit den 1980er Jahren brach liegenden Gesprächs steht u.a. unter der Frage, ob sich – z.B. aufgrund sehr unterschiedlicher kultureller und religiös-kirchlicher Kontexte – Gemeinsamkeiten bzw. Unterschiede in der deutschsprachigen und US-amerikanischen Rezeption der Psychoanalyse Freuds in der Pastoral- und Religionspsychologie ausmachen lassen.[195] Während nämlich die religiöse Landschaft in den Vereinigten Staaten von Amerika zuerst v.a. vom Protestantismus geprägt wurde, kennzeichnet sie heute eine bedeutend grössere Vielfalt an Kirchen, Glaubensgemeinschaften und Religionen als in Europa: die USA – „eine Nation mit der Seele einer Kirche"[196] – sind das kulturell und religiös heterogenste Land der Welt.[197] Die Ablehnung des in Europa lange Zeit herrschenden Prinzips der Staatsreligion bzw. die klare Trennung zwischen Staat und Kirche zeichneten mitverantwortlich dafür, „dass die Religion, selbst bei Liberalen und Linken, nie so stark als systemstabilisierende Ideologie in Verruf kam, wie dies in Europa der Fall war."[198] Gerade die unterschiedliche gesellschaftliche und akademische Akzeptanz von Religion macht einen Vergleich des deutschsprachigen und des US-amerikanischen Rezeptionsstranges der Psychoanalyse in der Pastoral- und Religionspsychologie zusätzlich lohnenswert.

---

[194]   Michael KLESSMANN (1998): Über die Seelsorgebewegung hinaus …?, in: PTh 87, 46–61, hier 61.

[195]   Vgl. STOLLBERG (1969), 28f., nach welchem das Verhältnis „von Seelsorge und Therapie für den amerikanischen Protestantismus von Anfang an kaum problematisch (war), gehörten Glaubensheilungen doch zu seiner […] Tradition. Die Erfahrungstheologie des 19. Jahrhunderts fiel in Amerika auf wohlbereiteten Boden. Auf dem Hintergrund einer auch heute noch lebendigen Affinität Amerikas zum 19. Jahrhundert im Zusammenhang mit religiösem Individualismus und erfahrungstheologischem Subjektivismus ist die außergewöhnlich schnelle und weite Verbreitung der Psychoanalyse zu verstehen, die in den USA seit dem Ende des zweiten Weltkrieges zu beobachten war. Auch der Wissenschaftspositivismus und die Fortschrittsgläubigkeit sind daran beteiligt."

[196]   Detlef JUNKER (2005): Auf dem Weg zur imperialen Hypermacht? Die manichäische Falle ist besetzt. U.S.-Außenpolitik nach dem 11. September, in: Manfred BROCKER (Hg.): God Bless America. Politik und Religion in den USA, Darmstadt (Primus), 208–223, hier 212.

[197]   Vgl. Diana L. ECK (2001): A New Religious America: How A „Christian Country" Has Become the World's Most Religiously Diverse Nation, San Francisco (Harper).

[198]   Manfred BERG (2005): Die historische Dimension: Vom Puritanismus zum religiösen Pluralismus, in: BROCKER, 32–49, hier 48.

Freud selbst war es, der 1923 das Verständnis von Psychoanalyse definierte, das bei namhaften VertreterInnen seiner Zunft bis heute in Geltung steht:

„Psychoanalyse ist der Name 1. eines Verfahrens zur Untersuchung seelischer Vorgänge, welche sonst kaum zugänglich sind; 2. einer Behandlungsmethode neurotischer Störungen, die sich auf diese Untersuchung gründet; 3. einer Reihe von psychologischen, auf solchem Wege gewonnenen Einsichten, die allmählich zu einer neuen wissenschaftlichen Disziplin zusammenwachsen".[199]

Freud wehrte sich stets gegen ein einseitiges und reduktionistisches Verständnis von Psychoanalyse als psychotherapeutischem Untersuchungs- und Heilverfahren. Er wies mehrfach auf sein vorherrschendes Interesse an ihrer gesellschaftstheoretischen Dimension hin und betonte stets ihren Eigenanspruch als Wissenschaft. Die Frage, ob die Psychoanalyse überhaupt als Wissenschaft gelten darf, möchte ich nicht „offen halten" trotz aller „Anerkennung der Konflikthaftigkeit und des Spannungsfeldes", das zwischen psychoanalytischem und früherem als auch gegenwärtigem universitären Diskurs besteht.[200] Damit plädiere ich implizit für einen (weiten) Wissenschaftsbegriff, der auch die Pastoralpsychologie bzw. die Theologie insgesamt nicht ausschliesst, sondern zu integrieren vermag. Sowohl Psychoanalyse als auch Pastoralpsychologie/Theologie bangen nämlich in der aktuellen europäischen Universitätslandschaft um ihren wissenschaftstheoretischen Status: Während die Psychoanalyse – wie eingangs schon erwähnt – dort fast verschwunden ist, sieht sich die Theologie insgesamt vor die „Notwendigkeit" gestellt, für ihr institutionelles Verbleiben an Universitäten Argumente aufbieten zu müssen.[201] Zu diesen Argumenten gehört „die Erinnerung an die

---

[199] Sigmund FREUD (1923a [1922]): Psychoanalyse und Libidotheorie, GW XIII, 209–233, hier 211. Vgl. dazu Peter SCHUSTER / Marianne SPRINGER-KREMSER (Hg.) (1997⁴ [1991]): Bausteine der Psychoanalyse. Eine Einführung in die Psychoanalyse, Wien (WUV), 12.

[200] Elfriede LÖCHEL / Insa HÄRTEL (2006): Vorwort, in: DIES. (Hg.): Verwicklungen. Psychoanalyse und Wissenschaft (Psychoanalytische Bl., Bd. 27), Göttingen, 5–11, hier 5. Vgl. ebd.: „Nur in der Differenz kann […] die spezifische Eigenart psychoanalytischen Denkens gewahrt werden, ohne in defensive Erstarrung oder opportunistische Selbstauflösung zu geraten." Von daher möchten die beiden Herausgeberinnen die obige Frage „offen halten" (ebd.). Nach meinem Dafürhalten differenzieren die beiden Herausgeberinnen zu wenig zwischen Wissenschaft und Universität. So halten sie besagte Frage – schon rein stilistisch – keineswegs offen, sondern unterscheiden stark zwischen psychoanalytischem und wissenschaftlichem Diskurs. Vgl. dazu DALFERTH (2001), 5: „Nun ist es sachlich relativ uninteressant, ob man eine Disziplin als ‚Wissenschaft' bezeichnet. Wissenschaftsbegriffe sind die Abbreviatur systematischer Problemlagen in geschichtlicher Entwicklung, und angesichts des Zusammenbruchs eines einheitlichen Wissenschaftskonzepts ist es heute eine einigermaßen obsolete Frage, ob Theologie [oder hier: Psychoanalyse; IN] eine Wissenschaft ist. Es ist immer möglich, einen Wissenschaftsbegriff so zu fassen, dass die Theologie [oder die Psychoanalyse; IN] darunter fällt oder auch nicht."

[201] Christoph MARKSCHIES (2004): Evangelische Theologie in der Universität, in: HUBER, 99–112, hier 101. Auch Ulrich H.J. KÖRTNER (2005a), 1 spricht von einer „Umbruchssituation", in der sich „die deutschsprachige evangelische Theologie" „wissenschaftstheoretisch wie universitätspolitisch" befände. Vgl. auch Michael WEINRICH (2004): Theologie in Zeiten ihrer Marginalisierung, in: ebd., 129–139, hier 130: „Mehr und mehr sind es […] nur noch die Theologinnen und Theologen selbst, die für ihre Unentbehrlichkeit an der Universität eintreten […]."

Tatsache, dass alles – auch alles wissenschaftliche – Denken von unableitbaren Voraussetzungen abhängt [...]." Die Theologie beweist ihre Zugehörigkeit zum Wissenschaftsdiskurs und die Rechtmässigkeit ihrer Ansiedlung an der Universität also nicht, wenn sie meint, sich darum bemühen zu müssen, „sich so voraussetzungslos wie möglich zu geben". Im Gegenteil, es ist von zentraler Bedeutung, „dass sie so vollständig und offen wie möglich ihre eigenen Voraussetzungen benennt, solche Voraussetzungen aber auch in den anderen Wissenschaften aufzeigt oder deren Entdeckung und Wahrnehmung stimuliert."[202] Als „wichtige[n] Beitrag der Theologie zum allgemeinen wissenschaftlichen Diskurs" bezeichnet es *Wilfried Härle* deshalb, „die letzten Voraussetzungen alles Denkens, Forschens und Argumentierens so klar wie möglich offen zu legen, auch wenn – oder gerade weil – wir sie nicht mehr ableiten, verifizieren oder beweisen können."[203]

Die Statusdebatte von Theologie und Psychoanalyse muss aber auch im grösseren Kontext der „Legitimationskrise der Geisteswissenschaften" selbst betrachtet werden.[204] Neben dieser kontextuellen Gemeinsamkeit teilen sie auch eine grundlegend strukturelle und hermeneutische Übereinstimmung: Wenn von der Pastoralpsychologie als theologischer Disziplin gilt, dass „die Person der Theologin und des Theologen immer mit einbezogen ist und deshalb nicht außen vor bleiben kann",[205] so trifft dies genauso auf die Psychoanalyse zu.

Das vorliegende Projekt verfolgt einen chronologischen Aufbau und gliedert sich in fünf Hauptteile. Nach der *Einleitung (I)* blicke ich in einem *zweiten, historischen Teil (II)* zurück auf die Anfänge der theologischen Rezeption Freuds. Es wird darin keine umfassende Darstellung ihrer schon im Forschungsstand komprimiert wiedergegebenen Geschichte angestrebt, sondern das Entdecken oder Vertiefen einiger ausgewählter, weniger bekannter oder gänzlich unbekannter Stationen *und* Aspekte der pastoral- und religionspsychologischen Rezeption Freuds im deutschen Sprachraum und zwar anhand ebenso bisher unbekannter oder unveröffentlichter Quellen.[206] Das Bild der zumeist als abgelehnt und verfemt portraitierten Psychoanalyse wird so verflüssigt und erhält neue Facetten, erscheint jedoch zugleich auch komplexer und widersprüchlicher.

Im *drittten und vierten Hauptteil (III und IV)* folgt die Untersuchung exemplarischer Beispiele neuerer Auseinandersetzungen mit der Psychoanalyse in der deutschsprachigen und der US-amerikanischen Pastoral- und Religionspsychologie. Als paradigmatische Auswahl von Positionen kommen FachvertreterInnen zu Worte, die sich in jüngerer Zeit (ab 1996) mit innovativen Veröffentlichungen hervorgetan haben, die die Psychoanalyse speziell thematisieren – sei es, dass sie sich explizit auf ihre Theoriebildungen beziehen, indem sie sie dem eigenen Ent-

---

[202] Wilfried HÄRLE (2004): Ehrlich – lernbereit, in: HUBER, 27–38, hier 30.
[203] Ebd.
[204] MARKSCHIES (2004), 109.
[205] HÄRLE (2004), 31.
[206] Zur englischsprachigen Rezeption vgl. v.a. STOKES (1985), HOMANS (1970), WULFF (1997² [1991]).

wurf konzeptuell zugrundelegen und sie weiterverarbeiten, oder sei es, dass sie sich ausdrücklich von ihr absetzen und dies begründen. Der Einbezug auch nichtrezeptiver Ansätze erlaubt einen Einblick in die enorme Spannweite der aktuellen Diskussion.

Im *fünften und letzten Hauptteil (V)* widme ich mich in Form eines Ausblicks der Frage nach den Anforderungen an eine zukünftige Psychoanalyserezeption in der Seelsorge. Dass die Berücksichtigung und Verarbeitung religionspsychologischer Perspektiven und Konzepte dazu gehören, soll erörtert werden.

II. Aus den Anfängen der pastoral- und religionspsychologischen Rezeption Freuds im deutschen Sprachraum

1. Einführung

Die theologische Rezeption Sigmund Freuds setzte ein mit dem Zürcher Pfarrer Oskar Pfister, weshalb die ausführliche Beschäftigung mit seinem Werk diesen historischen Hauptteil eröffnen wird (vgl. 2.). Pfister stand von 1909 bis zu Freuds Tod im Jahre 1939 mit ihm im Briefwechsel. Die Korrespondenz zwischen dem Begründer der Psychoanalyse und dem Begründer der Pastoralpsychologie zeugt von ihrer herzlichen und freundschaftlichen Zuneigung zueinander, aber auch vom Ernst, mit dem sich der Jude Freud und der Christ Pfister über Jahrzehnte hinweg wissenschaftlich miteinander auseinandersetzten.

Pfisters Schriften wurden schon früh, wenn auch ohne anhaltenden Erfolg, in den USA rezipiert.[1] „Die psychanalytische Methode", die er 1913 veröffentlichte und eines der allerersten Lehrbücher der Psychoanalyse überhaupt war,[2] erschien

---

[1] So schreibt Stephen H. BROWN (1981): A Look at Oskar Pfister and His Relationship to Sigmund Freud, in: JPC, Vol. XXXV, No. 4, 220–233, hier 220: „But very few people, even in Christian circles, have ever heard of Oskar Pfister." Dies, obwohl er – wie Nathan G. HALE, JR. (1995): Freud and the Americans. The Beginnings of Psychoanalysis in the United States, 1876–1917, New York/Oxford (Oxford Univ. Press), 351, meint – „in his hopefulness and his faith in education was perhaps the closest of all to the Americans. [...] Like Putnam, Pfister believed that psychoanalysis did not leave man a mere ‚sexual being' but also revealed his higher ethical nature." Browns „Pfister Bibliography" in: JPC, Vol. XXXV, No. 4, 234–239 wimmelt von Fehlern. Die durchgehende Nennung Pfisters mit „Oskar R." ist dabei der geringste. Dies war dem Autor jedoch selbst bewusst. Siehe seinen Verweis: „limitations of time have prevented me from checking every one of these references by this time, and collating them all in the necessary fashion." (234) Leider wird die Verwechslung Oskar Pfisters mit seinem Sohn Oskar Robert Pfister bis in den *Dictionnaire International de la Psychanalyse* weiter kolportiert, vgl. David D. LEE (2002): Art. Pfister, Oskar Robert, in: ebd., 1215f. Abhilfe insgesamt schafft das Literaturverzeichnis von NASE (1983).
Auch Leonardo M. MARMOL (2002): [Review:] Carlos Dominguez MORANO (2000): Psicoanalisis y religion: dialogo interminable. Sigmund Freud y Oskar Pfister, Madrid (Editorial Trotta), in: IJPR 12(1), 67f., hier 67, meint: „Neither Oskar Pfister nor his work is well known in American psychology. [...] he remains a nebulous figure for most of us." Dasselbe gilt für Südamerika: „Oskar Pfister es poco conocido en estas tierras latinoamericanas." Hugo N. SANTOS (2000): Oskar Pfister: pastor, psicoanalista y pedagogo, in: Cuadernos de Teologi'a, Vol. XIX, 261–289, hier 261.

[2] Es wurde 1933 neben weiteren psychoanalytischen Werken Pfisters auch vernichtet. Vgl. u.a.: Verbrannte Bücher. Verzeichnis der verbrannten Bücher, die 1933 aus den Beständen der TH Braunschweig aussortiert und zum größten Teil vernichtet wurden. Zus.gestellt von Michael Kuhn, Braunschweig 1993 [Veröff. der UB der TH Braunschweig], 54.
Vgl. aber auch das spezifische Werk von Eduard HITSCHMANN (1911): Freuds Neurosenlehre nach ihrem gegenwärtigen Stande, Leipzig/Wien (Franz Deuticke). Pfister zufolge schrieb Schjelderup „das erste psychoanalytisch orientierte Lehrbuch der Psychologie". Brief Pfisters an

1915 in London und 1917 in New York.[3] In Erinnerung bleibt Pfister in den Vereinigten Staaten heute fast nur noch in Form des nach ihm benannten *„Oskar Pfister Award"*, der jährlich von der *American Psychiatric Association (APA)* vergeben wird. Im deutschsprachigen Raum wurde Oskar Pfister „mitsamt seinem Lebenswerk bis in die 60er Jahre hinein fast lückenlos verdrängt".[4] Ein Blick in die *Religion in Geschichte und Gegenwart* belegt dies: In der zweiten Auflage von 1930 wurde Pfister mit einem Kurzartikel gewürdigt, in der dritten Auflage 1961 fiel er weg, in der vierten von 2003 fand er wieder Aufnahme.[5]

Dem deutschen Pastoralpsychologen *Joachim Scharfenberg* kam das Verdienst zu, mit seinem Grundlagenwerk über *„Sigmund Freud und seine Religionskritik als Herausforderung für den christlichen Glauben"* von 1968 das Augenmerk der Theologie erstmals wieder auf Pfister gelenkt zu haben. 1973 fand in Zürich zu seinem hundertsten Geburtstage ein Symposion statt.[6] Zwanzig Jahre später erschien die erste Pfister-Monografie: *Eckart Nase*, ein Schüler Scharfenbergs, veröffentlichte 1993 seine Dissertation über *„Oskar Pfisters analytische Seelsorge"*. Im Gedenken an seinen fünfzigsten Todestag wurde 2006 an der Universität Bern eine Tagung über *„Die Anfänge der theologischen Rezeption der Psychoanalyse in der Schweiz"* durchgeführt.[7]

Pfisters noch lange nicht vollständig gehobener Nachlass in der Zentralbibliothek Zürich birgt manche Schätze, zu denen u.a. Teile seines unveröffentlichten Briefwechsels und seine – hauptsächlich stenografischen und noch nicht transkribierten – Predigtnotizen aus den Jahren 1907, 1911 bis 1913 und 1929 bis 1945 gehören.[8] Sie vermitteln einen Eindruck davon, wie Pfister psychoanalytisches Gedankengut auch für die Verkündigung fruchtbar zu machen wusste.[9]

In die folgende Darstellung Pfisters und der von ihm initiierten sog. analytischen Seelsorge miteinbezogen wird 1.) unveröffentlichtes handschriftliches

---

Freud vom 21.10.1927 (F/P, 117). Es erschien 1928 in dt.: Harald Krabbe SCHJELDERUP (1928): Psychologie, Berlin/Leipzig (de Gruyter), NB Bern 1963 (Huber).

[3]   Oskar PFISTER (1915): The Psychoanalytic Method. Transl. by Charles Rockwell Payne, London (Kegan Paul, Trench, Trubner). In dieser englischen Ausgabe verfasste nach Freud auch Stanley Hall eine Einführung. Die amerikanische Ausgabe von 1917 (New York [Moffat, Yard & Co.]) widmeten Pfister und Payne dem Mediziner James Jackson Putnam „in appreciation of his service in introducing Psychoanalysis in America".
      Pfisters Replik auf Freuds *„Zukunft einer Illusion"* z.B. wurde jedoch erst 1993 ins Englische übertragen (Oskar PFISTER [1928]: The Illusion of a Future, in: Int J Psychoanal 74, 1993, 557–579).

[4]   Nase (1993), VII. Vgl. auch ebd.: „Die Geschichte der Pfister-Rezeption" sei „eine Geschichte kollektiver Verdrängung."

[5]   Vgl. BRECHT (1930): Art. Pfister, Oskar, in: RGG² 4, 1155; Eckart NASE (2003): Art. Pfister, Oskar, in: RGG⁴ 6, 1243f.

[6]   Vgl. Themaheft „Oskar Pfister, Pfarrer und Analytiker", WzM 23 (1973), H. 11/12.

[7]   Die Tagungsbeiträge und weitere Essays zum Thema wurden veröffentlicht in: Isabelle NOTH / Christoph MORGENTHALER (Hg.) (2007): Seelsorge und Psychoanalyse, Stuttgart (Kohlhammer).

[8]   ZB ZH: Nachlass Oskar Pfister, 5 + 6 [unveröff.]. Darunter befindet sich auch die Weihnachtsfeier vom 24.12.1942 im Burghölzli.

[9]   Eine vollständige Transkription und Auswertung dieser im System Stolze-Schrey stenografierten Predigten entspräche einem dringenden Forschungsdesiderat.

Material aus seinem Nachlass, 2.) in die 1963 veröffentlichte Ausgabe seiner Korrespondenz mit Freud nicht aufgenommene, lange als verschollen gegoltene Briefe, auf deren Suche ich nach langwierigen Recherchen schliesslich den Fundort eines Typoskripts aufspüren konnte,[10] 3.) der in der Pfisterforschung unbeachtet gebliebene Briefwechsel mit Leonhard Ragaz und 4.) bisher nicht verwendete psychoanalysehistorische Fachliteratur.

Einen Einschnitt in der theologischen Rezeption der Psychoanalyse bildete Freuds Veröffentlichung „Die Zukunft einer Illusion" im Jahre 1927 (vgl. 3.). Erstmals soll in einer Darstellung dieser zentralen Auseinandersetzung zwischen Freud und Pfister auch der jüdische Psychoanalytiker Theodor Reik und der in Wien lehrende deutsch-lutherische Religionspsychologe Karl Beth miteinbezogen werden. Letzterem wird wiederum ein eigenes Kapitel gewidmet (vgl. 5.), da er bisher kaum je die ihm gebührende Würdigung erhalten hat und weil insbesondere Relevanz und Wirkung seiner Argumente für die weitere theologische Auseinandersetzung mit Freud m.E. zu wenig beachtet werden. Noch stärker tritt Beths Bedeutung hervor, wenn man seine Stellungnahmen mit zeitgenössischen Reaktionen auf Freud von katholischer Seite wie etwa von Josef Donat in Innsbruck und von Wilhelm Schmidt in Wien vergleicht. Der Schwerpunkt liegt in diesem Kapitel auf der bislang kaum bekannten theologischen und kirchlichen Rezeption Freuds in seiner eigenen Heimat Österreich (vgl. 4.).

Nachdem in der bisherigen Forschung allgemein Übereinstimmung herrscht, dass die Dialektische Theologie mit ihrer Abwertung und Abwendung von allem Psychologischen einer weiteren Verarbeitung der Psychoanalyse abträglich war, zeigt gerade ein Schweizer kirchenpolitischer Exponent jener Zeit, der mit den massgeblichen Wortführern der Dialektischen Theologie befreundet war und in ihrem Publikationsorgan auch veröffentlichte, dass ein tiefschürfendes Interesse an und ein grundlegendes Verständnis für die Psychoanalyse dennoch möglich war. Es handelt sich um das aussergewöhnliche Zeugnis eines Berner Pfarrers und Redaktors des *Kirchenblattes für die Reformierte Schweiz* namens Hans Burri, das hier erstmals zur Darstellung gelangt (vgl. 6.). Zusammenfassende und zum Hauptteil III überleitende Schlussbemerkungen (vgl. 7.) runden diesen historischen Teil ab.

---

[10]   Das Typoskript enthält zahlreiche zusätzliche Briefe und einige weitere, die in der Edition von FREUD / MENG nur auszugsweise wiedergegeben wurden. Eine vollständige Auswertung geschieht im Rahmen des SNF-Projekts einer für 2011 geplanten vollständigen und kommentierten Neuausgabe der Korrespondenz zwischen Freud und Pfister: www.theol.unibe.ch/ipt/forschung.html.

2. Der reformierte Schweizer Pfarrer Oskar Pfister (1873–1956) und die Anfänge der analytischen Seelsorge

„Ich aber schäme mich der Psychanalyse nicht. Sie ist kein neues Evangelium, aber ein gutes Schwert Notung für den Lebenskampf in der Hand dessen, der sich nicht fürchtet und mit reinem Herzen streitet. Es fällt mir auch nicht ein, von der Psychanalyse abzurücken, weil ich die Sexualtheorie und Ethik Freuds nicht durchwegs teile und stets nur innerhalb des pädagogischen und seelsorgerischen Rahmens analysiere."[11]

2.1 Grundlagen

Die Anfänge der theologischen Rezeption der Psychoanalyse sind untrennbar mit dem Schweizer Pfarrer Oskar Pfister verknüpft. In Zürich ansässig, wo die Psychoanalyse dank der Vermittlung Eugen Bleulers (1857–1939), des Direktors der psychiatrischen Universitätsklinik Burghölzli, erstmals den akademischen Durchbruch schaffte,[12] stand Pfister mit „Psychoanalytiker[n] der ersten Stunde" in regem Austausch.[13] Zu ihnen gehörten außer Bleuler selbst vor allem auch Carl Gustav Jung (1875–1961), Karl Abraham (1877–1925), Max Eitingon (1881–1943) und Franz Riklin (1878–1938).[14]

Eine der zentralen Schwierigkeiten, sich mit Pfisters spezifischer Rezeption der Psychoanalyse zu beschäftigen, besteht in der immensen Zahl und der thematischen Vielfalt seiner Veröffentlichungen. Über vierzig Jahre lang blieb er auf

---

[11]   Oskar PFISTER (1918a): Wahrheit und Schönheit in der Psychanalyse, Zürich (Rascher), 143. Vgl. Röm 1,16; II Kor 11,4 u. Gal 1,6–9.

[12]   Vgl. dazu Marina LEITNER (2001): Ein gut gehütetes Geheimnis. Die Geschichte der psychoanalytischen Behandlungs-Technik von den Anfängen in Wien bis zur Gründung der Berliner Poliklinik im Jahr 1920, Gießen (Psychosozial-Verl.), 89ff. „Eugen Bleulers Unterstützung kann kaum überschätzt werden – er war der erste Universitätsprofessor, der Freuds Ansichten unterstützte" (90).

[13]   Hans H. WALSER (1976): Psychoanalyse in der Schweiz, in: D. EICKE (Hg.): Die Psychologie des 20. Jahrhunderts, Bd. II: Freud und die Folgen (I). Von der klassischen Psychoanalyse bis zur allgemeinärztlichen Psychotherapie, Zürich (Kindler), 1192–1218, hier 1192f. Vgl. schon Fritz WITTELS (1924): Sigmund Freud. Der Mann, die Lehre, die Schule, Leipzig/Wien/Zürich (E.P. Tal & Co. Verl.), 119: „Ganz besonders wichtig schien uns die Beachtung, die Freud bei den Psychiatern in Zürich fand. [...] Sogar ein Pfarrer (Dr. Oskar Pfister) meldete sich. Diese internationale Ausbreitung tröstete über die vollkommene Finsternis in den Wiener Gehirnen."

[14]   Vgl. Philipp SARASIN (1931): Die Psychoanalyse in der Schweiz, in: Psychoanalytische Bewegung, H. 4 (Sonderheft: „Schweiz"), 289–291, hier 290. Nach Sarasin, dem damaligen Präsidenten der Schweizerischen Gesellschaft für Psychoanalyse, wurde mit Freuds „Traumdeutung" das hiesige Interesse an der Psychoanalyse anhaltend geweckt. Vgl. auch Eugen BLEULER (1910): Die Psychanalyse Freuds. Verteidigung und kritische Bemerkungen, in: Jahrbuch II, 623–730, hier 660: „Die Ärzte des Burghölzli haben einander nicht nur die Träume ausgelegt, wir haben jahrelang auf jedes Komplexzeichen aufgepaßt [...]: Versprechen, Verschreiben, ein Wort über die Linie schreiben, symbolische Handlungen [...]. Auf diese Weisen haben wir einander kennen gelernt [...]."

psychoanalytischem Gebiet publizistisch tätig und verfasste mit unermüdlichem Einsatz eine kaum zu bewältigende Flut sowohl fachspezifischer als auch populärwissenschaftlicher Beiträge.[15] Wer sich über mehrere Jahrzehnte hinweg mit einer Materie so intensiv und weitläufig wie Pfister beschäftigte, entwickelt im Laufe der Zeit manche Ideen weiter, setzt neue Akzente, modifiziert seine Begrifflichkeit oder ändert manchmal gar seine theoretischen Ansichten. Eine Darstellung Pfisters hat mit mannigfachen Entwicklungen, aber auch mit Widersprüchen zu rechnen, weshalb chronologischen Verweisen eine hervorgehobene Bedeutung zukommt.[16]

Auch wenn es ursprünglich seelsorgliches Interesse war, das Pfister zur Psychoanalyse führte,[17] und auch wenn er ihre Anwendung in verschiedensten Feldern geprüft hatte, lag der Schwerpunkt seiner Auseinandersetzung auf dem pädagogischen Gebiet. Seine allererste psychoanalytische Untersuchung vom Januar 1909 lautete „*Wahnvorstellung und Schülerselbstmord*".[18] Darin bekundete er seine tiefe Überzeugung, dass die Pädagogik dank Freuds Erkenntnissen vor

---

[15] Vgl. die Bibliographie von NASE (1993). In einem Brief vom 03.10.1922 an Albert Schweitzer schreibt Pfister auf dessen Klagen hin: „Ich arbeite auch sehr viel. Ich weiss nicht einmal, wie viel Abhandlungen & Monographien ich gegenwärtig in der Presse habe. Aber ich bin fast nie müde, & wenn ich's bin, schlafe ich es meistens sofort weg" (S/P, 577). Vgl. auch Freuds Äusserungen in seinen Briefen vom 09.05.1920 (F/P, 79): „Ihre Polypragmasia hat meine volle Bewunderung", vom 06.04.1922 (F/P, 90): „Wenn wir von Ihnen sprechen, gedenken wir immer Ihrer erstaunlichen Arbeitsfähigkeit und -freudigkeit" und vom 21.12.1924 (F/P, 100): „Ihre Arbeitsfähigkeit fängt an schon mich selbst zu beschämen, und ich war doch zu meiner Zeit wirklich nicht faul."

[16] Damit ist auch eines der Hauptprobleme der meisten Darstellungen Pfisters benannt. Sie nehmen aufgrund der eingeschränkten Quellenlektüre kaum Entwicklungen in seinem Denken wahr. Die Meinung z.B., Pfister hätte die Anwendung der Psychoanalyse zur Pflicht für jeden Seelsorger erhoben (so PLIETH [1994], 33), bedarf der Korrektur. 1910 hielt er fest: „Ich verlange nicht, daß jeder Pfarrer Psychanalyse treibe" ([1910a], 53), und 1929 – also nach den noch zu besprechenden Auseinandersetzungen um die Laienanalyse – auferlegte er diese Pflicht nur jenen, „die sie [sc. die Psychoanalyse; IN] auszuüben verstehen" ([1929], 97; vgl. [1927a], 132f.). 1949 schrieb er im Rückblick: „Mein Wunsch, die seelsorgerliche Analyse zum Gemeingut aller Pfarrer zu machen, schlug fast ganz fehl", (Brief Pfisters an Kienast vom 15.08.1949, zit. in: KIENAST [1973], 494). Zudem verweisen Darstellungen Pfisters gerne auf Sekundärliteratur statt auf ihn selber (so weist z.B. Plieth auf Thomas Bonhoeffers Einführung hin statt auf Pfisters „*Selbstdarstellung*" (31 [Anm. 2]) und kolportiert so die Angabe, Pfister sei „Doktor der Psychologie" statt der Philosophie gewesen (31). Plieth konnte die damals eben erst erschienene Monographie von Nase nicht mehr rechtzeitig zur Kenntnis nehmen.
    Der ganze Sachverhalt trifft in noch viel stärkerem Ausmass auf nicht deutschsprachige Autoren zu. Sie stützen sich auf englische Übersetzungen ab, womit sich ihre Quellenbasis nochmals stark einschränkt. Meist beruhen ihre Arbeiten auf Pfisters 1948 ins Englische übersetzte Werk „Angst und Christentum" (Christianity and Fear: A Study in History and in the Psychology and Hygiene of Religion, transl. by W. H. Johnston, 1948 London [G. Allen & Unwin]) und seinem 1963 ins Englische übersetzte Briefwechsel (Psychoanalysis and Faith. The Letters of Sigmund Freud and Oskar Pfister, ed. by Heinrich MENG and Ernst L. FREUD, transl. by Eric Mosbacher, New York [Basic Books]).

[17] Vgl. (1927b), 169.

[18] Oskar PFISTER (1909a): Wahnvorstellung und Schülerselbstmord, in: Schweizer. Bl. f. Schulgesundheitspflege und Kinderschutz 7, Nr. 1 (Jan.): 8–15, wieder abgedr. in: DERS. (1920), 420–428.

einem Paradigmenwechsel stehe.[19] Immer wieder wird er im Verlauf seiner pub-
lizistischen Tätigkeit das Ende der bisherigen „Prügelpädagogik"[20] einfordern,
auf „daß das grausame und oft verderbliche Herumknien auf der Kindesseele,
das Würgen und Pressen des Gemütes der Erwachsenen" endlich aufhöre.[21]
Auch wenn die Psychoanalyse nach einer Pädagogik Ausschau halte, die dem
Individuum gerecht werde und auf Quälereien verzichte, hiesse dies nicht, dass
sie „die ‚philanthropische' Erziehung mit Hilfe des Zuckerbrötchens und des
Biskuit-Buchstabens" propagiere.[22] „Das Ideal, dessen Schönheit die Psychanalyse am reinsten herausstellt", erkennt Pfister in Joh 14,9 wieder: *„Ich lebe, und
ihr sollt auch leben."*[23]

Pfister konnte die Psychoanalyse auch ganz in den Dienst der Pädagogik stellen, indem er sie schlicht und einfach – in Aufnahme von Aussagen Freuds – als
„Erziehungsarbeit" definierte.[24] In der Pädagogik fand Pfister selber schliesslich
den grössten Widerhall bei seinen Zeitgenossen und in der Nachwelt.[25] Im Folgenden wird das Augenmerk jedoch auf seinen Versuch gerichtet, die Psychoanalyse in die Seelsorgelehre und -praxis zu integrieren. In seinen Bemühungen,
psychoanalytische Erkenntnisse für die seelsorgerliche Tätigkeit des Pfarrers
fruchtbar zu machen, liegen die Anfänge der neuen Disziplin der Pastoralpsychologie.[26]

Pfister war von 1902 an bis zu seinem alters- und krankheitsbedingten Rück-
tritt im Jahre 1939 – dem Todesjahr Freuds und Bleulers – als Pfarrer in der
Predigergemeinde in Zürich tätig.[27] Diese äussere Stetigkeit darf mit zu den Vor-

---

[19]   Vgl. ebd., 427: „Wer sich die Neurosenlehre Freuds angeeignet hat, kann unendlich viel Elend
        verhüten."
[20]   Oskar PFISTER (1912a): Anwendungen der Psychanalye in der Pädagogik und Seelsorge, in:
        Imago 1, 56–82, hier 65.
[21]   Oskar PFISTER (1910c): Autoreferat, in: Carl Gustav JUNG: Referate über psychologische Arbei-
        ten schweizerischer Autoren (bis Ende 1909), in: *Jahrbuch II*, 356–388, hier 379. Vgl. DERS.
        (1923b): Die alte und die neue Pädagogik, in: Schweizer. päd. Zs. 33, 97–102, 129–138, 161–164
        u. 193–197.
[22]   (1912a), 78.
[23]   Ebd.
[24]   PFISTER (1927a), 128. Vgl. auch (1912a), 58; (1918a), 134: „Instrument der Pädagogik"; (1918b),
        88. Sigmund FREUD (1905a [1904]): Über Psychotherapie, GW V, 13–26, hier 25.
[25]   Vgl. z. B. seine Briefe an Freud vom 12.07.1920 (F/P, 80): „Die Lehrerschaft eines großen Teils
        des Kantons Zürich stellt sich geschlossen hinter mich und verlangt, daß die oberste Behörde
        den Lehrern Gelegenheit gebe, die pädagogische Psychoanalyse (Pädanalyse) kennen zu lernen",
        und vom 10.09.1926 (F/P, 110), wo er die Pädagogen den Theologen gegenüberstellt, und den
        Brief Freuds an ihn vom 21.11.1926 (F/P, 112): „Tatsächlich gedeiht von allen Anwendungen
        der Analyse nur die eine, die Sie inauguriert haben, die auf die Pädagogik". Vgl. dazu auch
        (1914a), wo Pfister den Weg des eben verstorbenen Prof. Ernst Dürrs von einem Gegner zu
        einem Mitarbeiter der Psychoanalyse nachzeichnet. Vgl. auch NASE (1993), 154f.
[26]   Vgl. NASE (2001), 337f. Pfister wird die Ehre des „ersten Pastoralpscholgen" erteilt, NASE
        (1993), VII und SCHMIDT-ROST (1996). Vgl. oben S. 17. Pfister klagt (1927a), 131 (Anm. 1):
        „Die Mediziner schaffen unermüdlich neue Lehrbücher der Seelenkunde; die Theologen, die
        doch die Geisteswissenschaft vertreten und ein weit stärkeres Bedürfnis nach einer Pastoralpsy-
        chologie fühlen sollten, haben in dieser Hinsicht meines Wissens gar nichts geleistet!"
[27]   Auch nach seiner Pensionierung blieb er aktiv. So schrieb ihm Charles Lattmann, Institut auf

aussetzungen seiner ungeheuren schriftstellerischen Produktivität gezählt werden. Seine Altstadtgemeinde, die er trotz des Rufs auf Lehrstühle verschiedener Universitäten nicht verliess, bildete neben der Lehrtätigkeit am Gymnasium (1906 – 1936) und am Lehrerseminar Küsnacht (1908 – 1918) sein konkretes und nicht zu vernachlässigendes Praxisfeld.[28] Seinen Unmut über die als rückständig empfundene und seiner Ansicht nach einseitig an Dogmen orientierte akademische Theologie hatte er schon früh kundgetan. 1903 veröffentlichte er einen Beitrag über *„Die Unterlassungssünden der Theologie gegenüber der modernen Psychologie"*, und 1905 erschien von ihm in der *Schweizerischen theologischen Zeitschrift* ein Aufsatz über *„Das Elend unsrer wissenschaftlichen Glaubenslehre"*, welche „in psychologischer, logischer, soziologischer und erkenntnistheoretischer Hinsicht unreif, dilettantisch, konfus" sei, weshalb sie bei anderen Disziplinen auf wenig Anerkennung stiesse. Pfisters abschliessendes, vernichtendes Urteil lautete: „Die heutige Glaubenslehre ist antiquarisch, abstrakt, scholastisch, unwissenschaftlich, desorientiert."[29]

Wegen oder trotz seiner profilierten theologischen Stellungnahmen trug man dem Schweizer Pfister 1908 eine ordentliche Professur für Systematische und Praktische Theologie an der Universität Zürich an. Er lehnte diese nach einigem Zögern ab und begründete dies im Rückblick 1910 damit, er habe sich und seinen Neigungen treu bleiben wollen:

„Schon früher forderte ich, daß die Glaubenswissenschaft bei der Beobachtung des lebendigen Menschen einsetzen müsse. Aus diesem Grunde hauptsächlich lehnte ich ein mir angetragenes Ordinariat für systematische und praktische Theologie ab, da es mir das Pfarramt und damit die Möglichkeit umfangreicher Studien über die Vorgänge des konkreten Glaubenslebens vorenthalten hätte".[30]

„Beobachtung des lebendigen Menschen" statt „Bücherstudium"[31] – im Rahmen seiner Zürcher Pfarrstelle gelang es Pfister, beides miteinander zu vereinen. Auch wenn er sich mehrmals letztlich gegen eine Universitätskarriere und fürs Pfarr-

---

dem Rosenberg, St. Gallen, Vorsteher des Externats am 10.03.1956: „Meine Arbeit bei Ihnen dauerte [...] von 1945–1951. Zuerst durchlief ich bei Ihnen eine rund 2jährige Lehranalyse [...]" [ZB ZH: Nachlass Oskar Pfister 3.2].

28 Vgl. schon NASE (1993), 80: „Der primäre Sitz im Leben von Praxis und Theorie seiner analytischen Seelsorge ist sein Zürcher Gemeindepfarramt."

29 (1905), 4. An diesen Aufsatz erinnerte er sich noch 40 Jahre später in einem Brief vom 27.12. 1946 an Adolf Keller: „Das Grauen vor der Dogmatik packte mich schon vor 1905 und liess mich eine Glaubenswissenschaft fordern, die nicht von den rationalisierenden Niederschlägen des christlichen Glaubenslebens ausging, sondern dieses selbst bearbeitete. Kein Mensch hat meinen vierseitigen Aufsatz in der Schweiz. th. Zs damals beachtet" [ZB ZH: Nachlass Oskar Pfister 2.56].

30 (1910a), 53. Vgl. auch (1927b), 175: „Ohne meine Gemeinde wäre ich ein Kathederprofessor geworden und unfehlbar in die Bahnen der alten Theologie geraten".

31 PFISTER (1985[2] [1944]), XXXVII: „Als mir dann aber 1908 ein Ordinariat [...] angetragen wurde, das mir Gelegenheit geboten hätte, die mit so schmetternden Trompetenstößen gerügten Fehler durch ein besseres Verfahren zu ersetzen, sah ich noch im richtigen Augenblick ein, daß es leichter ist, Programme zu entwerfen, als sie auszuführen [...]. Ich wußte auch, daß alles Bücherstudium mich nur weiter vom Ziele wegführen würde [...]."

amt entschied, blieb er dennoch zeitlebens forschend tätig. Doch in welchem gesellschaftlichen Umfeld lebten die Menschen, deren Beobachtung er zum Ausgangspunkt seiner Theologie erhob? Unter welchen Rahmenbedingungen hatte sich seine Praxis zu bewähren? Pfisters Beschäftigung mit der sozialen Frage und sein sozialpolitisches Engagement zu Beginn des 20. Jahrhunderts haben bislang kaum je Aufmerksamkeit erlangt und markieren historisch eine Forschungslücke. Dieser Umstand ist umso bemerkenswerter, als er mit dem führenden Kopf des schweizerischen Religiösen Sozialismus, *Leonhard Ragaz (1868–1945)*, in Briefkontakt stand.[32] Ragaz war es, der das 1908 zuerst Pfister angetragene und von diesem nach wechselvollem Hin und Her ausgeschlagene Ordinariat an der Theologischen Fakultät der Universität Zürich annahm und bis 1921 versah.

2.2 Pfister, Ragaz und die soziale Frage

1973 äusserte Hans-Ulrich Jäger in einem Aufsatz über *„Oskar Pfister und die Anfänge des religiösen Sozialismus"* die Ansicht, Pfister hätte sich noch 1907 – also ein Jahr, bevor er Freuds Schriften kennenlernte – „ganz auf dem Boden des religiösen Sozialismus" befunden.[33] Als Beweis führte er dessen in diesem Jahr veröffentlichten Beitrag über *„Die soziale Entwicklung als Kampf um die Menschenwürde. Ein Mahnwort"* an. Pfister zeichnete darin ein erdrückendes Bild der Klassengegensätze und der sozioökonomischen Verhältnisse seiner Zeit:

> *„Milch, Fleisch, Wohnung schlagen auf, die kleinen Kaufleute klagen über das Warenhaus, die kleineren Handwerker jammern, daß sie vom Fabrikbetrieb erdrosselt werden. Am Berg wächst ein wundervolles Villenviertel aus duftenden Gärten hervor, während den Bahnlinien entlang die eng geschlossenen übervölkerten Arbeiterviertel kaum einem schüchternen Stücklein Anlage Raum gewähren. Arme Schlucker bleiben, trotz Fleiß und Entbehrungen zeitlebens in bitterem Elend, indessen andererseits einzelne Leute in Saus und Braus schwelgen, keinen Finger rühren und doch immer größere Reichtümer ihr eigen nennen."*[34]

---

[32] Siehe StA ZH: Nachlass Leonhard Ragaz, W I 67 108.2. Hier befinden sich 24 handschriftliche, meist mehrseitige Schreiben Oskar Pfisters an Ragaz aus der Zeit von 1899–1910. Vgl. zum ganzen Themenkomplex Psychoanalyse und Sozialismus bzw. Sozialdemokratie: Johannes REICHMAYR (1994 [1990]): Sozialdemokratische Spuren auf Freuds Wegen bis zur Gründung der Internationalen Psychoanalytischen Vereinigung, in: DERS. (Hg.): Spurensuche in der Geschichte der Psychoanalyse, Frankfurt a.M. (Fischer), 23–28. Er gelangt zum Schluss, dass „Sozialdemokraten und politisch links Stehende ein nicht wegdenkbarer Teil der frühen psychoanalytischen Bewegung [waren]. […] vorwiegend auf der Ebene familiärer, persönlicher und freundschaftlicher Querverbindungen [wurde] ein hohes Maß gegenseitigen Verständnisses und Vertrauens zwischen Psychoanalyse und Sozialdemokratie, sowie umgekehrt, erreicht." (27f.)

[33] Hans Ulrich JÄGER (1973): Oskar Pfister und die Anfänge des religiösen Sozialismus, in: WzM 25, 451–455, hier 453. Die Beobachtung von HENNING (1996), 141, Pfister scheine „bereits 1922 den Eindruck zu gewinnen, daß die ausgemachte Kulturkrise im Grunde nur das Symptom einer viel tieferen Krise ist, nämlich einer Krise des Christentums selbst", lässt sich zeitlich schon viel früher ansetzen.

[34] PFISTER (1907): Die soziale Entwicklung als Kampf um die Menschenwürde. Ein Mahnwort, in: Für's Heim 4, 134–136.140–143.148–151.157f., hier 134.

Pfister zeigte in seinem Schrifttum immer wieder eine ausgeprägte Sensibilität für soziale Ungerechtigkeiten wie z.B. die in seiner eigenen Stadtgemeinde beobachtete Verelendung der Arbeiterschaft. Diese äusserte sich in erbärmlichen Wohnverhältnissen und bitterer Armut. Pfister prangerte sie entrüstet an.

Schon vor über einem halben Jahrhundert führte der Historiker *Markus Mattmüller* aus, dass Pfister zur Gruppe jener sieben Pfarrer und einem Kantonsschullehrer gehörte, die sich im Oktober 1906 in Degersheim in der Schweiz „wie eine Verschwörung im Halbdunkel" getroffen und die religiös-soziale Bewegung ins Leben gerufen hatte.[35] In seinem kurz darauf verfassten Essay über *„Die soziale Entwicklung"* klärte Pfister – mit empfehlender Erwähnung von *Leonhard Ragaz* – breitere Bevölkerungsschichten auf über die tiefer liegenden Zusammenhänge, Wechselwirkungen und Rückkoppelungen von Armut, Krankheit und Kriminalität in der bestehenden patriarchal-kapitalistischen Gesellschaft.[36] Er geisselte den „kapitalistischen Konkurrenzkampf"[37] als „antichristlich" und menschenunwürdig.[38]

Doch Pfisters Botschaft geht über die schonungslose Beschreibung gesellschaftlicher Missstände und ihrer Ursachen hinaus. Emphatisch gibt er zu bedenken: „Nimmermehr wird die Beseitigung der äußeren Notstände schon an und für sich den Sieg der Menschenwürde gewährleisten. Der Mensch lebt nicht vom Brot allein!"[39] Wichtiger noch als soziale Gerechtigkeit und Verbesserung äusserer Lebensverhältnisse sei – und schon hier klingt Pfisters Lebensthema an – die Liebe: „Die Liebe ist das Beste, das Notwendigste, das einzig Notwendige in der Welt!"[40] Sie gibt dem Menschen seine Würde: „die liebeglühende, freie, wahrhaftige, gotterfüllte Persönlichkeit" sei „die einzig echte Verkörperung der Menschenwürde, ihr muß die ganze Welt sich unterordnen. Gewinnen wir keine solchen Persönlichkeiten, so lassen alle die schönsten sozialen Verbesserungen die Welt bettelarm und trostlos zurück."[41] Pfister wird nicht müde daran zu erinnern, dass Liebe das Grundbedürfnis eines jeden Menschen ist, unabhängig

---

35   Markus MATTMÜLLER (1957): Leonhard Ragaz und der religiöse Sozialismus. Eine Biographie, Zollikon (Ev. Verl.), 137. Vgl. Eduard BUESS / Markus MATTMÜLLER (1986): Prophetischer Sozialismus. Blumhardt – Ragaz – Barth, Freiburg/CH (Exodus), 79f.; TRÜB (2006) [mitsamt einem Photo der Gruppe] u. SPIELER (2006).

36   Vgl. PFISTER (1907), 142: „wissen wir heute […], daß auch das innerste Zentrum der sittlichen Gefühle von den äussern sozialen Bedingungen abhängt. Wo z.B. die Wohnungsverhältnisse und die Löhne sehr traurig bestellt sind, muß mit einer Naturnotwendigkeit, die uns die Moralstatistik aufweist, die Unzucht gewaltig überhand nehmen. In ähnlicher Weise läßt sich ein gesetzmäßiger Zusammenhang zwischen sozialer Lage und Zahl der Selbstmorde, Diebstähle, Brandstiftungen usw. zeigen."

37   Ebd., 142: „Es ist eine entsetzliche Tatsache, daß im kapitalistischen Konkurrenzkampf die Ehrfurcht vor dem Menschen, die Barmherzigkeit und Wahrheitsliebe sehr oft ein Hindernis bilden, während brutale Härte und Verlogenheit einen Vorsprung verschaffen."

38   Ebd., 151.

39   Ebd., 158.

40   Ebd., 158.

41   Ebd., 158.

von seiner Herkunft und sozialen Stellung.[42] Die Gleichwertigkeit aller Menschen sah Pfister in Jesu Haltung verwirklicht: „In der kranken, häßlichen Muschel fand er die köstliche Perle, im versklavten, verrohten Menschen ein gefesseltes, von bösem Zauber gebanntes Gotteskind, das wir befreien müssen, und wenn's das Leben kostet."[43] Dieselbe „Beobachtung des lebendigen Menschen",[44] die zur Entstehung des religiösen Sozialismus in der Schweiz beigetragen hatte, bildete auch den bisher kaum beachteten Nährboden für die Hinwendung Pfisters zur Psychoanalyse. Von ihr erhoffte er sich die in Jesus selbst gründende Liebes-Befreiung des unter einem bösen Zauber stehenden Menschen. Der in der Pfister-Forschung unbekannte Briefwechsel mit *Leonhard Ragaz* aus den Jahren zwischen 1899 und 1910 ermöglicht einen weiteren Einblick in die vor- und frühanalytische Zeit Pfisters und soll das bisher Ausgeführte vertiefen.

Pfisters Briefe an Ragaz sind durchzogen von Kritik am Zustand der damaligen Theologie. Er ist überzeugt: „Es <u>muss</u> etwas geschehen. Die Reformtheologie ist arg versandet, ihre Erkenntnistheorie und Metaphysik wissenschaftlich gerichtet."[45] Voll Ekel ob ihrer Vertreter und mit flammendem Eifer will er die Theologie „aus ihrer Versumpfung […] herausziehen […] helfen".[46]

Das Jahr 1906 – mit der Zusammenkunft im Herbst und der Gründung der Zeitschrift *Neue Wege* – bezeichnete eine Zäsur im Leben Pfisters. Dank eines an Ragaz adressierten Briefes vom 17. Dezember 1906 erfahren wir mehr über die Hintergründe jenes schon erwähnten Beitrags, mit dem Hans-Ulrich Jäger aufzeigte, dass Pfister sich noch 1907 „ganz auf dem Boden des religiösen Sozialismus" befand. Es handelt sich um die Schrift: *„Die soziale Entwicklung als Kampf um die Menschenwürde. Ein Mahnwort".*[47] In seinem Brief von Ende 1906 bedankte sich Pfister für einen Vortrag von Ragaz.[48] Er zeigte sich tief berührt von dessen Lektüre und schrieb:

„Lieber Freund! Vor allem recht herzlichen Dank für Deinen Vortrag, der eine der weihevollsten Stunden, die ich je erlebte, in mir auferstehen liess. Die Schrift ist die beste mir bekannte Agitation nicht für christlich soziale Halbheit, wohl aber für soziales Christentum, das wenigstens um seines Hungers willen diesen Namen verdient. Seit Deinem Vortrag fühle ich mich sehr gekräftigt. Ich rede freier heraus. **Im November hielt ich in der Predigerkirche einen Sonntagabendvortrag über: ‚Die soz. Entw. als Kampf um die Menschenwürde'. Es gab eine scharfe Abrechnung mit Liberalismus, Kapitalismus, gewerbl. Mittelstand, etc. und ein offenes Bekenntnis zur ethischen Überlegenheit der sozialistischen Idee.** *Leider ist meine Familie über mich empört und – schämt sich meiner, so dass ich viel Unannehmlichkeit zu ertragen habe. Aber gerade hier erkenne ich die entsetzliche Unwis-*

---

[42] Vgl. ebd., 135: „Auch der Aermste unser Bruder, der Verworfenste unser Nächster, etwas ehrwürdiges, uns ebenbürtiges, der heilenden Liebe bedürftiges."

[43] Ebd., 135.

[44] PFISTER (1910a), 53.

[45] Brief Oskar Pfisters an Leonhard Ragaz vom 10.10.1903, 1ᵛ [StA ZH: Nachlass Leonhard Ragaz, W I 67 108.2].

[46] Ebd., 3ᵛ.

[47] Siehe oben S. 66.

[48] Vgl. Leonhard RAGAZ (1906): Das Evangelium und der soziale Kampf der Gegenwart, Basel (C. F. Lendorff).

senheit und Voreingenommenheit der Bourgeoisie, die Kraftlosigkeit der reinen, d.h. von den konkreten Verhältnissen abgelösten Gesinnungspredigt, die Notwendigkeit zorniger Kirchgänger. Nur wird mir die tiefer erkannte Pflicht ausserordentlich schwer. Ich leide schon sonst unter dem Gefühl, für die Seelsorge an 5500 Seelen viel zu schwach zu sein. Mein Glaubensleben ist heftigen Schwankungen ausgesetzt, nicht die Überzeugung, aber doch das unmittelbare Erleben. Es fehlt mir die innere Sammlung und Geschlossenheit. Und nun dem Volke erst noch Zorn geben, wo ich so wenig Gotteskräfte und Heilserlebnisse zu geben habe, mich unvermeidlichen Missverständnissen aussetzen, fällt mir nicht leicht."[49]

Das Schreiben offenbart, welch starken Einfluss Ragaz auf Pfisters Entwicklung ausgeübt hat. Und sein politischer Einsatz gleicht einem ersten Übungsfeld, sich gegen Mehrheiten zu stellen und dafür angefeindet zu werden. Diese Situation wird sich in seinem Leben wiederholen. Auch der Umstand, dass seine Familie mit ihm nicht einverstanden ist, wird sich bei seinem späteren Engagement für die Psychoanalyse ebenfalls wiederholen und für grosse Unannehmlichkeiten sorgen.

Seine ausgesprochene Hochachtung vor Ragaz, dem er schrieb, er sei ihm „wie ein älterer und erfahrener Bruder",[50] wurde auch in den Verhandlungen rund um eine freiwerdende Professur an der Theologischen Fakultät in Zürich offenkundig. Am 21. Februar wendete sich Pfister erstmals in dieser Angelegenheit an Ragaz und schrieb, er sei für das Ordinariat angefragt worden:

„Der Kirchenrat wünsche namentlich für die ‚praktischen' Vorlesungen einen Schweizer. Da sei meine Persönlichkeit eigentlich gegeben. Er [sc. Prof. Hausheer; IN] möchte mich deshalb fragen, ob ich evt. gewillt wäre, mich portieren zu lassen. Ich entgegnete, dass mich einerseits die akademische Laufbahn mächtig anziehe, anderseits auch das jetzige Amt, obwohl ich es sehr mangelhaft bekleide, ganz unwiderstehlich fessle, so dass ich mit Liebe + Freude mein Pöstlein bekleide. Ob ich zum akademischen Lehrer tauge, sei mir ungewiss. Dagegen sei ich von Deiner ausgezeichneten Befähigung zum Lehramt fest überzeugt und möchte bitten, Dich <u>jedenfalls</u> auf die Liste zu nehmen. Du würdest weit Besseres zu bieten haben als ich und in der verantwortungsvollen Stellung eines Professors weit mehr Segen stiften. [...] Ich würde es als Versündigung gegen unsere Theologenwelt und Kirche betrachten, wenn man Dich ausser Betracht fallen liesse. [...] „Komm und hilf!" Du bist der Mann, dessen wir so dringend bedürfen. Als Pfarrer hast Du ein mutiges Zeugnis abgelegt. Nun hilf uns zu einem jungen Geschlecht, das bei Dir die guten Waffen zum Kampfe holt. Bei unseren jetzigen Lehrern holen sie für den sozialen Kampf nichts. [...] <u>Sei Du der Erste entschieden sozialistische Theologieprofessor Europas.</u> Pfarrer dieser Observanz schiessen bald in Fülle hervor. Wir müssen einige <u>Professoren</u> haben, die Gottes Kampfruf im Rollen der sozialen Woge hören und den Mut haben, zu sprechen: „Hier bin ich!" Einem solchen Mann jubeln die Studentenherzen entgegen. Also komm! [...] <u>Falls Du ausschlägst, werde ich erst recht nein sagen.</u>"[51]

Es folgt eine Reihe von Briefen, die intensiv von der Frage handeln, wie das Or-

---

49   Brief Oskar Pfisters an Leonhard Ragaz vom 17.12.1906, 1^r–2^r [StA ZH: Nachlass Leonhard Ragaz, W I 67 108.2]. Transkription und Hervorhebung IN.

50   Brief Oskar Pfisters an Leonhard Ragaz vom 08.01.1907, 1^r: „Du bist mir wie ein älterer und erfahrener Bruder, gereift und reifend zugleich, Finder und Sucher in derselben Zeit."

51   Brief Pfisters an Ragaz vom 21.02.1908, 1^r–4^r. Transkription IN. Hervorhebung i.O.

dinariat am besten besetzt werden könnte. Als ernsthaft in Betracht zu ziehende Kandidaten stehen nur die beiden Schweizer Pfister und Ragaz zur Auswahl, wobei letzterer – den Briefen Pfisters zufolge – eine heftige Opposition gegen sich hatte und ein „Märtyrer" seiner sozialistischen Ansichten war.[52] Pfister zeigt sich jedoch zutiefst davon überzeugt, dass Ragaz der bessere Lehrstuhlinhaber wäre.[53]

Am 1. April schreibt Pfister, er hätte sich entschieden, sich im Falle eines ablehnenden Entscheids von Ragaz als Extraordinarius zur Verfügung zu stellen. Ein Ordinariat schliesse er jedoch aus. Dieses Opfer sei er nicht bereit einzugehen.

„Die Professorenfrage sehe ich nunmehr ruhiger an. Ich habe das Bewusstsein alles getan zu haben, um hinter den einzigen vollständig passenden Mann zurücktreten zu dürfen. Ich tat dies in klarer Erkenntnis Deiner Überlegenheit, derer ich mich neidlos freue [...]."[54]

Einen Monat später scheint sich das Blatt gewendet zu haben, wobei es Pfister offenbar selbst nicht klar war, was die verworrene Situation ausgelöst hatte. Klar ist nur, dass er sich schlecht behandelt fühlte.[55] Man gewinnt den Eindruck, Pfister hätte in seinem Enthusiasmus voreilig Schritte in Richtung Extraordinariat unternommen, bevor die Sache von Amtes wegen beschlossen war. So hielt die Fakultät letztlich an ihrem Anrecht auf ein volles Ordinariat fest und gewichtete die Besitzstandwahrung schliesslich höher als politische Bedenken Ragaz gegenüber, was dazu führte, dass dessen Kandidatur obenauf schwang.

Von besonderem Interesse ist, dass Pfisters allererster Hinweis auf Freud und auf seinen ersten Fall im selben Brief vom 8. Juli 1908 erscheint, in dem die Frage der Professur für ihn persönlich endgültig vom Tisch ist:

„Gegenwärtig bearbeite ich [...] das prachtvolle Gebiet der religiösen Psychotherapie. Hier ist mir eine neue Welt aufgegangen. In einem hochinteressanten seelsorgerlichen Fall

---

52   Vgl. Brief Pfisters an Ragaz vom 13.03.1908, 1ʳ: „Einer von uns beiden <u>muss</u> die Wahl annehmen." Zur Opposition vgl. u.a. Brief Pfisters an Ragaz vom 01.04., 11.04. u. 20.04.1908.

53   Vgl. Brief Pfisters an Ragaz vom 02.03.1908, 1ᵛf.: „Und dann diese entsetzliche Entsagung, die ein Professor sich auferlegen muss! Ich gestehe, dass ich im Professor nicht wegen seines Wissens, aber wegen seiner mühevollen und eintönigen Arbeit immer einen Märtyrer erblicke, und aus Bewunderung dieser oft öden Arbeit an wenigen, vielleicht undankbaren Studenten und bei kläglichem Einkommen kann ich über die allzumenschlichen Standeseigenthümlichkeiten leicht hinwegsehen. (...) Dich zog es immer stärker zum Lehramt, mich immer mächtiger zur Gemeinde."

54   Brief Pfisters an Ragaz vom 20.04.1908, 1ʳ.

55   So schreibt er in seinem Brief vom 27.05.1908 an Ragaz: „Ich weiss mir keinen andern Ausweg. Man hat an mir nicht recht gehandelt. Ich war bereit, mein Amt zu verlassen [...]. Dann sagt man mir von kompetenter Seite – die Mehrheit der Fakultät, der Vorsitzende des Vereins f[ür] Fr[eies] Chr[istentum] – der ja in solchen Fragen <u>sehr</u> kompetent ist –, der Erziehungsdirektor und -sekretär, der Präsident des Kirchenrates –, alles erklärt sich mit meinem Extraordinariat einverstanden, man dankt mir, ich verpflichte mich der besorgten Kirchgemeinde – – plötzlich zieht sich alles zurück, und ein Teil fällt über mich her, weil ich das gegebene Wort für massgebend genommen hatte. Unterdessen entgeht mir das Lehrerinnen-Seminar, das ich nach Furrers vor 6 Jahren geäusserten Wunsch hätte übernehmen sollen. Seither kocht's in den Zeitungen."

erkannte ich die Bedeutung der Psychopathologie für eine vernünftige Seelsorge am normalen Menschen. Eine Frau meiner Gemeinde wurde von anonymen Briefen fast zu Tode
gequält. Ihr Seelsorger + ihr Arzt konnten ihr nicht helfen. Sie war dem Selbstmord ganz
nahe. Da gelang es mir, jenem Pfarrer + Arzt nachzuweisen, dass der vielgesuchte Brief-
schreiber niemand anders war als die Adressatin, die subliminal im hyster. Dämmerzustand
sich diese entsetzlichen Quälereien zufügte. Nachträglich konnte ich auch graphologisch die
Identität der ganz verstellten automatischen mit der normalen Handschrift feststellen. Da
ich mit der Kranken fast nur durch Vermittlung eines Kollegen verkehre, konnte ich den
traumatischen Komplex noch nicht finden, dessen Verklemmung die Spaltung der Persönlichkeit hervorbrachte.
**Ich erwarte von der Freud'schen Forschung eine ganz enorme Förderung der religiösen
Psychotherapie. Die Entdeckungen der letzten Jahre müssen meines Erachtens einen
erheblichen Teil der seelsorgerlichen Arbeit und das Verständnis des religiösen Lebens
umwandeln.**"[56]

Dass Pfisters Hinwendung zu Freud und zur Psychoanalyse Anlass zu Auseinandersetzungen mit Ragaz bot, wird deutlich in seinem Schreiben vom 22. März
1910. Ragaz hatte verschiedene Bedenken, u.a. auch in Sachen Sexualität – jenem
Thema, das Diskussionen um die Psychoanalyse von ihren Anfängen an dominierte und auch zu Auseinandersetzungen zwischen Freud und Pfister führte.
Pfister antwortet auf Anfrage von Ragaz:

„Was die sex. Geschichtsbetrachtung anbetrifft, so verstehe ich Deine Befürchtung ganz gut.
Ich meine nur, dass die Liebe auch schon zuvor als wichtiger Motor der Weltgeschichte
betrachtet wurde, ferner muss immer betont werden, dass die Ψα das Wort in einem sehr
weiten Sinn fasst, ferner dass das Materiale des geistigen Erwerbs mit der Sexualität selbstverständlich oft wenig, oft gar nichts zu tun hat. Ich protestiere lebhaft dagegen, dass man
die Religion schlechthin als ‚sublim. Sexualfunktion‘ bezeichnet. Ich kenne Fälle, in denen
einer sich infolge sex. Bedrängnis in die Mathematik flüchtete, um nicht an seine Not ge-
mahnt zu werden. Die Richtung seines Denkens hing somit mit dem Eros zusammen. In der
Religion spielt Metaphysik, Geschichte usw. gewaltig mit, aber doch gewiss auch der Eros, so
gut wie Dein Ethos. Daher der Name ‚Nächsten_liebe‘, ‚Liebe zu Gott‘.
Die Ψα führt den Zyniker ganz gewiss tiefer in den Naturalismus hinein. Mir hat sie die
Naturwidrigkeit des Naturalismus gezeigt, die Furchtbarkeit des blossen Essens und Trin-
kens, überhaupt aller Sinnenlust, sofern diese den Menschen schliesslich zum Vieh erniede-
rigt. Der Kampf gegen die σαρξ ist eben doch eines der gewaltigsten Probleme unsres Ge-
schlechts. Da jedes höhere Menschtum nur auf der Basis der Verdrängung beruht, erscheint
mir gerade der Eudämonismus als Torheit. Ein kalvinistischer Berner Pfarrer schreibt mir
vorzüglich: ‚man kann das ψα Material gerade so gut für als gegen die Religion verwenden.
Jenes Material beweist doch klar, dass das eudämonist. Triebleben unausrottbar im Menschen wurzelt. Will man nun nicht Pessimist werden, so bleibt nur die Religion übrig.‘ Ich
würde sagen: Die Ψα beweist klar: Nicht zu hassen, zu lieben sind wir da. Freilich nicht nur
das Ich, das Weib, die Nahrung, sondern alle, und [...] Gott."[57]

Der Brief endet mit einer Frage: ob es nicht möglich wäre, sich „der armen Bä-
cker anzunehmen", und „nachher könnte man vielleicht der Sonntagsarbeit uns-

---

56   Brief Pfisters an Ragaz vom 08.07.1908, 2ᵛf. Transkription und Hervorhebungen IN.
57   Brief Pfisters an Ragaz vom 22.03.1910. Transkription IN. Hervorhebung i.O.

rer geplagten Metzger abhelfen."[58] Das Briefende beweist wiederum Pfisters grosses soziales Engagement, von dem ihn die Psychoanalyse nicht abrücken lässt, sondern zu dem sie ihn mit geschärftem Blick geradezu ermutigt.

Leonhard Ragaz erscheint nicht im Personenverzeichnis der Pfister-Monografie von *Eckart Nase*. In seiner bio-bibliografischen Skizze findet sich jedoch unter 1907 und dem Aufsatz *„Die soziale Entwicklung als Kampf um die Menschenwürde. Ein Mahnwort"* der Hinweis: „Berührungspunkte mit dem religiösen Sozialismus (H. Kutter, L. Ragaz), aber eigener Standpunkt."[59] Pfister habe „mehr von der Sozialdemokratie als von einem christlichen Sozialismus" erwartet.[60] Diese Hinweise sind zu vage, als dass die Position Pfisters klar ersichtlich würde. *Hans-Ulrich Jäger* stellte die Frage, ob Pfisters Hinwendung zu Freud eine Abwendung von Ragaz zur Folge gehabt hätte oder ob Einflüsse seines religiös-sozialen Gedankenguts auf seine Psychoanalyse-Rezeption nachzuweisen seien.[61] *Jäger* gelangte zum Schluss, Pfister hätte „seine religiös-sozialen Ansätze in modifizierter Form auch nach der Begegnung mit der Psychoanalyse weitergeführt" und begründete dies sowohl mit seiner kontinuierlich bleibenden Beschäftigung mit Themen wie z.B. Kapitalismus und Geld als auch damit, „daß er zur Erklärung psychischer Phänomene gesellschaftliche Faktoren mitberücksichtigt und zur Heilung und Prophylaxe auch auf die soziale Gesetzgebung hinweist."[62] Tatsächlich forderte Pfister in seiner Schrift *„Der seelische Aufbau des klassischen Kapitalismus und des Geldgeistes"* von 1923 „eine neue Sozialpathologie" und zwar auf der Grundlage der Psychoanalyse.[63] Diese Forderung wird jedoch wiederum von der noch bedeutenderen Aufgabe überboten:

„Allein wichtiger noch ist eine klare Einsicht in die großen Höhenmächte, die zu den Anlagen unserer Natur ebenso gehören wie irgendein elementarer Trieb. Nur ein verdrängungsfreier Idealismus, der den Menschen in einen großen Gesamtzusammenhang nicht nur mit der Menschheit, sondern auch mit dem Weltganzen und Schöpferwillen hineinstellt [...] ist imstande, uns aus den Wirren des heute grassierenden Geldgeistes in die Sphären eines lichtvollen Daseins zu führen".[64]

---

[58]   Ebd.
[59]   NASE (1993), 567.
[60]   NASE (1993), 245 (Anm. 73). E.Chr. ACHELIS gibt den Grundtenor der Zeit wieder: „Die Frage, ob ein Pastor sich der Sozialdemokratie anschliessen darf, ruht auf der Frage, ob ein Christ es darf. Er würde es nur dann dürfen, wenn er 1. die wirtschaftlichen Ziele der Sozialdemokratie für richtig und und auf christlichem Wege für erreichbar hält; 2. wenn er annehmen darf, dass dieser Weg schädliche Konsequenzen weder für das Familienleben noch für die persönliche sittliche Entwicklungsfreiheit haben wird; 3. wenn er hoffen darf, dass die bisherige Gottlosigkeit der Sozialdemokratie durch den Eintritt christlicher Genossen überwunden werden kann. [...] Da diese Bedingungen nicht alle erfüllbar sind, so ist die Frage, ob ein Christ sich der Sozialdemokratie anschliessen dürfe, zu verneinen. Für den Pastor aber verbietet sich der Eintritt [...]." DERS. (1899³ [1893]): Praktische Theologie, Freiburg i.Br./Leipzig/Tübingen (Mohr), 221.
[61]   Vgl. JÄGER (1973), 453.
[62]   JÄGER (1973), 455. Vgl. PFISTER (1923c).
[63]   PFISTER (1923c), 85.
[64]   Ebd., 85.

Jägers Fazit lautet: „Auch darin trifft sich Pfister mit den religiösen Sozialisten, welche darauf hinweisen, daß eine soziale Erneuerung nur in Verbindung mit einem religiösen Aufbruch wirklich weiterführen könne."[65] Der Briefwechsel mit *Ragaz* zeigt, dass die religiös-sozialen Ansätze Pfisters nicht bloss in seiner Psychoanalyse-Rezeption weiter wirkten, sondern überhaupt seine Bereitschaft förderten, sich Neuem zuzuwenden – auch in Form der Psychoanalyse. Pfister behielt stets die soziale Dimension des Evangeliums mit im Blick. Seine Sensibilität für die Notlage gesellschaftlich benachteiligter Individuen und Gruppen und sein Wille, zur Überwindung ihrer Marginalisierung beizutragen, begünstigten seine Offenheit für neue Zugänge und Verstehensweisen, wie sie die Psychoanalyse anzubieten hatte. Die Psychoanalyse war seiner Ansicht nach schliesslich das wichtigste Instrument zur Überwindung der sozialen Frage. In seiner „*Analytischen Seelsorge*" hielt er fest, es habe

„sich herausgestellt, daß der Hinweis auf die Sündhaftigkeit des Mammonismus, des Krieges, des Völkerhasses viel zu wenig Eindruck macht. [...] Wenn wir [...] die sozialbiologischen Gesetze aufdecken können, nach welchen die großen Volksversündigungen und Volksschädigungen mit Notwendigkeit entstehen, so dürfen wir abermals einen großen Fortschritt verzeichnen. Ich bin gewiß, daß in nicht allzu ferner Zeit die Völkerbiologie nach ihrer seelischen Seite hin als [...] weit wichtiger erkannt wird, als die heute fast nur nach materiellen Tatsachen eingerichtete Hygiene und Soziologie. – Auch die kirchlichen, theologischen und religiösen Einigungsbestrebungen bedürfen der psychanalytischen Orientierung, wie übrigens auch die Mission."[66]

Auf die Parallelen zwischen *Pfister* und *Boisen*, die auch beide religionspsychologische Studien betrieben und Schriften verfassten,[67] wurde schon mehrfach verwiesen.[68] Boisen jedoch wollte die Aufmerksamkeit weglenken von „liberal pre-

---

[65] JÄGER (1973), 455.
[66] PFISTER (1927a), 135. Zur Mission vgl. Isabelle NOTH (2007b): „Deine Ehrfurcht und meine Liebe" - Oskar Pfister (1873–1956) und Albert Schweitzer (1875–1965), in: DIES. / MORGEN-THALER, 46–58, hier 51f.
      Vgl. auch Brief Pfisters an Freud vom 03.03.1919 (unveröff. Ms.; IN): „Wer das Volk hat, hat auch die Lehrstühle. Volkstümliche Aufklärung steht mit der Wissenschaftlichkeit nicht im Widerspruch. Wir haben bisher viel zu einseitig nur zu den Gelehrten gesprochen, die ja viel weniger lernfähig sind, als die schlichten Leute."
[67] Boisen besuchte ab 1908 das *Union Theological Seminary* in New York mit der Absicht, Religionspsychologie bei George Albert Coe zu studieren. Dessen und James' Einfluss ziehen sich durch Boisens Werk hindurch, vgl. Glenn H. ASQUITH, Jr. (1992): Introduction, in: DERS. (ed.): Vision From a Little Known Country. A Boisen Reader, JPC Publ., 1–12, hier 4.
[68] Vgl. z.B. NASE (2000), 68. Zu erwähnen bliebe noch dessen beiderseitige liberal-theologische Richtung und Faszination von Albert Schweitzer, wobei Pfister mit ihm persönlich bekannt und befreundet war. Vgl. NOTH (2007b); DIES. (2008): Albert Schweitzer und die Psychoanalyse, in: Luzifer-Amor. Zs. zur Geschichte der Psychoanalyse 43, 133–143. Zu Boisen vgl. Paul W. PRUYSER (1967): Anton T. Boisen and the Psychology of Religion, in: ASQUITH (ed.) (1992), 145–156, hier 147. Nicht beachtet werden die immensen ekklesiologischen Unterschiede beider und ihre unterschiedliche Psychoanalyserezeption. Zu den Hauptunterschieden zählt hier, dass Boisen aufgrund seiner eigenen sexuellen Problematik Freuds Sexualtheorie viel näher stand als Pfister.

occupation with social reform and religious education and back to the central task of the church: soul cure",[69] während Pfister letzteres zwar auch für das Zentrale erachtete, aber stets die soziale Dimension mit im Blick behielt.

Unbekannt blieben bisher die erstaunlichen Gemeinsamkeiten zwischen *Pfister* und *Elwood Worcester* (1862–1940). Da Pfisters frühe Sympathien für den religiösen Sozialismus bisher zu wenig beachtet wurden, konnte seine Ähnlichkeit mit Worcester, der sich dem *Social Gospel* verbunden fühlte, auch wenn er davon überzeugt war, dass die Kirche noch mehr zu bieten hat und bieten muss, nicht wahrgenommen werden.[70] Worcester sah Gott wirksam in psychotherapeutischen Heilverfahren.[71] Allen drei – Pfister, Worcester und Boisen – gemeinsam war die Überzeugung, „kein neues Evangelium" zu verkünden, sondern lediglich einen neuen Weg der Evangeliumsverkündigung.[72]

Auch *Leonhard Ragaz* spielte in diesem interkontinentalen Beziehungsgeflecht eine Rolle: er hatte *Walter Rauschenbusch* (1861–1918), den Kopf der *social gospel movement*, 1907 auf seiner Reise in die USA kennengelernt und drückte seine grosse Wertschätzung für dessen Wirken in seiner Autobiografie aus.[73] *Clara Ragaz* (1874–1957), seine Ehefrau, übersetzte das Werk von Rauschenbusch über „die religiösen Grundlagen der sozialen Botschaft" ins Deutsche.[74]

2.3   Von der „Oberflächen-" zur „Tiefenseelsorge"

Die tiefe Unzufriedenheit mit dem theologischen *Status quo* angesichts des gesellschaftlichen Elends zu Beginn des 20. Jahrhunderts, der Einfluss religiös-sozialen Gedankenguts und konkrete Erfahrungen des Scheiterns und der Ohnmacht, die Pfister als Pfarrer „mit der alten Seelsorge, die nur auf das Bewußtsein

---

[69]   STOKES (1985), 64. Vgl. dazu das Urteil von Rodney J. HUNTER (1995), 20: „Boisen [...] was very sociologically minded (cf. his *Religion in Crisis and Custom*, 1955), and one of his principal successors, Seward Hiltner, was heavily influenced by Erich Fromm and the Frankfurt School of social theory".

[70]   Vgl. STOKES (1985), 21f. Worcester äusserte sich über das *Social Gospel* folgendermassen: „It can change the environment, but as yet it seems to have no meanings of changing the heart. It can help men in the bulk, but it has no direct access to the depth of the individual conscience. We therefore venture to believe that the social movement will soon be supplemented by a psychical movement which speaks in the name of Christ to the soul" (zit. ebd., 22).

[71]   Vgl. STOKES (1985), 30: „[...] Worcester saw God's healing action in the cure of psychogenic disease by psychotherapeutic means. [...] Scientific psychotherapy as a means for God's cure of souls – the concept was seminal."

[72]   Vgl. das Eingangszitat von Pfister oben S. 62 und STOKES (1985), 64: „Like Elwood Worcester, Boisen reiterated that he had no new gospel to proclaim, only a new approach."

[73]   Vgl. Leonhard RAGAZ (1952): Mein Weg, Zürich (Diana Verl.), 265: „Rauschenbusch war sicherlich als Jünger Christi allen Dialektikern und auch Reinhold Niebuhr, dem heutigen Hauptvertreter des ‚religiösen Sozialismus' in Amerika, bei weitem überlegen."

[74]   Walter RAUSCHENBUSCH (1922): Die religiösen Grundlagen der sozialen Botschaft, übers. von Clara Ragaz, Erlenbach-Zürich (Rotapfel-Verl.). Die Schriften von Rauschenbusch und von anderen Vertretern der *social gospel movement* beeinflussten mehrere der ersten Religionspsychologen in den USA wie z.B. George Albert Coe und Edward Scribner Ames. Vgl. WULFF (2001), 16.

achtete", machen musste – all das gab den Ausschlag, neue Wege in der Seelsorge zu beschreiten.[75] Pfister hörte den Namen *Sigmund Freud* erstmals von *Ludwig Binswanger* (1881–1966).[76] Bei *Carl Gustav Jung*, dem Doktorvater Binswangers, holte Pfister in einem konkreten Seelsorgefall supervisorischen Rat ein.[77] Als Oberarzt am Burghölzli forschte Jung selbst auf psychoanalytischem Gebiet und arbeitete in eben diesem Jahr an seinem 1909 veröffentlichen Aufsatz über *„Die Bedeutung des Vaters für das Schicksal des Einzelnen"*, der Pfister stark beeinflusste.[78] Jung verwies Pfister auch auf Freuds Schriften. Die Lektüre faszinierte ihn so, dass Pfister sich noch 1909 kurzentschlossen auf den Weg nach Wien machte, um den Begründer der Psychoanalyse, mit dem er inzwischen schon korrespondierte, am 25. April auch persönlich kennenzulernen.[79] Jung hatte Freud schon in einem Schreiben im Januar auf ihn vorbereitet: „Der Dr. theol. Pfister, ein gescheiter Mann und mein Freund, hat nämlich eine große Propaganda für Ihre Ideen ins Werk gesetzt."[80] Es war der Beginn eines lebenslangen freundschaftlichen Verhältnisses, das sich auch in einem dreissig Jahre währenden Briefwechsel niederschlug.

Freud unterstütze Pfister in seinem Vorhaben, die Psychoanalyse Nichtmedizinern zugänglich zu machen. Schon im Februar 1909 schrieb er ihm, die Psy-

---

[75] PFISTER (1928a), 7. Vgl. ebd., 24: „Ohne die auf reine Bewußtseinspsychologie gestützten Bemühungen, durch positive Heilsverkündigung von Sünde zu befreien und Herzensreinheit herbeizuführen, irgendwie verkleinern zu wollen […], so müssen wir doch darauf hinweisen, daß sie in Tausenden von Fällen einfach nicht ausreicht […]. […] wo alles Reißen und Zerren an diesen Fesseln vegeblich war, suchte ich nun in meiner pastoralen Praxis die Psychoanalyse anzuwenden und erlebte zu meiner großen Freude außerordentlich günstige Fälle da, wo ich nach der alten, einseitig von der Oberflächenpsychologie beratenen Methodik rat- und hilflos dagestanden hatte. Eine ungeheure Fülle von religiösen und moralischen Schäden, die bisher unverbesserlich geschienen hatten, erwiesen sich jetzt mit Hilfe der Tiefenseelsorge als aufhebbar." Ebd., 26: „Die Seelennot vieler Pfarrkinder, denen ich bisher nicht hatte helfen können, zwang mich dazu […]."

[76] Vgl. PFISTER (1927b), 9 und Brief Binswangers an Pfister vom 08.12.1951 [ZB ZH: Nachlass Oskar Pfister 2.8; unveröff.]: „Wenn Sie von mir erstmals den Namen Freud gehört haben, so habe ich von Ihnen erstmals die späten Beethoven-Sonaten spielen hören." Binswanger hatte Ende 1905/1906 bei Pfister im Pfarrhaus gewohnt. Vgl. Ludwig BINSWANGER (1956): Erinnerungen an Sigmund Freud, Bern (Francke). Binswanger wirkte erst ab Juli 1908 in der privaten Anstalt Bellevue in Kreuzlingen, deren Leiter er im Dezember 1910 wurde. Vorher war er noch am Burghölzli tätig. Vgl. FICHTNER (1992), XVIII.

[77] Vgl. die Besprechung des Falls in: PFISTER (1909b), 6f. Es handelt sich dabei zuerst nicht um den jungen Mann „Dietrich" (so JOCHHEIM [1998], 19), sondern um eine etwa „40jährige Hausfrau" (6), die anonyme Briefe und Karten erhielt, von denen sich schliesslich herausstellte, dass sie selber deren Verfasserin war. Pfister unterrichtete Ragaz von diesem Fall. Vgl. oben S. 70f.

[78] Vgl. NASE (1993), 121 (Anm. 2). Sein Einfluss ist noch greifbar in der *„Selbstdarstellung"* von PFISTER (1927b), vgl. dazu NOTH (2007), 47f.

[79] Vgl. Brief Pfisters an Frau Prof. Freud vom 12.12.1939 (F/P, 159) u. Oskar PFISTER (1949): Die ethischen Grundzüge der Psychoanalyse Sigmund Freuds, in: Der Psychologe. Berater für gesunde und praktische Lebensgestaltung, Bd. 1 [Sonderh. 7/8], 287–294, hier 290. Otto Rank war bei diesem ersten Treffen anwesend und geriet mit Pfister in einen „Disput" über die Notwendigkeit der Aufhebung aller Verdrängungen, welcher letzterer „unter Berufung auf das dem Unbewußten entspringende Geniale entgegentrat", worüber Freud „lächelte" und „die Aufhebung aller verdrängter Vorstellungen und Wünsche für utopisch (erklärte)" (ebd.).

[80] Brief Jungs an Freud vom 07.01.1909 (F/J, 216).

choanalyse sei „weder religiös noch das Gegenteil, sondern ein unparteiisches Instrument, dessen sich der Geistliche wie der Laie bedienen kann, wenn es nur im Dienste der Befreiung Leidender geschieht."[81] Im selben Brief äusserte Freud sein grosses Erstaunen über den Umstand, nicht selber darauf gekommen zu sein, „welche außerordentliche Hilfe die psychoanalytische Methodik der Seelsorge leisten" könne.[82] Doch nicht nur die Seelsorge, sondern die Theologie insgesamt hatte Pfister zufolge noch kaum je „eine derartige Bereicherung ihrer Methodik erfahren" wie durch Freuds Psychoanalyse.[83] Ein Jahr später veröffentlichte Pfister Fallbeispiele psychoanalytischer Seelsorge, in denen er nachzuweisen suchte, dass bestimmte klassische Seelsorgefälle („gewisse sehr häufige ethisch-religiöse Defekte") eine ähnliche Ätiologie aufwiesen wie klassische Psychiatriefälle.[84]

Als Pfister 1913 mit seinem „pädagogischen Hauptwerk ,Die psychanalytische Methode'"[85] für eines der ersten Lehrbücher der Psychoanalyse überhaupt verantwortlich zeichnete, verfasste Freud dazu ein Geleitwort,[86] in welchem er festhielt: „Die Ausübung der Psychoanalyse fordert viel weniger ärztliche Schulung als psychologische Vorbildung und freien menschlichen Blick".[87] Dabei erwiesen sich gerade Pfarrer und Lehrer aufgrund ihrer vielseitigen und zahlreichen Kontakte und ihres gesellschaftlichen Ansehens als „ideale Multiplikatoren".[88] Freud segnete Pfisters mit missionarischem Eifer betriebene Bemühungen um eine auf der Psychoanalyse basierende pädagogische Theoriebildung, die so genannte „Pädanalyse", ab und bestärkte ihn auch in seinem Vorhaben, die Psychoanalyse in Form einer „analytischen Seelsorge" für die Theologie fruchtbar zu machen.[89]

---

[81]   Brief Freuds an Pfister vom 09.02.1909 (F/P, 13).

[82]   Brief Freuds an Pfister am 09.02.1909 (F/P, 13).

[83]   PFISTER (1909b), 7f.

[84]   PFISTER (1910a), 28.

[85]   PFISTER (1927b), 172. Für RAGUSE (2007), 35 ist das Buch „heutzutage kaum noch lesbar. Die Mischung von Freudreferaten und zahllosen Fallepisoden, in denen die analytischen Interventionen oft geradezu eine Wunderwirkung haben, ist ziemlich unerträglich." Freud hingegen hielt die Abhandlung 1924 für Pfisters „bedeutsamstes Werk", Brief an Pfister vom 09.06.1924 (F/P, 99).

[86]   Vgl. FREUD, Sigmund (1913b): Geleitwort zu: PFISTER, Oskar (1913): Die psychanalytische Methode. Eine erfahrungswissenschaftlich-systematische Darstellung, Leipzig (Klinkhardt), IV–VI, in: GW X, 448–450.

[87]   FREUD (1913b), Geleitwort in: PFISTER (1924³ [1913]), VI. Diese Überzeugung, die Freud hier zum ersten Mal schriftlich kund tut, wird er 1926 in „Die Frage der Laienanalyse" (GW XIV) nochmals explizit darlegen. Die Ansicht Gays (2004⁵ [1989]), 551), Freud hätte sich erst im Zusammenhang der Auseinandersetzung um Reik „im Druck zur Laienanalyse" bekannt, ist also ergänzungsbedürftig. Vgl. Johannes REICHMAYR (1994 [1990]): Zur Vorgeschichte der Frage der ,Laienanalyse', in: DERS., 99–106.

[88]   Christian HENNING (1996): Phönix aus der Asche. Die Wiedergeburt des Christentums aus dem Geist der Psychoanalyse bei Oskar Pfister (1873–1956), in: Volker DREHSEN / Walter SPARN (Hg.): Vom Weltbildwandel zur Weltanschauungsanalyse. Krisenwahrnehmung und Krisenbewältigung um 1900, Berlin (Akademie Verl.), 131–165, hier 143.

[89]   Zur Terminologie vgl. PFISTER (1927a), 10: „[…] wäre es angezeigt, von einer ,psychanalytischen Seelsorge' zu reden, wenn die Wortverbindung nicht gar zu häßlich klingen würde." Vgl. dazu Hitschmann unten 2.7.

Zu Recht wies Pfister in seinen späteren Schriften, ohne einen gewissen Stolz zu verbergen, auf die Tatsache hin, dass er als Erster die Psychoanalyse in die Seelsorge eingeführt hatte.[90]

Während Pfister zu Beginn seines Engagements noch vom erstaunlich großen Wohlwollen seiner Kollegen berichten konnte,[91] hielt er ihr Verständnis für die „neue Wissenschaft" in späteren Jahren für „betrübend gering".[92] Er sprach u.a. angesichts der Widerstände, auf die seine Bemühungen trafen, sogar von einer „Glazialperiode der seelsorgerlichen Erstarrung", von der er inständig hoffte und auch glaubte, sie würde bald überwunden.[93] 1943 beklagt er jedoch, dass „die allermeisten Pfarrer" nach Abschluss ihrer Ausbildung „soviel wie nichts" über psychische Krankheiten wüssten „und später blutwenig."[94] 1949 musste er schließlich desillusioniert feststellen: „Mein Wunsch, die seelsorgerliche Analyse zum Gemeingut aller Pfarrer zu machen, schlug fast ganz fehl. [...] Es ist ein Jammer, wie schrecklich in der Seelsorge gepfuscht wird."[95]

---

90   Vgl. PFISTER (1929), 87; (1927b), 177: „Sehr bald ging ich als erster dazu über, auch Jugendliche und Erwachsene zu analysieren, die den Arzt als solchen nichts angingen. Ich ward inne, daß auf Freuds Prinzipien eine analytische Pädagogik und Seelsorge gegründet werden müsse, die durch kunstgerechte Befreiung von den Banden des Unbewußten die verderbliche Einseitigkeit der bisherigen, synthetisch orientierten erzieherischen Theorie und Praxis überwindet." Der Beitrag „Pädagogik" von Joachim PFEIFFER (2006), in: Freud Handbuch, hg. v. Hans-Martin LOHMANN / Joachim PFEIFFER, Stuttgart/Weimar (Metzler), 396–401 würdigt die Leistung Pfisters leider kaum. Vgl. Rolf GERMANN-GEHRET (1987): Oskar Pfister. Pionier einer tiefenpsychologisch orientierten Psychotherapie bei Jugendlichen und Kindern, Diss. Zürich; Danielle MILHAUD-CAPPE (2007): Freud et le mouvement de pédagogie psychanalytique 1908–1937. A. Aichhorn, H. Zulliger, O. Pfister, Paris (Librairie Phil. Vrin).

    Ein noch kaum beachteter Seelsorger, der sich selber zu jenen zählte, „die in das Land des Unbewußten einzudringen vermögen", war der Berliner Pfarrer Gustav DIETTRICH, vgl. DERS. (1917): Seelsorgerische Ratschläge zur Heilung seelisch bedingter Nervosität, Gütersloh (Bertelsmann), 39. Auf die Frage, was denjenigen zu raten sei, die an einem „unter die Bewusstseinsschwelle verdrängten Trieb" leiden, antwortete er: „Mag man über das Heilverfahren der [...] psychoanalytischen Schule denken wie man will – und ich bin der letzte, der all ihre Einseitigkeiten, Übertreibungen und Absonderlichkeiten in Schutz nehmen wird – aber hier kann sie allein helfen. Denn sie allein gibt die Mittel in die Hand, auch in scheinbar hoffnungslosen Fällen in die Welt des Unbewußten einzudringen [...]" (38). Zu diesen Mitteln zählt er auch „das Assoziationsexperiment" u.a. „unter Aufschaltung des Analysanden [...] in einen elektrischen Stromkreis", eine 1917 überwundene Methode. (Dass beide Methoden jedoch nichts miteinander zu tun haben, ist nachzulesen in FREUD [1914d], 45f.) Diettrich verweist auf den „bekannte[n] Zürcher Pfarrer O. Pfister" (10), der „unter den Theologen [...] obenan" stehe in der Handhabung der Psychoanalyse (39). Vgl. auch Gustav DIETTRICH (1923): Was lernen wir aus der Psychotherapie für die Methodik des Religionsunterrichts? Langensalza (Beyer). Vgl. zu Diettrich, der nicht Privatdozent wurde, Postkarte Nr. 415 vom 12.11.1908 von Adolf von Harnack an Martin Rade, in: Der Briefwechsel zwischen Adolf von Harnack und Martin Rade, hg. v. Johanna JANTSCH, Berlin/New York (de Gruyter) 1996.

91   Vgl. PFISTER (1910a), 53: „Auch bei meinen Kollegen fand ich im großen und ganzen überraschend viel Verständnis und Sympathie für die große Angelegenheit."

92   PFISTER (1929), 87. Vgl. auch seinen Brief an Freud vom 10.09.1926 (F/P, 110): „Es schmerzt mich sehr, daß die Theologen so erbärmlich zurückbleiben und versagen."

93   PFISTER (1929), 87.

94   PFISTER (1943), 130.

95   Brief Pfisters an Kienast vom 15.08.1949, zit. in: KIENAST (1973), 494.

Pfisters Äusserungen tiefer Enttäuschung sind auch vor dem Hintergrund seiner Ablehnung von Seiten der Exponenten der Dialektischen Theologie zu sehen, insbesondere von Seiten des Basler Praktologen *Eduard Thurneysen* (1888–1974). Dass sich dieser in seiner *„Lehre von der Seelsorge"* (1946) abschätzig über Pfister äusserte, ist bekannt, auch wenn er selber Vorreiter einer neuen und offeneren Haltung der Psychoanalyse gegenüber war.[96] Nach Thurneysen verdanke die Theologie der „modernen Psychologie", die mit Freud und Jung eingeleitet wurde, die Erinnerung an das „so lange übergangene Menschenverständnis der Bibel."[97] Es handelt sich dabei um die Einsicht, dass der Mensch stets Leib und Seele zugleich sei, wobei man „wie bei einem Knabenstreit nie mit Sicherheit (weiss), ‚wer angefangen hat'". Seele und Leib wirken untrennbar voneinander, weshalb das Wort Gottes ein Wort ist, „das ins ‚Fleisch', d.h. in die Ganzheit der Existenz des Menschen hineingreift, oder dann ist es nicht das Wort Gottes."[98] Hierin unterscheidet sich Thurneysen nicht von Pfister, der auch immer wieder auf dieselbe Einheit hinwies. Auch folgender Aussage hätte Pfister zustimmen können: christliche Seelsorge „dechiffriert [...] das Rätsel und Geheimnis des Todes und gibt den Menschen jenen Ausblick nach vorwärts, jene Hoffnung genau an der Stelle, wo psychologisch und biologisch gesehen jede Hoffnung zu Ende ist."[99] Und sogar Spitzenaussagen Thurneysens wie folgende hätte Pfister kaum grundsätzlich widersprechen wollen: „Geholfen, wirklich geholfen wird ihm dann und nur dann, wenn er erkennen darf, dass er als Sünder vor Gott steht, [...] dass es aber Gottes freie und mächtige Gnade ist, die ihn befreit. Sie befreit ihn nämlich nicht nur von Schuldgefühlen, sie befreit ihn von der wirklichen Schuld, die in seinem Leben liegt, und die auch [...] durch die Chiffre seiner Erkrankung zu ihm reden wollte. Darum Seelsorge, nicht nur Psychologie, aber Seelsorge, die um Psychologie weiss, um dann erst recht Seel-

---

[96]   Vgl. Thurneysen (1946), 186; de Quervain (1977), 31–46. Ebenso bekannt ist, dass sich auch Karl Barth in seiner Korrespondenz mit Thurneysen abschätzig über Pfister äusserte. Vgl. den Brief Barths an Thurneysen vom 09.07.1929, in: Karl Barth – Eduard Thurneysen (1974): Briefwechsel, Bd. 2, bearb. u. hg. v. Eduard Thurneysen, Zürich (TVZ), hier 671: „[...] der [sc. Oskar Pfister; IN] gleich zu Anfang auf Grund seiner seelsorgerlichen Erfahrungen einen ebenso langen wie unbeträchtlichen Seim von sich gab. Kennst Du ihn? Ich war höchst überrascht über die Kleinbürgerlichkeit seiner Erscheinung, ebenso wie seiner Sprache."

[97]   Eduard Thurneysen (1949): Psychologie und Seelsorge. Korreferat, in: Erziehung und Seelsorge hg. v. Carl Günther et al., Zürich, 50–62, hier 53. Siehe oben S. 16 und unten IV.2.1.5. Dem Gegensatz, den Michael Roth zwischen „theologischer Anthropologie" und „Menschenbild der Psychoanalyse" aufzubauen versucht, ist die Erinnerung an deren gemeinsamen Wurzeln entgenzuhalten. Der Aufsatz beruht m.E. auf grundlegenden Missverständnissen, die sich u.a. terminologisch äussern – so wird stets vom „Unterbewußten" geschrieben – und in der Aussage gipfeln: „Ist nach Einsicht des Glaubens [...] die Unfreiheit ein Strukturmerkmal geschöpflicher Personalität, so wird sie im Modell des Glaubens innerhalb der Grenzen der psychoanalytischen Erkenntnis zu einer Fehlform des ontisch-existentiellen Daseins, die es wegzutherapieren gilt." Ders. (2000): Oskar Pfister – der Beginn einer problematischen Freud-Rezeption innerhalb der Theologie. Eine Problemanzeige, in: PrTh 35/1, 40–57, hier 56f.

[98]   Thurneysen (1949), 50.

[99]   Ebd., 61.

78

sorge zu sein."[100] Was trennte denn Thurneysen und Pfister? Ein Schreiben Pfisters und der Briefwechsel mit der Frau des Philosophieprofessors Heinrich Meng in Basel geben einige Hinweise.

Pfister wendete sich in einem Brief vom 1. Februar 1950 direkt an Thurneysen und schrieb:

„Ich weiss, dass Sie mir die christliche Substanz in bezug auf den Glauben ganz, und in der christlichen Ethik bis auf Rudimente abgesprochen haben.[101] Ob Sie es heute noch tun, weiss ich nicht. [Pfister legt dem Brief „ein Remittendenexemplar" seiner Abschiedspredigt von 1939 bei; IN] Dass auch meine analytische Seelsorge, die ich als blosses Pflügen betrachte, oft geholfen hat, Gottentfremdete, die nach den synthetischen Methoden den Zugang zu Christus nicht gefunden hatten, für ihn zu gewinnen, rechne ich zu den vielen Gnadengaben Gottes, und ich bedaure es nicht, dass ich trotz mannigfacher Nachstellungen den mir vorgeschriebenen Weg gegangen bin."[102]

Pfister erhielt nie eine Antwort auf sein Schreiben und muss die Angelegenheit mit dem mit ihm befreundeten Paar, Heinrich Meng und dessen Frau, besprochen haben. Am 13. September 1950 schrieb Frau Meng einen Brief, in welchem sie Pfister mitteilte, sie hätte Thurneysen einen persönlichen Besuch abgestattet. Auf Pfister angesprochen hätte dieser ein schlechtes Gewissen bekundet, weil er ihm auf dessen Brief noch nicht geantwortet hatte.

Frau Meng: Ich „[…] berichtete ihm, so gut ich konnte, über Ihre [sc. Pfisters; IN] Auffassung des Christentums, die zwar eine entgegengesetzte, aber nicht weniger ernste und überzeugte sei als die seinige. Ich erzählte ihm dann auch, dass wir mit Ihnen befreundet sind und dass jeder, der Sie näher kennt, die Stelle über Sie in seinem Seelsorge-Buch als völlig unberechtigt empfinden müsse. Er nahm meine Worte sehr gut auf […]. Er bedaure, dass er sich offenbar zu scharf geäussert habe (nach dem, was er sagte, scheint mir Ihr Zinzendorf[103] der Hauptstein des Anstosses für ihn zu sein), und er würde selbstverständlich die betreffende Stelle in der nächsten, bald erscheinenden Auflage ändern oder weglassen."[104]

---

[100]   Ebd., 60.
[101]   Pfister bezieht sich auf folgende Stelle in Thurneysens berühmter „*Lehre von der Seelsorge*", die unverändert noch in der 6. Aufl. von 1988, S. 178 steht: „Erst zuletzt lasse man die Bücher folgen, in denen es bereits um eine mehr oder weniger direkt auf seelische Führung und Beratung, ja auf Seelsorge hin ausgerichtete Anwendung der Psychologie geht. Sie sind teils von Ärzten, teils von Theologen geschrieben, wobei aufs Ganze gesehen die von Ärzten geschriebenen Bücher auch für den Seelsorger lehrreicher und fundierter sind als einige von Theologen stammende. Dieses Urteil gilt insbesondere für das von dem ehemaligen Zürcher Pfarrer Dr. O. Pfister verfasste Schrifttum. Es ist in strenger Anlehnung an die Freudsche Psychoanalyse verfasst und mag von daher gesehen unanfechtbar sein, umso anfechtbarer und ungenügender ist es in theologischer Hinsicht. Pfister ist seinem psychoanalytischen Meister weithin auch weltanschaulich gefolgt, und darüber ist die christliche Substanz auf einige bloss ethische Rudimente zusammengeschrumpft."
[102]   Brief Pfisters an Thurneysen vom 01.02.1950 [ZB ZH: Nachlass Oskar Pfister 4.49].
[103]   Vgl. Oskar PFISTER (1910d): Die Frömmigkeit des Grafen Ludwig von Zinzendorf. Ein psychoanalytischer Beitrag zur Kenntnis des religiösen Sublimierungsprozesse und zur Erklärung des Pietismus, Leipzig/Wien [2. verb. Aufl. 1925].
[104]   Brief von Frau Meng an Pfister vom 13.09.1950 [ZB ZH: Nachlass Oskar Pfister 3.17].

Pfister antwortete ihr umgehend und schrieb:

Zürich 53, den 15.9.50.

Werteste Frau Professor!

Ich danke Ihnen innigst für Ihre gütige Verwendung bei Prof. Thurneysen. Vergessen hat er die Beantwortung meines Briefes bestimmt nicht, wohl aber verdrängte er sie vielleicht. In diesem Falle handelt es sich nicht nur um einen Konflikt zwischen Über-Ich und Es, sondern um zwei solche Antagonismen, oder um noch einige dazu. Er schämt sich, mir nach meinem mehr als 50jähr. Kampf um den religiösen Glauben öffentlich vorgeworfen zu haben, ich habe die christlichen Rudimente zusammenschrumpfen lassen, was ich ihm durch eine lange Reihe von Zitaten widerlegte. Zweitens schämt er sich, diese ehrabschneiderische Handlung einzugestehen.

Auch jetzt hat er mir selbstverständlich nicht geschrieben und schämt sich wohl, das Unrecht, das er mir angetan hat, weiter wirken zu lassen.

[...]

Ich habe ihm innerlich verziehen und will ihm nichts nachtragen. [...]

Dass ich Calvin als einen bisher stets durch grobe Geschichtsfälschung beschützten, in Wirklichkeit entsetzlich grausamen Menschen nachwies, und dass die gewiegtesten Kirchenhistoriker zugaben, meine Beweise seien unwiderleglich, muss Thurneysen geschmerzt haben. Aber ich konnte nicht zugeben, dass man die Liebe, Jesu Grundgebot, so jämmerlich misshandelt, um Calvin, wie Thurneysen es tut, als wunderbaren Lehrer des Christentums zu verherrlichen.[105]

Frau Mengs Gespräch mit Thurneysen brachte nicht den erhofften Erfolg. Auch in der zweiten Auflage seiner Seelsorgelehre von 1957 erschien derselbe Passus über Pfister. Sein Buch über Zinzendorf gehörte offenbar zu den Hauptgründen, weshalb er von theologischer Seite und hier besonders von Thurneysen bekämpft und abgelehnt wurde. Dass Pfister es wagte, Grössen der protestantischen Kirchengeschichte wie Calvin oder auch Zinzendorf einer näheren analytischen Betrachtung zu unterziehen, weckte viel Missbehagen.[106]

---

[105]   Brief Pfisters an Frau Meng vom 15.09.1950 [ZB ZH: Nachlass Oskar Pfister 3.17]. Zu Thurneysens „Vorliebe für Calvins Denken" vgl. WINKLER (1986), 461f.

[106]   In der Pietismusforschung gilt Pfisters Beitrag unumstritten als „misslungene Deutung". Dietrich MEYER (1995): Zinzendorf und Herrnhut, in: Geschichte des Pietismus 2, hg. v. Martin BRECHT / Klaus DEPPERMANN, Göttingen (Vandenhoeck & Ruprecht), 3–106, hier 88 (Anm. 13). Vgl. schon Gerhard REICHEL (1911): Zinzendorfs Frömmigkeit im Lichte der Psychoanalyse. Eine kritische Prüfung des Buches von Dr. Oskar Pfister ‚Die Frömmigkeit des Grafen Ludwig von Zinzendorf' und ein Beitrag zum Verständnis der extravaganten Lehrweise Zinzendorfs, in: Nikolaus Ludwig von Zinzendorf. Materialien und Dokumente, R. 2, Bd. XIII: Zweiter Sammelbd. über Zinzendorf, hg. v. Erich BEYREUTHER / Gerhard MEYER, Hildesheim/New York 1975, 765–960. Darauf wiederum Oskar PFISTER (1911): Zinzendorfs Frömmigkeit im Lichte Lic. Gerhard Reichels und der Psychoanalyse, in: SthZ 28/5 + 6, 224–238 u. 280–293; Hugo LEHMANN (1910/11): Zinzendorfs Frömmigkeit und ihre Bedeutung. Zum Gedächtnis an die 150jährige Wiederkehr seines Todesjahres, in: ZRPs 4/9, 284–300; Oskar PFISTER (1911/12): Hat Zinzendorf die Frömmigkeit sexualisiert? Eine offene Frage an Herrn Lic. Lehmann, zugleich eine Verteidigung, in: ZRPs 5/2, 56–60; Hugo LEHMANN (1911/12): Eine offene Antwort auf die offene Frage Dr. Pfisters, zugleich eine Ehrenrettung Zinzendorfs gegen Pfisters Entwertung der

Pfister stützte sich auf seine fortwährende Erfahrung, dank der analytischen Seelsorge „vollständige und anhaltende Heilungen" zu erzielen.[107] Während sich die bisherige Seelsorge damit „begnügte [...], die Verwerflichkeit der begangenen Fehler darzutun und die Forderung des richtigen Wandels mit aller Entschiedenheit aufzustellen, wobei es an Tadel, Strafe, Warnung, Trost, Aufmunterung, Appell an Gewissen, Ehrgefühl und Liebe, Hinweis auf Gott und Vorbilder usw. nicht fehlte", schlug Pfister mit der analytischen Seelsorge „den umgekehrten Weg" ein.[108] Wie sah dieser Weg aber konkret aus, welche psychoanalytischen Erkenntnisse verarbeitete Pfister in seinem Konzept einer analytischen Seelsorge, und vor allem: wie beeinflusste die Psychoanalyse sein Verständnis von Seelsorge?

2.4   Psychoanalyse als „neue Wissenschaft"

Auf die Frage, was man unter Psychoanalyse zu verstehen habe, legte Pfister selbst grossen Wert. Der Angriff des an der Universität Zürich als Privatdozent für Philosophie und Moralpädagogik lehrenden deutschen Pädagogen *Friedrich Wilhelm Foerster* (1869–1966)[109] auf seine erste Veröffentlichung in der Zeitschrift *Evangelische Freiheit* zwang Pfister schon früh zur Klärung seines eigenen Verständnisses von Psychoanalyse, ihres Verhältnisses zur Theologie und ihrer konkreten Verwendung im Rahmen seiner seelsorglichen Tätigkeit als Pfarrer.[110]

Frömmigkeit Zinzendorfs, in: ZRPs 5/1, 60–65; Hugo LEHMANN (1912): Das religionspsychologische Problem Zinzendorfs, in: ZRPs 5/10, 327–336; Gerhard REICHEL (1912): Zur Psychoanalyse Zinzendorfs, in: SthZ 29/1, 30–35; Oskar PFISTER (1925²): Die Frömmigkeit des Grafen Ludwig von Zinzendorf. Eine psychoanalytische Studie. Vgl. NASE (1993), 554.
Pfister blieb seiner Zinzendorfdeutung auch später noch treu. Vgl. PFISTER (1985² [1944]), 419: „Wie der psychischen Desexualisierung der Ehe eine psychische Hypersexualisierung der Religion bei Zinzendorf entsprach, zeigte ich am angeführten Ort."
Zu Calvin vgl. ebd., 341ff. Ebd., 353: „Der zwangsneurotische Charakter Calvins hat den Gott der Liebe [...] zum Zwangscharakter umgewandelt, zu einem entsetzlich grausamen Fanatiker, der in seiner Reprobationspraxis vollkommen teuflische Züge trägt."

[107]   PFISTER (1910a), 42. Vgl. (1912a), 58: „Wo der Pädagoge und Pfarrer herkömmlichen Stils kopfschüttelnd vor rätselhaften Schrullen und Marotten stand oder in schmerzlicher Hoffnungslosigkeit vor gewissen Monstrositäten die Waffen streckte, sich mit der Unheilbarkeit des Falles über seine eigene prekäre Lage mühsam hinwegtröstend, da sieht sich der Psychoanalytiker unzählige Male im Besitz von Methoden, welche ihm reichen Erfolg verheissen."

[108]   PFISTER (1927a), 16.

[109]   Vgl. Bernhard Josef STALLA (2007): Art. Friedrich Wilhelm Foerster, in: BBKL XXVII, 445–451.

[110]   Vgl. PFISTER (1909a), (1910a) und FOERSTER (1909), (1910). Zum „Foerster-Pfister-Streit" vgl. PLIETH (1994), 40–46. Zu Freuds geringer Meinung von Foerster vgl. seine Briefe vom 12.07. 1909 u. 24.01.1910 an Pfister (F/P, 24 u. 30f.). Zu Bleulers vernichtender Kritik an Foerster in seiner vielbeachteten Apologie vgl. BLEULER (1910), 625f. Völlig unbeachtet blieb in den bisherigen Darstellungen dieses Streits, dass Foerster wie Pfister zuerst in den Umkreis der – kritischen – Anhänger der religiös-sozialen Bewegung gehörte, vgl. Brief Pfisters an Ragaz vom 15.08.06 und MATTMÜLLER (1957), 139. Zur Religionspsychologie des „Aussenseiters" und bekehrten Christen Foerster, dessen pädagogisch-christlichen Werke Erfolge zeitigten, vgl. Bernhard LANG (1978): Friedrich Wilhelm Foerster als Religionspsychologe, in: ARPs 13, 290–295.

Dass er die Begriffe Psychoanalyse, (psycho)analytische Seelsorge, „theologische Tiefenseelsorge"[111] und „seelsorgerliche Analyse"[112] bzw. die Bezeichnungen Analytiker und Seelsorger synonym verwenden und sowohl Ärzte als auch Lehrer seinem Verständnis nach genauso (Berufs-)Seelsorger wie Pfarrer auch Berufsanalytiker sein konnten,[113] zeigt, dass ihm diese Klärung nicht leicht fiel.[114] Dies mag zu einem großen Teil an den vielen damals noch offenen inner- und interdisziplinären Fragen gelegen haben; in seiner undifferenzierten Terminologie widerspiegeln sich jedoch auch Unschärfen in Pfisters Konzept, die noch zu besprechen sind. Zuerst sollen jedoch zwei hermeneutische Prämissen dargestellt werden, die Pfister zur Bedingung einer sachgerechten Diskussion über Psychoanalyse erhob:

1. Die Psychoanalyse war für Pfister zunächst nichts weiter als eine „empirische Methode" zur Aufdeckung des Unbewussten.[115] Wurden psychische Störungen bisher „als das Produkt unbekannter geschädigter Hirnzellen" betrachtet, so suchte Freud, der „eine gründliche Ausbildung als Neurobiologe in einigen der damals berühmtesten Labors hinter sich (hatte)", deren Ursache im Unbewussten.[116] Diese Aufdeckung bzw. das Bewusstmachen von Verdrängtem mitsamt den dazu gehörigen Affekten setzte Pfister im Gefolge Freuds jedoch nicht mit Heilung gleich.[117] Die bisher verdrängte Triebregung müsse zuerst entsprechend kompensiert werden – sei es „in (teilweise provisorischer) gesteigerter Eßbegierde, Erneuerung infantiler Verrichtungen, Symptomhandlungen, religiösen oder ethischen Mehrleistungen" oder vor allem in der Übertragung auf den Analytiker.[118] Ohne Kompensationsmöglichkeit bliebe das Symptom bestehen. Das bisher Verdrängte fordere vom Analysanden eine Bearbeitung, das heisst, er

---

Das Urteil von Thomas Bonhoeffer, Pfister hätte mit seinem Alterswerk (sc. PFISTER [1985²

1944]) „eine theologische Grundlegung der analytischen Seelsorge vorgelegt" (BONHOEFFER [1985], VIII), trifft m.E. nur bedingt zu. Dies tat er nämlich längst schon in früheren Schriften.

[111] PFISTER (1929), 94.

[112] PFISTER (1918b), 93.

[113] Vgl. PFISTER (1927a), 10.

[114] Vgl. NASE (1993), 138: „Begriffliche Klarheit ist [...] seine [sc. Pfisters; IN] Stärke ohnehin nicht."

[115] PFISTER (1910a), 17. Vgl. (1927b), 166: „Die straffe Zucht der Psychologie und Logik Wundts hatte es mir angetan." Von der Psychoanalyse als einer „neu gewonnenen hermeneutischen Methode" und einer „neuen, grossen wissenschaftlichen Bewegung" sprach Pfister (1910b), 134 u. (1918a), 121 u. 142f. und (1930), 1634 von einer „theoretische[n] und praktische[n] Methode".

[116] PFISTER (1928a), 6 u. Gerhard ROTH (2004): Wie das Gehirn die Seele macht, in: Patrizia GIAMPIERI-DEUTSCH (Hg.): Psychoanalyse im Dialog der Wissenschaften, Bd. 2: Angloamerikanische Perspektiven, Stuttgart (Kohlhammer), 171–191, hier 171. Vgl. ebd., 173: „Die große Enttäuschung darüber, dass die Hirnforschung seinerzeit wenig oder gar nichts zur Aufklärung des Psychischen beitragen konnte, hat Freud sein Leben lang geplagt, und er hat zwischen krasser Ablehnung der Neurobiologie und der Hoffnung, die Situation könnte sich doch ändern, geschwankt."

[117] PFISTER (1927b), 202.

[118] PFISTER (1910a), 41. Vgl. auch (1927b), 203: „Zu den wichtigsten Kompensationen gehört die sogenannte Übertragung."

müsse sich ihm gegenüber „klarbewußt" verhalten und es in Einklang mit seinem Selbstbild bringen.[119] Verdrängtes dem Bewusstsein wieder zuführen und sich mit ihm abfinden, bezeichnet Pfister als „Einbeziehung."[120]

Im Gegensatz zum Arzt, der seinem Patienten wertneutral die Wahl der Kompensation überlasse und auch nicht interveniere, wenn diese Wahl christlicher Ethik widerspreche oder zur Abkehr von Religion und Glaube führe,[121] begnüge sich der „Seelsorger im engeren Sinn" nicht mit einer beliebigen Lösung. Er biete bei „der Umleitung der früher im Symptom untergebrachten Triebkräfte" spezifische Hilfen an wie z.B. tröstliche Gedanken, Beten und Bibellektüre.[122] Dabei zeigen Pfisters Notizen zur Analyse eines zum Buddhismus konvertierten Mannes, dass er seinem persönlichen Glauben Respekt zollte und sich „selbstverständlich jedes Versuchs, ihn zur Preisgabe seines Buddhismus" zu bewegen, „enthielt".[123] Dem Seelsorger ist die Analyse, die „an sich noch keine positiven Lebenswerte" vermittle, „notwendige Vorstufe positiver Erziehungsarbeit".[124] Es handele sich um ein Verfahren, das zwar weder an eine bestimmte Konfession noch Ethik gebunden sei, jedoch in Einklang mit dem Evangelium und dem Protestantismus stehe.[125] Aus diesem Grund kann Pfister die Psychoanalyse auch als „pastorales Verfahren"[126] und „seelsorgerliche Methode"[127] bezeichnen, was noch näher auszuführen sein wird.

2. Im Jahre 1929 nahm Pfister entscheidende Differenzierungen vor: unter Psychoanalyse sei „eine Summe erfahrungswissenschaftlicher Erkenntnisse zu verstehen, nicht aber eine Gesamtpsychologie oder gar Weltanschauung." Man

---

[119]   PFISTER (1918b), 54.

[120]   PFISTER (1918a), 20. Vgl. dazu Pfisters Brief an Freud vom 21.10.1927 (F/P, 118): hier zitiert er seinen früheren Analysanden Schjelderup, der Pfisters Technik mit jener seines früheren Wiener Analytikers vergleicht: „Die ganze Art Ihrer [sc. Pfisters; IN] Analyse ist eine viel mehr aktive und wirksame. [...] Wenn eine unschöne Triebrichtung oder ein infantiler Wunsch zum Vorschein kam, wußte ich nie recht, was ich damit anfangen sollte. Die Tatsache wurde einfach zur Kenntnis genommen. Sie aber legten ein Hauptgewicht auf die eigene Stellungnahme und auf die Einbeziehung. Erst damit scheint die Möglichkeit gegeben, mit den unzweckmäßigen Einstellungen wirklich fertig zu werden."

[121]   Vgl. PFISTER (1918b), 94.

[122]   PFISTER (1918b), 54. So kann er (1910b), 178 die Psychoanalyse als „ein naturgemäßes Mittel zur ethischen Seelentherapie" bezeichnen. Vgl. (1910a), 39: „Es liegt auf der Hand, daß der Pfarrer niemals einen medizinischen Erfolg auf Kosten des ethisch-religiösen Gehaltes annehmen wird, sondern auf die allerdings schwieriger zu erzielenden, dafür aber um so ersprießlicheren Ersatzbildungen ausgeht, die dem Geist des Evangeliums entsprechen." Vgl. auch den Brief Pfisters an Freud vom 21.10.1927 (F/P, 119): „Ich füge hinzu, daß es [...] auch wichtig ist, ob der Analytiker Werte vermittelt, die den Krankheitsgewinn oder das Schuldgefühl überkompensieren."

[123]   Oskar PFISTER (1931b): Aus der Analyse eines Buddhisten. Eine Studie zum psychologischen Verständnis des Buddhismus, in: Psychoanalytische Bewegung, H. 4 (Sonderh.: „Schweiz"), 307–328, hier 328.

[124]   PFISTER (1910a), 42.

[125]   Vgl. ebd., 53.

[126]   PFISTER (1918b), 5.

[127]   PFISTER (1909b), 109.

müsse zwischen ihr und dem, „was Freud überhaupt denkt und sagt", unterscheiden.[128] Freud selbst habe diese Unterscheidung gefordert.[129]

1927 hatte Freud mit seiner Schrift *Die Zukunft einer Illusion* eine der schärfsten Religionskritiken des 20. Jahrhunderts verfasst und seinen Freund zu einer Replik aufgefordert. Dieser antwortete 1928 mit einem Essay über *Die Illusion einer Zukunft*. Pfister wollte Freuds Religionsverständnis nicht als konstitutives Element psychoanalytischer Erkenntnisse verstanden wissen. Freud sei schon vor und nicht erst in Folge der Psychoanalyse Atheist geworden.[130] Pfister plädierte dafür, „den Begriff der Psychoanalyse enger [zu] fassen [...] als es gemeinhin geschieht."[131] Er forderte also u.a. vor dem Hintergrund seiner Auseinandersetzung mit Freud um dessen Religionsverständnis eine gewisse Emanzipation der Psychoanalyse von ihrem Schöpfer. Damit wahrte er nicht nur seine Eigenständigkeit: erst diese Unterscheidung machte die Psychoanalyse für die Theologie auf die Dauer überhaupt anschlussfähig.

2.5 „Zurück zu Jesus"

Pfister unternahm mehrfach den Versuch, den Unterschied zwischen der psychoanalytischen Tätigkeit eines Arztes von jener eines „analysierenden Seelsorger[s]"[132] zu bestimmen, ohne jedoch eine dauerhaft befriedigende Lösung zu finden, die sich auch terminologisch niedergeschlagen hätte.[133] Beide bezeichnete er kurzerhand als Psychoanalytiker. Umgekehrt wurde der seelsorglich tätige Arzt oder Richter zum Seelsorger, sodass Pfister der Klarheit halber auch vom „theologischen Seelsorger" sprechen musste.[134] Zuweilen erscheint die Psycho-

---

[128] PFISTER (1929), 88. Vgl. auch (1927a), 123f., (1928b), 102 passim, (1930), 1634: „Dagegen ist es unstatthaft, auch noch eine gesamte Seelenkunde oder gar Weltanschauung, z.B. diejenige Freuds, unter den Begriff [sc. Psychoanalyse; IN] zu subsumieren." Die Definition lehnt sich an FREUD (1923a [1922]), GW XIII, 211 an.

[129] Vgl. Brief Freuds an Pfister vom 26.11.1927 (F/P, 126): „Halten wir fest, daß die Ansichten meiner Schrift keinen Bestandteil des analytischen Lehrgebäudes bilden. Es ist meine persönliche Einstellung, die mit der vieler Nicht- und Voranalytiker zusammentrifft und gewiß von vielen braven Analytikern nicht geteilt wird." Vgl. DERS. (1933): Neue Folge der Vorlesungen zur Einführung in die Psychoanalyse, GW XV, hier 170–197: XXXV. Vorl.: „Über eine Weltanschauung".

[130] Vgl. PFISTER (1927a), 125.

[131] PFISTER (1929), 93.

[132] PFISTER (1918b), 64.

[133] Schon (1909a), 32 antwortete Pfister auf die selbst gestellte Frage, ob der analytisch tätige Seelsorger nicht dem Arzt „ins Gehege" käme: „Gewiß wird es sehr oft vorkommen. Niemand kann eine genaue Grenze angeben. Das schadet aber gar nichts. Wir wollen ja auch nur dienen und helfen."

[134] PFISTER (1943): Die psychohygiene Aufgabe des theologischen Seelsorgers, in: Praxis der seelischen Hygiene, Basel, 111–150. Vgl. PFISTER (1927a), 131: „[...] wird der Pfarrer den Arzt nicht als Laien betrachten, wenn er analytische Seelsorge betreibt, und ebenso wenig der Arzt den Pfarrer, Lehrer, nichtärztlichen Berufsanalytiker, der Kranken seine Hilfe gewährt und dabei seine Schranken innehält. Der ,Streit der Fakultäten' hat zu einer für alle ersprießlichen Arbeitsgemeinschaft geführt."

analyse als eigenständige Tätigkeit, die der Seelsorge vorausgeht bzw. diese ein-
leitet, und manchmal ist sie Teil der Seelsorge selbst. Diesen begrifflichen Unschärfen entsprechen konzeptionelle Mängel. Trotz dieser Schwierigkeiten soll
der Versuch unternommen werden, Pfisters analytisches Seelsorge-Modell auf
das ihm implizite Verständnis des Verhältnisses von Psychoanalyse und Seelsorge hin zu befragen.

Schon 1910 (!) nahm Pfister in einer Replik auf Foersters Angriffe, die in den
Protestantischen Monatsheften veröffentlicht wurde, für sich in Anspruch, „Dut-
zende von Kranken und Gesunden analysiert" zu haben und auch selber analysiert worden zu sein.[135] Auf die Notwendigkeit einer eigenen Analyse vor der
selbständigen psychoanalytischen Tätigkeit wies Pfister immer wieder hin. 1929
– im Zusammenhang mit den Auseinandersetzungen um die Laienanalyse bzw.
der noch zu besprechenden Krise der *Schweizerischen Gesellschaft für Psychoanalyse* – fasste er seine Meinung pointiert zusammen: „Analysieren sollen nur
solche, die analysiert sind und die Theorie und Technik hinreichend beherrschen, sowie seelsorgerliches Charisma besitzen [...], seien sie Ärzte oder andere."[136]

Ebenso wies Pfister darauf hin, dass sich die Anwendung einer Analyse nicht
für alle eigne, sondern nur für jene angemessen sei, deren Kräfte aufgrund unbewusster Motive beeinträchtigt seien. Pfister sprach von „gebundenen Seelen", die
„durch unsichtbare Banden" an ihre Vergangenheit gekettet seien.[137] Zu ihnen
zählten gerade auch so genannte Gesunde, womit er physisch Gesunde meinte.[138]
Sie könnten genauso Opfer ihres Unbewussten sein wie so genannte Kranke,
weshalb sie „für die pädagogische und theologische Tiefenseelsorge das wichtigste Anwendungsgebiet abgeben."[139] Sie gingen den Arzt nichts an, sondern

135   PFISTER (1910a), 14. Der Hinweis, selber analysiert worden zu sein, begegnet immer wieder in
      den Werken Pfisters. Freud forderte schon früh eine „Selbstanalyse" ausdrücklich im Zusam-
      menhang mit dem Phänomen der Gegenübertragung, FREUD (1910): Die zukünftigen Chancen
      der psychoanalytischen Therapie, GW VIII, 104–115, hier 108. Vgl. NASE (2008), 9 u. LEITNER
      (2001), 91–93.
136   PFISTER (1929), 97. Der zweite Teil des Satzes ist als Reaktion auf die Auseinandersetzungen um
      seine Befähigung als Pfarrer im Kreise psychoanalytischer Ärzte bzw. auf die Krise von 1928,
      nämlich die Abspaltung von der *Schweizerischen Gesellschaft für Psychoanalyse* und Gründung
      einer eigenen *Gesellschaft für ärztliche Psychoanalyse* zu verstehen, siehe unten 2.7. Vgl. zuletzt
      RAGUSE (2007), 37f. Vgl. schon PFISTER (1918b), 93; (1927b), 206.
137   Zum Sprachgebrauch vgl. Mt 16,19 u. 18,18.
138   Dazu gehörten „Alkoholiker, Verschrobene, Liebesverwirrte, auf den Sand gesetzte Künstler
      usw." (Pfister an Freud am 10.09.1926 [F/P, 109f.]). Vgl. (1929), 94. 1918 veröffentlichte Pfister
      die erste „Analyse eines Gesunden" ([1918a], 27). Die Zahl jener, „die durch seelsorgliche
      Analyse aus Not und Verirrung gerettet weden könnten", sei „viel größer" ([1918b], 93). „Wo
      die Grenze zwischen gesund und krank ist, läßt sich natürlich nicht scharf angeben" (ebd., 94).
      (1912b) hielt Pfister fest: „Neurotisch – man kann das schreckliche Wort leider noch immer
      nicht entbehren – heißt keineswegs pathologisch. Selbstverständlich können auch kerngesunde
      Menschen Photismen und Phonismen [...] haben. Erst wo diese als lästiger Zwang empfunden
      werden, werden wir von einem krankhaften Zustand reden" (273).
139   PFISTER (1929), 94. Vgl. dazu (1912a), 58: „Während mir anfangs die analytisch-seelsorgliche
      Behandlung kranker Klienten, die an ethischen und religiösen Defekten litten, als das wichtigste
      Geschenk der Psychoanalyse erschien, so lernte ich allmählich einsehen, daß die Erziehung

seien Angelegenheit des Seelsorgers.[140] Umgekehrt legte Pfister Wert darauf festzuhalten, selber auch keine Grenzen überschritten zu haben und „strengstens"
auf seelsorgerlichem Boden geblieben zu sein: „Die Schlichtung des sittlichen
und religiösen Konfliktes war meine einzige Aufgabe."[141]

Die Analyse selber bestand darin, dass der Patient „vor allem sein Herz aus-
schütte(n)", „und zwar so lange als möglich."[142] Der Analytiker enthalte sich
dabei jeglichen Drucks und aller wertenden Urteile. Aufgabe der Analyse sei es,
zuerst das Symptom zu deuten. Es müsse herausgefunden werden, was das
Symptom „eigentlich" bedeute, und zweitens, welche Beweggründe die Verdrängung verursachten.[143] Dabei lieferte Pfister zunächst der von Jung übernommene
„Assoziationsversuch" wertvolle Erkenntnisse, sodass er ihn 1910 Anfängern als
Einstieg in die Psychoanalyse empfehlen konnte.[144] Verdrängtes und mit ihm
ursprünglich verbundene Affekte sollten dem Bewusstsein schliesslich wieder
zugeführt und „durch geeignete Motive (z.B. Trostgründe, Hinweis auf die Un-
schuld des Kranken, auf Gottes Gnade usf.)" in ein neues Licht gestellt werden.[145]

Die Aufgaben der Psychoanalyse liessen sich mit folgenden Schritten zusammenfassen: „historische Herleitung, Deutung, Aufdeckung des inneren und äusseren Gewinnes der Verdrängung und Einbeziehung des Verdrängten".[146] Der
Akzent lag dabei deutlich auf kognitiven Leistungen.[147] Berücksichtigen wir, dass
Pfister eine ganze Gemeinde seelsorgerisch zu betreuen hatte, versteht es sich
von selbst, dass es sich bei seinen Analysen in aller Regel nur um analytisch beeinflusste Interventionen im Rahmen zeitlich kurz befristeter Beratungen handeln konnte.[148] Dies belegen Aussagen wie die folgende: „Die ganze Analyse
nahm keine Viertelstunde in Anspruch."[149] Dass seine erstaunlichen Erfolge als

---

Normaler Individuen durch Freuds Technik eine Bereicherung erfährt, welche der Therapie im
engeren Sinne an Bedeutung mindestens ebenbürtig ist."

[140] Vgl. PFISTER (1918a), 27.
[141] PFISTER (1929), 90. Vgl. auch das Einleitungszitat oben S. 62.
[142] PFISTER (1918b), 24.
[143] Vgl. PFISTER (1918b), 49–51.
[144] PFISTER (1910a), 29. Vgl. zur Technik KERR (1994), 118–120; PFISTER (1924³ [1913]), 294ff. Vgl.
auch DIETTRICH (1917), 39. Demgegenüber schrieb ihm Freud am 09.02.1909 (F/P, 13): „Der
Assoziationstechnik bediene ich mich fast gar nicht und erblicke in ihr auch keinen Vorteil gegen die gemeine Einfallstechnik". Dies bekräftigte er nochmals am 18.03.1909 (F/P, 18f.). Vgl.
auch Brief vom 05.06.1910 (F/P, 37). Vgl. LEITNER (2001), 95ff.
[145] Vgl. PFISTER (1918b), 14: Es gehöre zur „Aufgabe der seelsorgerlichen Analyse", die „Macht des
Unbewußten, soweit es die religiös-sittliche Persönlichkeit tyrannisiert, zu brechen, dem dem
Bewußtsein geraubten Seelenkräfte ihm wieder zuzuführen". Zur Bedeutung des sog. „Abreagie-
ren[s]" vgl. PFISTER (1909a), 15 (Anm. 1). Die Theorie des Abreagierens machten Freud und
Breuer erstmals in ihrer gemeinsam verfassten „Vorläufigen Mitteilung" (1893a) öffentlich. Vgl.
Brief Freuds an Fliess vom 28.06.1892 (1950a, Brief Nr. 9, 59).
[146] PFISTER (1918a), 21.
[147] Vgl. NASE (1993), 178.
[148] PFISTER (1915), 351 zeigt, dass er Analysen auch „aus Zeitmangel" ablehnen konnte.
[149] PFISTER (1910a), 21. Auch von Selbstanalysen, die „ohne Deutung durch den Seelsorger" zustande kamen, berichtet Pfister (ebd., 23). Den Faktor Zeit betont auch folgende Äusserung
Pfisters (ebd., 24): „Wo nicht die Zeit drängte, überließ ich es dem Kranken, das in ihm festge-
klemmte Geheimnis selbst zu enträtseln."

„Symptom- bzw. Übertragungsheilungen" zu bewerten sind, sei Pfister – so Eckart Nase – selbst bewusst gewesen.[150]

1918 erläutert Pfister im Rückblick auf seine eigene und im Blick auf die zeitgenössische seelsorgerische Praxis seiner Amtskollegen, weshalb die (bisher) verwendeten Methoden des Zuspruchs und des Gebets psychisches Leiden nicht effizient und anhaltend zu lindern vermochten und zum Scheitern führen *mussten*.[151] Der Hauptgrund sah Pfister darin, dass sie sich im Banne der „alten Bewußtseinspsychologie" nur mit der Oberfläche beschäftigten und nicht zu den Wurzeln seelischer Probleme durchdrängen.[152] Er und seine Kollegen „wollten das Unkraut ausrotten, das im Acker des Bewußtseins wuchs, und achteten nicht auf das Unkraut, das nachts ins Unbewußte ausgestreut wurde."[153] So ziele etwa die verbreitete „Persuasionsmethode" des Berner Neurologen *Paul Dubois* auf die Beseitigung des Symptoms, während die Psychoanalyse „auf das Ganze, auf die tiefste Innerlichkeit (gehe)".[154] Sie frage nach den Ursachen bzw. nach dem den Symptomen zugrundeliegenden Konflikt. „Die Kohortatio, die Strafdrohung und Heilsverheißung reißen bei den Opfern des Unbewußten im besten Falle das Unkraut ab [...]. Die Analyse gräbt die Rhizome und Samenkörner aus."[155]

---

[150] NASE (1993), 114f. (Anm. 84). Angesichts der „relativen Kürze" von Pfisters Tätigkeit sei „es nicht verwunderlich, daß tiefere Schichten gar nicht erst bearbeitet werden konnten und sollten", ebd., 191. Sie sei „am ehesten [...] als Vorform heutiger Kurz- und Fokaltherapie zu verstehen", NASE (2008), 16. So schon SCHARFENBERG (1990² [1985]), 41: Pfisters Kurzberatungen, „in denen er mit phänomenaler Einfühlungsfähigkeit sehr rasch den ‚springenden Punkt' zu entdecken verstand", würden heute vermutlich unter den Begriff Fokaltherapie fallen.
Als J.H. Schultz seinen Art. über die Psychoanalyse, der schon 1914 in der *ThLZ* erschien, mit der Beobachtung schloss: „man wird stets betonen müssen, daß die schönen Einzelerfolge, über die manche begeisterte Anhänger der Sexual-Psychoanalyse berichten, vielfach, ja vielleicht immer, mehr der überzeugenden, suggestiven Wirkung einer innerlich anteilnehmenden Persönlichkeit zuzuschreiben sind, als den Lehren, die sie vertrat", so wird er an Pfister gedacht haben. SCHULTZ (1914), 37.

[151] PFISTER (1918b), 3. Vgl. ebd., 76.

[152] PFISTER (1928a), 5. Anders als die „Oberflächenpsychologie" lehre die Psychoanalyse auch „das Irrationale und Alogische" destruktiver und kriegerischer Entwicklungen verstehen, weshalb Pfister „Freud als Hygieniker der menschlichen Einigungsbestrebungen" bezeichnen kann (1926, 132f.).

[153] PFISTER (1928a), 7. Vgl. ebd.: „Wir glichen jenen Fischern, die in dunkler, nebliger Nacht in ihrem Nachen ruderten und vergaßen, vorher die Kette vom Ufer abzulösen."

[154] PFISTER (1927b), 177. Vgl. Paul DUBOIS (1905): Die Psychoneurose und ihre psychologische Behandlung, Bern (Francke); Christian MÜLLER (2001): „Sie müssen an Ihre Heilung glauben!": Paul Dubois (1848–1918), ein vergessener Pionier der Psychotherapie, Basel (Schwabe). Früher noch empfahl Pfister die Lektüre von Dubois wie z.B. in einem Schreiben an Ragaz vom 02.07.1907, 3ʳ: „Deinen Nerven trage doch ja recht Sorge! Lies gelegentlich ‚Die Psychoneurosen' von Dubois, ein Werk, das mir bei Neurasthenikern unglaubliche Dienste leistet + meine Pastoration an ihnen einen ungeahnten Aufschwung gab. [...] Eben erst hatte ich die Freude, ein krankes Ehepaar auf gute Wege bringen zu helfen. Der Mann war stark selbstgefährlich, die Frau im Irrenhaus erfolglos behandelt worden. [...] Für Nervöse, die nur funktionell benommen sind, hilft immer nur das Eine: „Glaube!" – alles Andere, Bettruhe, Mastkur + Isolation ist nur Nebensache." Pfister konnte demnach schon *vor* der Psychoanalyse zuweilen ziemlich euphorisch von seinen seelsorgerlichen Erfolgen sprechen.

[155] PFISTER (1918b), 56.

Die bedeutenden Erfolge, die Pfister mit diesem neuen Verfahren zu erzielen meinte, führten ihn dazu, es in Beziehung zum Neuen Testament zu setzen. 1918 wollte Pfister in einer Schrift nachweisen, „daß der Psychoanalytiker [...] den Fußstapfen des Evangeliums folgt und im Grunde nur eine Anzahl der tiefsinnigsten Eingebungen neutestamentlicher Weisheit ausbaut".[156] Psychoanalytisches und evangelisches Heilverfahren entsprächen einander. Das Evangelium antizipiere psychoanalytische Erkenntnisse.[157] Die psychoanalytische Behandlungstechnik stimme auffallend mit dem Vorgehen Jesu überein.[158] Auch er sei nicht beim Symptom stehen geblieben, sondern hätte nach dessen Ursache gefragt. Damit sei „seine Seelsorge [...] eine ursächliche", und damit „vertritt Jesus das Grundprinzip der Psychoanalyse."[159] Indem die Psychoanalyse „im Lebenszentrum Ordnung herzustellen (suche)",[160] sei ihr Vorbild Jesus selbst. Die analytische Seelsorge sei „die von Jesus genial geübte Seelenbehandlung in neuem Gewande".[161] Die Hilfsmittel, deren sich sowohl Jesus als auch die Psychoanalyse bedienten, seien dieselben, nämlich Wahrheit und Liebe.[162] Jesus wurde, indem er die Liebe ins Zentrum seiner Verkündigung rückte, zum Befreier des Eros.[163] „Die grandiose Entdeckung Freuds, daß die Angst aus Liebeshemmung erwachse, steht längst im Neuen Testament", versicherte Pfister.[164]

Die Psychoanalyse bereite den Analysanden für den „Empfang der höchsten Heilsgüter" vor und werde damit zur unbedingten Voraussetzung des Evangeliums selbst.[165] Pfisters Vergleiche gipfeln im Bekenntnis: „Mein Vorbild war [...] Jesus, der in der Heilung des Lahmen (Mt 9,1–7) fast 1900 Jahre vor Freud Analyse getrieben hatte".[166] So kann Pfister sein Anliegen unter das Motto „Zurück zu Jesus!" stellen.[167] Gerade die Psychoanalyse „als wissenschaftliches Instru-

---

[156] PFISTER (1918b), 5.
[157] Vgl. PFISTER (1918b), 60.
[158] Vgl. PFISTER (1928a), 7: „[...] daß das Verfahren prinzipiell völlig mit demjenigen Jesu übereinstimmt." (1930), 1638: „In ihren Grundzügen sucht die pastorale Psychoanalyse die von Jesus prophetisch dargebotene Seelsorge theologisch-wissenschaftlich auszuarbeiten."
[159] PFISTER (1927a), 20.
[160] PFISTER (1927b), 178.
[161] PFISTER (1985² [1944]), XXXIX.
[162] PFISTER (1918b), 64. Vgl. auch (1929), 91: „Die Mittel der Psychoanalyse sind Wahrheit und Liebe."
[163] Vgl. PFISTER (1918b), 51.
[164] PFISTER (1918b), 63f. Vor diesem Hintergrund erstaunt es nicht, wenn Pfister Freud schreiben kann: „Sie werden lächeln, aber ich spüre in Ihrer Nähe auch etwas von der Klarheit des Herrn", Pfister an Freud am 23.12.1925 (F/P, 106).
[165] PFISTER (1918b), 3.
[166] PFISTER (1929), 90. So schon (1918b), 60–62. Freud wird zum *Jesus redivivus*. Später muss Pfister seine Analogien zurücknehmen. Vgl. (1949), 294: „Ich wollte keineswegs, wie ‚The Spectator' (London) vom 19. Juni 1949 [...] witzelte, Freud als Nachfolger Christi hinstellen." Vgl. PLIETH (1994), 47f.: „Ähnlich naiv wie die Gleichstellung von S. Freud und Jesus Christus erscheint der Pfistersche Versuch, die weltanschauliche Gebundenheit der Psychoanalyse generell zu dementieren bzw. diese als unbewußt christliche zu deklarieren."
[167] PFISTER (1929), 90. Dass sich Pfister selber gern in die Nähe Jesu rückte, zeigen verschiedene Parallelen (z.B. beider Empfinden von Mitleid) in den 1927 verfassten „*Analytische Seelsorge*" und „*Selbstdarstellung*".

ment" ebne den Weg dahin. Dank ihres Besitzes werde der riesige „Nachteil, in dem wir gegenüber Jesus und den Aposteln stehen, bis zu einem gewissen Grade verringert".[168] Für Pfister ist die Analyse „selbst nur die wissenschaftliche Ausarbeitung der Einzelseelsorge unseres Herrn und Meisters".[169] Man mag darin entsetzliche Naivität erblicken oder einfach schlichtweg jene Begeisterungsfähigkeit, die es braucht, um neuem Gedankengut den Weg zu bahnen.

2.6 Analyse und Synthese

Über Jahrzehnte hinweg hält Pfister am Bild des Pflügens und Säens fest, um das Verhältnis von analytischer und seelsorglicher Arbeit zu umschreiben. Seine Vorliebe für dieses biblisch geprägte Bild zeigt sich schon in einer Predigt zu Neujahr 1911 über Jer 4,3: *„So spricht der Herr: Pflüget ein Neues und säet nicht unter die Dornen".* Pfister versteht den Bibelvers als Aufforderung, sich der Modernisierung der gesellschaftsstrukturellen Verhältnisse und der damit zusammenhängenden Veränderungen wie z.B. der Aufweichung starrer Geschlechterrollen zu öffnen, und fragt seine Gemeinde in der Predigt:

„Wo die Stellung der Frau im öffentlichen Leben, die Bedeutung ganz andere geworden sind, wie dürfen wir die verrosteten alten Ansichten festhalten? Wo die sozialen Verhältnisse sich total umgestalteten, wie kann man noch die alten patriarchalen Ansichten über Meister und Geselle, Reichtum und Armut beibehalten? [...] Es gibt zu viele Männer, die eine total falsche Auffassung vom Wert ihrer Ehefrau durch die Jahre wälzen und darum die alte Ungerechtigkeit immer weiter treiben, sich selbst zum schweren Nachteil. Und es gibt Frauen, die sich einmal in den Kopf gesetzt haben, ihr Mann sei ein herzloser Egoist, ein undankbarer Tropf [...]."[170]

Sie alle fordert Pfister – gestützt auf den Bibelvers – zu einem Umdenken auf. Als Vorbild stellt er ihnen Jesus vor Augen:

„Er ist ein unerbitterlicher Neuerer gewesen, wenn seine Liebe das Bestehende als schädlich erkannte. Seinen Auftrag zum Pflügen dieses neuen Landes erhielt er von Gott. [...] auch wir müssen Neues pflügen. Unser Neujahrstext bleibt beim Pflügen nicht stehen [...]. Dann aber beginnt der wichtigere Teil der Arbeit, aber auch der schönere. Feierlich schreitet der Sämann über den Acker und streut das Brot des lieben Gottes aus."[171]

In seinen Veröffentlichungen wendet Pfister dieses Gleichnis auf die analytische Seelsorge an. Sie ist das Neue, dem man sich öffnen soll, und das im Bild vom Pflügen den Boden für ebenso Neues bereitet. Dabei ist zu beachten, dass die Analyse bei Pfister eine Tätigkeit *vor* der Seelsorge im eigentlichen Sinne und auch selbst *Teil* der Seelsorge im weiteren Sinne sein kann, weshalb er sie gar als

---

[168]   PFISTER (1918b) 66.
[169]   PFISTER (1928a), 25.
[170]   Neujahrspredigt 1911 [ZB ZH: Nachlass Oskar Pfister 5].
[171]   Ebd.

eine „erstaunlich verfeinerte seelsorgerliche Methode" bezeichnen kann.[172] Pfister pflegt keinen einheitlichen Sprachgebrauch. Der analytische und der im engeren Sinne seelsorgliche Teil der analytischen Seelsorge unterscheiden sich in dreifacher Hinsicht, nämlich a) chronologisch, b) in der Zielsetzung und c) in der Wertigkeit.

a) Pfister vergleicht die Analyse mit einem „Seelenpflug", der „Entwicklungs-hemmungen" beseitigt.[173] Ihre Aufgabe ist stets „nur korrektiv und vorberei-tend".[174] Sie ist notwendige negative Vorarbeit und *kein* Ersatz für die Seel-sorge.[175] Der Analytiker ist demzufolge immer „nur Pflüger, nicht Säemann, nur Vorbote und Wegbereiter, nicht Heilsbringer."[176] Pfister betont: „um Pflügen handelt es sich bei der analytischen Seelsorge, um gar nichts anderes, als nur um Pflügen."[177] Bei vielen Menschen sei „die Erdkruste [...] zu hart, den Samen zu beherbergen."[178] Die Analyse „kann die Kerkertore sprengen und die Fesseln zerbrechen, damit die Seele die realen Heilskräfte annehme, ins wirkliche Land der Erlösung eintrete und selbst zum Kunstwerk höherer Ordnung werde."[179] Die „analytische Vorarbeit", die nur dem „Verhinderten" gelte und ihre Aufgabe erfüllt habe, wenn sie ihn zur Seelsorge bzw. zur Heilsbotschaft Christi befreie, erfolge also vor der eigentlichen Seelsorge, die alle Menschen zu erreichen trachte.[180] Die Psychoanalyse bereite den Boden, der dann von der Seelsorge bestellt werde und nur von ihr bestellt werden könne, denn: „Jesus ist und bleibt der eine große Säemann, und die ihm nachfolgen, müssen den göttlichen Samen bei ihm beziehen."[181] Die Funktionalisierung der Analyse für religiöse Zwecke erreicht ihre Spitze in der Formulierung: „Die pastorale Analyse ist kein Evange-lium, aber eine Vorbereitung auf den Empfang des Evangeliums Jesu Christi."[182] Dass Pfister dieses allzu einfache Schema mit zunehmender Erfahrung differen-ziert hat, darauf wies schon *Eckart Nase* hin. Die analytische Tätigkeit beinhalte letztlich immer auch synthetische Elemente.[183] So stellte Pfister schon 1918 fest,

---

[172]   PFISTER (1909b), 109.
[173]   Vgl. PFISTER (1918b), 4 u. 55; (1909a), 34.
[174]   PFISTER (1918a), 112.
[175]   Vgl. PFISTER (1918a), 113; (1928a), 2.
[176]   (1918b), 57. Ebd., 67: „Die Analyse des Seelsorgers ist Wegbereitung, negative Vorarbeit, sonst nichts".
[177]   PFISTER (1928a), 21.
[178]   PFISTER (1928a), 24.
[179]   PFISTER (1918a), 114.
[180]   PFISTER (1918b), 68. Vgl. (1927a), 139.
[181]   PFISTER (1928a), 21.
[182]   PFISTER (1928a), 25. Vgl. auch KELLER (1913), 1973: „Was die Seelsorge dann bringt mit ihrer Verkündigung einer höheren Liebe und ihrer sittlichen Forderung ist jene durchaus nötige und unvergleichlich wertvolle Synthese, jene positive Erziehung, ohne die eine bloße Analyse unvoll-endet bleibt."
[183]   NASE (1993), 519f.: „Die Figur von Analyse und Synthese kehrt bei Pfister in technischem Zu-sammenhang wieder als Pflügen und Säen, in theoretischem Zusammenhang als Methode und Weltanschauung. Diese Gegensätze gilt es einerseits in ihrem konkreten Verwendungszusam-menhang zu sehen: Pfister will, je nachdem, werben, rechtfertigen [...]. Andererseits sind diese

„dass in der Deutung, die wir zum Wesen der Psychoanalyse rechneten, immer auch ein synthetisches, konstruktives Element gegeben ist."[184]

b) Die Analyse als eine die Seelsorge im eigentlichen Sinne bzw. den „Empfang und Erwerb der positiven Lebensgüter" bloss vorbereitende Tätigkeit „schafft keine Werte, aber sie erlöst Menschen, so dass sie Werte schaffen können."[185] Die Psychoanalyse sei eine rein deskriptive und nicht normative Wissenschaft und enthalte sich des ethischen Urteilens:[186]

„Blosse Analyse ohne Ergänzung durch positive Lebenswerte führt den Analysanden leicht in eine grauenhafte Oede; sie nimmt Illusionen [...] hinweg. Daher steht der Analysierte, der nur negativ behandelt wurde, leicht dem Nichts gegenüber und droht in Verzweiflung zu stürzen. Die richtige Analyse aber betrachtet sich nur als Instrument der Pädagogik und Seelenpflege überhaupt und weiss, dass die Ernährung des Kranken ebenso wichtig ist wie die Amputation des verfaulten Gliedes, die Entwicklung gesunder Lebenskräfte so wichtig wie die Erlösung von Banden des Verderbens. Darum fordert sie zu ihrer Ergänzung reale und ideale Lebenswerte. [...] Allein eine neue Ethik, ich wiederhole es, kann von der Analyse nicht erwartet werden."[187]

Darin stimmte Pfister mit Freud überein, der ihm in einem Brief vom 9. Oktober 1918 versicherte: „mir liegt Ethik ferne".[188] Ziel der Seelsorge hingegen sei – so Pfister – „(Voll-)Versittlichung" und nicht etwa bloss „Sublimierung".[189]

Als für sich genommene Tätigkeit habe die Analyse „einen rein negativen Zweck, und von der Negation allein kann man nicht leben."[190] Stellt sich die

Begriffspaare weder einfach als Gegensätze noch in einem schlichten Additions- und Ergänzungsverhältnis zu sehen. Je länger je mehr weist er auch selbst darauf hin. Je tiefer er die Dynamik der therapeutischen Situation erfaßt, desto eher sieht er die synthetische Tätigkeit schon inmitten der analytischen beginnen, ja die Synthese der Analyse von Anfang an parallel laufen. Hier einig mit Freud, hält er eine förmliche Psychosynthese für unangebracht. Eine Mahnung an die eigene Adresse: ,Die Einteilung des Heilungsdramas in einen ersten, analytischen und eine zweiten, synthetischen Akt ist undurchführbar' (PFISTER [1924³], 470)". Solche Aussagen stehen in Widerspruch zu den vorhin erwähnten.

[184] PFISTER (1918a), 126.

[185] PFISTER (1918a), 124.

[186] Vgl. PFISTER (1918a), 133. Dieselbe Meinung vertritt Pfister in seinem Brief vom 09.02.1929 an Freud (F/P, 137): „Nun aber scheint es mir, daß nicht nur Kinder, sondern auch Erwachsene sehr oft ein Verlangen nach positiven Lebenswerten geistiger Art in sich tragen, nach Weltanschauung und Ethik, und die Psychoanalyse kann sie, wie Hartmann kürzlich so schön ausführte, nicht geben."

[187] PFISTER (1918a), 134.

[188] Brief Freuds an Pfister vom 09.10.1918 (F/P, 62).

[189] Brief Pfisters an Freud vom 05.09.1930 (F/P, 149). Vgl. ebd.: „[...] zu sublimieren, oder besser: Die Gesamtpersönlichkeit mit Einschluß der Triebe zu organisieren." (1912a), 75 schrieb Pfister noch in einer Fallbesprechung, er hätte „Abhilfe durch Sublimierung" geschafft. Vgl. (1949), 291: „Da immerhin das Merkmal der Asexualität von Sublimierungen fast stets von Freud gefordert wird, aber die Sexualbetätigung gemäß den ethischen Normen an Höhe und Würde dem Asketismus in keiner Weise nachsteht, habe ich der Sublimierung Freuds den kompensierenden Ausweg der Vollversittlichung (z.B. in einer aus reinen Motiven geschlossenen neurosenfreien Ehe) als ebenbürtig zur Seite gestellt".

[190] PFISTER (1918a), 112.

Psychoanalyse aber in den Dienst der Seelsorge und wird selbst Teil derselben – ist nicht mehr „blosse", sondern „richtige Analyse" –, ändert sich Pfisters Urteil.[191] Solche Analyse wolle dasselbe wie Jesus, nämlich „nichts anderes, als Erlösung zur vollen, edelsten Liebe mit Hülfe der Wahrheit".[192] Wie eine Vorwegnahme dieser Gedanken wirkt die Konfirmationspredigt Pfisters, die er am 22. Dezember 1907 in seiner Gemeinde in Zürich über Joh 8,32 *„Die Wahrheit wird euch frei machen"* gehalten hatte. In diesem Wort Jesu, bekennt Pfister, hätte er in seinem Pfarramt „die stärkste Förderung" erfahren.[193] Seinen Kantonsschülern predigte er:

> *„Nehmt der Seele ihre Ideale, und Ihr zerbrecht ihr die Flügel; raubt ihr die Gewissheit einer ewigen Bestimmung, und Ihr stecht ihr die Adleraugen aus! Aber leben heisst: Für Grosses leben. Es gehört zu Eurer wertvollsten Erkenntnis, dass die echte Wahrheit nicht nur den Verstand, sondern den ganzen Menschen mit Gefühl, Willen und Verstand gepackt haben muss, wie auch der Glaube, die Religion, ein Ergriffensein, ein mächtiges Erleben, ein Leuchten, ein Heimweh, ein Kraftgefühl, ein frühes oder furchtbares Suchen oder Gestrichenwerden des ganzen inneren Menschen darstellt. [...] Wahrheit müsste man um jeden Preis suchen, und wenn sie in eine Hölle von Verzweiflung führte.[194] [...] Freiheit ist zunächst einmal Herrschaft über sich selbst."[195]*

Ziel einer seelsorglichen Psychoanalyse – „und alle Psychoanalyse ist nichts anderes als Seelsorge im weitesten Sinne" – sei die „Re-Integration der Liebe".[196] Denn jede neurotische Erkrankung sei letztlich ein Überhandnehmen der Angst und ein „Verlust an Liebe".[197] Versteht Pfister Psychoanalyse als Teil der Seelsorge im weiteren Sinn und bestimmt er das Ziel „richtiger Analyse" als „Wie-

---

[191]   PFISTER (1918a), 134. BITTNER (1973), 471 u. 473 spricht von „Pfisters heimliche[r] Anagogik", die auf H. Silberer zurückgehe wie die „Synthese" auf A. Maeder und C.G. Jung. Vgl. schon Freud in seinem Brief vom 06.04.1922 an Pfister (F/P, 89), dem er „gelegentliche(r) Verbeugungen vor der Anagogik" vorwirft. Dem hält Pfister entgegen (Brief vom 19.07.1922 [F/P, 90]): „Aber was die Anagogik anbetrifft, [...] weiß ich mich unschuldig. Die Katagogik ist das entscheidende für die Analyse."

[192]   PFISTER (1918b), 65.

[193]   PFISTER (1912a), 78.

[194]   Diese unbändige Wahrheitssuche verbindet Pfister auch mit Boisen. Vgl. seine Aussage: „Sanity in itself is not an end in life. The end of life is to solve important problems and to contribute in some way to human welfare, and if there is even a chance that such an end could best be accomplished by going through Hell for a while, no man worthy of the name would hesitate for an instant." BOISEN (1960), 132.

[195]   Konfirmations-Predigt vom Sonntag, den 22.12.1907 in der Prediger-Kirche Zürich [ZB ZH: Nachlass Oskar Pfister 5; Schreibmaschinenumschrift von Hans Werl].

[196]   PFISTER (1929), 91. Vgl. auch (1927a), 24f.: „Die praktische Analyse hat letztlich keinen anderen Zweck als die Wiederherstellung der auf Abwege geratenen, ihres ursprünglichen Charakters beraubten Liebe" u. (1928a), 25f.: „Sein ganzes Evangelium der Erlösung geht auf Wiederherstellung der Liebe im höchsten Sinne aus, genau wie die pastorale Psychoanalyse, die die Re-integration der Liebe als einziges und höchstes Heilungsprinzip hinstellt. Und Mittel zur Erreichung dieses Zieles ist [...] die Wahrheit [...]."

[197]   PFISTER (1928a), 23. So steht im Zentrum seines Alterswerk *„Das Christentum und die Angst"* I Joh 4,18. PFISTER (1985² [1944]), 18.

derherstellung" bzw. „Erlösung der Liebe"[198], kann er bilanzieren: „Die individualhistorische Psychologie Freuds wurde zu einem Hauptinstrument der Erlösung."[199]

Die Psychoanalyse versteht Pfister in seinem Konzept einer analytischen Seelsorge als Technik und Hilfsmittel im Dienste des Christentums, das als „Erlösungsreligion […] zu einem Leben in wahrer Freiheit helfen will. Und zwar kommt diese höhere Freiheit dadurch zustande, daß die in ihren Rechten verkürzte Liebe zur Herrschaft geführt wird."[200] Psychoanalyse befreit Religion von neurotischen Zügen, wobei die Heilung analog zu jener von Kranken verlaufe, nämlich „im Wesentlichen durch Wiederherstellung der Liebe und ihre Erhebung zur Lebensdominante."[201] Gegenstand der Analyse ist alles, was der Liebe im Wege steht. Pfisters Hauptinteresse gilt ihr, und so verwundert es nicht, dass I Kor 13,13 sowohl der Text seiner Antritts- als auch seiner Abschiedspredigt gewesen ist.[202] Freud weist seinen Freund schon 1909 darauf hin, dass das psychoanalytische Verständnis von Erotik auch das umfasse, was in der Seelsorge mit dem Begriff Liebe bezeichnet werde,[203] weshalb er 1910 zum Schluss kommt: „Ich habe, wie Sie zugeben, viel für die Liebe getan."[204] Jung schrieb er, die Psychoanalyse sei „eigentlich eine Heilung durch Liebe."[205] Von herausragender Bedeutung ist für Pfister I Joh 4,18. Immer wieder zitiert er diesen Vers: *„Furcht ist nicht in der Liebe, sondern die vollkommene Liebe wirft die Furcht hinaus."*[206]

c) 1918 fragte Pfister: „Aber darf man den Pflüger gering schätzen, weil des Säemanns Arbeit noch adeliger ist?"[207] Im Konzept einer analytischen Seelsorge impliziert dies eine Höherbewertung der Seelsorge im engeren Sinn vor der Analyse.[208] Letztere ist nur eine „Hilfsmethode" bzw. „Samariterarbeit"[209]. Erst im Konzept einer analytischen Seelsorge wird die Analyse zu einem Teil der Seelsorge selbst.[210] Analyse ist nun nicht mehr eine von der Seelsorge losgelöste Angelegenheit, sondern integraler Teil derselben, sie ist eine „langwierige und

---

[198] PFISTER (1927b), 195.
[199] PFISTER (1927b), 179. NASE ([1993], 539) zufolge ist das „Erlösungsprinzip […] die stärkste Klammer zwischen Psychoanalyse und Seelsorge, so stark, daß beide Bereiche zuweilen nicht mehr recht unterschieden werden können."
[200] PFISTER (1927b), 175.
[201] PFISTER (1985² [1944]), XXXVIII.
[202] Vgl. NASE (1993), 554.
[203] Vgl. Brief Freuds an Pfister vom 09.02.1909 (F/P, 12f.).
[204] Brief Freuds an Pfister vom 17.03.1920 (F/P, 33).
[205] Brief Freuds an Jung vom 06.12.1906 (F/J, 13).
[206] PFISTER (1928a), 15. Vgl. (1927b), 194f. passim.
[207] PFISTER (1918b), 58.
[208] Vgl. auch PFISTER (1918a), 124: „Warum soll man den Pflüger höhnen, weil er nicht in dem Augenblicke, da er die Erdkruste zerschneidet und den Boden umlegt, auch den Samen streut?"
[209] PFISTER (1927b), 206.
[210] Vgl. PFISTER (1918b), 60: „Was Jesus sonst noch gibt, geht über die Analyse hinaus, wie ja auch wir die Analyse nur als Teil der Seelsorge anerkannten."

schwierige seelsorgerliche Arbeit [...], da sie eine wirkliche Erziehung darstellt."[211] Der Analytiker

*„gleicht dem Mose, der sein Volk aus dem Diensthause erlöst und bis an die Grenzen des
gelobten Landes führt, wo Milch und Honig fliessen, es aber nicht hineinführen darf. [...]
Und wer verbietet denn dem Analytiker, aus dem Wegbereiter ein Eroberer, aus dem Mose
ein Josua zu werden? Für den Erzieher und Seelsorger ist es selbstverständlich, dass sie die
Analyse dem Ganzen ihrer Berufsarbeit eingliedern und jene negative Tätigkeit durch eine
positive Wertbildung ergänzen."*[212]

Die analytische Seelsorge sei keine neue Heilsbotschaft, sondern ermögliche den
Zugang zum alten Evangelium. Das Neue an ihr sei, dass sie das Alte zu er-
schliessen vermöge. Sie frage nicht bloss nach dem Woher, sondern auch nach
dem Wozu und Wohin. In dem Sinn ist die analytische Seelsorge geradezu eine
Art Überbietung „reiner" Psychoanalyse, bei der es „nicht um *Sinnstiftung*, sondern um die Ermöglichung von *Sinnfindung*" gehe.[213] Seelsorge im engeren Sinne
beginne da, wo Psychoanalyse aufhöre. Die Psychoanalyse liesse die Seelsorge
erst ihre Wirkung entfalten. Dies zeigt sich auch in einem Urteil Pfisters über
einen seiner Seelsorgefälle: „Was ich über die Analyse hinaus an positiver Seelsorge zu geben hatte, war nichts anderes, als was Nora längst wußte, und was
andere Seelsorger ihr auch im Lauf der Krankheitsjahre empfahlen. Erst die
Analyse lockerte den Boden so weit, daß der edle Same sprießen konnte."[214] Seelsorge und Psychoanalyse gehen im Konzept Pfisters eine „dialektische" Beziehung ein: erst Psychoanalyse ermöglicht Seelsorge, ihre heilende Wirkung zu
entfalten, und erst Seelsorge vollendet Psychoanalyse, die in Pfisters Konzept zu
einem Teil der Seelsorge selbst wird. Insofern bringt es der deutsche Pastor Buntzel auf den Punkt, wenn er schreibt: „Nicht Psychoanalyse *oder* Seelsorge, sondern Psychoanalyse *in* der Seelsorge!"[215]

2.7 Zur Kritik an Pfisters Rezeption der Psychoanalyse

Im eingangs erwähnten Zitat aus dem Jahre 1918 (s. oben S. 62) weist Pfister auf
inhaltliche Differenzen mit Freud hin, die ihn jedoch nicht veranlassten, sich von
der Psychoanalyse zu distanzieren. In sexualtheoretischen und ethischen Belan-
gen teile er Freuds Meinung nicht.[216] Über dessen Atheismus schweigt er. Dies

---

[211] PFISTER (1918b), 88. Vgl. PFISTER (1927b), 205f.: „In bezug auf praktische Ausübung der Psychoanalyse ist größte Vorsicht anzuempfehlen, damit nicht durch Pfuscherei Schaden angestif-
tet werde." Diese Aussage ist vor dem Hintergrund der gegen Theodor Reik gerichteten Anklage
wegen „Kurpfuscherei", von Freuds Schrift *„Die Frage der Laienanalyse"* (1926) und der gegen
Pfister selbst gerichteten Vorwürfe zu verstehen. Vgl. GAY (2004[5] [1989]), 550f.

[212] PFISTER (1918a), 137f.

[213] PLIETH (1994), 39.

[214] PFISTER (1918b), 91.

[215] BUNTZEL (1926), 66.

[216] Zur nicht uneingeschränkten Übereinstimmung Pfisters mit Freuds Lehre vgl. die Briefe Freuds
an ihn vom 09.10.1918 und 02.01.1919 (F/P, 62 und 65).

mag verschiedene Gründe haben. Zum einen wurden ihre unterschiedlichen Überzeugungen in Sachen Religion erst im Zuge der Veröffentlichung von Freuds religionskritischer Hauptschrift – *„Die Zukunft einer Illusion"* – zum expliziten Thema zwischen beiden. Dass sie jedoch in Sachen Religion anderer Meinung waren, wusste Pfister schon lange vor Freuds Pamphlet.[217] Er wusste es schon, bevor sie sich überhaupt persönlich kennenlernten. Im Februar 1909 begründete Freud den Umstand, dass er gar nicht an die Bedeutung gedacht hätte, die die Psychoanalyse für die Seelsorge gewinnen könnte, damit, dass ihm „als bösem Ketzer der ganze Vorstellungskreis so ferne liegt."[218] In einem Brief Pfisters vom 3. April 1922 schrieb er Freud ausdrücklich: „In Sachen der Ethik, Religion und Philosophie besteht ein Unterschied, den aber weder Sie noch ich als Kluft empfinden."[219] Es stellt sich die Frage, inwiefern hier der Wunsch Vater des Gedankens war. Am 30. Dezember 1952 erinnerte sich Pfister an seine letzte Begegnung mit Freud:

„Bei meinem letzten Besuch, 1936, lauteten seine Abschiedsworte: ,sie haben viel für die Propaganda der Psa. getan; aber dass Sie noch immer Religion haben, kann ich Ihnen nicht verzeihen'. Er sagte es lächelnd, aber er meinte es doch wohl ernst."[220]

Im Folgenden soll der Versuch unternommen werden, *zuerst* die an Pfisters Rezeption der Psychoanalyse geübte Kritik a) in offiziellen – und von der theologischen Forschung bisher unbeachteten – psychoanalytischen Organen, b) von Seiten Freuds und c) von Seiten verschiedener Mitglieder der *Schweizerischen Gesellschaft für Psychoanalyse* darzustellen. Erst vor diesem Hintergrund soll dann seine Rezeption einer eingehenderen Betrachtung unterzogen und die erwähnten Kritikpunkte näher erörtert werden (2.8). Scharfenberg – und in seinem Gefolge de Quervain – waren die ersten, die die These aufstellten, Pfister hätte paradoxerweise gerade das Gespräch, das er initiierte, zugleich auch schwer belastet.[221]

a) Pfisters Veröffentlichungen gerieten schon sehr früh ins psychoanalytische Kreuzfeuer. Sein Lehrbuch von 1913 mit dem Titel *„Die psychanalytische Methode"*, zu der Freud ja selbst ein Geleitwort verfasst hatte und das 1915 ins Englische übersetzt worden war, erhielt von *Eduard Hitschmann*[222] eine bisher unbe-

---

217   Vgl. PFISTER (1928b), 101: „Von Anfang an haben Sie aus Ihrem dezidierten Unglauben mir und aller Welt gegenüber kein Hehl gemacht".

218   Brief Freuds an Pfister vom 09.02.1909 (F/P, 13).

219   Brief Pfisters an Freud vom 03.04.1922 (F/P, 88).

220   Brief Pfisters an René Laforgue vom 30.12.1952 [ZB ZH: Nachlass Oskar Pfister 4,26].

221   Vgl. Joachim SCHARFENBERG (1972 [1968]): Das Problem der Angst im Grenzgebiet von Theologie und Psychologie, in: DERS. (Hg.): Religion zwischen Wahn und Wirklichkeit. Gesammelte Beiträge zur Korrelation von Theologie und Psychoanalyse, Hamburg (Furche), 172–188, hier 181ff.; DE QUERVAIN (1977), 46.

222   Eduard Hitschmann (1871–1957), Dr. med., Mitglied der WPV von 1905 bis 1938, vgl. Elke MÜHLLEITNER (1992): Biographisches Lexikon der Psychoanalyse. Die Mitglieder der Psychologischen Mittwoch-Gesellschaft und der Wiener Psychoanalytischen Vereinigung 1902–1938, Tübingen (ed. diskord), 149–151.

achtet gebliebene vernichtende Kritik in der *Internationalen Zeitschrift für ärztliche Psychoanalyse.*[223] Eine sanfte, schon zu Beginn vernehmbare und schliesslich offenkundige Ironie durchzieht die ganze Besprechung. Pfisters Pfarrersein spielte dabei eine Rolle. Religion galt in der psychoanalytischen Bewegung von Anfang an als „eine der zahlreichen Kompromissbildungen: sie macht die Bahn zur höheren Gesittung frei und befriedigt heimlich die verdrängten Triebe."[224] Pfarrer Pfisters „große Erfahrung" wird als Grund dafür genannt, weshalb man seinen allzu kurzen Darstellungen seiner Analysen Glauben schenken müsse, auch wenn er es unterliesse, Beweise mitzuliefern:

„Wer Umfang und Schwierigkeit einer gründlichen Analyse kennt, schreckt ja vor Publizierung von Momentanalysen oder unfertigen, schon beim aktuellen Symptomanlaß Halt machenden Krankengeschichten mit Recht um der Beweiskraft und Wissenschaftlichkeit willen zurück! Des Autors besondere Begabung und Persönlichkeitswirkung – als Pfarrer! – mag an frühen, die Analyse vorzeitig abschließenden, mehr oder weniger dauerhaften Besserungen mitwirken, zumal er das Führen zum Glauben und wie wir sehen werden, andere erzieherische Einflüsse gleichzeitig betreibt."[225]

Nach Hitschmann stellt das Werk letztlich Pfisters wissenschaftliche Qualifikation und persönliche Integrität in Frage. Die von Pfister behaupteten Heilungserfolge interpretiert Hitschmann als Übertragungsheilungen, die u.a. auf dessen Stellung als Pfarrer zurückzuführen seien. Hitschmann bezweifelt, dass Pfister Freuds Sexualtheorie wirklich akzeptiere und teile.[226] So stellt er in dessen Buch „manche Retouchierungen und Verwischungen" fest, Pfister bemühe sich „in einer Art Trivalenz […], Freud und Jung und auch Adler gerecht zu werden."[227] Seine Definition von Libido u.a. als „Lebenswillen" beweise dies.[228] So stellt die

---

223   Eduard HITSCHMANN (1914): [Kritiken und Referate:] Oskar Pfister: Die ‚psychoanalytische Methode', in: IZ 2, 185f.

224   Otto RANK / Hanns SACHS (1912): Entwicklung und Ansprüche der Psychoanalyse, in: Imago 1.1, 1–16, hier 16.

225   HITSCHMANN (1914), 185.

226   Vgl. BITTNER (1973), 470f., der „die Relativierung der Lehre von der frühkindlichen Sexualität" zu den Merkmalen von Pfisters Rezeption der Psychoanalyse zählt. Er hätte „anstelle der Sexualität ganz bewußt die Liebe und ihre Schicksale in den Mittelpunkt seiner Neurosenlehre gestellt. […] In seiner ‚Psychoanalytischen Methode' hat er ‚Liebe' und ‚Sexualität' ausdrücklich begrifflich geschieden, hat auch die Ausweitung des Begriffs ‚sexuell' auf die prägenitalen Entwicklungsstufen der Libido nicht mitgemacht, sondern zieht es vor, […] von ‚Sinnlichkeit' zu sprechen. Endlich ordnet er alle Lebensäußerungen einem ‚Lebenstrieb' oder ‚Willen zum Leben' unter." Bittner weist darauf hin, dass Pfister „im Grunde […] das erweiterte Konzept einer Libido als Lebensenergie, wie es auch C.G. Jung vertrat", propagiere (471f.). Vgl. aber die beiden folgenden Anmerkungen.

227   Pfister stimmte dieser Kritik später zu. Freud schrieb er in einem Brief vom 03.04.1922, seine Werke bewiesen „einen Fortschritt gegenüber früher, sofern ich eine Menge von Unklarheiten, die mir durch Jung und Adler erwachsen waren, endgültig überwunden habe" (F/P, 88).

228   Dazu äusserte sich Pfister später selber und pflichtete Hitschmanns Kritik wiederum bei. Vgl. PFISTER (1922), 214: „Hinter allen Erscheinungen des Geisteslebens steckt, wie früher bemerkt, der eine Lebenstrieb, den Freud sehr richtig erfaßt hat, wenn schon Spätere, wie Jung, ihm dieses Verdienst absprechen wollten und den geschichtlich von Freud geprägten, auf die seelische

Kritik auch die Berechtigung des Buchtitels selbst in Frage, da verschiedene Anschauungen Jungs zumindest geduldet würden. Hitschmann führt eine Palette von Kritikpunkten gegen das Werk Pfisters auf und findet u.a., dass es die Verdrängung als Eckpfeiler der psychoanalytischen Theorie zu wenig berücksichtige. Besonders hebt er einen Punkt hervor, den er als zentrales Problem des Werkes betrachtet: „das Bemühen um die Überbrückung der Kluft zwischen zu Ende denkender, wissenschaftlicher Psychoanalyse und nicht analysiertem religiösen Glauben." So schliesst der Beitrag: „Pfister wird sich Freuds dem Pädagogen aufgetragene Verpflichtung vorzuhalten haben: ,das junge Seelenleben nicht nach seinen persönlichen Idealen zu formen'. Und auch nicht – die Psychoanalyse!"[229] Pfisters Psychoanalyserezeption und seine Heilungserfolge seien letztlich eigentlich einem Schwindel ähnlich.

Hitschmann wirft Pfister öffentlich vor, sich die Psychoanalyse durch einschneidende Änderungen und Anpassungen persönlich anzuverwandeln, was sich schon in Pfisters Gebrauch von „psychanalytisch" statt „psychoanalytisch" offenbare. In diesem „Verbessernwollen von Unwesentlichem" offenbare sich ein „Widerstand gegen das Wesentliche".[230] Pfister formuliere die Psychoanalyse seinen Interessen entsprechend um und verfremde sie dadurch. Es handele sich bei Pfisters Konzept einer analytischen Seelsorge nicht mehr um Psychoanalyse, sondern um einen religiösen Eigeninteressen dienenden Missbrauch bzw. um eine Instrumentalisierung der Psychoanalyse. Inwiefern diese Kritik sachlich begründet war und Pfister gerecht wurde oder übermässig von der Skepsis seinem Berufe und der Aversion Religion gegenüber mitmotiviert war, mag Freuds eigene Auseinandersetzung mit Pfister zeigen.

b) Dass Pfister die Psychoanalyse seiner Zeit nicht umfassend und auf dem jeweils neuesten Stand verarbeitete, sondern tatsächlich nur in Auswahl sich anverwandelte, ärgerte schon Freud. Insbesondere missfielen ihm Pfisters „etwas ketzerhafte[n] Ansichten über Konstitution und Bedeutung des Sexualtriebes".[231] Immer wieder bemühte sich Freud darum, Pfister die Bedeutung der Sexualität für die Entstehung neurotischer Erkrankungen zu erläutern. In seiner „Geschichte der psychoanalytischen Bewegung" von 1914 hielt er fest: „Sie [sc. „Jung und seine Anhänger"; IN] haben im einzelnen verfolgt (worin ihnen Pfister vorangegangen war), wie das Material der sexuellen Vorstellungen aus dem Familienkomplex und der inzestuösen Objektwahl zur Darstellung der höchsten ethi-

---

Seite des Geschlechtslebens beschränkten Ausdruck ‚Libido' bedauerlicherweise mit Freuds Lebenstrieb identifizierten und als eigene Entdeckung ansahen."

[229] HITSCHMANN (1914), 186.

[230] Ebd., 186.

[231] Brief Freuds an Pfister vom 24.01.1919 (F/P, 67f.). Vgl. schon seine Briefe vom 18.10.1918 u. 02.01.1919 (F/P, 62 u. 65): „Was fällt Ihnen denn ein, die Zerlegung des Sexualtriebes in Partialtriebe zu bestreiten [...]?" u. „[...] ärgerte ich mich über den geringen Erfolg meiner Bemühung, Sie in den Sachen der Sexualtheorie zu bessern". Und noch früher am 18.03.1909 (F/P, 18): „Ich weiß wohl, dieses Stück der Traumdeutung (sc. der Wunsch „nach dem Genitale der Mutter"; IN) konnten Sie, auch wenn es für Sie durchsichtig war, nicht so leicht darstellen, wie das andere von der jungfräulichen Geburt".

schen und religiösen Interessen der Menschen verwendet wird, also einen bedeutsamen Fall von Sublimierung der erotischen Triebkräfte und Umsetzung derselben in nicht mehr erotisch zu nennende Strebungen aufgeklärt."[232] Soviel Aufklärung vertrug man jedoch nicht: „die Welt hätte empört gerufen, man habe Ethik und Religion sexualisiert!" Freud vermutet, „daß sich die Entdecker diesem Entrüstungssturm nicht gewachsen fühlten. Vielleicht begann er auch in der eigenen Brust zu toben. Die theologische Vorgeschichte so vieler Schweizer ist für ihre Stellung zur Psychoanalyse so wenig gleichgültig wie die sozialistische Adlers für die Entwicklung seiner Psychologie."[233] Er befürchtete schliesslich, Jungs Einfluss mache sich bei den Schweizern geltend.[234] Während Freud das „Moment der Sexualität" 1919 als das „Schibboleth" der Psychoanalyse bezeichnete,[235] hebt Pfister in seinem ein Jahr später erschienen Werk „*Zum Kampf um die Psychoanalyse*" (1920) hervor, „daß Freuds Sexualtheorie keineswegs die Voraussetzung der ganzen Psychanalyse" sei.[236] Pfister setzt sich – wie er es schon in seinem Brief an Ragaz 1910 tat[237] – klar von Freud ab und widerspricht ihm an einer für Freud unwiderruflich entscheidenden Stelle.[238] Pfister tut dies trotz des Bewusstseins, dass gerade auf dem Gebiet der Sexualität die bisherige Seelsorge wie wohl auf keinem anderen „so gründlich versagt und so viel Unheil angerichtet" hatte.[239] Pfister rezipiert die Psychoanalyse also in durchaus eigenständiger Weise. Was bewegte ihn aber, die Psychoanalyse so und nicht anders zu verarbeiten?

---

[232] FREUD (1914d), 106. Hervorhebung i.O.

[233] Ebd., 106f. So erläutert Freud, was er als die „Neu-Züricher-Lehre" bezeichnet: „Wenn Ethik und Religion nicht sexualisiert werden durften, sondern von Anfang an etwas ‚Höheres' waren, die Herleitung ihrer Vorstellungen aus dem Familien- und Ödipuskomplex aber unabweisbar erschien, so ergab sich nur eine Auskunft: diese Komplexe selbst durften von Anfang an nicht bedeuten, was sie auszusagen schienen, sondern jenen höheren, ‚anagogischen' Sinn […] haben, mit dem sie sich in ihre Verwendung in den abstrakten Gedankengängen der Ethik und der religiösen Mystik einfügten." Ebd., 107.

[234] BITTNER (1973), 476f. vertrat die These, dass in Pfisters Werk „‚das Verdrängte', mit dem Ausscheiden von Adler und Jung ‚Ausgestoßene' der psychoanalytischen Bewegung" erhalten geblieben sei, weshalb „Freud Pfister ebenso brauchte wie Pfister Freud". Ich finde dies eine Überinterpretation, die zudem Pfisters Entwicklung zu wenig miteinbezieht. Vgl. Pfisters Aussagen oben Anm. 227 u. 228.

[235] Brief Freuds an Pfister vom 27.05.1919 (F/P, 71). Man beachte Freuds Ausdrucksweise: er spricht von „Ver-Jungung"!

[236] PFISTER (1920), 52. Vgl. die zu Recht unter „Apologetisches" behandelte Darstellung von Freuds Sexualtheorie durch Pfister ebd., 52–57. Zugleich grenzt er sich deutlich von Jung ab: „Wie ich in Jungs genetischer Psychologie starken Hypersexualismus erblicke – sogar Sprache und Feuererzeugung will er aus der Sexualität herleiten –, so lehne ich seinen Asexualismus gegenüber dem Symptom ab" (56).

[237] Vgl. oben S. 71.

[238] Insofern trifft das von MARMOL (2002) wiedergegebene Urteil von MORANO (2000) kaum zu: „There was no fundamental disagreement between Freud and Pfister regarding their world views or even philosophical or moral questions. The basic differences lay in the practice of psychoanalysis. Pfister questioned the touchstone of Freudian practice – the neutrality of the analyst […] The issue of neutrality was a continuing sore point in their correspondence" (67).

[239] PFISTER (1927a), 33.

Pfister betrachtete die Psychoanalyse als „wissenschaftliche Offenbarung ersten Ranges", die aber an christliches Gedankengut anknüpfe.[240] Letztlich handelte es sich bei ihr um

„nichts anderes, als der systematische Ausbau von Grundgedanken Jesu. Daß man die Analyse als Atheist, Jude, Katholik, Mohammedaner, Hindu anders anwenden wird, wie als evangelischer Pfarrer, liegt auf der Hand. Allein ich glaube, daß gerade die Einfügung der Analyse in die evangelische Heilsvermittlung ihre segensreichste Form darstellt. Evangelium und Psychoanalyse müßten eigentlich voneinander gegenseitig angezogen werden und zueinander hin streben. In ihrer nicht synkretistischen, sondern organischen Verbindung, in welcher die Analyse das Werkzeug, das Christentum aber Ziel und Substanz ausmacht, finde ich die in Tausenden von wichtigen Fällen einzig und allein aussichtsreiche Hilfe zur Überwindung der Sünde und zur Herstellung echter Herzensreinheit."[241]

Am 17. Februar 1928 teilt Freud Pfister mit, er habe von *Emil Oberholzer* „ein ausführliches Memorandum" erhalten.[242] Er bezieht klar Stellung und schreibt, er stehe „weitgehend" auf dessen Seite. Er könne Pfisters „enthusiastisch verkürzten Analysen" und seine „Leichtigkeit in der Annahme von neuen Mitgliedern und Anhängern" ebenfalls nicht gutheissen.[243] Was war geschehen?

c) Am 24. März 1919 hatte Pfister zusammen mit *Emil* und *Mira Oberholzer-Gincburg* die *Schweizerische Gesellschaft für Psychoanalyse* gegründet. Fast zehn Jahre später, 1928, traten Oberholzers zusammen mit *Rudolf Brun* wieder aus und riefen eine eigene *Gesellschaft für ärztliche Psychoanalyse* ins Leben. Auslöser der Krise war Oskar Pfister, wie ein 19-seitiges, bisher unveröffentlichtes Memorandum belegt. Der Hauptvorwurf an ihn bestand in seiner Art, Psychoanalyse auszuüben, nämlich „Kurzanalysen ohne Bearbeitung von Widerstand und Übertragung".[244] Weitere Kritik richtete sich gegen sein Gesprächs-Setting, seine ungenügenden theoretischen Kenntnisse, seinen Aktionismus im Anwerben neuer und ungeeigneter Kandidaten und seine Unfähigkeit im Umgang mit Kritik.[245] Pfister wurde offensichtlich zur Zielscheibe der psychoanalytischen

---

[240]   PFISTER (1985² [1944]), XXXVII.

[241]   PFISTER (1928a), 26.

[242]   Brief Freuds an Pfister vom 17.02.1928 (F/P, 130).

[243]   Ebd.

[244]   Kaspar WEBER (2002): Kurzgefasste Geschichte der Psychoanalyse in der deutschen Schweiz, in: Bulletin der Blum-Zulliger-Stiftung Bern, Nr. 13, 87–90, hier 88. Vgl. auch David D. LEE (1996): Sigmund Freud und Oskar Pfister – Entstehung und Dynamik ihrer Beziehung. In: Untersuchungen zur Geschichte der Psychologie und der Psychotechnik, hg. von H. GUNDLACH, München/Wien (Profil), 187–204, hier v.a. 197f.

[245]   Zu den Vorwürfen im Einzelnen vgl. Sigmund FREUD / Max EITINGON (2004): Briefwechsel 1906–1939. Bd. 2, hg. v. Michael SCHRÖTER, Tübingen (ed. diskord), 578 (Anm. 1) u. 958f.; RAGUSE (2007), 38f. Freud erkannte früh Pfisters „schwärmerische[s] Wesen" (Brief Freuds an Pfister vom 04.10.1909 [F/P, 26]).
         Wenn Eckart NASE (2008), 3f. nach der Diskussion an der Tagung über „Die Anfänge der theologischen Rezeption der Psychoanalyse in der Schweiz" vom 11.11.2006 an der Universität Bern seine Irritation kundtut „über den Impuls vor allem anwesender Psychoanalytiker, abgrenzen und absichern statt verstehen zu wollen" (4), jedoch nicht erwähnt, dass die Äusserungen

Szene der Schweiz. Dazu beigetragen haben mag wohl eine gewisse über-schwängliche Art, die sich auch in seinem Sprachgebrauch ausdrückt, wenn er etwa von „der grandiosen Mission der Psychanalyse in Pädagogik und Seelsorge" spricht.[246] Seine Fallbeispiele weisen ebenfalls auf eine gewisse Plausibilität der vorgetragenen Kritik hin. „Freundliche Belehrung" allein reicht z.B., um den wiederholten und schwerwiegenden Lügen eines Mädchens „ein sofortiges Ende" zu bereiten.[247] Sein unerschütterliches Selbstbewusstsein und eine gewisse thera-peutische Unbeschwertheit oder gar Überheblichkeit sind auch einem bisher unveröffentlichten Brief Pfisters an seinen Schüler *Hans Zulliger* vom 3. Januar 1927 zu entnehmen:

„Lieber Freund Zulliger!
Ich empfehle Dich einer Lehrerin Frl. [...]. Aber bitte, verscheuchte (sic) sie nicht wieder durch orthodoxe Angabe einer fürchterlichen Zahl von Analysenstunden, gelt? Das letzte Berner Meiti[248] [...], das Du abschrecktest, musste ich zu meinem Bedauern selbst überneh-men & heilte sie in 12 Stunden sauber & glatt von allen Symptomen, obwohl sie zu Anfang noch einen zierlichen kleinen Suizidversuch machte. Heute ist sie glückliche Ehefrau & sandte mir ein artiges Neujahrskärtlein. Das hättest Du gerade so gut fertig gebracht, wie ich alter Schübel[249]. Ich bewundere die gar nicht, die schon beim ersten Hitzgi[250] merken, dass der Klient 4 Monate lang täglich beim Analytiker auf den Hafen muss. [...]
Mit herzlichem Grusse Dein Kampfbruder"[251]

Von den verschiedenen Kritiken an Pfister ist m.E. nur eine, der man berechtig-terweise ernsthaft etwas entgegenhalten sollte: sie betrifft den Vorwurf mangeln-der theoretischer Kenntnisse. Um Pfister gerecht zu werden, muss daran erinnert werden, worauf Cremerius 1981 hingewiesen hat: sowohl die rasante terminolo-gische Entwicklung in der psychoanalytischen Theorie als auch der Umstand, dass Begriffe dem jeweiligen Erkenntnisstand angepasst und inhaltlich neu ge-füllt wurden – insbesondere beim Übergang zum zweiten Topik-Modell –, er-schwerten die Rezeption der Psychoanalyse. Nach Cremerius sei es deshalb nicht erstaunlich, „daß vielen Vertretern der Psychologie, Soziologie und Psychiatrie der Umbruch der psychoanalytischen Theorie zwischen 1921 und 1926 [...] völlig entging. Für sie blieb die psychoanalytische Theorie identisch mit dem

---

im Zusammenhang mit der von Hartmut Raguse dargelegten Kritik an Pfister und der Krise von 1928 standen (und doch nicht mit Nases Zitat!) und m.E. durchweg konstruktiver Natur waren, so ist dies bedauerlich.

Die Wortmeldung eines Kollegen, „die Psychoanalyse habe etwas ‚Unverdauliches'" (4), zielte in meinem Verständnis in dieselbe Richtung wie Kurt R. EISSLER (1986) in seinem Essay über das Freud-Denkmal in Wien: „Die Wahrheit, die Freud an den Tag brachte, geht zu tief, sie wird nicht leicht ertragen. Auch der Psychoanalytiker wie jeder andere muß sie abwehren" (1144).

[246] PFISTER (1912a), 59.
[247] PFISTER (1912a), 60.
[248] Mädchen.
[249] Kerl.
[250] Schluckauf.
[251] ZB ZH Nachlass Oskar Pfister 4.50.

Theoriestand vor Ausarbeitung der Ich-Psychologie."[252] Doch damit nicht genug: „Auch viele Psychoanalytiker (haben) diese Veränderung in der Theorie nicht mitvollzogen [...] Noch mehr als zehn Jahre nach ‚Das Ich und das Es‘ gibt es Texte, die beweisen, daß der Autor noch auf dem Boden der Psychoanalyse als Triebpsychologie steht."[253] Insofern mag man zu einer etwas anderen, nämlich milderen Beurteilung hinsichtlich Pfisters Rezeption Freuds gelangen, die nun ausführlicher vorgestellt werden soll.

2.8 Pfisters Psychoanalyserezeption und ihre Auswirkung auf sein Seelsorgeverständnis

Während Psychoanalyse nach Ansicht Freuds letztlich zur Überwindung von Religion beitragen müsste, sah Pfister in ihr „ein prachtvolles Mittel", selbige „zu läutern und zu fördern".[254] Pfister war zutiefst davon überzeugt, dass gerade die Verbindung von Psychoanalyse mit protestantischer Seelsorge für beide einen Gewinn bedeute und dass Glaube bzw. Frömmigkeit dem therapeutischen Prozess nur zugute käme.[255] Diese Überzeugung hegte er von Beginn an, und er behielt sie zeitlebens bei:

„Eine gesunde, den Lebensmut und die sittliche Energie fördernde Religiosität wird durch die von einem selbst religiös lebendigen Seelsorger vorgenommene Analyse nur gefestigt, während allerdings fromme Verschrobenheit unter ihrem Einfluß verschwindet. Ebenso leistet eine gediegene Frömmigkeit insofern der Analyse ausgezeichnete Dienste, als sie dem Patienten die Trennung vom bisherigen Minderwertigen und den Übergang zu einem unbekannten Neuen erleichtert durch den Trost, dass Gott dem Aufrichtigen beisteht und ihm neue, herrlichere Lebensmöglichkeiten schaffen wird."[256]

Auch wenn Pfister zu Freuds beständigsten Anhängern gehörte und über Jahrzehnte hinweg mit ihm in engem Austausch stand, war seine Rezeption der Psychoanalyse dennoch höchst eigenwillig und für manche auch einseitig. Dies sollte insofern weitreichende Folgen haben, als die Theologenschaft hauptsächlich über Pfister Zugang zur Psychoanalyse suchte und von seiner Sicht bzw. von seiner spezifischen Psychoanalyserezeption geprägt wurde.[257] Im Folgenden sollen sechs Hauptaspekte erwähnt werden:

1. Die Psychoanalyse steht nach Pfister historisch in der jesuanischen Tradition. Indem er sie als eine Verlängerung, Auf- und Ausarbeitung des seelsorglichen

---

[252] CREMERIUS (1981), 24.
[253] Ebd., 24f.
[254] PFISTER (1928b), 101. Vgl. auch den Brief Pfisters an Freud vom 09.02.1929 (F/P, 137): „Ich glaube nicht, daß die Psychoanalyse Kunst, Philosophie, Religion beseitige, sondern daß sie jene läutern hilft."
[255] PFISTER (1918a), 99.
[256] PFISTER (1912a), 78.
[257] Vgl. SCHARFENBERG (1968), 20.

Wirkens und Handelns Jesu selbst sieht, versucht er ihr zugleich den Nimbus des Gefährlichen und Verwerflichen zu nehmen, zwischen Gegnern und Befürwortern zu vermitteln und sie an Theologie und Kirche anschlussfähig zu machen.[258]

2. Pfister rezipierte nur den ‚frühen Freud'. Sein Verständnis von Psychoanalyse orientierte sich an dessen frühen Werken und liess theoretische Weiterentwicklungen und spätere Erkenntnisse Freuds vornehmlich hinsichtlich des Widerstands und der Übertragung und sein „metapsychologisches Spätwerk" unberücksichtigt.[259] Nase spricht gar von einer gewissen „Fixierung" Pfisters auf die Anfänge der Psychoanalyse.[260] Dies zeigte sich auch in seinem Verbleib auf dem Boden des topografischen Modells.[261]

3. Pfister rezipierte nicht bloss den ‚frühen Freud', sondern er tat dies auch noch in einem von ihm abweichenden Sinn.[262] Von Freud abgewichen ist Pfister in sexualtheoretischer Hinsicht. Freuds Ausführungen lösten allgemein viel Abwehr aus, und auch Pfister bekundete von Beginn an seine liebe Mühe insbesondere mit der Theorie von den Partialtrieben. Nase führt dies auf Pfisters „Drang nach Harmonie und Synthese" zurück.[263] Freud sah darin einen Ausdruck seiner „konservativen Natur".[264] Konservatismus warf Pfister hingegen auch Freud vor: „In der Trieblehre denken Sie konservativ, ich progressivistisch. Ich sehe, wie in der Evolutionslehre der Biologen, eine aufwärts drängende Tendenz [...]. Den ‚Todestrieb' sehe ich nur als Nachlassen der ‚Lebenskraft', nicht als eigentlichen Trieb, und selbst der Tod der Individuen kann das Ausschreiten des Universalwillens nicht aufhalten, sondern nur för-

---

258 Vgl. o. Anm. 157.

259 SCHARFENBERG (1968), 19. Vgl. WALSER (1976), 1206.

260 Vgl. NASE (1993), 121 (Anm. 2) u. 167.

261 Vgl. aber RAGUSE (2007), 43, nach welchem sich Pfister dennoch zur Ich-Psychologie Freud gegenüber bekennen und auch etwa Heinz Hartmann würdigend nennen konnte, „weil Ethik und überhaupt bewusste Werte in dieser Weiterentwicklung der Psychoanalyse gegenüber den unbewussten Phantasien viel stärker gewichtet werden." Vgl. Brief Pfisters an Freud vom 05.09.1930 (F/P, 147): „Letzter Tage habe ich wieder einmal – vielleicht zum 10. Mal – Ihr ‚Ich und Es' gelesen".

262 Nach Nase hat Pfister zwar z.B. „im wesentlichen nur die frühen, quantitativ anmutenden Konzepte aus der Freudschen Theoriesprache übernommen und beibehalten, wie vor allem den Begriff der Libidostauung aus der Theorie der Aktualneurosen. Aber er verwendet sie metaphorisch [...]. Die Verteilung der psychischen Energie im einzelnen scheint Pfister nicht zu interessieren. Ihm geht es [...] um das Schicksal der Vorstellungen, nicht um ihren Affektbetrag, um den Sinn, nicht um die Kraft." NASE (1993), 95. Zudem bewerte Pfister vorbewusste Prozesse positiv. Vgl. ebd., 192.

263 NASE (1993), 138f. Dies Urteil gründet auf demjenigen Freuds, der Pfister angesichts der gegen ihn erhobenen Vorwürfe wie z.B. des wilden Anwerbens neuer Mitglieder in einem Brief vom 13.04.1919 schrieb: „Ich glaube auch, daß es weniger auf große Mitgliederzahl ankommt als auf Qualität und bitte Sie darum sehr, *Ihrer Güte, die gerne alles Widerstrebende vereinigen möchte,* Zügel anzulegen, sonst läuft wieder alles in Jung'sche Verphrasung aus" (F/P, 69 [Hervorhebung IN]).

264 Brief Freuds an Pfister vom 09.10.1918 (F/P, 63). Vgl. auch Brief Freuds an Pfister vom 02.01. 1919 (F/P, 65).

102

dern.“[265] Freud erwidert, dass ihm der Todestrieb „kein Herzensbedürfnis“ sei, sondern eine „unvermeidliche Annahme aus biologischen wie aus psychologischen Gründen. [...] Mein Pessimismus erscheint mir also als ein Resultat, der Optimismus meiner Gegner als eine Voraussetzung. [...] ich habe mit meinen düsteren Theorien eine Vernunftehe geschlossen, die anderen leben mit den ihren in einer Neigungsehe.“[266] Dass Pfister durch Jung mit der Psychoanalyse zuerst vertraut wurde, hat sich auch in seinem Werk niedergeschlagen.[267] Ob sich jedoch seine Schwierigkeiten mit Freuds triebtheoretischen Ausführungen auf Jung zurückführen lassen, scheint mir nicht zwingend zu sein.

4. Am deutlichsten wird Pfisters eigenständige Psychoanalyserezeption bzw. seine zentrale Differenz zu Freud in seinem Drängen auf eine der Analyse folgenden „Synthese“, denn: „Die Analyse als solche kann weder werten, noch philosophische Prinzipien aufstellen. Sie ist Pflügen, nicht Säen.“[268] In der Synthese hingegen werde endlich gesät. Dem widerspricht Freud und erklärt, dass eine Synthese in oder nach der Analyse unnötig sei: „In der Wissenschaft muss man zuerst zerlegen, dann zusammensetzen. Mir scheint, Sie wollen eine Synthese ohne vorherige Analyse. In der psychoanalytischen Technik braucht es eine besondere synthetische Arbeit nicht; das besorgt das Individuum selbständig besser als wir.“[269] Bittner zählt Pfisters „heimliche Anagogik“ zu einem Kennzeichen seiner Behandlungsmethode.[270] Der Analytiker müsse nach Freud im Gegensatz zum Seelsorger „zurückhaltender sein und den Hauptakzent auf die Bemühung verlegen, den Patienten selbständig zu machen.“[271] Pfister hingegen bleibt mit seinen Analysanden z.B. weiterhin in zumindest losem Kontakt und bemüht sich darum, „nur die Übertragung von allem Unechten [zu] reinige[n]“.[272] Pfister sieht seine Rolle viel aktiver und diktiert einigen Analysanden „mit sehr gutem Ergebnis“ so genannte

---

[265] Brief Pfisters an Freud vom 04.02.1930 (F/P, 142).
[266] Brief Freuds an Pfister vom 07.02.1930 (F/P, 144).
[267] Vgl. BITTNER (1973), 476; NASE (1993), 169. Pfister machte sich erst 1922 von Jung los, vgl. seine Briefe an Freud vom 03.04. und 19.07.1922 („Mit der Jungschen Manier bin ich gründlich fertig“), F/P, 90.
[268] PFISTER (1949), 293.
[269] Brief Freuds an Pfister vom 09.10.1918 (F/P, 63).
[270] BITTNER (1974), 65. So schon FREUD (1914d), 107. Vgl. oben S. 92 [Anm. 191]. Diese Zweiteilung setzt sich nach Bernhard LANG (1997) bei Eugen Drewermann fort: „Zunächst mit Hilfe der Freudschen Psychoanalyse verstehen und dann mit Hilfe der Bibel und der Jungschen Psychologie zu heilen suchen“ (133). Pfister sei ein „geistiger Vater“ bzw. „protestantischer Vorläufer“ Drewermanns (125). Bernhard Lang war meines Wissens der Erste, der auf die Nähe Drewermanns zu Pfister hinwies, die er an beider Zielsetzung der therapeutischen Umgestaltung des Christentums mit allen ekklesiologischen Folgen festmachte.
[271] Brief Freuds an Pfister vom 22.10.1927 (F/P, 120).
[272] Brief Pfisters an Freud vom 21.10.1927 (F/P, 120). Pfister fragt Freud, ob er dies als „Differenz“ zwischen ihnen beiden betrachte. Freud antwortet ihm: „Wir müssen als Analytiker zurückhaltender sein und den Hauptakzent auf die Bemühung verlegen, den Patienten selbständig zu machen [...]. Aber ich bin auch sonst nicht so weit von Ihrem Standpunkt, wie Sie meinen. Sie wissen, welche Neigung die Menschen haben, Vorschriften wörtlich zu nehmen.“ Ebd.

„Zusammenfassungen“.[273] Freud ist davon überzeugt, dass solche frühen Verbatims technisch wertlos seien.[274]

5. Die Ursache für seine behandlungstechnische Abweichung von Freuds Psychoanalyse, liegt in Pfisters Verständnis der interaktionellen Vorgänge in der therapeutisch-analytischen Beziehung. Seine praktisch-therapeutische Differenz ist als Folge sämtlicher vier bisher genannten Aspekte oder mit ihnen in engem Zusammenhang stehend zu sehen. Freud versucht, ihn aufzuklären, und fasst seine Kritik kurz und bündig zusammen: es benötige keine Synthese, es bedürfe „vielmehr eine[r] gründliche[n] Analyse besonders der Übertragungssituation“.[275] Anstelle von Pfisters Drängen auf eine sog. Synthese hält Freud ihm also die Notwendigkeit der Analyse der Übertragung entgegen.[276]

Das Thema der Übertragung taucht immer wieder im Zusammenhang mit Pfister auf, und es war nicht nur Freud, der den Eindruck gewann, dass Pfister ihre grundlegende Bedeutung für den therapeutischen Prozess nicht in genügendem Ausmass zu verstehen schien. 1949 unterschied Pfister in Aufnahme von Freud, der von positiver und negativer Übertragung gesprochen hatte, zwischen „richtiger“ und „unrichtiger“ Übertragung und verteidigte sich:

„Freuds Stellung zur Liebe ist oft mißverstanden worden. Hatte er anfangs mit großem Recht die Gefahren unrichtiger Übertragung bekämpft, namentlich die ‚Vervaterung‘ des Analytikers, die Suggestivwirkung an Stelle sauberer analytischer Erfolge, das Hängenbleiben am Analytiker, den Ersatz ehrlicher analytischer Arbeit durch Neigung zu ihm, die der letzteren entspringende Schönrednerei, so erklärte er später die von sexuellen Regungen freie positive Übertragung, die er anderwärts auch ‚Liebe‘ nannte, als die Trägerin des Erfolges in der Psychoanalyse, wie in jeder anderen Behandlungsmethode.“[277]

Die Hauptschwierigkeit scheint darin bestanden zu haben, dass Pfister – wie es sich auch in seiner Terminologie zeigt – die sog. negative Übertragung, die er als „unrichtige“ bezeichnet, anders gewichtete als Freud. So war er auch gewillt,

---

[273]   Brief Pfisters an Freud vom 16.11.1928 (F/P, 134).

[274]   Brief Freuds an Pfister vom 25.11.1928 (F/P, 136).

[275]   Brief Freuds an Pfister vom 22.10.1927 (F/P, 121). Ebd.: „Was dann von der Übertragung erübrigt, darf, ja soll, den Charakter einer herzlichen menschlichen Beziehung haben.“

[276]   Dem Urteil von Eckart Nase, dem sich Martin Jochheim anschliesst, dass Pfister dem analytischen Prinzip als erlösendem vor dem synthetischen Prinzip als aufbauendem „durchgängig den Vorzug“ gebe, kann ich nicht zustimmen, NASE (1993), 539. Vgl. JOCHHEIM (1998), 28. Wenn Nase es (ebd., Anm. 58) erstaunlich findet, dass Pfister im „synoptische(n) locus classicus“ seiner analytischen Seelsorge, in der Heilung des Gelähmten (Mk 2,1ff. parr.) Jesu Wort von der „schwereren Arbeit“ (V. 9) nicht aufnimmt, so m.E., weil Pfister ihm nicht das Gewicht beimass, das Nase ihm gibt. Wenn Jochheim den Titel „Analytische Seelsorge“ als Beleg für die oben geschilderte Auffassung verwendet, dann zeugt m.E. der Titel gerade vom Gegenteil, nämlich davon, dass die Seelsorge Nomen und analytisch lediglich adjektivische Qualität besitzt. Damit zusammenhängend teile ich auch – u.a. aufgrund des reduktionistischen Verständnisses Pfisters von Psychoanalyse als Methode – Nases Auffassung nicht: „Je länger, je mehr wird die Analyse zum Kern der Seelsorge, zu ihrer conditio sina qua non.“ NASE (1993), 539 (Anm. 60).

[277]   PFISTER (1949), 290f.

eigene wirkliche oder vermeintliche therapeutische Erfolge stets auf jene „positive" und nicht auf eine „negative" Übertragung zurückzuführen.[278]

Für die zweite Auflage der RGG von 1930 verfasste Pfister einen Artikel über Psychoanalyse.[279] Er enthält einen Abschnitt über die Übertragung, der Rückschlüsse zulässt auf Pfisters vermutlich ungenügend ausgebildete Fähigkeit, sich selbst und seine analytisch-seelsorgliche Tätigkeit kritisch zu beleuchten. So schreibt er:

„Besondere Schwierigkeiten bereitet die Uebertragung, d.h. die Projektion von Liebes= und Haßregungen, die eigentlich andern Personen gelten, auf den Analytiker. Die negative (Haß=)Uebertragung ist gänzlich aufzuheben, indem ihr illusorischer Ursprung nachgewiesen wird; von der positiven (Liebes=)Uebertragung ist alles Unechte, eigentlich andern Personen Geltende aufzulösen. Doch soll eine rein menschliche Zuneigung, frei von Verliebtheit oder sklavischer Abhängigkeit, bestehen bleiben."[280]

Während Pfister bei der sog. „positiven (Liebes=)Uebertragung" damit rechnet, dass einiges tatsächlich seiner Person gilt, schliesst er dies bei der sog. „negative[n] (Haß=)Uebertragung" aus.

Hartmut Raguse war es, der Pfisters Verständnis dessen, was in seiner analytischen Seelsorge geschehe, m.E. am besten erhellte:

„Der Seelsorger zieht die idealisierende Übertragung des Ratsuchenden auf sich, er nimmt sie an und kann aus dieser Position Vergebung zusprechen. Aus dem zürnenden Gott wird ein liebender, und in der analytischen Therapie aus einem grausam strafenden ein liebendes und verzeihendes Über-Ich. Gedeutet wird die Übertragung bei Pfister in der Seelsorge nicht, sie wird zur Heilung benutzt und in einer für Pfister typischen Weise am Schluß der Beratung auf Gott weiter gelenkt."[281]

Und da sich zur Heilung v.a. die sog. positiven Übertragungen eignen, gilt ihnen die Hauptaufmerksamkeit. Durch Aufnahme der positiven werden die negativen Übertragungen geschwächt. Wenn Raguse den Unterschied zwischen christlicher Seelsorge und psychoanalytischer Psychotherapie an ihren differierenden „theoretischen Vorverständnisse[n]" festmacht, so wird deutlich, dass Pfister sich jenem der Seelsorge und d.h. letztlich der evangelischen Botschaft mehr ver-

---

278 Vgl. dazu Sigmund FREUD (1912): Zur Dynamik der Übertragung, GW VIII, 364–374, hier 371: „Man muß sich entschließen, eine „positive" Übrtragung von einer „negativen" zu sondern, die Übertragung zärtlicher Gefühle von der feindseliger, und beide Arten der Übertragung auf den Arzt gesondert zu behandeln."

279 Oskar PFISTER (1930): Art. Psychoanalyse, in: RGG² IV, 1634–1638.

280 PFISTER (1930), 1637.

281 Hartmut RAGUSE (2000): Grenzübertritte zwischen Seelsorge und Psychoanalyse, in: BASSLER, 53–65, hier 54. Raguse wies ebd. auch auf die Nähe dieser Methodik zu jener von James STRACHEY hin: „Was Pfister [...] eher intuitiv formuliert, hat zur gleichen Zeit Strachey in etwas anderer Weise zum Zentrum psychoanalytischer Technik gemacht. Der Analytiker wird in der Übertragung zum Vertreter des verurteilenden Über-Ichs und kann, insofern er zugleich in einer idealisierten Position steht, durch eine Deutung aus dem verfolgenden Über-Ich ein stärker gewährendes machen." DERS. (1934): The Nature of the Therapeutic Action of Psychoanalysis, in: Int J Psychoanal 15, 127–159.

pflichtet fühlt als einem psychoanalytischen.[282] Die Übertragung stellt er in den Dienst der evangelischen Botschaft vom gütigen und vorbehaltlos liebenden Gott. Es zeigt sich hier m.E. deutlich, dass die Seelsorge nicht zum psychoanalytischen Anwendungsfeld wird und dass deren Methoden nicht einfach nur rezipiert werden, um sie der eigenen Praxis überzustülpen bzw. auf die pastorale Praxis zu applizieren. Die Psychoanalyse verändert die Seelsorge, und die Seelsorge verändert im Sinne einer Rückkoppelung auch die Psychoanalyse.

Sowohl Seelsorge als auch Psychoanalyse „mildern" nach Pfister „die innere Strenge des Über-Ichs oder Gottes, beide heilen mit Wahrheit und Liebe. Aber die Seelsorge hat noch einen Vorzug gegenüber der Analyse. Während diese nur die Konflikte analysiere und hoffe, daß das Individuum seinen eigenen Weg finde, könne der Seelsorger nach der Analyse noch eine Synthese anbieten. Und das sei ein Weg zum Verständnis Gottes und der christlichen Religion als einer Religion vergebender Liebe."[283]

Pfister schien sich gegen den Vorwurf, die Psychoanalyse für missionarische Zwecke zu missbrauchen, wehren zu müssen: er hält die Analyse 1929 in einem Schreiben an Freud für „ein rein ‚weltliches' Geschäft [...]. Sie ist ihrem Wesen nach rein privat und gibt direkt keine Werte."[284] Er versichert Freud,

„in unzähligen Fällen auch nichts anderes getan [erg. zu haben; IN], als diese negative Arbeit zu leisten, und nie wurde ein Wort über Religion geredet. Der barmherzige Samariter hielt auch keine Predigt, und es wäre geschmacklos, die geglückte Kur nachträglich durch Glaubensverpflichtungen bezahlen zu lassen. Wie der Protestantismus den Unterschied zwischen Laien und Priestern aufhob, so muß auch die Seelsorge entkirchlicht und säkularisiert werden. Auch der Frömmste muß zugeben, daß der Liebe Gottes nicht nur dasjenige entspricht, was ein Weihrauchdüftlein trägt."[285]

Pfisters Referenzrahmen ist und bleibt ein religiöser, und seine Identität ist zuallererst und zuvorderst diejenige eines Pfarrers. Seinen Pfarrkollegen ruft er zu: „Konzentrieren wir uns doch mehr auf die Pastoration! Sie ist das Notwendigste, das es für Gemeinde und Pfarrer gibt! Dies fordert die psychanalytische Einsicht von uns."[286]

Pfisters Seelsorgeverständnis erfährt durch die Psychoanalyse eine enorme Ausweitung und sprengt alle zeitgenössischen Konzepte. In seinem Werk „Analytische Seelsorge" von 1927 schreibt er:

„Der Begriff der Seelsorge hat sich unter dem Einfluß der Psychanalyse weiter ausgedehnt, als die Lehrbücher der praktischen Theologie ahnen ließen. Sie ist nicht mehr Sache des geistlichen Standes, sondern der verschiedensten Berufe geworden."[287]

---

[282]   RAGUSE (2000), 57.
[283]   RAGUSE (2000), 55.
[284]   Brief Pfisters an Freud vom 09.02.1929 (F/P, 137).
[285]   Brief Pfisters an Freud vom 09.02.1929 (F/P, 137).
[286]   PFISTER (1918a), 99, noch schärfer: (1927a), 131.
[287]   PFISTER (1927a), 132. Vgl. NASE (1993), 127.

Seelsorge ist bei Pfister also keine rein pfarramtliche Aufgabe mehr. Er kann sie zumindest theoretisch sogar entprofessionalisieren im Sinne der Aufhebung einer Machtasymmetrie und festhalten: „Zur Seelsorge ist jeder gegen jeden verpflichtet."[288] Damit verficht Pfister eine klare „Laisierung der Seelsorge", die er in der Lehre vom allgemeinen Priestertum verankert sieht.[289] Diese Ausweitung der Seelsorge geschieht in Analogie zu seinem Verständnis von Psychoanalyse als Tätigkeit, die nicht nur dem Arzt vorbehalten werden darf. Dieses weite Seelsorgeverständnis entwickelt sich nämlich just zur Zeit der Auseinandersetzungen um die Laienanalyse. Darin, dass Seelsorge eigentlich eine allgemein-christliche Tätigkeit ist, sieht Pfister die entscheidende durch die Psychoanalyse eingeleitete Veränderung:

„Die Seelsorge wird durchweg als Aufgabe der Kirche und ihrer Diener betrachtet. Daß die christliche Bruderliebe sie jedermann zur Pflicht macht, kommt in keinem mir bekannten theologischen Werk zum Ausdruck. Daß Christ sein so viel bedeutet wie Seelsorger sein, blieb unerkannt."[290]

Der Zuständigkeitsbereich von Seelsorge beschränkt sich nicht bloss auf Sünde und Irrtum, dem sog. religiös-sittlichen Sektor, sondern wird mit Bezug auf Zwinglis Befreiung von Leibeigenschaft und der Einführung des ersten Armengesetzes auch ausgedehnt auf den sozialen Bereich und auf psychische und physische Nöte.[291] Damit legt Pfister ein Konzept einer therapeutischen Seelsorge vor mit einem klaren Fazit für die seelsorgliche Praxis: Körperliche Leiden können Ausdruck seelischer Konflikte sein. Trifft dies zu, fallen sie in die Kompetenz des Seelsorgers.[292] Die Seelsorge erlange damit dank der Psychoanalyse wieder jene Weite, die sie einst bei Jesus besass: „Auch leibliche Not, die aus Störungen des sittlichen und religiösen Lebens hervorgeht, ist wieder einbezogen worden."[293] Durch die Ausweitung des Seelsorgeverständnisses geht eine enorme Aufwertung der Seelsorge einher.

---

[288] PFISTER (1927a), 10.
[289] PFISTER (1927a), 9.
[290] PFISTER (1927a), 9. Insofern trifft es m.E. nicht zu, dass Pfisters Seelsorgekonzept von der Kirche als Institution, der er kühl und distanziert gegenüberstehe, abgekoppelt sei. Vgl. NASE (1993), 151. Dies in Zusammenhang mit der „überfürsorglichen Art" seiner Mutter zu bringen (ebd., 155), scheint mir gerade angesichts der männlichen Amtsträger der Kirche fraglich. Ein freundlicheres Bild der Mutter Pfisters zeichnet ZULLIGER (1966), 172: „although Oskar's mother was strict and Puritanical, she was an understanding wife."
Vgl. dagegen PFISTER (1943), 141: „Dass (…) die Eingliederung in Gemeinde, Kirche, Menschheit in der Regel einem Bedürfnis entspringen sollte, dürfte einleuchten, ist doch das Christentum stark sozial orientiert." Philipp RIEF (1964): ([Review:] Psychoanalysis and Faith. The Letters of Sigmund Freud and Oskar Pfister. Ed. by Heinrich MENG and Ernst L. FREUD. Transl. by Eric Mosbacher, New York [Basic Books], 1963, in: JSSR 4/1, 104f., hier 104) sah gerade im soziologischen Interesse einen Unterschied zwischen Freud und Pfister: „Freud was far more sociological than Pfister. He was interested in religion, and its institutionalizations, only as instruments of a social order".
[291] Vgl. PFISTER (1927a), 8–10.
[292] Vgl. NASE (1993), 127.
[293] PFISTER (1927a), 132.

Pfisters Psychoanalyserezeption widerspiegelt schliesslich seine von Freud abweichende Anthropologie. Am 29. Oktober 1918 schreibt er ihm in einer bisher unbekannten Stelle eines nur unvollständig veröffentlichten Briefes:

„Aus Ihren Werken schliesse ich auf eine sehr hohe Individualethik, während ich sozialethisch wahrscheinlich stark anders empfinde. Jedenfalls habe ich die Menschen ganz anders kennen gelernt, als Sie, und finde sogar in Ihrem ‚Gesindel‘ erstaunlich viel Grosses und Verheissungsvolles. Wie schwer müssen Sie gelitten haben, bis Sie bei Ihrem Pessimismus angelangt waren! Auch ich leide unter der Kluft zwischen Ideal und Leben, aber während Sie nur den Riss beklagen, erfüllt mich jede Annäherung mit dankbarem Hoffen. Schliesslich lässt sich der Abgrund nur durch die Zyklopenbrücke des Glaubens und der Tat überwinden.“[294]

Trotz aller auch fachlichen und methodischen Abweichungen Pfisters und trotz der grundlegenden Unterschiede in ihren Wirklichkeitswahrnehmungen findet Freud, dass sie allen Grund hätten, ihre Freundschaft weiterhin zu pflegen:[295] „Daß Sie ein so überzeugter Analytiker und dabei doch ein geistlicher Herr sein können, gehört zu den Widersprüchen, die das Leben so interessant machen.“[296] Was Freud als Widerspruch empfand, bildete für Pfister eine selbstverständliche und höchst fruchtbare Einheit.

2.9 Pfisters analytische Religionspsychologie

Dass die Psychoanalyse nicht nur auf die Pädagogik und die Seelsorge, sondern auch Auswirkungen auf die Religionspsychologie haben musste, erkannte Pfister sehr früh. 1912 hielt er fest: „Die Psychanalyse beschenkt uns mit einer vollkommen neuen Religionspsychologie, welche auch die wunderlichsten Verschlingungen der religiösen Gedanken und Emotionen verstehen lernt […].“[297] 1922 verfasste Pfister einen in der *Imago* veröffentlichten Beitrag unter dem Titel *„Die Religionspsychologie am Scheidewege“*.[298] Es handelt sich um eine geradezu vernichtende Kritik des Standardwerks der Dorpater Schule, nämlich des 1921 erstmals publizierten 700 Seiten starken Oeuvres *„Der seelische Aufbau des religiösen Erlebens. Eine religionspsychologische Untersuchung auf experimenteller Grundlage“* von *Karl Girgensohn*.[299] Nachdem Pfister kurz die Entwicklung der Religionspsychologie Revue passieren lässt von ihren Anfängen bei Schleiermacher über Stanley Halls Verwendung von Fragebögen und William James' Anerkennung eines „schöpferischen Unbewußten" bis zu zeitgenössischen deutschen „Nothelfern", die die einzuschlagende Richtung einer zukünftigen Religionspsychologie zu wissen meinten, wendet er sich Girgensohn und seinem

---

[294] Brief Pfisters an Freud vom 29.10.1918 [wie oben S. 15, Anm. 1] (vgl. F/P, 64).
[295] Vgl. Brief Freuds an Pfister vom 07.02.1930 (F/P, 143).
[296] Brief Freuds an Pfister vom 25.11.1934 (F/P, 155).
[297] PFISTER (1912a), 74.
[298] Oskar PFISTER (1922): Die Religionspsychologie am Scheidewege, in: Imago 8/4, 368–400.
[299] Leipzig (Hirzel) 1921; Gütersloh (Bertelsmann) 1930².

Psychoanalyseverständnis zu.[300] Pfister versucht, am Beispiel von Freuds Libido- oder Sublimierungstheorie nachzuweisen, dass Girgensohn kein ernstzuneh- mender Gesprächspartner sei, und zieht folgendes vernichtende Fazit: „Alles in allem: Girgensohn versteht von der Psychoanalyse soviel wie nichts."[301] Vor die- sem Hintergrund befasst er sich in einem neuen Kapitel mit Girgensohns reli- gionspsychologischer Abhandlung. Hier würdigt er dessen Bemühen, sich dem „lebenden Menschen" zugewandt zu haben und damit „dem Anspruch auf Em- pirie der Religionspsychologie eine Strecke weit näher gekommen (erg. zu sein), als alle seine Vorgänger mit Ausnahme der Psychoanalytiker, die freilich schon seit länger als einem Jahrzehnt die Erfahrung unendlich viel gründlicher zu Rate ziehen".[302] Nachdem er kurz die verschiedenen Hauptteile von Girgensohns Untersuchung zusammenfasst und kommentiert, schliesst er mit einer Darstel- lung des Ergebnisses.[303] Pfister hält das umfassende Werk für „belanglos". Sein wissenschaftlicher Ertrag stünde „im umgekehrten Verhältnis zu der in ihm geleisteten Arbeit."[304] Es fördere nicht das im Titel angekündigte psychologische Verstehen der Genese religiöser Phänomene, sondern bewege sich ganz auf der Ebene der „Beschreibung der psychologischen Tatsächlichkeit", der Deskription, die auch ihre Berechtigung hätte, jedoch nur von beschränktem Wert sei.[305] Zum Schluss holt Pfister aus und gewährt Einblick in seine eigenen Beweggründe, sich mit der Religionspsychologie zu beschäftigen, und in die Ursache seiner Enttäu- schung über Girgensohns Werk.[306] So schreibt er: „Wir stehen gewaltigen Proble- men gegenüber."[307] Pfister berichtet von „Menschen mit religiösen Ängsten" oder Zwangssymptomen, die Hilfe suchen und denen mit der bisherigen Psy- chologie nicht beizukommen sei. Ratlosigkeit mache sich breit. Aus medizini- scher Sicht handele es sich oft um Gesunde. Es treffe nicht zu, dass sich die Psy- choanalyse nur mit krankhaften Erscheinungen beschäftige. Sie sei es, die mit ihrer Methode „ein ausgezeichnetes Hilfsmittel (stelle; IN), um die unterschwel- ligen Determinanten des religiösen Erlebens mit voller Bestimmtheit zu erken-

---

[300]   PFISTER (1922), 368–371. Vgl. DERS. (1930), 1634: „William James" hätte zwar „das Unbewußte als Entstehungsort der religiösen Erfahrung erkannt", jedoch „ohne der wissenschaftlichen For- schung einen befriedigenden Zugang in dieses unterschwellige Reich angeben zu können."

[301]   PFISTER (1922), 382.

[302]   Ebd., 382. Vgl. dazu Eckart NASE (2000): The Psychology of Religion at the Crossroads. Oskar Pfister's Challenge to Psychology of Religion in the Twenties, in: Jacob A. BELZEN (ed.): Aspects in Contexts – Studies in the History of Psychology of Religion, Amsterdam/Atlanta, GA (Rodopi), 45–89, hier 47: „Pfister had been arguing and rearguing for years that the proper place for the psychology of religion could be neither books nor the academic laboratory, but only working with people in natural life situations, as it were, specifically with ordinary people in pastoral dialogue."

[303]   Vgl. PFISTER (1922), 394ff.

[304]   Ebd., 394.

[305]   Ebd., 395. Vgl. Christian HENNING (1998): Die Funktion der Religionspsychologie in der Protes- tantischen Theologie um 1900, in: DERS. / NESTLER, 27–78, hier 63f.: „Pfister hat keine Reli- gionspsychologie auf psychoanalytischer Basis anhand von ausgewerteten Fallstudien verfaßt, die das Girgensohnsche Werk um den aberkannten Kredit bringen könnte."

[306]   „Girgensohns Berg hat eine Maus geboren." Ebd., 400.

[307]   Ebd., 395.

nen."[308] Pfister ist von einem unbändigen Willen zu helfen getrieben. Girgensohns Abhandlung hingegen sei intellektuelle Spielerei und von „ausschliesslich akademische(m) Wert".[309] Pfisters Emotionalität ist vor dem Hintergrund seiner Existenz als Pfarrer, d.h. als Praktiker zu verstehen. Mit dem, was Girgensohn als Universitätslehrer zu bieten habe, „lockt man keinen Hund hinter dem Ofen hervor und gewinnt für das Verständnis des religiösen Menschen fast gar nichts."[310] Pfister meint:

> „Solange die Religionspsychologie im Sinne einer naturwissenschaftlichen Psychologie getrieben wird, solange sie dem Geiste nicht gibt, was ihm zukommt, wird sie über die Belanglosigkeit [...] nie hinauskommen."[311]

Nach Pfister sei die Zeit der Entscheidung gekommen. Die Religionspsychologie befinde sich „an einem Scheideweg."[312] Pfister sieht ihre Zukunft in der Psychoanalyse.[313] Diese werde nämlich sowohl dem einzigartig „Historisch-Individuellen" wie auch „dem Formalen, Abstrakten gerecht."[314] Die von Pfister Geforderte sog. „wirkliche Religionspsychologie, und nicht nur jene sammelnde und ordnende, dabei die hauptsächlichsten Triebkräfte weglassende Vorarbeit",[315] ist nach Eckart Nase erst von Joachim Scharfenberg ernsthaft initiiert worden.[316]

3. Freuds „Zukunft einer Illusion" (1927) und ihre katalysatorische Wirkung auf die weitere theologische Psychoanalyserezeption

1927 veröffentlichte Freud ein kleines Pamphlet, welches das Verhältnis der Theologie zur Psychoanalyse nachhaltig beeinflussen sollte. Sie trug den obskuren Titel „Die Zukunft einer Illusion". Wie sich bei der Lektüre herausstellen sollte, war mit Illusion Religion gemeint. Die kleine Schrift läutete ein neues Kapitel in der theologischen und kirchlichen Rezeption Freuds ein. Bevor ich mich ihrem Inhalt (3.2) und den schriftlichen Reaktionen von Theodor Reik (3.3) und v.a. von Oskar Pfister (3.4) zuwende, die in dieser Sache schliesslich auch miteinander korrespondierten (3.5 und 3.6), soll zuerst in aller gebotenen Kürze an Freuds früheres religionspsychologisches Schrifttum im Sinne einer Hinführung erinnert werden. Vor dem Hintergrund seines bisherigen religionspsychologischen Schaffens lässt sich seine schärfste und am meisten Abwehr auslösende religionspolemische Veröffentlichung besser verstehen. Dabei soll der Ausspruch von *Christoph Morgenthaler* beherzigt werden: „Weshalb packt mich

---

[308] Ebd., 396.
[309] Ebd., 396.
[310] Ebd., 396.
[311] Ebd., 398.
[312] Ebd., 399.
[313] Vgl. ebd., 399.
[314] Ebd., 399.
[315] PFISTER (1927a), 4.
[316] NASE (1993), 40 (Anm. 46). Vgl. unten III.2.1.

Freuds ‚*Zukunft einer Illusion*‘ immer noch in ihrer intellektuellen Unmittelbarkeit, bringt mich aber die hundert und erste Darstellung seiner Religionskritik im pastoralpsychologischen Hafen zum Gähnen?"[317] Um solchen Ermüdungserscheinungen vorzubeugen, wird auf eine ausführliche Darstellung von Freuds Religionskritik verzichtet und der Rückblick auf die Inhalte früherer religionspsychologischer Schriften Freuds durch Petitsatz gekennzeichnet.

3.1 Hinführung: Freuds frühe religionspsychologische Schriften

Auch wenn Freuds erste Schrift, die sich mit Religion beschäftigte, „*Zwangshandlungen und Religionsübungen*", erst im April 1907 erschien, fanden seine Anschauungen *in nuce* schon 1901 im 12. Kapitel der „*Psychopathologie des Alltagslebens*" Ausdruck:[318]

„*Ich glaube [...], dass ein grosses Stück der mythologischen Weltauffassung, die weit bis in die modernsten Religionen hinein reicht, nichts anderes ist als in die Aussenwelt projizierte Psychologie. Die dunkle Erkenntnis [...] psychischer Faktoren und Verhältnisse des Unbewussten spiegelt sich [...] in der Konstruktion einer übersinnlichen Realität, welche von der Wissenschaft in Psychologie des Unbewussten zurückverwandelt werden soll.*" (1901b; GW IV, 287f.)

Diese schon lange vor seiner zentralen religionskritischen Schrift „*Die Zukunft einer Illusion*" formulierte Ansicht zeigt, wie konstant Freuds Einstellung zur Religion zumindest in den ersten beiden Jahrzehnten des 20. Jahrhunderts geblieben ist.[319]

Sein sechs Jahre später veröffentlichter Essay über „*Zwangshandlungen und Religionsübungen*" *(1907)* war eine Auftragsarbeit und bildete den Auftakt zur ersten Ausgabe der neu gegründeten „*Zeitschrift für Religionspsychologie*".[320] Die Schrift erhellt wichtige erste Aspekte von Freuds Religionsverständnis:[321]

Freud sieht in Zwangshandlungen als neurotischen Symptomen auffallende phänomenologische Ähnlichkeiten mit religiösen Praktiken gläubiger Menschen.[322] Seine Kenntnisse

---

[317] MORGENTHALER (2007), 63.

[318] So Thomas KÖHLER (2006): Freuds Schriften zu Kultur, Religion und Gesellschaft. Eine Darstellung und inhaltskritische Bewertung, Giessen (Psychosozial-Verl.), 113.

[319] Nach Nathan HALE Jr. ist es auch Putnams Insistieren auf der Frage nach dem höheren Selbst des Menschen gewesen, das diesen zur Beschäftigung mit Religion und Bewusstsein mitmotiviert hatte (vgl. STOKES [1985], 11). Wie bei Pfister freute sich Freud über Putnams Einsatz für die Psychoanalyse, bekundete jedoch Mühe mit ihrer moralischen Verwertung bzw. mit Putnams Bemühen, „die Psychoanalyse an ein bestimmtes philosophisches System anzuschliessen und in den Dienst moralischer Bestrebungen zu stellen." Sigmund FREUD (1925): Selbstdarstellung, GW XIV, 33–96, hier 78. Vgl. STOKES (1985), 32.

[320] Vgl. ZRPs 1 (1907), 4–12; GW VII, 127–139. Vgl. JONES (2008⁵), Bd. 3, 411.

[321] Eine abweichende Position vertritt KÖHLER (2006), 113. Nach ihm „trägt (erg. die Schrift; IN) nur wenig zum Verständnis von Religion bei".

[322] Von FERENCZI (1914) stammt das Beispiel einer Patientin, bei welcher sich „abergläubische Frömmigkeit und Zwangszustände" (272) jeweils abwechselten. Trat das eine auf, blieb das andere aus und umgekehrt.

über die Zwangsneurose – jene psychische Störung, die das Gros seiner ärztlichen Behandlungen ausmachte – überträgt er in Form von Analogieschlüssen auf die „heiligen Handlungen des religiösen Ritus" (131). Seiner These zufolge gewinne man aus der Erkenntnis der Genese von Zwangshandlungen auch Einsicht in die Entstehung religiöser Zeremonielle. Sowohl der an einer Zwangsneurose Leidende als auch der Fromme seien in Unkenntnis über die wirklichen Motive ihrer Handlungen und über die unbewussten Vorstellungen, die sich in ihnen manifestierten.

Der Zwangsneurotiker scheine von einem „unbewußten Schuldbewusstsein[s]" (135) bestimmt zu werden, das zur Bildung einer latenten Erwartungsangst vor Unheil und Bestrafung führe. Quelle dieses Schuldbewusstseins seien unterdrückte und schliesslich verdrängte Triebregungen. Der Neurotiker suche dieses Schuldbewusstsein durch seine Zwangshandlungen abzuweisen. Sein Zeremoniell habe also die Funktion einer „Abwehr- oder Versicherungshandlung" (vor dem im Untergrund wirkenden Trieb und der durch ihn verursachten Versuchung) bzw. einer „Schutzmaßregel" (vor dem erwarteten Unheil), und das gleiche träfe auch auf die religiösen Handlungen zu (136). Das Zeremoniell stecke jedoch auch die Grenzen ab, in welchen „noch nicht absolut Verbotenes erlaubt ist, ganz ähnlich wie das kirchliche Eheezeremoniell dem Frommen die Gestattung des sonst sündhaften Sexualgenusses bedeutet" (137). Zwangshandlungen wie religiöse Übungen seien also Reaktionen auf einen unvollständigen Verdrängungsprozess und daher ungelösten Konflikt. Sie glichen Kompromissbildungen, die zugleich dem verdrängten Trieb als auch „den ihn verdrängenden Instanzen" (137) zugute kämen. Sie bewahren nämlich stets auch etwas von der Lust des Triebes.

Nun folgt Freuds These: „Auch der Religionsbildung scheint die Unterdrückung, der *Verzicht* auf gewisse Triebregungen zugrunde zu liegen", wobei Freud hier nicht die sexuellen wie bei der Neurose, sondern „eigensüchtige, sozialschädliche Triebe" hervorhebt (137).[323] Er hält fest: „Das Schuldbewußtsein in der Folge der nicht erlöschenden Versuchung, die Erwartungsangst als Angst vor göttlichen Strafen sind uns ja auf religiösem Gebiete früher bekannt geworden als auf dem der Neurose" (137). In der Zwangsneurose sei v.a. der Mechanismus der Verschiebung vom Eigentlichen aufs Unbedeutende wirksam. Dieser psychische Mechanismus sei auch auf religiösem Gebiet wirksam. Eine Umwertung finde statt: das Unwichtige werde zum Zentralen, „das kleinliche Zeremoniell der Religionsübung zum Wesentlichen" (138). So komme es in Religionen auch zu „ruckweise einsetzenden Reformen, welche das ursprüngliche Wertverhältnis herzustellen bemüht" seien (138).

Die dargelegten „Übereinstimmungen und Analogien" könnten einen nun veranlassen, „die Zwangsneurose als pathologisches Gegenstück zur Religionsbildung aufzufassen, die Neurose als eine individuelle Religiosität, die Religion als eine universelle Zwangsneurose zu bezeichnen. Die wesentlichste Übereinstimmung läge in dem zugrunde liegenden Verzicht auf die Betätigung von konstitutionell gegebenen Trieben; der entscheidendste Unterschied in der Natur dieser Triebe, die bei der Neurose ausschließlich sexueller, bei der Religion egoistischer Herkunft sind" (139).

Schliesslich formuliert Freud seine grundlegende kulturtheoretische These, dass erst der schmerzhafte „Verzicht auf konstitutionelle Triebe" kulturelle Entwicklung ermögliche (139). „Ein Stück dieser Triebverdrängung" – nicht Verzicht! – werde „von den Religio-

---

Freud wird v.a. das ihn umgebende katholische Wien vor Augen haben, wie auch die beispielhafte Erwähnung des „kirchliche[n] Eheezeremoniell[s]" belegt (GW VII, 137).

[323] Wenn LEUPOLD-LÖWENTHAL (1993), 17 urteilt, Freud zeige „die gemeinsamen unbewußten Hintergründe der Triebabwehr auf", so trifft dies m.E. nicht ganz zu, da Freud nur auf die Tatsache, aber kaum auf die Hintergründe der Abwehr eingeht, zumal diese auch verschieden sind.

nen [man beachte den Plural; IN] geleistet, indem sie den einzelnen seine Trieblust der Gottheit zum Opfer bringen lassen.“[324] Mit der „Überlassung an die Gottheit“ (139) erklärt Freud auch deren häufige anthropomorphe Gestalt.

Wenn *Ulriker Wagner-Rau* feststellt, dass „über einen pastoralpsychologisch reflektierten Umgang mit körperlichen Vollzügen und Ritualen […] in der psychoanalytisch orientierten Seelsorge bisher vergleichsweise wenig nachgedacht worden“ sei,[325] so ist zu überlegen, ob *ein* Grund dafür auch in der unterschwelligen Nachwirkung dieser Analogiesetzung Freuds in seinem ersten religionspsychologischen Aufsatz liegt.

Anfang 1910 schrieb Freud in einem Brief an Jung, „infantile Hilflosigkeit“ liege dem menschlichen Bedürfnis nach Religion zugrunde.[326] Und im selben Jahr veröffentlichte er *„Eine Kindheitserinnerung des Leonardo da Vinci“*, worin er schon den grundlegenden Gedanken anklingen liess, den er bald darauf ausführlich begründen wird:

„Die Psychoanalyse hat uns den intimen Zusammenhang zwischen dem Vaterkomplex und der Gottesgläubigkeit kennen gelehrt, hat uns gezeigt, dass der persönliche Gott psychologisch nichts anderes ist als ein erhöhter Vater, und führt uns täglich vor Augen, wie jugendliche Personen den religiösen Glauben verlieren, sobald die Autorität des Vaters bei ihnen zusammenbricht. Im Elternkomplex erkennen wir so die Wurzel des religiösen Bedürfnisses; der allmächtige, gerechte Gott und die gütige Natur erscheinen uns als grossartige Sublimierungen von Vater und Mutter, vielmehr als Erneuerungen und Wiederherstellungen der frühkindlichen Vorstellungen von beiden. Die Religiosität führt sich biologisch auf die lang anhaltende Hilflosigkeit und Hilfsbedürfnis des kleinen Menschenkindes zurück, welches, wenn es später seine wirkliche Verlassenheit und Schwäche des Lebens erkannt hat, seine Lage ähnlich wie in der Kindheit empfindet und deren Trostlosigkeit durch die regressive Erneuerung der infantilen Schutzmächte zu verleugnen sucht.“ (GW VIII, 195)

In den Jahren 1912 und 1913 schrieb Freud vier Aufsätze, die zuerst in der Zeitschrift *Imago* und noch 1913 gesammelt unter dem Titel *„Totem und Tabu“* erschienen.[327] Darin formulierte Freud seine zentralen religionspsychologischen Hypothesen, auf denen auch *„Die Zukunft einer Illusion“* und *„Der Mann Moses und die monotheistische Religion“* fussen werden. Im Rückblick wird Freud fest-

---

[324] Ebd., 21. Mit Interesse liest man heute, dass die Theologie auf die Religion u.a. jenen Einfluss ausübe, den Freud einst die Religion auf die Kultur ausüben sah, nämlich „eine zivilisierende Wirkung“: „Neben ihren beiden Primäraufgaben einer wissenschaftlichen Selbstverständigung der Religion des christlichen Glaubens und der Ausbildung von Theologen und Theologinnen für die Kirche und die Gesellschaft übt die wissenschaftliche Theologie auch eine zivilisierende Wirkung auf die gelebte Religion aus. Wie das Phänomen religiös motivierter Gewalt zeigt, steckt in jeder gelebten Religion ein Potential ihres Missbrauchs.“ Helmut HOPING (2007): Einführung, in: DERS. (Hg.): Universität ohne Gott? Theologie im Haus der Wissenschaften, Freiburg/Basel/Wien (Herder), 9–16, hier 12.

[325] WAGNER-RAU (2008), 32.

[326] Brief Freuds an Jung vom 02.01.1910 (F/J, 312). Vgl. GAY (2004⁵ [1989]), 258.

[327] Sigmund FREUD (1912–13a): Totem und Tabu, GW IX.

halten, dass er in „*Totem und Tabu*" „nicht die Entstehung der Religionen [...],
sondern nur die des Totemismus" habe erklären wollen.[328]

Im ersten Aufsatz beschreibt Freud anhand verschiedener auf völkerpsychologischen
Studien basierender Beispiele die mit dem Totemismus verbundene Inzestscheu der Na-
turvölker. Diese sei „ein exquisit infantiler Zug", in dem Freud wiederum eine tiefgreifende Ähnlichkeit mit dem Seelenleben von Neurotikern erkennt, denn das inzestuöse
Verlangen bilde – wie Freud schon 1905 in den „*Drei Abhandlungen zur Sexualtheorie*"
dargelegt hatte – den „Kernkomplex" einer Neurose (24).
Der zweite Aufsatz handelt vom Tabu, dessen Erscheinungsformen den Zwangsverboten
von Zwangskranken gleichen. Die Tabuvölker hätten ihren Tabuverboten gegenüber
dieselbe „ambivalente Einstellung" wie Zwangsneurotiker ihren Zwangsverboten gegenüber: „sie möchten im Unbewußten nichts lieber als sie übertreten, aber sie fürchten sich
auch davor; [...] und die Furcht ist stärker als die Lust" (42). Die Verbote, das Totemtier
zu töten und sich sexuell mit einem gegengeschlechtlichen Angehörigen des eigenen
Totemclans zu vereinigen, seien „die beiden Grundgesetze des Totemismus" (42). Es
handele sich dabei um die beiden mächtigsten und frühesten Wünsche der Menschen, die
zugleich „den Knotenpunkt des infantilen Wunschlebens" und „den Kern der Neurose"
ausmachten (42).
Der dritte Aufsatz widmet sich dem Animismus, der Magie und der Allmacht der Gedanken. Freud zeichnet hier ein dreistufiges Entwicklungsschema der menschlichen Welt-
anschauungen, von der animistischen über die religiöse zur wissenschaftlichen Phase.
Nach diesen notwendigen Grundlegungen trägt Freud nun im zentralen vierten Aufsatz
über „*Die infantile Wiederkehr des Totemismus*" seine religionspsychologische Theorie
vor. Den Aufsatz leitet eine Vorbemerkung ein, die einem Missverständnis vorbeugen soll.
Freud erinnert daran, dass das Folgende nur eine und womöglich gar nicht die zentrale
von zweifellos mehreren Quellen darstellen will, die an der Entstehung von Religion mit-
gewirkt haben. Er beugt dem Vorwurf vor, sich einzubilden, den Ursprung von Religion
erschöpfend erklären zu können.
Zunächst behandelt Freud nochmals das System des Totemismus, das eine Phase in jeder
Kultur bezeichne, und die beiden mit ihm verbundenen Verbote, nämlich das Exogamie-
verbot und das Verbot zur Tötung anderer Clanmitglieder. Auf die Frage nach der Herkunft der Inzestscheu führt Freud Darwins Urhordentheorie ein. Die analytische Untersuchung von Tierphobien bei Kindern – verknüpft mit Darwins Urhordentheorie – verhilft
Freud zu einem besseren Verständnis des Totemismus. Der Totemismus als Vorläufer
von Religion wurzele mit seinen beiden Hauptgeboten wie die Tierphobien von Kindern
im Ödipuskomplex.
Als Nächstes wendet sich Freud der Totemmahlzeit zu, die konstitutiv zur Totemreligion
gehört habe. In diesem Opferzeremoniell werde das sonst verbotene Totemtier sakra-
mental getötet und gemeinsam verspiesen. Es sei „ein feierlicher Durchbruch eines Ver-
botes" (170), mit welchem sich die Clanmitglieder heiligen und stärken. Dank der Psychoanalyse sei es möglich geworden, im Totemtier den Vaterersatz wiederzuerkennen. Nun
kommt Freud zur Synthese: „wenn man die von der Psychoanalyse gegebene Übersetzung
des Totem mit der Tatsache der Totemmahlzeit und der Darwinschen Hypothese über
den Urzustand der menschlichen Gesellschaft zusammenhält, ergibt sich die Möglichkeit
eines tieferen Verständnisses" (171). Dieses tiefere Verständnis erblickt Freud in seiner

---

[328]   Sigmund FREUD (1927c): Die Zukunft einer Illusion, GW XIV, 325–380, hier 344.

grundlegenden, nun folgenden religionspsychologischen „Hypothese" (171), wie er sich wiederum vorsichtig ausdrückt.

Der empirischen Unbeweisbarkeit der Darwinschen Urhordentheorie hält Freud die Beobachtung noch existierender „Männerverbände, die aus gleichberechtigten Mitgliedern bestehen und den Einschränkungen des totemistischen Systems unterliegen" (171), entgegen. Ihr Zusammenhang erklärt sich Freud folgendermassen: Die vorzeitlichen vertriebenen Söhne hätten ihren sie unterdrückenden und in ihrer sexuellen Lust einschränkenden gewalttätigen Vater ermordet und verzehrt, danach Schuld bzw. Reue empfunden und den Vater durch Einsatz eines Totemtieres wiederaufleben lassen, das zunehmend anthropomorphe Züge annahm und schliesslich als Vater im Himmel Gott repräsentierte. „Die Totemmahlzeit, vielleicht das erste Fest der Menschheit, wäre die Wiederholung und die Gedenkfeier dieser denkwürdigen, verbrecherischen Tat, mit welcher so vieles seinen Anfang nahm, die sozialen Organisationen, die sittlichen Einschränkungen und die Religion" (172). Die beiden totemistischen Tabuverbote wurden „aus dem Schuldbewußtsein des Sohnes" erschaffen, „die eben darum mit den beiden verdrängten Wünschen des Ödipus-Komplexes übereinstimmen mußten" (173).

Der Ursprung der Totemreligion sei also im „Schuldbewußtsein der Söhne" zu suchen. Sie sei der „Versuch, dies Gefühl zu beschwichtigen und den beleidigten Vater durch den nachträglichen Gehorsam zu versöhnen. Alle späteren Religionen erweisen sich als Lösungsversuche desselben Problems" (175). Die „Vatersehnsucht" ist die „Wurzel aller Religionsbildung" und die Mordtat war die Erbsünde (178).

Während allgemein auf die ethnologisch unhaltbaren und schon zu Freuds Zeiten überholten Theorien hingewiesen wird, gibt es Ausnahmen wie *Thomas Köhler*, nach dem es sich um „eine gewagte, aber zugleich ungemein faszinierende und keineswegs so abwegig erscheinende Theorie" handelt.[329]

3.2   Freuds Religionskritik in „Die Zukunft einer Illusion" (1927)

Den unmittelbaren und entscheidenden Anstoss, sich sowohl von kirchlicher als auch von (universitäts-)theologischer Seite her auf breiter Basis mit Sigmund Freud und der Psychoanalyse auseinanderzusetzen, bildete dessen späte Schrift „Die Zukunft einer Illusion".[330] Sie wurde 1927 in einer Auflage von 5000 Exemplaren im *Internationalen Psychoanalytischen Verlag* veröffentlicht und erschien schon ein Jahr später in einer zweiten Auflage von 10 000 Exemplaren. Nach dem zutreffenden Urteil von *Herbert Will* haben wenige Werke Freuds eine solche bahnbrechende und bleibende Wirkung entfaltet wie diese Schrift.[331] Es handelt sich um „Freuds Hauptwerk über die Religion, gesehen als ein zeitgenössisches soziales Phänomen".[332] Die über Pfister hinausgehende theologische Rezeption Freuds nahm in der Auseinandersetzung mit diesem Text nicht nur ihren Beginn – über Jahrzehnte hinweg bestimmte diese auch ihren Verlauf: Die theo-

---

[329]   KÖHLER (2006), 156.
[330]   So stammt denn z.B. auch der früheste Beitrag in: Eckart NASE / Joachim SCHARFENBERG (Hg.) (1977): Psychoanalyse und Religion (WdF 275), Darmstadt (Wiss. Buchgesellschaft) von 1927.
[331]   Vgl. WILL (2006b), 177.
[332]   Editorische Vorbemerkung, StA IX, 138.

logische Auseinandersetzung mit Freud beschränkte sich lange fast auf die Widerlegung dieses Textes. Kein Werk Freuds habe „am meisten Ablehnung und herbe Theologenkritik hervorgerufen, wurde aber auch am meisten mißverstanden" wie *„Die Zukunft einer Illusion".*[333] Angesichts seiner immensen Wirkungsgeschichte und v.a. angesichts seiner Bedeutung als Auslöser und als nach wie vor wichtiger Basistext für eine breitere theologische Rezeption Freuds soll zunächst an dessen Aufbau und an seine Kernaussagen erinnert werden. Anschliessend wird nach dem Diskurs zwischen Psychoanalyse und Theologie gefragt, wobei dieser nicht auf den Austausch zwischen Freud und Pfister beschränkt bleiben, sondern auf das bisher zu wenig beachtete Netz miteinander verknüpfter brieflicher Dialoge ausgedehnt werden soll.

Freud schien zunächst gezögert zu haben, sich mit der *„Zukunft einer Illusion"* an die Öffentlichkeit zu wenden, um dann als gut 70-Jähriger doch der „Versuchung" zu erliegen; und dass es sich dabei um eine „Versuchung" handelte, hielt er gleich im ersten Satz seiner Schrift fest.[334] Man spürt ihr die förmliche Lust ihres Autoren an: sie ist „voller Affekt, mit Polemik und sarkastischem Witz und schliesslich einigem Pathos" verfasst.[335] Wie kam Freud jedoch dazu, noch ein solch provozierendes Pamphlet zu verfassen? Mehrere Gründe mögen dabei eine Rolle gespielt haben:

1923 war Freuds Krebserkrankung ausgebrochen.[336] *Herbert Will* stellt einen überzeugenden Zusammenhang her zwischen dem vorgerückten Alter, der äusserst schmerzhaften Krankheit und der Beschäftigung Freuds mit religiösen Vorstellungen insbesondere über den Tod. Er fand in ihnen keinen Trost, sondern bezog stattdessen Kraft daraus, sie zu verwerfen. Mag in der Provokation auch eine gewisse Abwehr von Schuldgefühlen liegen? Herbert Wills Erklärung, die allein aus der Situation des kranken und alternden Freuds hergeleitet wird, soll noch die Erinnerung an die stets konflikträchtige Bedeutung von Religion als „Ursache der grössten Spannungen" in Freuds Beziehung zu seiner Verlobten und späteren Frau Martha Bernays beigefügt werden.[337] Das Gebiet der Religion

---

[333] LEUPOLD-LÖWENTHAL (1993), 18. Vgl. auch die Aussage von Carl MÜLLER-BRAUNSCHWEIG (1928): Freuds „Zukunft einer Illusion", in: Zs. für Sexualwissenschaft 15, 55–58, hier 55: „Es ist das erste Buch des verehrten Meisters, zu dem sich Ref. in wesentlichen Punkten nicht in Übereinstimmung sieht."

[334] GW XIV, 325: „Wenn man eine ganze Weile innerhalb einer bestimmten Kultur gelebt und sich oft darum bemüht hat zu erforschen, wie ihre Ursprünge und der Weg ihrer Entwicklung waren, verspürt man auch einmal die *Versuchung,* den Blick nach der anderen Richtung zu wenden [...]". (Hervorhebung IN). Es handelt sich deshalb m.E. nicht um die „Ankündigung des Vorsatzes" (KÖHLER [2006], 174), die Zukunft der Kultur zu skizzieren, die Freud dann faktisch nicht einzulösen vermag.

[335] WILL (2006b), 174. Insofern darf man das Urteil von Harald LEUPOLD-LÖWENTHAL (1993), Freud habe sich der (katholischen) Kirche gegenüber „nicht als Angreifer erlebt, sondern als der Angegriffene", in Frage stellen. Treffender scheint das Urteil von GAY (2004⁵ [1989]), 457: Freud „(ließ) sich nie eine Gelegenheit entgehen [...], Gläubigen eins auszuwischen."

[336] Freud dankt Pfister, dass dieser als Einziger seiner Freunde schriftlich nicht auf seine Erkrankung eingehe, vgl. Briefe Freuds an Pfister vom 04.01. und 26.02.1924 (F/P, 95 und 97).

[337] GAY (2004⁵ [1989]), 50. Nach GAY hatten „Jahrzehnte eines prinzipiellen Atheismus und des psychoanalytischen Denkens über Religion" Freud auf dieses Pamphlet „vorbereitet" (590).

war und blieb ein von Freud in seiner Ehe und Familie mit dominantem Machtgebaren umkämpftes Terrain. Diese seine Beziehung zu seiner jüdisch-orthodoxen Frau begleitende Auseinandersetzung, in welcher er sich zuweilen auch rücksichtslos durchzusetzen pflegte, mag mit zu den biografisch nicht zu vernachlässigenden Hintergründen seiner Schrift gehören. Martha Freud bezeichnete es als „eines der schmerzlicheren Erlebnisse ihres Lebens", als ihr Mann ihr nach der Hochzeit untersagte, die Sabbatkerzen am Freitag abend anzuzünden.[338] Auf dem Gebiet der Religion fühlte sich Freud im Recht und seiner Frau überlegen.

Freud genoss es zu provozieren und ganz im Sinne des von ihm hochverehrten Ludwig Feuerbach den theologischen Diskurs herauszufordern. An dessen These von der „Vernichtung einer Illusion", die er 1841 in *Das Wesen des Christentums* verfocht, konnte Freud ohne Weiteres anknüpfen. Dass er dies nun, in fortgeschrittenem Alter und von einer schweren Krankheit gezeichnet, auch tat, mag man als Ausdruck seines unbändigen Lebenswillens werten.

In seinem Brief vom 16. Oktober 1927 kündete Freud seinem Freund Oskar Pfister „eine Broschüre" an, die „viel" mit ihm „zu tun" hätte.[339] Er habe sie „längst schreiben wollen",[340] jedoch mit „Rücksicht" auf ihn „zurückgestellt, bis dann der Drang zu stark" geworden sei. Er bekenne sich darin zu seiner „durchaus ablehnende[n] Einstellung zur Religion – in jeder Form und Verdünnung". Freud drückt seine Furcht vor Pfisters Reaktion auf „ein solches öffentliches Bekenntnis" aus.[341] Doch die Freundschaft der beiden war schon so gefestigt, dass Freud mit Pfisters Verständnis für ihn als „heillosen Ketzer" rechnen durfte.[342] Pfister antwortet ihm auch tatsächlich umgehend, er sei gespannt auf diese Broschüre, denn: „Ein geistesmächtiger Gegner der Religion nützt ihr sicherlich mehr als tausend nichtsnutzige Anhänger."[343] Pfister hält lapidar fest: „In der Musik, Philosophie und Religion gehe ich nun einmal andere Wege als Sie."[344] Freud scheint sich über die Reaktion Pfisters auf die Ankündigung seiner Bro-

[338] Zit. in Ronald W. CLARK (1990): Sigmund Freud. Leben und Werk, aus dem Amerik. v. Joachim A. Frank, Frankfurt a.M. (Fischer), 108f. Vgl. GAY (2004⁵ [1989]), 674: „Rücksichtslos fegte Freud die jugendliche Strenggläubigkeit seiner Frau beiseite, sehr zu ihrem Schmerz und Bedauern."

[339] Brief Freuds an Pfister vom 16.10.1927 (F/P, 116).

[340] Deshalb darf angenommen werden, dass Freud schon *vor* dem „Frühjahr des Jahres 1927 [...] den Entschluss zur Niederschrift gefasst" hatte, KÖHLER (2006), 174.

[341] Brief Freuds an Pfister vom 16.10.1927 (F/P, 116). MÜLLER-BRAUNSCHWEIG (1928), 58 bezeichnet das Pamphlet als „Bekenntnisbuch". Freud gebe darin „seine Religiosität, in deren Mitte ein optimistischer Glaube an die Wissenschaft, an den ‚Logos' steht", preis (ebd.).

[342] Brief Freuds an Pfister vom 16.10.1927 (F/P, 116). Schon in ihrer unterschiedlichen Haltung Groddeck gegenüber meinte Freud in seinem Brief an Pfister vom 20.3.1921 (F/P, 85): „Es muß wirklich unter uns möglich sein, daß wir einander Wahrheiten, d.h. Grobheiten sagen und dabei gut mit einander bleiben". Pfister bewies seine Offenheit in einem Brief an Freud vom 10.9.1926 (F/P, 110): „Wenn nur Menschen gut und glücklich gemacht werden, mit oder ohne Religion, wird der liebe Gott freundlich lächelnd dieser Arbeit zunicken."

[343] Brief Freuds an Pfister vom 21.10.1927 (F/P, 117).

[344] Ebd. Vgl. umgekehrt auch den Brief Freuds an Pfister vom 11.04.1926 (F/P, 109): „Für mich war ich froh, daß ich keine Religion habe und nicht in die unangenehmen Zwangslagen komme, die Sie sich nicht ersparen können."

schüre, die er nun als „Kriegserklärung" bezeichnet, und auf dessen „öffentliche(n) Stellungnahme" zu freuen.[345] Dennoch erinnert er ihn immer wieder an ihre Freundschaft und äussert den Wunsch, Pfister möge ihm gewogen bleiben. Er hebt ihr gemeinsames Anliegen hervor: „Wir wissen, daß wir auf verschiedenen Wegen dasselbe für die armen Menschlein anstreben."[346]

Das Pamphlet ist im Zusammenhang mit der ein Jahr zuvor veröffentlichten Schrift über „Die Frage der Laienanalyse" (1926) zu betrachten. Freud wies Pfister ausdrücklich auf diese Verbindung hin und schrieb ihm:

> „Ich weiß nicht, ob Sie das geheime Band zwischen der ‚Laienanalyse' und der ‚Illusion' erraten haben. In der ersten will ich die Analyse vor den Ärzten, in der anderen vor den Priestern schützen. Ich möchte sie einem Stand übergeben, der noch nicht existiert, einem Stand von weltlichen Seelsorgern, die Ärzte nicht zu sein brauchen und Priester nicht sein dürfen."[347]

Pfister, dem diese Schrift an sich ausserordentlich gut gefiel, bemängelte jedoch, dass ausgerechnet die analytische Seelsorge, die doch auch Freuds „Kind" sei, von diesem übergangen wurde.[348] Freud erklärt ihm, es handele sich lediglich um eine „Streit- und Gelegenheitsschrift": „Sonst hätte ich die Verwendung der Analyse in der Seelsorge gewiß nicht übergangen. Ich dachte wohl daran, aber in dem katholischen Österreich ist ein ‚Geistlicher', der mit Analyse arbeitet, etwas ganz und gar Unvorstellbares, ich wollte die Sache nicht weiter komplizieren."[349]

Freud gliedert seine Schrift in zehn Kapitel, wobei die Zehnzahl angesichts der wohlüberlegten und kunstvoll aufgebauten Komposition des Werkes m.E. kein Zufall ist,[350] sondern auf die Zehn Gebote anspielt, die Moses erhielt und mit dem sich Freud zeitlebens identifizierte.[351] Einigkeit herrscht darüber, dass diese Schrift einem gut konstruierten Aufbau folgt. Die Dreiteilung stellte schon *Theodor Reik* fest: der erste Teil „beschreibt die Kulturbedingungen, der zweite diskutiert die Religion, der dritte gibt das Bild einer künftigen Kultur."[352] *Herbert Will*

---

345 Brief Freuds an Pfister vom 22.10.1927 (F/P, 120).
346 Ebd.
347 Brief Freuds an Pfister vom 25.11.1928 (F/P, 136).
348 Brief Pfisters an Freud vom 10.09.1926 (F/P, 110): „[…] ich bitte Sie herzlich, die analytische Seelsorge, die doch auch Ihr Kind ist, eines wohlwollenden Blickes zu würdigen." Auch FREUD (1914d), 64 erwähnt nur, „daß die Lehren der Psychoanalyse nicht auf das ärztliche Gebiet beschränkt bleiben können, sondern der Anwendung auf verschiedenartige andere Geisteswissenschaften fähig sind." Vgl. dazu Isabelle NOTH (2010): Pastoralpsychologie – ein übergangenes Kind Freuds? Zur Rezeption der Psychoanalyse in der Seelsorge, in: Luzifer-Amor 46, 139–152.
349 Brief Freuds an Pfister vom 14.09.1926 (F/P, 110f.).
350 Vgl. Theodor REIK (1977 [1928]): Bemerkungen zu Freuds „Zukunft einer Illusion", in: NASE / SCHARFENBERG, 25–40, hier 25: „Man erkennt […], mit welcher Vorsicht und Voraussicht alles vorbereitet wurde, um den Hauptteil [sc. den ersten Teil; IN] von dem umfassenderen abzugrenzen, wie kunstvoll und doch wie natürlich alles zu der Behandlung jener Probleme drängt, die der Autor hier geben will."
351 Siehe demgegenüber die in der Forschung eher singuläre Interpretation von Hedi und Siegfried KÄTZEL (1992), nach denen sich Freud „nicht mit dem biblischen Moses identifizierte, sondern mit dem Künstler", nämlich Michelangelo (44).
352 REIK (1977 [1928]), 25.

unterteilt ebenfalls in drei Teile und unterscheidet Kapitel I und II mit Freuds Kulturverständnis, III und IV mit seiner Definition von Religion und ihrer Verortung im Kontext von Kultur und schliesslich V bis X, in denen Freud für eine Ablösung von Religion durch Vernunft plädiert.[353] Die grobe Dreiteilung zwischen Vergangenheit – Gegenwart – Zukunft scheint sinnvoll und von Freud gewollt. Hier wird der Vorschlag einer Fünfteilung gemacht und dem fünften Kapitel ein besonderes Gewicht beibemessen, da Freud hier erstmals definiert, was er unter religiösen Vorstellungen überhaupt versteht:

I + II: Kulturtheoretische Grundlegung

Mit der Verwendung des Wortes „Versuchung" stimmt Freud den/die Leser/in auf sein Werk ein und gibt gleich zu Beginn zu erkennen, dass die Niederschrift seiner Gedanken ihm Lust bereitet. Freud gibt in dieser Schrift einer Versuchung nach, nämlich trotz grosser und mannigfacher Unsicherheiten, die er im ersten Kapitel aufzählt und anmahnt, eine soziologische Prognose zu wagen. Freud schickt sich an, entgegen seiner übrigen historischen Ausrichtung an der Vergangenheit, diesmal etwas über die Zukunft der Kultur zu sagen. Darunter versteht er „all das, worin sich das menschliche Leben über seine animalischen Bedingungen erhoben hat und worin es sich vom Leben der Tiere unterscheidet".[354] Zieht man vom Menschen das Tier ab, bleibt das übrig, was Freud Kultur nennt.

Freud selbst weist einleitend auf die Unsicherheit derartiger Vorhersagen und der unweigerlich mit ihnen verbundenen subjektiven Einschätzung hin. Mit dem Eingeständnis sowohl der hohen Wahrscheinlichkeit, sich zu täuschen, als auch der mangelnden Objektivität seiner Aussagen nimmt er möglichen Kritikern seines Unternehmens gleich zu Beginn den Wind aus den Segeln und erweist sich als seriöser Wissenschaftler, der sich über seine Voraussetzungen und erkenntnistheoretischen Grenzen Rechenschaft abzulegen weiss.[355] Er schreitet nun vorwärts zur Darlegung seiner schon früher erörterten Kulturtheorie, die „Zwang und Triebverzicht" zu ihrer notwendigen Basis zählt.[356] Die Veranlagung der Menschen, „daß sie spontan nicht arbeitslustig sind und daß Argumente nichts gegen ihre Leidenschaften vermögen", machen den Einsatz von Zwang nötig.[357] Die Notwendigkeit des Triebverzichts wiederum beruht auf der Beobachtung, „dass die Menschen, so wenig sie auch in der Vereinzelung existieren können, doch die Opfer, welche ihnen von der Kultur zugemutet werden, um ein Zusammenleben zu ermöglichen, als schwer drückend empfinden".[358] Dies wiederum hat zur Folge, dass „die Kultur [...] gegen den Einzelnen

---

[353] WILL (2006b), 174.
[354] FREUD (1927c), 326.
[355] GAY (2004⁵ [1989]), 125 spricht von „stilistischen Taktiken", die Freud schon in seiner „*Traumdeutung*" verwendete. Auch andernorts „wehrte er Kritik durch Selbstkritik ab" (ebd., 454).
[356] FREUD (1927c), 328.
[357] FREUD (1927c), 329.
[358] FREUD (1927c), 327.

verteidigt werden" müsse.[359] Diese Aufgabe nehmen verschiedene Institutionen wahr, zu denen auch die (im Text noch unerwähnt bleibenden) Kirchen gehören.

Nachdem Freud im ersten Kapitel Zwang und Triebverzicht als Grundlage von Kultur erläutert hat, wendet er sich im zweiten Kapitel den Zwangsmitteln selber zu. Nach einer Begriffsbestimmung von „Versagung", „Verbot" und „Entbehrung" vertieft er den letzten Terminus durch die Unterscheidung von Entbehrungen, unter denen alle, und Entbehrungen, unter denen nur einige zu leiden hätten. Erstere seien nach wie vor „wirksam" und bildeten „den Kern der Kulturfeindseligkeit".[360] Die ihnen vorauseilenden „Triebwünsche [...] werden mit jedem Kind von neuem geboren".[361] Zu ihnen gehören der Inzest, der Kannibalismus und die Mordlust. Als „Fortschritt" in der seelischen Entwicklung wertet Freud die Verinnerlichung äusseren Zwangs und äusserer Gebote aufgrund eines erstarkten Über-Ichs, welches die Adaptationsfähigkeit des Menschen zeige und „ein höchst wertvoller psychologischer Kulturbesitz" sei: er mache „Kulturgegner[n] zu Kulturträgern".[362]

Neben dem „Maß von Verinnerlichung der Kulturvorschriften" tritt deren „Besitz an Idealen und an Kunstschöpfungen, d.h. die Befriedigungen, die aus beiden gewonnen werden".[363] Die in einer Kultur vorherrschenden Ideale bzw. ihre Wertmassstäbe sind zunächst Folge und nicht Auslöser von „Leistungen", weshalb die aus ihnen gewonnene „Befriedigung" „narzisstischer Natur" ist – „sie ruht auf dem Stolz auf die bereits geglückte Leistung".[364] Die Kunst, die diese erreichten Leistungen mitsamt den vorherrschenden Werten darstellerisch in Erinnerung ruft, dient ebenfalls als narzisstische Befriedigung; sie ist jedoch auch eine Ersatzbefriedigung „für die ältesten, immer noch am tiefsten empfundenen Kulturverzichte", weshalb sie „wie nichts anderes aussöhnend mit den für sie gebrachten Opfern" wirke.[365] Nach diesen Ausführungen wendet sich Freud in den letzten beiden Sätzen des zweiten Kapitels den „religiösen Vorstellungen" zu, die er als „vielleicht bedeutsamste[s] Stück des psychischen Inventars einer Kultur" bezeichnet und hier schon als „ihre Illusionen" identifiziert.[366]

III + IV: Entwicklung, Validität und psychologische Beurteilung religiöser Vorstellungen

Erst im dritten Kapitel gelangt Freud zu seinem eigentlichen Thema und beginnt mit der Frage: „Worin liegt der besondere Wert der religiösen Vorstellungen?"[367]

---

[359] FREUD (1927c), 327.
[360] FREUD (1927c), 331.
[361] FREUD (1927c), 331.
[362] FREUD (1927c), 332.
[363] FREUD (1927c), 334.
[364] FREUD (1927c), 334.
[365] FREUD (1927c), 335.
[366] FREUD (1927c), 335.
[367] FREUD (1927c), 335.

Diesen Aufbau, der „von der Darstellung der umfassenden Kulturprobleme sich zur Erörterung einer Einzelfrage einer Kultur verengt", hält Reik für „bewundernswert".[368] Statt direkt zu antworten, blendet Freud nochmals auf die beiden ersten Kapitel zurück. Er erinnert an die Ursache, weshalb Menschen die Kultur schufen, nämlich um dem „Naturzustand" mit all seinen überwältigenden Gefahren zumindest ein Stückweit zu entkommen: „Es ist ja die Hauptaufgabe der Kultur, ihr eigentlicher Daseinsgrund, uns gegen die Natur zu verteidigen", ohne uns je vor ihr vollumfänglich und endgültig schützen zu können.[369] Die Gewalt der Natur bleibt letztlich als ständig lauernde und von der Kultur nur eingedämmte Bedrohung bestehen. Um ihre Macht zu brechen, wird sie vermenschlicht und personifiziert.

„An die unpersönlichen Kräfte und Schicksale kann man nicht heran, sie bleiben ewig fremd. Aber wenn in den Elementen Leidenschaften toben wie in der eigenen Seele, wenn selbst der Tod nichts Spontanes ist, sondern die Gewalttat eines bösen Willens, wenn man überall in der Natur Wesen um sich hat, wie man sie aus der eigenen Gesellschaft kennt, dann atmet man auf, fühlt sich heimisch im Unheimlichen, kann seine sinnlose Angst psychisch bearbeiten. Man ist vielleicht noch wehrlos, aber nicht mehr hilflos gelähmt".[370]

Und nun vollzieht Freud den entscheidenden Sprung in die Analogie. Diese Situation des Ausgeliefert- und Unterlegenseins findet ihre Parallele in der Abhängigkeit des Kindes den Eltern gegenüber. Sie ist ihr „infantiles Vorbild". Und so wie das Kind diese Situation zu bewältigen versuchte, probiert der Erwachsene dies mit der Natur. Die ganze den Eltern, insbesondere dem Vater gegenüber empfundene Ambivalenz zwischen Furcht und Abhängigkeit wird reaktiviert in der Haltung der Natur gegenüber. „So lag es nahe, die beiden Situationen einander anzugleichen".[371] Die Kräfte der Natur werden in Verbindung mit dem Vater gebracht, der Mensch „gibt ihnen Vatercharakter, macht sie zu Göttern, folgt dabei nicht nur einem infantilen, sondern auch [...] einem phylogenetischen Vorbild".[372] Trotz einsetzender naturwissenschaftlicher Erkenntnisse bleibt der Menschen Hilflosigkeit bestehen „und damit ihre Vatersehnsucht und die Götter. Die Götter behalten ihre dreifache Aufgabe, die Schrecken der Natur zu bannen, mit der Grausamkeit des Schicksals [...] zu versöhnen und für die Leiden und Entbehrungen zu entschädigen, die dem Menschen durch das kulturelle Zusammenleben auferlegt werden".[373] Je mehr die Abläufe der Natur erkannt und berechenbar werden, tritt die erste Aufgabe zurück und verlegt sich der Akzent auf die dritte. Die Kultur soll den Menschen für die ihm auferlegten Verzichte und ihm aus dem Zusammenleben erwachsenden Schmerzen entschädigen. Ein „Schatz von Vorstellungen" dient dazu, dem Menschen zu versichern, dass sein Leben Sinn hat und „einem höheren Zweck" mit erquicklichem Aus-

---

[368] REIK (1977 [1928]), 26.
[369] FREUD (1927c), 336.
[370] FREUD (1927c), 338.
[371] FREUD (1927c), 338.
[372] FREUD (1927c), 339. Vgl. FREUD (1912/13): Totem und Tabu, GW IX, 177–186.
[373] FREUD (1927c), 339.

gang zugute kommt.[374] Als Fortschritt wertet Freud die Verdichtung aller verschiedenen Göttergestalten in einer einzigen. Diese Konzentrierung ermöglichte es, zu Gott wie zu einem Vater in Kontakt zu treten. Gefühle aus der Kindheit werden mobilisiert. So schliesst Freud dieses Kapitel wie er es begonnen hatte, nämlich mit einer Frage: „was sind diese Vorstellungen im Lichte der Psychologie, woher beziehen sie ihre Hochschätzung und [...]: was ist ihr wirklicher Wert?"[375] Die zu Beginn gestellte Frage wird als noch nicht beantwortet charakterisiert und in einem weiteren, vierten Kapitel nochmals aufgenommen.

Freud führt in einem neuen Kapitel einen fiktiven Gegner ein, der vermeintliche Widersprüche aufdecken und Fragen aufwerfen soll, die Freud beantworten wird.[376] Diese dialogische Textform gibt ihm die Möglichkeit, seine Thesen nochmals zu vertiefen und auf den Punkt zu bringen. Religiöse Vorstellungen entstammen „demselben Bedürfnis [...] wie alle anderen Errungenschaften der Kultur", nämlich aus der Erfordernis, der Natur etwas entgegenzuhalten und „Unvollkommenheiten der Kultur zu korrigieren".[377] Diese Vorstellungen sind als Geschenk der Kultur an den Einzelnen zu verstehen, die als „Erbschaft vieler Generationen" an ihm weitergegeben und von ihm „wie das Einmaleins" übernommen wird.[378] Ein Einwurf des Gegners gibt Freud die Gelegenheit, nochmals auszuführen, dass der Mensch bei seiner Personifizierung von Naturkräften nur dem Beispiel aus seiner Kindheit folgt. Hier hat er gelernt, dass er, um Einfluss auf Personen ausüben zu können, zuerst in eine Beziehung zu ihnen treten muss. Deshalb ist es ihm „natürlich, alles zu personifizieren, was er begreifen will, um es später zu beherrschen, – die psychische Bewältigung als Vorbereitung zur physischen".[379] In ihrer Hilflosigkeit sind sich Kind und Erwachsener eins; der Erwachsene bleibt stets auch immer Kind. Da er wie dieses des „Schutzes gegen fremde Übermächte" bedarf, „verleiht er diesen die Züge der Vatergestalt, er schafft sich die Götter, vor denen er sich fürchtet, die er zu gewinnen sucht und denen er doch seinen Schutz überträgt. So ist das Motiv der Vatersehnsucht identisch mit dem Bedürfnis nach Schutz gegen die Folgen der menschlichen Ohnmacht".[380]

---

[374]   FREUD (1927c), 340.
[375]   FREUD (1927c), 342.
[376]   Vgl. Reik (1977 [1928]), 27: „Wir kennen diesen Gegner, diesen Widersacher und Widersprecher [...]. Dieser Gegner war nicht immer personifiziert; er war immer da. Wir haben es bei Freud immer beobachtet, dieses Vorwegnehmen von Einwürfen, dieses antizipierte Widerlegen von Argumenten, diese erneute Selbstprüfung und Selbstbehauptung, und haben diese Züge immer als Zeichen strenger Selbstkritik betrachtet." Dennoch meint Reik feststellen zu müssen, dass Freud diesen Gegner, der „wie immer ein sehr gebildeter Intellektueller von hohem moralischem Niveau, der Vernunft zugänglich und starken Gefühlen nicht verschlossen" ist, „etwas stiefmütterlich behandelt." Hätte Freud sich z.B. einen „dogmatisch geschulten Priester" als Gesprächspartner gewählt, hätte das Gespräch einen anderen Ausgang gefunden, einen unversöhnlichen nämlich.
[377]   FREUD (1927c), 343.
[378]   FREUD (1927c), 343.
[379]   FREUD (1927c), 344.
[380]   FREUD (1927c), 346.

Kapitel fünf nimmt erneut dieselbe Frage auf, die schon am Ende des vorletzten Kapitels gleichsam als Einleitung ins vorige gestellt wurde, nämlich die nach der Bedeutung bzw. Beurteilung religiöser Vorstellungen. Erstmals definiert Freud, was er unter ihnen versteht:

„Es sind Lehrsätze, Aussagen über Tatsachen und Verhältnisse der äußeren (oder inneren) Realität, die etwas mitteilen, was man selbst nicht gefunden hat, und die beanspruchen, daß man ihnen Glauben schenkt. Da sie Auskunft geben über das für uns Wichtigste und Interessanteste im Leben, werden sie besonders hochgeschätzt".[381]

Freud fokussiert also auf religiöse Inhalte und nicht auf religiöse Erfahrung oder – wie noch in *„Zwangshandlungen und Religionsübungen"* – auf religiöse Praxis.[382] Freud zeigt nun auf, dass der Anspruch religiöser Vorstellungen auf Glaubwürdigkeit nicht mit starken Argumenten oder gar Beweisen untermauert werde, sondern ganz im Gegenteil auf schwachen Füssen stehe. Ihre Inhalte liessen sich weder beweisen noch widerlegen. Freud wendet sich zwei Versuchen zu, mit dieser Situation zurecht zu kommen, und verwirft beide, sowohl das „Credo quia absurdum" wie auch das „Als ob", und kommt zum Schluss: „Es gibt keine Instanz über der Vernunft".[383] Deshalb könne man keine Absurditäten glauben. Wiederum schliesst Freud das Kapitel mit einer Frage: „worin besteht die innere Kraft dieser Lehren, welchem Umstand verdanken sie ihre von der vernünftigen Anerkennung unabhängige Wirksamkeit?"[384]

VI – VIII: Illusionen oder Wissenschaft

Kapitel sechs schreitet nun endlich zur Beantwortung der ausgiebig erläuterten Fragen mit dem Hinweis auf die „psychische Genese" religiöser Vorstellungen. Es handele sich bei ihnen nicht um „Niederschläge der Erfahrung oder Endresultate des Denkens", sondern um „Illusionen, Erfüllungen der ältesten, stärksten, dringendsten Wünsche der Menschheit; das Geheimnis ihrer Stärke ist die Stärke dieser Wünsche".[385]

In Anknüpfung ans vierte Kapitel wird an die Hilflosigkeit erinnert, die den Menschen bis ins Erwachsenenleben hindurch begleitet und die Vatersehnsucht

---

[381]   FREUD (1927c), 347.
[382]   Vgl. WILL (2006b), 175: Freud „setzt also ganz auf das Inhaltliche der religiösen Lehren, nicht auf religiöses Erleben oder Handeln. Sein Focus liegt auf der Wahrheit und Realitätsentsprechung religiöser Inhalte."
[383]   FREUD (1927c), 350. Vgl. Friedrich HEER (1977): Das Wagnis der schöpferischen Vernunft, Stuttgart u.a. (Kohlhammer), 69: „Die Vernunft des Sigmund Freud ist eine geschichtliche Vernunft; sie sieht: der Mensch ist vor allem seine eigene unbewältigte Vergangenheit. Die zu bewältigen. Ist."
[384]   FREUD (1927c), 352.
[385]   FREUD (1927c), 352.

dauernd virulent hält. Ein noch mächtigerer Vater vermag die Ängste zu beschwichtigen, und „es bedeutet eine großartige Erleichterung für die Einzelpsyche, wenn die nie ganz überwundenen Konflikte der Kinderzeit aus dem Vaterkomplex ihr abgenommen und einer von allen angenommenen Lösung zugeführt werden".[386] Diese Lösung ist mit Illusion gleichzusetzen, wobei Freud diese von einem Irrtum klar abgrenzt. Der Begriff Illusion beinhalte keine Aussage über die Richtigkeit oder Falschheit des Inhalts, sondern nur darüber, dass er sich menschlichem Wünschen verdanke und sich von diesem ableite.

„Wir heißen also einen Glaube dann eine Illusion, wenn sich in seiner Motivierung die Wunscherfüllung vordrängt, und sehen dabei von seinem Verhältnis zur Wirklichkeit ab, ebenso wie die Illusion selbst auf ihre Beglaubigungen verzichtet".[387]

Während sich ein „vernünftiger Mensch" in allen sonstigen Bereichen nicht mit unbefriedigenden und ungenügenden Begründungen abspeisen liesse, „gestatte er sich das" gerade „in den höchsten und heiligsten Dingen".[388] Freud kritisiert, dass es genau in Sachen Religion zu intellektueller Unredlichkeit unvergleichlichen Ausmasses komme.

Von besonderem Interesse ist Freuds Verständnis von Religion, die nicht schon in einem „Gefühl der menschlichen Kleinheit und Ohnmacht vor dem Ganzen der Welt" besteht, sondern erst in einem spezifischen Umgang mit diesem Gefühl, die Art, wie darauf reagiert wird. Wer dieses Gefühl aushalte und „sich demütig mit der geringfügigen Rolle des Menschen in der großen Welt bescheidet, der ist vielmehr irreligiös".[389] Zum Schluss des Kapitels versichert Freud nochmals, kein Urteil über den Wahrheitsgehalt der Religion fällen zu wollen, sondern ihre Lehren psychologisch als Illusionen zu bestimmen. Darin liege die Intention seiner Schrift. Dass diese Bestimmung der psychologischen Natur religiöser Lehren nichts über ihre Glaubwürdigkeit aussagt, daran hält Freud ausdrücklich fest.

Im siebten Kapitel lässt Freud den fiktiven Gegner wieder zu Worte kommen. Dieser schalt ihn der „Inkonsequenz". Er, der doch wie keiner je zuvor die Übermacht menschlicher Triebkräfte im Vergleich zu dessen Vernunft betonte, möchte nun diesem „eine kostbare Wunschbefriedigung" entreissen und ihn „mit intellektueller Kost entschädigen".[390] Freud stellt die im Folgenden zu beweisende These auf, dass es für die Kultur gefährlicher sei, am bisherigen festzu-

---

[386] FREUD (1927c), 353.

[387] FREUD (1927c), 354. Das – moralisierende – Urteil von Walter DIETZ (2000): Zur psychoanalytischen Religionskritik aus theologischer Sicht, in: BASSLER, 33–51, hier 35, Freuds Illusionsbegriff sei „sehr merkwürdig[e] und eigenartig[e]", beruht m.E. auf einem Missverständnis. Wenn Dietz (ebd.) schreibt: „Hier liegt zweifellos eine Schwäche, Schiefheit und Unaufrichtigkeit der Argumentation Freuds: Einerseits sollen Illusionen keine Irrtümer sein, andererseits werden sie exakt so wie Irrtümer behandelt", dann fehlt ein Verständnis für die Herleitung des Begriffs aus dem menschlichen Wünschen.

[388] FREUD (1927c), 355.

[389] FREUD (1927c), 355.

[390] FREUD (1927c), 358.

halten, als ihr Verhältnis zur Religion zu verändern. Vor der Begründung dieser markanten Aussage nimmt Freud seinem Gegner wieder den Wind aus den Segeln, indem er ihn mit dem Hinweis darauf beruhigt, dass seine Überzeugung wirkungslos bliebe und von daher völlig harmlos sei. Seine Aussage sei weder neu noch bedrohlich. Neu sei lediglich die psychologische Untermauerung jener Thesen, die schon lange vor ihm von anderen geäussert worden seien. Dem Einzigen, dem sie zum Schaden gereichen könnte, sei er selber! Freud überlegt, inwiefern sie nicht auch „der Sache der Psychoanalyse" Schaden zufügen könnte.[391] Auch dies werde sie jedoch überleben. In einem kurzen Exkurs erklärt Freud, dass es sich bei ihr um „eine Forschungsmethode, ein parteiloses Instrument" handle, weshalb sich ihrer sowohl Gegner als auch Anhänger der Religion bedienen dürften.[392]

Freud gesteht der Religion ein, während ihrer Jahrtausende währenden Herrschaft einen zwar grossen, aber doch ungenügenden Beitrag zur Eindämmung asozialer Strebungen geleistet zu haben, ohne jedoch zu grösserer Zufriedenheit mit der Kultur und zu Glück geführt zu haben. Letztlich schätzt Freud ihren Leistungsausweis im Vergleich zu ihrer Machtfülle als bescheiden ein. Freud wirft die Frage auf, ob „ihre Notwendigkeit für die Menschheit nicht überschätz[t]" würde.[393]

Freud richtet sein Augenmerk auf die christliche Kultur Europas und sieht ein Schwinden der Definitionsmacht von Religion aufgrund der „Erstarkung des wissenschaftlichen Geistes in den Oberschichten".[394] Zwischen Wissen und Glauben besteht nach Freud zumindest tendenziell eine negative Korrelation: je mehr Wissen, desto weniger Glaube. Wissenschaft präge und führe zu einer Haltung, die zu grösserer Inkompatibilität mit unbewiesenen und schlecht begründeten religiösen Lehrsätzen führe. Ihr Vorankommen bedeute ein Zurückdrängen des Glaubens. Während Gebildete jedoch ohne großen Aufhebens auf Gott verzichten und dennoch als Kulturträger wirken könnten, wittert Freud Gefahr für die ungebildeten Massen. Gott und die Angst vor ihm dienen ja dazu, die eigenen asozialen Triebe nicht ungehemmt auszuleben; fällt Gott weg, fehle es an einer Motivation. Entweder man müsse die Massen unter Druck setzen, bändigen und verhindern, dass sie ihre Kulturfeindlichkeit ausleben, oder man bemüht sich um ein verändertes Verhältnis von Kultur und Religion.

Kapitel acht entspricht einer Art Güterabwägung zwischen Verlust und Gewinn einer neuen Beziehungsbestimmung zwischen Kultur und Religion. Für ein einigermassen funktionierendes Zusammenleben notwendige Kulturverbote werden religiös begründet statt sozial. Damit erhalten sie zwar besonderes Gewicht, bedeuten aber auch eine besondere Gefahr, da sie an Gott als dessen Offenbarung gebunden werden und von ihm abhängig erscheinen. Sie erhalten ihre Begründung nicht aus sich heraus, sondern kommen als Wille Gottes daher.

---

[391] FREUD (1927c), 359.
[392] FREUD (1927c), 360. So schon in dem Brief Freuds an Pfister vom 09.02.1909 (F/P, 13).
[393] FREUD (1927c), 361.
[394] FREUD (1927c), 362.

Wenn die kulturellen Forderungen nun nicht mehr göttlich, sondern sozial begründet werden, entgehen sie der Gefahr, bei zunehmender Abnahme des Gottesglaubens gleich mit aufgehoben zu werden. Freud plädiert für den Versuch einer Aussöhnung mit der Kultur bzw. mit dem von ihr geforderten Verzichten über den Weg der Aufklärung. Kulturelle Einrichtungen und Gebote sollen rational begründet und als rein menschliche bzw. als „soziale Notwendigkeit" deklariert werden; auf irgendwelche religiöse bzw. göttliche Herleitungen soll verzichtet werden. „Die Menschen könnten verstehen, daß diese [sc. Gebote und Gesetze; IN] geschaffen sind, nicht so sehr um sie zu beherrschen, sondern vielmehr um ihren Interessen zu dienen".[395]

Nun stellt Freud sein eigen gewähltes Beispiel des Mordverbotes in Frage. In Aufnahme seiner in „Totem und Tabu" (1912/13) gemachten Ausführungen führt er das Mordverbot nicht auf die soziale Notwendigkeit zurück, sondern begründet es historisch mit dem Totschlag des Urvaters. Dieser entspreche dem „Urbild Gottes". Religiöse Vorstellungen enthielten also „nicht allein Wunscherfüllungen [...], sondern auch bedeutsame historische Reminiszenzen".[396] Freud vertieft seine Ansichten anhand einer „Analogie". Wie kindliche Zwangsneurosen notwendig sind und in der Regel im Verlaufe des Entwicklungsprozesses ausgewachsen bzw. „spontan überwunden" werden, so entspreche ihnen die Religion als „allgemein menschliche Zwangsneurose", die ebenfalls „dem Ödipuskomplex, der Vaterbeziehung" entspringe.[397] Daraus leitet Freud ab, „daß sich die Abwendung von der Religion mit der schicksalsmäßigen Unerbittlichkeit eines Wachstumsvorganges vollziehen muß und daß wir uns gerade jetzt mitten in dieser Entwicklungsphase befinden".[398]

Nach Freuds Einschätzung enthebe sich der Gläubige dank seines Glaubens bzw. seiner Annahme der allgemeinen Neurose der Notwendigkeit zur Ausbildung einer privaten Neurose. Freud plädiert dafür, den Menschen die Wahrheit zuzumuten.

IX + X: Religiöse Erziehung contra Erziehung zur Realität

Kapitel neun setzt gleich ein mit mehreren Einwänden des fiktiven Gegners. Freud formuliert nun hier die entscheidende anthropologische Aussage – gekleidet in Form einer Frage: „Die Menschen sind Vernunftgründen so wenig zugänglich, werden ganz von ihren Triebwünschen beherrscht. Warum soll man also ihnen eine Triebbefriedigung wegnehmen und durch Vernunftgründe ersetzen wollen? Freilich sind die Menschen so, aber haben Sie sich gefragt, ob sie so sein müssen, ob ihre innerste Natur sie dazu nötigt?"[399] Freud verweist auf die schon in der Kindheit einsetzende und die Denkfähigkeit arg beeinträchtigende

---

[395] FREUD (1927c), 365.
[396] FREUD (1927c), 366.
[397] FREUD (1927c), 367.
[398] FREUD (1927c), 367.
[399] FREUD (1927c), 370.

religiöse Erziehung, die vor allem auf eine Verzögerung der sexuellen Entwicklung und auf eine möglichst frühe Sicherung ideologischen Einflusses abziele. „Wie kann man von Personen, die unter der Herrschaft von Denkverboten stehen, erwarten, daß sie das psychologische Ideal, den Primat der Intelligenz, erreichen werden?"[400]

Nach diesen emphatisch vorgetragenen Ansichten nimmt sich Freud wieder etwas in Zaum und gesteht dem Gegner ein, auch selber einer Illusion zu erliegen. Er hält es für möglich, sich zu täuschen, und die religiösen Denkverbote zu überschätzen, regt dennoch an, „den Versuch einer irreligiösen Erziehung" zu wagen.[401] Vielleicht benötigten die Menschen gar keinen Trost von Seiten der Religion, um die Angst vor dem Leben und dessen Bedrohungen auszuhalten – „Vielleicht braucht der, der nicht an der Neurose leidet, auch keine Intoxikation, um sie zu betäuben".[402] Und so fragt er seinen Gegner rhetorisch:

„Aber nicht wahr, der Infantilismus ist dazu bestimmt, überwunden zu werden? Der Mensch kann nicht ewig Kind bleiben, er muß endlich hinaus, ins ‚feindliche Leben'. Man darf das ‚die Erziehung zur Realität' heißen, brauche ich Ihnen noch zu verraten, daß es die einzige Absicht meiner Schrift ist, auf die Notwendigkeit dieses Fortschritts aufmerksam zu machen?"[403]

Hier, im vorletzten Kapitel, offenbart Freud sein Hauptanliegen: Eine Ablösung der zehn (religiösen) Gebote des Moses durch seine aufklärerische „Erziehung zur Realität". Anzuerkennen, dass es keine göttliche Kraft irgendwo ausserhalb der Welt gibt, die das eigene Leben trägt und ihm Richtung verleiht, könne den Menschen auch stärken. Er begreife, dass er sich auf sich selbst verlassen müsse. Er lerne seine eigenen Kräfte kennen und sie dadurch besser einsetzen. Die Wissenschaft werde ihm helfen, und den Rest müsse er zu ertragen lernen.

„Was soll ihm die Vorspiegelung eines Großgrundbesitzers auf dem Mond, von dessen Ertrag doch noch nie jemand etwas gesehen hat? Als ehrlicher Kleinbauer auf dieser Erde wird er seine Scholle zu bearbeiten wissen, so daß sie ihn nährt. Dadurch, daß er seine Erwartungen vom Jenseits abzieht und alle freigewordenen Kräfte auf das irdische Leben konzentriert, wird er wahrscheinlich erreichen können, daß das Leben für alle erträglich wird und die Kultur keinen mehr erdrückt."[404]

Das zehnte Kapitel lässt Freud wieder mit einem Einwurf seines fiktiven Kontrahenten beginnen. Dieser hält Freud vor, selbst seinen Illusionen erlegen zu sein. Die Vorstellung, es fiele dem Menschen leichter, seine Vernunft über seine Triebregungen walten zu lassen, wenn man ihm nicht von früher Kindheit an eine religiöse Erziehung angedeihen liesse, sei illusionär und d.h. Ausdruck von *Freuds* Wünschen. Freud kommt seinem Kontrahenten immer wieder entgegen,

---

[400] FREUD (1927c), 371.
[401] FREUD (1927c), 372.
[402] FREUD (1927c), 373.
[403] FREUD (1927c), 373.
[404] FREUD (1927c), 383.

ohne ihn jedoch letztlich zu widerlegen. Er gesteht ihm zu, dass es sich bei seinen Überzeugungen auch um Hoffnungen handeln könne, doch sieht er zwischen seinen und den religiösen Illusionen einen entscheidenden Unterschied: seine Illusionen „– abgesehen davon, daß keine Strafe darauf steht, sie nicht zu teilen – sind nicht unkorrigierbar wie die religiösen, haben nicht den wahnhaften Charakter".[405]

Freud zieht aus seinen Erkenntnissen über die Gewalt menschlicher Triebe und über die Schwäche der Vernunft andere Konsequenzen, als man meinen könnte. Er hält diese Erkenntnisse nicht für absolut und für immer und ewig gültig, denn „die Stimme des Intellekts ist leise, aber sie ruht nicht, ehe sie sich Gehör geschafft hat. Am Ende, nach unzählig oft wiederholten Abweisungen, findet sie es doch".[406] Freud bekennt sich hier in einer schon fast ungewöhnlich optimistischen Weise zum Primat des Intellekts, der „gewiß in weiter, weiter, aber wahrscheinlich doch nicht in unendlicher Ferne" läge.[407] Hier im letzten Kapitel kommt Freud seinem fiktiven Kontrahenten sogar so weit entgegen, dass er den Kreis schliesst und Antagonismen versöhnt mit dem Hinweis darauf, dass sie sich im Ziel einig seien – „die Menschenliebe und die Einschränkung des Leidens".[408] Freud hält sich jedoch für geduldiger, anspruchsloser und weniger egoistisch als sein Widerredner.

Freud hält das Banner der Wissenschaft hoch. Dass die Wissenschaft keine Illusion sei, beweisen nach Freud ihre Erfolge. „Nein, unsere Wissenschaft ist keine Illusion. Eine Illusion aber wäre es zu glauben, daß wir anderswoher bekommen könnten, was sie uns nicht geben kann".[409]

3.3 Theodor Reiks „Bemerkungen zu Freuds ‚Zukunft einer Illusion'" (1928)

Im Dezember 1927 – wenige Wochen nach Erscheinen von Freuds Schrift „Die Zukunft einer Illusion" – hielt Theodor Reik[410] in der Vorstandssitzung der Wiener Psychoanalytischen Vereinigung einen Vortrag, in welchem er die Lektüre dieses Werks voraussetzte und lediglich „Begleitmusik" zur „Melodie" zu spielen beabsichtigte.[411] Er ordnete das Werk in den Gesamtzusammenhang der Psycho-

---

[405] FREUD (1927c), 376.
[406] FREUD (1927c), 377.
[407] FREUD (1927c), 377. Vgl. dazu RAGUSE (2008), 37: „Was Freud hier vorbringt, ist eine progressive Geschichtsphilosophie, die als ihre Triebkraft die Macht des Geistes hat. Was im deutschen Idealismus noch von einem kollektiven überpersönlichen Geist gesagt wurde, scheint hier stärker individualisiert zu sein. [...] Ein Wort in dem Text ist noch besonders überraschend: Hoffnung. Davon spricht Freud sonst kaum jemals. Aber hier entwirft er eine Zukunftsperspektive auf einen Zustand hin, in dem Menschenliebe und Einschränkung des Leidens [...] herrschen werden."
[408] FREUD (1927c), 377.
[409] FREUD (1927c), 380.
[410] Theodor Reik (1888–1969), Dr. phil., Laienanalytiker, Mitglied der WPV von 1911 bis 1933, Emigration nach Holland 1934 und in die USA 1938. Vgl. MÜHLLEITNER (1992), 260–263.
[411] REIK (1977 [1928]), 25.

analyse ein und formulierte sowohl eine Reaktion als auch eine Weiterführung des Themas. Reik erläuterte auch die Beziehung des Werks zu „*Totem und Tabu*“: „Hat ,Totem und Tabu' die analytische Zurückführung der großen Kulturinstitutionen gezeigt, so wird hier ihre psychologische Charakterisierung gegeben“.[412]

Besonderen Wert legte Reik auf Freuds kulturtheoretische Grundlegung zu Beginn des Werks. Er hielt es für möglich, dass diese beiden „ausserordentlichen“ Einleitungskapitel mit ihrem „umfassenden, ruhevoll gesehenen Bild des Kulturganzen“, auf dem ursprünglich der Akzent gelegen hatte, zukünftig „einmal als der wertvollste Teil“ von Freuds Schrift betrachtet würden und nicht die Hauptkapitel mit ihrer „Diskussion der religiösen Fragen, die dann keine Fragen mehr sein werden“.[413] Reik rechnet fest damit, dass Religion einmal eine Erscheinung der Vergangenheit sein werde. Ihr Ende im Sinne eines Überwundenseins sei nur noch eine Frage der Zeit.[414]

Im Zentrum seiner Bemerkungen steht Reiks Analyse des zeitgenössischen Verhältnisses Intellektueller zur Religion, die er rundum der unbewussten Unehrlichkeit bezichtigt:

„Ich behaupte, daß die Kulturmenschheit, strenge gesagt, die intellektuelle Oberschicht, jene eigenartige Schamhaftigkeit und Unaufrichtigkeit, die sie auf dem Gebiete der Sexualität und des Geldes zeigt, auch auf dem ihrer religiösen Bedürfnisse aufweist“.[415]

Weiter: „die meisten gebildeten Menschen glauben nicht an Gott, aber sie fürchten ihn“. Reik meint, Freud unterliege einer Täuschung, wenn er davon ausgehe, man würde ihm für seine Aussagen Vorwürfe machen. Reik begründet dies mit seiner Beobachtung, dass Intellektuelle sich durchaus Freuds Analysen anschliessen und sich ebenfalls als Atheisten bekennen würden, jedoch ohne es wirklich zu sein. Eine besondere Form der Abwehr bzw. des Widerstandes bestehe in der vermeintlichen Zustimmung, um trotzdem dagegen zu sein. Man stimme zu, „um keine Konsequenzen ziehen zu müssen“.[416] Reik geht davon aus, „daß die Bedeutung der Religion im unbewußten Seelenleben von der Analyse noch nicht genügend gewürdigt und erforscht wurde“.[417]

Ein Jahr zuvor hatte Reik in der *Imago* die ersten drei von Karl Beth herausgegebenen Hefte der *Veröffentlichungen des Wiener Religionspsychologischen*

---

[412] REIK(1977 [1928]), 26.

[413] REIK (1977 [1928]), 26.

[414] Dieselbe These liegt auch Theodor REIK (1930): Endphasen des religiösen und zwangsneurotischen Glaubens, in: Imago 16, 23–38, zugrunde. Begründet wird sie mit der klinischen Erfahrung, dass die in den Zwangssymptomen manifeste Abwehr verbotener Wünsche und Impulse mit der Zeit nachlässt und „daß der entschiedene Durchbruch jener ursprünglich abgewehrten Triebregungen die Ausgänge vieler Zwangsneurosen kennzeichnet“ (25).

[415] REIK (1977 [1928]), 28.

[416] REIK (1977 [1928]), 31.

[417] REIK (1977 [1928]), 29.

Forschungsinstitutes besprochen.[418] Sein Hauptvorwurf lautete, es handele sich um Beobachtungen, die fast ausschliesslich auf der „Bewusstseinspsychologie" beruhten. Die Beiträge gäben „nur die Darstellung des Materials, nicht seine Bearbeitung."[419] Die Psychoanalyse fände zwar ab und zu Erwähnung, aber „in so missverständlicher und oberflächlicher Art", dass man wohl lieber darauf verzichtet hätte. Wie eine massive an Pfister gerichtete Kritik erscheinen die folgenden Ausführungen Reiks zur Anwendung der Psychoanalyse im Kontext von Kirche und Seelsorge:

> *„In der analytischen Praxis des Priesters vermengen sich Ansprüche aus der geistlichen Seelsorge mit denen der weltlichen, die Ziele verschieben sich, die Gesichtspunkte erfahren allmählich eine Änderung, es ergeben sich widerstreitende Aufgaben und die Analyse bezahlt unstreitig den Preis."[420]*

Reik gesteht den Geistlichen ein, „weitgehendes Verständnis" für psychoanalytische Belange aufzubringen, jedoch seien ihre Motive nicht lauter, da sie die Psychoanalyse zu ihren Diensten verzwecken wollen. Die Literatur zeige, „daß die Kirche sich anschickt, sich die Psychoanalyse einzuverleiben".[421] Damit werde die Psychoanalyse jedoch zweckentfremdet und „in den Dienst der Verdrängungstendenzen" selbst gestellt. Reik lehnt jegliche religiöse Verwertung der Psychoanalyse ab.[422] Religion müsse sich nach psychoanalytischer Auffassung erledigen und dürfe nicht noch stabilisiert werden. Die Macht der Religion werde – so die Überlegung Reiks – umso solider, je mehr es ihr gelänge, die Psychoanalyse in sich aufzunehmen.

Reik nimmt in diesem Vortrag die Rolle jenes Gegners ein, den er sich Freud gewünscht hätte und zeigt damit auch seine deutlichen Differenzen mit Pfister.

Bei diesem Vortrag handelt es sich um eine glänzende Replik Reiks, die er bescheiden als „Bemerkungen" bezeichnet. Nachdem Reik das Werk Freuds mit Fokus auf dessen Einleitung alle Ehre erwiesen hat, folgt eine Fundamentalkritik. Reik sieht sich in der Rolle des Gegners, der sich jedoch – wie schon erwähnt – deutlich von demjenigen unterscheidet, den Freud sich ausgedacht hatte. Seine Kritik gilt Freuds prognostischen Aussagen. Auch Reik teilt die Ansicht, dass das Ende der Religion gekommen sei – „ihre Zeit ist abgelaufen".[423] Die Zukunft ist religionslos. Doch anders als Freud, der den Primat der Intelligenz und die „Erziehung zur Realität" am Horizont aufziehen sieht und daran glaubt, dass Menschen sich in Zukunft ergeben und illusionslos ins Leben wagen und den Verzicht auf religiöse Vorstellungen verkraften werden, zweifelt Reik daran, dass

---

418 Theodor REIK (1927): [Rez. zu:] Religionspsychologie. Veröff. des Wiener Religionspsychologischen Forschungsinstitutes, hg. v. Karl BETH, H. 1–3, Wien/Leipzig 1926f., in: Imago 13, 550f.
419 Ebd., 551.
420 REIK (1977 [1928]), 32f.
421 REIK (1977 [1928]), 33.
422 Siehe den Buchtitel von Walter BUNTZEL (1926): Die Psychoanalyse und ihre seelsorgerliche Verwertung, Göttingen.
423 REIK (1977 [1928]), 35.

Menschen ohne jegliche Illusionen überhaupt auskommen können. Er teilt das Ziel Freuds und ist ihm gegenüber doch skeptischer als dieser, denn

„die hervorstechendste Eigentümlichkeit der Realität ist ihre Unerfreulichkeit. [...] Realität ist das, was der andere anerkennen sollte. Die religiöse Illusion wird verschwinden, aber eine andere wird an ihre Stelle treten.“[424]

Reik sieht den Primat des Intellekts als Täuschung. Er kann sich ihn letztlich nicht vorstellen. Er widerstrebt seiner Anthropologie. Der Mensch bleibt ein Triebwesen, weshalb auch eine zukünftige Herrschaft der Wissenschaft letztlich eine Herrschaft über Menschen bleibt. Reik appelliert an Freuds Erfahrung, dass Wissenschaft nicht mit dem zu verwechseln sei, der sie betreibt. Wissenschaft mache weder glücklicher oder zufriedener noch weiser. Der Primat des Intellekts wäre psychologisch betrachtet nur wiederum eine Form der Abwehr und des Widerstands, da sie dazu verwendet würde, verborgene Triebwünsche noch „geschickter zu verbergen und intellektuell zu verkleiden“.[425] Reik trifft Freud im Kern seiner These: er hält ihm vor, die menschliche Gabe des Intellekts, die sich von jener des Tieres nur unwesentlich unterscheide, zu „überschätzen“.

Reik greift als nächstes Freuds These von der Entwicklung des Über-Ichs als eines Fortschritts der menschlichen Seele an. So sehr Reik die Entdeckung dieser Entwicklung teilt, hält er Freud doch entgegen: „Entwicklung heißt nicht unbedingt Fortschritt“.[426] Die Menschheitsgeschichte verläuft nicht linear, sondern eher im Stil „eines Riesenpendels“. Als „Frage der Proportionalität“ erinnert Reik daran: „Das überstrenge Über-Ich ist nicht weniger grausam als der äußere Zwang; es hat ebenso viele Existenzen ruiniert und ebenso viele Morde auf dem Gewissen“.[427] Zudem wendet er ein, dass die Triebimpulse durch ihre Transformation in innern Zwang nicht abnähmen, sondern „durch den Verdrängungsprozeß scheinen sie sogar an Intensität zu gewinnen“.[428]

Reik antwortet auf Freuds rhetorisch gemeinte Frage, ob die menschliche Natur denn so bleiben müsse, anders als dieser erwartet, nämlich nicht zustimmend, sondern ablehnend, womit die zentrale anthropologische Differenz zum Ausdruck kommt:

„Lassen Sie mich also der Befürchtung Ausdruck geben, das der Primat des Intellekts nicht nur an der im Tiefsten unveränderlichen Natur des Menschen scheitern wird, sondern auch an dem heftigen Widerstand, den er Bestrebungen dieser Richtung entgegensetzt“.[429]

---

[424] REIK (1977 [1928]), 35.
[425] REIK (1977 [1928]), 35. Vgl. dazu Freuds eigene Argumentation, dass „Gesunde“, die man mit Verdrängtem konfrontiere, ihre „affektiv gebotene Ablehnung durch intellektuelle Begründung zu motivieren“ wüssten. FREUD (1914d), 62.
[426] REIK (1977 [1928]), 36.
[427] REIK (1977 [1928]), 36.
[428] REIK (1977 [1928]), 36.
[429] REIK (1977 [1928]), 37.

Reik fasst seine Analyse von Freuds Schrift in der rhetorischen Frage zusammen, ob es gestattet sei zu „sagen, daß Freud in den ersten Teilen dieser Schrift Erkenntnis gegeben hat, im letzten eher Bekenntnis?"[430]

Zum letzten Schlag holt Reik mit der Feststellung aus, dass es doch auffalle, wie stark Freuds „Zukunftsbild so viele Züge aufweist, die unseren Wünschen nicht entgegengesetzt sind." Und: „Zeigt der Hauptteil der Freudschen Schrift die Zukunft einer Illusion, so werden wir mit nur geringer Übertreibung sagen können, daß dieser letzte Teil eher die Illusion einer Zukunft zeigt".[431] Mit genau demselben Wortspiel reagiert Pfister auf Freuds Schrift, die nun als Nächstes behandelt werden soll.

3.4 Oskar Pfisters „Illusion einer Zukunft" (1928)

In einem Brief vom 24. November 1927 reagiert Pfister erstmals auf die Lektüre der von Freud schon zuvor angekündigten und mit Spannung erwarteten Schrift. Sie scheint ihn etwas enttäuscht zu haben. So hätte ihn der Umstand überrascht, dass ihn „so wenig" an Freuds Schrift überrascht.[432] Er versichert Freud, dass seine Haltung weder ihm noch der Psychoanalyse gegenüber gefährdet sei durch dessen „Ablehnung der Religion", und erklärt ihm:

„Über Religion kann ich mich darum mit Ihnen nicht gut auseinandersetzen, weil Sie die Philosophie ganz ablehnen, die Kunst ganz anders beurteilen als ich, und die Moral für etwas Selbstverständliches ansehen. Ich denke da total anders."[433]

Pfister analysiert Freuds Religionskritik und versucht, dessen Wissenschaftsgläubigkeit ideengeschichtlich einzuordnen: „Ihr Religionsersatz ist im Wesentlichen der Aufklärungsgedanke des 18. Jahrhunderts in stolzer moderner Auffrischung."[434] Pfister meint, auch ihn erfreue der Erkenntniszuwachs, den Wissenschaft und Forschung zutage förderten, doch sähe er auch deren Grenzen und teile deshalb Freuds beinahe uneingeschränktes und vorbehaltloses Vertrauen in sie nicht. Er könne nicht erkennen, dass die schon erzielten wissenschaftlich-technischen Fortschritte den Menschen glücklicher gemacht hätten. Als schlagenden Beweis führt er die Kriminalstatistik an, die zeige, dass es gerade unter den Wissenschaftlern im Durchschnitt mehr Verbrecher gebe als unter der restlichen Bevölkerung.[435]

Pfister hält es schliesslich für ausgeschlossen, dass das, was Freud „als Ende der Illusion ablehne[n] und als einzigen wahren Inhalt preise[n], alles sei" und schlussfolgert:

---

[430] REIK (1977 [1928]), 38.
[431] REIK (1977 [1928]), 38.
[432] Brief Pfisters an Freud vom 24.11.1927 (F/P, 121).
[433] Ebd., 122.
[434] Ebd., 123.
[435] So auch PFISTER (1977 [1928b]), 134: „Hat nicht Alexander von Öttingen nachgewiesen, daß gerade die Hochgebildeten prozentual mehr Kriminelle aufweisen, als der geistige Mittelstand?"

„Wenn es zur psychoanalytischen Kur gehörte, diese ausgeplünderte Welt den Patienten als der Wahrheit höchste Erkenntnis beizubringen, so würde ich sehr gut begreifen, daß die armen Leute sich lieber in die Klause ihrer Krankheit flüchteten, als in diese schauerliche Eiswüste zögen."[436]

Pfister fragt Freud, ob er seine Entgegnung in der *Imago* veröffentlichen dürfe, um zu verhindern, dass der Psychoanalyse noch mehr Gegner erwüchsen. In seinem Antwortschreiben vom 26. November 1927 stimmt Freud zu und weist ihn nochmals ausdrücklich darauf hin, dass er keine Lehr-, sondern seine persönliche Meinung kundgetan hätte. Immer wieder versichern die beiden einander ihrer Freundschaft, die ungetrübt ihrer unterschiedlichen Auffassung über Religion weiter bestehe.

In seinem Brief vom 20. Februar 1928 versucht Pfister, ihre Differenzen darauf zurückzuführen, dass Freud „in der Nähe pathologischer Religionsformen" aufgewachsen sei und diese „für ,die Religion'" betrachte, während er selber in der glücklichen Lage gewesen sei, sich „zu einer freien Religionsform wenden zu dürfen", welche Freud für „eine Entleerung des Christentums" halte. Pfister hingegen sehe „in ihr das Zentrale und Substantielle des Evangelismus".[437] Implizit führt Pfister Freuds Religionsverständnis auf dessen katholisches Umfeld zurück, während er seines der liberalprotestantischen Zürcher Kirche verdanke. Pfister beruhigt Freud: „Die Gefahr ist nicht groß, daß Sie sich zur Taufe melden, oder daß ich von der Kanzel herunterhüpfe."[438] Er sendet ihm noch vor der Drucklegung sein Manuskript zu.

Pfister wählt als Überschrift seiner Replik – in Umkehrung des Titels der Schrift Freuds und in wohl unwissentlicher Aufnahme des schon von Reik verwendeten Wortspiels – *„Die Illusion einer Zukunft"*. Der Text lebt von Anspielungen, von Injektionen und von einem für heutige LeserInnen kaum erträglichen Pathos, und dennoch handelt es sich – so *Hartmut Raguse* – um „eine der besten Schriften Pfisters, der überhaupt immer dann Profil gewinnt, wenn er eine gewisse Aggressivität entwickeln kann."[439]

Pfister stellt seiner Reaktion einen Brief an Freud voran, in welchem er ihm erklärt, dass er der Wissenschaft so inbrünstig diene, dass sein „Studierzimmer zum Tempel" werde.[440] Pfister spielt hier schon darauf an, was er nachher noch ausführen wird, nämlich dass Freud die Wissenschaft als Religionsersatz verwende. Freuds Einsatz für die Liebe lasse es gerechtfertigt erscheinen, ihn „nach evangelischem Maßstab ein[en] treue[n] Diener Gottes" zu heissen.[441] Freud bekämpfe Religion „– aus Religion".[442]

Pfister gliedert seine Antwort in zwei Teile. Zuerst behandelt er Freuds Reli-

---

[436]   Brief Pfisters an Freud vom 24.11.1927 (F/P, 124).
[437]   Brief Pfisters an Freud vom 20.02.1928 (F/P, 131).
[438]   Ebd.
[439]   RAGUSE (2007), 41.
[440]   PFISTER (1928b), 101.
[441]   PFISTER (1928b), 102.
[442]   PFISTER (1928b), 101.

gionskritik. Er zählt seine so genannten „Anklagen" auf und geht einzeln auf sie ein. Anschliessend wendet er sich Freuds „Scientismus" zu. Die „Anklagen" fasst Pfister in vier Punkte zusammen: „Religion als neurotischer Zwang", als „Wunschgebilde", als „denkfeindlich" und als „Kulturschutz". Im Folgenden geben wir kurz Pfisters Reaktion wieder:

I. Zu Freuds Religionskritik

a) Religion als neurotischer Zwang

Pfister nimmt in seinem Werk – wie schon in der Wahl des Titels – immer wieder Freuds Thesen auf, um sie auf den Kopf zu stellen und genau die Gegenthese zu formulieren:

Pfister entkräftet den Vorwurf des „neurotischen Zwangscharakters" von Religion, indem er Freud zwar zunächst zustimmt, aber gleich darauf fragt, ob der Zwangscharakter der Religion wirklich wesenseigen sei und nicht eher etwas, das überwunden werden müsse.[443] Pfister kritisiert Freuds Kulturbegriff: „ein kulturgemässes Heranwachsen und Sichbestätigen" entspreche eher dem Wesen des Menschen als „ein tierisches Vegetieren".[444] Insofern ist Kultur geradezu die Natur des Menschen und nicht dessen Gegenteil.

Pfister hält fest, dass Freud die „negative Vaterbindung als Hauptdeterminante der Religion" betrachte.[445] Während Freud Religion auf Zwang gegründet sieht, betrachtet Pfister den Zwang in der Religion gerade aufgehoben. Immer wieder verweist er auf Jesu Liebesgebot. Er hätte „nach gut psychoanalytischer Regel die Kollektivneurose seines Volkes überwunden, indem er die Liebe, allerdings sittlich vollendete Liebe, ins Lebenszentrum einführte." Sein Gottesbild sei „von den Schlacken der Ödipusbindung gänzlich gereinigt."[446] In der Religion werde nichts anderes gefordert, „als was seinem Wesen und seiner wahren Bestimmung entspricht, das Gesamtwohl fördert und [...] eine maximale Gesundheit des Einzelnen und der Gesamtheit herstellt".[447] Wenn Pfister das Liebesgebot Jesu (Mt 22, 37f.) als dem „Gesetz im Geiste des Mosaismus" entgegenstehend betrachtet, verwendet er klassische Formen des Antijudaismus.[448]

Pfister verweist darauf, „wie fein Jesus 1900 Jahre vor Freud Psychoanalyse treibt", freilich mit der explizierenden Einschränkung, dass man den Begriff nicht zu eng sehen dürfe. Jesus sei nicht der erste Analytiker „im Sinne Freuds" gewesen, doch „seine Erlösungsseelsorge weist in ihren Grundzügen" klar in dessen Richtung.[449]

---

[443] PFISTER (1928b), 104.
[444] PFISTER (1928b), 105.
[445] PFISTER (1928b), 106.
[446] PFISTER (1928b), 106.
[447] PFISTER (1928b), 107.
[448] PFISTER (1928b), 107.
[449] PFISTER (1928b), 107.

Pfister pflegt eine Tendenz zur perspektivischen Konfessionalisierung: „Liegt nicht im *Prinzip* des Protestantismus mit seiner Glaubens- und Gewissensfreiheit, aber auch mit seiner Liebesforderung ein mächtiges Erlösungsprinzip, und zwar […] auch als *allgemeine Heilung von Zwängen?*"[450] Freuds Analyse neurotisierender Zwänge treffe auf „das präreligiöse Leben" zu, wohingegen das religiöse nicht mit der ihr zuvorlaufenden und von ihr zu unterscheidenden Magie zu verwechseln sei. So gelangt Pfister zum Schluss: „Daher leugne ich rundweg, daß der Religion als solcher neurotischer Zwangscharakter eigne".[451]

b) Religion als Wunschgebilde

Pfister deutscht nun Freuds Aussage aus, seine Ansichten hätten noch viel bedeutendere Männer als er schon vor ihm zum Besten gegeben. Pfister nennt Feuerbach, meint jedoch, Freuds „Seelenmikroskop" hätte manche Argumentationsgänge seiner Vorgänger vertieft und gefestigt.[452]

Pfister verwendet verschiedene rhetorische Figuren, um Freuds Aussagen zu widerlegen. So entgegnet er ihm, einen Glauben zu verkünden, dem die Vernunft widerspreche, gehöre zu den „Jongleurtricks", denn: „Für Illusionen setzt man seine Seele nicht ein".[453] Wiederum rhetorisch sehr geschickt und mit Humor gesteht Pfister Freud ein, einige richtige Beobachtungen gemacht zu haben:

„Daß im walfischreichen Jenseits der Eskimo, in den grünen, zu Skalpgewinn einladenden *Jagdgründen der Indianer, im metgesegneten, turnierholden Walhall der Germanen sich die* *Wünsche ihrer Urheber ebenso spiegeln wie im Betsaalhimmel des Pietisten oder im Jenseits* *Goethes mit seinem sittlichen Entscheidungskampf, wußte ich längst."*[454]

Mit Verweis auf seine analytische Praxis stellt Pfister fest, dass gerade auch die Atheisten unter seinen Patienten sehr häufig „vom Wunschdenken geleitet" seien. So fragt er: „Welcher Analytiker hätte nicht oft Atheisten gefunden, deren Unglaube verkappte Vaterbeseitigung war?"[455] Pfister scheint Freud mit dessen eigenen Waffen schlagen zu wollen.

---

[450]   PFISTER (1928b), 108. Vgl. schon PFISTER (1910), 50: „Im katholischen Frömmigkeits*ideal* begegnen wir *absoluter* Sublimierung mit Negation der primären Sexualbetätigung, im protestantischen *maximaler Sublimierung mit Bejahung einer ihr dienenden primären Triebanwendung.*"

[451]   PFISTER (1928b), 109.

[452]   PFISTER (1928b), 109.

[453]   PFISTER (1928b), 110.

[454]   PFISTER (1928b), 111.

[455]   PFISTER (1928b), 111. Vgl. auch PFISTER (1931b), 328: „Der Vaterhaß feiert einen ganz besonders pompösen Triumph, wenn sein Objekt für nichtexistierend ausgegeben wird. Jeder Analytiker weiß, wie oft der christliche Gott gehaßt wird, weil er durch den Vaternamen symbolisiert wird. Ich analysierte zwei Theosophen, die vornehmlich der Ödipusgrimm in ihre persönlichkeitsfreie Gottesverehrung gelenkt hatte. Der Buddhismus wurde wohl schon bei seiner Entstehung […] aus dieser Quelle getränkt."
Dem hält LEUPOLD-LÖWENTHAL (1993), 16f. entgegen, Freud hätte sich selber „nicht als Atheist" bezeichnet, sondern „als ,ungläubigen Juden'". Ein Atheist sei jemand, „der beweisen

Pfister kann sich von Freuds Aussagen auch klar distanzieren und sie rundweg als „falsch" bezeichnen – wie etwa jene, dass das Jenseits im Christentum die entlastende Funktion hätte, zukünftige Erfüllung irdischer Versagungen zu versprechen.[456] Auch Pfister führt kurz einen Gegner ein, um diesen über den „Unterschied zwischen Wunsch und Postulat" aufzuklären. Pfister differenziert den Begriff Wunsch, indem er nicht jeden Wunsch als Ausdruck von Wirklichkeitsferne versteht, denn „man kann sehr wirklichkeitsgerecht auf Befriedigung seiner Wünsche ausgehen."[457]

Pfister wirft Freud vor, das Kind mit dem Bade auszuschütten. Seine Kritik beruhe auf „ganz bestimmten Formen" praktizierter Religiosität, die er „verallgemeinern" würde.[458] So meint Pfister:

„Ich glaube fast, er war in protestantischen Gottesdiensten ein seltener Gast und hat auch die kritische Theologie selten mit seinem Besuche beehrt."[459]

Hier zeigt sich ein wohl wichtiger Grund für die lebenslange Freundschaft zwischen dem Religionskritiker Freud und dem reformierten Pfarrer Pfister: Freuds Religionskritik empfand Pfister als Anfragen an den Katholizismus. Er fühlte sich nicht angesprochen. Er konnte sich gar nicht gekränkt fühlen, da er nicht gemeint war. Freuds Kritik war nach Pfister nicht primär Religions-, sondern Katholizismuskritik.[460]

c) Zur Denkfeindlichkeit von Religion

Pfister kann sich über Freuds Wahrnehmung des Christentums und über seinen Vorwurf der Denkfeindlichkeit nur verwundert äussern: „welcher gebildete Christ wollte sich damit abspeisen lassen? *Wir Protestanten* sicherlich nicht. Wir kritisieren Bibel und Dogmen so radikal, wie Homer oder Aristoteles."[461] Pfister fühlt sich wiederum als Protestant nicht angesprochen. Gerade Protestanten sei allzu bewusst, welchem Verdienst sie „dem Denken für unsere Religion zu verdanken" hätten.[462] Zudem listet Pfister eine lange Reihe hervorragender Wissenschafter von Wundt über Newton bis Leibniz und Hegel auf, denen kaum „Intelligenzdefekte" nachgewiesen werden könnten trotz ihres Gottesglaubens.[463]

---

muß, daß es Gott nicht gibt, weil er unter dieser Vorstellung leidet." Dem ist entgegenzuhalten, dass Gottesbeweise historisch gesehen ein Anliegen von Theisten waren und es eine Unterstellung ist, Atheisten ein Leiden zuzuschreiben.

[456] PFISTER (1928b), 112.

[457] PFISTER (1928b), 112.

[458] PFISTER (1928b), 118.

[459] PFISTER (1928b), 118.

[460] Demgegenüber sei – so RAGUSE (2008), 35 – „der theologische Hauptgegner Freuds neben dem konservativen österreichischen Katholizismus die protestantische liberale Theologie, verkörpert vor allem in der Person seines Freundes Oskar Pfister".

[461] PFISTER (1928b), 119.

[462] PFISTER (1928b), 119.

[463] PFISTER (1928b), 120. Pfister hätte auch auf Freuds Lehrer Ernst Wilhelm von Brücke (1819–1892) verweisen können, der evangelischen Glaubens war. Vgl. Grete MECENSEFFY (1972): Die

d) Religion als Schutz der Kultur

Pfister stellt Freuds Kulturbegriff ein weiteres Mal in Frage. Mit Kultur sei nämlich auch „viel Schändliches und Schädliches" verbunden.[464] Aus diesem Grund hätte die Religion nicht bloss „Wichtigeres zu tun", als sie zu beschützen, sondern geradezu ein Interesse, sie zu verändern:[465]

> „Nicht konservierende Polizei, sondern Führerin und Leuchte zu wahrer Kultur aus unserer Scheinkultur sollte die Religion uns werden."[466]

Dass die Religion für unausweichliche Triebverzichte trösten solle, hält Pfister ihrer schlichtweg für „unwürdig".[467] Freuds Ansicht, die Religion vertröste die Menschen aufs Jenseits, lehnt Pfister mit dem Hinweis auf die irdische Orientiertheit des Christentums ab, die sich z.B. in der Bitte „Dein Reich komme" konkretisiere.[468] Christentum sei „Realismus".[469]

II. Freuds Scientismus

Pfister arbeitet in diesem zweiten Teil seiner Replik Freuds Alternative von religiösem Glauben versus Glauben an die Wissenschaft messerscharf heraus. Seine Hauptkritik besteht darin, dass Freud seinen Glauben an die Macht der Wissenschaft zwar an die Stelle von Religion setze, das Illusionäre seines eigenen Glaubens jedoch nicht erkenne. „Gott Logos stößt den Gott der Religion vom Throne."[470] Im Fokus seiner Kritik ist Freuds „Wissenschaftsideal", das Pfister historisch herleitet, sein „Wissenschaftsoptimismus" und seine „Wissenschaftsprognose".[471] Pfister stellt die Annahme radikal in Frage, dass zunehmende wissenschaftliche Erkenntnisse und Einsichten mit einem Zuwachs an Glück verbunden seien. „Freuds Glauben an den Endsieg des Intellekts" sei getragen vom „Wunsch".[472] Seine Prognose eines Endes der Illusion bezeichne selbst wiederum eine Illusion. Als Begründung führt Pfister das „Realprinzip" an. Sehr subtil analysiert er Freuds Argumentation. Aus ihr folge gerade kein Ende des Glau-

---

historischen Vorgänge um die Eingliederung der Evang.-theol. Fakultät in die Universität Wien, in: Geschichtsmächtigkeit und Geduld. FS der Evang.-theol. Fakultät der Universität Wien, hg. v. Gottfried FITZER, München, 14–21, hier 18. Freuds Lehrer, der evangelische Ernst von Brücke verfasste 1861 ein kurzes und positives Gutachten der medizinischen Fakultät zur Eingliederung der Evang.-theol. Fakultät in die Universität, vgl. ebd. 18.

[464] PFISTER (1928b), 123.
[465] PFISTER (1928b), 122.
[466] PFISTER (1928b), 123.
[467] PFISTER (1928b), 123.
[468] PFISTER (1928b), 124.
[469] PFISTER (1928b), 124.
[470] PFISTER (1928b), 126.
[471] PFISTER (1928b), 126, 128 u. 130.
[472] PFISTER (1928b), 132.

bens, sondern der „Aufmarsch einer *neuen*, nämlich *wissenschaftlichen Illusion*."[473]

In seinem Satz: „Eine Illusion wäre es zu glauben, daß wir anderswoher bekommen könnten, was sie (die Wissenschaft) uns nicht geben kann", fasse Freud sein „Glaubensbekenntnis" zusammen. Freuds Intellekt gehe in „Intellektualismus" über, doch Menschen seien nicht bloss „Denkapparate".[474] So schliesst Pfister und meint:

„Allein aus dem Wesen des Menschen und der engen Begrenzung des Intellektes muß ich Freuds Weissagung von der Zukunft einer Illusion die nicht mehr weissagende, sondern psychologisch begründete Behauptung von der Illusion einer solchen Zukunft entgegensetzen."[475]

Mit besonderem Interesse verfolgt man, wie Freud auf Pfisters Manuskript reagierte. Er schickte es umgehend an die Redaktion weiter und schrieb mit dem ihm eigenen Humor: „Es war durchaus notwendig, daß *meiner ,Illusion'* aus unseren Kreisen widersprochen würde, und es ist schön, daß es in so würdiger und freundschaftlicher Weise geschehen ist."[476] Pfisters augenfälliger Idealismus und sein schwärmerischer Optimismus schienen jedoch den Skeptiker Freud gereizt zu haben, so dass er sich zur Frage genötigt fühlte: „lassen Sie mich einmal unhöflich werden – wie zum Teufel bringen Sie alles, was wir in der Welt erleben und zu erwarten haben, mit Ihrem Postulat einer sittlichen Weltordnung zusammen?"[477] Hier treffen nicht Überzeugungen, sondern Haltungen und Einstellungen aufeinander. Nicht die Frage, wer nun im Recht ist, sondern das erfreute Erstaunen darüber, dass sie trotz ihrer Unterschiede beide Anhänger der Psychoanalyse und zudem miteinander befreundet sind, dominiert die Auseinandersetzung der beiden.

Mehrere Monate später schreibt Freud an Pfister, wie nahe sie einander doch in Sachen Psychoanalyse seien und erklärt ihm, wie er mit ihren Unterschieden hinsichtlich der Religion verfahre:

„Den jähen Abbruch nicht des analytischen, sondern des wissenschaftlichen Denkens, wenn es an Gott und Christus herankommt, nehme ich als eine der logisch unhaltbaren, psychologisch nur zu begreiflichen Inkonsequenzen des Lebens hin."[478]

Die Fähigkeit, des Anderen Haltung kritisch hinzunehmen, war Voraussetzung der lebenslangen Freundschaft zwischen Freud und Pfister.

---

[473]   PFISTER (1928b), 132.
[474]   PFISTER (1928b), 132.
[475]   PFISTER (1928b), 140.
[476]   Brief Freuds an Pfister vom 24.02.1928 (F/P, 132). Hervorhebung IN.
[477]   Brief Freuds an Pfister vom 24.02.1928 (F/P, 132).
[478]   Brief Freuds an Pfister vom 25.11.1928 (F/P, 135).

Nach der Veröffentlichung von Pfisters Reaktion in der *Imago* schrieb ihm Theodor Reik im September desselben Jahres einen Brief, in welchem er sein Erstaunen darüber äussert, dass sich ihre Reaktionen auf Freuds Schrift zum Teil bis in die Wortwahl hinein glichen. Reik findet dies deshalb so überraschend, da sie ja in Sachen Psychoanalyse eigentlich Gegner seien:

[ZB ZH, Nachlass Oskar Pfister 3.31][479]

Berlin-Grunewald, 7. September 1928

Lieber Herr Doctor,

darf ich Ihnen, seit jeher meinem Antipoden in der analytischen Auffassung der Religion sagen, mit wie großem Interesse ich Ihren Aufsatz zu Freuds „Zukunft einer Illusion" gelesen habe und wie gut mir manches darin gefallen hat? Waren Sie nicht auch überrascht, daß wir uns beide oft bis auf den wörtlichen Ausdruck begegnet sind, obwohl wir auf entgegengesetzten Flügeln stehen? Ich habe sogar manchmal das Gefühl, als ob Sie, lieber Herr Doctor wörtlich dem Geiste nach Freuds Anschauungen näher stehen als meine dem Gefühl nach eiskalte Skepsis, die ihre Abkunft von Satanas nicht verleugnet. (Sie haben sicher nicht vergessen, daß auch dieser Gegenschöpfer ein gestürzter Engel ist und ein guter Theologe vor dem Herrn – und gegen den Herrn.)
Worauf es wohl ankommt und worin ich mich mit Ihnen einig fühle (über alle Abgründe hinweg), ist das Interesse, das wir beide an denselben Fragen nehmen. Erlauben Sie mir also, lieber Herr Doctor, daß ich Sie herzlichst [1ʳ/1ᵛ] begrüße und in alter, achtungsvoller Gegnerschaft verbleibe

Ihr ergebener
Theodor Reik

NB: Ihre Fehde mit Heiler[480] habe ich mit starkem Interesse verfolgt und habe den Eindruck, daß Sie Recht haben.

Worauf beruhte die Gegnerschaft von Pfister und Reik? 1914 hatte Theodor Reik die in der *Theologischen Literaturzeitung* erschienene Reaktion Pfisters[481] auf einen am selben Ort veröffentlichte Stellungnahme gegen die Psychoanalyse von J. H. Schultz besprochen.[482] Reiks Kritik von Pfisters Antwort erschien in der *Internationalen Zeitschrift für ärztliche Psychoanalyse*.[483] Die unterschiedlichen Veröffentlichungsforen – hier eine theologische, dort eine psychoanalytische

---

[479] Transkription IN.

[480] Zur Auseinandersetzung Pfisters mit Friedrich Heiler über den indischen Wunderheiligen Sadhu Sundas Singh vgl. NASE (1993), 387.

[481] Oskar PFISTER (1914b): Psychanalyse und Theologie, in: ThLZ 39, 379–382 (6. Juni 1914).

[482] J.H. SCHULTZ (1914): Die Psychoanalyse. Eine kritische Betrachtung, in: ThLZ 39, 33–37 (17. Januar 1914). Es handelt sich jedoch nicht um einen Verriss; so kann er zugestehen, dass Pfisters Verständnis Zinzendorfs „nicht ganz unberechtigt (sein) dürfte". Ebd., 36.

[483] Theodor REIK (1914): Oskar Pfister: Psychoanalyse und Theologie, in: IZ 2, 474f.

Fachzeitschrift – müssen mitberücksichtigt werden, will man die Diskussion verstehen.

Reik selbst hatte den Aufsatz von Schultz als „völlig verständnislose[n]" Beitrag qualifiziert, der angesichts der „Banalität und Unsinnigkeit seiner Argumente" einer Entgegnung schlichtweg nicht würdig sei.[484] Reik liest jedoch Pfisters Reaktion auf Schultzens Beitrag und hält sie für „schwach und dürftig" und zwar, „weil Pfister sich nur halb zu Freud bekennt und seiner Sache selbst nicht sicher ist."[485] Zudem wirft Reik ihm vor, nur immer die eigenen Publikationen zu zitieren und Freuds massgebliche religionspsychologische Veröffentlichungen wie etwa *„Zwangsneurose und Religionsübung"* (sic!) oder *„Totem und Tabu"* nicht zu erwähnen. Reik ist entsetzt darüber, dass Pfister sich in seiner so genannten „Verteidigung" der Psychoanalyse in zentralen psychoanalytischen Grundüberzeugungen wie jene von der Macht der Sexualität von Freud absetze, indem er schreibe, dass er dessen „Sexualpsychologie grossenteils ablehne." Ärgerlich findet er gewisse Äusserungen Pfisters über ein analytisch erforderliches Taktgefühl und meint: „Es ist doch selbstverständlich, dass der Arzt seine Patienten anständig behandelt! [...] Man braucht die von Pfister auferlegte Vorsicht nicht einmal vom Standpunkte des Taktes zu nehmen, sie erledigt sich schon dadurch, daß das, was er Takt und Zartgefühl nennt, in seiner Betätigung einfach ein Stück der psychoanalytischen Technik ist."[486] Reik zitiert nun Pfisters Satz, in welchem dieser sich klar von Freud zugunsten Jungs distanziert: „Im Gegensatz zu Freuds sexuell charakterisiertem Libidobegriff und seiner polyphyletischen Sexualtheorie pflichte ich der asexuellen, rein energetischen Auffassung Jungs von der Libido und ihrer monophyletischen Ableitung bei; die Sexualität erscheint im Lichte dieser Theorie als weit weniger dominierend und umfassend." Reik hält damit alles für gesagt, kann sich eines ironischen Kommentars jedoch nicht enthalten und schreibt: „Doch der Psychoanalytiker – Dr. Pfister muß dies ja wissen – hat keine ‚stärkste Abneigung gegen sexuelle Motive' in sich zu überwinden; er sieht in ihnen nichts anderes als seelische Vorgänge, die jenseits aller moralischer Wertung stehen [...]."[487] So mag es wohl kaum Zufall sein, dass Reik seinen Beitrag mit „Pfarrer Pfister" einleitete!

Reiks Vorbehalte Pfister gegenüber rühren also aus früherer Zeit her. Noch im selben Monat, als Reik sich schriftlich an Pfister wendet, erhält er von diesem ein Antwortschreiben.

---

[484] Theodor REIK (1914): J. H. Schultz: Die Psychoanalyse, in: IZ 2, 474.
[485] REIK (1914), 475.
[486] Ebd.
[487] Ebd.

3.6   Brief Oskar Pfisters an Theodor Reik vom 14. September 1928

[ZB ZH, Nachlass Oskar Pfister 4.38; Maschinenschrift]

Zürich, den 14. 9. 28

Herrn Dr. Th. Reik, Berlin.

Lieber Herr Doctor:

Ihr freundlicher & geistreicher Brief hat mich herzlich gefreut. Nehmen Sie meinen innigen Dank dafür entgegen: Das schöne Gleichnis von Satanas, dem gestürzten Engel, liesse auch die Auslegung zu, dass ein gewisses Ressentiment die Ideenrichtung leitete. In Ihrem grundgelehrten & scharfsinnigen Aufsatz über das Dogma spukt es in Form von Hieben hervor & beeinträchtigt die Wirkung der prachtvollen Abhandlung.[488] Ihr neuester Aufsatz dagegen hält sich auf reinen, von Papierabfällen frei gehaltenen Höhen wissenschaftlicher Betrachtung.[489] Dass von ihnen aus fast nur Schutthalden & Felsmauern zu sehen sind, wird manchen erst recht imponieren.
Die grösste Differenz zwischen Ihnen & mir erblicke ich in Ihrem Satze: „Die Wissenschaft verkündet, Gott sei tot".[490] Welche Wissenschaft? Ist „die" Wissenschaft nicht vielleicht zu sehr eine willkürlich gekrönte Königin, die mir zu Gefallen regiert? Es gibt doch viele bedeutende Forscher, die an Gott glauben. Ihre Skepsis gegen Freuds Hyperintellektualismus halte ich in hohen Ehren; aber ich befürchte, dass das Scheidewasser Ihrer Kritik nicht blos [sic; IN] Flecken austilge, sondern auch edle Gebilde vernichte & Sie dem Nihilismus ausliefere. Allein ich kenne die Psychologie des Satans nicht genügend, um zu wissen, ob es ihm nicht vielleicht gerade im grossen Nichts am wohlsten ist.
Ich lerne meistens viel mehr von solchen, deren Denktypus vom meinigen stark abweicht. Daher lassen Sie mich auch von Ihnen recht viel lernen, indem ich mit Ihnen innerlich kämpfe. Sie besitzen eine herrliche Gabe, durch Ihre originelle, herausfordernde Satansart (um Ihre eigene Bezeichnung zu wählen) die guten Geister zu wecken, & ich sehe gar nicht ein, warum Engel & Teufel nicht gut Freund sein sollen, wenn beide im Wahrheitsstreben eins sind. Ich schätze Sie als geistreichen & liebenswerten Mann ausserordentlich hoch, bewundre Ihr immenses Wissen, fühle mich lebendig angepackt durch Ihre radikale Art – & danke dem Herrgott, dass er so grundverschiedene Kostgänger füttert, wie Sie & mich. Mich umflutet warmes, sinnvolles, werteschaffendes Leben, & Sie bewegen sich in Ihrer, wie Sie sagen, eiskalten Skepsis. Aber wir dienen doch derselben Wahrheit, & ich freue mich Ihrer scharfen Waffen im Feldzug gegen Irrtum & pia atque impia fraus.

Mit allerbesten Grüssen ihr ergebener
Oskar Pfister

PS: Heiler[491] ist für mich Typus des frommen Schwindlers. Einer seiner nächsten Kollegen drückt mir seine Übereinstimmung mit mir aus & erklärt, Heiler sei wissenschaftlich erledigt.

Auf die von Reik angesprochenen erstaunlichen Parallelen – auch in der Aus-

---

488   Vgl. Theodor REIK (1927): Dogma und Zwangsidee: eine psychoanalytische Studie zur Entwicklung der Religion, Wien (Int. Psychoanal Verl.).
489   Vgl. oben 3.3.
490   REIK (1977 [1928]), 28: „Die Wissenschaft verkündet zwar, Gott sei tot, aber er lebt unterirdisch weiter."
491   Siehe Anm. 480.

drucksweise – geht Pfister nicht ein, zeigt aber, dass er mit dessen Veröffentlichungen vertraut ist. Wie bei Freud kritisiert er auch an Reik dessen Wissenschaftsbegriff. Im unterschiedlichen Verständnis von Wissenschaft sieht er die grösste Differenz zwischen ihnen und fragt, welche Wissenschaft er denn meine, wenn er von „der" Wissenschaft schreibe. Es gebe keine Wissenschaft an sich. So fragt er Reik, welche er denn meine, wenn er schreibe, sie verkünde den Tod Gottes. Wichtig erscheint jedoch auch hier, dass Pfister sich über alle inhaltlichen Differenzen hinweg auch mit Reik im Anliegen vereint sieht, der Wahrheit zu dienen.

Exkurs: *„Die Illusion einer Gegenwart"*

Dass der Titel von Freuds religionskritischem Werk die Bildung rhetorischer Figuren provozierte, zeigt auch das Beispiel des in Bonn lehrenden katholischen Philosophie- und Pädagogikprofessors Siegfried Behn (1884–1970). Er veröffentlichte 1930 einen Aufsatz mit dem Titel „Die Illusion einer Gegenwart. Streiflichter über die preisgekrönte Psychoanalyse".[492] Den Anstoss zur Veröffentlichung gab die Goethe-Preisverleihung der Stadt Frankfurt an Freud. Behns Hauptkritikpunkt bezieht sich auf den Anspruch der Psychoanalyse, gültige Aussagen auch über den Bereich neurotischer Erkrankungen hinaus z.B. auf das Gebiet der Religion zu machen.[493] Insofern sie ihr Untersuchungsfeld über Gebühr auf Bereiche ausgedehnt habe, zu denen sie nicht qualifiziert sei, und ihre einst neurosentheoretisch gewonnenen Schlussfolgerungen verallgemeinere bzw. „das ganze historische und kulturelle Leben der Menschheit nach dem Zerrbild einiger und weniger spezifischer Neurotiker umstilisier(e)", werde sie selber zu einer Illusion.[494] Behn mahnt Berichte an, wonach psychoanalytische Behandlungen „seltsame Persönlichkeitslähmungen und seelische Erkältungen" provoziert hätten.[495] Die Anwürfe gegen die Psychoanalyse werden immer heftiger („Was man kraft einer geistreich ersonnenen Hypothese vorvermutet hat, bestätigt sich auf der Assoziationsfolter unter den Daumenschrauben der widerstandsüberwindenden ärztlichen Suggestion allemal."[496]) bis schliesslich zur Bemerkung: „Wie befangen hat uns doch die psychoanalytische Literatur gemacht, wie verschüchtert! Manch einer wagt ja gar nicht mehr, einen alten Jugendfreund warm anzuschauen oder ein wenig bei der Hand zu halten aus Angst, der andere möchte eine homosexuelle Regung vermuten."[497] Behn wirft der Psychoanalyse auch vor, die Gesundheit zur höchsten Maxime zu erklären und spricht von einem „axiologischen Vitalismus".[498] Er sieht darin eine Gefahr für die Sicherheit, denn: „Wer erst einmal begonnen hat, die Gesundheit über alles zu stellen, wird schließlich vor keinem Verbrechen zurückscheuen, wenn er nur

---

[492]   In: Hochland 28/1 (1930/31), 397–416.
[493]   Vgl. ebd., 398: „Versuchung bedeutender Hypothetiker bleibt es, aus der plausiblen Hypothese ein schlechtes Dogma am falschen Ort zu machen, den Kreis der vermeintlich erklärbaren Tatsachen ins Ungemessene zu erweitern, die schlechterdings so undeutbaren Phänomene zu leugnen, für Illusion auszugeben. So Freud die Religion. [...] Freuds Hypothese ward Dogma oder, um es im Stil der Schule auszudrücken, Illusion."
[494]   Ebd., 399.
[495]   Ebd., 400.
[496]   Ebd., 402.
[497]   Ebd., 405.
[498]   Ebd., 407.

glauben darf, dabei Heilung zu finden."[499] Zudem weist Behn hin auf die Zahl derer, „denen im Laufe der Ereignisse die Psychoanalyse das moralische Mark aus dem Charakter gesogen hat."[500] Den Gipfel von Verumglimpfungen erreicht Behn mit der Frage: „Warum sich die Werke der psychoanalytischen Schule in Ausstattung und Aufmachung oft so sehr der ‚bibliophilen' Literatur des erotischen Fleischmarktes annähern, darüber mögen die Werbefachleute Auskunft geben, welche die Bedürfnisse überreizter und impotenter Käuferkreise kennen […]."[501]

4. Zur Rezeption der Psychoanalyse im katholischen Österreich

4.1 Hinführung

Zu Beginn der 1920er Jahre machte die psychoanalytische Bewegung u.a. mit der Gründung des *Jahrbuchs für psychoanalytische und psychopathologische Forschungen*, dem späteren *Jahrbuch der Psychoanalyse*, und einer breiten Menge an Publikationen auf sich aufmerksam. Sie „setzte […] zu einem äußeren Aufschwung an, der in der Geschichte der Wissenschaften wohl nicht allzu häufig ist", konstatierte der in Wien lehrende Ethnologe *Wilhelm Schmidt (1868–1954)* am Ende desselben Jahrzehnts.[502] Pater *Wilhelm Schmidt* gehörte katholischerseits neben dem gleichaltrigen Innsbrucker Jesuiten *Josef Donat (1868–1946)* in Sachen Psychoanalyse zu den Wortführern in Österreich, wo man sich fast ausnahmslos darin einig war, Freuds Lehre verwerfen zu müssen.[503] Die Vorstellung, dass sich hier jemand während der Zwischenkriegszeit für die Rezeption der Psychoanalyse im kirchlichen Kontext so verwenden konnte wie der reformierte Pfarrer Oskar Pfister in der Schweiz, hielt der Historiker *Wolfgang Huber* schlicht für unmöglich.[504] Damit stimmte er mit Freuds Urteil überein, der schon 1926 meinte: „[…] in dem katholischen Österreich ist ein ‚Geistlicher', der mit Analyse arbeitet, etwas ganz und gar Unvorstellbares […]."[505] Huber fand es nicht sonderlich erstaunlich, dass Katholiken in Österreich dem Verfasser der Schrift *„Die Zukunft einer Illusion"* kaum wohlgesinnt sein konnten und weist damit auf die hervorragende Bedeutung dieses Werks für die kirchliche und theologische Rezeption der Psychoanalyse hin.[506]

---

[499]   Ebd., 407.

[500]   Ebd., 407.

[501]   Ebd., 408.

[502]   Wilhelm SCHMIDT (1929): Der Ödipus-Komplex der Freudschen Psychoanalyse und die Ehegestaltung des Bolschewismus. Eine kritische Prüfung ihrer ethnologischen Grundlagen, Berlin (Erneuerungs-Verl.), 2.

[503]   Vgl. Wolfgang HUBER (1977): Psychoanalyse in Österreich seit 1933 (Veröff. des Ludwig Boltzmann-Instituts f. Gesch. der Gesellschaftswiss. 2), Wien/Salzburg (Geyer-Ed.), 156.

[504]   gl. ebd., 155. Huber erläutert, dass die damalige „geistige Situation des Katholizismus […] noch stark geprägt von den integralistischen Tendenzen des Antimodernismus" gewesen sei (ebd.).

[505]   Brief Freuds an Pfister vom 14.09.1926 (F/P, 110f.).

[506]   Vgl. HUBER (1977), 155. Vgl. zuletzt WAGNER-RAU (2007), 97: „Die Religionskritik Sigmund Freuds stellte zunächst eine massive Blockade des Gesprächs zwischen der jungen Psychoanalyse und der Theologie dar."

Bevor wir das Augenmerk auf Wilhelm Schmidts und Josef Donats Auseinandersetzungen mit Freud richten (siehe 4.3 und 4.4), soll im Folgenden zunächst eine bemerkenswerte Veranstaltung, die im Frühling 1920 in Wien vonstatten ging, Erwähnung finden. Dank einer aussergewöhnlichen Publikation ist uns ein Zeugnis dieses Anlasses überliefert, der das Bild der hartnäckig verfemten und rundum abgelehnten Psychoanalyse aufzuweichen mag.

4.2 Eine öffentliche Aussprache über Psychoanalyse im April 1920 in Wien

Unter dem Vorsitz des evangelischen Medizinprofessors *Erwin Stransky* führte 1920 der im selben Jahr erst gegründete *Verein für angewandte Psychopathologie und Psychologie* eine denkwürdige Aussprache über die Psychoanalyse durch. Der Mediziner *Rudolf Allers (1883–1963)* hielt am 26. April 1920 „auf dem sozusagen klassischen Wiener Boden vor einem Forum akademisch Gebildeter aller Fakultäten" den Einleitungsvortrag.[507] Nach Stransky hätten „Psychoanalytiker und Kliniker, Anhänger beider Forschungsrichtungen, [...] zum ersten Male in der komplexgeschwängerten Wiener Atmosphäre in friedlichem Wettstreite teilgenommen und sich untereinander öffentlich ausgesprochen".[508] Beide Seiten ermuntert er als Vorsitzender, miteinander auch in Zukunft das Gespräch zu suchen.

Allers Vortrag besteht aus zwei Teilen:[509] zuerst legt er in groben Zügen eine Überblicksdarstellung der psychoanalytischen Theorie vor, um dann seine Kritik an ihr auszuführen.[510] Schon im ersten Teil lässt er seinen Hauptvorbehalt der Psychoanalyse gegenüber anklingen, sie setze verschiedene Vorannahmen voraus.[511] Doch bevor er dies näher ausführt, erinnert er daran, dass sich die Kritik an der Psychoanalyse zu Beginn vornehmlich gegen ihre „Resultate" gerichtet habe, darunter natürlich insbesondere gegen die Rolle, die sie der Sexualität einräumte. Allers meint, „ästhetische und moralische Motive trieben diese Kritik. Sie war daher essentiell unsachlich".[512] Im Gegensatz zu dieser inhaltlichen Kritik

---

[507] Erwin STRANSKY (1922): Einleitende Bemerkungen, in: DERS. / Bernhard DATTNER (Hg.): Über Psychoanalyse. Einleitender Vortrag von Rudolf ALLERS in Wien mit daranschliessender Aussprache im Verein für angewandte Psychopathologie und Psychologie in Wien (S.-S. 1920) [Abh. aus der Neurologie, Psychiatrie, Psychologie und ihren Grenzgebieten. Beih. zur Monatschr. f. Psychiatrie und Neurologie hg. v. K. BONHOEFFER, Heft 16], Berlin, 1. Zu Allers, der jüdischer Abstammung war und ursprünglich Abeles hiess, sich nach 1920 der Individualpsychologie Alfred Adlers zuwandte, mit dem er jedoch 1927 brach, und „überzeugter Katholik" war, vgl. Clara KENNER (2005): Art. Allers, Rudolf, in: Personenlexikon der Psychotherapie, hg. v. Gerhard STUMM et al., Wien (Springer), 13–15. Sowohl Allers als auch Stransky hielten gut zehn Jahre später – 1931 – einen Vortrag am *Ersten Internationalen Religionspsychologischen Kongress* in Wien. Allers sprach über „Neurose und Unglaube", vgl. ZRPs 4 (1931), 47. Stranskys Beitrag über „Subordination und Autorität" erschien 1935 in: ZRPs 8, 65–78.
[508] STRANSKY (1922), 1.
[509] Vgl. ALLERS (1922), 2–47.
[510] Vgl. ebd., 2–14 u. 14–47.
[511] Vgl. ebd., 13.
[512] Vgl. ebd., 15.

richte sich seine eigene gegen die von der Psychoanalyse verwendete *Methode*. Allers hält ausdrücklich fest: „Ich möchte schon hier vorab betonen, daß ich viele Resultate der psychoanalytischen Lehre [...] nicht nur geneigt bin für wahr zu halten, sondern zu den bedeutendsten Errungenschaften menschlicher Seelenkunde zu zählen,[513] daß ich aber andrerseits mich außerstande sehe, die psychoanalytische Methode und viele in ihr ausgesprochene oder unausgesprochene implizierte Annahmen gelten zu lassen.“[514] Nach Allers ist „die Behauptung, daß die Methode zu den Schlüssen der Psychoanalyse führe“ unzutreffend, da sie auf Diallelen beruhe: „Sie setzt in jedem ihrer Teile das Ganze der Theorie voraus, die sie zu begründen behauptet.“[515]

Die Lehre vom Widerstand mit den Pausen bzw. „Lücken“ zu begründen, die im freien Assoziiern entstehen, entspreche einem klassischen „logischen Fehler“; es sei „geradezu das Schulbeispiel eines solchen“.[516] Auch der Lehre der Determinierung und des notwendigen Sinnes läge ein Zirkelschluss zugrunde. Allers fasst den Kern seiner Kritik in seinem Vortrag mit den folgenden Worten zusammen:

> „Wir fanden, daß die psychoanalytische Theorie nicht aus dem von ihr als solches bezeichneten empirischen Ausgangsmaterial herzuleiten ist; daß vielmehr solche Herleitung nur unter der Voraussetzung der Theorie gelingen kann. Dieser logische Zirkel stellte sich in dreifacher Hinsicht dar, als die petitio principii des Widerstandes, die der Determination, die des sinnvollen Zusammenhanges.“[517]

Neben einigen weiteren Kritikpunkten wie etwa der Behauptung der Unhaltbarkeit der „psychoenergetischen Grundanschauung“[518] würdigt Allers nochmals die „wertvolle[n] Errungenschaften“ der Psychoanalyse, zu denen viele ihrer Ergebnisse gehören, „weil sie unmittelbar einleuchten“.[519] Kurz: Allers stimmt den Inhalten der Psychoanalyse einerseits weitgehend zu, lehnt aber andererseits deren methodisches Vorgehen ab. Allers Hauptthese lautet, dass die Psychoanalyse „in Wahrheit ihre Resultate gar nicht mit ihrer Methode erlangt“.[520] Die Psychoanalyse erliege einem Selbstmissverständnis. Während sie meine zu *erklären*, verstehe sie.

---

[513] Insofern erscheint die Aussage von KENNER (2005), 14, Allers sei „vehementer Gegner der Psychoanalyse“ gewesen, wenig ausgewogen.

[514] ALLERS (1922), 16.

[515] Ebd., 21.

[516] Ebd., 17. Vgl. ebd.: „Zwar die Lückenbildung existiert. Man kann sie jederzeit aufweisen. Daraus folgt aber gar nichts über ihr Zustandekommen, geschweige für das Bestehen des Widerstandes.“

[517] Ebd., 39.

[518] Ebd. 39. Allers hält es für unzulässig, „auf Seelisches die Kategorie der Quantität anzuwenden“ (34).

[519] Ebd., 40. Zu ihnen zählt Allers v.a. das „nicht genügend zu schätzende[s] Verdienst, das Bestehen und die Entwicklung der kindlichen Sexualität aufgezeigt zu haben“ (40), „die Verschiedenheit des ‚Stellenwertes‘ seelischer Ereignisse“ (41), die Symbolik, die Lehre der Verdichtung, der Verdrängung, des Vergessens, der Fehlhandlung etc.

[520] Ebd., 44.

„Ihrem verstehenden Verhalten aber, nicht ihrer erklärenden, auf Kausalität abgestellten Theorie und Methode verdankt die Psychoanalyse ihre Einsichten und wohl auch [...] ihre therapeutischen Erfolge."[521]

Die an den Vortrag anschliessende Diskussion ist zeithistorisch von einmaligem Wert, da sie Einblick gewährt in die Argumentationsfiguren sowohl von Gegnern als auch von Anhängern der Psychoanalyse.[522] Da die Diskussionsbeiträge vor der Drucklegung den Beiträgern selber noch zur Begutachtung vorgelegt wurden, darf man davon ausgehen, dass die Wiedergabe der Aussprache der Intention der Redner inhaltsgetreu entspricht.

Der Mediziner *Emil Mattauschek* vergleicht die Diskussion mit zurückliegenden und kommt zum Schluss, dass sowohl auf Seiten der Psychiatrie als auch der Psychoanalyse „Verständnis und mehr Ruhe eingetreten" seien.[523] Die Lektüre der einzelnen Voten bestätigt das Urteil von Mattauschek über die im Allgemeinen zwar konfrontativen, aber vorwiegend sachlichen und ausgewogenen Stellungnahmen und Reaktionen. Die Verdienste der Psychoanalyse werden erwähnt,[524] Anfragen an sie formuliert, aber auch selbstkritische Töne sind zu vernehmen. So pflichtet z.B. der Vorsitzende *Erwin Stransky* den Ausführungen Allers zu, dass „von psychoanalytischer Seite von jeher stark mit subjektiven Einstellungen und [...] mit Diallele und Petitio principii gearbeitet worden" sei,[525] fügt aber gleich hinzu:

„Ich [sc. Prof. Stransky; IN] will aber [...] noch bekennen, daß gerade die Gleichgültigkeit der Schulpsychiatrie gegen alles Psychologische, die lange Jahre hindurch einseitige Einstellung auf das Anatomische und Neurologische, die Unlust zur Beackerung des so unerschöpflichen psychologischen Brachlandes mit schuld ist, wenn mehr noch als die Geister die verdurstenden Gemüter der Psychoanalyse sich zuwandten und wenn diese die Dämme, an denen sie hätte innehalten sollen, überflutet hat. Nun aber scheint der Sturm hüben und drüben sich mählich besänftigen zu wollen und langsam scheint [...] die Stunde gegenseitigen Verstehens heraufzukommen."[526]

Von besonderem Interesse ist die Reaktion auf die rassenideologischen Ausfüh-

---

[521]   Ebd., 44. Vgl. ebd., 46: „Befangen in dem Banne der Methode kleidet sie dann ihre Einsichten in die starre Sprache des Rationalen und glaubt sie mit einem Verfahren erlangt zu haben, das, dem naturwissenschaftlichen in seinem Sinne nachgebildet, der Seele gegenüber essentiell ungeeignet ist. Dass sich der Psychoanalytiker dieses Ursprungs seiner tiefsten und wahren Erkenntnisse nicht bewußt ist, ändert meines [sc. Allers; IN] Erachtens nichts an der Sachlage."

[522]   Vgl. STRANSKY / DATTNER (1922), 47–103.

[523]   Ebd., 65.

[524]   Vgl. z.B. ebd., 89: „Wir danken der Psychoanalyse sehr, sehr viel, vor allem – um nur das Allgemeine hervorzuheben – auf den Gebieten der seelischen Tiefenforschung und der Psychologie des Unterbewußtseins"; „Ein hohes Verdienst der Psychoanalyse ist die Erforschung des Sexualpsychologischen; natürlich – das entspricht der Forscherpsychologie – ist sie auf diesem Wege übers Ziel geschossen, genau wie die ‚Schulpsychiatrie' weit hinter diesem zurückgeblieben war"; „[...] grosses Verdienst, wenn sie das Energiequantitätsprinzip im Affektiven wieder zu Ehren gebracht hat".

[525]   Ebd., 89.

[526]   Ebd., 90.

rungen des bekannten und berüchtigten Wiener Schriftstellers *Arthur Trebitsch (1880–1927)*,[527] der strukturelle Unterschiede in der „seelischen Anlage" zwischen Juden und Nicht-Juden festzustellen meinte. Erstere gelangten früher, schon mit 13, zu sexueller Reife als etwa „der deutsche Knabe, […] der bis ins 18. Lebensjahr in vollständiger Kindlichkeit und Ahnungslosigkeit verharrt", und „die Verneinung des Ichs durch Ablehnung von Seiten des Wirtsvolks" begründe die Unterschiede. Das so gekränkte Ich ziehe sich „in die Sackgasse der Erotik" zurück, weshalb ihr eine so hervorgehobene Bedeutung zukomme.[528] Professor Stransky hält die Ausführungen zwar für „sehr beachtenswert", doch „das Beispiel der starkköpfigen [sic; IN] Schweizer Psychoanalytikerschule und ihrer rassenmäßigen Zusammensetzung" spreche gegen eine Verallgemeinerung![529]

Nach den einzelnen, z.T. sehr ausführlichen Voten erhält Allers das Schlusswort. In seinem langen Schlussplädoyer hält er fest, „in vielen Punkten […] mißverstanden worden zu sein", und bemüht sich um Klärung.[530] Nochmals legt er das Schwergewicht auf die von ihm schon eingangs dargelegten „implizierten Voraussetzungen" der Psychoanalyse.[531] Der Vorsitzende beschliesst zuletzt die öffentliche Aussprache, dankt insbesondere den Psychoanalytikern und hofft, die Veranstaltung „auf neutralem Boden" möge „reiche Frucht tragen".[532]

Das Dokument ist ein eindrückliches Zeugnis für eine frühe Initiative in Wien, die sich darum bemühte, in einen echten Dialog mit der Psychoanalyse zu treten. Man war um eine Annäherung bemüht, auch wenn das Schlussplädoyer von Allers zeigt, wie schwierig dies noch war. Leider handelte es sich bei diesem erfreulichen, ersten öffentlichen Austausch in Wien um einen singulären, aber gerade deshalb beachtenswerten Anlass.

4.3   Pater Wilhelm Schmidt (1868–1954) und die kulturhistorische Ethnologie

Pater Wilhelm Schmidt fand es Ende desselben Jahrzehnts, in welchem die eben besprochene öffentliche Veranstaltung zur Psychoanalyse stattfand, „merkwürdig", dass diese in krassem Gegensatz zu ihrer erstaunlichen Ausbreitung von der „eigentliche[n] Fachwissenschaft gerade in Österreich und Deutschland […] die längste Zeit mit einem Stillschweigen" bzw. ablehnend quittiert wurde.[533] Mit der

---

[527]   Vgl. dazu Brigitte HAMANN (2006[8] [1996]): Hitlers Wien, München (Piper), 329–333.

[528]   STRANSKY / DATTNER (1922), 99. Vgl. HAMANN (2006[8] [1996]), 331: „Wie Otto Weininger [d.i. sein gleichaltriger Freund; IN] stellt er die Juden als Erotomane dar. Die Nervosität sei ‚wesentlich jüdische Erkrankung, wie sie sich in einer entarteten Erotik nicht minder als in allgemeiner Lebensunrast ausspricht.' Die Psychoanalyse Sigmund Freuds ist ihm ein Ausdruck typisch jüdischer ‚Erotomanie' […]." Vgl. schon oben Exkurs zu Behn S. 142.

[529]   STRANSKY / DATTNER (1922), 100.

[530]   Ebd., 103–119, hier 104. Von Seiten der Psychoanalytiker warf man ihm v.a. vor, die Psychoanalyse nur von aussen und durch die Lektüre von Büchern zu kennen. Zudem übergehe er die zentrale Bedeutung der Übertragung.

[531]   Ebd., 119.

[532]   Ebd., 119.

[533]   SCHMIDT (1929), 3.

„eigentliche[n] Fachwissenschaft" meinte Schmidt, der selbst seit 1921 Universitätsdozent für Ethnologie in Wien war, seine eigene.[534] So veröffentlichte er 1929 eine Stellungnahme zur Psychoanalyse unter dem Titel *„Der Ödipus-Komplex der Freudschen Psychoanalyse und die Ehegestaltung des Bolschewismus. Eine kritische Prüfung ihrer ethnologischen Grundlagen".*[535] Ein Jahr zuvor hatte *Hans Prinzhorn* ein Sammelwerk über *„Auswirkungen der Psychoanalyse in Wissenschaft und Leben"* herausgegeben, in welchem kein einziger der 22 Fachvertreter aus Österreich stammte.[536] In Aufnahme des Urteils von Carl Clemen in erwähntem Sammelband sprach Schmidt gar von einer „Unterlassungssünde" der Ethnologie, sich mit der Psychoanalyse angesichts ihrer Bedeutung auseinanderzusetzen.[537] In seiner eigenen Stellungnahme, die auf einem Vortrag vor der *Kulturwissenschaftlichen Gesellschaft* in Wien am 28. November 1928 beruhte, dessen Thema er kurzfristig in erwähnte Richtung änderte, konzentrierte sich Schmidt auf die Theorie des Ödipuskomplexes „wie sie Freud in seinem Hauptwerk ‚Totem und Tabu'" dargelegt hatte.[538]

Besonders störend empfindet es Wilhelm Schmidt, dass Freud seine Theorie des Ödipuskomplexes zunächst sehr bescheiden und mit aller gebotenen Vorsicht „als blosse[n] Versuch" vorträgt und sie dann ungeachtet aller ethnologischen Forschungsergebnisse sechzehn Jahre lang in drei Auflagen von *„Totem und Tabu"* unverändert wiedergibt, um sie dann plötzlich „als eine unerschütterliche Wahrheit hinzustellen".[539] Auf der vorletzten Seite seiner Schrift lässt Schmidt nun seinem ganzen Ärger freien Lauf, den die Veröffentlichung der religionskritischen Hauptschrift Freuds *„Die Zukunft einer Illusion"* verursachte und eigentlicher Auslöser des Vortrags war bzw. Schmidt dazu bewog, sein Thema kurzfristig noch zu ändern. Solange Freud seine Theorie nur als Versuch darstellte, fühlte sich Schmidt noch nicht gedrängt, sie zu widerlegen, doch mit Erscheinen von *„Die Zukunft einer Illusion"* und der Darstellung der Theorie als gesichert, ändert sich die Situation.

Schmidt wirft der Schrift „Anspruchslosigkeit" vor, die sich z.B. darin zeige, dass ständig von Trieben die Rede sei, ohne jedoch je an „Woher und Wohin" bzw. an „Ursache und Ziel dieser Triebe" zu rühren.[540]

---

[534] Vgl. Anton QUACK (2000³): Art. Wilhelm Schmidt, in: LThK 9, Sp. 182; K.J. RIVINIUS (2000): Art. Wilhelm Schmidt, in: BBKL XVII, Sp. 1231–1246.

[535] Wien (Erneuerungs-Verl.).

[536] Hans PRINZHORN (Hg.) (1928): Krisis der Psychoanalyse, Bd. I: Auswirkungen der Psychoanalyse in Wissenschaft und Leben, Leipzig (Der Neue Geist Verl.). Vgl. dazu NOTH (2008).

[537] SCHMIDT (1929), 4.

[538] Ebd., 5f. (Die Publikation dieser eigenen Auseinandersetzung Schmidts mit Freud wird 1929 und nicht – wie GAY (2004⁵ [1989]), 509 vermutet – schon 1928 erfolgt sein, da der Vortrag am 28.11.1928 stattfand (4). Zudem handelt es sich bei Wilhelm Schmidt nicht um „einen Arzt" (so GAY 2004⁵ [1989], 508). Siehe auch seine zusammenfassende Kritik an Freud in: Wilhelm SCHMIDT (1930): Handbuch der vergleichenden Religionsgeschichte zum Gebrauch für Vorlesungen an Universitäten, Seminaren usw. und zum Selbststudium, Münster (Aschendorffsche Verlagsbuchhandlung), hier 106–111. Vgl. dazu Karl Beths Kurzbesprechung in: ZRPs 6 (1933), 247f.

[539] SCHMIDT (1929), 34f.

[540] Ebd., 35.

Schmidt wollte die „ethnologischen Grundlagen" von Freuds Theorien untersuchen und auf ihre Haltbarkeit überprüfen. Schmidt, der Freuds Ergebnisse zerpflückte, beschrieb den grundlegenden Unterschied zwischen dessen und seiner eigenen Vorgehensweise folgendermassen:

> „Mit dem ganzen Rüstzeug der historischen Ethnologie, mit der ganzen langwierigen und mühevollen Arbeit, die die historische Methode erfordert, hatte ich mich zuerst bemüht, herauszukommen, welcher Art denn diese primitive Psyche war, die ich da analysieren sollte, in welche Epoche, welche Kultur, welch soziale, wirtschaftliche, ethische, religiöse Verhältnisse sie hineingehöre, und ich habe mich nicht begnügt, diese Menschen mir einfach a priori vorzustellen als eine Art moderner Sexualneurotiker, denen ich die Primitivität dann verschafft hätte mit einer kleinen Dosis von Darwinismus und mit Hilfe von einigen exotischen Reisebeschreibungen."[541]

Trotz der vehementen Ablehnung von Freuds Ergebnissen will sogar Schmidt nicht den Eindruck erwecken, „als ob das Verhältnis von Ethnologie und Psychoanalyse überhaupt und für immer ein bloß negatives sein müßte."[542] So hält er ausdrücklich fest: „Sicherlich wird die von Freud gefundene und erklärte ‚Verdrängung' […] für die Aufdeckung mancher ethnologischer Probleme mit Nutzen herangezogen werden; ebenso zum Teil die Lehre von der Symbolik."[543] Sogar „die Annahme eines partiellen Pansexualismus" hält Schmidt für möglich![544] Glaubt man Schmidts Aussagen, so fängt das Urteil Hubers, die Psychoanalyse sei im katholischen Österreich fast durchweg auf Ablehnung gestossen, die Komplexität des Verhältnisses zur Psychoanalyse nicht ein. Die Ambivalenz wird ausgeblendet, und ein ambivalentes Verhältnis zur Psychoanalyse lässt sich auch bei Wilhelm Schmidt nachweisen. Dies belegt der Schluss seiner Schrift: Seinen Beitrag beendet Schmidt mit ominösen recht dunklen Ausführungen und Anklängen. In Aufnahme eines Zitats von Carl Clemen über die Herkunft des Pansexualismus „aus den besonderen Kreisen",[545] aus denen die Psychoanalytiker mitsamt ihren PatientInnen stammten, baut Schmidt ein merkwürdiges Gebäude auf und fragt:

> „Woher aber kommt nun die Tatsache des Vorhandenseins solcher Kreise mit ihren passiven und produktiven Empfänglichkeiten für diese sexuell so schwer belastete und behaftete Psychoanalyse Freuds, und woher kommen die Illusionen bei der Schaffung und gläubigen Annahme der absonderlichen Theorien, die hier geformt wurden? Welches ist die Vergangenheit dieser Illusion? Wenn wir diese Vergangenheit kennen, so kennen wir auch ihre Zukunft?
> Hier wird nun einmal die kulturhistorische Ethnologie helfend eingreifen können. Denn sie kennt einen Kulturkreis, in dem ganz die gleichen Verhältnisse herrschend waren, und in dem das ganze Denken, Fühlen und Handeln von einem weitgehenden Sexualismus durchsetzt und durchseucht war und ist. Aber ich werde diesen Kulturkreis jetzt hier noch nicht

---

541 Ebd., 33.
542 Ebd., 33.
543 Ebd., 34.
544 Ebd., 34.
545 Ebd., 35.

nennen; denn die Ethnologie ist selbst, ihrerseits, mit ihren Untersuchungen noch nicht so weit, daß sie alle Fragen nach Ursprung und Ausgang dieses Kulturkreises restlos geklärt hätte. Ihn in dem jetzigen unfertigen Zustande aber den heutigen Psychoanalytikern ausliefern, würde sicherlich heillose Verwirrung anstiften."[546]

Sind diese Aussagen letztlich als Anklänge eines religiösen Antisemitismus zu werten?[547] Zumindest lässt das Beispiel von Schmidt deutlich werden, dass man sehr wohl einzelne psychoanalytische Theoreme – sogar über die Sexualität – übernehmen und würdigen konnte, doch stets unter Wahrung eines Vorbehalts. Eine merkwürdige Ambivalenz durchzieht die Beurteilung der Psychoanalyse. Dies zeigt auch das nächste Beispiel.

4.4 Josef Donat (1868–1946) und die Psychoanalyse als „Vernichtungsarbeit [...] gegen die katholische Gedankenwelt"[548]

Der Historiker Wolfgang Huber nennt in seiner Darstellung der *„Psychoanalyse in Österreich seit 1933"* als Repräsentanten der katholischerseits vorherrschenden Ansicht, Freud und seine Lehre seien „als ganzes abzulehnen", neben Wilhelm Schmidt auch Josef Donat.[549] 1932 veröffentlichte der in Innsbruck lehrende Jesuit Josef Donat ein als Einführung und Aufklärungsschrift konzipiertes Werk *„Über Psychoanalyse und Individualpsychologie".* Diese seien „in weite Kreise

---

[546]   Ebd., 36. Zur Frage nach Schmidts Antisemitismus vgl. Ernest BRANDEWIE (1990): When Giants Walked the Earth. The Life and Times of Wilhelm Schmidt SVD, Studia Instituti Anthropos Vol. 44, Fribourg (Univ. Pr.), 233–242, hier 242: „[...] I feel that Schmidt was anti-Semitic primarily in a political sense. He did not agree with what he felt many intellectual Jews were trying to do. Since this went against his spiritual values, he also opposed them on religious-ethical grounds. They were producing a secular, materialistic world view; he was anti-Semitic as a result. Many of his accusations against the Jews reflected common prejudice, however, and were offered without proof. To this extent he, too, was prejudiced. In his accusation, moreover, he did not consider others, non-Jewish and Catholic capitalists, who were also leading people to a secular, materialistic world view. He was, therefore, one-sided and selective in his anti-Semitic accusations. Schmidt was not anti-Semitic in a racial sense. He did not believe Jews to be inferior [...] he was not racist in a biological sense. He certainly was opposed to the Nazi position on race [...]. More can be said about Schmidt and anti-Semitism; indeed, someday more must and will be written." Freud bleibt unerwähnt. Vgl. auch Helge GERNDT (Hg.) (1989): Volkskunde und Nationalsozialismus, Münster (Waxmann).

[547]   Schmidt habe sich nach seinem Aufsatz von 1929 nicht mehr ausführlich dieser Thematik zugewendet. Der hier angekündigte „neue" Kulturkreis sei nicht im Fokus der Aufmerksamkeit gewesen. „Auf eine ‚Anspielung aufs Judentum' in diesem Zusammenhang bin ich nie gestoßen." Freundliche e-mail-Auskunft von Prof. Dr. Anton Quack von dem von Schmidt einst gegründeten Anthropos-Institut, Sankt Augustin (D) vom 03.11.2007 (vgl. www.anthroposjournal.de).
Vgl. dazu LIST (2008), 12f., die aufzeigt, dass Freud u.a. wegen Schmidts kirchlicher und staatlicher Stellung lange davon absah, seine Mose-Schrift zu veröffentlichen.

[548]   DONAT (1932), 165.

[549]   HUBER (1977), 156. In Österreich „standen unvereinbare Positionen einander gegenüber. Auf katholischer Seite waren dafür Wilhelm Schmidt und Josef Donat repräsentativ" (155f.). Vgl. W. LÖFFLER (2001): Art. Donat, Josef, in: LThK 11, Sp. 61f.

150

eingedrungen" und über den medizinischen und psychologischen Bereich inzwischen auch für „pädagogische und für kulturelle Belange anderer Art" wichtig geworden.[550] Wie sich noch zeigen wird, sind es vor allem die beiden letzten Bereiche, auf die es Donat anzukommen scheint.

Donat leitet seine Schrift mit „geschichtliche[n] Vorbemerkungen" ein und resümiert vor allem Freuds eigene Darstellungen der Geschichte der Psychoanalyse.[551] Er legt dabei von Beginn an deutlich einen Schwerpunkt auf Freuds Judesein. Schon in diesen „Vorbemerkungen" wird klar, dass Donat dem grundlegenden Übergang von Freuds erstem zu seinem zweiten Konzept keine Bedeutung beimisst: „Im praktischen Betrieb bewegt sich die Theorie jetzt wie vordem wesentlich in denselben Geleisen."[552] Nicht die Entwicklungen der Psychoanalyse, sondern ihre so genannten „Erweiterungen" interessieren Donat. Entscheidend ist für ihn, dass die Psychoanalyse dazu überging, ihr Untersuchungsgebiet auszudehnen und von einer ursprünglichen „Neurosenlehre" immer wie mehr ins Gebiet der „Geisteswissenschaft" einzudringen. Darunter zählt Donat das Bemühen der Psychoanalyse, auch Religion „aus den menschlich-tierischen Trieben abzuleiten".[553]

Als beliebtes Stilmittel erweist Donat Freud immer wieder die Ehre, indem er etwa auf seine „ausgezeichnete Darstellungsgabe" verweist, aber auch auf die „suggestive Wirkung" seiner Theorie, die zum Erfolg seiner Werke beigetragen hätten.[554] Dennoch war der Psychoanalyse von Seiten der Wissenschaft in Österreich und Deutschland von Anfang an kein Glück beschieden: „Die beweislose Art, mit der ganz Neues, ja Unerhörtes vorgebracht wurde", sei massgeblich schuld daran.[555]

Donat sieht die Psychoanalyse vor allem auch erhebliche Auswirkungen auf grössere Gesellschaftskreise ausüben: „Ihre Fachausdrücke, die ihr Schöpfer mit Schlagwirkung ausgestattet hat, sind längst in den gewöhnlichen Sprachschatz übergegangen; alle Welt redet schon von Verdrängung, von eingeklemmten Affekten und Komplexen. Analytisches Psychologisieren und Traumdeuten sind Gegenstände der Unterhaltung."[556] Die Ursachen sieht Donat „im Neuartigen und Revolutionären" und im „Geheimnisvollen" der Psychoanalyse, in „der scheinbaren Tiefe" und „nicht zuletzt in ihrem erotischen Charakter". Die Psychoanalyse sei jedoch auch ein hausgemachtes Problem der zeitgenössischen Psychologie mit ihrer Vernachlässigung des seelischen Bereichs insgesamt. Mit ihrer Einseitigkeit hätte sie die Psychoanalyse geradezu provoziert.[557] Diese exis-

---

[550] DONAT (1932), Vorwort.

[551] DONAT (1932), 3. Vgl. FREUD (1914d) und (1925).

[552] DONAT (1932), 8.

[553] Ebd., 8.

[554] Ebd., 8f. Als Beispiel erwähnt Donat in einer späteren Anmerkung etwa Heinz HARTMANN (1927): Die Grundlagen der Psychoanalyse, Leipzig (Thieme). Dieser bemühe sich, „die Psa. dem maßgebenden wissenschaftlichen Denken anzunähern und die Abweichungen von demselben als möglichst gering erscheinen zu lassen". DONAT (1932), 15 (Anm. 2).

[555] Ebd., 9.

[556] Ebd., 10.

[557] Ebd., 10. So schon STRANSKY (siehe oben S. 146).

tiere laut Donat einzig und allein dank der überragenden Figur Freuds; auf Dauer werden von ihr jedoch nur gewisse „Anregungen" überleben, auf die noch näher einzugehen sein wird.[558]

Nach einer äusserst oberflächlichen Darstellung der psychoanalytischen Theorie auf 29 Seiten folgt deren „Beurteilung" bzw. Verurteilung auf 124 Seiten. Freuds Religionskritik wird kurz unter dem Titel „Das höhere Geistesleben" behandelt.[559] Da sich Freud immer wieder vor die Behauptung gestellt sah, nichts über die so genannten höheren Lebensäusserungen bzw. nur etwas über die niedere Triebtätigkeit des Menschen sagen zu können, also „von einem Reich jenseits der Libido nichts zu sagen wußte",[560] wandte er sich schliesslich diesem Gebiet zu. Dabei hätte sich Freud – dem Töpfer in der Hebräischen Bibel gleich – denselben Lehm genommen und „die sittlichen Ideen und Forderungen des Gewissens" nicht als „Verkündigung eines göttlichen Gesetzes", sondern als „psychische Produkte des menschlichen Innern und zwar zuletzt nichts als ein Erzeugnis der vom Ödipuskomplex beherrschten Sexualphase" bestimmt.[561]

Den zweiten Teil seines Werks, die so genannte „Beurteilung", leitet Donat ein mit der Feststellung, die Hauptkritik an der Psychoanalyse hätte sich von Beginn an gegen deren Anthropologie gerichtet. Sie „entgeistige" den Menschen, indem sie ihn im Gegensatz zu seinem Selbstempfinden zu einem „sexuellen Triebwesen" herabsetze, das „absolut unfrei" sei.[562] Damit beschädige sie die Würde des Menschen schwer. Mit Freuds Theorien über die kindliche Sexualität sei denn auch der „Rekord in der Entweihung des menschlichen Wesens erreicht".[563] Erzählungen neurotischer Patienten über „sexuelle Kindheitserlebnisse" hält Donat zumeist für erfunden. Er führt sie zurück auf eine spezifische, nämlich suggestive Fragetechnik des Analytikers, die selbige provozieren würden.[564] Donat spricht von der therapeutischen Tätigkeit als von einem „schonungslosen Wühlen im Unbewußten der Seele".[565]

Ohne Zweifel trifft die Hauptkritik Donats an der Psychoanalyse den Stellenwert, den diese seines Erachtens der Sexualität einräume. Die „Hegemonie des Sexualen" störe sein Empfinden.[566] Die Psychoanalyse vergifte mit ihrer Betonung des Sexuellen das Verhältnis von Eltern zu ihren Kindern.[567] Dennoch setzte Donat erst zur Gegenwehr an, als Freud sich dem Thema Religion zuwandte. Mehrere Male versuchte Donat, diese vermehrte Hinwendung bzw. zunehmende Ausdehnung der Psychoanalyse auf das Gebiet der Religion zu erklären. Nachdem er die an Freud schon lange gerichtete Kritik erwähnte, er

---

[558] Ebd., 10.
[559] Ebd., 33–35.
[560] Ebd., 33.
[561] Ebd., 33f.
[562] Ebd., 42f.
[563] Ebd., 57.
[564] Vgl. ebd., 55.
[565] Ebd., 131.
[566] Ebd., 301.
[567] Vgl. ebd., 155.

hätte mit seinen Theorien nichts über diese Phänomene zu sagen, die diesen wiederum anspornte, sich erst recht dazu zu äussern, nennt Donat nun noch einen weiteren Grund: mangelnde therapeutische Erfolge hätten Freud dazu veranlasst, sich neuen Gebieten zuzuwenden, darunter vornehmlich jenem der Kultur.[568] Unter ihren Gütern nehme die Religion „die erste Stelle" ein.[569] Freud weiche also mangels Erfolg auf den Glauben aus, um da sein Glück zu versuchen.

Als zentrales Werk erwähnt Donat zunächst „*Totem und Tabu*" und fasst – in allzu vereinfachender Weise – die Urhordentheorie zusammen, um zum Urteil zu gelangen, dass „eine Theorie, welche Religion und Sittlichkeit […] auf eine sexual-kannibalische Untat als Grundlage ihrer Entstehung und Berechtigung zurückführt und damit zu einem schmerzlichen Gelächter macht, keine ernstliche wissenschaftliche Behandlung (verdient)."[570] Genau diese lässt Donat ihr demnach auch nicht zukommen. Freuds Äusserungen zur Totemmahlzeit als Grundlage der christlichen Kommunionsfeier bezeugen „einen hochgradigen Mangel von Gefühl, die zartesten Geheimnisse dieser Religion mit Schimpf zu bewerfen."[571]

Donat will es nach eigenem Bekunden unterlassen, die Anschauungen der Psychoanalyse „psychologisch aus der Persönlichkeit ihres Schöpfers abzuleiten";[572] er tut dies, jedoch ohne auf die Ausführungen von Ch. E. Maylan (1929): „*Freuds tragischer Komplex*" zu verzichten und daraus zu zitieren. In Freuds Vaterhass wurzle auch dessen „Hass am ‚Christen', an Jehovah".[573]

Besonders verwerflich findet Donat den Umstand, dass die *Psychoanalytische Vereinigung* nicht nur Mediziner, sondern „auch Nichtärzte und Frauen" aufnehme.[574]

Freuds „*Zukunft einer Illusion*" (1927) mangelt es nach Donat an jeglichem Ernst. Er zitiert kurz einige Versatzstücke daraus, und meint, dass Freud schon im Voraus gewusst hätte, dass „Gott und Unsterblichkeit und alle religiösen Ideen Fabeln" seien.[575] Dass Freud sich gar getraue das von „dreister Religionsverachtung" zeugende Bebel-Zitat wiederzugeben, lasse jede weitere Beschäftigung überflüssig erscheinen.[576] Der von Freud veranschlagte „Todes- und Destruktionstrieb" scheine der Psychoanalyse selber innezuwohnen und sich in ihrer „sadistischen Zerstörungslust" zu zeigen, mit welcher sie „alles Hohe und Grosse im Menschen auszurotten sucht", wozu eben primär auch die Religion gehöre.[577]

---

[568] Vgl. ebd., 134.
[569] Ebd., 135.
[570] Ebd., 137.
[571] Ebd., 137.
[572] Ebd., 45 [Anm. 5]. Schon Allers fühlte sich versucht, dies zu tun, um es schliesslich jedoch zu unterlassen: „Mich interessiert die Persönlichkeit des Psychoanalytikers nicht, wie ihn die des Kritikers" (42f.).
[573] Ebd., 45.
[574] Ebd., 132.
[575] Ebd., 139.
[576] Ebd., 140. Vgl. Freud (1927c), 374: „Den Himmel überlassen wir / Den Engeln und den Spatzen."
[577] Ebd., 140.

Nichtsdestotrotz – und dies erscheint in unserem Zusammenhang wiederum von besonderem Interesse – kann Donat der Psychoanalyse doch auch einiges abgewinnen. So meint er in einem eigenen Unterkapitel über „Erziehung und Seelsorge",[578] in ihr seien „für beides [...] manche Winke" zu finden.[579] Donat gesteht der Psychoanalyse sogar zu, wertvolle Hinweise über den Einfluss der Kindheit, insbesondere über die dort erworbenen Elternbilder, auf den Erwachsenen und z.B. auf dessen Partnerwahl gegeben zu haben. Erstaunlich ist, dass Donat dies eingestehen kann, ohne jedoch je den Schritt zum Gottesbild zu vollziehen. Sogar der Ödipuslehre kann er – „so verschroben sie ist" – Erkenntnisse hinsichtlich der Kindererziehung entnehmen, ohne es jedoch zu unterlassen, darauf hinzuweisen, dass die gewonnenen Erkenntnisse nie „in der Art" seien, wie die Psychoanalyse sie meine.[580]

Den Gewinn der Psychoanalyse für den Seelsorger sieht Donat im Empfang „nachhaltige(r) Anregungen [...], die zur Vertiefung und Befruchtung seiner Arbeit beitragen werden."[581] Sogleich folgt wieder oben erwähnte Einschränkung: „Aber freilich nur Belehrungen allgemeiner Art, die er (sc. der Seelsorger; IN) ganz anders, als es jene (sc. die Psychoanalyse; IN) meint, verwirklichen wird."[582] Mit den „Belehrungen" meint Donat eine sorgfältigere bzw. „grössere psychologische Vertiefung", indem er die seelischen Probleme seiner Pastoranden vermehrt vor dem Hintergrund ihrer Biografie und ihres Charakters zu verstehen versuche.[583]

Mit einigem Erstaunen angesichts der bisherigen Verwerfungen liest man schliesslich: „Manche Glaubenszweifel und Schwierigkeiten, das rechte Verhältnis zu Gott zu finden, werden aus der Jugend stammen, wo das Kind zu viel Furcht vor dem strengen Vater hatte und dann nach dem Vaterbild einen verfehlten Gottesbegriff sich bildete, der nun Schwierigkeiten hervorbringt."[584] Diesen aus der „Zukunft einer Illusion" stammende Grundgedanke wurde im Unterkapitel über Religion zwar kurz gestreift, jedoch durchweg ablehnend bedacht. Hier erfährt man nun – beinahe en passant –, dass Donat psychoanalytische Erkenntnisse hinsichtlich der Religion wohl doch etwas differenzierter wahrzunehmen vermochte, als dies bei der ersten Lektüre seiner Verurteilungen deutlich wurde. Donat billigt also der Ansicht Freuds über die Korrelation von Vater- und Gottesbild und ihrer Verankerung in der Kindheit einige Wahrscheinlichkeit zu, lehnt hingegen die weitere Genese im Ödipuskomplex klar ab.

Donat beweist nun auch, ohne jedoch einen einzigen Titel zu erwähnen, dass er Werke von Oskar Pfister gelesen hat: „Protestantische Seelsorger pflegen nicht selten die Heilung nervöser Seelenkrankheiten als direkte Befugnis oder Verpflichtung ihres Amtes und dementsprechend auch die Laienanalyse für sich in

---

578   Ebd., 151–161.
579   Ebd, 151.
580   Ebd., 151.
581   Ebd., 151f.
582   Ebd., 152.
583   Ebd., 152.
584   Ebd., 152.

Anspruch zu nehmen. Mit besonderem Eifer ist Pfarrer O. Pfister in Zürich dafür eingetreten, dem aber gewiss nicht alle in seiner fast restlosen Annahme der Freud'schen Analyse nachfolgen. Doch der Seelsorger ist nicht Arzt, sein direkter Beruf ist nicht Heilung, sondern Heiligung der Seelen."[585] Der Seelsorger wird zuweilen auch den Arzt beiziehen müssen; dieser dürfe jedoch kein Gegner der Religion sein. Zudem erinnert Donat an die Macht der Beichte, aber auch an die „Glaubenswahrheiten" und die „Gnade".[586]

Mit Bezug auf *„Die Zukunft einer Illusion"* stellt Donat Freuds Aussagen über die religiöse Erziehung der Jugend mit jener im „bolschewistische(n) Russland" ineins.[587]

Donat hält es abschliessend für sicher, dass die Psychoanalyse an sich „Kampf und Vernichtungsarbeit bedeutet nicht nur gegen die katholische Gedankenwelt, sondern gegen den Bestand der ganzen christlichen Kultur."[588]

Die Schrift Donats eignet sich ausgezeichnet dafür, um aufzuzeigen, dass die Psychoanalyse von katholischer Seite nicht bloss auf Ablehnung stiess und „als ganzes abgelehnt" wurde, wie Wolfgang Huber meinte, sondern vielmehr höchst ambivalent rezipiert wurde. So staunt man darüber, wie bei allen vordergründigen Verwerfungen psychoanalytische Grundgedanken dennoch einsickerten, sehr wohl aufgenommen und schliesslich verarbeitet wurden. Donat hat die von der Psychoanalyse betonte zentrale Bedeutung der Kindheit erfasst und trug nicht zuletzt mit der Veröffentlichung seiner Schrift – wie auch Wilhelm Schmidt mit seinem Werk – zur Auseinandersetzung und zur Beschäftigung mit der Psychoanalyse im katholischen Österreich bei.

---

[585] Ebd., 152. Am 02.09.1927 war die Int. Unterrichtskommission unter dem Vorsitz von Max Eitingon in Innsbruck zusammengekommen und hatte das offene Problem nichtärztlicher Psychoanalyse heftig diskutiert. Vgl. Harald LEUPOLD-LÖWENTHAL (1996 [1984]): Zur Geschichte der „Frage der Laienanalyse", in: Hans-Martin LOHMANN (Hg.): Hundert Jahre Psychoanalyse. Bausteine und Materialien zu ihrer Geschichte, Stuttgart (Int. Psychoanalyse), 196–219, hier 212f.

[586] DONAT (1932), 153f.

[587] Ebd., 155. Zum Bolschewismus als kirchlichem und NS-ideologischem „Hauptfeind" vgl. Helmuth VETTER (1989): Die Katholisch-theologische Fakultät 1938–1945, in: Willfährige Wissenschaft. Die Universität Wien 1938–1945, hg. v. Gernot HEISS u.a., Wien (Verl. für Gesellschaftskritik), 179–196, hier 181 u. 193. Vgl. auch Karl Beths Nachfolger Gustav ENTZ (1937): 400 Jahre Protestantismus in Österreich, Wien (Brand), 34: „Wir alle, die wir an den Fundamenten der christlichen abendländischen Kultur festhalten wollen, und wir alle, die wir, wenn auch vielleicht in abgestufter Weise, Verständnis haben für die Werte des nationalen Lebens, stehen einem furchtbaren gemeinsamen Gegner gegenüber, der Weltpest des Bolschewismus."

[588] Ebd., 165.

5. Der deutsche Lutheraner Karl Beth (1872–1959) und die religionspsychologische Forschung in Wien

5.1 Hinführung

Kurz vor Erscheinen von Freuds erstem religionspsychologischen Beitrag über *„Zwangshandlungen und Religionsübungen" (1907)* in der allerersten Ausgabe der *Zeitschrift für Religionspsychologie* wurde Karl Beth als Professor für Systematische Theologie Augsburgischen Bekenntnisses an die Evangelisch-Theologische Fakultät nach Wien berufen. Hier wirkte er über dreissig Jahre lang, nämlich von 1906 bis 1938. Im Jahr der Eingliederung der Fakultät in die Universität rief er das *Forschungsinstitut für Religionspsychologie* mit ins Leben und gründete die *Internationale Religionspsychologische Gesellschaft*, die er auch präsidierte. Mit diesen an der Universität Wien angesiedelten Institutionen bereitete er 1922 den Boden für beachtliche religionspsychologische Projekte, die dem Fach einen neuen Aufschwung verliehen.[589] Dorpat und die experimentelle Methode Karl Girgensohns (1875–1925) erhielten aus Wien eine ansehnliche Konkurrenz.[590]

Karl Beths Gattin, die promovierte Orientalistin und erste promovierte Juristin Österreichs Marianne von Weisl (1890–1984),[591] verfasste regelmässig Rezen-

---

[589] Vgl. Erwin SCHNEIDER (1953): Das Lebenswerk Karl Beths, in: ThLZ 78, Sp. 695–704 [inkl. Bibliogr.]; Friedrich Wilhelm BAUTZ (1990): Art. Karl Beth, in BBKL I, Sp. 564f.; Ingrid TSCHANK (1994): Positive Theologie der Moderne: Der „österreichische" Theologe Karl Beth, in: Martin BERGER (Hg.): Gott und die Moderne. Theologisches Denken im Anschluß an Falk Wagner, Wiener Beitr. f. Theologie und Gemeinde II, Sondernr. 1A (Beih. v. Amt und Gemeinde), Wien (Evang. Presseverb. in Österreich), 116–122; Karl SCHWARZ (1998): Tore der Erinnerung, in: Historie und Geist. Universitätscampus Wien I, hg. v. Alfred EBENBAUER / Wolfgang GREISENEGGER / Kurt MÜHLBERGER, Wien (WUV-Universitätsverl.), 165f. Vgl. auch den Hinweis von Erich STANGE (1926) im Vorwort des von ihm edierten Bandes „Die Religionswissenschaft der Gegenwart in Selbstdarstellungen", Bd. II, Leipzig (Felix Meiner), der „auch Beiträge aus dem Arbeitsgebiet der zurzeit besonders aktuellen religionspsychologischen Forschung" beinhaltet.

[590] Zur experimentellen Methodik Girgensohns vgl. dessen eigene Beschreibung in: DERS. (1926): Karl Girgensohn, in: STANGE, 41–76, hier 70–73. Als „Zusammenfassung der Ergebnisse der experimentellen Schule" bzw. der Dorpater Schule gilt nach HOLM (2001), 61: Werner GRUEHN (1960² [1956]): Die Frömmigkeit der Gegenwart. Grundtatsachen der empirischen Psychologie, Konstanz (Friedrich Bahn).
Die Ansicht, „around 1930, any young man wishing to specialize in the psychology of religion had two viable options", nämlich Werner Gruehn in Dorpat oder Oskar Pfister in Zürich zu kontaktieren, ist ergänzungsbedürftig. Troels NØRAGER (2000): William Grønbaek and the Dorpat School. Elements of a „History" based on the Correspondence between Villiam Grønbaek and Werner Gruehn, in: Aspects in Contexts. Studies in the History of Psychology of Religion, ed. Jacob A. Belzen, Amsterdam / Atlanta, GA (Ed. Rodopi), 173–233, hier 173.

[591] Vgl. Friedrich STADLER (Hg.) (1987): Vertriebene Vernunft I. Emigration und Exil österreichischer Wissenschaftler 1930–1940, München, 457 (erstaunlicherweise bleibt Karl Beth in diesem Werk gänzlich unerwähnt); Elisabeth BERGER (2002): Ich will auch studieren. Zur Geschichte des Frauenstudiums an der Universität Wien, in: Wiener Geschichtsbl. 57, 269–290, hier 286 [Anm. 64]; Jacob A. BELZEN (2010): Pionierin der Religionspsychologin: Marianne Beth (1890–1984), in: ARPs 32, 125–145. Belzen zufolge übte sie ihren Einfluss aus bei der Wahl des Themas „Unglauben" am Ersten Int. Religionspsycholog. Kongress.

sionen für die von ihrem Mann herausgegebene Zeitschrift, schrieb für sie u.a.
einen ausführlichen Beitrag über „*Materialien zur Typologie der Religiosität unserer Tage*"[592] und hielt auch vor der *Internationalen Religionspsychologischen Gesellschaft* Vorträge.[593] Da sie Jüdin war, zwang man Beth nach dem „Anschluss"
Österreichs an das Grossdeutsche Reich und der Neuordnung des österreichischen Berufsbeamtentums am 31. Mai 1938, seine Professur mitsamt dem Dekanat niederzulegen.[594] Als ihm auch noch die Pension gestrichen wurde, flüchtete
er ins überseeische Exil nach Chicago, wo er von 1939 bis 1945 Religionsphilosophie und -psychologie lehrte und 1959 schliesslich verstarb.

5.2 Über zeitgenössische und zukünftige Aufgaben der Religionspsychologie

Ab 1926 gelangte das *Wiener Religionspsychologische Forschungsinstitut* mit eigenen Veröffentlichungen an ein größeres und interessiertes Publikum. Das allererste Heft begann mit einem vom Herausgeber Karl Beth verfassten Beitrag über
„*Die Aufgaben der Religionspsychologie*".[595] Sein unbescheidenes religionspsychologisches Programm liess Beth schon in seiner Einführung ins Heft anklingen:
Religion müsse in ihrer „ganze[n] Fülle in Geschichte und Gegenwart" erforscht
werden.[596] Die bisherige Religionsgeschichte sei im Bemühen, genau dies zu tun,
an ihre Grenzen gestossen. Es gelänge ihr nicht, „den innerlich-seelischen Prozeß
der Religion" zu erfassen.[597] Um „ihren inneren Lebensprozess" mitsamt ihrer
„nach aussen tretenden Produkte" verstehen zu können, bedürfe es der Religionspsychologie.[598] Religionsgeschichte und -psychologie benötigten und ergänzten einander. Erstere könne nicht bei der Beschreibung von Beobachtetem
stehenbleiben, sondern müsse unweigerlich nach den emotionalen und kognitiven Zusammenhängen fragen bzw. nach den „dabei tätigen Regungen der Erha-

---

[592] Marianne BETH (1930): Materialien zur Typologie der Religiosität unserer Tage, in: ZRPs 3/3,
57–96.

[593] So referierte sie etwa am 24.02.1928 im Rahmen eines Zyklus – „Der Heilige" genannt – über
Martin Luther. Vgl. Auszug aus dem Tätigkeitsbericht der *Int. Religionspsychologischen Gesellschaft* für das Vereinsjahr 1927/28, in: ZRPs 1/4 (1928), 90–95, hier 92f. Vgl. dazu auch die
Äußerung von Karl BETH (1926c), 20: „Eine Zeit intensivster gemeinschaftlicher Arbeit begann,
und während meine Frau selbst das philosophische und juristische Studium absolvierte und in
beiden Fakultäten promovierte, behielt sie ein durch nichts absorbiertes Interesse für den Fortgang meiner Arbeit."

[594] Vgl. Index zum Exhibitenprotokoll 1937/38, Exhibit Nr. 271 [Archiv der Univ. Wien: ThE 6.5]:
„Versetzung in den Ruhestand".

[595] Karl BETH (1926b): Die Aufgaben der Religionspsychologie, in: Religionspsychologie. Veröff.
des Wiener Religionspsych. Forschungs-Institutes durch die Int. Religionspsych. Gesellschaft,
hg. v. Karl BETH, Heft 1, 4–14.

[596] Karl BETH (1926a): Einführung, in: Religionspsychologie. Veröff. des Wiener Religionspsych.
Forschungs-Institutes durch die Int. Religionspsych. Gesellschaft, hg. v. Karl BETH, H. 1, 1–3,
hier 3. Die 2. Aufl. der *Religion in Geschichte und Gegenwart* (1927–1931) war gerade in Vorb.

[597] BETH (1926b), 5.

[598] Ebd.

benheitsschau, des Gemüts und des Willens."[599] Als die Religionsgeschichte den Blick auf die inneren religiösen Prozesse richtete, „auf die religiöse Anschauung, den inneren Gehalt der Mythen und den Sinn der Riten", hätte sie „aus sich selbst heraus [...] die neuere Religionspsychologie zunächst als notwendige Bundesgenossin entwickelt".[600] Die Entstehung der Religionspsychologie wird hier als logische Entwicklung, als Resultat und schliesslich als integraler Bestandteil religionswissenschaftlicher Forschung verstanden. Dass man viel vom neuen Fachgebiet der Religionspsychologie erhoffte, zeigt auch das Urteil von Wilhelm Schmidt in seinem *Handbuch der vergleichenden Religionsgeschichte*. Nach seiner Verhältnisbestimmung ist die Religionspsychologie jedoch lediglich „eine der ersten Hilfswissenschaften der Religionsgeschichte", welche diese in ihre Reflexionen dringend einbeziehen müsse.[601]

Die dringende Notwendigkeit religionspsychologischer Forschung unterstreicht Beth mit dem Hinweis auf das Entstehen neuer religiöser Bildungen.[602] Sie machten augenscheinlich, dass Religion „eine außerordentliche Breite der Variationsmöglichkeiten" und auch „Mutationen" kenne, zu deren Verständnis die Religionspsychologie das notwendige Wissen liefere. Ohne eine konkrete Gruppierung zu nennen, zählt Beth bestimmte Phänomene auf wie die Glossolalie, den Okkultismus oder das Bilden gesonderter frommer Zirkel. Ihnen gelte die Aufmerksamkeit religionspsychologischer Forschung. Beth legte Wert darauf aufzuzeigen, dass Religion nicht einfach gleich Religion sei, sondern dass hinsichtlich ihrer Motive, Erlebnisweisen, Erfahrungsstärken und Praktiken beträchtliche Unterschiede vorhanden sind. Aus diesen Umständen ergäben sich die besonderen – primär ordnenden und kategorisierenden – Aufgaben der Religionspsychologie:

„*Die Mannigfaltigkeit der religiösen Gestaltungen wird die Religionspsychologie, wie ich [sc. Beth; IN] sie mir denke, dadurch Rechnung tragen, das sie jeder derselben als einer psychologisch möglichen und wirklichen Form nachspürt und die einzelnen Repräsentanten derselben [...] bezüglich der Motivationenkette analysiert, die die betreffende religiöse Einstellung erklärt. Hierbei kommt es auf möglichst genaue Abgrenzung der Typen an, bzw. in besonderen Fällen auf die Gründe der jeweils vorliegenden Typenverflechtung.*"[603]

Beth spitzt seine Forderung nach einer möglichst umfassenden wissenschaftlichen Religiositäts-Typologie noch zu:

---

[599]   Ebd., 6.
[600]   Ebd.
[601]   SCHMIDT (1930), 5.
[602]   Vgl. BETH (1926b), 6. Es ist hier v.a. an die zu Beginn des 20. Jh.s entstandene Pfingstbewegung und ihre ekstatisch-enthusiastischen Erscheinungsformen zu denken. Vgl. zum Problem der möglichen Verzweckung der frühen Religionspsychologie als „probates Mittel" gegen die Erweckungsbewegungen HENNING / MURKEN / NESTLER (2003), 21f.
[603]   BETH (1926b), 7.

„Feststellung von Tatbeständen, ursächliche Analyse derselben, Zusammenfassung und Zusammenordnung zu typischen psychischen Abläufen ist die eigentlich Arbeit der Religionspsychologie."[604]

Die Religionspsychologie bestimmt Beth als „empirische Wissenschaft", und ihr Forschungsgebiet sei „die unübersehbare Fülle individueller religiöser Bildungen", die in eine geeignete Systematik gebracht werden müssten.[605] Beths Betonung und Wertschätzung der Vielfalt religiöser Formen und Ausgestaltungen mag auch mit seiner Minderheitenerfahrung als deutscher Lutheraner im fast durchweg katholischen Wien zusammenhängen.

Als wichtige Bezugswissenschaft der Religionspsychologie nennt Beth die „Massen- und Individualpsychologie". „Individualglaube" und „enklitischer Glaube" seien grundlegende Strukturkategorien zur Analyse von Religion.[606] Dabei betont Beth die Notwendigkeit, religiöse Phänomene nicht isoliert, sondern im Sinne von Vorbrodts sog. Psychobiologie im Kontext des „biologischen Gesamtzusammenhanges" zu betrachten.[607]

Zur Beobachtung gesellt sich schliesslich noch „die tiefer in die Individualseele hinabsteigende Analyse hinzu".[608] Prägende Kindheitserfahrungen, persönliche einschneidende Erlebnisse etc. müssen mitberücksichtigt werden, kurz: eine „persönliche Anamnese" müsse erstellt werden.[609] Erst dann ermögliche die Religionspsychologie Einblicke in „die ontogenetischen Prozesse des religiösen Bewußtseins".[610] Diese bilden schliesslich die Grundlage für die oben erwähnte Hauptaufgabe der Religionspsychologie, nämlich die mit dem Begriff Typisierung bezeichnete Systematisierung religiöser Erlebnisse und Praktiken.

Karl Beth erweist sich in seinem religionspsychologischen Programm durchweg als Systematischer Theologe, dessen Leistung sein Vorgänger Gustav Vorbrodt als früherer Mitherausgeber der *Zeitschrift für Religionspsychologie* folgendermassen beschrieb: „Es bleibt das Verdienst von Beth, in übersichtlichen Formen, wie es doch nicht in Pfisters und Schairers Monographien über Seelsorge geschah, die Anregung zur Typisierung der Patienten oder Klienten gegeben zu haben: rechte Typisierung ist die halbe Arbeit."[611]

---

[604] Ebd., 10. Vgl. ebd., 11f.: „Der Weg, den die empirisch arbeitende Religionspsychologie zu gehen hat, besteht vor allem in der Beobachtung dessen, was an religiösen Triebkräften und Erfahrungen und daraufhin zielenden anderweitigen psychischen Bedingungen vorhanden ist. […] Die Analyse nicht nur der vorhandenen fertigen Psyche der Individuen, sondern diejenige der Entwicklung der Einzelpsychen ist es, die allein zu einer Antwort auf die Frage führen kann, warum es mit den Menschen in religiöser Hinsicht so verschieden bestellt ist und worin andererseits der Grund für die typische Gleichartigkeit religiösen Erlebens und religiöser Vorstellungsbildungen zu finden ist. Alles kommt dabei auf die religiöse Ontogenese an."

[605] Ebd., 10.

[606] Ebd., 11.

[607] Ebd., 11.

[608] Ebd., 11.

[609] Ebd., 12.

[610] Ebd., 13.

[611] Gustav VORBRODT (1928): Zur Religionspsychotherapie: Begriff und Typen, in: ZRPs 1/3, 28–47, hier 44f.

Von den zahlreichen methodischen und inhaltlichen Problemen der Religionspsychologie hebt Beth zum Schluss seines Beitrags noch jenes des Unbewußten hervor. Von der englischsprachigen Religionpsychologie und von Freud in abweichendem Sinne verstanden, sei die Religionspsychologie dazu aufgerufen, an der Klärung der Bedeutung des Unbewussten mitzuarbeiten.[612]

Im selben allerersten Heft des *Wiener Religionspsychologischen Forschungsinstitutes*, in dem Beth die Aufgaben der Religionspsychologie thematisiert, entfaltet der schon erwähnte evangelische Pfarrer Gustav Vorbrodt ein *„Arbeitsprogramm für zukünftige Religionspsychologie“*.[613] Die Hälfte des Beitrags ist einem Rückblick auf die bisherige Geschichte des Faches und auf ihre Methodik gewidmet. Vor diesem Hintergrund skizziert Vorbrodt dann seine Vorstellung eines „Neuauf- und Ausbau[s]“ der Religionspsychologie, die ihr besonderes Gepräge vor allem von der Individualpsychologie Alfred Adlers erhalten solle.[614] So erklärt sich die Überschrift des zweiten Teils seines Beitrags, die *„Religionspsychologie als Individualpsychologie“* lautet. Letztere sei „geeignet […], eine wissenschaftliche Grundlage zu bieten“ für erstere.[615] Hier kündigt sich schon an, was als Charakteristikum des Kongresses von 1931 in die Geschichte eingehen wird, nämlich ein ungewöhnlicher Theorien- und Methodenpluralismus.

Theodor Reik, der dieses erste Heft des Wiener Forschungsinstitutes mitsamt den beiden anschliessenden in der *Imago* besprach, fällte folgendes Urteil: „Der Psychoanalyse wird gelegentlich gedacht, aber wo dies geschieht, geschieht es in so mißverständlicher oder oberflächlicher Art, daß Vergessen als der mildere Weg erscheint. […] Der Gesamteindruck ist, daß hier mit unzulänglichen Mitteln große Ziele verfolgt werden; der Erfolg bleibt das Vordringen zu den Tiefen der Oberfläche.“[616]

Die Frage nach den Aufgaben der Religionspsychologie und der ihr entsprechenden Methode blieb virulent. So erschien 1931 unter diesem selben Titel, mit welchem Beths Beitrag die Veröffentlichungen des Forschungsinstitutes 1926 einleitete, ein kurzer Aufsatz der Philosophin *Anna Tumarkin (1875–1951)*, der ersten Professorin der Universität Bern.[617] Tumarkin weist auf den schwelenden und nicht enden wollenden „Methodenstreit“ zwischen „der beschreibenden, der erklärenden, der sinnverstehenden Psychologie“ hin und macht sich stark für „die Erkenntnis, daß die verschiedenen psychologischen Methoden nebeneinander ihre Berechtigung haben; wenn nur eine jede von ihnen sich ihrer notwendigen Beschränktheit bewußt bleibt.“[618] Dass dieselben Fragen auch heute noch

---

[612]   BETH (1926b), 14.

[613]   Gustav VORBRODT (1926): Arbeitsprogramm für zukünftige Religionspsychologie, in: Religionspsychologie. Veröff. des Wiener Religionspsych. Forschungs-Institutes durch die Int. Religionspsych. Gesellschaft, hg. v. Karl BETH, H. 1, 91–98.

[614]   Ebd., 94.

[615]   Ebd., 95.

[616]   REIK (1927), 551. Beth warf er u.a. vor, latenten und manifesten Trauminhalt „mit bemerkenswerter Energie“ zu verwechseln (ebd.).

[617]   Vgl. Anna TUMARKIN (1931): Aufgaben der Religionspsychologie, in: ZRPs 4, 60–64.

[618]   Ebd., 62.

von Belang sind und dass Tumarkins umsichtige und ausgewogene Analyse nach wie vor aktuell ist, wird Kapitel V zeigen.

5.3 Seelsorge und religiöse Typenlehre[619]

Die *Zeitschrift für Religionspsychologie* wurde zuerst von 1907 bis 1913 vom Mediziner Johann Bresler und vom evangelischen Theologen Gustav Vorbrodt herausgegeben. Als Karl Beth sie 1928 neu auflegen liess, änderte er den ursprünglichen, an der Profession der damaligen Herausgeber orientierten Untertitel *Grenzfragen der Theologie und der Medizin* um in *Beiträge zur religiösen Seelenforschung und Seelenführung.*[620] An den Beginn der Neuauflage setzte Beth einen Aufsatz über „*Religionspsychologie und Seelsorge*", anhand dessen er auch den richtungsweisenden neuen Untertitel der Zeitschrift erläutern konnte. Der Beitrag beginnt mit dem programmatischen Satz: „Religionspsychologie kann und muß sich praktisch erproben in der Pflege der Seelen."[621] In Aufnahme seines religionspsychologischen Programms spricht er von der „Mannigfaltigkeit" bzw. „unübersehbaren Fülle von individuellen Seelen".[622] Beth will zu Beginn der neu aufgelegten Zeitschrift das Verhältnis von Religionspsychologie und Seelsorge klären. Ihm ist wichtig aufzuzeigen, dass Religionspsychologie und Seelsorge zwei miteinander untrennbar verbundene Disziplinen sind, die in einer engen Wechselbeziehung zueinander stehen. Als „religiöse Seelenforschung" wird die Religionspsychologie und als „Seelenführung" die Seelsorge umschrieben.[623] Während die Seelsorge praktisches Wissen vom religiösen Leben einbringe, trage die Religionspsychologie spezifisches theoretisches Wissen über die menschliche Seele bei.

Nach Beth erweist sich nicht nur der Nutzen, sondern die Notwendigkeit der Religionspsychologie darin, dass sie für die Seelsorge verwendet werden kann. Seelsorge ist für ihn religionspsychologisches Anwendungs- und Bewährungs-

---

[619] Vgl. zum Folgenden NOTH (2008), 316–322.

[620] Die Zeitschrift erschien nur zehn Jahre lang und musste 1938 wieder eingestellt werden. Die 1929 erfolgte Erweiterung des von Werner Gruehn herausgegebenen Jahrbuchs *Archiv für Religionspsychologie* um den Zusatz „und Seelenführung" ist vor dem Hintergrund der zwischen Dorpat und Wien herrschenden Konkurrenz zu sehen.

[621] Karl BETH (1928a): Religionspsychologie und Seelsorge, in: ZRPs 1, 5–25. Passend dazu wird auf der Innenseite des Buchumschlags mit einem Empfehlungstext von Karl Beth für Viktor VON WEIZSÄCKER (1926): Seelenbehandlung und Seelenführung nach ihren biologischen und metaphysischen Grundlagen betrachtet, Gütersloh (Bertelsmann) geworben. Beth schrieb dazu: „Diese Schrift gehört zu dem Allervorzüglichsten, was über den Gegenstand je geschrieben worden ist. Jeder Pfarrer, Seelsorger, Seelenführer, Geistlicher, Psychotherapeut wird sie mit dem größten Nutzen studieren."

[622] BETH (1928a), 5.

[623] So ist der Abschreibfehler des Beitrags von Karl SCHNEIDER – (1929): Wie hat sich der Seelenführer zu verhalten? Betrachtungen zu seelsorgerlicher Diagnose und Therapie, in: ZRPs 2/4, 67–85 – im Inhaltsverzeichnis von ZRPs 2/4: „Wie hat sich der Seelsorger zu verhalten?" statt der Seelenführer treffend.

feld.[624] Umgekehrt muss die Seelsorge aktiv Erkenntnisse der Religionspsychologie verarbeiten und integrieren, will sie ihrer Verantwortung gerecht werden. Zusammenfassend stehen die beiden Disziplinen nach der Darstellung Beths in einem Theorie-Praxis-Verhältnis.

Beths erster Beitrag der wiederbelebten *Zeitschrift für Religionspsychologie* zeigt, wie wichtig die Auseinandersetzung mit Freud im Bereich der Religionspsychologie ist: Wenn der Seelsorger von Freuds Psychoanalyse etwas lernen könne, so sei es der Umstand,

> „daß die bedeutsamsten Einklemmungen der Seele nur selten und mit großen Schwierigkeiten und Abstrichen eingestanden werden; ja, daß sie dem Menschen so wenig bewußt werden, daß er oft bei allem Nachsinnen sie nicht bemerkt, es sei denn, daß er selbst zu psychoanalytischen Beobachtungen geschult wäre."[625]

Beth sieht in Freuds Lehre vom Unbewussten und vom Widerstand den zentralen Erkenntniswert der Psychoanalyse für die Seelsorge. Es erstaunt nicht, dass von ihrem ersten Erscheinungsjahr an auch Oskar Pfister zu den Beiträgern der *Zeitschrift für Religionspsychologie* gehörte.[626]

In einem weiteren Kapitel bestimmt Beth die Psychologie als „Geist-Wissenschaft" und hält einen methodischen Paradigmenwechsel vonnöten. Er zielt auf ein neues Verständnis von Psychologie ab, die sich nicht mehr als Natur-, sondern als Geisteswissenschaft im Sinne seines Berliner Lehrers Wilhelm Diltheys zu begreifen habe und deshalb „unabhängig von der Basis der naturwissenschaftlichen Erkenntnisweise" betrieben werden müsse.[627] Unter „Geist" seien „nicht physiologisch bedingte und immer wieder nur im Physiologischen verankerte und aus ihm heraus zu verstehende Prozesse" zu verstehen, sondern „jene schöpferische, die Geschichte bedingende und bestimmende Energie".[628] Der Mensch müsse psychologisch als geistiges Wesen erfasst werden.

In der religiösen Typenlehre sieht Beth „die wichtigste wissenschaftliche Grundlage aller praktischen seelsorgerlichen Tätigkeit",[629] und die Beschreibung, Erforschung und Ausdifferenzierung derselben ist – wie schon ausgeführt – Aufgabe einer empirischen Religionspsychologie. So beschliesst Beth seinen

---

[624] So sind in der ZRPs auch konkrete seelsorgliche Beiträge zu finden wie z.B. SCHNEIDER (1929). Dass die Religionspsychologie auch für die Jurisdiktion von Bedeutung sein kann, zeigt BETH (1932c): Die religiöse Simulation des Verbrechers. Psychologische Anmerkungen zu den Fällen Matuschka und Gorgulof, in: ZRPs 5, 145–159.

[625] BETH (1928a), 12.

[626] Oskar PFISTER (1928a): Sünde und Herzensreinheit im Lichte der Tiefenseelsorge, in: ZRPs 1/3, 5–27. Vgl. auch folgende Erwähnung: „Pfarrer Dr. phil. Oskar Pfister in Zürich, der bekannte Religionspsycholog, unser Mitarbeiter, erhielt an der Universität Genf den Dr. theol. Honoris causa „en considération de ses importants travaux dans la domaine de la psychanalyse, de la pédagogie religieuse, de la théologie pastorale et de la psychologie de l'inconscient", in: ZRPs 7/2 (1934), 128.

[627] BETH (1928a), 13f. Zur innigen Beziehung Beths zu Dilthey, dessen „Famulus" er dank Vermittlung Harnacks war und der ihm „ein wirklich väterlicher Freund" wurde, vgl. BETH (1926c), 7f.

[628] BETH (1928a), 14.

[629] Ebd., 17.

Beitrag mit einer „Betrachtung zweier Typen", nämlich des „depressiven" und des ihm entgegengesetzten „hybristische[n] Typus" des religiösen Menschen.[630] Beide Typen sind nach Beth in verschiedene Untertypen aufzuteilen, wobei er angesichts der Vielfalt religiöser Depressionen in ihrer Beschreibung ein dringendes Forschungsdesiderat erkennt. Auf der Suche nach Gesetzmässigkeiten unterscheidet Beth in Anlehnung an Jung zwischen einem „intravertierten Typen" und einem „extravertierte[n] depressive[n] Typus".[631] Als „Spezialfall" bezeichnet er jene Depressionsart, deren Ursachen im Religiösen zu suchen seien. Als Beispiel einer solchen religiösen und depressionsauslösenden Ursache nennt Beth den „Sündendruck". Diese Art der Depression bilde eine eigene „Klasse", die ebenfalls zweigeteilt werden könne, nämlich in solche „mit klar bewußtem" und in solche mit „unbewußtem Sündendruck".[632] In Aufnahme psychoanalytischer Erkenntnisse weist Beth bei der zweiten Gruppe auf die Notwendigkeit hin, sich der belastenden Schuld bewusst zu werden. Mittel dazu sei die auf dem Evangelium Jesu beruhende „christliche Seelenanalyse".[633]

Der zweite, nämlich „hybristische Typ" sei inzwischen „infolge der christlichen Erziehung" kaum mehr anzutreffen.[634] Auch hier gebe es wieder unterschiedliche Untertypen, von denen Beth den „Kraftmensch", den „hoch- und übermütige[n]" und den „frevelmütige[n] Mensch[en]" erwähnt.[635] Ausschlaggebend für die Tätigkeit des Seelsorgers sei es, nach den Ursachen für den jeweiligen Typus zu suchen und der betreffenden Person „Erkenntnis ihrer selbst, Einschau in das Labyrinth ihrer verborgenen Gänge" zu vermitteln.[636]

Mag dieses ordnende-katalogisierende Vorgehen zunächst befremden und an die Vorwürfe erinnern, die gegen die Klassifikationen psychischer Störungen im *Diagnostic and Statistical Manual of Mental Disorders* der Amerikanischen Psychiatrischen Vereinigung gerichtet werden,[637] so besteht dennoch ein grundlegender Unterschied: bei Beth gelangen nosologische bzw. ätiologische Kriterien zur Anwendung.

Im zweiten Heft der ab 1928 neu aufgelegten *Zeitschrift für Religionspsychologie* beschäftigt sich Beth mit zwei weiteren Typen von Religiosität: dem sog. statischen und dem dynamischen Typ. Anhand der Auswertung eines Fragebogens über „religiöse Lebenserinnerungen", für den die *Internationale Religionspsychologische Gesellschaft* verantwortlich zeichnet, stellt Beth die beiden religiösen Typen dar. Der statische Typus des religiösen Menschen, der „am reinsten [...] bei Frauen ausgeprägt" ist und insbesondere in gebildeten Kreisen primär von

---

[630]   Ebd., 17–25.
[631]   Ebd., 20f.
[632]   Ebd., 21.
[633]   Ebd., 22.
[634]   Ebd., 23.
[635]   Ebd., 23.
[636]   Ebd., 25.
[637]   Vgl. dazu die Übersicht von Jürgen MARGRAF (Hg.) (2003² [1999]): Lehrbuch der Verhaltenstherapie, Bd. 1, Berlin u.a. (Springer), 129.

diesen repräsentiert wird, stellt die Mehrheit und ist vor allem auf dem Lande vertreten.[638]

„Es sind Menschen, welche bei dem angedeuteten Zustande der frühzeitigen kindheitlichen Religiosität beharren, ohne daß man ihre Eigenart um deswillen als infantil bezeichnen müßte. Diese Menschen haben vielmehr besondere innere Erfahrungen gespürt, und deshalb ist es entgegen allem Schein keine stehengebliebene, sondern eine durchaus entfaltete Religiosität, von der sie leben. Sie fußen auf jener Gnadenerfahrung, auf jenem ganz innerlichen, rein persönlichen Wunder, nach welchem sich der Dynamiker der Religion oft genug sehnt [...].“[639]

Freilich stelle sich die Frage – so Beth selber –, ob diese Unterschiede tatsächlich biologisch bedingt oder nicht vielmehr Folgen geschlechtlicher Sozialisation sind:

„Auch die Frauen und Mädchen erscheinen jetzt zahlreich in den Reihen des dynamischen Religionstypus und zeigen sich als die energisch Suchenden und Ringenden in den Angelegenheiten der Religion. Man sieht hieran deutlich, welch großen Anteil Erziehung und Gewohnheit tatsächlich an der Ausprägung des einen und andern der beiden in Rede stehenden Typen haben.“[640]

Vier Jahre später veröffentlicht Beth ein auf zwei Vorträgen in Berlin beruhendes Werk mit dem Titel *„Die Krisis des Protestantismus“*.[641] Krisen gehören „zu den notwendigen Übergangsformen in ontogenetischen Entwicklungen“.[642] Als aktuelle Krise sieht Beth den Umstand, dass Religion von manchen als Illusion betrachtet werde, deren Ende vorauszusehen sei.[643] Nach Beth sei es gerade das

---

[638] Karl BETH (1928b): Statische und dynamische Religiosität, in: ZRPs 1/2, 5–31, hier 23.

[639] Ebd., 22f. BETH (1932b) kann geradezu von zwei „Menschentypen“ sprechen (42).

[640] BETH (1928), 24. Vgl. ebd.: „Der junge Mann ist seit je dazu erzogen und angehalten worden, daß er in seinem späteren Leben einmal ganz und in jeglicher Beziehung, leiblich und geistig, auf eigenen Füßen zu stehen hat, während sich die Erziehung daraufhin und die Empfindung des Bedürfnisses danach innerhalb des weiblichen Geschlechtes erst in unseren Tagen mit aller Deutlichkeit zur Geltung bringen. Je mehr das junge weibliche Geschlecht selbst dies Bedürfnis betont und je mehr sich unter dem zielsicheren Drucke eines dementsprechenden Bestrebens auch die Weise der Erziehung der weiblichen Jugend ändern wird, umso weniger wird in Zukunft von der heranwachsenden weiblichen Seele alles das fern zu halten versucht werden, was irgend das seelische Gleichgewicht erschüttern und die seelische Entfaltung in neue Bahnen hinüberleiten könnte. Es sind jetzt [...] Wege eingeschlagen worden, auf denen auch die sich entfaltende Frauenseele mehr und mehr dem dynamischen Typus entgegenwächst. Mag nun zum Teil auch vielleicht dieser Prozeß als Begleiterscheinung mit sich führen, daß im Zusammenhange mit dem bereits vielfach gerügten Hervortreten eines Feminismus im heranwachsenden männlichen Geschlecht ein Teil des letzteren die entgegengesetzte Entwicklungsrichtung einschlägt und sich wieder mehr dem statischen Charakter zuneigt, so wird auf jeden Fall im großen und ganzen das Ergebnis eine zunehmende Angleichung der Geschlechter sein und jene psychische Grenzscheide zwischen männlich und weiblich, welche die Frauen ganz überwiegend dem statischen Typus zuwies, immer dünner werden.“

[641] Karl BETH (1932a): Die Krisis des Protestantismus, Berlin (Kranzverl.).

[642] Ebd., 5.

[643] Vgl. ebd., 6.

164

„protestantische Prinzip", das einen Hang zur Krise habe. Beth begründet dies mit seinem „Appell an den dynamischen Menschen bzw. den dynamischen Zug im Menschen überhaupt, in dem allem Fertigen gegenüber die Unfertigkeit des immer Werdenden betonenden Charakters. – In diesem Imponderabile haben wir das Wesen des Prinzips zu erkennen."[644] Der Protest des Protestantismus richtet sich gegen die „Statik an sich".[645] Im Protestantismus bäume sich die dynamische Seite gegen die Macht der statischen auf. Die als historisch notwendige „Wachstumskrisis" bezeichnete Lage könne nur überwunden werden, indem man sich „auf den dynamischen Charakter protestantischer Frömmigkeit" rückbesinne.[646] Statische und dynamische Prinzipien machten weder vor Geschlechter- noch vor konfessionellen Kirchengrenzen Halt: „Ganz ebenso wie es in der katholischen Kirche protestantische Individuen gibt, so umgekehrt in der protestantischen Kirche viele katholische Individuen."[647]

In Karl Barths Verwerfung einer unmittelbaren religiösen Erfahrung Gottes sieht Beth eine fundamentale Verleugnung des Protestantismus.[648]

„Die Kirchen des Protestantismus aber haben nur in dem Maße, wie sie den Grundzug der Unmittelbarkeit der religiösen Gottbezogenheit wieder als konstitutives Element des Wesens der protestantischen Frömmigkeit werten und behandeln, Aussicht, ihre Aufgabe an den Menschen der Gegenwart zu behandeln. Die an diesem Punkte drohende Krisis wird der Protestantismus nur überwinden, wenn er die individuelle Unmittelbarkeit in seinem Prinzip entschieden bejaht."[649]

Beth gelangt zum Schluss, dass es keinerlei Zweifel daran gebe, „daß das protestantische als das an-sich-religiöse Prinzip von der Forderung der religiösen Unmittelbarkeit nicht um Haaresbreite weichen kann."[650]

Während seine anfängliche religionspsychologische Fragestellung damit befasst war, wie sich verschiedene Typen von Religiosität unterscheiden liessen, erweiterte Beth sein Untersuchungsgebiet Ende der 1920er Jahre um Typenunterschiede zwischen religiösen und areligiösen Menschen. Meines Erachtens wird dabei auch seine Auseinandersetzung mit Freuds *Zukunft einer Illusion* eine Rolle gespielt haben (vgl. 5.4). Beth wendete sich zunehmend dem Ungläubigen zu. Der religiöse unterscheide sich vom nicht-religiösen Menschen durch seine „metabiontische Bestimmtheit".[651] Mit dieser Formel bezeichnete Beth das Bewusstsein, „einem andersartigen Lebenszusammenhang als dem physiologisch

---

[644] Ebd., 19.
[645] Ebd., 20.
[646] Ebd., 22.
[647] Ebd., 29.
[648] Vgl. ebd., 29f.
[649] Ebd., 30f.
[650] Ebd., 32. Als Krisensymptom nennt Beth die Ablehnung der „Philosophie des deutschen Idealismus" (58). Dieser „verkündigte […] die unmittelbare Gottverbundenheit als dem deutschen Geiste artgemäß" (62).
[651] Karl BETH (1932b): Institution oder Pneuma?, in: ZRPs 5, 72–84, hier 74.

bedingten anzugehören oder wenigstens ihm zuzustreben".[652] Dem areligiösen Menschen fehle dieses Streben bzw. Zugehörigkeitsgefühl. Ihm fehle das, was wir heute wohl am ehesten mit Spiritualität bezeichnen würden.

Das metabiontische Bewusstsein prägte auch Beths Ekklesiologie: „Die Kirche war und ist [...] die Kollektivität derer, welche um und durch die identische religiöse Erfahrung und Erlebung (an Jesus dem Christus) sich zusammenhalten mittels einer ihnen identischen Interpretation eben dieser religiösen Erfahrung."[653] Die gleiche Erfahrung identisch zu deuten, ist das Bindeglied der Christusgläubigen. Dass die Hinwendung Beths zur Beschäftigung mit dem Unglauben auch im Zusammenhang mit seiner Lektüre von Freuds schärfster religionskritischer Schrift „Die Zukunft einer Illusion" steht, auf die Beth eine Aufsehen erregende Reaktion veröffentlichte, soll als Nächstes gezeigt werden.

5.4   Beths Kampf für die Religion

Auf die Veröffentlichung von Freuds Studie „Die Zukunft einer Illusion" (1927) reagierte Beth im 1929 erschienenen zweiten Band der Zeitschrift für Religionspsychologie mit einem Beitrag, dessen polemischer Stil merklich von seinen bisherigen Publikationen abwich und deshalb aufhorchen lässt.[654] Seinem Aufsatz über „Die Religion im Urteil der Psychoanalyse" fügte er den bezeichnenden Untertitel bei: „Sigmund Freuds Kampf gegen die Religion".[655] Mit harscher, geradezu vernichtender Kritik schon gleich zu Beginn des Beitrags überzieht Beth Freuds Werk, dessen Inhalt „weder neu noch packend, geschweige denn von wissenschaftlicher Bedeutung" sei.[656]

Während Beth verschiedene Theorien Freuds in seinen früheren (und späteren) Schriften rezipieren konnte, grenzte er sich von dessen Religionskritik heftig ab. Sein Unmut, der in einem Frontalangriff gegen Freuds Religionstheorie gipfelt, schien sich längere Zeit schon angebahnt zu haben. Mindestens drei Etappen dieser Entwicklung lassen sich zurückverfolgen:

1. „Die Zukunft einer Illusion" wurde in der Internationalen Religionspsychologischen Gesellschaft in einer Abendsitzung am 17. Februar 1928 zum bestimmenden Thema. Der Psychoanalytiker Oskar Rie[657] hielt ein Referat über Freud und

---

[652]   Karl BETH (1931): Religion als Metabiontik. I. Der Fall R. Sch., in: ZRPs 4, 25–37, hier 25.

[653]   BETH (1932b), 77.

[654]   Beth gibt als Erscheinungsjahr von Freuds Studie 1928 an und bezieht sich damit auf die 2. unveränd. Aufl., die ebenfalls im Int. Psychoanalytischen Verl. erschien.

[655]   Karl BETH (1929): Die Religion im Urteil der Psychoanalyse. Sigmund Freuds Kampf gegen die Religion, in: ZRPs 2, 76–87.

[656]   Ebd., 76.

[657]   Oskar Rie (1863–1931), Dr. med., Mitglied der WPV von 1908–1931, vgl. MÜHLLEITNER (1992), 271f. Freud bezeichnet ihn 1931 in einem Brief an Lilly Marlé als „mein alter Freund", der am 17. September desselben Jahres gestorben sei (Sigmund Freud [2004]: Briefe an Maria [Mitzi] Freud und ihre Familie, hg. v. Christfried TÖGEL / Michael SCHRÖTER, in: Luzifer-Amor 33, 51–72, hier 66).

seine Abhandlung. In einem Auszug aus dem Tätigkeitsbericht der Gesellschaft werden die einzelnen Kernkritikpunkte der anschliessenden Diskussion mit folgenden Stichworten zusammengefasst:

„Freuds Auffassung vom Totemismus, bei dem in Wirklichkeit die Versöhnungsriten fehlen; seine Auffassung von der Religion als Kulturschützer; die mangelnde Berücksichtigung der mit fortschreitendem Triebverzicht fortschreitenden Verfeinerung. Die kindliche Angstneurose, die einer späteren religiösen Entwicklung nicht im Weg stehe, erlaube nicht den Schluß auf Aufhören der Illusion bei der Menschheit.“[658]

2. Beth rezensierte 1928 Carl Clemens vollständige Ablehnung des Ödipuskomplexes und seiner vermeintlichen Bedeutung für den Ursprung von Religion durchweg zustimmend.[659]

3. In seiner Selbstdarstellung von 1926 äussert sich Beth aufgrund der mangelhaften Quellenlage dezidiert – noch ohne Nennung von und doch in deutlicher Anspielung u.a. auf Freud – ablehnend der Vorstellung gegenüber, es sei möglich, etwas über die Anfänge der Religion auszusagen.[660]

Beth unterstellt Freud in seiner Reaktion von 1929 die Absicht, Religion „vernichten" und die Menschheit von ihr wie von einer Krankheit heilen zu wollen.[661] Beth erhebt verschiedene Vorwürfe an Freud, die u.a. vor allem dessen Methodik betreffen:

Erstens richtet sich Beths Kritik gegen Freuds Religionsbegriff. Freuds Fragestellung sei verkehrt, da er noch vor Zurkenntnisnahme der „Erscheinungsweisen" von Religion nach ihrem Ursprung frage statt umgekehrt. „Alle Untersuchung über den Wert der Religion – und darauf kommt es Freud doch an – muß von dem phänomenologischen Befund über das Wesen der Religion ausgehen."[662] Bevor Freud sich also über Religion äussern dürfe, müsse er zuerst einmal verstehen und zur Kenntnis nehmen, was Religion überhaupt sei.
Schon vor Erscheinen von Freuds Werk legte Beth in seiner Selbstdarstellung von 1926 dar, dass es zur Fundierung eines in die Ferne gerückten gemeinsamen Religionsbegriffs zuerst „einer neuen und vollständigen Phänomenologie der Religion und Religiosität zu bedürfen scheint."[663] Deshalb müsse sich, wer Religionspsychologie betreibe, die ungeheure Vielfalt von Religion vor Augen halten

---

[658]   Vgl. Auszug aus dem Tätigkeitsbericht der *Int. Religionspsych. Gesellschaft* für das Vereinsjahr 1927/28, in: ZRPs 1/4 (1928), 90–95, hier 92.

[659]   Vgl. Karl BETH (1928c) [Rez.]: Carl CLEMEN (1928): Die Anwendung der Psychoanalyse auf Mythologie und Religionsgeschichte, Sonderdruck aus dem AGPs 61, H. 1/2, in: ZRPs 1/3, 78f.

[660]   Beth ist davon überzeugt, „daß wir, wie viel geschichtliches und psychologisches Material wir auch immer zusammentragen mögen, mit alledem doch gar keine Aussicht haben, Gewißheit über die Anfänge der Religion zu gewinnen." BETH (1926c), 26.

[661]   BETH (1929), 76f.

[662]   Ebd., 80.

[663]   BETH (1926c), 30.

und dürfe nicht in unzulässiger Weise von einer einzigen Form auf andere rückschliessen. Freud fehle die Gesamtperspektive bzw. „synthetische Betrachtung"[664], eine umsichtige Wahrnehmung von Religion als Ganzes, auf der eine Analyse beruhen müsse.[665] Sein Religionsbegriff sei unangemessen und ungenügend, weil seine Unterschungsbasis zu eng bemessen sei: er nehme nur einen kleinen und beschränkten Ausschnitt von Religion wahr.

Zweitens wirft Beth Freud vor, Religion ihr eigenes Wesen vorzuhalten und sie mit gänzlich unzulässigen Mitteln beurteilen zu wollen. Freud „will die Religion zu etwas unselbständigem Psychischen machen, er will sie in anderes Psychisches rational auflösen."[666] Da Freud Religion in Kategorien zu fassen suche, die ihr nicht gerecht werden, weil sie „auf einer ganz anderen Linie als alle übrigen Wahrnehmungs- und Erkenntnisgegenstände" liege und eine spezielle Hermeneutik – eine *hermeneutica sacra* – erfordere, sei sein Urteil völlig abwegig. Dass Freud die Vernunft zur obersten Instanz und alleinigem Massstab erklärte, hielt Beth für „keine psychologische Feststellung", sondern für „ein rationales Verdikt".[667]

Drittens hält Beth Freud vor, nötige Beweise für seine Argumentation schuldig geblieben zu sein: Er hätte es versäumt nachzuweisen, dass die Vorstellung eines dem Menschen liebevoll zugewandten oder ihn auch züchtigenden Gottes „außerhalb der menschlichen Psyche keinen Anhaltspunkt" habe.[668] Dadurch, dass Freud der Religion ihre Transzendenzbezogenheit vorhält, beweise er, vom Sinn der Religion als wesentlich auf Transzendenz bezogen zu sein, keine Ahnung zu haben.

Zuletzt bemängelt Beth, dass Freud Religion mit einer Zwangsneurose parallelisiere, ohne nachzuweisen, „daß das religiöse Geistesleben den Gesetzen des zwangsneurotischen Vorstellens und Denkens entspricht."[669]

Für bemerkenswert hält Beth Freuds „Taktik", Religion nicht wie sonst üblich als kulturfeindlich anzuprangern, sondern sie geradezu als Bestandteil und Förderin der Kultur und somit als „menschenfeindlich, individuumsfeindlich" zu betrachten.[670] Freuds Kulturtheorie gerät in einen direkten Gegensatz zu Beths teleologischem Entwicklungsgedanken. Dass Kultur letztlich aufgrund des nötigen Triebverzichts Feindseligkeit wecke, treffe nach Beth „nur bei dem Menschentypus mit abgebrochener geistiger Entwicklung" zu, und diesen erhebe Freud zum Normalfall. Nach Beths anthropologischer Vorannahme sind „von vornherein, teleologisch, im Menschenwesen höhere, ja andersartige Zielsetzun-

---

[664] BETH (1929), 80.
[665] Vgl. seine Aussage: „Er analysiert, man weiß nicht recht was eigentlich; die Religion ist es jedenfalls nicht. [...] Bei dieser Analyse fehlt der Blick für die Ganzerscheinung Religion", ebd., 80. „[...] die Gesamtschau [ist] die Voraussetzung, Grundlage, Ebene [...], auf welcher allein die Analyse einsetzen kann. Die Analyse hat sich daher immer neu an der synthetischen Schau zu orientieren", ebd., 81.
[666] Ebd., 82.
[667] Ebd., 82.
[668] Ebd., 82.
[669] Ebd., 82.
[670] Ebd., 84.

gen angelegt".[671] Sie bestimmen dessen Ausrichtung und Lebensziel. Beths epigenetischer Entwicklungsbegriff im Sinne der Zielorientierung menschlicher Entwicklung, in der Religion eine wichtige Rolle zukommt, und seine Annahme des Siegs der Menschlichkeit über die Animalität widersprechen der eher skeptischen Perspektive Freuds, für den die Geschichte bzw. der Ausgang menschlicher Entwicklung offen ist.

Der Urvatermord ist nach Beth „als eine der vagsten Konstruktionen zu bezeichnen, die je in wissenschaftlicher Literatur gewagt worden sind."[672] Und Beth weist messerscharf auf den Erklärungsnotstand hin, in den Freud mit seiner Rekonstruktion gerät: „Allein von dieser Vorstellung bis zu einer Gewissensregung und der Gottesvorstellung ist ein ungeheurer Schritt, über den Freud den Lesern keine Rechenschaft gibt."[673] Hier existieren Lücken und Gedankensprünge.

Beth hat auf die Vorannahme Freuds aufmerksam gemacht: „Ohne die Idee der Gottheit ist die Deifizierung nicht möglich, sie ist ihre Voraussetzung."[674] Dass seine eigene Vorstellung einer den Menschen auf „höhere Lebensziele" antreibenden „normalen Entwicklung", die Triebe „zur selbstverständlichen Zurückdrängung" führe, die aber „durch die Wertung der höheren Lebensziele vollauf kompensiert" würde, ebenso auf Vorannahmen beruht, schien ihm nicht bewusst gewesen zu sein. Im Kern handelt es sich bei der religionstheoretischen Auseinandersetzung zwischen Beth und Freud um einen Wettstreit unterschiedlicher anthropologischer Konzepte. Während Freud an der Animalität des Menschen festhält und Triebverzicht zur notwendigen Basis von Kultur deklariert, sieht Beth friedfertiges, grosszügiges und gerechtes Verhalten nicht als kulturelle Forderung, sondern als menschliches Bedürfnis. Mit zunehmender Entwicklung entspreche ihm der Mensch als Ebenbild Gottes von sich aus.[675] Was dem einen Ergebnis natürlicher und das heisst von Störungen möglichst unbeeinträchtigter Entwicklung erscheint, ist dem anderen fragwürdig und kommt im besten Fall nach verlustreichen tiefen Konflikten zustande. Aufgrund der im Kern unterschiedlichen Anthropologie zieht Beth nach Freuds Schrift das Fazit: „Da gibt es keine Möglichkeit, eine Brücke zu bauen."[676] Dass dieses Fazit auf die Dauer auf

---

[671] Ebd., 84.

[672] Ebd., 86. Vgl. auch seine grundsätzliche Aussage: „Aber freilich müssen wir uns bei derartigen Fragen immer gegenwärtig halten, daß die feinen Fäden einer religiösen (zumal mythologisch gefärbten) Ideen- und Namenbildung oft viel zu tief liegen und eine zu zarte Veranlassung haben, als daß wir ihnen literarisch nachgehen könnten." Brief an Friedrich Loofs vom 19. März 1914 [unveröff. Ms.: ULB Sachsen-Anhalt, Abt. Sondersammlungen, Sign.: Yi 19 IX B 187–195].

[673] Ebd., 86.

[674] Ebd., 87.

[675] Vgl. Ingrid TSCHANK (1994): Karl Beth – Auf dem Weg von der modern-positiven zur religionsgeschichtlichen Theologie, Diplomarbeit an der evang.-theol. Fakultät Wien, 71: Beth habe die „altprotestantische[n] Lehre ‚de creatione‘ durch die Integration des teleologisch-epigenetischen Entwicklungsgedankens" umgeformt. „Die gesamte Schöpfung ist auf Entwicklung und Vervollkommnung angelegt. Die Entwicklungslinie ist als planmäßig-aufsteigende und auf ethisch-religiöse Vervollkommnung hinzielende gedacht."

[676] Ebd., 82. Aber vgl. auch BETH (1932b), 78: „Jedes seelische Wachstum […] hat zur Voraussetzung einen gewaltigen Verzicht. Ohne großen Verzicht wird dem Menschen kein seelisches Geschenk zuteil. Das christlich religiöse Leben nimmt seinen Anfang damit, daß Gott in ein von

Freuds Religionskritik bezogen blieb und sich nicht auf sein Bild der Psychoanalyse insgesamt auswirkte, zeigen die weiteren Veröffentlichungen Beths. Und dass Beths Anthropologie sich jener Freuds im Verlauf der 1930er Jahre zumindest im Hinblick auf eine wesentlich konfliktuöse menschliche Grundsituation annäherte, zeigt sein Beitrag von 1932 über „*Institution oder Pneuma*", in welchem er festhielt:

> „*Jedes seelische Wachstum, jede seelische Wandlung hat zur Voraussetzung einen gewaltigen Verzicht. Ohne großen Verzicht wird dem Menschen kein seelisches Geschenk zuteil. Das christlich religiöse Leben nimmt seinen Anfang damit, daß Gott in ein [...] Einzelleben mit seinem Verzichte-Ruf eingreift und an die Stelle der ruhigen Selbstsicherheit die aufregende Unruhe bringt. Versucht nun der Mensch nicht, diese Unruhe zu verdecken, sondern geht er auf die Erschütterung ein, läßt er sie sich wirklich auswirken, so kommt er zu einer Umgestaltung von Grund aus, einer Umgestaltung, die zu ihrem Verständnis außer psychischen Faktoren noch eines andersartigen bedarf, den wir als das göttliche Pneuma, den Metabios bezeichnen. Christliche Religiosität ist Revolution im Persönlichkeitsorganismus, weil sie pneumatischen Ursprungs ist*".[677]

Beth schien zunehmend die Sprengkraft des christlichen Glaubens gegenüber einem konservativ-bewahrenden Bild von Religion zu betonen: „Dem Christentum ist es ja wesenhaft, daß es als Skandalon [...] wirkt [...]. Das Christentum ist nicht von der Art, daß es mit den menschlichen Kulturgebilden, und seien es ganze Systeme, seinerseits paktiert."[678]

Bevor wir Beths anhaltendes Interesse an der Psychoanalyse anhand seiner weiteren Veröffentlichungen veranschaulichen (5.6),[679] soll der Blick nun auf den 1931 veranstalteten *Ersten Religionspsychologischen Kongress* gerichtet werden, den Beth als Hauptverantwortlicher initiierte.

5.5 Der Erste Internationale Religionspsychologische Kongress in Wien

In der Pfingstwoche vom 25. bis zum 30. Mai 1931 fand an der Universität Wien der *Erste Internationale Religionspsychologische Kongress* statt.[680] Er wurde durch die *Internationale Religionspsychologische Gesellschaft* unter dem Präsidium Beths durchgeführt. Die Besonderheit dieses an sich schon eindrücklichen Anlasses steigert sich noch, wenn man den zeithistorischen Kontext miteinbezieht: der Kongress fand kurz vor dem Ende der parlamentarischen Demokratie statt, das

---

ihm fern gehaltenes [...] Einzelleben mit seinem Verzichte-Ruf eingreift und an die Stelle der ruhigen Selbstsicherheit die aufregende Unruhe bringt."

[677] BETH (1932b), 78.

[678] Karl BETH (1932d): Jüngste Stimmen zum deutsch-religiösen Ringen, in: ZRPs 5, 172–180, hier 173.

[679] Die ZRPs belegt durchweg die anhaltende Auseinandersetzung mit der Psychoanalyse. Vgl. auch die würdigende Rezension von Anna Freuds *„Einführung in die Psychoanalyse für Pädagogen"* durch Marianne BETH (1936), in: ZRPs 9, 117f.

[680] Vgl. Otto NAHRHAFT (1931): Der Erste Internationale Religionspsychologische Kongress, in: ZRPs 4, 97–109. Vgl. auch ZRPs 3/4 (1930), 4.

„eine Politik konsequenter Diskriminierung aller Nichtkatholiken" und einer vollständigen Abwertung von Juden und Jüdinnen nach sich zog.[681] In dieser schon schwelenden Situation erscheint der Kongress wie ein historisch-wissenschaftlicher Lichtblick in finsteren Zeiten. Dreierlei kennzeichnete ihn: sein „interszientistischer", sein „intermethodischer" und sein „ökumenischer" bzw. „interkonfessioneller" Zugang.[682] Als „Leitmotiv" der Veranstaltung diente die Einsicht,

„daß die religiöse Psyche nur dann mit Erfolg untersucht werden kann, wenn außer den Theologen und Psychologen die Pädagogen, Mediziner und Kriminalisten, kurz alle diejenigen Berufe, denen in ihrem Verkehr mit den Menschen aller Schichten in der Bevölkerung das religiöse Leben auf seinen vielgestaltigen Wegen und bunten Abwegigkeiten immer neu entgegentritt, an den religionspsychologischen Arbeiten teilnehmen."[683]

Damals herrschte die Überzeugung, dass die Religionspsychologie eine integrative Fachdisziplin sei und auch zu sein habe. Fortschritte in der religionspsychologischen Forschung seien nur gemeinsam zu erzielen. Diese einander gegenseitig wertschätzende Haltung schien die Arbeit zu beflügeln, so dass man schreiben konnte:

„Von allen Seiten wurde in freudiger Überraschung über diese neuartige Forschungsmethode der Zustimmung zu dieser interszientistischen Zusammenarbeit Ausdruck gegeben. Reichste Anregung [...] war die glückliche Folge dieser Arbeitsmethode."[684]

Interdisziplinarität auf Augenhöhe und Zusammenarbeit im Bewusstsein, die anstehenden Forschungsfragen nur gemeinsam lösen zu können, bestimmten den Diskurs. So wurde auch die Teilnahme von „Seelsorger[n], Jugendbildner[n], Ärzte[n] usw." speziell vermerkt.[685] Die Vielfalt der am Kongress vertretenen Disziplinen wurde als Gewinn und als Auszeichnung begriffen. Den Respekt den einzelnen Fakultäten gegenüber wahrte man durch die Leitlinie,

„jeden Mitforscher bei seiner eigenen Methode zu belassen, also grundsätzlich einen Intermethodismus anzuerkennen, der auch dem Kongreß eine bestimmte Prägung gab."[686]

Es stellte sich heraus,

„daß diese Vereinigung vieler Forschungsmethoden auf jeden Fall brauchbarer ist als die Beschränkung auf eine einzelne Methode, und daß die Ergänzung, welche sich aus der Ver-

---

681 Eveline LIST (2008): „Es hat mich mein ganzes Leben durch verfolgt", in: DIES. (Hg.): Der Mann Moses und die Stimme des Intellekts, Innsbruck (Studienverl.), 7–16, hier 9. Zu diesen Diskriminierungen gehörte etwa der Erlass vom August 1933, nach welchem „jeder aus der katholischen Kirche Austrittswillige einen gesunden Geistes- und Gemütszustand nachzuweisen habe", ebd., 12.

682 Ebd., 97.
683 Ebd., 97.
684 Ebd., 97.
685 Ebd., 97.
686 Ebd., 98.

gleichung der mit den verschiedenen Methoden erzielten Resultaten ergibt, die jeweils erforderliche Korrektur einer einzelnen durch die übrigen Betrachtungsweisen ersichtlich macht."[687]

Man erlebte die Breite unterschiedlicher methodischer Zugänge nicht primär als Konkurrenz oder Infragestellung des eigenen Zugangs, sondern als Bereicherung und zum Teil nötige Ergänzung.

Der Umstand, dass zum ersten Mal in Wien ein wissenschaftlicher Kongress ökumenisch durchgeführt wurde, zeugt von der aussergewöhnlichen Anlage des ganzen Unternehmens.[688] Da man „das pulsierende religiöse Leben" unter Absehung von „kirchlichen Bindungen und Bedingungen" zu erforschen habe, hätten römisch-katholische, evangelische, orthodox-anatolische, jüdische, freikirchliche und aus verschiedenen religiösen Gemeinschaften stammende Forscher teilgenommen. Die Eröffnungsrede hielt der katholische Theologe und österreichische Altbundeskanzler Prälat Ignaz Seipel.

„*Es war etwas Hochbedeutsames, daß bei dieser Tagung neben dem protestantischen Theologen Beth und abwechselnd mit ihm der Vorsitz von dem katholischen Staatsanwalt Nahrhaft und dem Jesuiten Prof. Raitz von Frentz und dann wieder von dem evangelischen Religionspädagogen Römer und dem evangelischen Psychiater Prof. Stransky geführt wurde und daß alle diese Männer in völliger Harmonie und einer durch den eindeutigen wissenschaftlichen Zweck verbürgten zielbewußten Einheit ihres Amtes walteten.*"[689]

Man mag einen Teil der Überschwänglichkeit auch dem Umstand beimessen, dass der Verfasser dieser Zeilen als einer der Vorsitzenden evtl. nicht genügend Distanz besass, ein unbefangenes Bild zu zeichnen. Dennoch ist die Begeisterung über die erlebte kollegiale Offenheit spürbar und die interkonfessionelle Ämter- und Funktionsbesetzung belegt. Erwähnenswert ist auch der Umstand, dass der evangelische Prof. Stransky, der 1920 die erste öffentliche Aussprache zur Psychoanalyse in Wien geleitet hatte (vgl. oben 5.1) hier an diesem Kongress zeitweise den Vorsitz führte.

Die am Kongress vorherrschende „Auffassung von wissenschaftlicher Zusammenarbeit" entsprach gewiss nicht dem *mainstream* und war „ungewohnt auch gerade in Wien", wo sich z.B. mit der Individualpsychologie Adlers eine eigene von der Psychoanalyse abgespaltene Richtung ausgebildet hatte, die kein Zusammenarbeiten durch eine „Ausweitung der Forschungsmethode" zuwege brachte.[690] Doch:

„*Der Trieb zur Besonderung ist sehr begreiflich und vor allem ist es bequem, ihm nachzugeben. Dieser Asozialismus ist in der Wissenschaft sehr verbreitet.*"[691]

---

[687] Ebd., 98.

[688] Vgl. ebd., 98: „Zum ersten Male ist durch diesen Kongreß der Versuch einer ökumenischen Zusammenarbeit der Angehörigen verschiedener Bekenntnisse auch in rein wissenschaftlichen Fragen durchgeführt worden."

[689] Ebd., 98.

[690] Ebd., 98f.

[691] Ebd., 99.

Der Autor rechnet es zu den Verdiensten des Initiators Karl Beth, sich gleich zu Beginn gegen diesen Wissenschafts-Asozialismus zur Wehr gesetzt zu haben und zwar

„in der Erkenntnis, daß die Vereinzelung dem wissenschaftlichen Fortschritt ebenso schäd-lich ist wie das Gegeneinanderarbeiten, und daß statt dessen ein reges Zusammenarbeiten erstrebt werden muß. […] Sein unermüdliches Drängen auf das gegenseitige Sichgeltenlassen hat dazu geführt, daß Probleme und Fälle in wechselseitiger Ergänzung der Betrachtung von den verschiedenen möglichen Seiten her zur Erledigung gelangen.“[692]

Ein Blick auf die unterschiedlichen Beiträge in der von ihm edierten *Zeitschrift für Religionspsychologie* widerspiegelt diese Haltung, welcher Beth auch am Kongress zum Durchbruch verhalf. Auch in der von ihm präsidierten *Internationalen Religionspsychologischen Gesellschaft* sei

„erreicht, daß gerade [das] durch die allerweitestgehende Duldung auch gegen die ursprünglich in ihr nicht heimischen Methoden und durch den Versuch einer Verbundenheit des eigenartig Nützlichen einer jeden mit dem der anderen eine völlig eigene Methode der Erforschung und Problembehandlung entstanden ist.“[693]

Dies hätte dazu geführt, dass Wien – so die *Frankfurter Zeitung* – „zu einem weltbekannten Zentrum der Seelenforschung" geworden sei.[694]

Nun erwähnt der Autor auch die Frage, ob es sich bei dem von ihm hochgelobten neuen „methodische[n] Prinzip" nicht schlicht und einfach um einen „Eklektizismus" handele.[695] Er verteidigt es und meint, dass der Einsatz von Fragebogen, das Durchführen von Experimenten etc. nur „Hilfsmittel" und „Vorarbeiten" seien, denen „die eigentliche Hauptaufgabe" zu folgen habe, nämlich der Abstieg „in die Tiefe des Seelischen" als dem Sitz von Religiosität. Der Autor ist davon überzeugt, dass „die seelische Tiefenforschung […] einer individualisierten Form der Arbeit" bedürfe.[696]

Man hätte sich als „echte Arbeitsgemeinschaft" gefühlt, und trotz offenbar schon hochsommerlicher Temperaturen sei es nicht zu einem Abstrom der Teilnehmenden gekommen. „Verschwunden ist das Schreckgespenst des Psychologismus."[697]

Von besonderem Interesse ist in unserem Zusammenhang das Thema des Kongresses, dessen Wahl sich m.E. von Beths Schwerpunkten plausibel herleiten lässt. Sie sollen nochmals kurz rekapituliert werden: Die Kategorisierung verschiedener religiöser Typen erschien Beth die Hauptaufgabe der Religionspsychologie und ihr primärer Nutzen für die Seelsorge zu sein. Während er sich zunächst um Typenunterschiede religiöser Menschen kümmerte, interessierten

---

[692] Ebd., 99.
[693] Ebd., 99.
[694] Ebd., 99.
[695] Ebd., 99f.
[696] Ebd., 100.
[697] Ebd., 109.

ihn ab Ende der 1920er Jahre – wie zu zeigen versucht wurde: im Zusammenhang mit seiner religionstheoretischen Auseinandersetzung mit Freud – typologische Unterschiede zwischen gläubigen und areligiösen Menschen. Die Wahl des Kongressthemas, das auf Beth selbst zurückgehen dürfte oder zumindest seine volle Zustimmung erlangt haben musste, lautete *„Die psychischen Ursachen des Unglaubens".* Als Redner wurden neben Karl Beth die schon erwähnten Wiener Mediziner Rudolf Allers und der zu den Vorsitzenden gehörende Erwin Stransky, aber auch Carl Gustav Jung, Karl Bühler, Traugott Österreich, Georg Wobbermin und viele weitere Forscher aus dem In- und Ausland verzeichnet.[698] Auch Oskar Pfister reiste aus Zürich an und hielt einen Vortrag über *„Die verschiedenen Arten des Unglaubens in psychanalytischer Beleuchtung".*[699] Im Ehrenausschuss sass Selma Lagerlöf,[700] und auf der Rednerliste erschienen auch drei Frauen: neben Helene Adolf und der amerikanischen Ärztin Helen Flanders Dunbar sprach auch Marianne Beth.[701]

Prälat Ignaz Seipel lobte die Wahl des Kongressthemas. Auch er vertrete die Ansicht, „daß man in der Betrachtung des Göttlichen in der Religion die Psychologie an die Stelle der Theologie setzen dürfe."[702] Dies erinnert stark an Beths Kritik von Freuds *„Zukunft einer Illusion",* in der er diesem vorwarf, er wolle „die Religion zu etwas unselbständigem Psychischen machen" und „sie in anderes Psychisches rational auflösen."[703] Seipel drückt seine Befriedigung darüber aus, dass eine „psychologistische Auffassung" vom Kongress „ferngehalten" und mit der Wahl des Themas des Unglaubens „die rein psychologische hervorgekehrt" worden sei.[704] Während Freud in *„Die Zukunft einer Illusion"* den Glauben zum Thema erhoben hatte und ihn nach Ansicht Beths „psychologistisch" analysierte, wendete sich der Kongress dem Thema des Unglaubens zu. Beth erläuterte sein Verständnis von „Metabiontik" und beantwortete die Frage, warum nicht jeder Mensch gläubig sei – nach Nahrhaft – mit der Feststellung, „daß nicht jeder die ihm zuteil gewordene Empfindung jener lebensrhythmischen Bezogenheit zur Wahrnehmung nütz[e]."[705]

Im schwerpunktmässig mit der Psychoanalyse befassten Teil des Kongresses trat Pfister auf mit der These, dass Unglaube oftmals in Wahrheit einem lediglich

---

698   Vgl. ZRPs 4 (1931), 47f. und die im Voraus eingeschickten „Leitsätze" der Vorträge ebd., 77–89 [unvollständig]; NAHRHAFT (1931), 98 u. 102ff.

699   ZRPs 4 (1931), 48 u. 77–79. Abgedruckt in: ZRPs 8 (1935), 20–31. Vgl. Brief Pfisters an Freud vom 16.05.1931 (F/P, 150).

700   Vgl. ZRPs 1931/4, 46.

701   Vgl. NAHRHAFT (1931), 103f. u. 107; Helene ADOLF (1935): Analyse der religiösen Ergriffenheit, in: ZRPs 8, 31–38. Marianne BETH (1935): Unglaube als Ausfallserscheinung, in: ZRPs 8, 208–225. Dunbar gehörte zu jenen vier Studierenden, mit denen Boisen im Juni 1925 die *Clinical Pastoral Education* im *Worcester State Hospital* begann und eine entscheidende Rolle in der Bewegung spielen sollte. 1929 segelte sie nach Europa, hielt sich in Wien auf, stand in Kontakt mit Helene Deutsch, zog dann nach Zürich und wurde Assistentin im Burghölzli. Siehe oben S. 40.

702   NAHRHAFT (1931), 101.

703   BETH (1929), 82.

704   NAHRHAFT (1931), 101.

705   Ebd., 104f.

verkappten Glauben entspreche und eigentlich „eine Verdrängung des religiösen Selbstbewußtseins" sei.[706] Pfister begründet die Ablehnung Gottes, die zum Unglauben führe, zunächst mit einem auf Gott übertragenen und aus dem Ödipuskomplex stammenden Hass gegen die Eltern.

Der *Erste Internationale Religionspsychologische Kongress* stand ganz im Zeichen der Psychoanalyse und ihres Aufstiegs in den 1920er Jahren. Die Frage nach der Bestimmung und dem Stellenwert des Unbewussten nahm viel Platz ein, was „als durchaus angemessen empfunden" wurde, obwohl hier keine Einigkeit herrschte. Dass die Wahl des Themas auch durch die Beschäftigung mit Freuds Pamphlet „*Die Zukunft einer Illusion*" vorbereitet und mitmotiviert war, sollte aufgezeigt werden. Dessen hervorragende Bedeutung beweist auch der Umstand, dass just 1928 und 1934 die ersten theologischen Dissertationen zur Psychoanalyse erschienen und dass beide sich zur Hauptsache mit Freuds Religionskritik befassten.[707]

Das Thema des Unglaubens beschäftigte Beth fortan: 1935 erschien in der *Zeitschrift für Religionspsychologie* ein Beitrag von ihm über „*Unsere religiöse Situation. Christentum — Heidentum — Atheismus*" und der am Kongress gehaltene Vortrag seiner Frau Marianne Beth über „*Unglaube als Ausfalls-Erscheinung*". 1938 beschäftigt sich Beth mit der Frage, wie Religiosität sich überhaupt entwickelt und spricht von einem im Menschen vorhandenen „religiösen Keim". Er

„entsteht aus der geheimnisvollen Verschmelzung des göttlichen und menschlichen Pathos (Pneuma und Psyche). Die Chromosomenverbindung, welche [...] vor sich geht in der menschlichen Psyche nach dem Eindringen des göttlichen Pneuma-Spermas, gibt sich als ein durchaus epigenetisches Geschehen zu erkennen. Dieser epigenetische Vorgang ist es, welcher zur Ausbildung eines Vollkerns der Religion führt. Aber wie selten kommt dieser Prozeß zum ungehinderten Abschluß!"[708]

In Analogie zur menschlichen Biologie bzw. zur Befruchtung durch die Verschmelzung von männlichen und weiblichen Keimzellen wird nach Beth durch das Eindringen des göttlichen und als männlich vorgestellten Samens in die menschliche und als weiblich gedachte Psyche eine Chromosomenverbindung erschaffen, die sich schliesslich zur Bildung von Religion weiterentwickelt. Unglaube entsteht, wenn diese Entwicklung nur unvollständig blieb oder abgebrochen wurde. Es handelt sich hier um einen durchweg zeitgebundenen biologistischen Erklärungsversuch für den Umstand, dass einige Menschen mehr zu Religion neigen als andere.

---

[706] Ebd., 105.
[707] Hans SAALFELD (1928): Das Christentum in der Beleuchtung der Psychoanalyse, Evang.-theol. Fak. d. Univ. Greifswald; Hermann TROG (1934): Die Religionstheorie der Psychoanalyse, Theol. Fak. d. Univ. Jena. Vgl. dazu die Besprechung von P. BERGMANN (1937): Die Psychoanalyse in deutschen Dissertationen, in: Imago 23, 125–127.
[708] BETH (1938), 5f. Vgl. dazu Karl BETH (1910): Entwicklung und Entfaltung, in: ZThK, 406–417.

5.6 Beths Urteil in den USA über Freuds Beitrag zum Verständnis der christlichen Botschaft

Seinem 1936 veröffentlichten Artikel über Psychoanalyse, den er für das *Hand-wörterbuch des deutschen Aberglaubens* verfasst hatte, spürt man Beths Bedürfnis an, ihr eine gerechte Bewertung und sogar Würdigung zuteil werden zu lassen. So zieht er eine verhältnismässig ausgewogene Bilanz ihrer Verdienste, ohne mit seiner Kritik hintanzuhalten.[709] Gleich zu Beginn stellt er fest, dass die Psycho-analyse zwar zunächst an Menschen mit spezifischen Störungen entwickelt wor-den sei, an ihnen gewonnene Erkenntnisse z.T. jedoch verallgemeinere und auf alle Menschen übertrage. Ihre Perspektive sei geprägt von ihrem ursprünglichen Gegenstandsbereich und habe Auswirkungen auf ihre Hermeneutik. Dennoch würdigt Beth sie, indem er sie explizit als „wissenschaftliche Methode" bezeich-net, der wichtige Einsichten zu verdanken seien, die auch das „Seelenleben des normalen Menschen" betreffen.[710] Da es ihr gelungen sei aufzuzeigen, dass die Übergänge zwischen krank und gesund fliessend seien, findet er den bisherigen „Widerstand gegen psychoanalytische Deutungen in gewissem Ausmaße selbst korrekturbedürftig."[711] Während ihr Hauptverdienst darin bestehe, erstmals auf das Unbewusste und dessen Wirksamkeit im Menschen das Augenmerk gerich-tet zu haben, sei ihr der Zugang zu „ganze[n] Gebiete[n] des eigentlichen Seeli-schen" noch verwehrt; so hätte die Wiener Schule der Psychoanalyse „nament-lich für die eigentlichen religiösen Erscheinungen des Seelischen keinen Blick gezeigt".[712]

Ganz anders hingegen die zweite psychoanalytische, nämlich schweizerische Schule mit ihrem Hauptexponenten C.G. Jung. Er sei es gewesen, der die psycho-analytische Theorie von ihrem „sexualpsychischen Komplex, an dem sie lei-det",[713] befreite, wie Beth anhand der Traumtheorien aufzuzeigen versucht. Im Gegensatz zu Freuds „rein kausale[r]", rückwärtsgewandter Perspektive findet Jungs „finale Auffassung" grossen Anklang bei Beth.[714] Jung, dem Freuds Traum-verständnis als Wunscherfüllung „viel zu eng" sei, erkenne, „daß der Traum auch eine Kontinuität nach vorwärts besitzt".[715] Diese nach vorne strebende und für verschiedene Deutungen der Traumsymbolik offene Sichtweise entspricht eher dem Menschenbild Beths und lässt sich in Einklang mit seiner Entwicklungs-theorie bringen. Letztlich handelt es sich um zwei antagonistische Haltungen: eine retrospektive und eine prospektive.

---

[709] Karl BETH (1936): Art. Psychoanalyse, in: Handwörterbuch des deutschen Aberglaubens, Bd. VII, Berlin/Leipzig (de Gruyter), 366–381. In seiner Auswahl „grundlegende[r] Literatur zur Psychoanalyse" fällt auf, dass neben Freud und Jung auch vier Schriften Pfisters aufgeführt wer-den, jedoch nicht seine „Analytische Seelsorge" von 1927. Vgl. ebd., 367f.

[710] Ebd., 366.

[711] Ebd., 371.

[712] Ebd., 369.

[713] Ebd., 373.

[714] Ebd., 378.

[715] Ebd., 378.

In den Vereinigten Staaten, wo er sich ab 1939 aufhielt, setzte sich Beth weiterhin mit der Psychoanalyse auseinander und veröffentlichte 1941 einen Aufsatz mit dem Titel „*The Contribution of Freud's and Jung's Depth Psychology to the Understanding of the Christian Message*".[716] Nach Beth hatte die Psychoanalyse einen wertvollen Beitrag zum Verständnis des Evangeliums geleistet, jedoch nicht – wie man annehmen würde – aufgrund Freuds und Jungs religionspsychologischer Schriften, denn: „For whatever either of them tries to say on religion itself is of no positive value in respect to practical religious life."[717] Ihre diesbezüglichen Aussagen seien letztlich belanglos und sogar unzutreffend. Ihren tatsächlichen Beitrag, deren entsprechende Würdigung noch ausbliebe, ortet Beth nicht dort, wo sie es selbst beabsichtigten, sondern in folgenden Punkten:

1. Innerhalb der psychoanalytischen Theoriebildung erkennt Beth zwei Gedanken, die zu einem besseren Verständnis des Christentums beitragen können. Der erste betrifft Freuds Lehre von der Zensur. Freud sei im Zusammenhang seiner Instanzenlehre zur Anerkennung derselben „impulses" gelangt, die im Christentum mit Reue („repentance") und Sühne („atonement") bezeichnet würden.[718]

Der zweite Gedanke betrifft die Frage nach dem Verhältnis von Individuum und Gesellschaft. Beth sah insbesondere bei der Jugend einen Trend, das eigene Leben kollektivistisch zu verstehen. Demgegenüber rückte Freud gerade das Individuum ins Zentrum und leitete eine neue Ära der Wertschätzung des Einzelnen ein. „Freud was […] one of the first conquerors of the realm of the individual in our time."[719] Beth hob hevor, dass Freud nie behauptet hätte, das Individuum werde nur von der Gesellschaft determiniert und besässe keinen freien Willen. Genau das Gegenteil träffe zu: Freud entdeckte, dass sich jedes Individuum im Widerstreit mit den ihm von der Gesellschaft auferlegten Gesetzen befände. So zieht Beth das Fazit: „As far as the Christian message is a message about the independent soul, it finds reinforcement in the psychoanalytic theory."[720]

2. In der Aufmerksamkeit, die Freud dem Unbewussten und seiner Entstehung und Entwicklung schenkte, liegt sein besonderer Beitrag für den religiösen Bereich. Seine Theorie weckte die Frage, ob die Trennung zwischen pränatalen und frühkindlichen Erfahrungen überhaupt aufrecht erhalten werden sollte und ob nicht erstere auch ein Untersuchungsfeld werden müssten. Es handelt sich hier um ein zeitgeschichtlich bedeutsames Votum, dessen Richtigkeit inzwischen lange bestätigt ist.

Eine interessante theologische Beziehung zwischen Psychoanalyse und christlicher Botschaft stellt Beth her, wenn er in Jesu Befehl zur Bereitschaft, das eigene Selbst zu verlieren, den Kern seiner Botschaft erblickt. Während die Psychoanalyse auf die Tatsache verweise, dass der Mensch sich in einem Konflikt befinde,

---

[716]   In: The Journal of Liberal Religion, Vol II, Nr. 3, Chicago 1941, 112–124.
[717]   Ebd., 112.
[718]   Ebd., 114.
[719]   Ebd., 115. Vgl. auch ebd., 114: „Psychoanalysis has provided us with a key by which the door into the realm of the individual soul opens."
[720]   Ebd., 115.

verkündige Jesus, dass dies auch so sein müsse: „Man not only is but must be divided in himself.“[721]

Die psychoanalytische Annahme einer konstitutiven Konfliktdynamik, die in enger Nähe zur christlichen Vorstellung von Sünde und Umkehr stehe, gehöre zu den „greatest contributions to the practical psychology of the minister.“[722] Sie zeige die innere Zerissenheit des Menschen bzw. die zwei Naturen in jeder Menschenseele („two natures in every man's soul"). Beth nimmt das Bild der Maske auf. Der Maskenhalter wisse gar nicht um diese beiden Naturen, bis die Psychoanalyse ihn darüber aufkläre und ihn zur Selbstbeobachtung animiere. Beth schildert eindrücklich, wie Menschen plötzlich Dinge tun können, die man mit ihnen zuvor nie in Verbindung gebracht hätte. So könne ein bisher durchweg friedvoller Mensch gar die Züge eines Mörders aufweisen. „Mythologically expressed, every man has his demon or devil, – even the saint has his.“[723] Vor dem Hintergrund seiner Erlebnisse im Austrofaschismus gewinnen diese Zeilen ihre eigene Brisanz. Wir täuschen uns über uns selber, befeindeten uns selbst und trauten uns umgekehrt auch nicht zu zeigen, „that there is something good in us." Dabei sei es gerade diese verborgene Seite, die des Menschen „real Fate, his Destiny, his true spiritual goal" enthielte.[724]

Um die Bedeutung der Theorie des Unbewussten für das Verständnis der christlichen Botschaft zu vertiefen, schränkt Beth in einem nächsten Schritt seine Ausführungen ein auf die protestantische Spielart. Unter Protestantismus versteht Beth dabei eine „Lebensleitlinie" und kein Dogma oder Glaubenssystem. Der Protestantismus sei etwas durchweg im Wandel Begriffenes, eine dynamische Energie („a dynamic energy"), „a structure of religious attitude".[725] Die dieses Prinzip beachteten, waren Eduard von Hartmann und Wilhelm Dilthey: „They laid stress upon the sort of religious attitude that is kindled and determined only in the inmost part of the personality.“[726] So wandten sich diese beiden mit ihren Studien „the inmost soul" zu. Beth zeichnet den Weg nach, der zur „over-intellectualization of the Christian attitude" geführt habe.[727] Im 16. Jahrhundert beging man den entscheidenden Fehler, mit den Mitteln der Scholastik, d.h. des „conscious intellect", den Römischen Katholizismus zu bekämpfen. In der Folge setzte sich der Intellektualismus zunehmend durch: „The man of consciousness became the controller of all spiritual life.“[728] Dies wirkte sich umso verheerender aus, da der Protestantismus nicht wie der Katholizismus einen Ausgleich durch mystische Gruppierungen fand. So vergass der Protestantismus sein eigenes Prinzip. Dieses war Luther noch bewusst, der dem Unbewussten eine hervorragende Bedeutung zukommen liess. In einem weiteren Schritt führt

---

[721] Ebd., 118.
[722] Ebd., 118.
[723] Ebd., 119.
[724] Ebd., 119.
[725] Ebd., 120.
[726] Ebd., 120.
[727] Ebd., 121.
[728] Ebd., 121f.

Beth die Bedeutung des Unbewussten für die Struktur protestantischen Christentums aus. „It is the very pivot on which the door of a consistent development of Protestantism in the future has to turn."[729] Religion sei im Protestantismus keine allein intellektuelle Angelegenheit mehr: „It is as it were a bubbling and effervesing on the ground of the mental abyss, like Meister Eckhart's ‚little spark‘ in the soul-ground. Depth Psychology provides us with the psychological resources for the working out of the Protestant conception of religion, the religion of the confessed and acknowledged tension in the unconscious."[730] Das dynamische Unbewusste Freuds dient dem Lutheraner Karl Beth für ein vertieftes Verständnis des *simul iustus et peccator*. Was Tillich ein Jahrzehnt später ausformulieren wird, klingt hier bei Beth schon an.

Während Beth im Unbewussten eine besondere Chance für religionspsychologische Forschung sah,[731] urteilte sein Nachfolger Gustav Entz, der im Zuge der nationalsozialistischen Herrschaft zum neuen Lehrstuhlinhaber befördert worden war, in seinen *„Erinnerungen aus fünfzig Jahren kirchlicher und theologischer Arbeit"* über die Psychoanalyse:[732]

„Wirklich unerfreulich ist es, dass sich auch ein protestantischer Geistlicher gefunden hat, der in seinen Arbeiten zur Psychoanalyse den Exzessen Freuds völlig kritiklos Gefolgschaft leistet. Dabei muss man Oskar Pfister, – um diesen handelt es sich, – zubilligen, dass er bei seinen Bemühungen von herzlich guten Intentionen beseelt ist."[733]

Den grössten Widerspruch erregt wiederum dessen Buch über Zinzendorf und insbesondere der Zusammenhang, den Pfister zwischen nekrophilen Bedürfnissen und pietistischer Leidensmystik herstellte. Entsetzt fragt Entz schliesslich: „Wie konnte doch nur Freud zu derartigen Exzessen seines Schülers schweigen?"[734]

---

[729]   Ebd., 122.

[730]   Ebd., 122.

[731]   „The unconscious actually opens a new world of mental and spiritual opportunities worthy to be dealt with by the psychology of religion. The human mind's approach to realities beyond sensory awareness cannot be achieved by the intellect and consciousness alone." (124)

[732]   Masch. Ms. o.J. In: Archiv des Evang. Oberkirchenrates, Wien. Der Text stammt von 1955/56. Ebd. 81 erwähnt Entz, dass Freud „kürzlich im Arkadenhof der Wiener Universität ein Denkmal gesetzt wurde". Dies geschah 1955. Zu Gustav Entz vgl. Karl SCHWARZ (1997): „Haus in der Zeit": Die Fakultät in den Wirrnissen des Jahrhunderts, in: DERS. / WAGNER, 125–208, hier 192ff.

[733]   Ebd., 81.

[734]   Ebd., 83.

6. Der reformierte Schweizer Pfarrer Hans Burri (1893–1980) – „ein Mann aus dem Kreis der dialektischen Theologie"

6.1 Hinführung: Dialektische Theologie und Psychoanalyse

Pfisters Bemühungen um eine Integration der Psychoanalyse in die Theologie blieben insgesamt vorerst erfolglos, wie er gegen Ende seines Wirkens selber feststellen musste, auch wenn er die Hoffnung nie aufgab, Kirche und Theologenschaft doch noch für Freud gewinnen zu können. Diese Hoffnung erwies sich über lange Zeit als Trugbild, denn Freud und die Psychoanalyse stiessen auf theologischer Seite über Jahrzehnte hinweg – zumindest vordergründig – lautstark auf Ablehnung. Scharfenberg begründete diesen weit verbreiteten „Widerstand" u.a. mit dem Einfluss der nach dem 1. Weltkrieg entstandenen neuen theologischen Richtung der Dialektischen Theologie.[735] Dass deren Hauptvertreter sich mit der Psychologie insgesamt und mit der Psychoanalyse insbesondere schwer taten, wurde schon mehrfach ausgeführt und sowohl in Einzeluntersuchungen als auch in Gesamtdarstellungen aufgearbeitet.[736] Hier kann kurz an Pfisters Auseinandersetzung mit dem in Basel lehrenden Praktologen der Dialektischen Theologie – Eduard Thurneysen (1888–1974) – erinnert werden und an dessen Bestimmung der Psychoanalyse in seiner berühmten Seelsorgelehre von 1949 als „Hilfswissenschaft" für die Seelsorge.[737] Thurneysen brachte zwar zeitlebens ein Interesse für die Psychoanalyse auf, mit dem liberalen Oskar Pfister jedoch bekundete er seine liebe Mühe.[738] Während Pfister in Anlehnung an Freud unter Psychoanalyse u.a. „eine Summe erfahrungswissenschaftlicher Erkenntnisse" begriff, sprach die Wort-Gottes-Theologie religiöser Erfahrung jegliche theologische Relevanz ab.[739] Thurneysen betonte die grundlegende Überlegenheit und Verschiedenheit der Seelsorge, die „etwas toto genere und unabtauschbar Anderes" sei.[740] Seine klassische in der Diktion der Dialektischen Theologie stehende vielzitierte Formel, mit der die Differenz von Seelsorge und Psychoanalyse in einem Satz zusammengefasst werden sollte, lautete: „Seelsorge geschieht von Gott her […], Psychoanalyse vom Menschen her […]."[741] Dass es dennoch möglich war, als Anhänger der Dialektischen Theologie und als Freund von Eduard Thurneysen der Psychoanalyse gegenüber wertschätzend und zutiefst verständig zu sein, mag das bisher unbekannte Beispiel eines Berner Pfarrers und früheren Redaktors des *Kirchenblattes für die Reformierte Schweiz*

---

[735] SCHARFENBERG (1981), 259.

[736] Vgl. u.a. insbesondere die nach wie vor wertvolle Untersuchung von Paul Fredi DE QUERVAIN (1977): Psychoanalyse und dialektische Theologie. Zum Freud-Verständnis bei K. Barth, E. Thurneysen und P. Ricœur, Bern/Stuttgart/Wien (Huber). Zu einzelnen Vertretern vgl. u.a. JOCHHEIM (1998).

[737] THURNEYSEN (1949), 174.

[738] Vgl. oben S. 78f.

[739] PFISTER (1929), 88.

[740] THURNEYSEN (1949), 216.

[741] Ebd., 175f. Vgl. SCHARFENBERG (1968), 26.

namens Hans Burri (1893–1980) zeigen.[742] In seinen unveröffentlichten „Erinnerungen" erwähnt er, dass dreierlei in seinem Leben „eine grosse Rolle" gespielt hätte: seine Lehrerin Anna Tumarkin (1875–1951), seine Beziehung zu Max Müller (1894–1980) und seine „Begegnung mit der Psychoanalyse".[743]

6.2 Hermann Rorschachs (1884–1922) Antwortschreiben von 1920/21

Nach Beenden seines Vikariats in Worb bei Bern im April 1919 und vor Antritt seiner Pfarrverweserstelle in Riedisheim bei Mülhausen im September 1920 musste sich Hans Burri als Vikar in Thun, wo er von Juni 1919 bis Januar 1920 tätig war, an Hermann Rorschach (1884–1922) gewendet haben. Er muss ihn gebeten haben, bei ihm eine Analyse machen zu dürfen, denn von Rorschach ist ein bisher unbekannt gebliebenes und sich in familiärem Privatbesitz befindendes Antwortschreiben vom 3. Dezember desselben Jahres an ihn erhalten geblieben, in welchem er dem jungen Vikar Sinn und Zweck einer Analyse näher erläuterte:

„Ich bin gewiss sehr gerne einverstanden, Ihre Analyse zu übernehmen. [...] Zu einer vollen Harmonie kann ja auch die Analyse nicht führen. Sie soll es auch nicht. Sie soll eigentlich nur die psychische Energie, die durch das Unbewusste gebannt u. gekapert ist, freimachen zu bessern Zwecken, zu freierer Bewegung. Und sie soll indirekt die Bewusstseinsfunktionen von ihrer Krampfhaftigkeit lösen, die oft genug nur die Folge einer Flucht vor dem Unbewussten ist. Sie soll das ganze psychische Leben freier und leichter beherrschbar machen [...]. Die eigentliche Erlösung bleibt das Werk der Persönlichkeit des Analysierten. Wenn die Operation – die Analyse – Sache des Arztes ist, so ist doch der eigentliche Heilungsvorgang Wirkung der Konstitution, Persönlichkeit, des Patienten."[744]

Man kann sich vorstellen, wie verheissungsvoll neu und zugleich fremdartig diese Zeilen auf einen gläubigen Christen gewirkt haben mögen. Die Analyse verspricht ein Mehr an Freiheit, doch „die eigentliche Erlösung" bleibe Privatsache. In einem weiteren Brief Rorschachs an Burri wird nochmals deutlicher, wo seine konkreten Zweifel und Anfragen lagen und wie Rorschach sie ernstzunehmen vermochte. Er zeigt, wie Rorschach die grossen Erwartungen Burris auf ein vernünftiges und berechtigtes Mass zu bringen versuchte, indem er ihn weiter aufklärte und Bedenken zerstreute. Im Januar 1920 schrieb er ihm:

---

[742]   Vgl. Briefe Thurneysens an Burri vom 28.04.1925 und 21.07.1922 [Nachlass Hans Burri in Familienbesitz, Bern], in welchen er ihn als „Lieber Freund" anschreibt.

[743]   Hans BURRI: Lebenserinnerungen, 23 u. 33 [Nachlass Hans Burri in Familienbesitz, Bern]. Tumarkin schrieb Burri mehrmals Antwortschreiben, so etwa zu dessen Nachricht von seiner Verlobung mit der Aufforderung eines Brautbesuchs (Brief Tumarkins an Burri vom 12.09.1906) und am 02.01.1921: „Leicht hat es Ihnen das Schicksal nicht gemacht, und ich kann Ihnen nur wünschen, daß Sie die Kraft finden, das Alles zu ertragen." Am 08.01.1946 dankt sie ihm für die Zusendung eines Exemplars des *Berner Synodus*.

[744]   Brief Rorschachs an Burri vom 03.12.1919 [Nachlass Hans Burri in Familienbesitz, Bern].

„Ich kann Ihnen ja wirklich keine Wunder versprechen, und kann das auch nach den ersten Analyse-Stunden noch nicht, aber Sie sollten den Versuch so bald als möglich machen. Es wird wohl allerlei Sträusse geben, aber allem nach zu schliessen, wird Ihnen die Analyse gut tun. Es wird alles davon abhängen, wie leicht es sein wird, den ersten Eingang ins Unbewusste zu finden […]. Aber ich kann Ihnen nur immer sagen: die Hauptsache bei der Analyse muss der Patient selbst tun. In jeder rechten Analyse ist es so. Und die ganze Erlösung besteht darin, dass der Patient, der so schwer an der Last nicht nur des Unbewussten, sondern womöglich noch schwerer an der Last des bewussten Überbaus trägt, es lernt, auf kürzere und dann auf längere Zeit die Bürde des Bewussten abzuladen, um das Unbewusste einfach anzuschauen. Hat er das gelernt, so ist nachher die Bewusstseinslast leichter, lässt sich besser verteilen und besser nützlich verwenden. Sie fürchten oder fürchteten direkte Beeinflussung; das müssen Sie nicht, denn eine Analyse darf nie eine direkte Beeinflussung sein.[745] […] Die Beeinflussung ist sicher nicht mehr als das Operationsmesser. Alles Wesentliche soll aus dem Patienten kommen. Nur dauert es manchmal lange, bis das Operationsfeld jeweils Blick und Zugang erlaubt. – Ich glaube aus all diesen Gründen auch gar nicht, dass Ihr Beruf und Ihre Einstellung zum Beruf unter der Analyse leiden werden. Sicher werden die Zweifel, die Sie drücken, zeitweise durch die Analyse noch in gewissem Sinn verschärft werden […]. Aber mit der Zeit sollten die Zweifel geringer und die Leitlinie deutlicher werden. Schliesslich sind es die alten Bausteine und keine neuen, die den Analysierten aufbauen. Da kann, glaube ich, kaum an einem Beruf gerüttelt werden. […] Für das Behalten von Träumen will ich Ihnen ein Mittel angeben, das Ihnen vielleicht etwas nützt: Im Moment des Erwachens völlig unbewegt liegen bleiben und sich den Traum einprägen und dann erst sofort aufschreiben. Träger der Träume sind wahrscheinlich Kinästhesien, und diese werden sofort durch Aktualinnervationsgefühle durchkreuzt, sobald Bewegungen gemacht werden."[746]

Das Antwortschreiben von Rorschach verrät, wo Burris Bedenken lagen. Er befürchtete, dass der Analytiker ihn „direkt" beeinflussen könnte, dass er selbst die Kontrolle über sich abzugeben hätte und der ärztlichen Macht ausgeliefert würde. Ohne einen Einfluss verleugnen zu müssen, lehnt Rorschach jedoch die Vorstellung einer direkten Beeinflussung des Analysanden strikt ab. Er erläutert die Einwirkung des Analytikers auf den Analysanden mir einem medizinischen Bilde: In Analogie zur Notwendigkeit des Gebrauchs eines Operationsmessers bei einem Eingriff sei die Beeinflussung von Seiten des Arztes bei der Analyse sehr beschränkt und dürfe gar nie direkt sein, denn das „Wesentliche soll aus dem Patienten kommen."

Burri befürchtete, die Analyse – und vermutlich der Analytiker selbst – könnte einen zu grossen Einfluss auf seinen Beruf ausüben und seine Einstellung zu ihm ungünstig verändern. Hatte Burri Angst, durch die Analyse seinen Glauben und damit letztlich auch seinen Broterwerb zu verlieren? Vielleicht ist dies mit Burris „Zweifel" gemeint. Man bedenke, dass er jung war und noch keine

---

[745] Vgl. Joachim SCHARFENBERG (1972e [1968]): Sprache, Geschichte und Überlieferung bei Sigmund Freud, in: DERS. (1972c), 116–127, hier 121: „Freud hatte die Sprache als Therapeutikum in die Heilkunde eingeführt. Er folgt dem Zug der Sprache, der es nicht zulässt, den Patienten als Objekt der Beeinflussung zu verstehen und gelangt so zu der dialogischen Struktur des hermeneutischen Verstehens."

[746] Brief Rorschachs an Burri vom 15.01.1920 [Nachlass Hans Burri in Familienbesitz, Bern].

eigene Pfarrstelle angetreten hatte. Auch hier beruhigt ihn Rorschach und weist ihn darauf hin, dass das Grundgerüst, zu dem der Beruf gehöre, von der Analyse wohl nicht direkt tangiert würde. Ganz offensichtlich sah Rorschach im Glauben kein notwendig zu überwindendes infantiles Relikt. Er hatte keine besonderen Berührungsängste in Sachen Religion, zumindest sah er in ihr kein Hindernis.

Burri scheint Rorschach immer wieder konkrete Fragen hinsichtlich der psychoanalytischen Theoriebildung gestellt zu haben, die dieser ausführlich und beharrlich beantwortete. So auch in einem ebenfalls bisher unbekannt gebliebenen Schreiben vom 5. November 1921:

„Die Adlerschen Konzeptionen sind sicher interessant und wertvoll, in vielen Dingen leisten sie mehr als die Freudschen, vor allem sind sie klarer, eindeutiger, nachdenkbarer, systemfähiger. Aber mir scheint immer, sie sind allzu klar. Zu bewusst, zu wohl systematisiert. Ich habe nie begriffen, wie eine Adlersche Analyse von irgendeinem Quälen befreien soll [...]. Was die Fiktion bei Adler ist, ist bei Freud die Imago."[747]

Rorschach starb im April 1922, noch bevor Burri bei ihm eine Analyse beginnen konnte.[748] Dies hinderte diesen jedoch nicht daran, sich trotz Zweifel und Ängste auf eine solche einzulassen. Wie er diese erlebt hatte und wie seine Ansichten über Psychoanalyse *nach* seiner Erfahrung aussahen, gilt im Folgenden die Aufmerksamkeit.

6.3 Analytische Seelsorge: „ein Pflügen mit fremder Beihilfe"

Im Jahre 1977 wandte sich der Theologe und Mediziner *Paul Fredi de Quervain,* der eben eine Abhandlung über die Psychoanalyse und die Dialektische Theologie veröffentlicht hatte, an Professor Rudolf Bohren und wies ihn auf einen Vortrag hin, der ihn „ausserordentlich beeindruckt" hatte. Es handelt sich um einen 1928/29 in drei Teilen in der Monatsschrift *Die Schulreform* veröffentlichten Vortrag über *„Psychoanalyse und christlicher Glaube".* Er stammt von Hans Burri und war vor Lehrern gehalten worden.[749] De Quervain gelangte an Rudolf Bohren mit der Anfrage, ob er eine Möglichkeit sähe, diesen Beitrag Burris neu zu veröffentlichen, und begründete dies ausser mit seiner schweren Zugänglichkeit mit der erstaunlichen Sachkunde seines Verfassers trotz dessen theologischer Richtung: „Hier hat ein Mann aus dem Kreis der Dialektischen Theologie begriffen, um was es in der Psychoanalyse geht. Gewiss, er war durch seine Freund-

---

[747] Brief Rorschachs an Burri vom 05.11.1921 [Nachlass Hans Burri in Familienbesitz, Bern].

[748] Vgl. Brief Pfisters an Freud vom 03.04.1922 (F/P, 87): „Wir haben gestern unseren tüchtigsten Analytiker verloren: Dr. Rorschach. Er erlag einer Bauchfellentzündung und hinterläßt eine Witwe (dipl. Ärztin) und zwei kleine Kinder vollständig mittellos. Er war ein wundervoll klarer, schöpferischer Kopf und der Analyse mit glühender Seele zugetan. [...] Zeitlebens war er arm, dabei ein stolzer, aufrechter Mann von größter Herzensgüte."

[749] Hans BURRI (1928/29): Psychoanalyse und christlicher Glaube. Vortrag gehalten am Ferienkurs in Rüdlingen, August 1928, in: Die Schulreform 22/23, 251–276.356–368.379–391. Vgl. dazu DE QUERVAIN (1977), 34f.

schaft mit Max Müller und Arnold Weber dafür sensibilisiert. Die Tatsache ist trotzdem bemerkenswert. Beachtenswert ist auch die in gutem Sinne ‚Modernität‘, die Aktualität des Vortrages. Es ist eindrücklich, wie er aus eigener Erfahrung (dreimal wöchentlich fuhr er von Blumenstein nach Bern zu den Analysenstunden, wie er mir selber erzählte) wirklich Wesentliches über eine Analyse zu sagen weiss."[750] Hans Burri nahm seine Analyse also erst nach dem Tod Rorschachs auf und zwar während seiner ersten Pfarrstelle in Blumenstein im Kanton Bern, die er von 1922 bis 1927 versah. Sein Analytiker war Ernst Blum (1892–1981), der noch selber von Freud analysiert worden war.

Zwei Besonderheiten zeichnen Burris Ausführungen aus: Erstens spricht er nicht nur *über* die Psychoanalyse, sondern von ihr her, d.h. von seinen eigenen Erfahrungen als Seelsorger in der Rolle eines Patienten, und zweitens begab er sich in eine Analyse just zur Zeit, als mit der Entstehung der Dialektischen Theologie eine bedeutende Selbstbesinnung einsetzte.

Dass Burri sich selbst in eine Analyse begeben hatte, qualifiziert ihn, sich über die Psychoanalyse und ihre Beziehung zur Theologie zu äussern. In seinem Vortrag konzentriert er sich denn auch auf die so genannte „analytische Situation", d.h. auf jene Erfahrung, die er den meisten anderen voraus hat. Burri spricht „von der lage und von den problemen eines patienten während der analytischen behandlung".[751] Burri lehnt es ab, eine Überblicksdarstellung über die Psychoanalyse zu geben – diese sei dem Psychoanalytiker selbst vorbehalten. Er erhebt also nicht den Anspruch, eine gültige Darstellung der psychoanalytischen Theoriebildung zu geben. Im Anschluss an diese einleitenden methodischen Vorbemerkungen wendet sich Burri „zur sache selbst".[752] Er stellt nüchtern zurecht, korrigiert verbreitete Fehlannahmen und Vorurteile, schildert das praktische Vorgehen des Arztes, die Methode des Deutens und des freien Assoziierens und informiert seine Zuhörer. Eine Ablehnung der Psychoanalyse aufgrund einer bloss „oberflächlichen Prüfung" derselben lehnt Burri ab: „Denn die analyse erbringt auch für den, welcher an Gott glaubt, zunächst nur die bestätigung des biblischen satzes, dass des menschen tun und treiben böse sei von jugend auf."[753] Burri weist schon auf die gemeinsamen anthropologischen Anschauungen von Psychoanalyse und Bibel hin und findet die biblische von der psychoanalytischen bestätigt. Burri streicht immer wieder hervor, dass die Erkenntnisse der Psychoanalyse aus der Erfahrung stammen: „nicht der Theorie zuliebe ist man auf die Wichtigkeit der frühen Kindheitserlebnisse geraten, sondern aus der Erfahrung des Einfallsmaterials."[754] Er bespricht die dominierende Bedeutung der Sexualität, des Konflikts und des Widerstands, des Wiederholungszwangs, der (Gegen-)Übertragung, er bespricht auch die besondere Verantwortung des Arztes und die Bedingung, dass dieser sich selbst zuerst einer Analyse unterzieht. Burri

---

[750] Brief de Quervain an Bohren aus dem Jahre 1977 [Nachlass Hans Burri in Familienbesitz, Bern].
[751] BURRI (1928/29), 256.
[752] Ebd., 257.
[753] Ebd., 262.
[754] Ebd., 263. Vgl. schon Brief Freuds an Pfister vom 12.07.1909 (F/P, 23f.).

sieht in der Psychoanalyse „kein Allheilmittel", aber eine äusserst wirksame Methode zur Lösung alter Bindungen und Steigerung der Lebensfähigkeit.[755]

Die Psychoanalyse selbst kann Burri „metapsychologisch und im Bild gesprochen" geradezu als „eine Art Rache der Triebe" verstehen, die „auf die Periode einer rationalistisch eingestellten Psychologie und Kultur sich Bahn gebrochen haben im Bewusstsein der Zeit."[756]

In einem zweiten Teil wirft Burri die Frage auf, inwiefern Psychoanalyse und christlicher Glaube einander überhaupt betreffen. Anhand eines besonderen Falles, nämlich eines Theologen, in dem man unschwer Burri selbst erkennen kann, stellt er die unvermeidbaren Schwierigkeiten dar, die sich diesem dadurch stellen, „dass auch das Zentralste des Glaubens, sein Denken und Begreifen von Gott, dem Feuer analytischer Kritik ausgesetzt ist."[757] Diese Schwierigkeiten stellen sich ein, auch wenn er „die furchtbare Relativität des Allzumenschlichen auch in der Religion" anerkenne. „Was Gott an sich ist", entzieht sich sowohl der Psychoanalyse als auch der Theologie. „Aber wie sich menschliches Reden und Glauben von Gott mit dem übrigen persönlichen Leben zu einem höchst fragwürdigen Gebilde verquickt, […] dafür stehen Zeugnisse genug zur Verfügung für den, der sehen will. Was bleibt nun dem Glauben übrig? Rechtfertigt sich die Unterwerfung unter einen Gott, der auf menschlich erträgliche Masse zugeschnitten ist? Für den wirklichen Glauben wäre das nicht minder ein Götze, wie umgekehrt für Freud der biblische Gott eine Illusion ist, dessen Realität ganz woanders zu suchen ist als im Himmel."[758] Nun mögen einige eine Lösung in der Alternative sehen, sich entweder für das eine oder das andere zu entscheiden, sich entweder der Psychoanalyse oder dem Glauben zu verschreiben und darin eine sich gegenseitig ausschliessende Alternative zu sehen. Doch, so Burri: „Ja, wenn das so einfach wäre!" Es gelte das Besondere dieses spezifischen Konfliktes zu begreifen. Burri charakterisiert die Spannung, in die ein gläubiger Mensch in der Analyse gerät als eine dialektische.

„Menschen, welche die Verpflichtungen des Glaubens sehr wohl verspüren und anerkennen, können trotzdem vom letzten Zweifel heimgesucht, sich in die Analyse begeben mit einem Funken von Hoffnung, dort darüber hinwegzukommen. […] So viel ich sehe, wird der Analytiker wohl auf die anfechtbaren Punkte der religiösen und ethischen Positionen aufmerksam machen können. Und er wird den kategorisch auftretenden Affekten und Vorstellungen des Glaubens die Spitze abzubrechen versuchen, durch Aufdeckung ihres psychischen Unterbaues. Aber die Lösung geben, den zwischen Lebenwollen und Verzichtenmüssen erträglichen Modus Vivendi mitteilen, kann der Arzt dem Patienten nicht. Der Analytiker muss […] die Abhängigkeit absolut ethischer und religiöser Gesetze und Forderungen vom übrigen Leben des Patienten nachweisen. Und wenn dieser nicht ganz auf den Kopf gefallen ist, so wird er merken, dass seine geheiligsten Glaubensfundamente ihre menschliche Herkunft haben."[759]

---

[755]   Ebd., 276. Anders also als bei Pfister, bei dem sie HENNING (1996), 155 zufolge „zum universalen Heilmittel […], dem das Christentum die Krone der Erlösung aufsetzt", mutiere.

[756]   Ebd., 274.

[757]   Ebd., 357.

[758]   Ebd., 358.

[759]   Ebd., 358f.

Gerade auf den Theologen wird eine Analyse deshalb zweifelsohne den allergrössten Eindruck hinterlassen.

„Nirgendwo sonst [...] kann ein heutiger Theologe so direkt unmittelbar Aufschluss erhalten über die Unberechenbarkeit des menschlichen Herzens und Glaubens wie in der Analyse. Hier wird er erfahren, dass sein Suchen und Fragen nach Gott und der Wahrheit oft genug Farbe abgekriegt hat vom Suchen und Fragen nach ganz andern Dingen, welche der Sphäre der Vitalität, der Erotik und des Ehrgeizes angehören. Er muss merken, dass sein vorgeblich objektiv begründeter Begriff von Gott schwankt und wechselt und unheimlich abhängig ist von der Beschaffenheit seiner Lebensschwierigkeiten. Man darf ruhig sagen, es gibt nichts Festes mehr, das an den archimedischen Punkt erinnern würde." [760]

Schliesslich eröffnet Burri den Zuhörern, er wäre manchesmal glücklicher gewesen, wenn er nie etwas von Psychoanalyse je gehört hätte und zwar um seines psychischen Gleichgewichtes wegen.

Auch wenn Burri ein beschränktes Recht in der Beobachtung sieht, dass bei manchen Analytikern ein kaum zu übersehender Vorbehalt Religion gegenüber vorhanden ist, wie sogar Freud mit seiner Schrift *„Die Zukunft einer Illusion"* kundtut, so nimmt Burri ihn doch gleich wieder in Schutz mit dem Hinweis auf das ihm angetane Unrecht.

„Aber über das alles erhebt sich die geradezu metapsychologische Frage, in wie weit die jüdische Intelligenz [...] sich wirklich loszulösen vermochte von der angestammten Religion, so dass auch keine Spur mehr davon sie an einer wissenschaftlichen Betrachtung ihrer Probleme hindern könnte. Die jüdische Religion ist etwas vital so Starkes. Es wäre nicht undenkbar, dass die Gebundenheit daran, sich in Hass auszudrücken vermöchte gegen sie. Und doch glaube ich nicht, dass man der analytischen Forschung eine innere Logik in der Verfolgung der religiösen Phänomene absprechen darf." [761]

Wiederum verweist Burri darauf, dass sich die Psychoanalyse „auf die Beobachtung der lebendigen Praxis stütze". Die Psychoanalyse vermag „am heutigen Menschen die Triebe und ihre Schicksale aufzudecken, welche in sehr früher Zeit zur Religionsbildung führten." [762] Mit biblischen Belegen bemüht sich Burri die Plausibilität psychoanalytischer Theoriebildung nachzuweisen. So fragt er z.B., ob nicht schon das erste Gebot, wenn man sich die Paradiesesgeschichte vor Augen führe, in einer Beziehung zum Sexuellen stehe. Die Beschneidung und Regelung des Sexualverkehrs wirke „wie eine Kompensation für die Übertretung" desselben Gesetzes. [763]

Im dritten und letzten Teil seines Vortrags wendet sich Burri nun dem christlichen Glauben zu. Wiederum bemüht er das Beispiel eines Theologen, dem mehr oder wenig plötzlich die Unmöglichkeit seines Predigtamtes bewusst wird. Was Burri hier schildert, trifft das Empfinden vieler Kollegen. Es handelt sich im

---

[760] Ebd., 360.
[761] Ebd., 361.
[762] Ebd., 364.
[763] Ebd., 365f.

Kern um eine narrative Erzählung des Anliegens der Wort-Gottes-Theologie und ihrer Rückbesinnung auf das theologische Kerngeschäft.

„Die Bibel hätte ihm manches von dem, was ihm wie ganz neu aufgeht, auch schon sagen können. Aber sie ist ‚stumm' geblieben für den Neuling. Einen zu intensiven Umgang mit ihr liebte er nicht. Nun ist aber eine lebendige Stimme da. [...] Nun hat ihm die wissende Stimme verstehen lernen, dass das ‚christliche' keineswegs mit dem oberflächlichen Kirchenoptimismus zusammenfällt, dass das Kirchentum wohl die Sprache des Neuen Testaments sich angeeignet hat, aber ganz und gar nicht sein Salz [...]."[764]
„Aber es geschieht noch mehr mit unserem Exempel, dem Theologen. Er wird nun, wach geworden aus seinem Dusel und Dünkel, diejenigen Stellen aus der Schrift sich langsam durch den Kopf und durchs Herz gehen lassen, die er bisher sorgfältig gemieden: die Stellen, da Jesus Christus sich den Herrn der Glaubenden nennt in seiner Knechtsgestalt, sich kreuzigen lässt und vor seiner Gemeinde als die Offenbarung des barmherzigen Gottes im Himmel gepriesen wird."[765]

Der Theologe widerspiegele eine ganze „Theologengeneration". Burri schildert seine eigene Erfahrung und die seiner der Dialektischen Theologie zugeneigten Amtskollegen, denen es nicht genügt, aus der Bibel nur gerade jenes zu entnehmen, das in Einklang mit der eigenen Überzeugung steht.[766] Die Gesinnung reicht nicht aus: „Mit dem guten und ehrlichen willen, das rechte zu sagen und zu wollen, ist es also für einen Pfarrer nicht getan."[767] Eindrücklich erzählt Burri, wie sich im Anschluss an den Ersten Weltkrieg eine Verunsicherung und eine Krisenstimmung breit machten und ein neues theologisches Suchen einsetzte:

„[...] wir Pfarrer sind ‚Gebundene' unseres Amtes. Wir können nicht, wie wir wollen. Wir versuchen es eine Zeitlang sozusagen auf eigene Rechnung zu wirken, wie unser Exempel, der Theologe. Das muss vielleicht so sein. Es ist wahrhaftig nie gut, wenn ein Pfarrer schon in der ersten Predigt sich ganz heimelig in seiner Kirche vorkommt. Er muss es geradezu erst mit allem wertvollen der menschlichen Kultur ausprobieren in seinem Beruf – bis er mit seinem Latein zu Ende ist. D.h., bis er merkt, dass auch das wertvollste menschliche Wissen am biblischen Wort zerbricht. [...] Er ist nur dann ‚Pfarrer', wenn er sich in die Gemeinschaft schicken und fügen kann, die auf Jesus Christus schaut als auf ihren Herrn. [...] Nichts ‚eigenes' hat die Kirche, sondern nur das, was ihr Gott aus seinem Worte mitteilt."[768]

Hier noch ist es das biblische Wort, das dem Wissen der Menschen ein Ende bereitet und den von der Dialektischen Theologie behaupteten absoluten Gegen-

---

[764] Ebd., 381.
[765] Ebd., 382f. Vgl. Ulrich H.J. KÖRTNER (2001): Theologie des Wortes Gottes. Positionen – Probleme – Perspektiven, Göttingen (Vandenhoeck & Ruprecht), 27: „Die Erneuerung von Theologie und Kirche kann nach Auffassung dieser jungen Theologengeneration nur durch die Hinwendung zum Wort Gottes erfolgen. Man fragt nach dem Wort Gottes, weil das eigene Wort kraftlos geworden ist. Aus dem göttlichen Wort soll die eigene Sprache, die Sprache der kirchlichen Verkündigung und der Theologie, neu geboren werden." Ebd., 28: „Die Hinwendung der Theologie zur Thematik des Wortes Gottes muß auch verstanden werden als Suche nach einer Erneuerung der kraftlos und unglaubwürdig gewordenen Sprache in Theologie und Kirche."
[766] BURRI (1928/29), 383.
[767] Ebd., 384.
[768] Ebd., 383f.

satz zwischen Kultur und Christentum offenbart, doch biblisches Wort und Wort Gottes sind nicht identisch: „Die Bibel ist [...] nicht von A bis Z Gottes Wort."[769] Das biblische Wort zeugt jedoch vom Wort Gottes, in welchem sich dieser selbst offenbart. Die Hinwendung zu dem, was der Kirche von Gott gegeben ist, verheisst Rettung aus der als eschatologischer Umbruchszeit verstandenen Gegenwart: sein Wort. Dieses erfordert eine Entscheidung des Menschen und hat appellativen Charakter:

> „Sie werden fragen: ja, wie in aller Welt will die Kirche beweisen [...], dass es einen Gott gibt. Ich habe darauf als Pfarrer nichts anderes zu antworten als: dadurch, dass sie sich für das Wort in der Bibel ‚entscheidet' und daran ‚glaubt'. Das ist kein Beweis. Das ist Gehorsam. [...] Erleuchtung ist nichts anderes als der Moment, in dem einen das Wort der Schrift trifft und fasst. Es, dies Wort muss einen überwinden. [...] Der Mensch, vor allem der Theologe, muss an seinem eigenen Reden und Glauben über Gott förmlich ersticken, bis er richtig suchen und dann auch finden lernt, warum von Gott überhaupt die Rede sein soll auf dieser Welt."[770]

Gott bleibt unverfügbar und lässt sich theoretisch nicht beweisen. Sein Wort verlangt vom Menschen eine Antwort in Form von Gehorsam. Zu glauben heisst, dem Wort gehorchen. Doch das letzte Wort bleibt dem Wort Gottes überlassen, das überwinden muss. Glaube wirken kann nur Gott vermittels seines Wortes. Es bleibt stets an ihn gebunden und kann deshalb nicht von anderer Seite her unterstützt werden. Dem Wort Gottes kann nicht auf die Beine geholfen werden:

> „[...] diesen Glauben mit Psychoanalyse durchführen zu wollen, wäre sehr töricht. Der Glaube steht allein und ist wehrlos.[771] Es kann ihm nicht mit fremden Mitteln geholfen werden. Helfen will Gott und will man diese Hilfe, so muss man es auf sein Wort und seine Verheissung hin wagen. Wer anders handelt, gleicht dem Mann, der die Hand an den Pflug legte und zurückschaute. Ein solches ‚zurückschauen' ist streng christlich genommen für einen Theologen auch das Sicheinlassen mit der Psychoanalyse. Und wenn es einen gäbe, der den Tiefblick Kierkegaards mit der Glaubenseinfalt Blumhardts verbinden würde heute, so wäre er legitimiert, gegen die Psychoanalyse im Namen des christlichen Glaubens aufzustehen. [...] Unser Glaube steht im Moment nicht so gegründet da, daß wir rechthaberisch und besserwissend über eine Erscheinung wie die Psychoanalyse hinwegreden dürften. Umgekehrt aber verspreche ich mir von einem Zusammensitzen von Seelsorgern und Analytikern am gleichen Tisch nur indirekten Nutzen. Ich kann mir mit dem besten Willen nicht vorstellen, was eine analytisch orientierte Seelsorge wirklich helfen sollte. Das ist ein Pflügen mit fremder Beihilfe."[772]

Bei allem wirklich vorhandenen und auf eigener Erfahrung beruhenden Verständnis für die Psychoanalyse gelangt Burri zu einer Pfister diametral entgegen-

---

[769] Ebd., 387.
[770] Ebd., 385.
[771] Vgl. dazu Körtners Skizze der Barth'schen Theologie: „Ist aber das Wort Gottes nur durch dieses selbst erkennbar und vernehmbar, so besteht seine Erkenntnis in seiner Anerkennung durch den Menschen. Diese ist gleichbedeutend mit dem Glauben, der seinem Wesen nach als Gehorsam bestimmt wird." KÖRTNER (2001), 34.
[772] BURRI (1928/29), 388f.

gesetzten Ansicht über das Verhältnis von Glaube und Psychoanalyse. Burri hält sie für ein in Sachen Glauben unzulässiges Mittel. Ohne je seinen Namen zu erwähnen, nimmt Burri die beliebte und über die Jahrzehnte hinweg verwendete Metapher Pfisters von der analytischen Seelsorge als Pflügen auf. Doch vergleicht er den analytischen Seelsorger mit dem Pflüger von Lk 9,62, der zurückblickt: *„Wer die Hand an den Pflug legt und sieht zurück, ist untauglich für die Herrschaft Gottes."* Die vollständige Ausrichtung auf Gottes Wort ist nur mit Gottes Hilfe möglich und nicht mit fremder Unterstützung. Pfister hingegen schrieb Thurneysen in seinem Brief von 1950: „Dass auch meine analytische Seelsorge, die ich als blosses Pflügen betrachte, oft geholfen hat, Gottentfremdete, die nach den synthetischen Methoden den Zugang zu Christus nicht gefunden hatten, für ihn zu gewinnen, rechne ich zu den vielen Gnadengaben Gottes [...]."[773]

Glaube wird nach Burri einzig und allein durch das Wort gewirkt. Darin könnte Pfister seinem Berner Kollegen zustimmen, doch sieht er in der analytischen Seelsorge eine für das Wort Gottes öffnende und vorbereitende und eine von Gott selbst in seiner Gnade geschenkte Hilfe. Die Vorstellung, dass dem Wort Gottes als der „unhinterfragbaren Letztinstanz theologischer Urteilsbildung" geholfen werden könnte, widerspricht nach dialektisch-theologischer Auffassung der Souveränität Gottes selbst.[774] Zwischen Glauben und Unglauben gibt es keine Abstufungen, sondern nur die Differenz. Sich auf Gottes Wort einlassen, heisst fremde Hilfen nicht zu benötigen. Wort Gottes versus Psychoanalyse. Burri sieht die Eigenständigkeit des Wortes Gottes und dessen Handeln in Gefahr, wenn man davon ausginge, die Psychoanalyse könne ihm helfen.

Burri weist auf die sich ausschliessende berufliche Identität eines Psychoanalytikers und eines Pfarrers hin. Während ersterer möglichst wertneutral seinen Patienten auf dessen eigenen Weg begleiten und von den eigenen Interessen absehen soll, hat der Pfarrer ein Verkündigungsauftrag, der ihn an einen ganz bestimmten religiösen Kontext bindet. Er steht im Dienste Jesu Christi. Nach Karl Barth hat sich ein Seelsorger um „die Eingliederung in die christliche Gemeinschaft, [...] die Vermittlung der christlichen Erkenntnisse und [...] das dementsprechende Zeugnis" zu kümmern.[775] Burri gelangt zur Überzeugung, dass eine Verbindung beiderlei Professionen im Sinne einer analytischen Seelsorge sowohl der Professionalität des Psychoanalytikers als auch jener des Pfarrers widerspricht:

„Der Pfarrer ist und bleibt ein Diener des göttlichen Worts und der göttlichen Autorität. Dagegen mag er sich winden wie er will. Als Pfarrer kann er nur in ihrem Namen handeln. [...] es ist und bleibt eine gebundene Marschroute. Der Analytiker hingegen anerkennt nicht weniger von Amtes wegen jede Autorität nur soweit, als sie im Interesse seines Patienten liegt. Er sucht, so gut er kann, dessen eigentliches Wesen zu erkennen und ihn zu bewegen, zu diesem zurückzukehren [...]. Der Pfarrer aber muss kraft seines Amtes zu dem Glauben

---

[773] Brief Pfisters an Thurneysen vom 01.02.1950 [ZB ZH: Nachlass Oskar Pfister 4.49].
[774] KÖRTNER (2001), 35.
[775] WINKLER (1986), 461.

stehen, dass es nur in einem das Heil gibt. Da scheiden sich letztlich die Wege, ohne dass man sich deswegen den Fehdehandschuh hinwerfen muss. Nur Kleinglaube wird das tun.[776]

Wie die Psychoanalyse Heilung suche, so der Glaube Heil. Im Glauben geht es um das rechte Verhältnis, die richtige Beziehung zu Gott, die sich je nachdem auch in Heilung auswirken kann, aber nicht muss. Zu glauben heisst nicht, geheilt zu sein, sondern geheiligt – da beides eng zusammenhängt, kann sich das eine auf das andere auswirken, aber es besteht keine Abhängigkeit.

Ganz zum Schluss seines Vortrages schneidet Burri das Thema von Freuds Religionskritik an und meint, es sei ihm „fraglich, in wie weit Freud überhaupt den christlichen Glauben ernst genommen" habe „und in wie weit er ihn einfach mit seinen unmenschlichen Verkehrtheiten identifizierte."[777] Nun zitiert er *„Die Zukunft einer Illusion"* und meint, es sei „die letzte und schwerste Frage", ob Religion nichts weiter sei „als ein Schutz gegen die ‚kindliche Hilflosigkeit' und ‚menschliche Ohnmacht', die im grossen Vatergott zur Ruhe kommen" wolle. Burri meint: „Ich kann nur sagen: Ohne Güte können wir Menschen nicht leben. Und die Schrift scheint mir die Stellen zu enthalten, wo höchste und letzte Güte offenbar wird. […] Darum bin ich genötigt, die Erlösung, die uns Menschen beschieden ist, dort zu suchen."[778] Es scheint beinahe wie eine Antwort auf seine eigene damalige Anfrage an Rorschach. Während Rorschach noch 1919 dem Vikaren erklärte: „Die eigentliche Erlösung bleibt das Werk der Persönlichkeit des Analysierten. Wenn die Operation – die Analyse – Sache des Arztes ist, so ist doch der eigentliche Heilungsvorgang Wirkung der Konstitution, Persönlichkeit, des Patienten",[779] so vertritt der inzwischen als Pfarrer amtierende 1928/29 selber die dialektisch-theologische Ansicht, Erlösung sei nur im Wort Gottes zu suchen, und dieses schliesse alle fremde Mithilfe aus. Erlösung lasse sich nicht bewerkstelligen, sondern nur empfangen.

Burri weist mit aller Deutlichkeit auf die bei Pfister zu wenig reflektierten unterschiedlichen professionellen Verantwortlichkeiten zwischen einem Psychoanalytiker und einem Pfarrer hin. Ersterem verbietet sich, was Letzterem geboten ist: „Für die Arbeit als Psychoanalytiker dürften explizite verbale Interventionen auf einer theologischen Ebene ausgeschlossen sein, weil sie den Übertragungsrahmen zu sehr beeinflussen oder eher noch: manipulieren."[780] Übersetzt heisst dies: Jenes Wort Gottes, das allein Erlösung bringt und dem der Pfarrer zu dienen hat, ist dem Psychoanalytiker untersagt.

---

[776] BURRI (1928/29), 389.
[777] Ebd., 390.
[778] Ebd., 391. Nach DE QUERVAIN (1977), 45 hätte die Dialektische Theologie die Religionskritik der Psychoanalyse „in gewisser Hinsicht" geteilt und sich deshalb auch speziell von ihr abgrenzen müssen.
[779] Brief Rorschachs an Burri vom 03.12.1919 [Nachlass Hans Burri in Familienbesitz, Bern].
[780] RAGUSE (2000), 58.

7. Schlussbemerkungen

Vor besondere Schwierigkeiten stellte die theologische Rezeption der Psychoanalyse nicht nur der Umstand, dass Freud einige biblisch begründete Lehren und kirchliche Rituale ablehnte oder dass er nach Ansicht zeitgenössischer Moraltheologie anstössige Thesen wie z.B. zur psychosexuellen Entwicklung formulierte, sondern dass er Religion und Glaube *an sich* öffentlich in Frage stellte und ihre Überwindung als Akt der Vernunft anstrebte. Gleichzeitig aber blieb Freud über dreissig Jahre lang einem ihrer prominenten Vertreter, dem reformierten Schweizer Pfarrer Oskar Pfister, freundschaftlich verbunden und unterstützte tatkräftig dessen Bemühungen, die Psychoanalyse für die Theologie erstmals fruchtbar zu machen. Auf der einen Seite schrieb der Atheist Freud flammende Religionskritiken, auf der anderen Seite verfasste der „gottlose Jude" das Geleitwort zu Pfisters Werk „*Die psychanalytische Methode*" (1913).

Freuds Ambivalenz Religion und Glauben gegenüber widerspiegelte sich in der theologischen Rezeption der Psychoanalyse. Die Auswertung der hier verwendeten – sowohl um handschriftliches als auch gedrucktes Material erweiterten – Quellenbasis zeigte, dass das bisher in der Forschung einhellig gezeichnete Bild, mit Ausnahme von Pfister seien Freud und die Psychoanalyse theologischerseits zumindest im deutschsprachigen Raum lange Jahre so gut wie durchgängig auf Widerstand gestossen und bis zur Wiederentdeckung durch Scharfenberg kaum rezipiert worden, verfeinert werden kann. Der historische Rezeptionsverlauf erweist sich als bedeutend komplexer als bisher angenommen. Weder übernahm Pfister die Psychoanalyse – trotz seines heroischen Einsatzes für ihre Verbreitung – ohne einschneidende Anpassungen und Vorbehalte, noch verarbeiteten auch die lautesten Gegner – wie z.B. die beiden katholischen Wortführer in Österreich: Pater Wilhelm Schmidt und der Jesuit Josef Donat, aber auch der lutherische Religionspsychologe Karl Beth – bei aller Entrüstung nicht doch einige ihrer grundlegendsten Erkenntnisse. Was vordergründig vehement abgelehnt wurde, entwickelte sich unter- und hintergründig weiter und fand in z.T. abgeschwächter Form Aufnahme. Wo Freud flammende Zustimmung erhielt, war zugleich auch viel Ablehnung und Unverständnis vorhanden. So zeigte sich gerade Pfister als viel kritischerer und eigenständigerer Anhänger von Freud als bisher konstatiert wurde, und in seinem Unverständnis der sexualtheoretischen Ausführungen Freuds und der Bedeutung und Handhabung der Übertragung und der Gegenübertragung war er im engen Sinne sogar durchweg unanalytisch und nicht rezeptiv, im breiteren Sinne kreativ und innovativ.

Auch wenn es zutrifft, dass Freuds Theorien heftige Polemiken auslösten, so erstaunt gleichzeitig, wieviel Wahrheit einigen von ihnen dennoch konzediert wurde. Die Rezeption lässt sich demnach als ambivalenter Widerstand charakterisieren: vordergründig Widerstand und untergründig immer wieder partielle Annahme und Unterstützung. Erstaunlicherweise verhinderte Freuds Religionskritik eben gerade nicht eine theologische Rezeption psychoanalytischer Erkenntnisse, sondern provozierte und förderte eine Auseinandersetzung mit diesen. So löste sein zentrales religionskritisches Pamphlet *„Die Zukunft einer Illusion"* eine Flut theologischer Auseinandersetzungen mit der Psychoanalyse aus und lenkte die Aufmerksamkeit auf sie. Sowohl in der Pastoral- als auch in der Religionspsychologie fällt dabei auf, dass von protestantischer Seite mehr Bereitschaft bestand, sich ihr gegenüber zu öffnen, als von katholischer Seite. Freud schrieb Pfister: „[…] in dem katholischen Österreich ist ein ‚Geistlicher‘, der mit Analyse arbeitet, etwas ganz und gar Unvorstellbares".[781] Dies obwohl „die katholischen Seelsorger" die „Vorgänger in der Psychoanalyse" gewesen seien.[782] Freud selbst sah in der Konfession Pfisters offenbar mit einen Grund dafür, dass er der Psychoanalyse gegenüber offener sein konnte als ein katholischer Geistlicher in Österreich. So war es wohl nicht zufällig im reformierten Zürich, in dem die Psychoanalyse wissenschaftlich erstmals reüssierte, nicht zufällig ein Lutheraner – Erwin Stransky –, der die erste öffentliche Aussprache über Psychoanalyse 1920 in Wien durchführte, nicht zufällig ein deutscher Lutheraner – Karl Beth –, welcher der Psychoanalyse am *Ersten Internationalen Religionspsychologischen Kongress* in Wien ein Forum bot und in Freuds Betonung des Konflikts als anthropologische Grundkonstante eine Analogie zu Luthers *simul iustus et peccator* erkannte.[783] Und es war vermutlich nicht zufällig ein reformierter Schweizer Pfarrer – Hans Burri –, der zu den allerersten Theologen im deutschsprachigen Raum gehörte, die sich trotz dialektisch-theologischer Denkrichtung, auf eine Analyse einliessen.[784]

---

[781] Brief Freuds an Pfister vom 14.09.1926 (F/P, 110f.). In einem Brief vom 06.01.1935 schrieb Freud Lou Andreas-Salomé: „Die psychoanalytische Forschung […] ist ohnedies der Gegenstand misstrauischer Aufmerksamkeit von seiten des Katholizismus." Sigmund FREUD / Lou ANDREAS-SALOME (1980): Briefwechsel, hg. v. Ernst PFEIFFER, Frankfurt a. M. (Fischer), 224.

[782] Brief Freuds an Pfister vom 19.03.1909 (F/P, 18).

[783] Vgl. dazu das Urteil von Friedrich HEER (2001³): Der Kampf um die österreichische Identität, Wien/Köln/Weimar (Böhlau), 18: „Eine wirkliche Rezeption, als schöpferische Aufnahme und Auseinandersetzung mit Freud, seinen rebellischen Söhnen, seinen eigenständigen Erben, hat – einige wenige spektakuläre Ansätze ausgenommen – in Österreich nicht stattgefunden". Wertvolle Hinweise zum Verhältnis von Psychoanalyse und österreichisch-katholischer Mentalitäts- und Rechtsgeschichte liefert Eveline LIST (2008). Vgl. ebd., 10f.: „Der an der Regierung befindliche politische Katholizismus war in der persönlichen Erfahrung der Menschen und in den Institutionen Österreichs über Jahrhunderte lange die prägende Mentalität, geformt durch den missionarischen Kampf gegen die Türken nach außen und gegen den Protestantismus nach innen. […] Über Jahrhunderte entfaltete die selbstgerechte Symbiose von Kirche und Krone ihre barocke Pracht, die auf sinnliche Vereinnahmung zielte und die notorische Intellektuellenfeindlichkeit befestigte. Das ideologische Monopol der katholischen Kirche, tief verwurzelte Obrigkeitshörigkeit, hohe Idealisierungsbereitschaft und die Tendenz, eigene Unzufriedenheit durch die Entwertung anderer zu entladen, waren maßgebliche Ingredienzen des wechselnd starken, aber immer virulenten Antisemitismus".
Vgl. auch HEER (2001³), 9: „Die beiden wohl geschichtsmächtigsten Österreicher des 20. Jahrhunderts, diese beiden Antipoden, Sigmund Freud und Adolf Hitler, sind undenkbar ohne spezifisch österreichische Identitätskrisen, die in ihnen arbeiten. Der permanente Bürgerkrieg in der Ersten Republik Österreich, 1918–1939, wächst aus den ebenso gegensätzlichen wie in Tiefenschichten verwandten Identitätskrisen von Österreichern".

[784] Umgekehrt ist es vermutlich auch kein Zufall, dass der katholische Theologe Isidor BAUMGARTNER in seiner Pastoralpsychologie zur Psychoanalyse festhält: „Die Rezeption fand nicht statt", auch wenn die lehramtlichen Stellungnahmen von Pius XII. aus den Jahren 1953 und 1958 und

Die Besonderheit der theologischen Rezeption der Psychoanalyse sticht erst vor dem Hintergrund ihrer allgemeinen Rezeption hervor. 1910 hielt der Zürcher Eugen Bleuler fest, dass die Psychoanalyse, die „lange Zeit ignoriert" worden war, nun für Gesprächsstoff sorge und „von allen Seiten [...] angegriffen" werde.[785] Bleuler fühlte sich zu einer Verteidigung gedrängt und warf seine Autorität in die Waagschale, womit er grossen Erfolg zeitigte. Gleich zu Beginn – unter „*Die Abwehr*" – erläuterte Bleuler die Gründe für die besonderen Rezeptionsschwierigkeiten, vor die sich die Psychoanalyse gestellt sah:

> „*Allen Neuerungen, die die Auffassung des eigenen Innern ummodeln wollen, stellt sich mehr als der gewöhnliche Misoneismus*[786] *entgegen. Und speziell Freuds Lehre rührt nicht nur an tief in der Seele eingerostete wissenschaftliche Dogmen, sondern eben auch an Gefühle, die uns lieb und heilig sind und die mit der jetzigen Auffassung der Moral in so engem Zusammenhange stehen, daß sich Viele das eine nicht ohne das andere vorstellen können.*"[787]

Die Beobachtung Bleulers trifft besonders auch auf das Ursprungsland der Psychoanalyse, auf Österreich, zu.

Eine umfassende und weitreichende theologische Beschäftigung mit Freud und der Psychoanalyse setzte im deutschen Sprachraum in den 1960er Jahren ein und ist untrennbar mit dem Namen Joachim Scharfenberg verbunden. Er war es, der auch die theologischen Anfänge der Rezeption mit Oskar Pfister, mit dem dieser historische Hauptteil begonnen hatte, wieder entdeckte und der nun den Einstieg ins nächste Kapitel bildet, das sich mit der neueren pastoralpsychologischen Rezeption der Psychoanalyse beschäftigen wird.

---

das Monitum von 1961 von Johannes XXIII. sie gar „nicht durchweg ablehnen". DERS. (1990): Pastoralpsychologie. Einführung in die Praxis heilender Seelsorge, Düsseldorf (Patmos), 376f. Siehe auch das Urteil von Eugen DREWERMANN (2005): Art. Tiefenpsychologie, in: Neues Handbuch theologischer Grundbegriffe, Bd. 3, hg. v. Peter EICHER, München (Kösel), 430–446, hier 430: „Aber auch für die Pastoraltheologie und -psychologie selbst besteht scheinbar kein Grund, die tiefenpsychologischen Ansätze wirklich zu integrieren."

[785] BLEULER (1910), 623.
[786] Hass, Abneigung gegen das Neue.
[787] BLEULER (1910), 624.

III. Ausgewählte Beispiele neuerer pastoralpsychologischer Auseinandersetzungen mit der Psychoanalyse

1. Einführung

Die theologische Freud-Renaissance der 1960/70er Jahre eingeleitet zu haben, zählt zweifelsohne zu den Verdiensten des Doyens der deutschen Seelsorgebewegung, des Kieler Pastoralpsychologen und Psychoanalytikers *Joachim Scharfenberg (1927–1996)*. Er war ab 1957 bis zu seinem Tod Mitherausgeber der Zeitschrift *Wege zum Menschen* und darf als hervorragender Repräsentant der Disziplin Pastoralpsychologie gelten. Bis auf den heutigen Tag findet das pastoralpsychologische Gespräch mit Freuds Psychoanalyse im deutschen Sprachraum weitgehend in Auseinandersetzung mit Scharfenberg bzw. in seinem Gefolge statt, weshalb ihm als Einstieg in die deutschsprachige Rezeption ein eigenes Kapitel gewidmet wird (2.1).

Angesichts der bisherigen überragenden Dominanz des psychoanalytischen Paradigmas in der deutschsprachigen Pastoralpsychologie verwundert es kaum, dass in der jüngeren Geschichte der Disziplin nun auch heftige Kritik laut wurde. Der Unmut richtet sich gegen ihren Individualismus und wurde 1996 aus soziologischer Perspektive zeitgleich sowohl von *Isolde Karle* (2.2) als auch von *Uta Pohl-Patalong* (2.3) formuliert. Die Aufsehen erregende Studie von Isolde Karle, die aus einer soziologisch-konstruktivistischen Perspektive eine „Kritik der psychoanalytisch orientierten Seelsorgelehre" vorlegte, prangert deren „ausgeprägte Individuumzentrierung" und soziologische Naivität vorrangig anhand der Systemtheorie Niklas Luhmanns an.[1] Die im gleichen Jahr erschienene Dissertation von Uta Pohl-Patalong ist eine ebenfalls soziologische und sozialpsychologische Untersuchung bisheriger Seelsorgetheorien, die die lange vernachlässigte Beziehung zwischen Individuum und Gesellschaft thematisiert, sich jedoch nicht auf die psychoanalytisch orientierte Pastoralpsychologie eingrenzt.[2] Die beiden Studien gelangen zu unterschiedlichen Resultaten, was einen Vergleich besonders lohnenswert erscheinen lässt.

Wiederum einen ganz anderen Weg beschreitet *Christoph Morgenthaler*, der als einer der Ersten im deutschsprachigen Raum systemtherapeutische Ansätze rezipierte (2.4).[3] 1999 entwickelte er in Aufnahme dieses Problemfeldes, das in

---

[1]   Isolde KARLE (1996): Seelsorge in der Moderne. Eine Kritik der psychoanalytisch orientierten Seelsorgelehre, Neukirchen-Vluyn (Neukirchener Verl.).

[2]   Uta POHL-PATALONG (1996): Seelsorge zwischen Individuum und Gesellschaft. Elemente zu einer Neukonzeption der Seelsorgetheorie, Stuttgart/Berlin/Köln (Kohlhammer).

[3]   Vgl. Christoph MORGENTHALER (2005⁴ [1999]): Systemische Seelsorge. Impulse der Familien- und Systemtherapie für die kirchliche Praxis, Stuttgart (Kohlhammer). Noch vor diesem Werk erschien ein Aufsatz von Martin FEREL (1996): „Willst Du gesund werden?" – Das systemische

Nordamerika schon länger bearbeitet wird, ein neues sog. psychosystemisches Seelsorgekonzept. Es orientiert sich unter Einbezug bisheriger psychodynamischer Methoden an familientherapeutischen und an Systemtheorien und sucht Menschen sowohl als Einzelne als auch in ihren vielfältigen Beziehungsnetzen und sozialen Verhältnissen zu verstehen. Morgenthaler legt damit als Theologe und Psychologe den Versuch einer pastoralpsychologischen Integration psychoanalytischer und systemtherapeutischer Erkenntnisse vor.

Anne M. Steinmeier zeichnet aus, dass sie den Blick über Freud und Scharfenberg hinaus wagt und das Gespräch mit neueren Entwicklungen in der psychoanalytischen Theoriebildung sucht (2.5). Ihre Habilitationsschrift von 1998 rekurriert ebenfalls auf die „Krise" der Seelsorge, gehört jedoch zur neueren jener nach wie vor beträchtlichen Zahl pastoralpsychologischer Veröffentlichungen, die das Gespräch zwischen Seelsorge und Psychoanalyse weiterführen und vertiefen.[4] Steinmeier entwirft anhand von Joachim Scharfenberg, Paul Tillich, Melanie Klein, Margaret S. Mahler und Daniel N. Stern „Skizzen eines Dialogs zwischen Theologie und Psychoanalyse" mit dem Ziel einer Verhältnisbestimmung von Seelsorge und Psychoanalyse, die „von einem anfangs scheinbar unversöhnlichen Gegensatz" schliesslich „zu einer grösseren Nähe" führt, als von der Autorin ursprünglich vermutet.[5]

Eine Auswahl wichtiger Aspekte in der pastoralpsychologischen Auseinandersetzung mit psychoanalytischen Theoriebildungen, die nicht in Monografieform, sondern in Aufsätzen in die Diskussion eingebracht wurden, sollen am Schluss zumindest gestreift werden (2.6).[6]

Der Diskurs zwischen Pastoralpsychologie und Psychoanalyse lässt sich m.E. mit Gewinn auch unter dem Aspekt der Übertragungs- und Gegenübertragungsdynamik betrachten: Waren die Anfänge der pastoralpsychologischen Rezeption

---

Verständnis von Krankheit und Heilung als Orientierung für die Seelsorge, in: WzM 48, 359–374.

[4] Anne M. STEINMEIER (1998): Wiedergeboren zur Freiheit. Skizzen eines Dialogs zwischen Theologie und Psychoanalyse, Göttingen (Vandenhoeck & Ruprecht). Vgl. u.a. Reinhold GESTRICH (1998): Die Seelsorge und das Unbewußte, Stuttgart/Berlin/Köln (Kohlhammer); Heribert WAHL (1998): ‚Zwischen' Theologie und Psychoanalyse: Joachim Scharfenbergs Impulse für die Religionspsychologie und Pastoralpsychologie, in: WzM 49, 439–458; DERS. (2004): Sich berühren lassen – wider die routinierte Betäubung, in: WzM 56, 210–221; Wolfgang WIEDEMANN (1996): Krankenhausseelsorge und verrückte Reaktionen. Das Heilsame an psychotischer Konfliktbearbeitung, Göttingen (Vandenhoeck & Ruprecht); Martin WEIMER (2001): Psychoanalytische Tugenden. Pastoralpsychologie in Seelsorge und Beratung, Göttingen (Vandenhoeck & Ruprecht); Wolfgang REUTER (2004): Heilsame Seelsorge: Ein psychoanalytisch orientierter Ansatz von Seelsorge mit psychisch Kranken, Wien/Berlin (Lit Verl.); NOTH / MORGENTHALER (2007).

[5] STEINMEIER (1998), 206.

[6] Von der Auswahl unberücksichtigt bleibt vieles und auch Wichtiges wie z.B. das in allerjüngster Zeit wieder zu beobachtende Interesse an Bion. Vgl. etwa den Schwerpunkt von WzM 60/2 (2008) mit den Beiträgen: Dieter SEILER: Theologen lesen Bion, in: ebd., 106–117; Bernd NISSEN: Wie contained der container eine projektive Identifizierung?, in: ebd., 118–127; Maria DIETZFELBINGER: Bion in der psychologischen Beratung, in: ebd., 128–130. Vgl. aber auch v.a. WIEDEMANN (2005), (2007) und WAHL (2000).

Freuds nämlich u.a. durch heftige Kritik an Pfisters Umgang mit dieser Dynamik gekennzeichnet, so stellt sie die aktuelle pastoralpsychologische Aufnahme und Verarbeitung der sog. Relationalen Psychoanalyse, die eine der neuesten und zukunftsweisenden Theorierichtungen in den USA ist, ins Zentrum ihrer Überlegungen.

In den USA fällt „die außergewöhnlich schnelle und weite Verbreitung der Psychoanalyse [...] seit dem Ende des zweiten Weltkriegs" auf (vgl. 3.1).[7] So hat auch die nordamerikanische Pastoral- und Religionspsychologie ein weitaus grösseres Spektrum psychoanalytischer Themen bearbeitet als die deutschsprachige und auch die Ich- und Selbstpsychologie wie auch die britische Schule bzw. die Objektbeziehungstheorie von Beginn an breit rezipiert.[8] Als eine der profiliertesten Pastoralpsychologinnen der Gegenwart darf *Pamela Cooper-White* gelten.[9] Ihr kommt das Verdienst zu, als Erste den *relational turn* in der Psychoanalyse zur Kenntnis genommen und den neuen Ansatz der sog. Relationalen Psychoanalyse für die Pastoralpsychologie fruchtbar gemacht zu haben (3.2). Es handelt sich dabei um einen für die deutschsprachige Pastoralpsychologie bisher unbekannten, aber m.E. äusserst vielversprechenden Ansatz.[10]

Ein im deutschen Sprachraum noch vernachlässigtes Forschungsgebiet, das in den USA hingegen einen Paradigmenwechsel einleitete, ist die interkulturelle Seelsorge. Zu ihren Hauptvertretern zählt *Emmanuel Y. Lartey.*[11] An seinem Konzept soll gezeigt werden, wie in der interkulturellen Seelsorge der psychoanalytische Einfluss auf *Pastoral Care and Counseling* beurteilt und wie mit diesem Erbe umgegangen wird (3.3). Spezifische Dialogchancen und Lernfelder zwi-

---

[7]   STOLLBERG (1969), 28.

[8]   Vgl. z.B. John MCDARGH (1983): Psychoanalytic Object-Relations Theory and the Study of Religion: On Faith and the Imaging of God, Lanham, MD (Univ. Press of America); William W. MEISSNER (1984): Psychoanalysis and Religious Experience, New Haven/CT (Yale Univ. Press); Chris SCHLAUCH (1991): Illustrating Two Complementary Enterprises at the Interface of Psychology and Religion Through Reading Winnicott, in: PastPsy 39, 47–63; DERS. (1999): Rethinking Selfobject and Self: Implications for Understanding and Studying Religious Matters, in: PastPsy 48, 57–78; Donald W. CAPPS (1993): The Depleted Self in a Narcisstic Age, Minneapolis (Fortress Press); Vgl. dazu SANTER (2003), 17: „Während z.B. Wulff (1997) ein im Verhältnis zu der Behandlung Freuds, Jungs oder der humanistischen Tradition der ‚Object-relations Theory' ein quantitativ und qualitativ gleichwertiges Kapitel widmet (...), wird in deutschsprachigen Lehrbüchern zur Psychologie, Psychoanalyse und Religionspsychologie von der Objektbeziehungstheorie kaum Notiz genommen." COOPER-WHITE (2004), 23: „Kohut's ideas had many parallels with earlier British Kleinian and object-relational thought and practice. But Kohut's proposals were better known in America, where they were first introduced. They were simultaneously met by much greater controversy and had far greater influence – far beyond psychoanalysis proper into arenas of counseling and also pastoral care."

[9]   Pamela COOPER-WHITE (2004): Shared Wisdom. Use of the Self in Pastoral Care and Counseling, Minneapolis (Fortress Press); DIES. (2007): Many Voices. Pastoral Psychotherapy in Relational and Theological Perspective, Minneapolis (Fortress Press).

[10]   Auf den „relational turn" weist hin: Heribert WAHL (2009² [2007]): Tiefenpsychologische Aspekte des seelsorglichen Gesprächs, in: Wilfried ENGEMANN (Hg.): Handbuch der Seelsorge. Grundlagen und Profile, Leipzig (Ev. Verlagsanstalt), 227–251, hier 233.

[11]   Emmanuel Y. LARTEY (2003 [1997]): In Living Color. An Intercultural Approach to Pastoral Care and Counseling, London/Philadelphia (Jessica Kingsley).

schen deutschsprachiger und US-amerikanischer Pastoralpsychologie sollen schliesslich 1. anhand der Frage nach der Übertragbarkeit psychoanalytischer Theorieelemente auf die Seelsorge am Beispiel des Übertragungs- und Gegen-übertragungsphänomens aufgezeigt und 2. anhand des Öffentlichkeitsauftrags von Seelsorge besprochen werden (4.).

2. Deutscher Sprachraum

2.1 Grundlegung: Die theologische Wiederentdeckung des „ganzen Freud" durch Joachim Scharfenberg (1927–1996)

Als Joachim Scharfenberg 1968 seine Habilitationsschrift über Sigmund Freud veröffentlichte, bezeichnete er diesen aus theologischer Sicht als „so etwas wie eine Neuentdeckung".[12] Freud sei für die Theologie, insbesondere die praktische, höchst relevant.[13] Gleichzeitig mit dem Bekanntwerden der US-amerikanischen *Clinical Pastoral Education (CPE)* in Deutschland, die hier als sog. *klinische Seel-sorgeausbildung* rezipiert wurde, initiierte Joachim Scharfenberg (u.a. mit Klaus Winkler, Dietrich Stollberg, Hans-Joachim Thilo, Fritz Meerwein und Heinz Müller-Pozzi) eine regelrechte Freud-Renaissance und prägte das Gespräch über Religion und Psychoanalyse über Jahrzehnte hinweg.[14] Dass es sich dabei nicht ausschliesslich um eine Neuentdeckung, sondern auch um eine Wiederentde-ckung Freuds handelt, darf aufgrund des letzten – historischen – Kapitels ruhig behauptet werden.[15]

Es soll im Folgenden im Sinne einer Grundlegung der anschliessenden Dar-stellung neuerer deutschsprachiger Auseinandersetzungen mit der Psychoanalyse im Bereich der Pastoralpsychologie versucht werden, Scharfenbergs Kernthesen in ihrer historischen Entwicklung in Erinnerung zu rufen. Das Schwergewicht der Darstellung soll dabei auf seinen in der Regel weniger beachteten frühen und mittleren Beiträgen aus den 1960er und 1970er Jahren liegen, die seine späteren Werke fundieren.

2.1.1 Einstieg anhand des Übertragungs- und Gegenübertragungsphänomens

Joachim Scharfenberg setzte sich von den mit den Namen Eduard Thurneysen und Hans Asmussen verknüpften kerygmatischen Seelsorgekonzepten ab, denen er eine missbräuchliche Verwendung des Seelsorgegesprächs vorwarf.[16] Gut zehn

---

[12]   SCHARFENBERG (1976[4] [1968]), 7.
[13]   Vgl. ebd., 11.
[14]   Darauf, dass Scharfenberg nach einer Amerikareise 1959 zur Verbreitung der Kenntnisse der CPE beitrug und das Potential eines erneuten Versuchs erkannte, sich von theologischer Seite mit der Psychoanalyse auseinanderzusetzen, wies schon JOCHHEIM (1993), 467 hin.
[15]   So auch KLESSMANN (2008), 78.
[16]   Vgl. Joachim SCHARFENBERG (1991[5] [1972]): Seelsorge als Gespräch. Zur Theorie und Praxis der seelsorgerlichen Gesprächsführung, Göttingen (Vandenhoeck & Ruprecht), 14–19. Dazu wiede-

Jahre zuvor – im Jahre 1961 – hatte sich Scharfenberg im Rahmen eines kleinen Aufsatzes mit dem Übertragungs- und Gegenübertragungsphänomen befasst.[17] Es handelte sich um einen seiner allerersten Beiträge, in denen er sich mit psychoanalytischem und tiefenpsychologischem Gedankengut allgemein auseinandergesetzt hatte. Er hielt damals ausdrücklich fest, dass „echte Seelsorge" letztlich „ein Gnadengeschenk" sei, „das sich ereignet ‚ubi et quando visum est Deo'",[18] und dass es ausschliesslich Gottes Gnade zu verdanken sei, wenn es „zu einer […] echten Begegnung mit Gott kommt." Die besondere Würde des Seelsorgers sei es, „in aller Unvollkommenheit Handlangerdienste auszuüben."[19] In solchen Formulierungen zollte Scharfenberg noch seinen Lehrern bzw. der Dialektischen Theologie Tribut. Zudem hing er anfänglich einer differenzorientierten Perspektive an und bemühte sich sehr um die Frage, wie Seelsorge von Psychotherapie unterschieden werden könnte. Er meinte, im Gegensatz zum Psychotherapeuten habe der Seelsorger einen „Mittelweg" zu beschreiten, nämlich „zwischen analytischer Abstinenz einerseits und einem distanzlosen gemeinsamen Agieren von Übertragung und Gegenübertragung" andererseits.[20] Dieser Mittelweg fordere vom Seelsorger eine spezielle Enthaltsamkeit. Er müsse davon absehen, als Übertragungen erkannte Reaktionen seines Gegenübers im Sinne einer Deutung kundzutun, denn:

„Der Wert einer solchen Deutung, die in der Psychotherapie das wichtigste Heilmittel darstellt, ist in der Seelsorge ein verschwindend geringer, der Schaden, der jedoch dadurch angerichtet werden kann, ist ungeheuer groß. Eine Übertragungsdeutung hat nur Sinn und Wert, wenn sie eingebettet ist in eine sachkundige langanhaltende Behandlung".[21]

Im Unterschied zur Psychotherapie sei es nicht Aufgabe der Seelsorge, einen Menschen „auf sich selbst zurückzuführen", sondern ihn „aus den Fesseln des eigenen Ichs" zu befreien.[22] Scharfenbergs Versuchsbestimmungen von Seelsorge und Psychotherapie wirken 1961 noch unbeholfen, wie auch sein Fazit kundtut:

„Aufs Ganze gesehen ist also auch dem Übertragungsphänomen gegenüber vom Seelsorger der Verzicht auf eine unmittelbare analytische, deutende Beeinflussung des Unbewußten zu fordern. Vielleicht kann man überhaupt die Grenzziehung zwischen Psychotherapie und Seelsorge so vornehmen, daß die Seelsorge darauf verzichten sollte, unbewußtes Material wie

---

rum kritisch Rudolf BOHREN (1975): Daß Gott schön werde. Praktische Theologie als theologische Ästhetik, München (Kaiser), 213–224.

[17] Joachim SCHARFENBERG (1961): Übertragung und Gegenübertragung in der Seelsorge, in: Forschung und Erfahrung im Dienst der Seelsorge. Festgabe für Otto Haendler zum 70. Geburtstag, hg. v. Ernst-Rüdiger KIESOW / Joachim SCHARFENBERG, Göttingen (Vandenhoeck & Ruprecht), 80–89.

[18] SCHARFENBERG (1961), 81.

[19] Ebd., 87.

[20] Ebd., 87.

[21] Ebd., 87. Zur Problematik des Deutens in der Seelsorge vgl. Pkt. 6 von WAHL (2009² [2007]), 236f.: „Beachten (und ‚Deuten'?) von Übertragungs- und Gegenübertragungs-Phänomen […]".

[22] Ebd., 87.

Träume, Einfälle und Fehlleistungen mit dem Ratsuchenden selbst zu besprechen und durchzuarbeiten, sondern sich vielmehr auf das beschränken, was der Ratsuchende bewußt als Not und Problem vorbringt. [...] Der Weg der seelsorgerlich legitimen Beeinflussungsmöglichkeit des Unbewußten scheint mir vielmehr ein anderer zu sein, nämlich der der Meditation."[23]

Der Psychotherapie wird demnach eine direkte Beeinflussung des Unbewussten, der Seelsorge hingegen lediglich eine mittelbare zugestanden. Scharfenberg fordert von Seelsorgenden einen freiwilligen Verzicht. Eine sinnvolle Abgrenzung zwischen Psychotherapie und Seelsorge kann jedoch nicht lediglich auf einer Selbstbeschränkung von Seelsorgenden beruhen.

2.1.2 1968: Veröffentlichung der Habilitation über Freud und seine Religionskritik und Formulierung von fünf Leitlinien

Sieben Jahre später – 1968 – veröffentlichte Joachim Scharfenberg seine wegweisende und bahnbrechende Habilitationsschrift über *„Sigmund Freud und seine Religionskritik als Herausforderung für den christlichen Glauben"*. Indem er an Pfister anknüpfte, läutete er ein Aufblühen der Psychoanalyserezeption in der Theologie ein. Sein erklärtes Ziel war es, Freud und die Psychoanalyse „unter hermeneutischem Aspekt" zu betrachten – dies aus der Überzeugung heraus, dass Freud der Theologie „soviel wie Heidegger [...] allemal" zu geben hätte.[24] Als erster Schritt beabsichtigte Scharfenberg eine Korrektur der Voreingenommenheit, die er in der Theologie Freud gegenüber feststellen musste.[25] Er hielt eine vertiefte theologische Auseinandersetzung mit Freud für dringend notwendig. Eine solche hätte Pfister damals unterlassen, da er die Psychoanalyse lediglich als eine Methode interpretierte und nur Freuds Frühwerk rezipierte:

„Wer Freud vorwiegend durch Pfister kennenlernt – und das scheint eine ganze Generation von Theologen gewesen zu sein –, lernt also nur den ,frühen Freud' kennen, dessen Spätwerk unterschlagen wird. So wurde Freud in den Bereich der therapeutischen Methodik abgedrängt, und die philosophische oder gar theologische Relevanz seiner Gedankengänge blieb jahrzehntelang unentdeckt".[26]

Anders als Pfister wollte Scharfenberg „den ganzen Freud" zur Kenntnis nehmen.[27] Hierin liegt tatsächlich das Recht, von einer theologischen Neuent-

---

[23]   Ebd., 88.
[24]   SCHARFENBERG (1976[4] [1968]), 7f.
[25]   Vgl. ebd., 8 u. 11. U.a. angesichts der „Menge der Vorurteile" zwischen Theologie und Psychoanalyse schlägt SCHARFENBERG „so etwas wie eine Politik der kleinen Schritte" vor. DERS. (1972d [1968]): Verstehen und Verdrängung, in: DERS. (1972c), 136–150, hier 140.
[26]   SCHARFENBERG (1976[4] [1968]), 20.
[27]   Ebd., 29. Den ersten, der diesen Versuch ernsthaft unternommen hatte, identifiziert Scharfenberg (ebd., 30) als Roy Stuart LEE (1948): Freud and Christianity, London. Vgl. Klaus THOMAS (1977 [1953]): Grundgedanken des Buches ,Freud und das Christentum' von Roy Stuart Lee, in: NASE / SCHARFENBERG, 219–232.

deckung Freuds zu sprechen. Scharfenbergs Hauptkritik lautete, dass von theologischer Seite her immer wieder versucht wurde, „Freud von seinem weltanschaulichen Hintergrund loszulösen und seine praktische Methode für die Seelsorge fruchtbar zu machen".[28] Dies sei nicht bloss eine Modifizierung, sondern eine Verkehrung bzw. ein Missbrauch der Psychoanalyse. Theorie und Praxis liessen sich nicht voneinander trennen: Um Freud gerecht zu werden, müsse man ihn in der Breite seines Gesamtwerks betrachten und nicht bloss ausgewählte Ausschnitte desselben zur Kenntnis nehmen.[29] 1968 formulierte Scharfenberg fünf „Leitlinien", die bei einer theologischen Beschäftigung mit Freud berücksichtigt werden müssten:[30]

„1. Die Trennung von weltanschaulichem Hintergrund und psychoanalytischer Methode [...] hat sich als unfruchtbar erwiesen. Es kann nur um eine Auseinandersetzung mit dem ganzen Freud in seinen eigenen und ursprünglichen Intentionen gehen.
2. Dieser ‚ganze Freud' ist nur als geschichtliches Phänomen faßbar. Seine Gedankenwelt [...] läßt sich nur sinnvoll in der Gestalt von Entwicklungslinien beschreiben. [...]
3. Freuds ursprünglichste und unbestritten eigenste Tat war die Einführung der Sprache als Therapeutikum.[31] [...]
4. Freud hat [...] die Erkenntnisse, die er in der Einzeltherapie gewonnen hatte, auch auf Gesellschaft und Kultur angewandt. Beinahe lebenslang hat er mit dem Problem der Religion gerungen und immer neue Vorstellungen von ihr entwickelt, die nicht frei von Irrtümern und Mißverständnissen waren.[32]
5. Trotzdem sollte die Freudsche Religionskritik ernst genommen werden. [...]"[33]

Diese Leitlinien sind in der weiteren pastoralpsychologischen Rezeption der Psychoanalyse im deutschen Sprachraum unterschiedlich berücksichtigt worden, was auch nicht erstaunt, gibt es doch auch einiges kritisch zu bedenken. So liesse sich einwenden, dass z.B. die allererste Leitlinie Freuds eigenem Anliegen im Hinblick auf seine Religionskritik widerspreche. Er selbst forderte hier die Trennung seines weltanschaulichen Hintergrunds von der psychoanalytischen Methode und war sich darin auch mit Pfister einig.[34] Die Leitlinie, sich mit Freud „in

---

[28]   SCHARFENBERG (1976[4] [1968]), 99.
[29]   Vgl. ebd., 99f.
[30]   Ebd., 38.
[31]   Vgl. auch ebd., 126: „Freud hatte die Sprache als Therapeutikum in die Heilkunde eingeführt." Dieser Satz begegnet wortwörtlich immer und immer wieder, z.B. in: Joachim SCHARFENBERG (1972e [1968]): Sprache, Geschichte und Überlieferung bei Sigmund Freud, in: DERS. (1972c), 116–135, hier u.a. 117 u. 121.
[32]   Dazu zählt v.a. auch Freuds eigenes „Vorurteil", nämlich dass „Progression untrennbar mit Wissenschaft, Regression ebenso unverbrüchlich mit Religion verbunden war, beide aber in einem unentrinnbaren Gegensatz zueinander ständen." Joachim SCHARFENBERG (1972a): Die Begegnung von Psychoanalyse und Theologie – eine Zwischenbilanz, in: Heinz ZAHRNT (Hg.): Jesus und Freud. Ein Symposion von Psychoanalytikern und Theologen, München (Piper), 93–107, hier 104.
[33]   SCHARFENBERG (1976[4] [1968]), 38f.
[34]   Vgl. Brief Freuds an Pfister vom 26.11.1927 (F/P, 126): „Halten wir fest, daß die Ansichten meiner Schrift keinen Bestandteil des analytischen Lehrgebäudes bilden. Es ist meine persönliche Einstellung, die mit der vieler Nicht- und Voranalytiker zusammentrifft und gewiß von vie-

seinen eigenen und ursprünglichen Intentionen" auseinanderzusetzen und dabei nicht zwischen weltanschaulichem Hintergrund und psychoanalytischer Methodik zu unterscheiden, gleicht deshalb in gewisser Weise einer *contradictio in adiecto*.

Im Sinne einer seriösen und anhaltenden Beschäftigung mit Freud und der Psychoanalyse widmete man sich auch seinen religionskritischen und kulturtheoretischen Schriften und nicht nur seinen klinischen Werken, auch wenn letztere zweifellos den Schwerpunkt des Interesses bildeten. Es waren jedoch nicht bloss die Nachfolger Scharfenbergs, die seine Leitlinien zu beherzigen suchten, sondern v.a. auch er selbst.

2.1.3 Zur dritten Leitlinie über „Sprache als Therapeutikum"

In Aufnahme seiner dritten These von der „Sprache als Therapeutikum" veröffentlichte Scharfenberg 1969 einen wegweisenden Aufsatz, in welchem er mit einer Fundamentalkritik gegen die zeitgenössische Seelsorge aufwartet, die einem veralteten Denkstil fröne und die spezifischen Probleme und Nöte der Menschen nicht wahrnehme.[35] Ihr Selbstverständnis beruhe auf dem Bild der Seelsorge als „Sonderform der Predigt", deren Fokus auf der Sündenvergebung gerichtet sei, obschon – wie eine „kleine, private Umfrage" doch zeige – keineswegs die Schuldproblematik Menschen zum Seelsorger führe, sondern „Konfliktsituationen".[36] Diese erforderten ein neues Verständnis seelsorglichen Handelns, dessen Entwicklung Scharfenberg am Beispiel des hochverehrten, aber letztlich rätselhaft gebliebenen Johann Christoph Blumhardt aufzuzeigen versucht.[37] Mittels der Psychoanalyse, mit der sich praktisch-theologische Disziplinen – neben anderen – „auf ein gutnachbarliches Verhältnis einlassen sollten", will Scharfenberg „den Entwurf einer Hermeneutik des seelsorgerlichen Handelns Blumhardts" vorlegen.[38] Zugrundegelegt wird dabei sein „Bestseller" über die Krankengeschichte von Gottliebin Dittus.[39] Scharfenberg zeichnet nach, wie Blumhardt „intuitiv" seinen – damals noch kaum beachteten – Sprachgebrauch verändert und sukzessive vom autoritären Gefälle und dem „instrumentellen Einsatz der Sprache und des Wortes" Abschied nimmt und „in ein maßvollst gehaltenes Gespräch" eintritt.[40] Dieser Schritt eröffnete die Möglichkeit „daß ‚von oben her

---

len braven Analytikern nicht geteilt wird." Vgl. DERS. (1933), 170–197: XXXV. Vorl.: „Über eine Weltanschauung".

[35] Vgl. Joachim SCHARFENBERG (1978 [1969]): Bewußtwerdung und Heilung bei Johann Christoph Blumhardt, in: Friedrich WINTZER (Hg.): Seelsorge. Texte zum gewandelten Verständnis und zur Praxis der Seelsorge in der Neuzeit, München (Kaiser), 175–190, hier 176.

[36] Ebd., 176f.

[37] Vgl. ebd., 179: „Das Phänomen Blumhardt scheint sich bisher allen Versuchen, das Geheimnis dieses seelsorgerlichen Erfolges zu ergründen, mit einer gewissen Beharrlichkeit entzogen zu haben."

[38] Ebd., 179.

[39] Ebd., 180.

[40] Ebd., 184. Es handelt sich nach Scharfenberg um eine „intuitiv gewonnene[n] Seelsorge". Ebd., 185.

etwas kommen' kann".[41] In diesem neuen „Erlaubnisraum" konnte Dittus zu Sprache bringen, was sie umtrieb. Dieses wurde wiederum „von Blumhardt deutend aufgenommen". Das durch die Dialogstruktur des Gesprächs gewonnene Vertrauensverhältnis ermöglicht Blumhardt, Dittus zunehmend auch Entbehrungen und Enttäuschungen zuzumuten und sie dadurch in Analogie zur psychotherapeutischen Erfahrung zu mehr innerer Freiheit und Autonomie zu ermächtigen.[42] Diese Freiheit manifestierte sich schliesslich in dem Ruf „Jesus ist Sieger".[43] So urteilt Scharfenberg in kühl-vorsichtigerer, aber inhaltlich gleicher Weise über Blumhardt wie Pfister damals über Jesus und schreibt: „Fünfzig Jahre, bevor Freud seine Wirksamkeit entfaltete, sehen wir hier also bereits den Urtypus des psychotherapeutischen Gespräches andeutungsweise verwirklicht."[44] Hauptcharakteristika desselben seien „die entschlossene Preisgabe jedes Anspruches auf eine Suggestivwirkung und das tiefe Sich-Einlassen auf die Struktur des Gespräches, das den Erlaubnisraum freigibt für ein Stück neuer Erfahrung. Dieses Stück erweiterten Bewußtseinsraumes aber ist es, das eine heilende Wirkung auszuüben vermag".[45]

1972 arbeitete Scharfenberg genau diese neue am Beispiel von Blumhardt dargestellte Gesprächsform und -haltung aus zu einem weiteren sehr einflussreichen Werk mit dem Titel, der den Inhalt des referierten Aufsatzes zusammenfasst, nämlich: *Seelsorge als Gespräch*.[46] Es handelt sich um den zornigen und hierarchie- und machtkritischen Versuch, das seelsorgliche Gespräch aus seiner Funktionalisierung zur Verkündigung zu befreien und es neu als eine auf partnerschaftliche Gegenseitigkeit beruhende Begegnung zu fundieren, wie es am Beispiel von Blumhardt gezeigt wurde.[47] Seelsorge wird in Aufnahme von Eberhard Müller neu bestimmt als „göttliche Gabe der Solidarität eines gemeinsamen Fragens nach Wahrheit".[48] Da der Gegenübertragung wiederum ein eigenes Unterkapitel gewidmet ist, interessiert es, ob sich eine Weiterentwicklung im Verständnis dieses Phänomens ergeben hat. Doch auch hier wird von der ständigen „Gefahr einer unbewußten gefühlsmäßigen Einstellung seinem Patienten gegenüber" gewarnt.[49] Gewicht wird gelegt auf die „Verschränkung von Übertragung und Gegenübertragung", die besonders oft in der Seelsorge anzutreffen sei. Ausgeführt wird der spezielle Fall, in welchem Leiden als eine Form der Machtaus-

---

[41]   Ebd., 185.

[42]   Ebd., 185.

[43]   Ebd., 187.

[44]   Ebd., 185.

[45]   Ebd., 189.

[46]   Joachim SCHARFENBERG (1991⁵ [1972]): Seelsorge als Gespräch. Zur Theorie und Praxis der seelsorgerlichen Gesprächsführung, Göttingen (Vandenhoeck & Ruprecht).

[47]   Vgl. den Titel der engl. Übers. der 3. Aufl.: Joachim SCHARFENBERG (1987): Pastoral Care as Dialogue, transl. by O. C. Dean Jr., Philadelphia/PA (Fortress Press).

[48]   SCHARFENBERG (1991⁵ [1972]), 64. Dieses Seelsorgeverständnis wirkt nach u.a. bei WAGNER-RAU (2007), vgl. unten S. 218.

[49]   SCHARFENBERG (1991⁵ [1972]), 73.

übung beim Seelsorger eine „Gegenübertragungsangst" auslöse, die bei ihm in einem „sich selbst überfordernde[n] Helferwillen" gründet.[50]

2.1.4 Zur vierten und fünften Leitlinie über Freuds Religionskritik oder: Scharfenberg als Meister der Kommunikation

In Aufnahme seiner vierten und fünften Leitlinie veröffentlichte Scharfenberg 1970 einen sehr erhellenden Aufsatz mit dem Titel: *„Zum Religionsbegriff Sigmund Freuds".*[51] Der Beitrag beruhte auf einem Gastvortrag. In meisterhafter Weise gelang es Scharfenberg, Bedeutung und Aktualität grundlegender religionskritischer Thesen Freuds einem theologischen Publikum zu vermitteln. Scharfenberg setzte mit Gerhard Ebeling ein, der schon 1950 auf die Notwendigkeit hingewiesen hatte, dass die Theologie gegenwartsbezogen statt rückwärtsgewandt sein und prospektiv Themen und Auseinandersetzungen antizipieren müsse. Bei solchen Aussagen durfte er mit der Zustimmung des Publikums rechnen. So schuf er gleich zu Beginn eine gemeinsame Basis mit den Anwesenden. Er förderte ihre Hörbereitschaft, um ihnen dann Freuds Thesen zuzumuten.[52] In diesem Vortrag erweist sich Scharfenberg als Meister der Kommunikation – ein Umstand, der seine beträchtliche Wirkung zweifellos begünstigte. Eine eingehendere Analyse des Textes macht auch dessen wichtigen Beitrag an der Entstehung der „Freud-Renaissance" deutlich, die nicht nur als „Wiederkehr des Verdrängten" zu betrachten ist, sondern sich auch der persönlichen Überzeugungskunst einzelner Wissenschaftler verdankte.[53]

Deutlich stellt Scharfenberg dem Publikum das Versäumnis von Seiten der Theologie vor Augen. Er tut dies jedoch wiederum in kommunikationstechnisch glänzender Weise: Nicht u.a. Karl Barth selbst, sondern seine „religionskritischen Impulse" waren es, die „sich auf einen differenzierten Dialog mit der Freudschen Religionskritik überhaupt nicht eingelassen haben."[54] Scharfenberg gesteht also Barth zu, religionskritisch gewirkt zu haben. Seinen Vorwurf, sich nicht mit Freud beschäftigt und damit letztlich Ebelings Forderung missachtet zu haben, formuliert er nicht auf der Personebene (also gegen Barth selbst), sondern richtet er auf der Sachebene gegen seine dementsprechenden Impulse.

Auf dieser Basis macht Scharfenberg dann die – angesichts des Titels des Vortrags und der anschliessenden Veröffentlichung – überraschende Aussage: „Es

---

50 Ebd., 75. Scharfenberg bezieht sich hier auf Franz HEIGL (1959): Die Gegenübertragungsangst und ihre Bedeutung, in: Zs. f. psychosomat. Medizin, H. 3, 32ff.

51 Joachim SCHARFENBERG (1977 [1970]): Zum Religionsbegriff Sigmund Freuds, in: EvTh, 367–378 [wieder abgedr. in: NASE / SCHARFENBERG, 296–310].

52 Die von SCHARFENBERG (1977 [1970]), 296 einleitend zitierte „programmatische Formulierung" von Gerhard EBELING [(1960²): Wort und Glaube, Tübingen (Mohr), 38] lautet: Theologie hat die Aufgabe, „die Verbindung zu dem Denken der Zeit nicht abreißen zu lassen, nicht zu warten, bis von gegnerischer Seite sich die Kritik erhebt, um dann um so starrer zu aller Kritik Nein zu sagen, sondern voranzugehen in der kritischen Überprüfung der Grundlagen".

53 SCHARFENBERG (1977 [1970]), 296f.

54 Ebd., 297.

scheint mir auch am Kern der Freudschen Argumentationsweise völlig vorbeizu-
gehen, wenn man lediglich den Religions*begriff* und seine Anwendung auf Phänomene des christlichen Glaubens problematisiert."[55] Freud sei nie an einem
Religionsbegriff gelegen gewesen, sondern an der empirisch vorfindbaren Wirklichkeit im Sinne der „Wirklichkeit gelebten Glaubens, das, was der ‚gemeine
Mann' unter seiner Religion sich vorstellt und zu verwirklichen gedenkt." Dies
nimmt Scharfenberg mit einer rhetorischen Frage auf, die eine Gemeinsamkeit
aller Anwesenden voraussetzt, alle vereint und Widerspruch verunmöglicht:
„Wer wollte aber bestreiten, daß die Grundstrukturen dessen, was Freud zu seiner Zeit meinte beobachten zu können, auch heute noch unverändert in unseren
christlichen Gemeinden am Leben sind?" So gelangt Scharfenberg zu seiner ersten Schlussfolgerung, dass die Theologie es nämlich bisher nicht geschafft hätte,
religionskritische Überlegungen zu verarbeiten, geschweige denn sie „auf der
Gemeindeebene bewußtseinsverändernd" wirksam werden zu lassen.[56]

Scharfenberg erläutert dann – in Aufnahme von Leitlinie vier – Freuds lebenslange Auseinandersetzung mit Religion anhand der Mose-Statue von Michelangelo in San Pietro in Vincoli. Die historisch-lebensgeschichtliche Perspektive –
seine zweite Leitlinie – bringt Scharfenberg ein, indem er sich schliesslich drei
Kernbegriffen Freuds zuwendet, die er „in verschiedenen Epochen seiner Le-
bensarbeit" mit Religion verband. Es handelt sich 1. um die Zwangsneurose, 2.
den Ödipuskonflikt und 3. die Illusion.

Was Scharfenbergs Darstellung auszeichnet, ist sein Bemühen, Freuds Gedan-
kenwege akribisch zu folgen und für andere einsichtig werden zu lassen. Die
Schilderung klinischer Symptome einer Zwangsneurose muss geradezu die Neu-
gierde wecken, wie diese denn zustandekommen. Die damals übliche psychiatrische Antwort konnte nicht befriedigen, und Freud zeichnete aus, dass er sich mit
ihr nicht begnügen mochte und weiter fragte, nämlich nach den unbewussten
Motiven zur Symptombildung. Freud liess sich vom Ringen um Sinn nicht ab-
bringen und fand ihn schliesslich. Zwangsneurosen sind kein unerklärliches
Phänomen mehr, das man einfach als gegeben zur Kenntnis nehmen müsse,
sondern haben den Zweck, „ein unerträgliches Schuldgefühl für triebhafte Impulse libidinöser oder aggressiver Art zu beschwichtigen".[57] Dem schliesst Scharfenberg wiederum eine rhetorische Frage an, nämlich ob es denn irgendjeman-
den tatsächlich erstaune, „dass Freud auf die Idee kommen mußte, daß die
Zwangsneurose dem Individuum etwas leistet, was die Religion zu Zeiten ihrer
universalen Herrschaft einer ganzen Gesellschaft zu leisten vermag, nämlich die
Lösung des Schuldproblems?"[58] Auch hier – im Nachzeichnen von Freuds
Schwanken und Suchen – bringt Scharfenberg ihn den HörerInnen näher. Die
Frage nach der Herkunft dieses Schuldgefühls treibt Freud um, und er lässt sie
zunächst offen. Eine mögliche Antwort sieht er darin, dass die Religion selbst das

---

[55] Ebd., 297.
[56] Ebd., 297.
[57] Ebd., 301.
[58] Ebd., 301.

Schuldgefühl am Leben erhält, um sich dadurch selbst am Leben erhalten zu können, „die Religion also ein Problem erst schaffe, für dessen Lösung sie dann das Heilmittel bereithalte und so für die unaufhörliche eigene Reproduktion Sorge trage."[59] Während einerseits Religion bei Erwachsenen zur Privatsache erklärt werde, sei gesellschaftlich zugleich daran gelegen, Kindern eine religiöse Erziehung zukommen zu lassen. Auch hier gelingt es Scharfenberg, Freuds Gedanken zu veranschaulichen und verständlich zu machen.

Anhand des zweiten Begriffs, des Ödipus-Komplexes, legt Scharfenberg dar, wie Freud in einem weiteren – „im Zeichen des ursprungsmythischen Denkens" stehenden – Schritt der Frage nachgeht, wie denn ein Ritual fähig sein solle, ein Schuldgefühl zu lindern.[60] Am berühmten Beispiel des jungen Mannes, der zwanghaft abends eine Rolle vorwärts und eine rückwärts machen muss, erläutert Scharfenberg in aller Kürze den Ödipuskomplex und den Versuch Freuds, die in Therapien gewonnenen Erkenntnisse zur Erklärung religiöser Riten, zunächst der Totem-Mahlzeit, anzuwenden.[61] Nebenbei, fast entschuldigend, erwähnt Scharfenberg, dass Freud „ganz im Banne des ursprungsmythischen Denkens" meinte, als Grundlage dieses Rituals eine historische Begebenheit annehmen zu müssen, weshalb er „den berühmt-berüchtigten Mythos vom tatsächlich erfolgten Vatermord in der Urhorde" entwickelte.[62]

Wichtig scheint Scharfenberg, dass sich der „Ambivalenzkonflikt dem Vater gegenüber", der sich in der „ödipalen Phase der ontogenetischen Entwicklung" zeigt, analog „auch im phylogenetischen Erbe der Menschheit nachweisen läßt."[63] In seinen nun anschliessenden Ausführungen zum Abendmahl folgt m.E. die zentrale Stelle des ganzen Beitrags, da Scharfenberg hier seine eigene Position einfliessen lässt. Der Schritt von der Totemmahlzeit, die als Ausdruck des Ambivalenzkonflikts gedeutet wird, zum christlichen Abendmahl ist klein und naheliegend. Hierzu äussert sich Scharfenberg folgendermassen:

„Auch das christliche Abendmahl vermag solche totemistische Züge anzunehmen, sobald es als die ständige Wiederholung des Opfertodes des Sohnes interpretiert wird. Der ursprüngliche Sinn des Symbols, nämlich eine Bewußtseinslage zu artikulieren, in der die ausschließliche Herrschaft des gesetzlichen Vatergottes gebrochen ist und der neue Gottesbegriff den Vater und den Sohn als gleichberechtigte Partner umfaßt, ist verlorengegangen, mußte vergessen und verdrängt werden. Statt dessen garantiert nun der korrekte Vollzug des Rituals [...] die Beschwichtigung des Schuldgefühls für die antiautoritäre Rebellion".[64]

Scharfenberg unterscheidet im Unterschied zu Freud zwischen einem Ist- und einem Soll- bzw. Ursprungszustand. Freud Recht zu geben, heisst demnach nicht, das eigene Verständnis zu verraten, sondern lediglich anzuerkennen, dass

---

[59]   Ebd., 302.

[60]   Ebd., 303.

[61]   Vgl. Joachim SCHARFENBERG (1990² [1985]): Einführung in die Pastoralpsychologie, Göttingen (Vandenhoeck & Ruprecht), 60f.

[62]   SCHARFENBERG (1977 [1970]), 305.

[63]   Ebd., 305.

[64]   Ebd., 305 (Hervorhebung IN).

es historische Verformungen geben kann und alles einem Wandel unterworfen ist – auch zum Schlechten. Der Umstand, dass das Abendmahl die Funktion eines schuldberuhigenden Rituals gewonnen hat, heisst nicht, dass es einst so gemeint war und immer so bleiben muss. Reformen kommt die Bedeutung zu, das ursprünglich Gemeinte wieder in Kraft zu setzen und somit Zukunft zu ermöglichen. Es handelt sich um „ein ursprungsmythisch-totemistisches oder ein geschichtlich-prophetisches Denken" bzw. um „progressiv oder regressiv gewendete[r] Denkbewegungen".[65]

Der dritte Begriff, Illusion, erläutert Scharfenberg wiederum sehr geschickt angesichts seines Publikums, indem er Freuds Befürchtung darlegt, dass das Haften an Illusionen im Sinne von kindlichem, allein dem Lustprinzip gehorchenden Wünschen zu einem „Übergriff auf die Sphäre des wissenschaftlichen Denkens führen könnte".[66] Die Brisanz dieser Aussage kommt im Kontext einer theologischen Fakultät erst so richtig zum Tragen, evoziert sie doch Erinnerungen an voraufklärerische kirchliche Bevormundung.

Und nun gegen Schluss des Beitrags äussert Scharfenberg erstmals eigene Kritik an Freud, indem er jedoch zuerst die bisher bestehende als Missverständnis abtut, um dann umso deutlicher seine Anfragen davon abzuheben. Freuds „resignatives Realitätsprinzip" hätte nichts mit bürgerlicher Angepasstheit zu tun.[67] Das Problem bei ihm bestünde darin, dass er der Religion „mit der Zähigkeit eines dogmatischen Vorurteiles" nicht gestatten kann, sich zu verändern und zu wandeln.[68] Was er dem Humor zugestand, nämlich den Trotz, der „sowohl einen Triumph des Ichs als auch den des Lustprinzips, das sich hier gegen die Ungunst der Verhältnisse zu behaupten vermag, miteinander auf legitime Weise zu verbinden vermag", dies erlaubte er der Religion nicht.[69]

Illusionen zu bilden, heisst nach Scharfenberg die Fähigkeit bewahrt zu haben, „sich die Welt anders vorstellen" zu können.[70] Genau für diese „Wirklichkeitsdifferenz" gilt es in der Theologie aufmerksam zu bleiben. Illusionen sind nicht mit Freud als „infantile Regressionen", sondern als „utopische Progressionen" zu verstehen, nämlich „als die spezifisch christlichen Impulse zur Weltveränderung".[71] Daraus folgert Scharfenberg, dass man Freuds Religionsbegriff „vorwiegend unter hermeneutischem Aspekt" betrachten soll, nämlich „als der Versuch, die menschlichen Verstehensbedingungen um die Dimension des Unbewußten zu erweitern."[72]

Wenn er als Schlussfolgerung für Theologie und Kirche u.a. eine „empirisch-kritische Überprüfung der Ergebnisse kirchlicher Praxis" fordert und zwar „in

---

65   Ebd., 306.
66   Ebd., 307.
67   Ebd., 308.
68   Ebd., 308. So schon Paul RICŒUR (1977 [1966]): Der Atheismus der Psychoanalyse Freuds, in: NASE / SCHARFENBERG, 206–218, hier 217: „Für Freud gibt es keine Geschichte der Religion."
69   Ebd., 309.
70   Ebd., 309.
71   Ebd., 309.
72   Ebd., 309.

dem Sinn, ob von ihrer autoritär-zwanghaften Struktur nicht eine neurotisierende Wirkung ausgeht und damit ihr Auftrag, zum Heil des Menschen zu wirken, verraten sein könnte", sind wir wiederum bei seiner schon erwähnten bahnbrechenden Veröffentlichung von 1972, in welchem er anhand der Seelsorge genau diese Strukturen aufzuzeigen und nach dem Vorbild des psychoanalytischen Gesprächs zu ändern vermochte.[73]

2.1.5 Individuum und Gesellschaft. Psychoanalyse als Einübung und Immunisierung

1972, im selben Jahr, in welchem er „Seelsorge als Gespräch" publizierte, legte Scharfenberg eine Aufsatzsammlung vor über die „Korrelation von Psychoanalyse und Theologie".[74] Der erste in den Sammelband aufgenommene Beitrag lautet „Individuum und Gesellschaft im Lichte der Psychoanalyse".[75] Er wurde erstmals 1970 veröffentlicht und unternimmt den Versuch, den Beitrag der Psychoanalyse an einer Gesellschaftstheorie bzw. ihre Anwendung „auf das soziale Bezogensein" zu untersuchen.[76] Scharfenberg rezipiert hier Erkenntnisse aus der empirischen Kleinkindforschung und unterscheidet drei Konzepte des „sozialen Bezogenseins": ein objektbeziehungstheoretisches, ein identifikatorisches und ein als „freie Kommunikation" bezeichnetes Modell.[77] Letzteres entspricht Scharfenbergs Zielvorstellung für den gesellschaftlich notwendigen „Stabilisierungsprozess" und beruht „auf der Grundlage von Einfühlung und Phantasie": „Die Identifizierung findet nicht mehr mit einer omnipotenten Vater- oder Mutterfigur statt, sondern wird allmählich ersetzt durch die wechselseitige Identifizierung unter Brüdern, d.h. sie verlagert sich in die Vertikale."[78] Wie bei seinem Verständnis vom Abendmahl zeigt sich auch hier wiederum ein Zug in Scharfenbergs Schrifttum zu flachen Hierarchien, der vor dem zeitgeschichtlichen Hintergrund der revolutionären Auseinandersetzungen Ende der 1960er Jahre zu sehen ist. Der besondere anthropologische Beitrag der Psychoanalyse sieht Scharfenberg darin, „Elemente [...] beizusteuern, in dem der Mensch vorwiegend als Projekt gesehen wird."[79] Und nun folgt das in biblischer Anspielung Entscheidende: Die psychoanalytische Anthropologie sieht den Menschen „als für die Zukunft geöffnet, in der womöglich das Wesentliche des Menschseins erst erscheinen wird, weil die angestrebten Ich-Funktionen bisher durch ganz bestimmte gesellschaftliche Ordnungen, die vor allem auf eine Stärkung der Über-

---

[73] Ebd., 310.
[74] Joachim SCHARFENBERG (1972c): Religion zwischen Wahn und Wirklichkeit. Gesammelte Aufsätze zur Korrelation von Psychoanalyse und Theologie, Hamburg (Furche).
[75] In: SCHARFENBERG (1972f [1970]), 11–24. Er erschien erstmals in: Praxis der Familienberatung, H. 2, 244ff.
[76] Ebd., 11.
[77] Ebd., 20f.
[78] Ebd., 21f.
[79] Ebd., 22.

Ich-Strukturen angelegt waren, noch wenig Chancen zu ihrer Verwirklichung bekommen haben. Unter diesem Aspekt wird die Frage, welche Sozialisierungs-techniken die Gesellschaft anwenden will, zu einer Schlüsselfrage der Zukunft."[80] Das heisst, was der Mensch sein kann – und hier knüpft Scharfenberg an 1Joh 3 an –, ist gesellschaftlich noch nicht ausgeschöpft. Scharfenberg sichtet drei Mög-lichkeiten: während in der Vergangenheit – hier bezieht er sich auf Mitscherlichs – eine repressive Sozialisierungstechnik dominierte, die Menschen unter Zwang zum Triebverzicht brachte, Denkhemmungen und Tabus errichtete und „Ich-Leistungen wie kritisches Fragen" verunmöglichte, manipuliert die „heute häufig propagierte Sozialisierungsform", indem sie Menschen alle Freiheit lässt sich auszuleben und damit süchtig hält.[81] Scharfenberg weist auf die Notwendigkeit von „Frustrationsreize[n]" hin, die kritisches Denken erst „hervorlocken".[82] So stimmt Scharfenberg Mitscherlich zu: „unter Diktaturen darf nicht, im Paradies eines immerwährenden stillen Befriedigtseins kann nicht antithetisch, alternativ, provozierend, kritisch gedacht werden."[83]

Scharfenberg propagiert vor dem Hintergrund seiner psychologischen Per-spektive – und darin sieht er deren wichtigster Beitrag „zum Thema Individuum und Gesellschaft" – einen „Sozialisierungsprozeß [...], der durch Einsicht und Einfühlung zustande kommt."[84] Dieser zeichnet sich dadurch aus, dass er nicht einfach verbietet oder freien Lauf lässt, sondern dass er „von früh an um die Einsicht des Kindes" wirbt und ihm die „Möglichkeit, sich in seinen Mitmen-schen einzufühlen", gibt. Nicht dem Über-Ich kommt die Ehre des letzten Wor-tes zu, sondern die erst zu entwickelnde und einzuübende Ich-Funktion, die Urteile des Über-Ichs kritisch zu überprüfen vermag. Nicht ein Verbot der Triebimpulse, sondern ein Wahrnehmen und Auseinandersetzen mit ihnen „im Probeverhalten des Denkens und Phantasierens" ist hier das Ziel.[85] Wieder streicht Scharfenberg die herausragende Bedeutung der Sprache hervor: „Mus-kelaktivität in Sprachaktivität [..] verwandeln". So hat die Psychoanalyse eine „dialektische Funktion" in der Diskussion um Individuum und Gesellschaft: „sie muß auf der einen Seite in die Gesellschaft einüben, auf der anderen Seite gegen sie immunisieren."[86] Hier sind Konsequenzen der Nachkriegsgeneration gezogen aus dem Versuch, die Vergangenheit zu verstehen und zu verarbeiten.

2.1.6 Psychoanalyse als Paradigma für die Pastoralpsychologie

In seinem Grundlagenwerk von 1985, seiner ausgesprochen engagierten und höchst anregenden *„Einführung in die Pastoralpsychologie"*, vertrat Scharfenberg

---

[80] Ebd., 22.
[81] Ebd., 23.
[82] Ebd., 24.
[83] Ebd., 24.
[84] Ebd., 24.
[85] Ebd., 24.
[86] Ebd., 24.

die These, „daß das grundlegende Paradigma der Psychoanalyse für die Pastoralpsychologie beibehalten werden sollte, daß es aber neuer inhaltlicher Füllungen
fähig ist".[87] Scharfenberg erörtert dies anhand seines legendären fünfgliedrigen
hermeneutischen Verstehenszirkels, in welchem Analytiker und Patient einge-
bunden sind und in dem die drei Faktoren „vertiefte Selbstwahrnehmung" des
Analytikers, „Bezug zur mythischen Überlieferung" und Fokussierung auf einen
„typischen zeigenössischen Konflikt" Variablen bezeichnen.[88] In diesen Variablen bzw. in ihrer inhaltlichen Neubestimmung zeige sich die „prinzipielle Revi-
sionsfähigkeit" der Psychoanalyse.[89]

Anhand von Heinz Kohut und seiner Abkehr vom triebtheoretischen Konzept
Freuds durch die Entdeckung einer „triebunabhängigen Entwicklungsgeschichte
menschlicher Subjektivität", der sog. „Selbst-Entwicklung", skizziert Scharfenberg z.B. die inhaltliche Neufüllung der vertieften Selbstwahrnehmung des Analytikers, die bei Kohut zur Entdeckung des eigenen Einfühlungsvermögens
führte.[90]

Scharfenberg sieht im Konflikt das Hauptthema pastoralpsychologischer
Theorie und führt dies auf die theologische Tradition zurück bzw. den „Einfluß
des christlichen Vorverständnisses von menschlicher Existenz, deren fundamentale Aussage darin besteht, den Menschen als im Konflikt befindlich zu beschreiben."[91] Milderung bis gänzliche Aufhebung seiner Grundambivalenzen,
Lösung oder doch zumindest Bearbeitung seiner Konflikte – dazu dient das
Symbol.[92] Es wird für Scharfenberg zum „,Geistträger' par excellence".[93]

Mit dieser Bestimmung knüpft Scharfenberg an sein 1980, also fünf Jahre
zuvor, gemeinsam mit Horst Kämpfer als „Werkstattbuch" konzipiertes Oeuvre
an, in welchem er neue Zugänge zum Verständnis von Symbolen aufzuzeigen
versuchte.[94] Dieser Versuch ging einher mit dem Anliegen, „mit dem Leser und
seinen Erfahrungen in Kontakt zu kommen" resp. mit dessen „Gefühlen".[95]
Scharfenbergs „wichtigstes Anliegen" bestand darin, „erfahrungsnah zu schreiben", eine „Ahnung eines ,alternativen Lebensstiles' (zu) vermitteln", ja gar zu

---

87   SCHARFENBERG (1990[2] [1985]), 33.
88   Ebd., 32f.
89   Ebd., 33.
90   Ebd., 34–38. Vgl. ebd., 35f.: Kohut erkannte dank „Selbstbeobachtung, daß das eigentlich Wirk-
       same seiner Art zu therapieren nicht die Deutung ist, [...] sondern vielmehr die Einfühlung, die
       bewußte Wiederweckung jener Fähigkeit, die als die Aufsprengung und Überwindung der eige-
       nen Ich-Grenzen aus der frühen Phase der undifferenzierten Einheit von Subjekt und Objekt,
       von Mutter und Kind, stammen."
91   Ebd., 52. Die Konflikthaftigkeit allen menschlichen Lebens als psychoanalytische Grundeinsicht
       bzw. Prämisse lässt sich auf die Thora und aufs Judentum und nicht erst aufs Christentum zu-
       rückführen. Man denke schon nur an die Paradiesesgeschichte in Gen 2,4bff.
92   Vgl. ebd., 44: „Glaubenssymbole haben integrative Kraft und ermöglichen die Bearbeitung von
       Ambivalenzen und Konflikten". Vgl. dazu allg. Dieter SEILER (2007): Symbol und Glaube, in:
       NOTH / MORGENTHALER, 82–94.
93   SCHARFENBERG (1990[2] [1985]), 94.
94   Joachim SCHARFENBERG / Horst KÄMPFER (1980): Mit Symbolen leben. Soziologische, psycholo-
       gische und religiöse Konfliktbearbeitung, Olten / Freiburg i. Br. (Walter).
95   Ebd., 17 u. 7.

einem „neuen Typ von Wissenschaft" beizutragen.[96] In dieser von hohen Erwartungen geprägten Aufbruchsstimmung, in dieser Suche nach Veränderung angesichts des zeitgenössischen „Zusammenbruch(s) des symbolischen Sinngefüges" beschreitet Scharfenberg neue Wege.[97] Das Symbol wird ihm zum Inbegriff bzw. zum Hoffnungsträger von Zukunft, auch der Kirche und der Theologie. „In der Religion wird am stärksten mit Symbolen kommuniziert, mit Symbolen allerdings, die nur noch einer begrenzten Öffentlichkeit zugänglich sind. (…) für sehr viele Menschen ist die Möglichkeit des unmittelbaren Verstehens von Symbolen verschüttet worden. Sie wurde überlagert und ist ihnen abgewöhnt worden (…)."[98] Während Freud noch die Ansicht vertrat, Verdrängung führe zur Symbolbildung, gilt neu, dass erst „der Verzicht auf den Umgang mit Symbolen" zur Verdrängung führe.[99]

Scharfenberg will nun die „Vieldeutigkeit" als Charakteristikum des Symbols im Gegensatz zum Zeichen bzw. zum Signal aufzeigen, auch wenn manche genau diese „Mehrdeutigkeit" nicht aushielten. Sich auf sie und ihre „emanzipatorischen Potenzen" einzulassen, hiesse, „sich auf eines der erregendsten Abenteuer des menschlichen Geistes ein(zulassen)".[100]

Kritisch wurde zu Scharfenbergs Symbolbegriff bemerkt, dass er allzu weit und von daher unscharf sei und dass das Symbol auf seine Funktion reduziert werde und „wie im Theater der ‚Deus ex Machina' wundersam die magische Lösung aller Probleme bewirke".[101] Tatsächlich eignet dem Symbol beinahe Offenbarungsqualität.

Ich greife im Folgenden einen Punkt heraus, der schon bei Pfister eine eminent wichtige Rolle spielte und im Verlauf der Geschichte immer wieder aufgenommen und bearbeitet wurde: ich konzentriere mich auf Scharfenbergs Ausführungen zur spezifischen, nämlich religiösen Übertragung und zu ihrer Handhabung. Es handelt sich dabei um „das bevorzugte Arbeitsfeld des Pastoralpsychologen".[102] Von besonderem Interesse ist Scharfenbergs Begründung dafür: „weil sie [sc. die religiösen Übertragungen] die ganz grosse Chance bieten, daß bei ihnen vermittels religiöser Symbole kommuniziert und vor allem gedeutet werden kann, ohne daß der mühsame Weg über die historischen Fakten der

---

[96] Ebd., 17 u. 8.
[97] Ebd., 64. Siehe z.B. seine Selbstkritik: „Jahrelang habe ich den Fehler gemacht, die traditionelle Sprache der christlichen Überlieferung einfach in die psychoanalytische Sprache zu übersetzen, aber das hilft ja den Leuten nicht viel. Walter Schulte hatte einmal gesagt: Früher hatten wir den eingebildeten Kranken, heute haben wir den ausgebildeten Kranken. Man wird diesen Vorgang nicht rückgängig machen können, die Fachausdrücke sind weithin popularisiert (…). Wir können also nur dafür sorgen, daß man mit bestimmten Begriffen mehr anfangen kann." Ebd., 20.
[98] Ebd., 28.
[99] Ebd., 67.
[100] Ebd., 49 u. 62.
[101] Dieser Kritik von Heribert WAHL (1998), 443, 448 u. 457 („Gefahr des pastoralpsychologischen ‚Kurzschlusses': Als ob das ‚selbstwirksame' religiöse Symbol im weich fokussierten Deutungsangebot religiöser Übertragung direkt auf den verdrängten Konflikt durchschlüge, ihn aus sich heraus deutete und bearbeitete!") stimmt WEIMER (2001), 31 zu.
[102] SCHARFENBERG (1990[2] [1985]), 118.

tatsächlichen Vater- und Mutterbeziehung in jedem Fall gegangen werden muß."[103] Die religiöse Übertragung bietet demnach dank der Verwendung von Symbolen die Möglichkeit eines abgekürzten (therapeutischen) Verfahrens. Weshalb?

Zu den Grundannahmen Scharfenbergs gehört die Ansicht, dass Religion, die schon vor der Wissenschaft existierte, diese u.a. in ihren Forschungsperspektiven nach wie vor stark beeinflusst: „Erst allmählich setzt sich die Einsicht durch, daß die religiöse Erfahrung immer schon der wissenschaftlichen Erkenntnis voraus ist und daß es stets einer besonderen ‚Ideologiekritik' bedarf, um dieser ihre verborgenen Wurzeln wenigstens bewußt zu machen!"[104] Religion gehört zum wissenschaftlichen Wurzelwerk, das diese immer noch nährt. Und: „Wie wir bereits gesehen haben, geht die vorwissenschaftliche – wenn Sie so wollen: die religiöse – Erkenntnis der wissenschaftlichen immer voraus und bestimmt durch ihre bewußte und unbewußte Wirkungsgeschichte deren Fragestellung und Methoden, ihre Paradigmen und ‚Mythen'. Und rein geschichtlich gesehen hat die theologische Verwissenschaftlichung nochmals ein prae vor der der anderen Wissensgebiete."[105] Wissenschaft gehört demnach auch mit in die Wirkungsgeschichte von Religion. Überspitzt lässt sich formulieren: wer Wissenschaft verstehen will, muss sich der Religion widmen.

Scharfenberg sieht in der Erkennbarkeit des Pastoralpsychologen einen wesentlichen Unterschied zum Psychotherapeuten. Während letzterer gerade aus seiner Unerkennbarkeit methodischen Nutzen bezieht, so umgekehrt ersterer aus seiner Erkennbarkeit und zwar als religiöser Figur. Als solche vermag er eine spezielle „Kategorie" von Übertragungen mit „religiös symbolisierten Übertragungsphänomenen" zu provozieren, die ganz eigene Möglichkeiten des Arbeitens bieten.[106] Es handelt sich eigentlich um eine sehr naheliegende Beobachtung, nämlich dass das Gegenüber auch einen Einfluss auf die Themenwahl ausübt. So wird eine Pfarrerin hellhörig sein, wenn z.B. das Todesthema auftaucht, weil sich dahinter „sehr häufig eine religiös symbolisierte Übertragung verbirgt."[107] Ein „pastoralpsychologisches symbolisches Sinndeutungsangebot zu machen", das nicht erklärt, sondern die nötige Freiheit einräumt, um dem anderen die Chance zu geben, etwas in ihm wirken zu lassen – „diese Art der Deutung" hält Scharfenberg für „das Herzstück der pastoralpsychologischen Gesprächsführung".[108] PfarrerInnen rufen religiöse Übertragungen hervor, mit denen sie in einer Art und Weise arbeiten können, nämlich anhand von Symbolen, die effizientere

---

[103] Ebd., 118.
[104] Ebd., 163.
[105] Ebd., 204.
[106] Ebd., 117. Vgl. ebd.: Sie seien „komplizierter gebaut, sozusagen höher symbolisiert. Die betreffenden Menschen verhalten sich nicht einfach neu auftauchenden Personen gegenüber so, als ob diese der Vater (oder die Mutter) seien, oder als ob man sich in ihnen zu spiegeln vermöchte, sondern als seien sie Symbole von etwas anderem, tiefer liegendem Unbekannten."
[107] Ebd., 118.
[108] Ebd., 118. Als Musterbeispiel gibt Scharfenberg das Gespräch mit „Sally" wieder (ebd., 118–120).

Resultate erzielen als andere Übertragungsformen. Diese Chancen seien aber den „religiösen Figuren" oftmals zu wenig bewusst. So fragt Scharfenberg schliesslich rhetorisch: „Vielleicht ist es eine Berufskrankheit der Pastoralpsychologen, daß sie der Kraft der ihnen anvertrauten Symbole zu wenig zutrauen, daß sie nicht in Gelassenheit warten, daß sie nicht glauben können?"[109] Doch bezieht sich das mangelnde Zutrauen von PastoralpsychologInnen wirklich nur auf die ihnen anvertrauten Symbole und nicht vielmehr auch auf sie selbst als religiöse Symbolfiguren? Trauen sie der ihnen anvertrauten Rolle etwas zu, und gelingt es, die mit ihr verbundenen spezifischen Chancen zu erkennen?

Es gehört zu den unverkennbaren Verdiensten Scharfenbergs, durch seine Doppelprofession als Theologe und als Psychoanalytiker das Verständnis von Pastoralpsychologie und das Selbstverständnis von PastoralpsychologInnen über mehr als eine Generation hinweg massgeblich geprägt zu haben. In der Folge war es auch nicht mehr Pfister, durch den Theologen Freud kennenlernten, sondern Scharfenberg – trotz dessen Forderung nach dem ganzen und zwar unvermittelten Freud.[110]

2.2 Rezeptionsabbruch: Isolde Karle oder eine Fundamentalkritik aus soziologisch-konstruktivistischer Perspektive

2.2.1 Zur mangelnden soziologischen Sensibilität psychoanalytisch orientierter Poimenik und zum psychoanalytischen Gesellschaftsbegriff – methodische Anfragen

1996 veröffentlichte Isolde Karle eine aus mehreren Gründen bemerkenswerte Untersuchung, in welcher sie nichts Weniger als einen Paradigmenwechsel in der hiesigen Poimenik fordert, nämlich die Abkehr von jeglicher weiteren Verarbeitung psychoanalytischer Theoriebildungen und die Hinwendung zu systemtheoretischen Konzepten. Die unter dem Titel „Seelsorge in der Moderne. Eine Kritik der psychoanalytisch orientierten Seelsorgelehre" bei Reinhard Schmidt-Rost in Kiel erarbeitete Dissertation fokussiert auf das Werk dessen einflussreichen Vorgängers, nämlich Joachim Scharfenbergs. Nach Karle liessen sich „an der Entwicklung seiner Theorie selbst [...] die Wandlungsprozesse ablesen, die die wissenschaftliche Poimenik in den letzten Jahrzehnten bestimmten."[111] Scharfenberg und der in seiner Nachfolge stehenden psychoanalytisch beeinflussten Poimenik gilt die scharfe Kritik Karles, die im Folgenden näher untersucht wird.

Karles unbestrittene Feststellung besagt, dass sich die bisherige wissenschaftliche Seelsorgelehre beinahe nur um das Gespräch mit der Psychologie, vorallem mit ihrer psychoanalytischen Schulrichtung, gekümmert und dabei die Soziolo-

---

[109]   Ebd., 120.
[110]   Ein Blick in entsprechende Literaturverzeichnisse offenbart, dass Scharfenbergs Beiträge oft vollständiger aufgeführt werden als Freuds einschlägige Werke.
[111]   Isolde KARLE (1996): Seelsorge in der Moderne. Eine Kritik der psychoanalytisch orientierten Seelsorgelehre, Neukirchen-Vluyn (Neukirchener Verl.), 3.

gie sträflich ausser Acht gelassen habe.[112] Dies sei zu ihrem eigenen Schaden geschehen, denn in Folge ihrer soziologischen Naivität vermochte sie die Zusammenhänge bzw. Wechselwirkungen zwischen Individuum, Gesellschaft und der jeweils im Schwange stehenden Seelsorgetheorie nicht zu erkennen. In ihrer psychoanalytischen Fundierung gründe die „ausgeprägte Individuumzentrierung moderner Seelsorge".[113] Daran schliesse sich auch die ungenügende Verarbeitung von Gender-Thematiken an. Diese tiefgreifenden poimenischen Wissens- und Problembewusstseinsdefizite möchte Karle „mit Hilfe soziologischer Theoriemittel" aufarbeiten.[114] Als Grundlage ihrer „soziologisch-konstruktivistischen Perspektive" dient ihr dabei die Systemtheorie von Niklas Luhmann.[115]

Karles Abhandlung umfasst fünf Kapitel. In einem ersten grundlegenden Teil zeichnet sie entlang der „Entwicklung von der stratifikatorischen zur funktional ausdifferenzierten Gesellschaft" ein präzises und scharfsinniges Bild der Moderne mitsamt ihren Auswirkungen auf die Konstruktion und Reifizierung insbesondere geschlechtlicher Identitäten.[116] Ab dem zweiten Kapitel wendet sich Karle explizit Joachim Scharfenbergs pastoralpsychologischem Ansatz zu. Ihrer Analyse zufolge fordere Scharfenberg zwar eine Aufhebung der „individualistischen Engführung" der Pastoralpsychologie, vermöge diese jedoch selber nicht umzusetzen. Den Grund dafür ortet sie in dessen psychoanalytischer Ausrichtung. So offenbare gerade Scharfenbergs Pastoralpsychologie, „daß die psychoanalytische Theorie- und Denktradition über einen nur unzureichenden Gesellschaftsbegriff verfügt".[117]

Schon dieses in der Einleitung angekündigte fundamentale Untersuchungsergebnis weckt m.E. Fragen primär methodischer Art. Scharfenbergs theologische Rezeption psychoanalytischer Erkenntnisse mag zwar in der „psychoanalytische[n] Theorie- und Denktradition" stehen, doch darf man letztere nicht mit jener gleichsetzen bzw. darf man nicht ohne Weiteres von einem lange Zeit ungenügend ausgebildeten Gesellschaftsbegriff in der Poimenik automatisch auf die

---

112 Vgl. ebd., 1.
113 Ebd., 1.
114 Ebd., 2.
115 Ebd., 3.
116 Ebd., 2.
117 Ebd., 3. Vgl. ebd., 73: „Aus der hier gewählten soziologisch-konstruktivistischen Perspektive wird sich […] zeigen, daß Scharfenbergs Pastoralpsychologie, die die Individuumzentrierung moderner, psychoanalytisch orientierter Seelsorgelehre wahrnimmt und problematisiert, diese aufgrund ihres psychoanalytischen Instrumentariums letztlich nicht zu überwinden vermag. Doch bevor die Kritik an der psychoanalytischen Semantik entfaltet wird […]" und 106: „Weil in Scharfenbergs psychoanalytischer Perspektive die eigentliche Gefährdung letztlich immer von innen kommt und ein Problem des Bewußtseins darstellt, ist er nicht in der Lage, Soziales ernsthaft in den Blick zu nehmen und als eigenständigen Ordnungs- und Funktionszusammenhang zu betrachten. Der Eigendynamik sozialer Systeme wird nicht Rechnung getragen, die soziale Lagerung moderner Individuen nicht adäquat erfaßt. Scharfenbergs Bemühen, die ‚individualistische Einengung' der Pastoralpsychologie zu überwinden, führt ihn denn auch bezeichnenderweise explizit nicht ‚zu vertieften Gesellschaftsanalysen' in der Seelsorgetheorie."

Psychoanalyse rückschliessen, ohne dies an ihr selber zu exemplifizieren.[118] Insofern stellt sich die Frage, ob es sich bei Karles Kernthese um eine unzulässige Deduktion aus ihren eigenen Vorannahmen handelt. Der angestrebte Nachweis hätte eine Auseinandersetzung mit der Geschichte des Diskurses zwischen Psychoanalyse und Soziologie selbst bedurft, in welche die Fragestellung Karles kontextuell nämlich eingebettet ist. Eine solche Auseinandersetzung hätte z.B. zeigen können, dass schon in den 1970er Jahren eine heftige Debatte um das Verhältnis von Psychoanalyse und Soziologie geführt wurde.[119] Wäre es möglich gewesen, diese Debatte zur Kenntnis zu nehmen, hätte sich erstens die Problematik verändern und gefragt werden können, ob diese Diskussion die Poimenik irgendwie beeinflusst hat und wenn ja, wie.[120] Zudem hätte das Gewahrwerden des interdisziplinären Diskurses über das wissenschaftstheoretische Verhältnis zwischen Psychoanalyse und Soziologie ein Bewusstsein für die zahlreichen Weiterentwicklungen in der psychoanalytischen Theoriebildung seit Freud wecken können. Bei der hier angerissenen Problematik handelt es sich aber beileibe nicht um ein singuläres, nur Karles Untersuchung betreffendes Phänomen, die sich zu Recht für die in der Poimenik lange vernachlässigte soziologische Perspektive stark machen möchte. Der Soziologe Johann August Schülein schildert das Problem folgendermassen:

„Generell sind interdisziplinäre Diskurse schwierig. Vor allem, wenn sich Überschneidungen im Erklärungsanspruch ergeben, werden die Beteiligten in ihrer Fachidentität erschüttert [...]. Das verschärft die Konkurrenz und damit die Tendenz, [...] die andere Seite abzuweisen und abzuwerten. Es gibt also keine problemlose Grenze, keine problemlose Schnittmenge. Dies erschwert den Aufbau eines gemeinsamen Themenfeldes und methodischer Kooperation. Für Soziologie und Psychoanalyse gilt dies in aller Schärfe, weil es erhebliche Schnittmengen gibt: Beide beschäftigen sich mit der Steuerung von Handeln und den damit verbundenen Auswirkungen, aber sie tun dies mit gänzlich verschiedenen, sich prima vista ausschließenden und negierenden Strategien. Dadurch geraten sie leicht, fast unvermeidlich in eine Erklärungskonkurrenz. Dazu kommt erschwerend eine strukturelle interne Ähnlichkeit. [...] Beide sind multiparadigmatisch und präsentieren sich als ein vergleichsweise disparates Nebeneinander unterschiedlicher Ansätze und Denkschulen."[121]

Es ist Karle in hohem Masse – und in mutiger Weise! – gelungen, auf die Dringlichkeit des Themas aufmerksam zu machen. Der Preis war jedoch, dass sie der von Schülein geschilderten Problematik des Diskurses, nämlich „die Tendenz,

---

[118]   Der Bruch zeigt sich im obigen Zitat (Anm. 117), wo nahtlos von Scharfenbergs Pastoralpsychologie zur „Kritik an der psychoanalytischen Semantik" übergegangen wird.

[119]   Aus der Flut einschlägiger Veröffentlichungen seien ausser den berühmten Werken von Marcuse, Fromm und Mitscherlichs z.B. genannt: Helmut NOLTE (1970): Psychoanalyse und Soziologie. Die Systemtheorien Sigmund Freuds und Talcott Parsons', Bern et al. (Huber); Hans-Ulrich WEHLER (Hg.) (1972): Soziologie und Psychoanalyse, Stuttgart u.a. (Kohlhammer); CREMERIUS (1981).

[120]   Vgl. SCHARFENBERG (1981). Vgl. schon seine Aufnahme von Fromm und Mitscherlichs in: SCHARFENBERG (1972f [1970]): Individuum und Gesellschaft im Lichte der Psychoanalyse.

[121]   Johann August SCHÜLEIN (2006): Soziologie, in: Freud Handbuch, hg. v. Hans-Martin LOHMANN / Joachim PFEIFFER, Stuttgart/Weimar (Metzler), 417–422, hier 420.

[...] die andere Seite abzuweisen und abzuwerten", manchmal erlegen ist, wie im Folgenden gezeigt werden muss.

Karle verfügt über ein stupendes Wissen über Scharfenberg und seine Werke aus den 1970er und 80er Jahre; zur Bearbeitung ihrer Fragestellung wäre ein zumindest grober Überblick über die Entstehung, die Entwicklung und den gegenwärtigen Stand der Psychoanalyse hilfreich gewesen.[122] So handelt es sich bei ihrer Studie um eine geradezu ahistorische Kritik, die weder die Rezeption der Psychoanalyse in der Poimenik noch den zu ihrer Zeit aktuellen Diskussionsstand Mitte der 1990er Jahre zu skizzieren vermag.

Karles Einsatz für eine „soziologisch sensible Poimenik" kann kaum hoch genug eingeschätzt und gewürdigt werden. Ihre defizitorientierte und von daher einseitig wirkende Kritik übersieht, dass in der psychoanalytischen Forschung trotz ihrer langen „weitgehenden Binnenorientierung mit entsprechenden Isolationsschäden" inzwischen ein Problembewusstsein geschaffen wurde und Ansätze zur Überwindung der bisherigen exklusiven Individuumorientiertheit existieren.[123] Wurden diese bisher in der Poimenik zu wenig rezipiert, so handelt es sich zunächst um ein pastoralpsychologisches Problem. Dann müsste die Fragestellung jedoch anders lauten, nämlich *wie* und mit welchen Kriterien die Poimenik psychoanalytische Theorien verarbeitet. Wenn Karle zum Ergebnis gelangt, dass soziologische Sensibilität und Psychoanalyse unvereinbar sind, liegt wohl ein klassischer Fehlschluss vor. Wer meint, durch die Brille der Pastoralpsychologie „die Psychoanalyse" zu kennen und kritisieren zu können, ohne auf deren eigenen fachlichen Publikationen Bezug zu nehmen, begeht einen methodischen Fehler, der sich in der ansonsten präzisen Studie von Karle in einer nicht statthaften Ableitung zeigt. Im Folgenden richte ich das Augenmerk auf die m.E. wesentlichen zwei Hauptkritikpunkte an Karles Untersuchung.

2.2.2 Zum Verständnis von Psychoanalyse

1. Karle hat sich in beeindruckender Weise mit Luhmann und soziologischen Perspektiven beschäftigt, schildert klar und verständlich den Wandel von der stratifikatorischen zur funktional differenzierten Gesellschaftsform und bringt für die Poimenik sehr wichtige und bisher nicht beachtete Aspekte ein.[124] Die-

---

[122] Nimmt sich Karle vor, psychoanalytische Theorien zu erläutern wie etwa in Kapitel II.4 „Psychoanalytische Interpretation des Symbols", so tut sie dies wiederum v.a. mittels Scharfenberg. Als einziges Hauptwerk Freuds führt sie denn auch im Literaturverzeichnis „Das Unbehagen in der Kultur" auf neben zwei weiteren kleinen Aufsätzen. Mit Verweis auf Scharfenberg wird auch ein psychoanalytisches Lehrbuch von 1975 zitiert (87, Anm. 145).

[123] Ebd., 4 u. SCHÜLEIN (2006), 420. Dennoch ist kritisch anzumerken (ebd., 421): „Während seitens der akademischen Wissenschaften die Angebote der Psychoanalyse häufig ignoriert oder ohne ernsthafte Auseinandersetzung abqualifiziert wurden, zog sich die Psychoanalyse weitgehend hinter die Mauern der Profession zurück und verzichtete lange auf Außenkontakte. Erst in den 1990er Jahren wurde diese Politik zumindest teilweise korrigiert. Bis dato ist davon jedoch keine allzu externe Wirkung ausgegangen."

[124] Vgl. schon nur die eindrückliche Schilderung von Identitätsproblematiken in der Moderne, ebd., 49ff.

selbe Präzision und Ausgewogenheit in Sachen Psychoanalyse hätten geholfen, ihre Kritik zu fundieren. Ihrer Abhandlung liegt eine Art „Trivialpsychoanalyse" zugrunde, die sie für ein unzeitgemässes und ungenügendes Verständnis gesellschaftlicher Prozesse in der Pastoralpsychologie verantwortlich macht.[125] Hätte Karle für ihren Untersuchungsgegenstand grundlegende Werke Freuds oder weitere psychoanalytische Primärquellen zur Kenntnis nehmen können oder existierende Diskursbemühungen zwischen Psychoanalyse und Soziologie in ihre Studie miteinbeziehen können, hätte sich ein differenzierteres Bild von der psychoanalytisch orientierten Seelsorge selbst ergeben.[126] Karles Argumentationsbasis hätte mit einem ausgewogenen Verständnis von Psychoanalyse an Überzeugungskraft gewinnen können. Einige Textbeispiele mögen das unzureichende und verzerrte Psychoanalysebild veranschaulichen:

Karle unterstellt, dass die Psychoanalyse den Hilfe Suchenden „in den Raster weniger Grundkonflikte (zwänge)", ihn „auf seine frühkindliche Vergangenheit (festlege)" und ihn nicht „als kompetente(n) Gesprächsteilnehmer der Gegenwart ernst (nehme)".[127] Diese Aussagen widersprechen diametral den Anliegen Scharfenbergs – man denke nur an seinen Einsatz für eine dialogische Gesprächstheorie – und schon jenen Freuds selber. Es handelt sich um unbelegte Behauptungen aus dem Antifreud-Arsenal.[128]

In Karles eigenem, an der Systemtheorie Luhmanns orientiertem Ansatz sehe sich die Seelsorgerin „nicht in der Position der wissenden Autorität bzw. der Ärztin, sondern lediglich als Umwelt eines Systems."[129] Mehrfach betont Karle,

---

[125] Dies ist jedoch nicht unbedingt Karle selber anzulasten, sondern vermutlich Folge einer Forschungslücke der Soziologie selbst. Vgl. Schüleins Urteil über die Soziologie, die „es ihrerseits versäumt (hätte), sich genauer über die Psychoanalyse zu informieren. [...] Die Psychoanalyse, zumal die moderne, ist in der Soziologie weitgehend unbekannt." Als einzige Ausnahme nennt Schülein die Organisationsanalyse, wo sich „vor allem bei Praktikern" die Erkenntnis von der „Notwendigkeit der wechselseitigen Ergänzung" durchgesetzt habe, da Konflikte „nicht (allein) auf Fehler der formalen Struktur zurückzuführen" seien und die Psychoanalyse helfen könne, „ein differenzierteres und qualifizierteres Bild der Problemlage zu gewinnen und Interventionsstrategien zu entwickeln" (DERS. [2006], 421).

[126] Moderne psychoanalytische Fachliteratur fehlt fast durchweg mit Ausnahme im Bereich der feministischen Psychoanalyse und -kritik. Vgl. KARLE (1996), 167. Die Primärquellen werden also nicht selbst aufgesucht, um sich aus erster Hand zu informieren, sondern Wissen wird der Sekundärliteratur entnommen.

[127] Ebd., 221. Vgl. demgegenüber MERTENS (2005⁶ [1981]), 59: „Psychoanalytische Entwicklungstheorien betrachten die Entwicklung nicht nur unter kognitiven Vorzeichen, sondern vor allem unter affektiven und triebhaften/motivationalen Apekten. Sie zerlegen kindliches/menschliches Erleben nicht entsprechend einer alter Fakultätenpsychologie in kleine Untersuchungspartikel, sondern versuchen, Entwicklung möglichst ganzheitlich, in seiner systemischen Verflochtenheit und damit lebensnah zu studieren. Ihre methodologische Grundeinstellung steht der modernen Komplexitätstheorie näher als einer positivistischen Reduktionsmethodik und Newtonschen Kausalitätstheorie."

[128] Zu dieser breiten Tradition, die durch „die Unfähigkeit ihrer Vertreter, die psychoanalytischen Aussagen überhaupt zu begreifen, geschweige sich ernsthaft und kompetent mit ihnen auseinanderzusetzen", gekennzeichnet ist, vgl. KÖHLER (1996), [Zitat: 10].

[129] KARLE (1996), 222.

dass in diesem Ansatz die „Machtposition der Seelsorgerin" abgewehrt werde.[130] Sie unterstellt damit implizit, psychoanalytisch orientierte Seelsorgerinnen sähen sich als „wissende Autorität".[131] Dies stünde jedoch in krassem Widerspruch schon zu Freuds eigenen Ansichten psychoanalytischer Tätigkeit und seinem Verdienst, das bisherige autoritäre Gefälle zwischen Arzt und Patient aufgebrochen zu haben. Seine „*Traumdeutung*" bezeichnete er als „ein Stück meiner Selbstanalyse", woraus Lohmann nachzeichnet, dass Freud damit zu verstehen gebe, „daß er, der Arzt, seinerseits in der Position dessen, der der Heilung bedarf", sei.

„Freud identifiziert sich also nicht mit der klassischen Rolle des (gesunden) Arztes, der seelisch kranke Individuen behandelt und somit eine Kluft zwischen sich und die anderen legt; vielmehr indiziert die eingestandene Selbstanalyse [...] die erkannte Notwendigkeit der Selbstheilung des Arztes. Diese therapeutische Wende, die Arzt und Patient aus dem traditionellen Macht- und Abhängigkeitsgefüge – der Arzt ist der ‚Wissende', der seinem Wissen gemäß fragt, der Patient der ‚Unwissende', der zu antworten hat – entläßt und das Verhältnis beider als eines der – idealiter – kommunikativen Symmetrie definiert, darf als einer der Eckpfeiler der Psychoanalyse gelten, der sie von der naturwissenschaftlich orientierten Medizin bis heute unterscheidet. [...] Die Psychoanalyse, mit anderen Worten, errichtet ein völlig neues Paradigma der Arzt-Patient-Beziehung."[132]

Dieses machtkritische Bild des Verhältnisses von AnalytikerIn und AnalysandIn wird auch ausdrücklich unter den „Standards" psychoanalytischer Kompetenzen aufgeführt.[133] Eine vertiefte Lektüre Scharfenbergs hätte diese Einsicht auch zutage befördert. So hielt dieser ausdrücklich fest: „Der Arzt gewinnt keine Erkenntnisse mehr am anderen als dem ‚Objekt' der Erkenntnis, sondern jede Analysestunde verändert beide."[134]

Auch ungeachtet des Bildes, das Karle von Freud zeichnet, bleibt ihre Kritik

---

[130] Ebd., 222.

[131] Vgl. demgegenüber schon Joachim SCHARFENBERG (1972d [1968]): Verstehen und Verdrängung, in: DERS. (1972c), 136–150, hier 148 [in Aufnahme von Pascual JORDAN (1951²): Verdrängung und Komplementarität, Hamburg (Stromverl.)]: „Freud war der erste Naturwissenschaftler, der die Betrachtungsweise der Komplementarität und damit eine nicht-objektivierende Betrachtungsweise in das abendländische Denken eingeführt hat. [...] Der Arzt gewinnt keine Erkenntnisse mehr am anderen als dem ‚Objekt' der Erkenntnis, sondern jede Analysestunde verändert beide." Joachim SCHARFENBERG (1972e [1968]): Sprache, Geschichte und Überlieferung bei Sigmund Freud, in: DERS. (1972c), 116–127, hier 121: „Freud hatte die Sprache als Therapeutikum in die Heilkunde eingeführt. Er folgt dem Zug der Sprache, der es nicht zuläßt, den Patienten als Objekt der Beeinflussung zu verstehen und gelangt so zu der dialogischen Struktur des hermeneutischen Verstehens."

[132] Hans-Martin LOHMANN (2002⁵ [1986]): Sigmund Freud zur Einführung, Hamburg (Junius), 16f.

[133] Vgl. Herbert WILL (2006): Psychoanalytische Kompetenzen. Standards und Ziele für die psychotherapeutische Ausbildung und Praxis, Stuttgart (Kohlhammer), 29: „Die Patienten nicht beeinflussen oder zur Ähnlichkeit mit uns bringen wollen. Der Patient zeigt den Weg, nicht der Analytiker." (So auch Freud an Karl Abraham am 9.01.1908: „Der Patient zeigt den Weg").
Zur Kritik am „Machtanspruch" der Psychoanalyse allgemein und zum Anspruch, der dieser Kritik oft zugrundeliegt, vgl. die wertvollen Hinweise von DRECHSEL (2007), 130f.

[134] Joachim SCHARFENBERG (1972d [1968]), 148.

v.a. hinter der Seelsorgetheorie Scharfenbergs mit seiner Betonung des dialogischen Prinzips im seelsorglichen Gespräch und seiner Kritik an der kerygmatisch orientierten Seelsorge zurück.[135] Treffend fasst Ulrike Wagner-Rau zusammen: „Es gehe nicht darum, die pfäffische Autorität zu nutzen, um die Glaubensaussage in der Seelsorge zu untermauern. Man dürfe nicht so viel wissen, sondern müsse vielmehr [...] den Raum für das Nichtwissen lassen. Insgesamt gehe es nicht primär darum, Antworten zu geben [...], sondern in eine Solidarität gemeinsamer Ratlosigkeit bzw. gemeinsamen Fragens nach der Wahrheit einzutreten."[136]

Karles populärwissenschaftliches Psychoanalyseverständnis kommt in konzentrierter Form in folgenden Äusserungen zum Vorschein:

„Menschen, die in die Seelsorge kommen, werden aus dieser Perspektive nicht als krank oder neurotisch wahrgenommen, sondern – christlich gesprochen – als Schwestern und Brüder, als Menschen, die wie die Seelsorgerin selbst auf strukturelle Intransparenzen angewiesen sind. Eine Seelsorgetheorie, die sich von der Theorie der Autopoiesis inspirieren läßt, wird infolgedessen nicht mehr vom Leitbild des wissenden Experten und des unwissenden Klienten ausgehen können. Beide sind sich black boxes, beide operieren mit blinden Flecken. Dem Durchschauen des Nächsten sind damit enge Grenzen gesetzt."[137]

Diese Sätze sind umso erstaunlicher als es das in der Fachliteratur allgemein anerkannte grosse Verdienst Freuds selbst war, die Grenzen zwischen „krank" und „gesund" verwischt und als fliessend bestimmt zu haben.[138] Wiederum zeichnet Karle das Bild des Psychoanalytikers als „wissenden Experten" und übersieht, wer dieses über Jahrhunderte hinweg herrschende ärztliche Selbstverständnis grundlegend erschütterte, nämlich der Begründer der Psychoanalyse selbst. Die Ansicht, in einer Psychoanalyse gehe es um „ein Durchschauen des Nächsten", verkennt, wem das Interesse in einer Psychoanalyse gilt, nämlich der zwischen AnalytikerIn und AnalysandIn entstehenden Beziehung.[139] Die Vorstellung eines in der Psychoanalyse herrschenden „lineare[n] Kausalitätsdenken[s]" wird Freud angesichts der von ihm stets betonten Multikausalität alles Gesche-

---

[135] Vgl. dazu WAGNER-RAU (2008), 23f., die schon in Scharfenbergs Dissertation über Blumhardt als eine der Grundlagen seines späteren Ansatzes festhält: „Man könne sich als Seelsorger nicht auf den gesicherten Standpunkt eines Lehrers zurückziehen."

[136] WAGNER-RAU (2008), 27. Vgl. SCHARFENBERG (1991[5] [1972]), 64, der von der „Solidarität eines gemeinsamen Fragens nach Wahrheit" sprach.

[137] KARLE (1996), 222.

[138] Gerade Freuds intensive Beschäftigung mit Träumen führte zur Erkenntnis, „dass ‚normale' wie ‚krankhafte' Erscheinungen des Seelischen denselben Gesetzen gehorchen." Dies hatte zur Folge, dass der „Graben zwischen normalen und pathologischen psychischen Phänomenen eingeebnet" wurde. Peter SCHNEIDER (2003 [1999]): Sigmund Freud, München (DTV), 80 u. 85. Vgl. ebd., 62: „Die Gegensatzpaare von [...] krank und gesund taugen nicht für das Verständnis, wie der ‚psychische Apparat' des Menschen funktioniert." Diese Erkenntnis stammt von Freud!

[139] Vgl. RAGUSE (2000), 53: „Nicht der *Analysand* oder die *Analysandin* sind Gegenstand des Verstehens des Analytikers, sondern die sich entwickelnde spezifische Beziehung *zwischen* beiden." Hervorhebung i.O.

hens kaum gerecht.[140] Gerade der Psychoanalytiker sei – so Freud – „auf eine *mehrfache Motivierung* desselben seelischen Effekts vorbereitet, während unser angeblich eingeborenes Kausalbedürfnis sich mit einer einzigen psychischen Ursache für befriedigt erklärt."[141] Karle fährt weiter:

> „Werden in Beratung und Seelsorge Probleme moderner Menschen in einem psychoanalytischen Denkhorizont interpretiert und aufgrund der Leitdifferenz bewußt/unbewußt immer nur als individuelles Bewußtseinsproblem wahrgenommen, wird die vielbeklagte narzißtische Fixierung eher verstärkt, denn als gesellschaftsstrukturelles Problem erkannt."[142]

Karle berücksichtigt hier m.E. zweierlei zu wenig: erstens, dass auch gesellschaftsstrukturelle Probleme vom Individuum bzw. in ihrer Semantik von „Menschen unserer Tage" verarbeitet und verkraftet werden müssen.[143] Lohmann weist in Zusammenhang mit der Kritik an Freud, er habe „die äußere Realität ausgeblendet", darauf hin, es handele sich dabei um ein „fundamentale[s] Mißverständnis". Lohmann hebt „die in der Psychoanalyse verborgenen gesellschafts- und kulturtheoretischen Sprengsätze" hervor.[144] Daran knüpft zweitens an, dass menschliche Schwierigkeiten nicht bloss mit „der Leitdifferenz bewußt/unbewußt" betrachtet werden, sondern z.B. auch mit jener des Lust-/Realitätsprinzips, das unmittelbar auf die gesellschaftsstrukturelle Dimension zielt.

Als letztes Textbeispiel aus der Studie von Karle, das ungenügende Aneignung grundlegender und für eine substantielle Kritik erforderlicher psychoanalytischer Sachkenntnisse verrät, sei folgendes erwähnt:

> „Systemische Therapie geht [...] nicht davon aus, daß therapeutische Abstinenz oder das ,Spiegeln' selbstformulierter Bedürfnis- oder Gefühlslagen ausreichende therapeutische Mittel seien. Nicht vom Bohren in die Tiefe oder von der Freilegung eines inneren (,eigentlichen') Kerns der individuellen Seele erwarten sie Heilung und Hilfe, sondern von der Einführung neuer Regeln oder neuer Inhalte, die, stoßen sie auf Resonanz, eine bessere Selbstorganisation des selbstreferentiellen Systems evozieren können."[145]

Mir ist keine psychoanalytische Theorie bekannt, die „therapeutische Abstinenz" als „ausreichende[s] therapeutisches Mittel" propagieren würde, und die Methode des Spiegelns erfährt in humanistischen Theoriekonzepten eine andere als hier vermutete Gewichtung.[146] Auch hier macht sich wieder die von Schülein beobachtete Tendenz des Abwertens des anderen bemerkbar.

---

140 KARLE (1996), 162. Vgl. dazu MERTENS (2005⁶ [1981]), 31f. u. 59f.

141 FREUD (1910a): Über Psychoanalyse, GW VIII, 1–60, hier 38. Hervorhebung i.O.

142 KARLE (1996), 209.

143 KARLE (1996), 14.

144 LOHMANN (2002⁵ [1986]), 9f. „Die revolutionäre Entdeckung Freuds besteht ja eben darin, daß das ,Äussere' nach ,innen' gewandert ist und sich dort einen festen Platz verschafft hat. Deshalb war Freud gezwungen, die gesellschaftliche Gewalt dort aufzusuchen, wo sie sich am hartnäckigsten verpanzert und ihre Diktatur errichtet: im Unbewußten" (10f.).

145 KARLE (1996), 216.

146 Die anspruchsvolle Methode des Spiegelns ist in der personzentrierten Gesprächspsychotherapie unlösbar verknüpft mit drei therapeutischen Haltungen: „Echtheit/Authentizität", „Wert-

2. Karle lässt die zentralen religions- und kulturkritischen Impulse unerwähnt, die von der Psychoanalyse ausgegangen sind. Die Psychoanalyse hat sich von Beginn an auch stets als Gesellschaftskritik verstanden, die immer mit einer vehementen Religionskritik einherging. Gerade die psychoanalytisch orientierte Pastoralpsychologie kennzeichnet eine intensive und äusserst fruchtbare Auseinandersetzung mit religionskritischen Anfragen. Karle verzichtet auf diese für die ganze Theologiegeschichte so bedeutende Herausforderung und schweigt sich dazu aus. Dabei war es Scharfenberg, der sich zuerst einen Namen mit einer bahnbrechenden Habilitation über Freuds Religionskritik gemacht hatte.[147] Im Gegensatz zur systemisch-konstruktivistischen Perspektive hat die Psychoanalyse höchst eigenständige und diskussionswürdige Beiträge zur u.a. kulturellen Funktion von Religion geliefert.

2.2.3 Aussichten

Ist die besprochene Untersuchung nun angesichts der erwähnten methodischen und theoretischen Mängel nichts weiter als ein Rückschritt im ernsthaften interdisziplinären Verständigungsbemühen? Nein, keineswegs. Die Dissertation von Isolde Karle ist mutig, forsch und nötig, bringt sie doch eine in der Poimenik bisher arg vernachlässigte soziologische Perspektive mit ein. Es handelt sich um eine Pionierarbeit, die unnötigerweise meinte, aufgrund ihrer Verve für die Soziologie die Darstellung der Psychoanalyse etwas holzschnittartig ausfallen lassen zu müssen, und die auch ihrem *Spiritus rector* Joachim Scharfenberg sehr viel zumutete. Sein Vorwort verrät jedoch, dass er dies ebenso gut vertragen konnte, wie die Psychoanalyse selbst so einiges auszuhalten gewohnt ist.

Karles Abhandlung will einen Abbruch weiterer psychoanalytischer Theorierezeptionen, weckt jedoch die Frage nach möglichen sinnvollen Kooperationen trotz der zweifellos bestehenden „strukturellen Schwierigkeiten".[148]

Statt sich einseitig auf eine Theorie festzulegen und dabei in einer langen Geschichte schwer errungene und wertvolle Erkenntnisse über Bord zu werfen, liesse sich auch nach gegenseitigen Ergänzungen und Befruchtungen suchen. Johann August Schülein äusserte folgende Thesen, die sowohl rückblickend helfen, besser zu verstehen, wie es manchmal zu Missverständnissen wie den er-

---

schätzung/Annahme" und Einfühlung/Empathie". Vgl. dazu KLESSMANN (2008), 276f. In Anknüpfung an die Studien von Donald CAPPS befasst sich Neil PEMBROKE mit der Rolle von Liebe im Spiegeln. In der Liebe des Pastoralpsychologen im Spiegeln, die „agapic, erotic, and philial elements" enthalte, widerspiegele sich die Liebe des dreieinigen Gottes selbst. Vgl. DERS. (2004): Trinity, Love, and Pastoral Mirrroring, in: PastPsy 55/2, 163–173. Es handelt sich um einen wiederkehrenden und theologisch problematischen Versuch, Gottes Handeln im menschlichen Handeln manifest zu machen.

[147] Vgl. SCHARFENBERG (1976[4] [1968]).

[148] Johann August SCHÜLEIN (2006): Soziologie, in: Freud Handbuch, hg. v. Hans-Martin LOHMANN / Joachim PFEIFFER, Stuttgart/Weimar (Metzler), 417–422, hier 417.

wähnten hinsichtlich der Psychoanalyse kommen kann, als auch prospektiv neue Wege auftun:

„Die Soziologie muß verstehen, dass sie allein mit eigenen Mitteln nicht imstande ist, hinreichende subjekttheoretische Vorstellungen hervorzubringen und die dafür erforderliche Kontaktfähigkeit zu entwickeln. Mutatis mutandis gilt dies auch für die Psychoanalyse. Sie muß zusätzlich auch ihre ‚Außenpolitik' grundsätzlich ändern. Sie muß offensiver werden, ihren Platz im Feld der Wissenschaften aktiv suchen, statt sich auf ihre therapeutischen Anwendungen zu beschränken. Was wäre dabei zu gewinnen? Für beide Seiten eine Ausweitung ihres Reflexionspotentials."[149]

Statt eine Ablösung der Psychoanalyse durch soziologische Zugänge, meint Schülein, psychoanalytische und soziologische Erkenntnisse zusammen könnten zeigen, „wie biopsychische Ausstattung und sozialer Kontext interferieren".[150] Es hiesse, die beiden Pole Individuum und Gesellschaft nicht entweder auf die eine oder andere Seite zu überstrapazieren, sondern ihre untrennbare Verflochtenheit und Reziprozität anzuerkennen.

Mit einem ähnlichen Forschungsinteresse wie Karle und ebenfalls unter Einbezug einer soziologischen, wenn auch nicht systemisch-konstruktivistischen Sichtweise wendet sich eine weitere auch 1996 erschienene Untersuchung u.a. der psychoanalytisch orientierten Poimenik zu. Ihr gilt als Nächstes die Aufmerksamkeit.

2.3 Rezeptionspotentiale: Uta Pohl-Patalong oder Individuum und Gesellschaft im Seelsorgediskurs

Uta Pohl-Patalong weist in ihrer Dissertation auf die im gleichen Jahr veröffentlichte Abhandlung von Karle hin, die jedoch u.a. aufgrund des von ihr gewählten Zugangs zu anderen Resultaten gelange als sie selber.[151] Pohl-Patalong leitet ihre Untersuchung ein mit der Beobachtung, dass die Poimenik seit einiger Zeit „eine Tendenz zur Selbstreflexion" aufweise;[152] diese sei auch in ihrem Bemühen zu erkennen, Klarheit über ihren eigenen bisherigen Umgang mit den beiden Grössen Individuum und Gesellschaft zu erhalten.[153] Richtete sich der Fokus in den 1970er Jahren auf die Frage nach dem Proprium der Seelsorge, so steht gegenwärtig jene nach der Zukunft der Disziplin zur Diskussion, die sich an der Beschäftigung mit der wechselseitigen Beziehung von Seelsorge und Gesellschaft und dem Verständnis des Individuums und seiner kontextuellen Einbindung

---

[149] SCHÜLEIN (2006), 421.
[150] Ebd.
[151] Vgl. POHL-PATALONG (1996), 14 [Anm. 7]: „Eine Kritik der Seelsorgebewegung aus soziologischer Perspektive leistet auch die zeitgleich entstandene Arbeit von Karle, Seelsorge in der Moderne. Sie wählt allerdings eine systemisch-konstruktivistische Perspektive, die sie auch zu anderen Konsequenzen als den hier vorgestellten kommen läßt."
[152] Ebd., 13.
[153] Vgl. ebd., 32.

konkretisiert. Im Hintergrund scheint in modifizierter Form die Frage nach der Verantwortung des Einzelnen bzw. nach dem freien Willen auf. Inwiefern ist ein Mensch in seiner Entscheidungs- und Handlungsfähigkeit frei, inwiefern gestaltet er die Gesellschaft, und inwiefern ist er gefangen und lediglich Produkt gesellschaftlich vorgegebener Verhältnisse?

Pohl-Patalong skizziert zunächst grob die Entwicklung vom Paradigmenwechsel, den die Seelsorgebewegung – im Übergang von der kerygmatischen zur therapeutischen Seelsorge – in den 1970er Jahren einleitete, über die sukzessive Fortbildung der therapeutischen Seelsorge hin zu einer Pastoralpsychologie in den achtziger Jahren bis zur aufbrechenden „Kritik am therapeutischen Paradigma und seinen Implikationen" gegen Ende desselben Jahrzehnts.[154] Pohl-Patalong will nun untersuchen, wie die beiden Grössen Individuum und Gesellschaft im bisherigen Seelsorgediskurs behandelt wurden und was es mit der „Kritik an der individualistischen Verengung" auf sich hat.[155] Zu diesem Zweck wählt sie einen interdisziplinären Zugang, der die Bedeutung des allzu lange vernachlässigten Erkenntnisgewinns aus Soziologie, Philosophie und Sozialpsychologie veranschaulichen soll, die bislang „im Schatten der Psychologie" gestanden hätten und erst noch für die Poimenik entdeckt werden müssten. Mit diesem Anliegen sei jedoch – so unterstreicht Pohl-Patalong ausdrücklich – keine Abwertung der Relevanz der Psychologie intendiert.[156]

Methodisch unterscheidet Pohl-Patalong – wenn auch nicht durchweg stringent – zwischen Aufsätzen und Lehrbüchern.[157] Gerade in der literarischen Gattung „Aufsätze" tauchten in den 1990er Jahren sowohl Forderungen auf nach einer vermehrten Berücksichtigung des Individuums als auch nach einem stärkeren Einbezug des historisch-politischen und gesellschaftlichen Kontexts in die poimenischen Analysen.[158] Bezeichnenderweise wurden die Vorwürfe, die diese Forderungen implizierten, erhoben, ohne je grundlagentheoretisch an Seelsorgeentwürfen selbst konkretisiert worden zu sein.[159] Die widersprüchlich erscheinenden Kritiken, deren Diskussion „momentan nebeneinander geführt (wird), ohne systematisch aufeinander bezogen zu werden",[160] will Pohl-Patalong –

---

[154] Ebd., 13. Zur Terminologie von Pohl-Patalong vgl. ebd., 159 (Anm. 1): „Als den übergreifenden Begriff verwende ich die ‚Seelsorgebewegung', die sich von der ‚kerygmatischen' oder auch ‚verkündigenden Seelsorge' abgrenzt. [...] Innerhalb der Seelsorgebewegung unterscheide ich die ‚therapeutische Seelsorge' von der ‚Pastoralpsychologie', die jedoch (z.T. in personeller Kontinuität) als ihre Weiterentwicklung statt als erneuter Paradigmenwechsel verstanden wird." Zu beachten ist, dass Pohl-Patalong die „Abfolge nicht als exklusive Epocheneinteilung" versteht, sondern z.T. fliessende Übergänge bei denselben Autoren feststellt (177, Anm. 113).

[155] Ebd., 14.

[156] Ebd., 14.

[157] Vgl. dazu ebd., 32 (Anm 1).

[158] Vgl. ebd., 15.

[159] Vgl. ebd., 17. Erster Vorwurf bedarf einer näheren Erläuterung. Der Seelsorge werde „vorgeworfen, zum einen den Subjektstatus des Individuums oder seine Individuierung als ein einzelnes zu untergraben und zum anderen die in der Gegenwart zunehmende Problematik von Identität und Selbstbewußtsein zu vernachlässigen" (32).

[160] Ebd., 32.

nachdem sie sie ausführlich zur Darstellung gebracht hat – überprüfen. Sie analysiert spezifische Seelsorgetheorien daraufhin, „wie sie die Dimensionen ‚Individuum' und ‚Gesellschaft' in ihrer Relevanz für die Seelsorge behandeln".[161] Die Untersuchung von Pohl-Patalong zeichnet zusätzlich aus, dass sie einen möglichen Zusammenhang von Gesellschaft und Ausbildung spezifischer poimenischer Theorien in ihre Fragestellung miteinbezieht.[162] Dahinter verbirgt sich die – wie sich herausstellen wird berechtigte – Vorannahme, dass auch Seelsorgetheorien zeitgebunden sind und einen bestimmten soziohistorischen Kontext widerspiegeln. Pohl-Patalong vermeidet jedoch monokausale Erklärungen. Ihr sorgfältig abwägendes und differenziertes Urteil zeigt sich darin, dass sie auch Aspekte poimenischer Entwürfe herausarbeitet, in denen diese sich als gesellschaftlich *un*abhängig erweisen.[163]

Nach einer „systematisierende[n] Darstellung der poimenischen Debatte um Individuum und Gesellschaft seit Mitte der achtziger Jahre" erfolgt „eine materiale Klärung der beiden Grössen und ihres Verhältnisses zueinander".[164] Anders als Karle legt sich Pohl-Patalong jedoch nicht gleich von Anfang an auf „eine bestimmte soziologische Theorie als Fokus der Analyse" fest.[165] Das von ihr favorisierte und für ihre Fragestellung besonders sich anbietende und nützlich erscheinende „Individualisierungstheorem",[166] das sie primär durch Ulrich Beck und Elisabeth Beck-Gernsheim vermittelt erhält,[167] ergänzt sie, indem sie eine „durch die feministische Moderne- und Subjektkritik" erweiterte „Theorie der Postmoderne" in ihre Analysen miteinbezieht.[168]

Pohl-Patalong gelingt es, anhand konkreter Textbeispiele und durch den Nachweis spezifischer Argumentationsfiguren die Berechtigung der erwähnten Kritiken zu belegen und zu untermauern, ohne sie jedoch vollauf zu bestätigen: sehr differenziert werden die jeweiligen von 1968 bis zu den neunziger Jahren stammenden evangelischen Entwürfe auf ihre je eigene und spezifische Betrachtungsweise von Individuum und Gesellschaft hin untersucht und deren „Abhängigkeit von dem jeweiligen vorausgesetzten Paradigma wie auch von dem Erscheinungsjahr der jeweiligen Seelsorgelehre" eruiert.[169] Es handelt sich dabei um jenen Zeitraum, in dem der Individualisierungsschub markant einsetzte und gesellschaftsverändernd zu wirken begann.[170]

Der in der therapeutischen Seelsorge vollzogene Paradigmenwechsel könne

„als die Hinwendung zum Individuum als Zentrum der Seelsorge charakterisiert werden, so daß der enorme Bedeutungsgewinn des Individuums zum konstitutiven Element für die

---

[161] Ebd., 17.
[162] Vgl. ebd., 17.
[163] Vgl. ebd., 159.
[164] Ebd., 15.
[165] Ebd., 15f.
[166] Ebd., 16.
[167] Vgl. ebd., 56.
[168] Ebd., 16.
[169] Ebd., 18.
[170] Vgl. ebd., 159.

therapeutische Seelsorge wird. Das Individuum steht in dieser poimenischen Richtung nicht nur im Mittelpunkt der Bemühungen, sondern wird auch zum Kriterium und Zielpunkt seelsorgerlichen Handelns."[171]

Während nach Karle die „ausgeprägte Individuumzentrierung moderner Seelsorge"[172] in ihrer psychoanalytischen Fundierung gründet, sieht Pohl-Patalong die Rückbesinnung auf eine psychoanalytisch orientierte Seelsorge und ihre Ausarbeitung in Form einer therapeutischen Seelsorge im Kontext gesellschaftlicher Entwicklungen bzw. „als Antwort auf gesellschaftliche Individualisierung".[173] Die Individuumzentrierung ist Reaktion auf bzw. Spiegelung von gesellschaftlichen Entwicklungen. Während Karle die „individualistische Verengung" v.a. in der Moderne wirksam werden sieht, öffnet Pohl den Blick für die gesamte Geschichte der Disziplin und zeigt, dass sie „in ihren dominanten Linien eine Entwicklung zu einem individualistischen Verständnis erkennen lässt".[174]

Durch ihre präzise und eingehende Analyse kann Pohl-Patalong nicht nur grundlegende Tendenzen der jeweiligen poimenischen Entwürfe aufzeigen, sondern diese auch in Wechselwirkung mit den jeweiligen gesellschaftlichen Entwicklungen betrachten und Differenzen untereinander wahrnehmen. Pohl-Patalong versteht die Seelsorgebewegung, an welcher die psychoanalytisch orientierte Seelsorge als massgeblicher Teil der therapeutischen Seelsorge und der Pastoralpsychologie partizipierte, „im Kontext der im Individualisierungstheorem beschriebenen gesellschaftlichen Entwicklung seit Ende der sechziger Jahre".[175] Die psychoanalytisch orientierte Selsorge wurde in diesem zeithistorischen Kontext wiederbelebt und ausgearbeitet.

Ausschlaggebend für den Paradigmenwechsel waren nach Pohl-Patalong konkrete Erfordernisse in Kirchengemeinden und Spitälern.[176] Die Seelsorge geriet ins Hintertreffen der an Gewicht enorm gewachsenen Human- und Sozialwissenschaften und in Konkurrenz zur Psychotherapie. Die kerygmatische Seelsorge vermochte nicht adäquat auf die neue Situation zu reagieren, ermöglichte unter den veränderten Bedingungen kein zeitgemässes Handeln und verlor allgemein an Überzeugungskraft.[177]

---

[171]   Ebd., 181.
[172]   Ebd., 1.
[173]   Ebd., 174.
[174]   Ebd., 24.
[175]   Ebd., 174.
[176]   Ebd., 174.
[177]   Zu den neuen „Herausforderungen" zählt POHL-PATALONG (1996), 174f.: „die psychische Situation des Menschen, der Wandel sozialer Strukturen und Anschauungen, der Einfluß der Massenmedien und die wachsenden überindividuellen Gesetzmäßigkeiten und Zwänge […]. Die Individualisierung als Freisetzung aus den stabilisierenden traditionalen Bindungen, funktionale Ausdifferenzierung und Pluralisierung der Lebenswelten erhöhte einerseits das seelische Konfliktpotential und zerstörte andererseits die sozialen Auffangnetze. So entstanden ein erhöhter seelsorglicher Bedarf, vor allem aber veränderte inhaltliche Ansprüche an die Seelsorge." Hinzu kamen „Wandlungen der religiösen Sozialformen" (176). Seelsorge hatte zunehmend die Aufgabe, auch aus der Kirche Ausgetretene bzw. von ihr sich Abwendende zu erreichen. Diesen Herausforderungen methodisch und inhaltlich gewachsen zu sein, schienen „Theorie

Die Fortentwicklung der therapeutischen Seelsorge zur Pastoralpsychologie hingegen erfolgte – anders als der Übergang der kerygmatischen zur therapeutischen Seelsorge – eher kontinuierlich und ohne Absetzungsbewegungen. Die Pastoralpsychologie habe jedoch auch offensichtliche Mängel der therapeutischen Seelsorge aufgearbeitet.[178] Pohl-Patalong fasst ihre Analysen in groben Zügen folgendermassen zusammen:

„So sieht die kerygmatische Seelsorge das Individuum primär unter dem Aspekt seiner Glaubensdefizite, hemmt durch die überindividuelle Zielbestimmung die Entfaltung von Eigenständigkeit und erzeugt notwendig ein (auch inhaltliches) Gefälle, wenn der Seelsorger Anwalt der ‚Sache Gottes‘ ist, diese aber gleichzeitig als Zielpunkt des Gesprächs angestrebt wird. Die therapeutische Seelsorge bemüht sich zwar um Partnerschaft, kann das Individuum aber nur von seinen Defiziten her wahrnehmen, weil ja das Veränderungspotential nur auf seiner Seite, nicht aber seitens der Umwelt angenommen wird, so daß die Defizite nicht zu kritischen Potentialen werden können. Die Pastoralpsychologie hingegen betont in ihrer gesellschaftskritischen Tendenz das innovative Potential der Konflikte und Leiden und überwindet damit die Defizitperspektive. Gleichzeitig insistiert sie mit guten Gründen auf einer stärkeren Strukturierung des Gesprächs, so daß ein gesprächstechnisch bedingtes Gefälle möglich erscheint, ohne die Entfaltung von Subjektivität und Selbstbestimmung zu hindern."[179]

Nach Pohl-Patalong besitze gerade die Pastoralpsychologie „ein breiteres Interesse an gesellschaftlichen Zusammenhängen" und übe gerade sie „Kritik an der Moderne".[180] Als hervorragendes Beispiel dafür dient ihr Joachim Scharfenberg, der bei ihr eine andere, ausgewogenere Bewertung als bei Karle erfährt. Den Weg dahin beschreibt Pohl-Patalong nochmals zusammenfassend wie folgt: Die therapeutische Seelsorge

„reproduziert die Tendenz zur Individualisierung von Problemen, auch wo diese gesellschaftlich verursacht sind. Damit gerät die strukturelle Dimension individueller Problemstellungen ebenso aus dem Blick wie die Gesellschaft als eigene Grösse. Mit ihrer prononcierten Position innerhalb der Gesellschaft verliert die therapeutische Seelsorge die Distanz als Voraussetzung zu Kritik und Innovation, so daß sie in der Gefahr steht, die Anpassung der Individuen an die gegenwärtigen Verhältnisse zu fördern, ohne diese selber zu hinterfragen. Dies ändert sich programmatisch in der Pastoralpsychologie [...]. In Überwindung der individualistischen Verengung wird die Gesellschaft in ihrer Relevanz für die Individuen in höherem Maße wahrgenommen und thematisiert [...] akzentuiert besonders die Pastoral-

---

und Ausbildungspraxis der nordamerikanischen CPE und der niederländischen Seelsorgebewegung" (176).

[178] Zu ihnen zählt POHL-PATALONG (1996), 178: „den nichtdefinitorischen Zugang", „die Erweiterung der kognitiv ausgerichteten Gesprächsebene und die Wiedergewinnung der explizit religiösen Dimension".

[179] Ebd., 200.

[180] Ebd., 202 u. 210. Vgl. ebd., 202: „Hinsichtlich der gesellschaftlichen Dimension insgesamt wird also die kerygmatische Konzentration auf die Frage der Konsequenzen für den christlichen Glauben wie die therapeutische Beschränkung auf die Folgen für die Psyche der Individuen deutlich, während die Pastoralpsychologie ein breiteres Interesse an gesellschaftlichen Zusammenhängen besitzt."

psychologie Scharfenbergs die gesellschaftskritische Dimension der Seelsorge [...]. Scharfen-
berg bemüht sich damit, eine Balance zu finden zwischen Einfügung in die Gesellschaft und
kritischer Distanz, die die Problematisierung gesellschaftlicher Entwicklungen ermöglicht.
Dies erscheint auf der theoretischen Ebene als gelungen, zeigt aber in der Konkretion spezifi-
sche Schwierigkeiten."[181]

Pohl-Patalongs breite historische und kontextuelle Sichtweise ermöglicht ihr m.E. ein adäquates Verständnis für die spezifischen Anliegen u.a. von Joachim Scharfenberg, dem sie attestiert, „das Individuum in höherem Maße als handelndes Subjekt, das zur Gestaltung der Gesellschaft beizutragen vermag", wahrzunehmen und gesellschaftliche Individualisierung und Pluralisierung kritisch zu thematisieren.[182] Im Unterschied zu Karle nimmt Pohl-Patalong auch dessen eigene Kritik an der Psychoanalyse auf.[183]

Auch Pohl-Patalong verrät zuweilen eine gewisse Distanz zu Theorien der Psychoanalyse und ihrer Terminologie, doch gewichtet dies kaum, da sie im Unterschied zu Karle auch keine Urteile über die Psychoanalyse selbst fällt, sondern methodisch korrekt ihre Analyse in diesem Zusammenhang auf die psychoanalytisch orientierte Seelsorge beschränkt.[184] Diese wird nicht einfach als zu überwindende Phase der Poimenik betrachtet, von der es sich abzusetzen gilt und der ein Neuentwurf entgegengestellt werden müsste. Sie wird als durchaus sinnvoller Ausdruck gesellschaftlicher Entwicklungen selbst als auch als zeit- und kontextbedingte Antwort auf dieselben verstanden, die ihre Schwächen und Stärken in die Poimenik eingebracht hat.

Beeindruckend an Pohl-Patalongs methodischem Vorgehen ist ihr Versuch, gerade aufgrund ihres Anliegens, spezifische Seelsorgetheorien zu kontextualisieren und ihre je eigenen Potentiale aufzuzeigen, eine Basis für eine „Neukonzeption der Seelsorgetheorie" vorzulegen, die sich bescheiden „als Teil der gegenwärtigen poimenischen Suchbewegung" versteht und die in den verschiedenen

---

[181]   Ebd., 242.
[182]   Ebd., 200. Vgl. dazu ausführlich ebd., 204f.
[183]   Vgl. dazu ebd., 204: „Auch die Psychoanalyse besäße nur ein relatives Recht für bestimmte Probleme und könne in gewissen Bereichen beispielsweise durch die Familientherapie überholt werden." Vgl. ebd., 236: „Scharfenberg traut es der christlichen Überlieferung zu, noch unentdeckte Deutungen für die Lösung gesellschaftlicher Probleme zu enthalten."
[184]   Vgl. z.B. POHL-PATALONG (1996), 33 (Anm. 3), wo sie eine „von Freud entwickelte Theorie der Kränkung der Seele durch das Unbewußte" erwähnt, oder 167 (Anm. 55) in starker Anlehnung an Scharfenberg: „Zwischen Analytiker und Patient finden Übertragung und Gegenübertragung statt. Diese zwingen den Analytiker zu der vertieften Selbstwahrnehmung. Der Analytiker fokussiert das vom Patienten Dargestellte auf das zeitgenössische Problem der Sexualverdrängung, die der Ödipus-Mythos erklärt." Oder 178: „Die therapeutische Seelsorge hatte zwar (vor allem in ihrer psychoanalytischen Ausrichtung) das weitgehend auf die Bewußtseinsebene fixierte Menschenbild der Dialektischen Theologie durch die Berücksichtigung des Unbewußten überwunden, im seelsorgerlichen Gespräch setzte sie jedoch in Krisensituationen weiter ‚bei der gestörten Rationalität' an. Sie appellierte vorwiegend an die Ratio, wenn sie im Gespräch über die individuelle Problematik das Unbewußte mittels rationaler Deutung bewußt zu machen und dadurch aufzuheben suchte [...]."

Seelsorgetheorien vorhandenen „Potentiale in die Überlegungen einfließen und in ‚postmoderner' Vorgehensweise neu kombiniert".[185]

Pohl-Patalong sieht gleichermassen im Individuum wie in der Gesellschaft poimenische Arbeitsfelder. Die Stärkung der „prophetische[n] Komponente christlicher Tradition" im Sinne einer „politischen Seelsorge" dürfe keinesfalls „gegen die seelsorgerliche Arbeit mit den Individuen an ihren persönlichen Problemkonstellationen ausgespielt werden, die durchaus bejaht und nur dann als problematisch erachtet wird, wenn sie den Menschen unabhängig von seinem sozialen und ökonomischen Kontext sieht und die gesellschaftliche Dimension vernachlässigt".[186] Um einen Versuch, genau diese beiden Dimensionen in einem eigenen Seelsorgemodell erstmals gleichgewichtig zu berücksichtigen, handelt es sich beim nun folgenden psychosystemischen Entwurf von Christoph Morgenthaler.

2.4 Wider den Familienfrieden: Christoph Morgenthaler oder psychosystemische Perspektiven auf die Seelsorge

2.4.1 Auf der Suche nach einem neuen Seelsorgeverständnis

Während der Ausgangspunkt der Untersuchung von Isolde Karle der Besuch eines interdisziplinären Kolloquiums war, in welchem sie den Anstoss zur vertieften Beschäftigung mit der Systemtheorie Niklas Luhmanns erhielt, gründet die Abhandlung von Christoph Morgenthaler in eigenen pfarramtlichen Erfahrungen. So leitet er seine Arbeit ein mit einer Schilderung der Ermordung einer ihm bekannten Familie aus seiner einstigen Kirchengemeinde. Die so genannte Verzweiflungstat bzw. das mehrfache Morden jenes Mannes, der seine Frau, seine Kinder und schliesslich sich selber umbrachte, erschüttert zutiefst, stellt alles bisher Geglaubte in Frage, weckt Schuldgefühle und wird schliesslich zu einem Schlüsselerlebnis, das ein Überdenken bzw. eine Neuorientierung des eigenen seelsorglichen Handelns und Selbstverständnisses fordert.[187] Keine neue Theorie, sondern eine schreckliche Tat und ihre Folgeeerlebnisse im engsten beruflichen Umfeld lösen eine neue Art wahrzunehmen und zu handeln aus, nämlich „mit einer verschärften Sensibilität für Vernetzungen, Abhängigkeiten, und die soziale Dimension individuellen Leidens".[188] Als Frucht dieser neuen Perspektive ist „ein praxisorientiertes Arbeits- und Lesebuch" entstanden.[189] Im Zentrum stehen folgende zwei Fragestellungen: „Wie können Menschen in der Seelsorge vertieft in und aus ihren Beziehungssystemen verstanden werden? Und: Wie können in diesen vielfältigen systemischen Spannungsfeldern die ungelebten Geschichten, ungehaltenen Reden und unerhörten Wünsche einzelner

---

[185] Ebd., 245.
[186] Ebd., 250.
[187] MORGENTHALER (2005⁴ [1999]), 10.
[188] Ebd., 10.
[189] Ebd., 24.

Menschen zum Ausdruck kommen – und die Freiheit, sich so oder anders zu entscheiden?"[190]

Auf seiner Suche nach einem neuen Verständnis von Seelsorge erhielt Morgenthaler die entscheidenden Anstösse von familientherapeutischen und systemischen Ansätzen, wie sie in den vergangenen Jahrzehnten der Psychotherapieforschung zunehmend wichtig geworden sind. Damit beabsichtigte er eine Korrektur der vielfach kritisierten individualistisch verengten Seelsorgesicht, jedoch „ohne preiszugeben, was die Seelsorgebewegung in den letzten Jahrzehnten kritisch gegen die Verleugnung des Subjekts in Theologie und Kirche erreicht hat".[191] So ist Kennzeichen seines eigenen systemischen Seelsorgeansatzes, dass sich Individuum, welches „selber als ein System von psychischen Kräften und Strukturen" betrachtet wird, das mit seinem Umfeld stets interagiert und in wechselseitigem Austausch steht, und „(dynamisch vernetzte) Beziehungssysteme" wie zwei Brennpunkte einer Ellipse formieren.[192] Morgenthalers Studie ist getragen von der Überzeugung, dass eine systemische Perspektive für das vielseitige und verschiedenste öffentliche und private Kontexte bzw. Systeme übergreifende Berufsfeld von PfarrerInnen – sei es in Kirchengemeinden oder in speziellen Institutionen – ganz neue Zugänge und Handlungsmöglichkeiten eröffnet. Gerade PfarrerInnen benötigen eine aussergewöhnliche Fähigkeit, sich nicht nur in verschiedensten Zusammenhängen zurechtzufinden und angemessen zu bewegen, sondern auch innerhalb kürzester Zeit diese wieder zu verlassen, sich mental umzustellen und in neue einzutreten. Der ständige Systemwechsel – nicht zuletzt zwischen privaten und öffentlichen und halbprivaten bzw. -öffentlichen Kontexten, die in der Kirchengemeinde fliessende Übergänge bezeichnen können – ist wesentliches Merkmal des Pfarrberufs. Letztlich erhofft sich Morgenthaler eine allgemeine transpastorale, innerkirchliche Zusammenarbeit, eine grössere Transparenz nach aussen und eine bessere Kooperation helfender Berufe mit ihren je spezifischen Schwerpunkten und Verantwortlichkeiten. Morgenthaler nimmt – wie er selber ausführt – Entwicklungen aus dem englischsprachigen Bereich seit den 1980er Jahren auf und versucht, ihre Rezeption für die deutschsprachige Pastoralpsychologie fruchtbar zu machen.

Das Buch ist zweiteilig aufgebaut. Im ersten werden so genannte „Grundlagen" vermittelt und im zweiten „Modelle" dargestellt. Anders als Pohl-Patalong, die sich ebenfalls um eine mögliche Integration bisheriger Elemente poimenischer Konzepte bemüht, sich jedoch „auf die Theorieebene" beschränkt und Auswirkungen auf die seelsorgliche Praxis hintanstellt, berücksichtigt Morgenthaler beide Ebenen und bezieht sie aufeinander.[193] Leitmotiv ist Morgenthalers etwas verhaltenes Credo, die Seelsorge möge durch systemische Denk- und Handelsansätze „neue Impulse erhalten".[194] Es handelt sich schon vielmehr um ein neues Paradigma. Den von Morgenthaler massgeblich beförderten Perspekti-

---

[190]   Ebd., 10.
[191]   Ebd., 11.
[192]   Ebd., 11.
[193]   POHL-PATALONG (1996), 14.
[194]   MORGENTHALER (2005⁴ [1999]), 15.

venwechsel in der deutschsprachigen Pastoralpsychologie erläutert er folgendermassen:

„Im bisher vorherrschenden Paradigma der Seelsorge stand das Individuum im Zentrum praktischer und theoretischer Bemühungen und wurde vom Einzelnen auf sein Beziehungssystem geschlossen. Nun rücken differenzierte, flexibel strukturierte und sich wandelnde Beziehungssysteme in den Mittelpunkt der seelsorglichen Bemühungen. [...] Konflikte wurden im traditionellen Modell der Seelsorge oft auf innerpsychische Konflikte, mangelhaft ausgebildete Persönlichkeitsstrukturen oder fehlgeleitete emotionale und motivationale Prozesse zurückgeführt. In systemischer Seelsorge wird davon ausgegangen, dass Schwierigkeiten eines identifizierten Patienten [...] auch als Symptome entgleisender Prozesse und nicht zweckdienlicher Strukturen in einem Beziehungssystem verstanden werden können. Ging es in vielen Entwürfen von Seelsorge bisher um Stärkung von Identität, um Versöhnung und Berufung eines einzelnen Menschen vor Gott, geht es in systemischer Seelsorge um Berufung und Versöhnung von Menschen in Beziehungssystemen und damit zusammenhängende systemische Veränderungen. Methodisch standen bisher Empathie, Echtheit und Wertschätzung in dialogischer Begegnung mit einem einzelnen Menschen im Zentrum seelsorglicher Arbeit. Nun werden Interpathie, Zirkularität des Verstehens und Selbstdifferenzierung in Beziehungssystemen betont".[195]

Morgenthaler ist es wichtig hervorzuheben, dass die Einzelseelsorge nicht einfach abgelöst bzw. ersetzt werden soll durch eine systemische Seelsorge. Auch ein einzelner Mensch bildet schliesslich ein System. Mit Rekurs auf die paulinische Metapher vom Leib Christi und seinen Gliedern (vgl. Röm 12; 1Kor 12) wird auf die Eigenständigkeit und zugleich Vernetztheit des Systems Mensch hingewiesen. In der kirchlichen Rede der *cura animarum* widerspiegelt sich das alte Wissen um die „Seelen in Beziehungen". Die dominante Entwicklung der Seelsorge zur Einzelseelsorge hätte erst in der Neuzeit stattgefunden. Nie sei jedoch der kirchliche Gesamt- und Gemeinschaftsbezug aus den Augen verloren gegangen. Insofern handelt es sich bei der systemischen Seelsorge tatsächlich um „eine alte neue Perspektive".[196]

Morgenthaler bestimmt seinen Ansatz noch genauer als „Konzept einer psycho- und ökosystemischen Seelsorge".[197] Ersteres sei vor allem in der Seelsorge wichtig, letzteres im Zusammenhang mit dem System der Kirchengemeinde. Morgenthaler erinnert an kirchliche Traditionen, die bedeutend älter sind als die Systemtheorie und führt seinen eigenen Ansatz auf diese zurück. Somit weist er darauf hin, dass die Kirchengeschichte über einen Schatz seelsorglicher Perspektiven verfügt, der dank therapeutischer Neuansätze wieder erinnert und gehoben werden könne. Neue therapeutische Ansätze ermöglichen SeelsorgerInnen einen Zugang zu ihren eigenen oft vergessenen biblisch-kirchlichen Quellen. Indem Morgenthaler diesen Horizont aufreisst, macht er deutlich, wie wichtig die Kenntnis und die historische Aufarbeitung der eigenen Disziplin sind. Seine dekonstruktivistischen Bemerkungen zeigen, wie nötig insbesondere im Sektor

---

[195] Ebd., 16f.
[196] Ebd., 15.
[197] Ebd., 19.

neuer psychotherapeutischer und psychologischer Ansätze eine Entmythologisierung vonnöten wäre und wie gerade die Theologie hier einen wertvollen Beitrag zu leisten hätte, wenn sie sich denn nur auf ihre eigenen Ressourcen und Traditionen besinnen würde.

Morgenthaler zeigt ein klares Forschungsdefizit auf: während die englischsprachige Pastoralpsychologie die Bedeutung „systemischer Ehe-, Familien- und Gemeindeseelsorge" schon seit den 1980er Jahren erkannt und sie in eigenen Ansätzen rezipiert habe, existierten in der deutschsprachigen Pastoralpsychologie spezifische Hindernisse, die vor allem im Einfluss der Psychoanalyse auf die Seelsorge zu suchen seien.[198] Morgenthalers anwendungsorientiertes „Modell einer psycho-systemischen Seelsorge" ist der Versuch, psychoanalytische und familien- bzw. sytemtherapeutische Ansätze miteinander zu verbinden und in die Seelsorge zu integrieren: „Unsere Sicht soll sowohl psycho*systemisch* wie *psycho*systemisch sein".[199] Dabei setzt sich Morgenthaler deutlich von dem von Peter Held favorisierten radikal-konstruktivistischen Ansatz ab, der sich dem Heidelberger Team um Helm Stierlin verpflichtet weiss.[200] Die Psychoanalyse, die in seinem Ansatz berücksichtigt wird, bezeichnet er als seine „alte Liebe".[201] Wie kommt sie in seinem psychosystemischen Ansatz zum Tragen?

Am Beispiel einer Trauerbegleitung kann dies verdeutlicht werden. In einem psychosystemischen Ansatz werden Reaktionen der Angehörigen sowohl „auf dem Hintergrund einer je anderen Lebensgeschichte und Persönlichkeitsdynamik" als auch des spezifischen Familiensystems verstanden:[202] „So wichtig es ist, danach zu fragen, wie die unterschiedlichen Reaktionsweisen [erg. der Trauernden; IN] beispielsweise mit ihrer Position im System der Familie zusammenhängen, so wichtig ist es, ergänzend danach zu fragen, wie [erg. die Trauernden; IN] denn […] den Tod […] auf dem Hintergrund ihrer je eigenen Biographie und Persönlichkeitsdynamik wahrnehmen und emotional verarbeiten".[203] Morgen-

---

[198] Vgl. ebd., 23.

[199] Ebd., 23 u. 73.

[200] Vgl. ebd., 24 u. 73. Dies kritisiert Held, nach dem Morgenthaler ein zwar anregendes und hilfreiches Buch verfasst habe: „Allerdings bleibt Morgenthaler bedauerlicherweise bei seiner Entscheidung und Haltung, konstruktivistisches Gedankengut in seinem Ansatz weder zu berücksichtigen noch zu integrieren. Damit wird meiner Meinung nach eine Chance vertan, die Subjektivität von Wirklichkeitskonstruktionen und Glaubensüberzeugungen in der Praxis der systemischen Seelsorge zu reflektieren." Peter HELD (2003): Einführung, in: DERS. / Uwe GERBER (Hg.): Systemische Praxis in der Kirche, Mainz (Grünewald), 13–17, hier 13.
Helds Ansatz weist eine Widersprüchlichkeit in der Reflexion („Jede inhaltlich-normative Aussage und jeder Appell ist eine Aufforderung sich zu verändern. Veränderungsimpulse gefährden das Selbstwertgefühl eines Menschen. Gehen Sie daher sparsam mit Inhalten um.") und der Formulierung direktiver „Handlungsmaximen" auf („Versuchen sie, Ihren/Ihre Gesprächspartner/in nicht zu trivialisieren, sondern fördern Sie seine/ihre Selbstbestimmung und seine/ihre Autonomie!"). Peter HELD (2003): Vom systemischen Denken zur systemischen Praxis. Theoretische Grundannahmen und Praxismaximen für einen systemischen Seelsorgeprozess, in: DERS. / GERBER, 18–22, hier 21f.

[201] MORGENTHALER (2005[4] [1999]), 24.

[202] Ebd., 58.

[203] Ebd., 73.

thaler betont stets sowohl den psychodynamischen als auch den systemischen Aspekt seelsorglicher Begleitung: „So wichtig es ist, die Dynamik von Dyaden und Triaden in [erg. der Trauerfamilie; IN] miteinzubeziehen und darauf zu achten, wie diese die individuelle Trauer beeinflusst, so wichtig ist es, auf die innerpsychische Dynamik der Trauer – wie sie in der bisherigen pastoralpsychologischen Arbeit im Zentrum stand – zu achten".[204]

Eine psychosystemische Sichtweise überwindet den „Individualismus einer herkömmlichen Seelsorge", ohne jedoch „in einen ebenso problematischen ‚Familialismus' der Wahrnehmung [zu] kippen".[205]

Die Psychoanalyse kommt in diesem Ansatz also dann zum Tragen, wenn es um ein vertieftes Verständnis der innerpsychischen Dynamik Einzelner in der Seelsorge geht. Diese braucht jedoch der gleichwertigen Ergänzung durch ein Verständnis des Beziehungsgefüges, in dem diese Einzelnen familiär, beruflich etc. sich bewegen bzw. befinden. Nun können aber „einzelne Menschen [...] selber als komplexe Systeme verstanden werden, die sich subtil vernetzt auf verschiedenen [...] Ebenen autopoietisch weiterentwickeln. Diese systemische Sichtweise des einzelnen Menschen besitzt bereits eine lange Geschichte (so kann beispielsweise Freuds Modell des Zusammenspiels von Kräften des Ichs, Überichs und Es als eine psychosystemische Sichtweise innerpsychischer Zusammenhänge gelesen werden)".[206] Damit weist Morgenthaler auf die Möglichkeit der Integration von Sichtweisen hin, die bisher als sich gegenseitig ausschliessend konstruiert wurden, und durchbricht das Denken in Gegensätzen.

2.4.2 Zur therapeutischen Wirksamkeit von PfarrerInnen

Die psychoanalytische Affinität Morgenthalers wird aber auch ganz allgemein in seinem Sprachgebrauch deutlich. So „weckt" die besondere Rolle einer Pfarrerin „Übertragungen, mit denen sie arbeiten kann", und sie „wird als auch therapeutisch wirkende Seelsorgerin [...] akzeptiert, weil sie wichtige Werte des Gemeinwesens am Ort verkörpert".[207] Hier zeigen sich verdichtet Chancen von und Anfragen an Morgenthalers psychosystemischem Ansatz. Während die Arbeit mit Übertragungen vom theoretischen Hintergrund her ursprünglich eine äusserst anspruchsvolle und ausschliesslich in ein psychoanalytisches Setting gehörende Technik bezeichnet, löst Morgenthaler sie aus dem geschützten und konstituti-

---

[204] Ebd., 73f. Vgl. auch ebd., 58: „Ebenso gewiss ist es allerdings, dass Pfarrerin [...] vieles in dieser Situation nur versteht, wenn sie – über diese auf den Einzelnen konzentrierte Sicht hinaus [...] – den weiteren familiären Zusammenhang strukturiert in ihre Überlegungen miteinbezieht."
  Vgl. auch die Kennzeichen, die systemisches Denken charakterisieren, und zu denen die „Voraussage" zählt: „Zur Voraussage des Verhaltens eines einzelnen Menschen ist es nicht nur wichtig, sich in die individuelle Psychodynamik einzufühlen. Voraussagen lassen sich erst dann präziser machen, wenn man sich auch auf die Position dieses Menschen im System besinnt" (63).
[205] Ebd., 74.
[206] Ebd., 73.
[207] MORGENTHALER (2005⁴ [1999]), 36.

ven Rahmen einer psychotherapeutischen Praxis und versetzt sie in ein pfarramtliches Beziehungsgefüge, in welchem die Kirchengemeinde den neuen Rahmen abgibt. Morgenthalers Integration verschiedener Konzepte und ihrer Techniken in einem Seelsorgemodell ohne den/die LeserIn hinführende und entsprechend vorbereitende methodische Vorüberlegungen provoziert die Frage, ob dies denn erlaubt sei. Ist eine Pfarrerin befugt bzw. entsprechend ausgebildet, um mit Übertragungen tatsächlich zu arbeiten? Kann ein Arbeiten mit Übertragungen von nicht analytisch ausgebildeten Fachkräften ausserhalb des dafür vorgesehenen und geschützten psychoanalytischen Rahmens ernsthaft propagiert werden? So schrieb Freud schon 1915 in seinen *„Bemerkungen über die Übertragungsliebe"*, dass der rechte Umgang mit der Übertragung allerhöchste Anforderungen an den Analytiker stelle und das schwierigste therapeutische Stück überhaupt sei, schwieriger noch als die Deutung von Träumen und Widerständen.[208] Und wenn schon von Übertragung die Rede ist, wo bleiben denn da die Gegenübertragungen, deren Erkennen und Handhabung aber wiederum eine jahrelange psychoanalytische Ausbildung vorausgehen sollte? Kurz: Wird hier nicht etwas voreilig eine Professionsgrenze überschritten? Auf den ersten Blick mag dies so wirken.

Ohne ausgeführt zu werden, wird in Morgenthalers Modell die von Hartmut Raguse beschriebene Möglichkeit vorausgesetzt, „zwei Deutungsrahmen gleichzeitig an(zu)wenden", wobei zur selben Zeit auf eine systemische Dimension und „auf die Ebene von Widerstand und Übertragung" geachtet wird.[209] Während sich die systemische Ebene problemlos im Verstehenshorizont von Kirche und Evangelium betrachten lässt, setzt die psychoanalytische ein anderes Vorverständnis voraus. „Es ist möglich, auf der verbalen Ebene ausschließlich im Kontext des Religiösen zu bleiben, aber innerlich, in der Reflexion, den psychoanalytischen Deutungsrahmen gleichsam zur Kontrolle, als innerliche Supervision zu verwenden."[210] „Arbeiten" lässt sich mit Übertragungsphänomenen jedoch lediglich auf der Grundlage einer psychoanalytischen Ausbildung und im Rahmen eines dementsprechenden Settings. Deshalb nochmals die Frage: ist, was Morgenthaler ausführt, erlaubt und methodisch verantwortbar?

Morgenthaler bezeichnet sein Buch selbst als „eine Trotzreaktion".[211] Er will dem zuweilen entmutigenden und hoffnungslos scheinenden pfarramtlichen Alltag trotzen und mit seinen Beispielen und Anregungen und mithilfe seiner „alten Liebe", der Psychoanalyse, eine Vielzahl neu-alter Perspektiven eröffnen. Trotz und Widerstand sind Geschwister. Sich nicht mit Vorgegebenem zufrieden zu geben, sondern ihm, wo nötig, zu trotzen und zu widerstehen, birgt die (Spreng-)Kraft zur Veränderung. Statt einen puristischen Standpunkt einzunehmen und der beobachteten methodischen Eklektik im Namen des „Familienfrieden[s]" das Verbotsschild entgegen zu halten,[212] soll versucht werden,

---

208 Vgl. Sigmund FREUD (1915): Bemerkungen über die Übertragungsliebe, GW X, 306–321, hier 306.
209 RAGUSE (2000), 58.
210 Ebd., 58.
211 MORGENTHALER (2005⁴ [1999]), 286.
212 MORGENTHALER (2007), 64.

232

Überschneidungen zu sichten und Möglichkeiten der Zusammenarbeit neu auszuloten. Gleichzeitig muss im Blick behalten werden, dass Morgenthaler promovierter Theologe *und* Psychologe mit zusätzlicher psychotherapeutischer Ausbildung ist und von daher selber die grösstmögliche Kompetenz einbringt, spezifische Chancen pfarramtlicher Situationen zu erkennen und professionell zu nutzen. Seine Qualifikation birgt jedoch die Gefahr, dieselbe bei anderen auch vorauszusetzen und pastorale Professionsgrenzen aus dem Blick zu verlieren. So vielversprechend Morgenthalers psychosystemischer Ansatz nämlich ist, so sehr weckt er die Frage, ob die hierzu notwendigen beruflichen Voraussetzungen wirklich gegeben sind, ob er nicht den Rahmen einer pfarramtlichen Ausbildung übersteigt und ob er nicht unausgesprochen letztlich eine doppelte Qualifikation voraussetzt, nämlich als Theologe und als Psychologe. Zurückhaltender ist Michael Klessmann, wenn er lediglich von „psychoanalytischen Impulsen" spricht, die in der Seelsorge Aufnahme fänden, z.B. durch das Rechnen mit unbewussten Handlungen und Motiven oder durch das Wahrnehmen von Übertragungen.[213] Für ein „Durcharbeiten von [...] Übertragungen" seien Seelsorgende „in aller Regel nicht qualifiziert".[214]

Morgenthaler weist am Schluss seines Buches darauf hin: „Es könnte detaillierter gezeigt werden, wie *psycho*systemisch auch mit einzelnen Menschen gearbeitet werden kann" und verweist auf sein mit Gina Schibler veröffentlichtes Modell einer Religiös-existentiellen Kurzberatung, das u.a. Erkenntnisse aus der psychoanalytischen Fokal- und Kurztherapie verarbeitet.[215] Hier gilt ein besonderer Fokus dem schon angerissenen Thema der Übertragung und Gegenübertragung in der Beratungsbeziehung. Was darunter verstanden wird, wie es gehandhabt werden soll, welche Bedeutung ihm im beraterischen Prozess zukommt und ob neue Perspektiven auf die erwähnte Problematik eröffnet werden, soll als Nächstes gefragt werden.

2.4.3 Zur Verwendung der Psychoanalyse in der Religiös-existentiellen Beratung am Beispiel der Übertragung und Gegenübertragung

Das als „*Religiös-existentielle Beratung*" bezeichnete Modell von Christoph Morgenthaler und Gina Schibler verarbeitet „Konzepte und Perspektiven aus vier unterschiedlichen ‚Traditionen'", nämlich „aus der psychoanalytischen Fokal-

---

[213] KLESSMANN (2008), 276.

[214] Ebd., 272. Wobei festgehalten werden muss, dass ein „Durcharbeiten von Übertragungen" und ein „Arbeiten mit Übertragungen" nicht dasselbe ist. Vgl. auch die unmissverständlichen Aussagen von DRECHSEL (2007), 129: „Die konstruktive Anwendung des psychoanalytischen Verstehensmodells in der unmittelbaren seelsorglichen Praxis setzt eine Eigenerfahrung im Sinne einer Lehranalyse und eine hohe Kompetenz im Sinne psychoanalytischer Theoriebildung voraus, was im kirchlichen Kontext flächendeckend nicht möglich ist und sich bei aller Ausbildungsmodifikation nicht durchgesetzt hat."

[215] MORGENTHALER (2005⁴ [1999]), 286. DERS. / Gina SCHIBLER (2002): Religiös-existentielle Beratung. Eine Einführung, Stuttgart/Berlin/Köln (Kohlhammer).

und Kurztherapie, aus systemischen Beratungsformen, aus der intermedialen Kunsttherapie und der feministischen Theologie".[216] Morgenthaler, der die spezifisch psychoanalytische, aber auch systemische Perspektive ins Modell einbrachte, wendet sich in einem eigenen Unterkapitel der Thematik der Übertragung und Gegenübertragung zu.[217] Darin fällt die polyvalente Bedeutung der Begriffe auf. Übertragung dient als Oberbegriff für „Wiederholungen", „Szenen", „Manöver", „dominante Erfahrungsmuster", „reaktivierte Beziehungsmodelle" und „Skripts". Sind sie einerseits in der Beratungsarbeit zumindest ansatzweise korrigierbar,[218] sind deren Deutungen „allerdings riskant, weil sie nicht selten abwertende Aspekte enthalten oder abwertend erfahren werden".[219] Besonders bemerkbar machen sich Übertragung und Gegenübertragung in der Zwei-Personen-Beratungsbeziehung. Hier werde „das Agieren [...] zur grossen Gefahr."[220]

Nachdem zunächst 1. Chancen der Übertragung ausgelotet werden am Modell des szenischen Verstehens des Beratungsprozesses, 2. ausdrücklich festgehalten wird, dass solche der Übertragung und Gegenübertragung zuzuschreibende Szenen sowohl von Klient als auch Berater gemeinsam inszeniert werden,[221] wird nun 3. davon abgeraten, Übertragungen zu deuten, und schliesslich 4. auf die Gefahr hingewiesen, die von Übertragung und Gegenübertragung insgesamt ausgeht in Beratungen, die nur von einer Person durchgeführt wird.[222]

Gegenübertragung wird als Reaktion auf die Übertragung des Klienten verstanden. Eine eigenständige Übertragung von Seiten des Beraters auf den Klienten ist nicht im Blick. Was im betreffenden Modell unter Agieren geschehen könnte, wird näher erläutert: das Nichteinhalten der vorgängig festgelegten Beratungszeit, der plötzliche Verzicht bzw. das Vergessen der meditativen Pause oder der konstitutiven Aufgabe, die Verlängerung der gesamten Beratungsdauer aus vordergründig verständlich erscheinenden Gründen etc.[223] Neben solchen Grenzverwischungen und -verletzungen fehle das im – von Morgenthaler und Schibler favorisierten – reflektierenden Team gegebene „Korrektiv einer dritten Person, einer die Dyade durchbrechenden Sichtweise."[224] In der Beratung im Team werde „das Übertragungs- und Gegenübertragungsgeschehen [...] erweitert, manchmal sogar aufgebrochen, sicher jedoch heilsam gestört, gerade dadurch, dass es in eine ‚Triade' verlagert wird."[225] Hier kommt es zu einem Inein-

---

[216] Ebd., 14.
[217] Vgl. MORGENTHALER / SCHIBLER (2002), 101–105 [Kap. 5.6. Übertragung und Gegenübertragung].
[218] In der Beratungsbeziehung können „wichtige korrektive Erfahrungen" gemacht werden (ebd., 103).
[219] Ebd., 104.
[220] Ebd., 104.
[221] Vgl. ebd., 102.
[222] Vgl. ebd., 104. Vgl. die Unsicherheit von Heribert WAHL, ob Übertragungs- und Gegenübertragungs-Phänomene bloss beachtet oder auch gedeutet werden sollen. DERS. (2009² [2007]), 236.
[223] Vgl. ebd., 104.
[224] Ebd., 104.
[225] Ebd., 104.

ander zweier verschiedener Theorietraditionen zugehörigen Semantiken.[226] Nach psychoanalytischen Theoriebildungen müssen Übertragungsvorgänge nicht gestört werden und sollen sogar möglichst nicht gestört werden – deshalb auch die Forderung nach Abstinenz –, sondern das Einsetzen von Übertragungen ist für die analytische Beziehung konstitutiv und erwünscht, weil sich gerade in ihnen Schwierigkeiten und Erfahrungen manifestieren, die zum Aufsuchen einer Analyse bewogen haben. Gerade weil sie in der Zweierbeziehung in konzentrierter Form auftreten und sich entfalten können, kommt in der psychoanalytischen Theorietradition ein solches Setting zur Anwendung.

Um nun die Handhabung der Übertragung und Gegenübertragung im Religiös-existentiellen Beratungsmodell besser zu verstehen, hilft ein Blick gleich auf das allererste verwendete Fallbeispiel, die Beratung der Theologiestudentin Christina Bandi.[227] Im Erstgespräch, in welchem die Frage des Fokus geklärt wird, der „im Rahmen einer psychodynamisch-systemischen Theorie auch als eine komprimierte Formulierung eines wichtigen Konflikts“ verstanden werden könne, kristalliert sich Frau Bandis Gottesbeziehung als Thema heraus.[228] Sie hatte sich vor noch nicht langer Zeit von einer evangelikal orientierten Gemeinde gelöst und sich gleichzeitig von ihrem Freund getrennt, der ebenfalls Mitglied dieser Gemeinde war. Auf der Suche nach einem neuen Gottesbild, zugleich jedoch noch dem alten verhaftet, regt sie das Seelsorgeteam an, „zwei Wortcluster – also Assoziationsnetze – zu den Themen ‚der alte Gott‘ und ‚der neue Gott‘ zu erstellen und danach Gott einen Brief zu schreiben.“[229] In der zweiten Sitzung erscheint Frau Bandi tatsächlich mit einem ausführlichen an Gott gerichteten Schreiben, das sie dem Team vorliest. Es zeugt von ihrem alten, Angst- und Schuldgefühle auslösenden Gottesbild, aber auch von ihrer Suche nach einem neuen Gott, die sich in der Bitte offenbart:

„Ich wünsche mir, lieber Gott, dass du dich mir ganz anders erweist. Dass ich auf einmal Seiten an dir entdecke, die ich niemals erwartet habe. Ich wünsche mir, dass die alten, belastenden Vorstellungen von dir von mir abfallen und ich frei werde für eine neue Begegnung mit dir! Eine Freundschaft wünsche ich mir.“[230]

Am Ende der nächsten Sitzung fragt die Teamberaterin Fr. Bandi, ob sie einen an sie gerichteten Brief von Gott hören möchte. „Dieser Text war in schöpferischer Resonanz auf Christina Bandis Brief an Gott […] entstanden und von der Beraterin in der Zwischenzeit geschrieben worden.“[231] Nachdem Fr. Bandi bejaht, liest die Beraterin ihn am Schluss der Sitzung vor. Einige Sätze seien daraus zitiert:

---

226 Vgl. dazu ebd., 14: „Wir hoffen, zu einer Form der Koexistenz dieser Traditionen gefunden zu haben, die die Identität der verschiedenen Konzepte nicht einfach verwischt, wohl aber interessante und fruchtbare Querverbindungen sichtbar macht.“

227 Vgl. ebd., 16–31.

228 Ebd., 16.

229 Ebd., 18.

230 Ebd., 18.

231 Ebd., 21.

„Ich bin die Freiheit, Cristina! Die unglaubliche, unfassbare Freiheit. Manchmal schrecklich, immer anders. Und so habe ich mich dir bereits anders gezeigt, so sehr dich dies erstaunen mag. Ich habe dich herausgeführt aus der engen Gruppe und aus einer erstickenden Liebe, weil beides für dich nicht mehr stimmte. Du lerntest tiefer zu schauen, ohne mich zu leben, deine Kraft zu erfahren, die Fülle des Lebens zu geniessen, neue Bilder von mir zu entdecken. Das bin ich, ich, ich, Cristina. [...] Lass dich nicht missbrauchen, Cristina, schon gar nicht in meinem Namen. Ein Mal genügt.

Übrigens: Warum dich nicht einmal damit auseinandersetzen, dass ich für dich auch weiblich Züge tragen könnte? Ich weiss, ich weiss: Ich bin jenseits von Männlichkeit und Weiblichkeit. Ich meine ja nur: Für dich. Dass ich deine Freundin sein möchte.

Nicht dein Vater, Herr, Herrscher, Freund ... deine Freundin.

Hast du gewusst, wie reich du bist?

In Liebe

deine Freundin

Gott"[232]

Durch implizites Anknüpfen an die Exodustradition wird Fr. Bandis Emanzipation, ihre Ablösung aus der Gruppe und von ihrem Freund, als gutes und geplantes Handeln Gottes gedeutet. Der Brief nimmt das Anliegen von Fr. Bandi auf, Gott anders als bisher zu erleben und in eine Freundschaft mit ihm einzutreten. Man kann sich vorstellen, wie überrascht Fr. Bandi gewesen sein mag. Der Gottesbrief erfüllt zwar ihre Wünsche, aber vermutlich nicht in der von ihr erwarteten Weise. So handelt es sich beim Gott von Fr. Bandi stets um einen männlichen Gott, während er/sie ihr hier weiblich entgegentritt. Dies kann als Konfrontation gewertet werden, die ihr aber auf der schon erworbenen gemeinsamen Vertrauensgrundlage zugemutet werden durfte, wollte man es nicht als sich in Aggression äussernde bzw. als Vorwurf firmierende Form von Gegenübertragung von Seiten der Beraterin als erklärter feministischer Theologin werten – besonders angesichts der Unterschrift als „deine Freudin" am Schluss.[233]

Christoph Morgenthaler hält fest: „Ein solcher ,Kunstgriff' muss verantwortet werden: theologisch, aber auch beraterisch." Und er gelangt zum Urteil:

„Eine theologisch verantwortete, transparente, zur rechten Zeit und auf die rechte Weise eingesetzte Art, im Namen Gottes zu sprechen, scheint uns eine Möglichkeit, die Übertragung, die sich in der Beratung entwickelt, religiös zu handhaben und damit Übertragungsgefühle von den Beratenden auf Gott hinzulenken."[234]

Diese Aussage über die Möglichkeit einer religiösen Handhabung der Übertragung durch Weiterlenken auf Gott verblüfft, erinnert sie doch umgehend an Oskar Pfisters Handhabung von Übertragungsgefühlen, die Harmut Raguse folgendermassen auf den Punkt brachte: „Der Seelsorger zieht die idealisierende Übertragung des Ratsuchenden auf sich, er nimmt sie an und kann aus dieser Position Vergebung zusprechen. Aus dem zürnenden Gott wird ein liebender,

---

[232] Ebd., 22.

[233] Nicht die Frage der Manipulation stünde m.E. hier zur Diskussion, sondern jene nach einer möglichen Gegenübertragung. Vgl. ebd., 23.

[234] Ebd., 24.

und in der analytischen Therapie aus einem grausam strafenden ein liebendes und verzeihendes Über-Ich. Gedeutet wird die Übertragung bei Pfister in der Seelsorge nicht, sie wird zur Heilung benutzt und in einer für Pfister typischen Weise am Schluß der Beratung auf Gott weiter gelenkt."[235]

Es wird deutlich, dass die Verwendung psychoanalytischer Theorieelemente in einem ausserpsychoanalytischen Setting rückwirkend Einfluss auf ihr Verständnis selbst und ihre Handhabung hat. Dieselbe Diskussion wurde schon zu Beginn der pastoralpsychologischen Rezeption der Psychoanalyse geführt und steigt nun aus den Tiefen in beinahe unveränderter Form wieder auf.

Es zeigt sich, dass die Arbeit mit Übertragung von Christoph Morgenthaler nicht im klassischen psychoanalytischen Sinne gemeint war, sondern in einem seelsorglichen Sinne als Wahrnehmen und Weiterleiten auf Gott in der Tradition Pfisters. Ersteres hiesse nämlich, sie zu deuten. Gibt es demnach eine bisher kaum beachtete spezifisch seelsorgliche Handhabung der Übertragung, die sich von der klassisch-psychoanalytischen unterscheidet? Ein Blick in den Briefwechsel zwischen Freud und Pfister hilft weiter. Schon in seinem zweiten Schreiben vom 9. Februar 1909 kommt Freud auf genau diese Frage zu sprechen und schreibt:

> „Sie zweifeln wohl nicht daran, daß der Erfolg zunächst bei Ihnen auf dem gleichen Wege wie bei uns zu Stande kommt, vermittelst der erotischen Übertragung auf Ihre Person. Aber Sie sind in der glücklichen Lage, **auf Gott weiter zu leiten** [...]. Für uns besteht diese Chance der Erledigung nicht [...]. So müssen unsere Kranken bei den Menschen suchen, was wir ihnen nicht von höherer Seite versprechen können, und was wir ihnen in eigener Person versagen müssen. Wir haben es natürlich darum auch viel schwerer, und beim Auflösen der Übertragung geht uns mancher Erfolg zugrunde."[236]

Freud selbst sah demnach schon, dass in der Seelsorge eine andere Handhabung der Übertragung möglich sei, und begriff dies als spezifische Chance von Seelsorgenden, die sich darum in einer glücklichen Lage befänden.

Von hier aus kann die Frage, ob, was Morgenthaler ausführt, erlaubt und methodisch verantwortbar sei, nochmals aufgenommen werden. Arbeiten mit Übertragungen im klassisch psychoanalytischen Sinn können und sollen Seelsorgende nicht. Doch von Beginn an gab es in der theologischen Rezeption der

---

[235] Hartmut RAGUSE (2000): Grenzübertritte zwischen Seelsorge und Psychoanalyse, in: BASSLER, 53–65, hier 54. Raguse wies ebd. auch auf die methodische Nähe zu James Strachey hin: „Was Pfister [...] eher intuitiv formuliert, hat zur gleichen Zeit Strachey in etwas anderer Weise zum Zentrum psychoanalytischer Technik gemacht. Der Analytiker wird in der Übertragung zum Vertreter des verurteilenden Über-Ichs und kann, insofern er zugleich in einer idealisierten Position steht, durch eine Deutung aus dem verfolgenden Über-Ich ein stärker gewährendes machen." Vgl. James STRACHEY (1935 [1934]): Die Grundlagen der therapeutischen Wirkung der Psychoanalyse, in: Int. Zs. Psychoanal. 21, 486–516.
Die Ansicht von Eckart Nase (1993), 114f. (Anm. 84), Pfister sei sich bewusst gewesen, dass seine seelsorglichen Erfolge lediglich „Symptom- bzw. Übertragungsheilungen" waren, teile ich nicht. Dieses Urteil beruht nämlich schon auf einem vertieften Verständnis des Übertragungsvorganges, das man bei Pfister eben gerade nicht voraussetzen darf.
[236] Brief Freuds an Pfister vom 09.02.1909 (F/P, 12f.). Hervorhebung IN.

Psychoanalyse eine spezifisch seelsorgliche Handhabung der Übertragung, die von Freud selbst schon 1909 als eine ihm nicht zur Verfügung stehende Chance betrachtet wurde. Pfister handelte sie den Vorwurf ein, nicht über die genügende Kompetenz zu verfügen. Demgegenüber sollte daran festgehalten werden, dass Seelsorge tatsächlich keine Analyse ist. Sie hat ihr eigenes meist kirchengemeindliches Setting, in dem sich die Übertragungsthematik in eigenem Gewande zeigt und eine eigenständige Form des Umgangs erfordert. Normativen, ausschliesslich am analytisch-therapeutischen Setting orientierten Vorgaben darf und soll von pastoralpsychologicher Seite her kreativ getrotzt werden – gerade, weil sie nicht Analyse, sondern Seelsorge ist.

Nun hat sich Christoph Morgenthaler nicht nur mit der Verwendung einzelner psychoanalytischer Techniken oder mit psychoanalytischer Anthropologie beschäftigt und ihre Verbindung mit anderen Ansätzen fruchtbar zu machen gewusst, sondern sich auch auf einer metatheoretischen Ebene mit dem Stellenwert der Psychoanalyse in der Pastoralpsychologie allgemein beschäftigt.

2.4.4 Psychoanalyse und Pastoralpsychologie – zwei ungleichgewichtige Partnerinnen

In seinen achtthesigen Ausführungen über die Funktion der Psychoanalyse in der Pastoralpsychologie stellt Morgenthaler 2006 ernüchtert fest, dass die Bedeutung der Psychoanalyse für die Pastoralpsychologie kaum zu überschätzen sei, während umgekehrt die Pastoralpsychologie ein nicht beachtetes „Mauerblümchen der psychoanalytischen Bewegung" sei.[237] Dieser Befund von Christoph Morgenthaler wird auch durch ein Blick ins *Freud Handbuch* bestätigt, auf dessen Umschlag ein eigener „Rezeptionsteil" angekündigt wird, der die Breitenwirkung Freuds zur Darstellung bringen soll, dabei jedoch die Pastoralpsychologie völlig unerwähnt lässt.[238] Auch die neuere Beschäftigung mit Religion hat nicht zu einer Rezeption pastoralpsychologischer Konzepte oder Perspektiven in der Psychoanalyse geführt.[239]

Die Rollenverteilung der beiden ist unbestritten: PsychoanalytikerInnen sind die Lehrenden und PastoralpsychologInnen die Lernenden. Von der Trieb-, über die Ich- und Selbst- bis zur Objektbeziehungstheorie ist alles in der Pastoralpsychologie schon rezipiert worden. Von Winnicott bis Rizzuto ist alles mehr oder weniger besprochen oder zumindest schon zur Kenntnis genommen worden. Die Pastoralpsychologie ist dankbare, aber missachtete Abnehmerin der Psychoanalyse. So fragt Morgenthaler selbstkritisch:

„Könnte es sein, dass mit der eigentlich fruchtbaren pastoralpsychologischen Rezeption zugleich das wirklich Fremde, das Unbewusste, das Unerkennbare, Undurchsichtig-Opake,

---

[237] MORGENTHALER (2007), 62.

[238] Vgl. LOHMANN / PFEIFFER (2006).

[239] Vgl. z.B. GERLACH / SCHLÖSSER / SPRINGER (2004), die die Pastoralpsychologie ebenfalls nicht erwähnen.

238

das es im analytischen Prozess assoziierend und deutend zu umspielen, und nicht begrifflich festzunageln gilt, manchmal etwas zu schnell zwischen Buchdeckeln abgelegt und in der konkreten kirchlichen Praxis bis zur Unkenntlichkeit verdünnt wird? Und ob dies alles der Psychoanalyse gerecht wird und der Pastoralpsychologie gut tut?"[240]

Gerade angesichts der aufgrund des wachsenden Einflusses neuerer Theorierichtungen in die Defensive geratenen Psychoanalyse und „gegen die praktisch-theologische Domestizierung der Psychoanalyse" und den in der Poimenik herrschenden „Familienfrieden" hält Morgenthaler eine „neue Theoriedebatte" für angebracht.[241] Diese hat er selber massgeblich mitangestossen und dabei wesentliche weiterführende Perspektiven in Auseinandersetzung mit nordamerikanischen Konzepten und im Rückgriff auf kirchlich-theologische Traditionen entwickelt.

2.5 Dialogskizzen: Anne M. Steinmeier über den Illusionsvorwurf und das Wirklichkeitsverständnis Freuds

2.5.1 Einleitung

Die schon mehrfach und von verschiedener Seite konstatierte Krise der Seelsorge sieht Anne M. Steinmeier in ihrer 1998 veröffentlichten Habilitationsschrift *„Wiedergeboren zur Freiheit. Skizzen eines Dialogs zwischen Theologie und Psychoanalyse"* im grösseren Kontext des zunehmenden „Bedeutungsverlustes christlich-kirchlichen Wirklichkeitsverstehens".[242] In der „Frage nach dem Verstehen des Menschen und seiner Wirklichkeit" ortet Steinmeier „das die theologische Identität der Seelsorge begründende und den Dialog mit der Psychoanalyse eigentlich bestimmende Thema".[243] In Aufnahme des Urteils von Paul Ricœur, wir seien „noch weit davon entfernt, uns die Wahrheit des Freudismus über die Religion angeeignet zu haben", denn er habe „zwar den Glauben der Ungläubigen bereits bestärkt, jedoch kaum begonnen, den Glauben der Gläubigen zu läutern", fragt Steinmeier, wie ein geläuterter Glaube, d.h. „wie denn ein Frei-*werden*, ein Bewußt- und Erwachsen*werden* des Menschen *im Glauben* gedacht und erfahren und in seiner Erfahrbarkeit reflektiert werden" könne.[244] Dies impliziere notwendigerweise auch die Frage, wie sich die angestrebte, zu mehr Freiheit führende Subjektwerdung eines Menschen zur Gotteswirklichkeit verhalte.

Joachim Scharfenberg bestimmte Freiheit, in welcher sich die Selbstwerdung

---

[240] Ebd., 63.
[241] Ebd., 64.
[242] STEINMEIER (1998), 13. Vgl. DIES. (2007): Sprachgewinn. Überlegungen im Anschluss an Joachim Scharfenberg, in: NOTH / MORGENTHALER, 68–81, hier 68.
[243] STEINMEIER (1998), 13.
[244] STEINMEIER (1998), 15.

des Menschen konkretisiere, „als theologisches Proprium der Seelsorge".[245] Dabei war es für Scharfenberg gerade „das psychoanalytische Gesprächsmodell", welches „dem theologischen Kriterium der Freiheit" entsprach.[246] Auf der Suche nach einer Antwort, „was verwirklichte Freiheit bedeutet",[247] stösst Steinmeier auf das Subjekt und die Frage, wie es sich konstituiert und wie es in Beziehung tritt. Da die Psychoanalyse tiefschürfende Erkenntnisse u.a. auch zur präödipalen Entwicklung des Menschen zutage gefördert und so „bedenkenswerte Theoriemodelle zur Erfassung des Subjekts" vorgelegt habe,[248] tritt Steinmeier schliesslich ins Gespräch mit Melanie Klein, Margaret Mahler und dem Säuglingsforscher Daniel Stern. Die Aufnahme des Dialogs mit verschiedenen entwicklungspsychologischen Konzepten und die Berücksichtigung theoretischer Weiterentwicklungen der Psychoanalyse insbesondere im Bereich der Kleinkindforschung zeichnen Steinmeiers Werk aus. Hier wendet sich eine Theologin massgeblichen VertreterInnen nicht nur der eigenen Zunft, sondern auch der sonst fremden zu und ist bereit zum Gespräch. Ich konzentriere mich im Rahmen der vorliegenden Untersuchung auf Steinmeiers Auseinandersetzung mit Scharfenbergs Freud-Rezeption (2.5.2 und 2.5.3) und mit den Konsequenzen ihrer Beschäftigung mit massgeblichen entwicklungspsychologischen Theoriekonzepten der Psychoanalyse für das menschliche Selbst (2.5.4).

2.5.2 Der Vorwurf der theologischen Sprachlosigkeit Scharfenbergs

Steinmeier zeichnet zu Beginn ihrer Untersuchung – in Aufnahme von Scharfenberg – den Verlauf der theologischen Rezeption Freuds nach: von der anfänglichen „Ablehnung" bzw. dem „theologisch begründeten Widerstand gegen die Psychoanalyse" über ihre Verhältnisbestimmung als „Hilfswissenschaft" der Theologie durch Eduard Thurneysen bis zu Kooperationsversuchen beider Disziplinen.[249]

Steinmeier nimmt Scharfenberg gegen Versuche in Schutz, seine intensive und ertragreiche Beschäftigung und Dialogbereitschaft mit der Psychoanalyse als Abschied von der Theologie zu disqualifizieren.[250] Scharfenbergs Beschäftigung mit Freud stand „im Dienst einer genuin theologischen Identität": „es geht allein um das Wort Gottes und seine Wirksamkeit".[251] Freuds Erkenntnisse hinsichtlich Übertragungs- und Gegenübertragungsprozesse und schliesslich hinsichtlich des Verdrängungsvorgangs lassen sich auf das seelsorgliche Gespräch anwenden und helfen besser verstehen, was dem Wirken des Wortes Gottes im Wege steht und wie sich Hinderliches überwinden lässt. Freud befördert hermeneutische Ein-

---

[245] STEINMEIER (1998), 16.
[246] Ebd., 24.
[247] Ebd., 17.
[248] Ebd., 17.
[249] Ebd., 11. Vgl. oben S. 180.
[250] Vgl. STEINMEIER (2007), 69.
[251] Ebd., 21.

sichten und verhilft Scharfenberg zum Verständnis von Verdrängung als Sprach-
verlust, der zugleich einen Verlust an Wirklichkeit bedeutet. Als „Sprengstoff,
der für Scharfenberg in Freuds Erfahrungen mit Verdrängung gegenüber der
abendländischen Erkenntnistheorie liegt", bezeichnet Steinmeier die Einsicht,
dass Verdrängtes „nur in Beziehung" und „nicht objektiv" erkannt werden
kann.[252] „Erkenntnis vollzieht sich im Ereignis von Sprache", und Heilung ist
qualifiziert als „Sprachgeschehen".[253]

Steinmeier zeichnet in notwendigerweise gedrängter Form Scharfenbergs
Aneignung Freuds nach bis zur Bestimmung der seelsorglichen Aufgabe als bewusste Enttäuschung von Übertragungserwartungen und als Aufbau einer reali-
tätsgerechten, nicht einem Wiederholungszwang erliegenden Beziehung. Scharfenberg bestimmt diese Aufgabe der Seelsorge näher als „Hinführung zu einer
Bindung an Gott".[254] Hier setzt nun Steinmeiers Kritik an. Sie macht aufmerksam
auf die Spannung, die zwischen dieser Bestimmung von Seelsorge und Freuds
Atheismus besteht, stellt fest, dass „dieser entscheidende Unterschied […] für
Scharfenberg nicht zum Problem" geworden sei, und fragt, weshalb er „hier kein
kritisches Gespräch gewagt" habe. Steinmeiers Kritik erreicht ihren Höhepunkt
im Vorwurf, Scharfenberg sei „theologisch sprachlos" geblieben.[255] Am Beispiel
seiner Verwendung der Blumhardtschen Krankengeschichte von Gottliebin
Dittus und ihres Ausrufs, dass Jesus Sieger sei, will sie zeigen, wie Scharfenberg
einem konfliktuösen Gespräch aus dem Wege gehe. Mit seiner „Umdeutung des
Symbols" kehre er die Reihenfolge von Freud um und erkläre, nicht die Verdrängung führe zur Symbolisierung, sodass das Symbol „Symptom einer Mensch-
heitsneurose" sei, sondern wer es nicht mehr verstehe zu symbolisieren drohe,
neurotisch zu erkranken.[256] Steinmeier hält es von dieser Umdeutung her „ver-
stehbar, wie Scharfenberg sich mit der Religionskritik Freuds auseinandersetzt:
Was Freud als Illusion und damit als infantilisierend und also realitätsverschlei-
ernd beschreibt, deutet Scharfenberg um als Ausdruck einer ‚Wirklichkeitsdifferenz'".[257] Scharfenbergs Interpretation religiöser Vorstellungen als „utopische
Progression" statt „infantile Regression" mangele es nach Steinmeier an Klarheit.
So fragt sie: „Aber was bedeutet das? Wenn hier nicht wieder eine Doppelwirk-
lichkeit in Gestalt einer Verflüchtigung ins bloß Zukünftige aufgestellt werden
soll, muß doch deutlich werden, *inwiefern* diese utopisch progressiven Symbole
zum Selbst-, zum Erwachsenwerden führen". Am Beispiel der Gottliebin Dittus
verdeutlicht, laute die Frage, „ob sie sich in dem Symbol ‚Jesus ist Sieger' wirklich
selbst gefunden hat, also heil geworden ist oder ob sie nicht infantil in ein neues

---

[252] Ebd., 23.
[253] Ebd., 23 u. 25. So auch STEINMEIER (2007), 71. Es drängt sich die Frage auf, wo eigentlich in solchen Theoriebildungen der Sprache nicht Mächtige oder Fähige wie z.B. Stumme oder Sprach-
behinderte einen vollwertigen Platz finden. Solche Überlegungen helfen, die intellektuelle Fixierung auf Sprache etwas zu relativieren.
[254] Ebd., 26.
[255] Ebd., 26.
[256] Ebd., 27.
[257] Ebd., 27.

Abhängigkeitsverhältnis regrediert ist".[258] Steinmeier vermisst, dass Scharfenberg nirgends aufzeige, „*inwiefern* denn die Gottliebin ein eigenes *Selbstverhältnis* in dem *Christusverhältnis* findet".[259] So meint sie: „Es genügt nicht, […] religiöse ‚Illusionen‘ als Hoffnungssymbole in ihrer Wirklichkeitsdifferenz nach vornhin zu beschwören, wenn nicht zugleich deutlich gemacht wird, wie sich denn *in der* Realität, in der *gegenwärtig*, sinnhaft erfahrenen, erlebten und erlittenen Realität die behauptete religiöse Wirklichkeit zeigt".[260] Nach Steinmeier ist Scharfenberg „am entscheidenden Punkt […] der Auseinandersetzung mit Freud ausgewichen".[261] Sowohl die Vorwürfe an Scharfenberg als auch die Aufgabenstellung in Hinblick auf Freud sind gewichtig: Steinmeier setzt sich zum Ziel, „in Auseinandersetzung mit Freuds Religionskritik über die theologische Sprachlosigkeit Scharfenbergs hinauszukommen".[262] Sie will „anders als Scharfenberg nicht nur thetisch entgegensetzen, sondern den Illusionsvorwurf Freuds überwinden".[263]

Das Vorhaben, Freuds Illusionsvorwurf zu überwinden, setzt ein klares Verständnis von Freuds Vorwurf voraus. Ungeachtet des Umstands, dass sich Freuds Religionskritik längst nicht im Illusionsvorwurf erschöpft und man sie nicht losgelöst von seiner Kulturtheorie betrachten kann, muss der spezifische Vorwurf Freuds im Kontext seiner Schrift „*Die Zukunft einer Illusion*" *(1927)* und in seiner Vielschichtigkeit erklärt werden. Freuds Verwendung des Begriffs Illusion bedarf einer Erläuterung. Eine Illusion ist nach Freud nämlich nicht mit einem Irrtum gleichzusetzen, denn sie muss „nicht notwendig falsch, das heißt unrealisierbar oder in Widerspruch mit der Realität sein".[264] Freud äussert sich also selber zur Beziehung zwischen Illusion und Realität. Kennzeichen einer Illusion ist demnach nicht ihr äusserer Realitätswert, sondern ihre Herkunft aus dem menschlichen Wunsch.[265]

Wenn Steinmeier im von ihr zitierten Aufsatz Scharfenbergs über den Religionsbegriff Sigmund Freuds eine nähere Erläuterung darüber vermisst, inwiefern denn „religiöse ‚Illusionen‘ als Hoffnungssymbole in ihrer Wirklichkeitsdifferenz" zu verstehen seien bzw. am Beispiel von Gottliebin Dittus fragt, ob sie wirklich gesundet „oder ob sie nicht infantil in ein neues Abhängigkeitsverhältnis regrediert" sei, ist dies an Scharfenbergs Texten selber zu überprüfen.[266]

---

[258] Ebd., 27.

[259] Ebd., 28.

[260] Ebd., 28.

[261] Ebd., 27f.

[262] Ebd., 29.

[263] Ebd., 28.

[264] FREUD (1927c): Die Zukunft einer Illusion, GW XIV, 353.

[265] Vgl. auch STEINMEIER (1998), 44f.: „Wenn im Leben selbst nichts Lebendiges gefunden, nichts wahrgenommen wird, was den Todeskreislauf sprengt, wenn nicht erfahren wird, was in sich selbst lebendig ist und ins Eigen-Lebendige befreit, dann kann auch Religion, kann auch ein Gott nichts verändern. Dann ist Religion nur Illusion, die die Härte des Lebens vielleicht erträglicher, Unaushaltbares vielleicht aushalten läßt, eine kleine Zeitlang möglicherweise – und auch das nur um den Preis, sich selbst etwas vorzutäuschen." Eine Illusion ist nach Freud jedoch keine Täuschung, sondern Ausdruck eines Wunsches.

[266] Ebd., 27f.

Wenn Steinmeier ihm vorwirft, er „deute[t]" Freuds Illusion „um als Ausdruck einer ‚Wirklichkeitsdifferenz'",[267] so wirft sie ihm vor, genau das zu tun, wozu er selbst auffordert, es zu unterlassen, nämlich „Freuds Analyse der religiösen Vorstellungen als ‚Illusionen' [...] umzuinterpretieren trachten".[268] Beide Vorwürfe sollen im Folgenden näher untersucht werden.

2.5.3 Zur Wirklichkeitsdifferenz und zum Fall Dittus

Beim Prüfen von Scharfenbergs Äußerungen zu Freuds Religionskritik fällt zuerst auf, dass er Freuds Analyse logisch herleitet und ihr zunächst zustimmt, dass religiöse Vorstellungen Illusionen im Sinne von Abkömmlingen der menschlichen Wunschfähigkeit und demnach auch Ausdruck infantiler Regression sein können.[269] Er meint jedoch, „eine Theologie, die [...] der Hoffnung und dem ‚Schrei nach Veränderungen' Raum geben möchte, [...] wird es [...] akzeptieren können, daß auch biblische Schriftsteller ‚Illusionen' bilden konnten, d.h. sich die Welt anders vorstellen konnten als sie ist."[270] So ist Scharfenberg von der Notwendigkeit überzeugt, die Theologie müsse genau „dieser ‚Wirklichkeitsdifferenz' ihre besondere Aufmerksamkeit zuwenden, um so die Motive zu ergründen, die zu einer derartigen Deutung der Wirklichkeit führen."[271] Scharfenberg orientiert sich an Freuds Illusionsbegriff, während Steinmeier – etymologisch richtig – darunter eine Täuschung versteht.[272] Handelt es sich nun um eine Umdeutung, wie Steinmeier kritisiert? Ja und nein.

Nein, weil Scharfenberg Freud erstens darin zustimmt, dass religiöse Vorstellungen Ausdruck kindlicher Regression sein können, und zweitens, weil er das Charakteristikum von Freuds Illusionsbegriff unverändert beibehält, nämlich seine Herkunft aus dem menschlichen Wünschen.

Ja, weil Scharfenberg aus der Bestimmung der Herkunft religiöser Vorstellungen im Wunsche andere Schlüsse zieht als Freud. Gerade aufgrund ihrer Ursprungsbestimmung im Wunsch spricht Scharfenberg religiösen Vorstellungen eine besondere Qualität zu, nämlich progressiv-weltverändernde Kräfte freizusetzen,

---

267 Ebd., 27.
268 SCHARFENBERG (1977 [1970]): Zum Religionsbegriff Sigmund Freuds, in: NASE / SCHARFENBERG, 296–310, hier 309: Der vollständig zitierte Satz lautet: „Eine Theologie, die deshalb der Hoffnung und dem ‚Schrei nach Veränderungen' Raum geben möchte, wird Freuds Analyse der religiösen Vorstellungen als ‚Illusionen' keineswegs empört zurückweisen müssen oder ängstlich aus ihren Quellen zu eliminieren oder umzuinterpretieren trachten."
269 Vgl. SCHARFENBERG ([1977] 1970), 310.
270 SCHARFENBERG (1977 [1970]), 309.
271 Ebd., 309.
272 Vgl. auch Aussagen wie folgende: „Wo immer dieses Vertrauen, daß das Leben selbst keine Illusion ist, geahnt, gewagt [...] gelebt wird [...], ist Gott gegenwärtig", STEINMEIER (1998), 207. Vgl. dazu GAY (2004⁵ [1989]): „Freud unterschied nachdrücklich zwischen Illusionen und Täuschungen oder Irrtümern; erstere würden nicht durch ihren Inhalt, sondern durch ihre Quellen definiert."

die befähigen, sich dem Gewünschten zu nähern oder es sogar umzusetzen und „den Wirklichkeitsbezug wieder her[zu]stellen".[273] Das heisst, Scharfenberg sieht in religiösen Vorstellungen ein Potential, das Freud erstaunlicherweise dem Humor, der Phantasie, der Kunst, jedoch nicht der Religion zugestanden hat.[274] In dem Sinne nimmt Scharfenberg Freuds Verständnis auf, erweitert es jedoch und zieht andere Schlussfolgerungen. So zieht er selber als Fazit von Freuds Religionskritik: „Im Dialog mit Freuds Religionsbegriff ergibt sich [...] eine zusätzliche Möglichkeit, dafür Sorge zu tragen, daß die durch unbewußte Motivation bedingten ‚Illusionen' nicht im Sinne einer infantilen Regression und der unkritischen Bedürfnisbefriedigung benützt werden, sondern im Sinne Jürgen Moltmanns Ursprungsstelle einer das ‚Neue' ermöglichenden Realutopie werden, die zur menschlichen Reifung beitragen und so anthropologische Elemente bereitstellen, in denen, über Hegel und Marx hinausgehend, der Mensch vor allem als ‚Projekt' vorgestellt wird."[275]

Wenn von einer Umdeutung von Seiten Scharfenbergs gesprochen werden soll, so nicht von Freuds Illusionsbegriff, sondern von seinem Verständnis vom Wunsch.

Die am Beispiel von Gottliebin Dittus aufgeworfene Kritik Steinmeiers, Scharfenberg hätte es unterlassen, seine These von der in religiösen Illusionen manifesten Wirklichkeitsdifferenz zu konkretisieren und zu erläutern, „wie sich denn *in* der Realität, in der *gegenwärtig*, sinnhaft erfahrenen, erlebten und erlittenen Realität die behauptete religiöse Wirklichkeit zeigt", unterstellt ihm eine gewisse Theorielastigkeit und Abstraktheit.[276] Gerade der von ihm zitierte Fall von Dittus lasse aufhorchen und fragen, ob sie, anstatt geheilt zu sein, nicht einfach regrediert und in ein neues Abhängigkeitsverhältnis geraten sei. Dass diese Anfrage sehr berechtigt ist und besondere Aufmerksamkeit erfordert, darauf hat Scharfenberg in seinem Aufsatz selber schon hingewiesen. Er warf sie von sich aus auf und knüpfte damit an Viktor von Weizsäcker an, der sie Scharfenberg zufolge als allererster erörtert hatte:

---

[273] Vgl. Joachim SCHARFENBERG (1968): Sprache, Geschichte und Überlieferung bei Sigmund Freud, in: DERS. (1972), 116–127, hier 123: „Die entscheidende Frage ist nun, ob die Phantasie einen vorwiegend regressiven Charakter annimmt, ob sie sich durch Regression ins Infantile dauernd der Wirklichkeit entfremdet – dann ist das Ergebnis die Neurose." Dann ist Religion eine Zwangsneurose. „Oder ob die Phantasie eine progrediente Richtung einschlagen kann, d.h. ob sie sich darum bemüht, durch Arbeit in Wirklichkeit umgesetzt zu werden. Dann kann es zu ‚siegreichen Wunschphantasien' kommen, die den Wirklichkeitsbezug wieder herstellen und die Kraft der Neurose überwinden." Hauptaufgabe der „Sprachfunktion" ist „zu befreien", nämlich „Liebe". Dies geschieht, wenn „durch die Sprachfunktion der Deutung in der Übertragung die regressive Richtung allmählich in eine progressive verwandelt wird, das Zeitkontinuum wiederhergestellt und den inneren Vorgängen im Ich die Qualität des Bewußtseins verliehen wird." Ebd., 124.

[274] Vgl. SCHARFENBERG (1977 [1970]), 308f. Vgl. ebd, 308: „Mit der Zähigkeit eines dogmatischen Vorurteiles hält er an der Vorstellung fest, daß die Religion unfähig zu irgendwelchen Wandlungen und Veränderungen sei."

[275] SCHARFENBERG (1977 [1970]), 310.

[276] Vgl. STEINMEIER (1998), 25.

„Wir haben uns zu fragen, ob dieser, in der seelsorgerlichen Erfahrung mit der Gottliebin Dittus gewonnene Ansatz in der ferneren Praxis Blumhardts durchgehalten und zum Tragen gebracht wurde. Viktor von Weizsäcker hat dies bereits im Blick auf die Gottliebin bestritten und meint, daß das eigentliche Ziel einer solchen Gesprächsbemühung, nämlich zur wirklichen Freiheit und Mündigkeit zu führen, bei ihr nicht erreicht worden sei, indem Blumhardt sie als Hausgenossin in sein Haus aufnahm.“[277]

Scharfenberg selbst beschäftigte sich demnach mit dieser Fragestellung, die von prominenter Seite schon aufgeworfen worden war. Scharfenberg begründet seine Einschätzung des Falles von Dittus, die jener von Weizsäckers diametral entgegenstand, mit folgenden Argumenten:

„Aber die Gottliebin hat in ihren späteren Funktionen in der Hausgemeinde zu Bad Boll und in ihrer Ehe mit Theodor Brodersen ein derartiges Maß an Selbständigkeit und auch Eigenwilligkeit entwickelt, daß nach dem einhelligen Zeugnis vieler Besucher von einer unguten Abhängigkeit keine Rede sein kann.“[278]

Steinmeier wirft Scharfenberg vor, nirgends aufzuzeigen, *„inwiefern* denn die Gottliebin ein eigenes *Selbstverhältnis* in dem *Christusverhältnis* findet“.[279] Nun erläutert Scharfenberg den Ausruf „Jesus ist Sieger“ gleich nach seiner Verwendung ausführlich und schreibt:

„Er bleibt aber nun keineswegs in der Sphäre des Rhetorischen, sondern faßt eine tiefe innere Erfahrung in Worte, die darin besteht, daß in diesem Jesus-Namen die Möglichkeit beschlossen liegt, die auseinanderstrebenden und divergierenden Tendenzen im eigenen Inneren in ihrer Selbsttätigkeit und Eigenmächtigkeit zu überwinden und in die eigene Verantwortung im Glauben zu übernehmen. Sie gehen den Menschen nun nicht mehr unbedingt an, sondern nur noch bedingt. Ein der Struktur dieser Erfahrung genau paralleler Vorgang gehört zum Erkenntnisgut der Psychotherapie und wird mit dem Stichwort ‚Heilung als Ich-Integration‘ umschrieben. In ihm ist der Gegensatz von Heilung und Bewußtwerdung überwunden. Ein Mensch hat die erschreckenden Möglichkeiten seiner unbewußten Potenzen in radikaler Ehrlichkeit zur Kenntnis genommen und ihnen Namen und Ausdruck verliehen, sie so auf eine gewisse Distanz bekommen. Er muß und darf sie aber nun wieder neu als seine Möglichkeiten in Verantwortung übernehmen und jetzt vielleicht einer besseren Beherrschung zuführen, als es ihm bisher möglich war.“[280]

Das Verhältnis zu Jesus birgt demnach die Möglichkeit eines neuen Selbstverhältnisses, das im Falle von Dittus darin bestand, die sie bedrängenden dämonischen Stimmen als nach aussen verlagertes Eigenes langsam wieder zurück zu nehmen und dadurch Verantwortung zu übernehmen. Das Christusverhältnis stärkt und nimmt Dittus die Angst vor sich selber und führt sie zu mehr Freiheit.

    Steinmeier unterscheidet zwischen einem Gottesbild, in welchem „sich nur die eigenen Allmachtswünsche in dessen vorgestellter Transzendenz versichern“,

---

[277] SCHARFENBERG (1978 [1969]), 187.
[278] Ebd., 187f.
[279] STEINMEIER (1998), 28.
[280] SCHARFENBERG (1978 [1969]), 186.

und einem, das die Verletzbarkeit, Angreifbarkeit und Verwundbarkeit miteinbezieht und in welchem es „der Geist Gottes" ist, „der Göttliches und Menschliches als Unterschiedene vereint".[281] In letzter Vorstellung „ist Gott nicht bloß mehr – wie bei Scharfenberg – als utopische Gegenwirklichkeit einer besseren Zukünftigkeit gedacht, sondern als Prozeß des eigenen Lebens und seiner Aneignung des Fremden, der Erfahrung des Geborenwerdens ins eigene Leben: in der Lebenskraft gegen den Tod, im Vertrauen, in Hoffnung und Geduld".[282]

2.5.4 Zum Selbst des Menschen

Der Mensch besitzt nach Daniel N. Stern anders als bei Melanie Klein, Margaret S. Mahler und Donald W. Winnicott schon von Geburt an ein Empfinden seiner selbst und des anderen: „In der Entdeckung Sterns, daß es keine Zeit der Undifferenziertheit gibt, [...] liegt die entscheidend neue, weiterführende Perspektive seiner Forschungen."[283] Der Mensch wird „als ein *Selbst geboren*".[284] Daraus folgt, dass das Selbst des Menschen von Beginn an „zutiefst verletzbar" ist.[285] Und dies ist es denn auch, was für Steinmeier in ihrer Beschäftigung mit der Psychoanalyse „am wichtigsten geworden ist", nämlich „die Gefährdung der Seele bis in ihre tiefsten Schichten wahrzunehmen."[286]

Steinmeier zieht Freuds 1920 verfasste Schrift „*Jenseits des Lustprinzips*" heran, die „eine entscheidende Wende" in dessen Denken bezeichne,[287] und hält als wichtiges Resultat ihrer Beschäftigung mit Freud fest: „Noch in der Verneinung und Zerstörung von Leben, noch in Selbstbestrafung und Selbstaufgabe, noch im Haß auf sich selbst und auf Andere, suchen Menschen Leben. Leben als Lieben und Geliebtwerden. Das bedeutet, was Leben ist, ist dem Menschen nicht fremd".[288] In dieser Bewegung, in diesem dem Menschen inhärenten Streben „drückt sich [...] die Sehnsucht und der Hunger nach Leben, nach Bejahung aus".[289] M.E. liegt genau diese Bewegung auch in Freuds Illusionbegriff vor, näm-

---

[281] STEINMEIER (1998), 62f.

[282] STEINMEIER (1998), 63.

[283] STEINMEIER (1998), 180.

[284] Ebd., 195.

[285] Ebd., 196.

[286] Ebd., 196. Darin stimmt sie überein mit Traugott Koch, der „Freuds stärkste Erkenntnis" im Ausmass der Vulnerabilität des Menschen „gerade in seinem Intimsten und Höchsten, in seiner leibhaftigen Liebesbeziehung" sah und der bezweifelte, dass wir diese Erkenntnis in ihrer tiefsten Bedeutung und Auswirkung erfasst hätten. Traugott KOCH (1973): Das Ende des „Kinderglaubens". Freuds Religionskritik als Anstoß für den Gottesglauben, in: WPKG 62, 455–462, hier 455.

[287] Ebd., 40. Vgl. dazu Thomas AICHHORN (2006): Jenseits des Lustprinzips (1920), in: LOHMANN / PFEIFFER, 158–162, der meint, dass in der psychoanalytischen Fachliteratur gezeigt wurde, dass die Einführung des Todestriebes keine Wende, sondern vielmehr eine Weiterentwicklung ist bzw. „inneren Notwendigkeiten des Freudschen Denkens und seiner Konzeption des Unbewußten (entspricht)" (ebd., 159).

[288] Ebd., 45.

[289] Ebd., 45. Vgl. auch: „Die Gefährdung der Seele bis in ihre tiefsten Schichten wahrzunehmen, ist, was mir in der Auseinandersetzung mit den Gesprächspartnern der Psychoanalyse am wich-

lich in seiner Rückführung einer Vorstellung auf den dahinter liegenden Wunsch, den Scharfenberg produktiv aufgenommen hat und als Sehnsucht nach Veränderung versteht.

Steinmeier will „die Radikalität seines (sc. Freuds; IN) Wahrheitsanspruches" ernstnehmen und „zeigen, daß Freuds Verstehen von Lebenswirklichkeit – vielleicht gerade auch theologisch – noch mehr und anderes zu denken gibt, als Scharfenberg vermuten läßt".[290] Sie will „Spuren *im* Denken Freuds selbst aufzeigen", welche sie „im Unterschied zu ihm *theologisch* weitergehe[n]" will.[291] Zu diesem Zweck zieht sie Ricœur heran, der ihre Lesart Freuds stark beeinflusst habe, sich aber am entscheidenden Punkt m.E. kaum von Scharfenberg unterscheidet.[292] Steinmeier schreibt: „Ricœur lehrt, dass der Sinnprozess nicht einlinig, sondern nur als Bewegung zu fassen ist, in der Menschen sich immer schon vorfinden und in der sie zugleich neu auf den Weg gesetzt werden. ‚Ein und dieselben Symbole (sind) Träger zweier Vektoren …: auf der einen Seite wiederholen sie unsere Kindheit in allen ihren Richtungen … Auf der anderen Seite erforschen sie unser Erwachsenleben …, wahrhaft regressiv-progressiv' bilden sie Identität in ‚Reminiszenz' und ‚Antizipation', in ‚Archaismus' und ‚Prophezeiung'. Die Sprache des Symbols ist das Ende der Illusion, Leben ohne Ambivalenz vereindeutigen zu können."[293] M.E. trifft dies nahe mit Scharfenbergs Verständnis zusammen und zeigt auch, dass die auf Dittus angewandte Frage, „ob sie sich in dem Symbol ‚Jesus ist Sieger' wirklich *selbst* gefunden hat, also heil geworden ist oder ob sie nicht infantil in ein neues Abhängigkeitsverhältnis regrediert ist", jene zitierte Ambivalenz zu wenig beachtet.[294]

Scharfenberg findet, dass die Theologie „sich mit Vorteil der Freudschen Kriterien bedienen [dürfte], nämlich biblische Texte kritisch daraufhin zu untersuchen, inwieweit sich in ihnen ein ursprungsmythisch-totemistisches Denken, ein geschichtlich-prophetisches Denken oder eine Ambivalenz zwischen diesen beiden Komponenten ausspricht." Scharfenberg spricht von „progressiv oder regressiv gewendeter Denkbewegungen".[295] Im Symbol treffen bei ihm wie bei Ricœur beide zusammen.

Steinmeier hält am Schluss ihrer Abhandlung unter „Konsequenzen" fest: „Im Verstehenshorizont der Frage, die im Zentrum des Dialoges dieser Arbeit steht, wie die seelische Wirklichkeit des Menschen, seine Entwicklung und sein Wesen zu verstehen sei und jeweils verstanden wird, scheint mir der Weg von einem anfangs scheinbar unversöhnlichen Gegensatz doch durch die – bei Freud bereits

---

tigsten geworden ist" (196); „[…] worin für mich die – vielleicht – wesentlichste Einsicht dieser ganzen Auseinandersetzung liegt –, daß *unter* allem, was gegen das Leben tobt, im Menschen selbst und in seinen Beziehungen, in seiner Wirklichkeit innen und außen, […], Menschen auf der Suche nach Leben sind: Leben als Lieben und Geliebtwerden" (207).

[290] Ebd., 29.
[291] Ebd., 29.
[292] Vgl. ebd., 29.
[293] STEINMEIER (2007), 78.
[294] STEINMEIER (1998), 27.
[295] SCHARFENBERG (1977 [1970]), 306.

implizit angelegte – Entwicklung der neueren Psychoanalyse im Verstehen des Selbst und seiner Beziehungswirklichkeit so wie in der Auseinandersetzung um die Wurzeln eines theologischen Verstehens der Gott-Mensch-Beziehung zu einer größeren Nähe zu führen, als ich anfangs je vermutet hätte".[296]

Ohne den Begriff „Dialektische Theologie" zu verwenden, setzt sich Steinmeier doch immer wieder deutlich von genau deren Grundpositionen ab. Ihre Trennung von Gott und Mensch sei getragen von der Furcht, Gott irgendwie verfügbar zu machen, bzw. ihn dem Menschen zu unterwerfen. Steinmeier fordert dazu auf, diese Furcht zu überwinden. Es gelte, „die Gotteswirklichkeit in der Erfahrungswirklichkeit des Menschen deutlich [zu] machen".[297]

Im Kern handelt es sich in der Untersuchung Steinmeiers u.a. um eine Auseinandersetzung mit der Dialektischen Theologie, die anhand von Ricœurs Freud-Interpretation geführt wird. Der ungenannt bleibende Diskurs gipfelt in Sätzen wie: „Alle Aussagen, die Gottes Unverfügbarkeit in einer letzten Transzendenz bewahren wollen – das ist in der Auseinandersetzung vor allem mit dem Wahrheitsanspruch Freuds zu lernen – zielen auf eine letzte Versicherung des eigenen Lebens, eine Verankerung eigener Allmachts-Phantasien in fernen Gottesbildern, um vor sich selbst und der eigenen Problematik ausweichen zu können. Wo das Göttliche als jenseitig Transzendentes ‚fest-gedacht' wird, kann das Endliche aber als ‚bloß' Endliches nur festgestellt und allesmenschlich-konkret-Lebendige darin nur erstarren".[298] Demgegenüber hält Steinmeier immer wieder fest: „Von dem Grundbekenntnis des Christlichen her aber ist Theologie […] Theologie der Beziehung, realer Beziehung von Gott und Mensch".[299] „In dieser Wahrnehmung Gottes im Menschlichen gründet die theologische Identität der Seelsorge".[300] Scharfenberg dürfte ihr hier vermutlich vorbehaltlos zugestimmt haben.

2.6 Weitere Themen und Aspekte der pastoralpsychologischen Auseinandersetzung mit der Psychoanalyse

Aus der Vielzahl weiterer neuerer Veröffentlichungen im Bereich Pastoralpsychologie/Seelsorge und Psychoanalyse soll im Folgenden eine subjektive und höchst unvollständige Auswahl besonders erwähnenswerter Beiträge und ihrer

---

[296] STEINMEIER (1998), 206.

[297] Ebd., 16.

[298] Ebd., 199.

[299] Ebd., 199. Vgl. ebd., 198: „Es gibt keinen Ort der Leibhaftigkeit von Fleisch und Blut, den Gott nicht kennt und in dem er *selbst* und also *wesentlich* mit dem Menschen verbunden ist". Vgl. auch ebd., 200: „Eine christologisch begründete Theologie der Beziehung bedeutet […]: Gott ist im Menschlichen gegenwärtig" und „Es gibt keine theologische Aussage jenseits der Auseinandersetzung im Prozeß von Subjektivität." (200). Vgl. die Dissertation: Anne M. STEINMEIER-KLEINHEMPEL (1991): „Von Gott kompt mir ein Frewdenschein." Die Einheit Gottes und des Menschen in Philipp Nicolais „FrewdenSpiegel deß ewigen Lebens", Frankfurt a.M. u.a. (Lang).

[300] STEINMEIER (1998), 202.

Schwerpunkte kurz wiedergegeben werden mit dem Ziel, einen Eindruck von der Breite der gegenwärtigen Diskussion zu vermitteln.[301]

2001 veröffentlichte *Martin Weimer* eine Werbeschrift für die Psychoanalyse.[302] Es handelt sich um eine Sammlung von Vorträgen über sieben Grössen der Psychoanalyse – Freud, Ferenczi, Klein, Bion, Winnicott, Balint, Lacan –, der er zur Veröffentlichung eine Einleitung und ein Nachwort beigefügt hat. Grundlegend ist seine Darstellung Freuds, dessen Mut er hervorhebt. Seine Kernthese lautet, dass diese Unerschrockenheit „seine Erbschaft der mitteleuropäischen Aufklärung, sich u.a. in seiner Kritik sozialer Rollen (zeige)", die mit seinem Judentum zusammenhänge.[303]

In unverblümter Sprache belegt Weimer Freuds Mut zum eigenständigen Denken – dies im Gegensatz zu Gläubigen, denn „Freud hält gläubige Menschen schlicht für dumm".[304] In Absetzung von Peter Gay, der Freuds prinzipiellen Atheismus hervorstrich, meint Weimer: „Man hält Freud die Treue, indem man

---

[301] Die Habilitationsschrift von Hans Martin DOBER (2008): Seelsorge bei Luther, Schleiermacher und nach Freud, Leipzig (Ev. Verlagsanstalt) möchte ich nicht in den Kreis näher zu besprechender Untersuchungen aufnehmen. Folgende Gründe haben mich dazu bewogen, wobei ich die Schrift nur auf Freud hin studiert habe: Im Literaturverzeichnis werden zwar Freuds *Gesammelte Werke* aufgeführt, doch kaum je verwendet. Jene Schriften Freuds, die nicht in der *Studienausgabe* Aufnahme fanden, werden meist über andere – v.a. Scharfenberg – zitiert. Dass u.a. „methodische Schwächen" statt wie Scharfenberg ausführt, sein Verständnis der Psychoanalyse als Methode, dazu geführt hatten, dass Pfister keine bleibende Wirkung auf die Theologie ausgeübt hatte, wird nicht weiter erläutert (ebd., 183). Ungenügend bleibt die Darstellung von Freuds Begriffen und Theoriebildung, die fast einen Viertel des Gesamttextes ausmacht (vgl. z.B. 2.1.3 „Was ist Realität?", die bei Freud – unter Absehung grundlegender Erkenntnisse zur psychischen Realität – „dasjenige [sei], was sich als Tatsache annehmen und behaupten lässt" (124). Nicht zur Kenntnis genommen wird die Habilitationsschrift von Anne M. Steinmeier (1998), was umso bedauerlicher ist, als sich Dober wie Steinmeier stark an Paul Ricœur anlehnt (vgl. ebd., 121). Dafür begegnet man häufigem „name-dropping" (vgl. z.B. ebd., 195). Die philosophische Einbettung Freuds ist ungenügend, Schopenhauer bleibt unerwähnt. Unverständlich bleibt auch die Chronologie und die Begründung, weshalb „der sachliche Gesichtspunkt dem chronologischen vorgeordnet" wird und dass zur theologischen Psychoanalyse-Rezeption „Thurneysen nicht viel beigetragen" hätte (ebd., 188): Nach einem Kapitel über Pfisters „*Analytische Seelsorge*" folgt „Scharfenbergs Auseinandersetzung mit dem ‚ganzen Freud'", darauf ein Kapitel zur Anthropologie, das mit einem Unterkapitel über „Dietrich Rösslers Verteidigung des ‚ganzen Menschen'" einsetzt, dann erhält Thurneysen ein eigenes Kapitel, in welchem seine Hauptschriften behandelt werden. Schliesslich bedeutet das Verständnis von Psychoanalyse, die „vor allem dem praktischen Zweck (diene), zur Therapie psychischer Störungen oder Krankheiten anzuleiten" (121), einen Rückschritt hinter die Erkenntnisse Scharfenbergs. Es wird auch dem Anliegen Freuds selbst nicht gerecht. Zu guter Letzt empfinde ich die zuweilen verwendete Sprache als unangemessen, vgl. z.B.: „Es sind gegenwartsdiagnostische Motive und Gedanken, die die Lage der Kultur betreffen, ebenso in diese Konstruktion eingegangen wie tiefliegende seelische Motive dessen [sc. Freuds; IN], der sich im Alter, auf der Flucht und im Exil noch einmal aufgerafft hat, dieses Buch zu schreiben" (171) oder: „Scharfenberg hat 1985 eine ‚Einführung in die Pastoralpsychologie' herausgehen lassen" (199).

[302] Vgl. Martin WEIMER (2001): Psychoanalytische Tugenden. Pastoralpsychologie in Seelsorge und Beratung, Göttingen (Vandenhoeck & Ruprecht), 9: „Ihnen gegenüber (sc. der Zuhörerschaft; IN) wollte ich vor allem eines: für die Psychoanalyse werben."

[303] Ebd., 17.

[304] Ebd., 19.

sie bricht."[305] Weimer knüpft an die Studien von Ygal Blumenberg an und erhebt Freuds Judentum zum entscheidenden hermeneutischen Schlüssel nicht nur seines Werks, sondern auch seiner denkerischen Freiheit bzw. seiner intellektuellen Entschlossenheit.[306] So verstand sich Freud selbst. 1941 hielt er in seiner Ansprache vor Mitgliedern des Vereins B'nai Brith fest:

„Weil ich Jude war, fand ich mich frei von vielen Vorurteilen, die andere im Gebrauch ihres Intellekts beschränkten, als Jude war ich darauf vorbereitet, in die Opposition zu gehen und auf das Einverständnis mit der ‚kompakten Majorität' zu verzichten."[307]

Weimers Freud-Darstellung zeichnet aus, dass er Freuds Selbstverständnis und Eigeninterpretation aufnimmt, sein Judentum sei der zentrale Schlüssel – die Hauptsache. Diesen Mut und insbesondere seine gesellschaftskritische Perspektive preist Weimer als nachahmenswerte pastoralpsychologische Tugend an.

2007 erschien eine von Christoph Morgenthaler und Isabelle Noth herausgegebene Aufsatzsammlung über *„Seelsorge und Psychoanalyse"*, die aus einem historischen, systematischen und anwendungsorientierten Teil besteht.[308] Darin hat sich *Ulrike Wagner-Rau* in Form eines sachlich abwägenden und ausgewogenen Beitrags explizit mit dem Thema der psychoanalytischen Religionskritik und deren Rezeption in der Pastoralpsychologie befasst.[309] Sie wird Scharfenbergs Leitlinien 4 und 5 voll und ganz gerecht, Freuds Religionskritik trotz allem Ungenügen, das sich insbesondere in seinem reduktionistischen Religionsverständnis offenbart, ernst zu nehmen. Wagner-Rau betont in überzeugender Weise das dank Freud immer wieder in Erinnerung zu rufende Wissen um die Ambivalenz religiöser Praxis und Haltungen. Anders als oft kritisiert, diente nach Wagner-Rau die pastoralpsychologische Auseinandersetzung mit Freuds Religionskritik nicht nur einer in Vorwürfen ausartenden Kritik an Kirche und ihre Praxis, sondern auch der Eigenreflexion und Vertiefung des Glaubens. Gerade der Konflikt zwischen Religionskritik und Glaube, der in der Pastoralpsychologie stets auf der Agenda blieb, habe sich in der Seelsorge als äusserst produktiv erwiesen.[310] Wagner-Rau zeichnet Scharfenbergs Auseinandersetzung mit dem religiösen Ritual und Symbol nach und zeigt, wie wichtig eine in Aufnahme von Freuds Beobachtungen über die Analogie von Zwängen und religiösen Ritualen „kritische Bewusstheit" in der Verwendung von Ritualen und Symbolen ist.[311] Wagner-Rau verfällt keinem Entweder-Oder, sondern weist auf die Notwendigkeit hin, beide Perspektiven einzunehmen, eine ritualwertschätzende wie auch eine ritualkriti-

---

[305] Ebd., 20.

[306] Vgl. Ygal BLUMENBERG (1995): Psychoanalyse – eine jüdische Wissenschaft, in: Forum der Psychoanalyse XII, 156–178; DERS. (1997): Freud – ein ‚gottloser Jude'? Zur Frage der jüdischen Wurzeln der Psychoanalyse, in: Luzifer-Amor 19, 33–80.

[307] Sigmund FREUD (1941e): Ansprache an die Mitglieder des Vereins B'nai Brith, GW XVII, 51f.

[308] Vgl. NOTH / MORGENTHALER (2007).

[309] Ulrike WAGNER-RAU (2007): Religionskritik und Glaube in der Seelsorge, in: NOTH / MORGENTHALER, 95–107.

[310] Vgl. ebd., 95 u. 97.

[311] Ebd., 99.

sche. So kennzeichne auch die pastoralpsychologische Rezeption Freuds „eine doppelte Perspektivität".[312] In einem ersten Schritt frage sie nach der Berechtigung von dessen kritischen Beobachtungen und Anmerkungen zur religiösen Praxis. Sie bleibt hier jedoch nicht stehen, sondern „nutzt sie als [...] hermeneutische Impulse, die ein vertieftes Verständnis des Glaubenslebens ermöglichen bzw. – wie Scharfenberg es nennt – als ‚Fremdprophetie'. Diese doppelte Blickrichtung von Religionskritik und Religionshermeneutik hat sich bis in die Gegenwart als produktiv für die pastoralpsychologische Praktische Theologie und Seelsorge erwiesen."[313] Freuds Religionskritik stärke das Vermögen, die Ambivalenz gelebter Religiosität wahrzunehmen und auszuhalten, und es wäre nach Wagner-Rau „verhängnisvoll [...], wenn das Wissen über die Ambivalenz jeder religiösen Praxis und Einstellung, wieder verloren geht bzw. zu wenig Beachtung findet."[314]

Wolfgang Drechsel wiederum zeichnet überzeugend nach, wie die psychoanalytisch orientierte Perspektive in der Seelsorge mit ihrem Schwerpunkt auf Beratung eine Abwertung und Ausklammerung zentraler kirchlicher und gemeindebezogener Praxisfelder zur Folge gehabt hätte.[315] Drechsel sieht denn auch einen Teil der gegen sie erhobenen Kritik im Zusammenhang mit der impliziten „*Exklusivität* der therapeutischen Orientierung".[316] Die „Spezialisierung und Professionalisierung seelsorglicher Praxis" hätte zu einer „kirchenpraktische[n] Spaltung zwischen Hochprofessionalisierten und ‚niederem Klerus'" geführt.[317] Seine Kritik zielt letztlich in die Richtung von jener in den USA schon seit längerem monierten Klage, die zum *communal-contextual* Paradigmenwechsel in der Poimenik führte.[318]

Susanne Heine setzte sich mit dem Ertrag der Objektbeziehungstheorie in der Seelsorge auseinander.[319] Die Verortung von Religion in einen dritten sog. intermediären oder illusionistischen und von der realen äusseren und inneren Welt zu unterscheidenden Erfahrungsraum heisst, Abschied zu nehmen von dem in unserer Kultur dominanten szientistischen Denken, das stets nach einem Entweder-Oder kategorisiert. In Aufnahme des von Hans Blumenberg in die Diskussion eingebrachten Begriffs „Bedeutsamkeit" sieht Heine eine Auflösung der szientistisch-spalterischen Einteilung in Fakten und Fiktion. Die Theorie des intermediären Raums ermutigt Seelsorgende gerade in Kirchengemeinden ihre

---

[312]   Ebd., 100.

[313]   Ebd., 100.

[314]   Ebd., 107.

[315]   Wolfgang Drechsel (2007): Die Psychoanalyse und ihre Kritik in der Seelsorgetheorie, in: Noth / Morgenthaler, 122–136.

[316]   Ebd., 128.

[317]   Ebd., 127 u. 136. Vgl. dazu die Auseinandersetzungen rund um die *American Association of Pastoral Counselors (AAPC)*. Während Carroll Wise und Howard Clinebell *„pastoral counseling as a specialized ministry"* befürworteten, lehnten Hiltner und Wayne Oates dieses als „a ‚private' practice" strikt ab und traten der AAPC demonstrativ nicht bei. Miller-McLemore (2004), 54.

[318]   Vgl. unten S. 253f.

[319]   Susanne Heine (2007): In Beziehung zur Welt im Ganzen. Der Ertrag der Objektbeziehungstheorie für Theologie und Seelsorge, in: Noth / Morgenthaler, 108–121.

christlichen Inhalte und reichen Traditionen an Bedeutungswelten offen und selbstverständlich zu vertreten, ohne sich bedrängt zu fühlen, diese faktisch beweisen zu müssen. „Gerade das, was eine szientistische Grundhaltung der subjektiven Fantasie zuordnet, die zugunsten der faktischen Realität aufgegeben werden solle, wird zum Angelpunkt eines Möglichkeitssinns, der der inneren Entwicklung eines Menschen ebenso dienen kann wie der Gestaltung der äusseren Realität etwa in einer konkreten Gemeinde.“[320] Menschen achten Fakten, schwelgen in Fantasien und brauchen und inszenieren Bedeutsamkeit. Gerade die Seelsorge hat die besondere Chance, hier „ihre spezifische religiöse Bedeutungswelt“ zur Verfügung zu stellen, ins Spiel zu bringen, anzubieten, denn „‚Illusionen‘ sind nicht aus dem Stoff der realen Welt gemacht, aber sie können den Anspruch der Realität brechen, alles zu sein, was wir haben.“[321] Der „im intermediären Raum einer christlichen Bedeutungswelt“ sich abzeichnende „Spielraum der Freiheit“ setzt Heine schliesslich mit dem Heiligen Geist ineins.[322]

3. Vereinigte Staaten von Amerika

Sich mit der Rezeption der Psychoanalyse in der neueren US-amerikanischen Pastoralpsychologie zu beschäftigen, hat deshalb seinen besonderen Reiz, weil das Fach seit Ende des vergangenen Jahrhunderts einem tiefgreifenden Wandel unterworfen ist. Wie wirkt sich dies auf die psychoanalytische Seelsorgetradition aus? Dass es beileibe nicht ihr Ende bedeutet, wie man aufgrund des Bedeutungsverlusts des psychoanalytischen Paradigmas auch in den USA annehmen könnte, steht schon jetzt klar. Doch bevor wir uns der Psychoanalyserezeption annehmen, soll zuerst dieser Wandel nach dem heutigen Erkenntnisstand, d.h. in relativer historischer Nähe zu ihm, beschrieben werden (3.1). Vor diesem Hintergrund soll das Augenmerk auf das Werk von zwei protestantischen HauptexponentInnen der US-amerikanischen Praktischen Theologie der Gegenwart gerichtet werden, nämlich von Pamela Cooper-White (3.2) und von Emmanuel Y. Lartey (3.3). Sie ermöglichen es, einen Einblick in die Bandbreite der aktuellen pastoralpsychologischen Rezeption der Psychoanalyse in den Vereinigten Staaten zu erhalten.

Die Euroamerikanerin Pamela Cooper-White hat sich als allererste Theologin mit dem sog. *relational turn* in der Psychoanalyse befasst. Sie hat ihn auf seinen Beitrag zu Theorie und Praxis der Pastoralpsychologie untersucht und dabei eine eigene Seelsorgemethode entwickelt.

Der ursprünglich aus Ghana stammende Emmanuel Y. Lartey, der seit geraumer Zeit in den USA lebt und Präsident des *International Council on Pastoral Care and Counseling* ist,[323] gehört zu den führenden VertreterInnen im Bereich

---

[320] Ebd., 119.
[321] Ebd., 120.
[322] Ebd., 121.
[323] Vgl. http://www.icpcc.net/.

interkultureller Seelsorge und Beratung. Beide ProtagonistInnen lehren im südlichen Bundesstaat Georgia, sind Mitglieder der *American Association of Pastoral Counselors*[324], und die Arbeiten beider markieren in verschiedener Hinsicht jenen *shift*, der innerhalb der Disziplin in den Vereinigten Staaten selbst festgestellt wurde.

3.1 Nancy J. Ramsay über die Entwicklung von *Pastoral Care and Counseling* seit der Veröffentlichung des *DPCC (1990)*

Fast fünfzehn Jahre nach der Veröffentlichung des *Dictionary of Pastoral Care and Counseling* im Jahre 1990,[325] eines renommierten Standardwerks US-amerikanischer Poimenik, gab Nancy J. Ramsay, die Verantwortliche für dessen erweiterter Ausgabe von 2005, einen Ergänzungsband mit sieben Essays heraus, die die einschneidenden Veränderungen des Faches in Theoriebildung und Praxis belegen.[326] In ihrem eigenen einleitenden Beitrag analysiert Ramsay diese Veränderungen und entdeckt zwei neue Paradigmen in der US-amerikanischen *Pastoral Care and Counseling*, die das bisher dominierende *Clinical Pastoral*-Paradigma konkurrieren und z.T. schon im Begriff sind abzulösen. Sie werden als „the Communal Contextual and the Intercultural Paradigms" bezeichnet.[327]

Das erste Paradigma verfolgt eine doppelte Perspektive: Zum einen möchte es den Blick von der bisher dominierenden amtszentrierten auf die lange vernach-

---

[324] Vgl. https://aapc.org/.

[325] Vgl. Rodney J. HUNTER (ed.) (1990): Dictionary of Pastoral Care and Counseling, Nashville/TN (Abingdon Press).

[326] Vgl. Nancy J. RAMSAY (2004): A Time of Ferment and Redefinition, in: DIES. (ed.): Pastoral Care and Counseling. Redefining the Paradigms, Nashville/TN (Abingdon Press), 1–43, hier 1: „,Sea change' is a phrase that characterizes the dramatic changes in pastoral care, counseling, and pastoral theology since the publication of the *Dictionary of Pastoral Care and Counseling* (1990)." Vgl. auch Rodney J. HUNTER / John PATTON (1995): The Therapeutic Tradition's Theological and Ethical Commitments Viewed Through its Pedagogical Practices: A Tradition in Transition, in: COUTURE / HUNTER, 32–43, hier 32: „The modern pastoral care and counseling movement is a tradition in transition. [...] the movement is being powerfully challenged and changed by issues of social conflict". Ebd., 42: „[...] a great ferment is occurring in the pastoral care field that involves its deepest historical convictions and value commitments."

[327] RAMSAY (2004), 1. Vgl. ebd., 11: Die Bezeichnung „communal contextual" stammt von John PATTON (1993): Pastoral Care in Context: An Introduction to Pastoral Care, Louisville/KY (Westminster John Knox Press), der die Kontextvergessenheit von Seelsorge anprangerte. Vgl. zu einer Besprechung von seinem „Modell einer kontextuellen und gemeinschaftsbezogenen Seelsorge", der ein Verständnis von Kontext zugrundeliegt, das „sich weitgehend an das befreiungstheologische Verständnis an(schließt)", dieses „jedoch perspektivisch zu erweitern (versucht)", SCHNEIDER-HARPPRECHT (2001), 18f. Larry Kent GRAHAM wiederum sieht den Paradigmenwechsel in der nordamerikanischen Seelsorge und Beratung ausser in der „Bewegung vom Individualismus zur Gemeinschaftsorientierung" auch in der Bewegung „von der Privatisierung zur Bürokratisierung, von religiösem Professionalismus zu ‚geistlicher Leitung'." DERS. (2000): Neue Perspektiven von Theorie und Praxis der Seelsorge in Nordamerika, in: Christoph SCHNEIDER-HARPPRECHT (Hg.): Zukunftsperspektiven für Seelsorge und Beratung, Neukirchen-Vluyn (Neukirchener Verl.), 35–52, hier 36.

lässigte gemeindezentrierte Seelsorge lenken. Zum anderen will es auf die grundlegende Bedeutung öffentlicher, struktureller und politischer Dimensionen von Seelsorge aufmerksam machen.[328] Dieses Paradigma erinnert daran, dass Seelsorge als „Muttersprache der Kirche"[329] zwar eine professionell von PfarrerInnen ausgeübte Tätigkeit ist, zugleich jedoch stets „Lebenselement und Lebensäusserung der ganzen Gemeinde" bleibt.[330] Es macht ernst mit einem Seelsorgeverständnis, das die christlichen Kirchen und die einzelnen Kirchgemeinden selbst als mitverantwortlich für die Ausführung des Seelsorgeauftrags sieht.[331] Da es in verstärktem Masse die Kontextgebundenheit von Seelsorge im Blick hat, reflektiert es zugleich auf Geschlecht, Hautfarbe, Ethnizität, sozioökonomischen Status, sexuelle Orientierung etc. als gesellschaftliche Strukturkategorien, die auch in der Seelsorge ihre Wirkung entfalten. So genannte Privatprobleme sind stets auch eingebettet in geschichtliche und politische Dynamiken und Zwänge.[332] Folge dieses neuen Paradigmas ist nach Ramsay u.a. die Notwendigkeit, über die Disziplin der Psychologie hinausreichende Kenntnisse zu erwerben und sich in Fächern wie z.B. Soziologie, Politikwissenschaften und Ökonomie kundig zu machen.[333] Wir sehen hier schon erste Gemeinsamkeiten mit der Entwicklung der deutschsprachigen Poimenik, die vor einem ähnlichen zeitgeschichtlichen Hintergrund dieselbe Forderung erhebt und u.a. mit den beiden Dissertationen von Karle und Pohl-Patalong einzulösen beginnt.

Die gestiegene Sensibilität für globale Zusammenhänge, ethnische, kulturelle und religiöse Differenzen, politische und ökonomische Herrschafts- und Machtverhältnisse in der kapitalistischen Marktgesellschaft und deren Auswirkungen auf die Seelsorge hat zu markanten Veränderungen im Selbstverständnis der Disziplin geführt und kennzeichnet das Aufkommen des zweiten, interkulturellen Paradigmas.[334]

---

[328] Vgl. RAMSAY (2004), 1: „The communal contextual paradigm draws on the ecological metaphor of a web to describe tensively held dual foci. The first is on ecclesial contexts that sustain and strengthen community practices of care. The second is on the widened horizons of the field that conceive of care as including public, structural, and political dimensions of individual and relational experience."

[329] Petra BOSSE-HUBER (2005): Seelsorge – die „Muttersprache" der Kirche, in: Anja KRAMER / Freimut SCHIRRMACHER: Seelsorgliche Kirche im 21. Jahrhundert. Modelle – Konzepte – Perspektiven, Neukirchen-Vluyn (Neukirchener Verl.), 11–17.

[330] MORGENTHALER (2001), 14. Vgl. PATTON (1993), 3: Im Zentrum steht nicht mehr „the male clergyperson of European ancestry." Laien sind gleichwertige Seelsorgende.

[331] Vgl. RAMSAY (2004), 11: „The communal contextual paradigm [...] includes ecclesial communities of care and the importance of cultural and political contexts shaping persons' lives. It retrieves the earlier awareness that care is a ministry of the church or faith community rather than solely a clerical responsibility." Dieses Seelsorgeverständnis war ausserhalb Europas und den USA stets das dominierende. Vgl. MILLER-MCLEMORE (2004), 51: „Pastoral theologians in non-Western contexts have long recognized the significance of the community in care giving".

[332] Vgl. MORGENTHALER (2001), 20.

[333] Vgl. MILLER-MCLEMORE (2004), 52: „church's love affair with psychology and counseling".

[334] Vgl. RAMSAY (2004), 12: Das interkulturelle Paradigma „arises from a particular awareness of the global dimensions of the asymmetries of political and economic power associated with racial and cultural difference." Weshalb dies nicht zufällig erstmals ausserhalb der Vereinigten Staaten geschehen sei, mit Verweis auf den lange in Birmingham (GB) lehrenden und inzwischen eme-

Ramsay bezieht sich in ihrer Analyse auf die Position eines kritischen Postmodernismus, dessen zentrale Anliegen sie in der Infragestellung von Vorannahmen sieht, die aus der westlichen Tradition der Aufklärung stammen, universale Geltung beanspruchen und lange unwidersprochen geblieben sind wie z.B. dem Ideal eines autonomen Selbst. Die Erkenntnis vom stets relational-kontextuellen Charakter des Selbst führt zum Abschied von „grossen Erzählungen".[335] Das neue sog. dezentrierte Selbst weiss um seine eigene Standortgebundenheit. Es vermag bisher als absolut verbindlich geltende Wahrheitsansprüche perspektivistisch zu relativieren und den inneren Zusammenhang zwischen Wissen und Macht anzuerkennen.[336]

Ramsays Analyse der Entwicklung der US-amerikanischen *Pastoral Care and Counseling* seit 1990 lässt sich in der Feststellung zusammenfassen, dass sich die Perspektiven des Faches durch die explizite Reflexion über die unterschiedlichen Kontexte und AkteurInnen von Seelsorge drastisch erweitert haben bis zur Bildung zweier neuer Paradigmen, die beide auf umfassende Beziehungsgerechtigkeit abzielen. „Shift or widening in focus" bzw. „shift to relational justice" sind wiederkehrende Kernausdrücke in Ramsays Essay und sind auch vor dem Hintergrund des in den USA nach wie vor virulenten Problems von offenem und verstecktem Rassismus zu verstehen.[337]

---

ritierten Schweizer Walter J. HOLLENWEGER zu erläutern, scheint mir nicht schlüssig zu sein. Vgl. DERS. (1978): Intercultural Theology, in: Theological Renewal 10, 2–14.

Vgl. dazu HUNTER (1995), 21: „[…] while therapeutic pastoral care and counseling on the whole has failed to integrate political, economic, and cultural features fully into its theory and practice, the question of what constitutes a true ‚wholism' has never been entirely absent and has emerged with new force in recent years."

[335] Vgl. RAMSAY (2004), 6: „Epistemology […] now acknowledges the highly relational and contextual character of the self whose knowing is socially situated rather than an objective, rational assessment of an external reality." Vgl. dazu SCHNEIDER-HARPPRECHT (2001), 20: „Diese Neigung der Seelsorge zum Detail, die Bevorzugung des Partikulären vor universalen oder gesamtgesellschaftlichen Perspektiven ist eine Frucht des Gesprächs mit der neueren konstruktivistischen und narrativen Ethnologie, die ihr Augenmerk auf die lokale Kultur legt, anstatt nach großen, umfassenden Strukturen zu suchen."

[336] Vgl. RAMSAY (2004), 6: „In fact, this critical sensibility about the self and epistemology, the ethical challenges of a thoroughly plural civil and religious context, and asymmetries of power associated with difference provides a primary interpretive frame for understanding continuities and discontinuities in the field since the late-1980s".

[337] Ebd., 9. Vgl. Charles GERKIN (1986): Widening the Horizons: Pastoral Responses to a Fragmented Society, Philadelphia/PA (Westminster Press). In ausdrücklicher Aufnahme von Gerkins Bild von der Horizonterweiterung der Disziplin sahen Rodney J. Hunter und John Patton 1985, also beinahe ein Jahrzehnt vor Ramsay, vier neue Richtungen, in denen sich *Pastoral Care and Counseling* inskünftig weiterentwickeln würde: „the emphasis on systems, theory construction, cultural particularity, and congregational settings". HUNTER / PATTON (1985), 42. Zur Betonung von Beziehungsgerechtigkeit vgl. GRAHAM (2000), 37f.: „Unter dem Einfluss der […] Befreiungsbewegungen begann man Gerechtigkeit als integralen Bestandteil von Seelsorge statt als sekundär oder ein zusätzliches Thema anzusehen. Viele Menschen sind zu SeelsorgerInnen gekommen, weil sie Opfer von Missbrauch, Unterdrückung und anderen Formen von Ungerechtigkeit waren. […] Da ihre Symptome im Netz von gemeinschaftlichen Praktiken und kulturellen Bedeutungssystemen aufgekommen sind, muss es Wege geben, auch ihre Heilung von einem gemeinschaftsbezogenen und kontextuellen Standpunkt aus anzugehen. […] Wenn Be-

Ramsay versteht es, eindrücklich aufzuzeigen, wie die neu gewonnene kontextuelle Sensibilität einen enormen Zuwachs an fachlichen Qualifikationserfordernissen für Seelsorgende mit sich bringt. Ihrer Analyse erwachsen jedoch m.E. vor allem in viererlei Hinsicht Schwierigkeiten: Erstens verwendet Ramsay den wissenschaftshistorisch befrachteten Begriff „Paradigma", ohne diesen je zu definieren oder ihre Kriterien zur Bestimmung eines solchen näher zu erläutern. Dies führt zweitens dazu, dass sie verschiedene in der Poimenik bisher vernachlässigte Kategorien als grundlegende Bestandteile in ihre Analyse zwar miteinbezieht, diese aber implizit wertet. So sind die Kategorien „cultural" oder „racial" zur Bildung eines eigenen Paradigmas fähig oder geeignet, „gender" oder „sexual orientation" z.B. hingegen nicht. Dies fällt insbesondere vor dem Hintergrund auf, dass Ramsay ausführlich erwähnt, das Fach hätte sich durch die Partizipation von Frauen im wissenschaftlichen Diskurs enorm gewandelt und ab 1991 seien die ersten Publikationen erschienen, die sich eigens der Bedeutung dieser Kategorie widmeten.[338] Die empirisch erwiesene Existenz interkulturell stereotyper Männer- und Frauenbilder würde die Bildung eines eigenen Paradigmas weiter unterstützen.[339] Lässt sich an diesem Punkt zeigen, dass die Probleme mit einem nach wie vor latent bis offensichtlich grassierenden Rassismus in den USA auch die poimenische Agenda bestimmen und hier zuoberst rangieren? James G. Emerson nennt in seiner Analyse des auch von ihm propagierten „major shift" der Disziplin folgende drei daran beteiligte Gruppen: Frauen, Schriftsteller v.a. aus Asien, die sich dem Thema Scham zuwenden, und drittens die „attention to community" dank afroamerikanischer TheologInnen.[340]

---

ziehungsgerechtigkeit die Selbstverwirklichung als Norm für pastorales Selbstverständnis und pastorale Praxis ersetzt, dann wird ‚Wechselseitigkeit' zur zentralen Norm relationaler Gerechtigkeit." Ebd., 41: „In den letzten dreißig Jahren war es undenkbar, Seelsorgetheorien zu entwickeln und Seelsorgepraxis anzuleiten, ohne sich mit der durchdringenden rassischen und ethnischen Ungerechtigkeit in der historischen und gegenwärtigen Situation der Vereinigten Staaten zu befassen."
Vgl. dazu OSTENDORF (2005), 19: Im Rassismus fanden Puritaner, Baptisten, Katholiken, Quäker etc., die sich aufgrund des verfügbaren Lands „aus dem Weg gehen" konnten, zu „einer gewissen Solidarität", denn „alle rieben sich an den ganz Anderen, den Indianern und Afrikanern".

[338] Vgl. RAMSAY (2004), 21: „In 1991 the first books emerged that claimed gender as a relevant category for analysis and practice, *Women in Travail and Transition: A New Pastoral Care* (Glaz & Stevenson-Moessner) and *Womanistcare* (Hollies). They demonstrated the initial challenge of a number of women pastoral theologians and practitioners who together offered both critique and constructive proposals for a wide range of issues in care and public theology. [...] In 1993 Valerie de Marinis published *Critical Caring*, the first single-author volume on feminist pastoral practice." Vgl. auch GRAHAM (2000), 40: „Eine Anzahl bedeutender Texte ist entstanden, die menschliche Sexualität – speziell die Geschlechteridentität (gender) und die sexuelle Orientierung – [...] interpretieren. In der Tat ist die ‚sexuelle Theologie' ein Hauptgebiet der Theologie in Nordamerika gewesen."

[339] Vgl. dazu SCHNEIDER-HARPPRECHT (2001), 169–171 („6.4.3.1. Die geschlechtliche Identität [gender] als kulturelles Konstrukt"). Ebd., 171 diagnostiziert er eine „interkulturelle(n) Unterdrückung von Frauen".

[340] James G. EMERSON, Jr. (2000): Pastoral Psychology in the Dynamic of the New Millenium, in: PastPsy 48/4, 251–291, hier 252f. Inkonsequent mutet es an, wenn Emerson als Beispiele für die

Ramsay erläutert drittens nur beiläufig und stichwortartig, um was für intellektuelle und kulturelle Wechsel in den USA es sich handelt, die zu solch dramatischen Veränderungen im Bereich von Seelsorge und Beratung geführt haben. Erwähnt wird eine breite Palette möglicher Auslöser. Die Stichworte reichen von der Postmoderne über den wachsenden religiösen und kulturellen Pluralismus bis hin zu der Beteiligung von bisher Marginalisierten (v.a. Frauen) am wissenschaftlichen Diskurs, den ökonomischen Zwängen im US-amerikanischen Gesundheitssystem und dem Generationenwechsel im Fach.[341] Ein weiterer – vierter – Punkt, der für Unklarheit sorgt, ist Ramsays wenig präzises Verständnis von „critical postmodernity", der bei ihr als Sammelbegriff für alle Kritik an ontischen und nicht hinterfragbaren Wahrheiten zu dienen scheint.

Es stellt sich die Frage, ob sich die von Ramsay beobachteten beiden neuen Paradigmen nicht letztlich als (hierarchie-)kritische Versuche zusammenfassen lassen, die die vielfältige Kontextualität von Seelsorge und die Frage, wie auch sie soziale Ungerechtigkeit reproduziert, umfassend reflektieren und darauf aufbauend ein verändertes Selbstverständnis entwickeln wollen: „Relational justice, normative for the communal contextual and intercultural paradigms, shifts the understanding of the self to a far more contextual, socially located identity in which the political and ethical dynamics of asymmetries of power related to difference such as gender, race, sexual orientation, and class are prominent".[342] Das Bemühen, ein interkulturelles Paradigma von einem *communal contextual* Paradigma zu unterscheiden, jedoch nur graduelle Differenzen bzw. lediglich Akzentverschiebungen zwischen ihnen auszumachen, ist m.E. nicht ausreichend, um sie als zwei verschiedene Paradigmen zu verstehen.[343]

Die Beschäftigung mit Cooper-Whites ebenfalls im Jahr 2004 erschienene Analyse geschieht vor dem Hintergrund von Ramsays Urteil, dass neuere u.a. narrative, feministische und systemische Modelle die bleibende Relationalität menschlicher Erfahrungen und Beziehungen besser einzubeziehen wüssten als z.B. psychoanalytische Konzepte. Zudem hätten sie nach Ramsay auch ein tieferes Verständnis für die Bedeutung kontextueller und politischer Analysen als letztere und seien demnach auch gesellschaftskritischer. So schreibt Ramsay:

Hinwendung zur Scham die Studien von John Patton erwähnt und für die Hinwendung zur Gemeinschaft ebenfalls John Patton und Charles Gerkin nennt statt die Namen seiner asiatischen und afroamerikanischen Kollegen. Bei den Frauen wird keine Vertreterin mit Namen aufgeführt.

[341] Vgl. RAMSAY (2004), 1f.: „Historians have noted that pastoral care is especially responsive to its contextual dynamics. Certainly, the intellectual, ethical, and political effects of postmodernity are especially evident in contemporary care and counseling […]. Obviously, the religious as well as racial and cultural pluralism in the United States has contributed to the emergence of these new paradigms as well." Vgl. auch 2 („the remarkable influx of European American women and women and men of other racial and cultural heritages"), 8 („transitions in generations", „economic challenges in health care costs") etc.

[342] Ebd., 9f.

[343] Vgl. ebd., 1: „The intercultural paradigm also draws on an ecological theme but responds more immediately to the fact and significance of cultural, racial, and religious pluralism as a context for practices of care whether responding to individual or larger systems."

"The humanistic and psychodynamic therapeutic models that predominated in the clinical pastoral paradigm have been joined by self-psychology, narrative, feminist, and systemic models that better disclose the intrinsic relationality of human experience. These newer models more self-consciously include contextual analysis, strategic political analysis of the larger social factors contributing to personal/relational difficulty, and a posture of public advocacy by caregivers for changing oppressive policies."[344]

M.E. lässt sich gerade an Cooper-Whites Schriften zeigen, dass es möglich ist, sich diesen pauschalisierenden Gegenüberstellungen zu widersetzen. Während Pamela Cooper-White bewusst an die Tradition psychoanalytischen Einflusses auf die Pastoralpsychologie anknüpft, sie weiterführen will und Elemente des *communal-contextual*-Paradigmas integriert, setzt sich Emmanuel Y. Lartey deutlich von ihrem Erbe ab. Nichtsdestotrotz ist er es, dessen Empfehlung auf einer eigenen Seite den Beginn von Cooper-Whites letztem Werk ziert.[345]

3.2 Relationale Psychoanalyse als neues Paradigma für die Seelsorge: Pamela Cooper-White

"Drawing again from the relational school of psychoanalysis,
it is possible [...] to move from a more hierarchical model of
the therapist as knowing explorer (active) and the patient
as continent (acted upon). We can move toward a model
that acknowledges an asymmetry of roles and responsibilities
but at the same time honors that wisdom is shared as meanings
are continually being coconstructed and reconstructed in the
intersubjective space of the therapeutic relationship.
This emerging paradigm requires new capacities of us:
complexity, a revaluing of subjectivity, empathy and mutuality,
patience, emancipatory listening, and silence."[346]

Wer die Frage nach dem Verbleib psychoanalytischen Einflusses auf die US-amerikanische Poimenik stellt, wird zweifellos sehr schnell auf die Schriften von Pamela Cooper-White stossen, eine der einflussreichsten englischsprachigen PastoralpsychologInnen der Gegenwart. Ihr kommt das Verdienst zu, den sog. *relational turn* in der Psychoanalyse zur Kenntnis genommen und auf seine möglichen Implikationen für die Seelsorge befragt zu haben. Bevor ihr Konzept selbst vorgestellt (3.2.3) und kritisch gewürdigt (3.2.4) wird, soll zuerst in einem kurzen Rückblick in groben Zügen die *allgemeine* Rezeption der Psychoanalyse in den USA bis zur Entwicklung der relationalen Psychoanalyse (3.2.1) und ihr grundlegend neues und umfassendes Verständnis von Gegenübertragung (3.2.2) skizziert werden.

---

[344]   Ebd., 10.
[345]   Vgl. COOPER-WHITE (2007), o.S.
[346]   COOPER-WHITE (2004), 186.

3.2.1 Rückblick auf die Rezeption der Psychoanalyse in den Vereinigten Staaten bis zum „relational turn"

Der Blick auf die Rezeption Freuds in den angloamerikanischen Ländern ruft bei Psychoanalyse-HistorikerInnen meist zwiespältige Reaktionen hervor.[347] Die ideologischen Grundüberzeugungen des Nationalsozialismus, der Ausschluss jüdischer Mitglieder aus der *Deutschen Psychoanalytischen Gesellschaft* und ihre Vertreibung gefährdeten das Überleben der Psychoanalyse selbst. Nur dank der bereitwilligen Aufnahme flüchtender jüdischer PsychoanalytikerInnen u.a. in den USA konnte sie gerettet werden. Dies geschah jedoch nicht, ohne dass sie sich ihrem neuen Umfeld hätte anpassen müssen und dabei tiefgreifende Umbildungen erfahren hätte.[348] In der Bewertung dieser einschneidenden Akkomodationen herrscht Uneinigkeit. Während einige vom „Triumph des Konformismus" sprechen, sehen andere in ihnen produktive Weiterentwicklungen.[349] Unbestritten dürfte sein, dass gerade die Vereinigten Staaten die ausserordentliche Fähigkeit kennzeichnet, Neuem gegenüber nicht gleich eine Abwehrhaltung einzunehmen, sondern ihm im Gegenteil mit erstaunlich unbefangener Neugier zu begegnen.[350] Nicht der auch in den USA aufkeimende Widerstand gegen Freud und die Psychoanalyse sei erstaunlich, „but that it was so sporadic and easily overcome."[351] Dieser Offenheit verdankt die Psychoanalyse – in welcher Form auch immer – ihre schnelle Verbreitung und ihre Popularisierung in den USA.[352] Schon vor dem Ersten Weltkrieg stiessen Freuds psychoanalytische

---

[347] Vgl. Ilka QUINDEAU (2006): Rezeption in den angloamerikanischen Ländern, in: LOHMANN / PFEIFFER, 287–291, hier 287.

[348] Vgl. Nathan G. HALE, Jr. (1995): Freud and the Americans. The Beginnings of Psychoanalysis in the United States, 1876–1917, New York / Oxford (Oxford Univ. Press), 332f.: „The Americans modified psychoanalysis to solve a conflict between the radical implications of Freud's views and the pulls of American culture. [...] They simplified psychoanalysis, taking little interest in Freud's system as a coherent theory. They muted sexuality and aggression, making both more amiable. They emphasized social conformity. They were more didactic, moralistic, and popular than Freud. They were also more optimistic and environmentalist. [...] Nevertheless, the Americans did not manufacture their interpretation out of whole cloth. Rather, they emphasized congenial elements already present in Freud."

[349] Ebd. „Freud and the Americans remained in agreement."

[350] Vgl. dazu Nathan G. HALE, Jr. (1995): The Rise and Crisis of Psychoanalysis in the United States. Freud and the Americans, 1917–1985, New York / Oxford (Oxford Univ. Press), 7: „Many of the first American psychoanalysts were open-minded but also incorrigibly eclectic, mixing and matching theories without much regard for their internal logic or consistency. Above all, they were pragmatics, concerned with practical matters of therapy and with the application of psychoanalysis to psychiatry and to social problems." In diesem Standardwerk zur Geschichte der Psychoanalyse in den USA fällt auf, dass die gerade in den USA so bedeutende Auseinandersetzung von Theologie und Kirche mit der Psychoanalyse fast vollständig unerwähnt bleibt.

[351] F.H. MATTHEWS (1967): The Americanization of Sigmund Freud: Adaptations of Psychoanalysis before 1917, in: Journal of American Studies 1, 39–62, hier 45. Ebd.: „Freudian ideas made a remarkably smooth passage to America."

[352] Ebd., 60: „There seems universal agreement that the United States has been far more receptive to psychoanalysis than any other nation." Hauptursache dafür sieht Matthews in der An-

Theorien auf offene Ohren insbesondere beim *progressive movement*, dessen AnhängerInnen nach Wegen suchten, den Folgen der Industrialisierung, zu denen u.a. ein gesamtgesellschaftlich spürbarer Werteverlust gehörte, sowohl mit sozialreformerischen als auch pädagogischen und psychotherapeutischen Mitteln beizukommen.[353]

Freud besuchte die USA ein einziges Mal, nämlich 1909 – wenige Monate, nachdem Pfister ihn erstmals in Wien aufgesucht hatte. Freud wurde zum zwanzigjährigen Jubiläum der *Clark University* von G. Stanley Hall eingeladen, reiste mit Jung und Ferenczi über den Atlantik an, schickte am 1. September gemeinsam mit seinen Begleitern und dem Ehepaar Brill eine Postkarte aus New York an Pfister nach Zürich und hielt schliesslich u.a. in Anwesenheit von William James und James Jackson Putnam die berühmten fünf *Clark Lectures* über Psychoanalyse.[354] An ihnen lässt sich nachweisen, dass Freud selbst schon gewisse Anpassungen vorgenommen hatte – z.B. an seinen sexualtheoretischen Annahmen –, um die Psychoanalyse seinem amerikanischen Publikum näher zu bringen und ihr eine möglichst wohlwollende Aufnahme zu ermöglichen. Freuds Schriften waren zudem erst ab den 1920er Jahren ins Englische übersetzt und einem grösseren LeserInnenkreis zugänglich gemacht worden – nicht ohne die üblichen Übersetzungsschwierigkeiten, die die Rezeption in den USA stark mitbeeinflussten.[355]

Dank der schliesslich auch in Englisch vorliegenden Werke Freuds breitete sich die Psychoanalyse in den USA weiter aus und entfaltete eine immense Wirkung. Konflikte entzündeten sich erstmals ernsthaft an der Frage der Laienanalyse. Freud selbst nahm unmissverständlich Stellung gegen eine Medizinalisierung und exklusive Inanspruchnahme der Psychoanalyse von Seiten einer spezialisierten Berufsgruppe. Er wollte sie mit Nachdruck verschiedenen Professionen offen halten. Die 1911 gegründete *American Psychoanalytical Association (APA)* setzte sich jedoch davon ab. Sie drückte ihre Eigenständigkeit nicht nur in ihrem Psychoanalyseverständnis aus (1938 mit ihren eigenen Ausbildungsregeln), sondern seit 1946 auch institutionell. Naturgemäss kam es auch in den USA – seit den 1940er Jahren – zu zahlreichen verschiedenen „Abgrenzungs- und Spaltungsbewegungen".[356] In New York trennten sich AnhängerInnen der „klinischen Orthodoxie" vom Kreis um Karen Horney und Harry Stack Sullivan.[357] Letzterer zählt zusammen mit Erich Fromm, Frieda Fromm-Reichmann

---

schlussfähigkeit der Psychoanalyse an „the ethic of service to the community." Gerade J.J. Putnams Begeisterung für die Psychoanalyse hätte dies offenbart. Freuds Technik der Selbstbeobachtung passte gut „to the traditional doctrine of social control of the Puritan community."

[353] Vgl. ebd.

[354] Vgl. Sigmund FREUD (1910): Über Psychoanalyse. Fünf Vorlesungen gehalten zur zwanzigjährigen Gründungsfeier der Clark University in Worcester, Mass., September 1909, GW VIII, 1–60.

[355] Vgl. dazu Annette KUENKAMP (1995): Psychoanalyse ohne Seele? Zur englischen Übersetzung der psychoanalytischen Terminologie Sigmund Freuds, in: Heinz Leonhard KRETZENBACHER / Harald WEINRICH (Hg.): Linguistik der Wissenschaftssprache, Berlin / New York (de Gruyter), 121–154.

[356] QUINDEAU (2006), 288.

[357] QUINDEAU (2006), 288.

und Clara Thompson zu den BegründerInnen der Interpersonalen Schule, wobei es wohl das Verdienst von Thompson war, Sullivans interpersonale Theorie der Psychiatrie, Fromms humanistische Psychoanalyse und Ferenczis klinische Neuerungen miteinander zu einem eigenen neuen Ansatz zu verbinden.[358] Den interpersonalen Ansatz kennzeichnet u.a. die Neudefinition der Analytikerrolle. Wurde dieser bisher als Beobachter des analytischen Prozesses gesehen, verstand man ihn neu als „Teilnehmer an einer gemeinschaftlichen Aktivität".[359]

Die Auswirkungen des Zweiten Weltkrieges führten zu einschneidenden Veränderungen in der psychoanalytischen Theoriebildung. Die neuen Richtungen der Ich- und der Selbstpsychologie wurden entwickelt: Im Mittelpunkt stand nicht mehr die Beschäftigung mit Triebdualismen und intrapsychischen Konflikten, sondern mit dem Ich und dem Selbst als „relativ autonomen, realitätsadäquaten psychischen Instanzen."[360] Zu den Exponenten der Ichpsychologie, die hauptsächlich in den 1940er und 1950er Jahren in den USA entstanden und bis in die 1970er Jahren die dominierende psychoanalytische Richtung war, zählten Heinz Hartmann und David Rapaport. In Absetzung von der Ichpsychologie entwickelte Heinz Kohut in den 1970er Jahren die Selbstpsychologie.[361]

Die 1980er Jahre kennzeichneten einerseits das in den USA ausgeprägte sog. *Freud-bashing*, dessen Wurzeln in dem Vorwurf bestanden, die Psychoanalyse helfe mit, sexuellen Kindsmissbrauch zu vertuschen und richte mit ihrem Konzept infantiler Sexualität Schaden an, und andererseits der Einfluss gendertheoretischer Diskussionen.[362] Jessica Benjamin kritisierte u.a. Freuds Frauenbild und „Weiblichkeitskonzeption" und begründete eine „differenztheoretische, relationale Psychoanalyse".[363] Die neue als sog. relationale Psychoanalyse bezeichnete Theorierichtung nahm ihre Anfänge als „ein eklektisch orientierter Versuch, Elemente verschiedener Theorieströmungen innerhalb eines lockeren Rahmens zu integrieren."[364] Ihre beziehungstheoretische Perspektive gehört in die Tradi-

---

[358] So Peter FONAGY / Mary TARGET (2007[2] [2006]): Psychoanalyse und die Psychopathologie der Entwicklung, Stuttgart (Klett), 279.

[359] FONAGY / TARGET (2007[2] [2006]), 279.

[360] QUINDEAU (2006), 289.

[361] Vgl. Stephen A. MITCHELL / Lewis ARON (1999): Preface, in: DIES. (eds.): Relational Psychoanalysis. The Emergence of a Tradition, New York / London (The Analytic Press), ix–xx, hier xi: „It was in the late 1970s that Kohut's work on narcissism broke off from the American ego psychology that had housed its beginnings and broadened into self psychology proper."

[362] Vgl. MITCHELL / ARON (1999), xi: „Finally, it was in the late 1970s and early 1980s that a distinctively American brand of psychoanalytic feminism began to make its presence felt. [...] American psychoanalytic-feminism of the 1970s was very much influenced by the thinking of Dorothy Dinnerstein and Nancy Chodorow and the pathbreaking work of Carol Gilligan on moral development, and culminated in the distinctly American psychoanalytic feminism of Jessica Benjamin and her colleagues [...]. This group has led the way toward a distinctively American psychoanalytic feminism and feminist-psychoanalysis, jointly influenced by the relational traditions and a deep commitment to social criticism. It was out of this rich mix of influences that relational psychoanalysis developed."

[363] QUINDEAU (2006), 290.

[364] Peter POTTHOFF (2007): Relationale Psychoanalyse – auf dem Weg zu einer postmodernen Psychoanalyse?, in: Anne SPRINGER / Karsten MÜNCH / Dietrich MUNZ (Hg.): Psychoanalyse

tionslinie der interpersonellen Psychoanalyse von Harry Stack Sullivan und der britischen Objektbeziehungstheorie (v.a. William R.D. Fairbairn)[365], macht aber auch Anleihen u.a. bei der Selbstpsychologie, der Intersubjektivitätstheorie und dem psychoanalytisch orientierten Feminismus. Jay Greenberg und Stephen A. Mitchell, die zu den Mitbegründern dieser neuen psychoanalytischen Theorierichtung gehören, verwendeten den Begriff „relational", um eine Brücke zu schlagen zwischen den „traditions of interpersonal *relations*, as developed within interpersonal psychoanalysis and object *relations*, as developed within contemporary British theorizing."[366] Gerade die interpersonale Theorierichtung war beinahe nur in den USA bekannt und blieb „von der nordamerikanischen Mainstream-Psychoanalyse weitgehend ignoriert".[367] Nach Peter Potthoff entstand die – verschiedene Richtungen integrierende – relationale Psychoanalyse „auch als Antwort auf die immer stärker kanonisierte und verhärtete Ich-Psychologie" in den USA.[368] Mit der Schwerpunktsetzung auf interpsychischem Erleben, auf dem Gewahrwerden des Bezogenseins auf andere bzw. auf der Verbundenheit mit ihnen,[369] auf die gegenseitige Beeinflussung bzw. auf die Reziprozität zwischen Intrapsychischem und Intersubjektivem erfolgte eine „intersubjektive Wende" bzw. ein *relational turn* in der Psychoanalyse.[370] Sie erwuchs aus der Kritik an der bisherigen Dichotomisierung von Intrapsychischem und Interpersonellem.[371] So zählen denn auch Mitchell und Aron zu den zentralen Anliegen der relationalen Psychoanalyse „the ‚deconstruction' of misleading dichotomies and exaggerated polarization". Stattdessen werde Wert gelegt „on main-

---

heute?! Tagungsband der 57. Jahrestagung der Dt. Gesellschaft für Psychoanalyse, Psychotherapie, Psychosomatik und Tiefenpsychologie 2006, Giessen (Psychosozial-Verl.), 319–335, hier 321.

[365] In den 1970er Jahren – „with Guntrip's popularization of Fairbairn's contributions and the growing impact of Winnicott's work" – liegen die Anfänge der Rezeption der Objektbeziehungstheorie in den USA, MITCHELL / ARON (1999), x. Vgl. ebd., xf.: „Klein's theory was still stigmatized at the time, branded as anathema by American Freudian ego psychology".

[366] MITCHELL / ARON (1999), xi. Vgl. ebd., xvii: „When Greenberg and Mitchell first used the term, they were distinguishing a set of theorists who had rejected drive theory and who instead placed relationships at the center of their theoretical systems. In particular, the American psychiatrist Harry Stack Sullivan and the Scottish analyst W. R. D. Fairbairn were viewed as the central theoretical axis of this fundamentally different model."

[367] FONAGY / TARGET (2007² [2006]), 279.

[368] POTTHOFF (2007), 320.

[369] Vgl. FONAGY / TARGET (2007² [2006]), 295: „Die intersubjektive relationale Betonung liegt auf der Verbundenheit. Diese Verbundenheit erkennt den Unterschied an, erliegt aber nicht der Versuchung, den Anderen aufgrund des Unterschieds zu entwerten."

[370] THOMÄ (2007), 273.

[371] THOMÄ (2007), 273 wird der Zusammenhang folgendermassen plausibel erklärt: „Der zwischenmenschliche Austausch, der über das Gehirn vermittelt wird, bestimmt die Entwicklung von der Geburt an und führt zu intrapsychischen Strukturen. In der psychoanalytischen Situation wird eine Veränderung dieser Tiefenstrukturen durch intensive intersubjektive Prozesse angestrebt." Emmanuel Ghent schrieb 1992 [zit. in: MITCHELL / ARON, xviii]: „Relational theorists have in common an interest in the intrapsychic as well as interpersonal, but the intrapsychic is seen as constituted largely by the internalization of interpersonal experience mediated by the constraints imposed by biologically organized templates and delimiters."

taining the tension between the extremes, on ambiguity, dialogue, dialectic, and paradox."[372]

2001 wurde schliesslich die International Association for Relational Psycho-analysis and Psychotherapy (IARPP) gegründet. Es dauerte nicht lange, da wurde von praktisch-theologischer Seite die Frage aufgegriffen, inwiefern diese neue psychoanalytische Theoriebildung für die Seelsorge von Bedeutung sein könnte. 2004 legte die inzwischen am Columbia Theological Seminary in Decatur, Georgia lehrende US-amerikanische Pastoralpsychologin Pamela Cooper-White ein für die Grundlegung und die Ausübung der Seelsorge in den USA Aufsehen erregendes Werk vor, dem im Folgenden die Aufmerksamkeit gilt.

3.2.2 Gegenübertragung zwischen Hindernis und Ressource

Unter dem Titel „Shared Wisdom: Use of the Self in Pastoral Care and Counseling" veröffentlichte Pamela Cooper-White 2004 eine Untersuchung, in welchem sie das Ziel verfolgt, neueste auf der relationalen Psychoanalyse basierende Erkenntnisse auf dem Gebiet der Seelsorge anzuwenden.[373] 2007 baute Cooper-White ihr Konzept aus, indem sie dessen Verwendung auch für die in den USA praktizierte sog. Pastorale Psychotherapie ausführlich beschrieb.[374]

Ausgangspunkt des neuen Ansatzes ist nach Cooper-White ein nicht bloss erweitertes, sondern im Kern neues Verständnis dessen, was in der Psychoanalyse bisher ungeachtet welcher Richtung als sog. Gegenübertragung („countertransference") bezeichnet worden ist. Seit Freud wurde diese als psychisches Gegenstück zur sog. Übertragung verstanden, wobei letztere einen psychischen Vorgang beim Analysanden und erstere – als Reaktion auf letztere – beim Analytiker bezeichnet. Die Gegenübertragungen bestehen dementsprechend massgeblich aus Wahrnehmungsverzerrungen, deren Ursprung in der Kindheit des Therapeuten zu suchen ist. Vor dem Hintergrund dieses Verständnisses galten Gegenübertragungsreaktionen lange Zeit als Hindernis für die therapeutische Arbeit, die zum Wohl des Analysanden möglichst unterbunden werden mussten. Sie wurden als gefährlichstes Einfallstor für Fehler und Übergriffe in der Analyse betrachtet. Der rechte Umgang mit der Übertragung – so schrieb Freud 1915 in seinen „Bemerkungen über die Übertragungsliebe" – stelle allerhöchste Anforderungen an den Analytiker und sei das schwierigste therapeutische Stück über-

---

[372] MITCHELL / ARON (1999), xviii. Vgl. auch FONAGY / TARGET (2007² [2006]), 295: „Die relationale psychoanalytische Theorie hingegen stellt ebendiese Polarisierungs- oder Dichotomisierungstendenz in Frage."

[373] Vgl. ihren ersten Beitrag hierzu: Pamela COOPER-WHITE (2001): The Use of the Self in Psychotherapy: A Comparative Study of Pastoral Counselors and Clinical Social Workers, in: American Journal of Pastoral Counseling 4/4, 5–35.

[374] Pamela COOPER-WHITE (2007): Many Voices. Pastoral Psychotherapy in Relational and Theological Perspective, Minneapolis/MN (Fortress Press).

haupt.[375] Insbesondere ein ungenügendes Verständnis für jene häufige und besonders bedeutsame Situation, in welcher eine Patientin sich in ihren Arzt verliebe, hätte zur Behinderung der Entwicklung der Psychoanalyse in ihren Anfängen geführt.[376]

Cooper-White will sich von dieser von ihr ausführlich beschriebenen, lange Zeit dominanten psychoanalytischen Interpretation von Gegenübertragung absetzen und sie durch ein in der relationalen Psychoanalyse favorisiertes neues Verständnis ersetzen und in der Seelsorge zur Anwendung bringen. Während der Begriff Gegenübertragung noch nach Laplanche und Pontalis die „Gesamtheit der unbewußten Reaktionen des Analytikers auf die Person des Analysanden und ganz besonders auf dessen Übertragung" umfasst,[377] steht er im Seelsorgekonzept von Cooper-White für die Gesamtheit sowohl bewusster als auch unbewusster Gedanken, Gefühle, Fantasien, Impulse und Körperreaktionen, die im Seelsorger in seiner Beziehung zur hilfesuchenden Person entstehen:

„the sum total of thoughts, feelings, fantasies, impulses, and bodily sensations, conscious and unconscious, that may arise in the pastoral caregiver in relation to any person who has come for help".[378]

Nicht mehr nur unbewusste, sondern auch bewusste psychische Prozesse werden damit bezeichnet. Zudem wird physischen Reaktionen deutlich mehr Aufmerksamkeit zugewendet als bisher.

Nach Cooper-White gewinnt die eigene Subjektivität als Quelle der Erkenntnis gerade für Seelsorgende zunehmend an Bedeutung. Bislang war diese Subjektivität negativ konnotiert und wurde im Zeichen einer empiristischen Sichtweise eher als Störfaktor denn als Ressource betrachtet. Es galt, das als in sich abgeschlossen gedachte monadisch Eigene fein säuberlich vom ebenfalls monadisch Eigenen des Anderen zu trennen und persönlich motivierte Einflüsse von Seiten des Therapeuten auf die Seelsorgebeziehung zu verhindern.

Cooper-White plädiert nun vor diesem Hintergrund für nichts Geringeres als einen poimenischen Paradigmenwechsel. Der Beitrag der Seelsorgenden an der seelsorglichen Beziehungsgestaltung soll mit anderem Vorzeichen neu reflektiert werden. Die Seelsorgebeziehung ist nämlich nicht als Einbahnstrasse, sondern genauso wie eine Analyse als zutiefst intersubjektive Angelegenheit zu verstehen, in welcher die/der Seelsorgende genauso beteiligt ist wie die/der Seelsorge Su-

---

[375]   Vgl. Sigmund FREUD (1915): Bemerkungen über die Übertragungsliebe, GW X, 306–321, hier 306.

[376]   Vgl. ebd., 307. Es handelt sich um eine Anspielung auf Anna O. alias Bertha Pappenheim.

[377]   LAPLANCHE/PONTALIS (1973), 164. Vgl. Aglaja STIRN (2002): Gegenübertragung, in: Psychotherapeut 47/1, 48–58, hier 48: „Der Begriff der Gegenübertragung thematisiert das Einbezogensein des Therapeuten mit seinen eigenen Reaktionstendenzen und insbesondere auch mit seinen unbewussten Anteilen in die Dynamik des therapeutischen Prozesses. Das Phänomen wird [...] verschieden definiert und benutzt und ist bis heute eines der wichtigsten Instrumente psychoanalytischer Arbeit. Dabei hat der Begriff in seiner 90-jährigen Geschichte einen enormen Bedeutungswandel erfahren."

[378]   COOPER-WHITE (2004), 5.

chende: Übertragung und Gegenübertragung bilden – als emotional-kognitive und sich körperlich manifestierende Vorgänge – in AnalysandIn und AnalytikerIn gemeinsam eine komplexe Art von Wechselwirkung. Sie bedingen sich gegenseitig und beeinflussen einander. Sie bringen in der Therapie schliesslich etwas Neues, Drittes hervor, das sich von ihnen beiden selber unterscheidet: „eine dritte Subjektivität, die unbewusst durch das analytische Paar geschaffen wird".[379] AnalytikerIn und AnalysandIn teilen Verstehensweisen, die sie in einem – in Aufnahme des von Winnicott stammenden Begriffs – „potential space" bzw. Zwischenreich gemeinsam erzeugen. In diesen „gleichsam leeren Raum", der sich dem Phänomen der Übertragung verdankt, entlässt bzw. vielmehr entwickelt eine Patientin ihre Phantasien: „Daß dieses geschieht und daß damit die analytische Situation erst ihre eigentümliche Qualität erhält", gehört zu den entscheidenden Entdeckungen Freuds.[380]

Cooper-White sieht nun dieses Zwischenreich auch in einer Seelsorgebeziehung entstehen. Hier erwachse eine zwischen SeelsorgerIn und Seelsorge Empfangendem/r gemeinsam geteilte Weisheit („a shared wisdom"), die sich im Verlauf der Beziehung zunehmend vertiefe. Diese gemeinsam geteilte Weisheit, die nie näher begrifflich definiert wird, existiere sowohl auf bewusster als auch auf unbewusster Ebene zwischen beiden.[381]

Cooper-White fordert dazu auf, die eigene Gegenübertragung nicht als Gefahr oder als zu vermeidende Peinlichkeit zu fürchten, sondern als Ausdruck der eigenen Subjektivität anzunehmen und wertzuschätzen und diagnostisch zu nutzen. Sie solle als Werkzeug und Verstehenshilfe verwendet und durch kontinuierliches Üben als Mittel zu vertiefter Empathie eingesetzt werden:

„By listening for the music of our own inner world as we sit with another, we listen to the other's music as well, through the counterpoint (both harmonious and dissonant) of shared wisdom that springs up between us. This is how the use of the self becomes a treasure for helping another."[382]

Cooper-White legt in ihrem Werk dar, dass sie gelernt habe, sich in ihrer therapeutischen Arbeit zunehmend auf ihr eigenes Inneres abzustützen und es sich als Tür zur/m Nächsten zunutze zu machen. In ihrer Praxis verlasse sie sich

„heavily on my own inner felt experiences of the patient from moment to moment, across all levels of awareness: cognitive, affective, and somatic. I do, of course, sift these experiences for aspects that relate more to my own subjectivity and biases. But I regard them, and have

---

379   Thomas OGDEN (2001), 7.
380   Hartmut RAGUSE (1994): Der Raum des Textes. Elemente einer transdisziplinären theologischen Hermeneutik, Stuttgart/Berlin/Köln (Kohlhammer), 62.
381   Vgl. COOPER-WHITE (2004), 25: „Meaning arises not in either subject or object, but in the shared wisdom, conscious and unconscious, that arises in the ‚between', somewhere along the spectrum of transference and countertransference, of ‚I' and ‚Thou'."
382   Ebd., 6.

come increasingly to trust them, as an important and reliable channel of information about the inner world of the patient."[383]

So lautet denn auch die These des Buches, dass das sorgfältige Entdecken der verschiedenen Schichten bewusster und unbewusster Kommunikation zur Qualität von Seelsorge und Beratung wesentlich beitragen könne. Das Verständnis, das durch Introspektion gewonnen werde, verringere zudem die Gefahr impulsiven Handelns und unethischer Interventionen.[384]

Cooper-White will SeelsorgerInnen dazu anleiten, anhand einer „method for pastoral assessment and theological reflection" ihr eigenes Selbst als wichtiges Werkzeug für die Praxis zu entdecken, und verbindet damit zugleich den Aufruf, die eigene Gebets- und Kontemplationspraxis zu vertiefen.[385] Ziel ist eine Seelsorgepraxis, die auf der geteilten Weisheit beider in einer professionellen Beziehung stehender GesprächspartnerInnen beruht. Folge dieses neuen Ansatzes intersubjektiver Seelsorge sei u.a. eine Aufwertung der Ethik im Rahmen der Seelsorgebeziehung.

Cooper-Whites Untersuchung ist dreigeteilt: nach einem historischen und einem – für unser Interesse zentralen – theoretischen Teil folgt eine theologische Grundlegung. In einem ersten historischen Teil, dessen Kerngedanken im Folgenden kurz zusammengefasst werden sollen, widmet sie sich der Geschichte des Konzepts der Gegenübertragung. In der Theorie der Intersubjektivität, die wesentlich von der Säuglings- und Kleinkindforschung her rührt, und im Konzept eines unbewussten Beziehungsaustauschs wird eine Beziehung als Zwei-Personen-Konstruktion von Realität betrachtet im Gegensatz zur Vorstellung zweier isolierter Einzelner, die einander je als Objekt sehen.[386] Dass das Unbewusste des einen mit dem Unbewussten eines anderen kommunizieren könne, darauf hat schon Freud hingewiesen.[387] Cooper-White analysiert Freuds Verständnis des Begriffs Gegenübertragung, den er nur in zwei seiner Schriften benutzte, nämlich

---

[383] Ebd., 6f.

[384] Vgl. ebd., 8. Besonders erwähnenswert findet Cooper-White die Erkenntnis, dass sexuelle Aspekte in der Gegenübertragung nicht von aggressiven, narzisstischen etc. getrennt werden können; es seien vielmehr oftmals gerade die aggressiven und nicht die sexuellen Komponenten der Gegenübertragung, die gerne übersehen bzw. verdrängt würden (vgl. COOPER-WHITE [2004], 7f.).

[385] Ebd., viif.

[386] Vgl. dazu MITCHELL / ARON (1999), xv: „[…] relational analysts, in speaking of a ‚two-person psychology,‘ have never intended to deny that there are two distinct individuals with their own minds, their own histories, and their own inner worlds, which come together in the analytic situation. Rather, the purpose of a ‚two-person psychology‘ is to emphasize the emergence of what Ogden calls ‚the intersubjective analytic third.‘"

[387] Vgl. Sigmund FREUD (1912): Ratschläge für den Arzt bei der psychoanalytischen Behandlung, GW VIII, 376–387, hier 381f.: Der Arzt „soll dem gebenden Unbewußten des Kranken sein eigenes Unbewußtes als empfangendes Organ zuwenden, sich auf den Analysierten einstellen wie der Receiver des Telephons zum Teller eingestellt ist. Wie der Receiver die von Schallwellen angeregten elektrischen Schwankungen der Leitung wieder in Schallwellen verwandelt, so ist das Unbewußte des Arztes befähigt, aus den ihm mitgeteilten Abkömmlingen des Unbewußten dieses Unbewußte, welches die Einfälle des Kranken determiniert hat, wiederherzustellen."

in seinem 1910 veröffentlichten Vortrag über *„Die zukünftigen Chancen der psychoanalytischen Therapie"* und in seinen *„Bemerkungen über die Übertragungsliebe"* von 1915, und kommt zum Schluss, dass in beiden Werken der Ton auf der Gefahr liegt, von PatientInnen verführt zu werden.

In seiner Schrift von 1912 über *„Die Dynamik der Übertragung"* schildert Freud die Gefahr dieser Dynamik so, als ob es sich um eine kriegerische Auseinandersetzung handle: Patient und Therapeut, Intellekt und Instinkt, Einsicht und Ausagieren werden zu Gegensatzpaaren.[388] Cooper-White stellt diese Sprache in den grösseren historischen Kontext des zwei Jahre später ausbrechenden Ersten Weltkriegs und der wachsenden Spannungen mit Jung. Nach Cooper-White hing die Entdeckung der Gegenübertragung mit einer Krise zusammen, deren Ursache in Jungs Verhältnis mit seiner Patientin Sabina Spielrein zu suchen ist. In einem Brief vom 7. Juni 1909 an Jung verwendet Freud den Begriff nämlich zum ersten Mal.[389]

Erst in den späten 1940ern und 1950er Jahren löste das Konzept der Gegenübertragung eine Welle des Interesses in den USA und in Grossbritanien aus – in Grossbritanien durch Kleins Konzept der projektiven Identifikation, Paula Heimanns *„On Countertransference" (1950)* und D. W. Winnicotts *„Hate in the Countertransference" (1949)*, die Meilensteine auf dem Weg zu einem erweiterten Verständnis der Gegenübertragung waren. Heimanns Vortrag, den sie 1949 auf dem *Internationalen Kongress* in Zürich gehalten und in welchem sie ihre Gegenthese präsentiert hatte, nämlich „daß die emotionale Antwort des Analytikers auf seinen Patienten innerhalb der analytischen Situation eines der wichtigsten Werkzeuge für seine Arbeit darstellte", sei – so Hartmut Raguse – einer „Revolution" gleichgekommen.[390] Raguse verweist auf die „ausserordentlich entlastende Wirkung", die Heimanns Gegenthese hatte: „man konnte ohne Schuldgefühle über seine Gegenübertragung sprechen, denn sie war jetzt nicht mehr ein Ergebnis der eigenen, nicht genügend analysierten Neurose [...], sondern ein Produkt des Analysanden".[391] Dass dieser jedoch „dafür ausschliesslich Material benutzt, das im Analytiker dafür bereit liegt", wurde in der Folge wiederum zuweilen übersehen.[392]

In den USA wurde das Interesse für die Gegenübertragung in den 1950er Jahren hauptsächlich durch Harry Stack Sullivan und seine interpersonale Theorie der Psychiatrie geweckt. Es handelte sich um einen Wechsel vom Blick auf die innerpsychischen Dynamiken des Patienten auf seine zwischenmenschlichen,

---

[388]   Vgl. Sigmund FREUD (1912): Zur Dynamik der Übertragung, GW VIII, 364–374, hier 374.

[389]   Vgl. F/J (1974), 255. Uwe Henrik PETERS meinte noch, dass man die erste Bemerkung Freuds zum Thema Gegenübertragung in seinem Brief vom 05.06.1910 an Pfister finde, auch wenn der Begriff selber nicht genannt werde (vgl. F/P, 37f.). DERS. (1977): Übertragung – Gegenübertragung. Geschichte und Formen der Beziehungen zwischen Psychotherapeut und Patient, München (Kindler), 54. In Aufnahme von Strachey meinte Peters, Freud habe „nicht zu viel Problematik des Analytikers vor dem allgemeinen Publikum behandelt wissen" wollen. Ebd.

[390]   RAGUSE (1994), 66.

[391]   RAGUSE (1994), 67.

[392]   Ebd.

denn einen Patienten verstehen kann man nach Sullivan nur, wenn man ihn „in der Interaktion mit anderen und mit mehr oder weniger personifizierten Anderen betrachtet".[393] Mit Sullivans Einführung des „participant-observer" („teilnehmenden Beobachters") – anstelle des vermeintlich neutralen Beobachters – wurde der Blick zunehmend auch für den Einfluss des Therapeuten auf die Herstellung der analytischen Beziehung und seine Beteiligung am Verlauf des analytischen Prozesses geschärft.[394] Reine Beobachtung gibt es nicht. Sie ist „grundsätzlich kontextuell und beruht auf Annahmen, Werten, Erfahrungskonstruktionen".[395]

Heinz Kohuts Empathie-Konzept, mit welchem er sich scharf von der klassischen Ich-Psychologie absetzte und die neue Richtung der Selbst-Psychologie initiierte, leitete eine weitere Öffnung ein. In diesem Konzept wurde Empathie – nach Cooper-White – nicht als Sympathie oder Zuwendung verstanden, sondern als „the most effective source of information about the patient, a form of data gathering through vicarious introspection".[396] Ende der 1980er Jahre meint Cooper-White, einen gewissen Konsens hinsichtlich der Beurteilung und des Verständnisses der Gegenübertragung feststellen zu können: Gegenübertragung wird nicht mehr voreilig einfach als pathologisches Phänomen abgetan. Heftige emotionale Reaktionen lassen nicht per se auf eine ungelöste Problematik auf Seiten des Therapeuten rückschliessen. Damit wurde dieser aus dem Zwang einer vermeintlichen Neutralität entlassen. Einen bedeutenden Einfluss auf die Ausarbeitung des heutigen Verständnisses von Gegenübertragung als kokreiertem Phänomen billigt Cooper-White der soziologischen Theorie des Sozialkonstruktivismus zu.[397]

Exkurs: Zur Begriffsgeschichte von „Gegenübertragung" in Pastoral Care and Counseling

Cooper-White skizziert in einem eigenen Kapitel grobflächig die Geschichte des Begriffs „Gegenübertragung" in *Pastoral Care and Counseling*. Sie hätte lange keinerlei Notiz von ihm genommen und bislang keinen eigenständigen Beitrag zum Verständnis des Phänomens entwickelt. Sie vollzog stets nur nach und applizierte auf ihre eigenen Modelle, was von psychologischer Seite her erarbeitet worden war. Dieser Befund erstaunt aus zwei Gründen: Erstens machte sich der Einfluss Freuds auf die Seelsorge in den USA schon früh bemerkbar. Elwood Worcester von der *Emmanuel Episcopal Church* in Boston schlug

---

[393] Harry Stack SULLIVAN (1964): The Fusion of Psychiatry and Social Science, New York (Norton), 33. Zit. nach FONAGY / TARGET (2007² [2006]), 284.

[394] Vgl. Stephen A. MITCHELL (1995): Interaction in the Kleinian and Interpersonal Traditions, in: Contemporary Psychoanalysis 31, 65–91, hier 70. Zit nach FONAGY / TARGET (2007² [2006]), 300: „Sullivan betonte nachdrücklich, daß der Analytiker an dem, was er beobachtet, teilnimmt und darauf einwirkt."

[395] MITCHELL (1995), 83. Zit. nach FONAGY / TARGET (2007² [2006]), 301.

[396] COOPER-WHITE (2004), 22.

[397] Vgl. ebd., 25.

sich z.B. schon 1909 auf Freuds Seite.[398] Zweitens wurden zukünftige und praktizierende Seelsorgende in ihrer Aus- und Weiterbildung im Rahmen der *Clinical Pastoral Education (CPE)* intensiv auf ihre eigenen Gegenübertragungsreaktionen sensibilisiert. Darunter wurden stets eigene sog. blinde Flecken und ungenügend verarbeitete Erlebnisse und Beziehungsmuster verstanden, die aus der Kindheit stammen.[399] Doch ihre pragmatische Praxisorientiertheit liess wenig Raum für eingehendere theoretische Auseinandersetzungen.

Sowohl im Aufkommen der *Clinical Pastoral Education*-Bewegung in den 1950er Jahren als auch in der Hinwendung zu Carl Rogers in den 1960ern wie auch in Howard Clinebells einflussreicher Schrift „*Basic Types of Pastoral Care and Counseling*" von 1966, in welcher er ein „relationship-centered counseling" propagierte, blieb das Thema Gegenübertragung unerwähnt. Dies heisst jedoch nicht, dass sich nicht doch einige Pastoralpsychologen damit zu befassen begannen.[400] Sie stützten sich zumeist auf das weit verbreitete Schrifttum von Karl Menninger, wobei insbesondere seine „*Theory of Psychoanalytic Technique*" *(1958)* hohes Ansehen genoss. Es trug weiter zu einer Verbreitung des Begriffs im klassischen Sinne bei, indem Gegenübertragung als ein auf neurotische Störungen des Therapeuten beruhendes Hindernis verstanden wurde, das diesen der Fähigkeit zur Objektivität beraube und damit den therapeutischen Prozess insgesamt gefährde. Menninger listete 22 Arten und Weisen auf, in denen sich eine Gegenübertragung manifestieren könne.[401]

Auch wenn einige Pastoralpsychologen zu dieser Zeit schon das Augenmerk auf die Notwendigkeit richteten, eigene Gefühle bewusster wahrzunehmen, so geschah dies, ohne eine Verbindung zum Gegenübertragungskonzept herzustellen. Der erste Artikel, der sich explizit mit der Gegenübertragung befasste, erschien 1965 und stammte von E. Mansell Pattison.[402] Er übernahm die gesamte Liste möglicher Gegenübertragungs-Manifestationen von Menninger und übertrug sie auf verschiedene Seelsorgesituationen.

Neue Gedanken zum Thema äusserten in den 1960er Jahren Paul E. Johnson und der Jesuit Charles Curran.[403] Johnson wies erstmals auf die Bedeutung der Übertragung für den therapeutischen Prozess hin. Als ein Wiedererleben der Vergangenheit in der Gegenwart mache sie für die Zukunft frei. Curran wiederum stellte eine Verbindung zwischen der Übertragung und dem Gottes- sowie dem Vaterverhältnis her und formulierte Grundgedanken, die Ana-Maria Rizzuto ein Jahrzehnt später ausarbeitete.

In den 1970er Jahren stand die Frage nach der Rolle des Seelsorgers und seiner spezifischen Identität mitsamt seiner moralischen Autorität im Zentrum pastoralpsychologischer Auseinandersetzungen. Don Brownings einflussreichen Werke appellierten zwar an die Fähigkeit des Pfarrers zur Selbstwahrnehmung, doch Gegenübertragung war dennoch kein Thema.

Carroll Wise in den 1980er Jahren wiederum widmete dem Gegenübertragungsthema

---

[398]   Vgl. HOLIFIELD (1983), 195.

[399]   Vgl. COOPER-WHITE (2004), 26: Als Gegenübertragung seien „the personal spots and emotional baggage originated in childhood experiences in their families of origin" bezeichnet worden. Zum Begriff des von Stekel herrührenden „blinden Flecks" vgl. FREUD (1912), Ratschläge, 382: „[…] jede ungelöste Verdrängung beim Arzte entspricht nach einem treffenden Worte von W. Stekel einem ‚blinden Fleck' in seiner analytischen Wahrnehmung."

[400]   Ebd., 29.

[401]   Vgl. ebd., 30.

[402]   E. Mansell PATTISON (1965): Transference and Countertransference in Pastoral Care, in: JPC 19, 193–202.

[403]   Paul E. JOHNSON (1967): Person and Counselor, Nashville/TN (Abingdon); Charles A. CURRAN (1969): Religious Values in Counseling and Psychotherapy, New York (Sheed and Ward).

ganze sechs Seiten in seiner „*Pastoral Psychotherapy*".[404] Er handelte es zwar im klassischen Sinne ab, erwähnte jedoch, dass die Gegenübertragung auch vom Seelsorge Suchenden hervorgerufen werden könnte. Cooper-White sieht in dieser Feststellung eine erste Bewegung in Richtung Ernstnehmen der eigenen Subjektivität in *Pastoral Care and Counseling*. Seit den 1980er Jahren beobachtet sie – wie Nancy Ramsay – eine Hinwendung zu Fragen der eigenen Standortgebundenheit und Perspektivenhaftigkeit. In diesen Auseinandersetzungen und Infragestellungen rund um die bisherige Dominanz weisser Männer der Mittelklasse und ihrer spezifischen Befangenheit sei das Thema des Phänomens der Gegenübertragung weit in den Hintergrund gedrängt worden. In ihrer überschlagartigen Analyse bisheriger Seelsorgeliteratur gelangt Cooper-White zum Schluss, dass diese in den Fällen, in denen das Thema behandelt wurde, in aller Regel ein klassisches Begriffsverständnis von Gegenübertragung rezipierten.

In den 1980er Jahren machten sich jedoch erste Ansätze eines neuen Interesses für die Bedeutung der Gegenübertragung bemerkbar, die einhergingen mit einem erweiterten Verständnis derselben. William Collins war wohl der erste, der sich ausdrücklich auf zwei verschiedene Definitionen von Gegenübertragung bezog, nämlich eine klassische und eine umfassende, und ihre Bedeutung für die Seelsorge aufzuzeigen versuchte.[405] 1990 erschien schliesslich ein Artikel „Gegenübertragung" im *Dictionary of Pastoral Care and Counseling*, der den damals aktuellen Forschungsstand zusammenfasste.[406] Vor diesem begriffsgeschichtlichen Hintergrund hält Cooper-White die Zeit für reif, sich erneut dem Phänomen der Gegenübertragung zuzuwenden und es mit einem neuen Verständnis für die Seelsorge anhand einer eigenen Methode fruchtbar zu machen.

3.2.3 Eine neue Methode des pastoral assessment und der theologischen Reflexion

Im zweiten – theoretischen – Hauptteil ihres Werkes fragt Cooper-White nach den Folgen des relationalen, intersubjektiven Paradigmenwechsels für die Pastoralpsychologie und entwickelt dabei eine eigene zweiteilige Seelsorge-Methode, die aus einem „pastoral assessment" und einer anschliessenden theologischen Reflexion besteht. Diese Methode kennzeichnet, dass sie im subjektiven Erleben des Seelsorgers eine besondere Ressource bzw. ein wichtiges Instrument erkennt zur Wahrnehmung des Erlebens und der Bedürfnisse desjenigen, der Seelsorge sucht. Anhand verschiedener fiktiver Beispiele, die Übertragungs-Gegenübertragungs-phänomene in der pfarramtlichen Praxis veranschaulichen, sucht sie ihre Methode darzustellen.

Bisherige Modelle hätten sich fast ausschliesslich der Einzelseele und ihrer individuellen Problemlagen und in Folge familientherapeutischer Ansätze auch ihrem familiären Umfeld gewidmet, dabei jedoch soziale, politische, ethnische,

---

[404] Vgl. Carroll WISE (1983): Pastoral Psychotherapy: Theory and Practice, Northvale/NJ (Aronson), 209–216.

[405] Vgl. William J. COLLINS (1982): The Pastoral Counselor's Countertransference as a Therapeutic Tool, in: The Journal of Pastoral Care 36, 125–135, hier 127. Zum umfassenden Sinn vgl. oben S. 264.

[406] Richard G. BRUEHL (1990): Art. countertransference, in: Rodney J. Hunter (ed.): Dictionary of Pastoral Care and Counseling, Nashville/TN (Abingdon Press), 239–241.

ökonomische, gesundheitliche etc. Faktoren lange ausser Acht gelassen. Kontextuelle Sensibilisierung hätte vor Augen geführt, dass Seelsorge nicht in einem luftleeren Raum geschehe, sondern Alter, Geschlecht, Einkommen, Herkunft, sexuelle Orientierung, Wohnsituation etc. sowohl extrinsische als auch intrinsische Auswirkungen auf Beziehungsdynamiken in der Seelsorge hätten, nämlich z.B. auf der Ebene internalisierter Obektbeziehungen. Rassismus, Sexismus und weitere Diskriminierungsformen entfalteten ihre Wirkung zudem sehr subtil auf einer unbewussten Ebene.

Vor diesem Hintergrund lädt Cooper-White zuerst dazu ein, anhand eines Beispiels Möglichkeiten durchzuspielen, wie Geschlecht, Herkunft, Hautfarbe der jeweiligen Personen – ohne in Stereotypen zu verfallen – einen Einfluss auf die Seelsorgebeziehung und in ihr wirkender Mechanismen haben könnten. Sie nennt diese gedankliche Übung „play with difference" und fragt:

„How might this case play itself out differently if each individual in the narrative were [this race], [this gender], [this sexual orientation], [this age], [this socioeconomic class], [this sociogeographical setting], etc.?' Without restorting to stereotypes, how could context and social location influence how the power dynamics might shift internally and externally?"[407]

Cooper-White erinnert zugleich ausdrücklich daran, dass auch ungeachtet kultureller und sozialer Unterschiede die Situationen Einzelner zur selben Zeit sowohl jener Aller gleichen, als auch jener anderer Einzelner ähnlich sind und sich von allen anderen wiederum auch unterscheiden.

Cooper-White befasst sich anhand verschiedener Fallvignetten zuerst mit der Gegenübertragung im klassischen Sinne, d.h. mit der Frage nach eigenen ungelösten Problematiken, die als Störfaktoren aus der eigenen Biografie die seelsorgliche Kompetenz beeinträchtigen. Ziel sei, Eigenes von Fremdem zu unterscheiden: „The old, unresolved personal baggage needs to be cleared out before any relatively objective assessment […] can even be attempted".[408] Cooper-White fügt dem jedoch eine Korrektur bei: Seelsorglich verantwortliches Handeln beginne mit der Einsicht in die Notwendigkeit von Selbstsorge („self-care comes first"): noch *vor* allem seelsorglichen Engagement müsse eigene Zeit zur Musse, zur Besinnung sein.[409] So sind Bibellektüre und Gebet für Cooper-White notwendige Voraussetzungen für die Seelsorge. Erst nach einer solchen „Selbst-Sorge" könne die Frage nach eigenen in die Beziehung eingetragenen Konflikten angegangen und ein *pastoral assessment* vorgenommen werden.

Im Sinne einer Erweiterung und Vertiefung einer üblichen Fallbeurteilung in der Seelsorge lädt Cooper-White zu einer Übung ein, die sie in Aufnahme eines Bildes von Patrick Casement als „Oktaven üben" oder besser: „Oktaven spielen" bezeichnet. Es handelt sich um ein imaginatives Gedankenspiel: Man soll sich die Seelsorge Suchende vor Augen halten und den aufsteigenden Bildern, Eindrücken und Ideen freien Lauf lassen und dabei beobachten, welche Emotionen und

---

[407]   Cooper-White (2004), 65f.
[408]   Ebd., 68.
[409]   Ebd., 66.

körperlichen Reaktionen dadurch ausgelöst würden, welche Fantasien sich entwickelten und welche Erinnerungen aufstiegen – all dies gelte es zuzulassen, ohne es zu bewerten oder ihm eine Richtung vorzugeben. Gerade solch spielerischer Introspektion („exercise of playful introspection") traut Cooper-White – in Anlehnung an die von Ferenczi und Rank in ihrer Untersuchung über *„Entwicklungsziele der Psychoanalyse"* bereits 1924 formulierte Technik des freien Spielen-Lassens der Ideen und Einfälle – viel zu.[410] Ihr verleiht sie besonders Gewicht, da sie dem spielerischen Lauf freien Assoziierens die Fähigkeit zuspricht, Entscheidendes über die seelsorgliche Beziehung mitzuteilen und Unerwartetes ans Tageslicht zu bringen. Natürlich richtet sich das Augenmerk auf die Subjektivität des Seelsorgers und ist somit nicht identisch mit derjenigen des Seelsorge Suchenden. In einem konstruktivistischen Verständnis von Subjektivität gehören jedoch eigene Gefühle, Gedanken etc. nicht mehr nur einem selbst. Sie sind nicht nur rezeptiv als Antwort zu verstehen, sondern widerspiegeln etwas vom emotionalen Erleben der Seelsorge suchenden Person. Subjektivität setzt sich zusammen aus bewussten und unbewussten Impulsen und Anteilen, die aus dem „cocreated pool" stammen, das „intersubjectively" gefüllt wird.[411] Dieses gemeinsam erschaffene Pool existiert sowohl zwischen beiden als auch in jedem/r Einzelnen selbst. Eigene Tränen als Reaktion auf das Erzählen einer/s anderen drücken zuweilen auch etwas von der unausgesprochenen Trauer der/s anderen aus, gespiesen vom Pool bewusster und unbewusster Kommunikation zwischen beiden. Dass es sich letztlich um Spekulationen handelt, ist Cooper-White klar. Dennoch räumt sie ihnen die Möglichkeit ein, Hinweise („clues") für das Verständnis des anderen zu geben.[412]

Der letzte Schritt dieser Methode besteht in der theologischen Reflexion sowohl über die Situation des Seelsorge Suchenden als auch über die eigene Gegenübertragung.[413] Er ist geeignet, neue Erkenntnisse ans Tageslicht zu befördern über das, was von der eigenen Gegenübertragung über die Seelsorge Suchende gelernt werden kann bzw. was über ihre Bedürfnisse und Gefühle zu erfahren ist und womit ihr Seelsorge womöglich weiterhelfen kann.

Von den verschiedenen zur Verfügung stehenden Mitteln, eine Seelsorgesituation und -beziehung theologisch zu reflektieren, empfiehlt Cooper-White, besonders wenn heftige Gefühle involviert sind, eine strukturierte Methode der Reflexion. Es handelt sich um eine Fortsetzung der Technik des freien Assoziierens über die Gegenübertragung. Cooper betont, dass diese Methode, die das Unbewusste als Partner fürs eigene kritische Denken zu gewinnen sucht, erst zum Einsatz kommt, nachdem man die eigene Standortgebundenheit und die eigene

---

[410] Ebd., 70.
[411] Ebd., 70.
[412] Ebd., 73.
[413] Während die theologische Reflexion vom *pastoral assessment* verschieden zu sein schien, zeigt sich hier, dass Erstere Letzteres erst beschliesst und somit Teil desselben ist: „But there is still one more, very important step she needs to take before her pastoral reflection and assessment can be considered complete: theological reflection on both Yvonne's situation and Linda's own countertransference to it will likely bring some further insights to light" (73).

Gegenübertragung sowie deren Einfluss auf das *pastoral assessment* genügend geklärt hat. Die eigentliche theologische Reflexion ist kein objektiver, rein intellektueller Akt, sondern speist sich aus demselben Pool bewussten und unbewussten Wissens wie jenes der Gegenübertragung. Sie besteht aus drei Schritten mit fliessenden Übergängen, denen sich ein vierter hinzufügen lässt: 1. das freie Assoziieren, 2. kritisches Denken und 3. Planung (und evtl. 4. Wiederholung).

1. Pastoraltheologische Reflexionen beginnen nach Cooper-White in Aufnahme eines konstruktivistischen Ansatzes stets konkret – „with a human situation".[414] Der erste Schritt besteht darin, Gedanken über die Details der jeweiligen seelsorglichen Beziehung unzensuriert freien Lauf zu lassen, während man sich die Frage stellt, welches Thema einem angesichts des Seelsorgefalls spontan in den Sinn kommt: „What theological, spiritual, religious themes pop into my mind as I simply sit with this case?"[415] Dabei kann z.B. eine biblische Geschichte, ein biblisches Bild, ein theologisches Thema aus der eigenen religiösen Tradition oder aus zeitgenössischer Literatur, Musik, Kunst oder aus den Naturwissenschaften von Bedeutung sein. Diese professionelle Form des freien Assoziierens setzt – so Cooper-White – eine gute Bibelkenntnis, Allgemeinbildung und kontinuierliche Weiterbildung voraus. Lektüre ist Teil notwendiger Selbstsorge/-pflege.

2. Das durch freies Assoziieren gewonnene Bild oder Thema soll in einem nächsten Schritt kritisch auf seine Verbindung mit dem Seelsorgefall befragt werden. Brücken zwischen beiden sollen erhellt werden, aber auch Unstimmigkeiten und Widersprüche. Cooper-White warnt davor, sich ins eigene Thema zu verlieben und dem Fall überzustülpen. Gedanklich soll zwischen Fall und Bild etc. hin und her gewechselt werden, bevor die Suche nach Worten beginnt, inwiefern das Thema bzw. das Bild hilft, ein tieferes Verständnis für die Seelsorge suchende Person zu gewinnen.

3. Zu guter Letzt gilt es, weitere Schritte für die seelsorgliche Begleitung zu planen. Hier steht die Frage im Zentrum, wie diese weitere Planung durch Rückgriff auf das gewonnene theologische Thema oder Bild beeinflusst werden könnte. Dieser dritte Schritt ist auch nachträglich im Rückblick möglich, indem man sich mit vergangenen Fällen beschäftigt und sich fragt, welche weiteren Handlungsspielräume man hätte nutzen können.

4. Als möglichen vierten Schritt erwähnt Cooper-White die Option, sich nach jeder Begegnung wieder auf diesen Prozess einzulassen, um neue Informationen zu gewinnen und sein Vorgehen anzupassen oder zu korrigieren. Dieser vierte Schritt schütze auch vor etwaigen Fixierungen in der seelsorglichen Fallbeurteilung.

Cooper-White fasst ihre Seelsorge-Methode, in welcher Seelsorgende/r und Seelsorge Suchende/r gleichwertige PartnerInnen sind, nochmals in folgenden fünf

---

[414] Ebd., 74.
[415] Ebd., 74.

Schritten zusammen: „1. *self-care*", „2. an examination of *countertransference in the classical sense*", „3. a *preliminary pastoral assessment* focusing on the other's actual needs", „4. a further examination of one's own *countertransference in the contemporary totalist sense*" – d.h. in Anerkennung, dass die eigenen Gefühle und Eindrücke vom Seelsorge Suchenden aus der mit ihm/r gemeinsam geteilten Realität und Weisheit, bewusst und unbewusst, stammen, „5. *theological reflection*".

Cooper-White sieht in dieser Methode eine zusätzliche Möglichkeit für Seelsorgende, anhand ihrer eigenen Subjektivität, die sich in ihrer Gegenübertragung manifestiert, mehr über die jeweilige Seelsorge suchende Person zu erfahren und dadurch ein tieferes Verstehen für ihre Situation zu erlangen: „Appreciation of the complex, affect-laden nature of the intersubjective relationship between helper and helpee can deepen understanding, strengthen empathy, and increase the mutuality of respect, even as it enhances the creation of a safe space with healthy boundaries."[416] Die gesamte Reflexionsübung gleicht nach Cooper-White dem Üben von Oktaven vor dem eigentlichen Stücke Spielen, der direkten Seelsorgebegegnung.

3.2.4 Zur Anwendung in der pastoral psychotherapy

Drei Jahre nach ihrem ersten Werk, das sich mit dem *relational turn* in der Psychoanalyse und seiner Verwertung für die Seelsorge beschäftigte, veröffentlichte Pamela Cooper-White 2007 eine Untersuchung mit dem Titel *„Many Voices. Pastoral Psychotherapy in Relational and Theological Perspective"*. Es erinnert an das bahnbrechende Werk der relationalen Psychoanalytikerin Carol Gilligan, das diese 1982 unter dem Titel *„In a Different Voice"* veröffentlicht hatte.[417] In ihrer Studie verfolgt Cooper-White das Ziel, relational-psychoanalytische Theorie und Praxis mit *pastoral counseling* in Verbindung zu bringen.[418] Die wichtigste Vorannahme ihres Werks besteht in der Überzeugung, es hätte wohl noch nie so stark ein Bedürfnis in der *pastoral psychotherapy* gegeben für neue und zwar relational orientierte Zugänge wie heute.[419] Während sie sich in ihrem Buch *„Shared Wisdom"* auf die Übertragung-Gegenübertragungs-Dynamiken konzentrierte und sich an das breite Spektrum von *pastoral care* richtete – sowohl in der Gemeinde als auch in einem *chaplaincy, counseling* und Psychotherapie-Setting –, wendet sich Cooper-White in diesem Buch explizit an BeraterInnen und *pastoral psychotherapists*.

Entstehung, Bedeutung und Schwierigkeiten rund um die im deutschsprachigen Raum unbekannte *pastoral psychotherapy* legt B. M. Hartung in seinem

---

[416] Ebd., 128.
[417] Carol GILLIGAN (1982): In a Different Voice, Cambridge/Mass. (Harvard Univ. Press).
[418] Vgl. COOPER-WHITE (2007), vii: „This book is an effort to bridge worlds: contemporary psychoanalytic theory and praxis and pastoral counseling."
[419] Vgl. ebd., vii.

gleichnamigen Artikel im *Dictionary of Pastoral Care and Counseling* dar.[420] Während Carroll Wise 1951 in „*Pastoral Counseling: Its Theory and Practice*" das Wort Psychotherapie nicht einmal ins Stichwortverzeichnis aufnahm, mutiert es 1983 in seinem Werk „*Pastoral Psychotherapy: Theory and Practice*" zum zentralen Begriff, und *counseling* verschwindet ausser im Sinne einer besonderen Form von Psychotherapie beinahe vollständig.[421] Eine nähere Untersuchung der Verwendung der beiden Begriffe offenbart, dass sie von Wise noch deckungsgleich gebraucht wurden. *Pastoral psychotherapy* erinnere an die Einheit von Denken, Körper und Seele, die zusammen eine „organic unity" bilden.[422] Während die Begriffe noch in den 1980er Jahren einer klaren Definition ermangelten und oftmals austauschbar waren,[423] unterscheidet Cooper-White sie folgendermassen: Während *pastoral psychotherapy* eine eigene Form heilender Intervention sei, die auf unbewusste mentale und emotionale Prozesse fokussiere, konzentriere sich *pastoral counseling* hauptsächlich auf bewusste emotionale und mentale Vorgänge (oder zumindest vorbewusste), weshalb Heilung hier primär durch kognitives Reframing und durch das Erlernen neuer Coping-Strategien stattfände. Kognitive, kognitiv-behaviorale, lösungsorientierte, rational-emotive und zahlreiche zeitgenössische narrative Ansätze würden verwendet, und tendenziell richte sich das Augenmerk auf die Gegenwart und die Zukunft.[424] Der Behandlungsstoff stamme mehrheitlich von ausserhalb der therapeutischen Beziehung von *counselor* und Klient, nämlich aus dem Alltag des Klienten. Der Hauptunterschied liege in der Perspektive: während sich *counseling* fast ausschliesslich auf des Klienten Situation und Probleme ausserhalb des Settings konzentriere, fokussiere *psychotherapy* auf die Interaktion zwischen Therapeut und Patient im Rahmen des therapeutischen Settings. In Tat und Wahrheit existierten jedoch – so Cooper-White – zahlreiche Überschneidungen zwischen *counseling* und *pastoral psychotherapy*. Interessant ist, dass die Frage nach dem „pastoral" im Sinne eines kirchlich-religiösen Referenzrahmens nicht explizit thematisiert wird. Es wird

---

[420] B.M. HARTUNG (1990): Art. Pastoral Psychotherapy, in: DPCC, 860f. Zur unterschiedlichen Bewertung von *pastoral psychotherapy* vgl. auch Rodney J. HUNTER (1995): The Therapeutic Tradition of Pastoral Care and Counseling, in: Pamela D. COUTURE / DERS. (eds.): Pastoral Care and Social Conflict, Nashville/TN (Abingdon Press), 17–31, hier 29: „Some regard pastoral psychotherapy as a bold new extension of the church's ministry beyond its institutional walls, a prophetic witness to the true meaning of persons and personal care in an alienated society (Patton, 1983). Others view the situation as an escape from religious tradition and community, a new therapeutic culture of secularism thinly disguised as religion, supplanting the old religious values and eroding the communal and institutional character of American religion by further institutionalizing the culture's rampant individualism (Rieff 1968 [1966])."

[421] Vgl. ebd., 861.

[422] COOPER-WHITE (2007), 5.

[423] Vgl. O. STRUNK JR. (1990): Art. Psychotherapy, in: DPCC, 1022–1027, hier 1026: „Pastoral psychotherapy is another example of a therapeutic movement that has evolved from a particular community of meanings – in this instance, the religious. An extension of pastoral counseling (the two terms are not clearly distinguishable in the literature and frequently are used interchangeably), the movement has a fullblown professional association and training requirement." Zur AAPC siehe https://aapc.org/.

[424] Vgl. COOPER-WHITE (2007), 7.

davon ausgegangen, dass nur in irgendeiner Weise christlich sozialisierte oder am Christentum interessierte KlientInnen sich für eine *pastoral psychotherapy* entschieden.

Cooper-White sieht den Unterschied ihres eigenen psychotherapeutischen Modells von anderen Modellen darin, dass Integration nicht erklärtes Ziel sei. Diese werde oftmals im Sinne einer Art Homogenisierung (miss-)verstanden und mit einem von Freud in seinem topografischen Modell angelegten vertikalen Konzept verknüpft, in welchem das Bewusste oben und das Unbewusste unten seien. Keine Art Homogenisierung auf höherer Ebene von Bewusstem und Unbewusstem werde beabsichtigt, sondern Ingangsetzen eines kritischen Dialogs zwischen den verschiedenen disparaten bewussten und unbewussten Anteilen im Menschen. Von einem postmodernen Zugang her sieht Cooper-White ihre Aufgabe darin, Menschen zu helfen, die vielen in ihnen sprechenden, stammelnden, lispelnden etc. Stimmen wahrzunehmen, zu Worte kommen zu lassen, ihnen zuzuhören und sie wertzuschätzen. Multiplizität ist deshalb auch der rote Faden, der sich durch ihr Werk zieht. Sie führe zu einem liebevolleren und grosszügigeren Umgang mit sich, mit anderen und mit dem Heiligen.[425] Da Multiplizität gleichzeitig auch den Ausgangspunkt ihrer Untersuchung markiert, bittet sie unapologetisch um eine Rehabilitation psychoanalytischer Konzepte und Zugänge in der *pastoral psychotherapy*. Cooper-White zeichnet nach, wie sich *pastoral counseling*, das als Disziplin einst aus psychoanalytischem Denken erwuchs, sich seit den 1950er Jahren stark von diesem distanziert hat, meist aufgrund von Schwierigkeiten mit „hard-line classical ego psychology“, die in den USA in den 1950ern und 1960ern dominierte. Cooper-White will die verschiedenen Entwicklungen der psychoanalytischen Theoriebildung aufnehmen in Form eines neuen Verständnisses von „relationality“ und „intersubjectivity“.[426]

Eigens erwähnt werden muss Cooper-Whites theologische Grundlegung ihres Ansatzes in einer sog. relationalen Theologie, die von einem „fluid, multiple, dynamic God of love and compassion“ ausgeht.[427] Die Spannung zwischen sich vermeintlich ausschliessender Pole wird als wichtig und fruchtbar erlebt: Einzelgebet und Gemeinschaftsgebet, *actio* und *contemplatio* gehören beide zu einem lebendigen ChristInsein. Ein relationales Gottesverständnis führt nach Cooper-White schliesslich unweigerlich dazu, sich einzumischen und am Weltgeschehen zu beteiligen:

„*The love and Good News we bring into the care we practice in the parish, in chaplaincy settings, and in the psychotherapy consulting room, from a relational perspective finally must spill over into action to address the wider causes of human suffering due to injustice, unequal distribution of wealth, and heedless degradation of the environment.*“[428]

---

[425] Vgl. ebd., viii.
[426] Ebd., viii.
[427] COOPER-WHITE (2004), 193.
[428] Ebd., 193.

Pamela Cooper-White hat der Pastoralpsychologie sehr fruchtbares Neuland erschlossen, indem sie den Blick – angeregt durch den gegenwärtigen innerpsychoanalytischen Diskurs über das, was zwischen AnalytikerIn und AnalysandIn geschieht – neu auf die Gegenübertragung gerichtet und diese für die Poimenik rekonzeptualisiert hat. Entstanden ist nicht bloss eine faszinierende neue Seelsorgemethode, sondern eine neue psychoanalytisch-poimenische Theoriebildung.

Die in der psychoanalytischen Fachliteratur existierenden verschiedenen Bedeutungen des Begriffs Gegenübertragung decken eine grosse Bandbreite ab. Während einige ihn einschränken „auf die unbewußten Prozesse, die die Übertragung des Analysanden beim Analytiker induziert", sehen andere darin „alles, was von der Persönlichkeit des Analytikers in die Behandlung eingreifen kann".[429] Während einige davon ausgehen, dass auch der Analytiker „überträgt" und Gegenübertragungsreaktionen beim Analysanden auszulösen vermag, weshalb sie eine klare Unterscheidung zwischen Übertragung und Gegenübertragung auf beiden Seiten fordern, wollen andere den Begriff auf die Reaktion des Analytikers auf die Übertragung des Patienten einschränken.[430] Nach Laplanche und Pontalis lassen sich drei Standpunkte unterscheiden: Ersterer hält die Reduktion der Gegenübertragungsreaktionen von Seiten des Analytikers für notwendig und fordert deshalb wie Freud eine eigene Analyse, „so daß die psychoanalytische Situation schließlich wie eine projizierte Oberfläche nur durch die Übertragung des Patienten strukturiert ist".[431] Der zweite Standpunkt will „die Gegenübertragungsmanifestation in der analytischen Arbeit [...] verwenden" und „sie so [...] kontrollieren", und der dritte will „sich bei der Deutung nach seinen eigenen Gegenübertragungsreaktionen [...] richten, die oft in den Emotionen enthalten sind, welche der Analytiker spürt. Eine solche Haltung postuliert als einzige authentische psychoanalytische Kommunikation die Resonanz ‚von Unbewußt zu Unbewußt'.“[432]

Die von Pamela Cooper-White erarbeitete Seelsorgemethode kennzeichnet, dass sie weder ausschliesslich ein konservativ-klassisches noch ein modern-relationales Gegenübertragungsverständnis rezipiert, sondern beide miteinander kombiniert, indem sie sie zeitlich aufeinanderfolgen lässt. Mit ihrer Aufteilung der Erfahrungen in solche, die primär eigenen Problemen, Nöten etc. zuzuordnen sind, und solchen, die sich auf jene des Patienten beziehen, reiht sie sich in das Gros relationaler AutorInnen ein.[433] Cooper-White will den Begriff der

---

[429] LAPLANCHE / PONTALIS, 164.

[430] So Daniel LAGACHE, vgl. ebd., 164.

[431] Ebd., 164.

[432] Ebd., 165.

[433] Vgl. MITCHELL / ARON (1999), 460: Im Gegensatz zum Ansatz von Thomas H. Ogden „[...] other authors will generally divide the analyst's experience into two realms: feelings and thoughts that are responsive to and associatively linked with the patient's issues, and other

Gegenübertragung in einem neuen zuweilen als „totalist" benannten Sinn verwenden und meint, dieser decke das klassische Verständnis ab und überschreite es zugleich.[434] Es beschränkt sich nicht auf vorgeformte in der Kindheit entwickelte Reaktionsmuster, sondern kann auch stark von der Übertragung des Analysanden beeinflusst oder gar hervorgerufen sein. Während Cooper-White dieses Verständnis in Abgrenzung von Freud formuliert, zeigte u.a. Hartmut Raguse auf, dass der Weg für ein solches Verständnis schon Freud selbst bereitet hat. In seinem 1915 verfassten kleinen Aufsatz mit dem Titel *„Bemerkungen über die Übertragungsliebe"* beschäftigt er sich mit einer spezifischen Form der Übertragung, der er jedoch aufgrund ihrer Häufigkeit und ihrer Unausweichlichkeit im therapeutischen Prozess besondere Aufmerksamkeit widmet. Es handelt sich um die Beobachtung, dass sich Patientinnen im Verlauf der Therapie mit einer erstaunlichen Regelmässigkeit in ihren Therapeuten verlieben. Freud formuliert in diesem Aufsatz Kernpunkte einer psychoanalytischen Haltung. Noch mehr, er begründet, weshalb Abstinenz von Seiten des Arztes unabdingbar ist, ohne jedoch die Gefühle der Patientinnen abzuwerten. Sie werden als Ausdruck auch echter Liebe verstanden, was gern übersehen wird. Ein Blick auf diesen Aufsatz zeigt, dass Freud hier schon *in nuce* die erst beinahe 80 Jahre später erkannte Bedeutung der interrelationalen Gefühle angedeutet und gewürdigt hatte.

Hartmut Raguse wies nach, dass Freud „zwei Tendenzen für den Umgang mit der Übertragung" zeige: während die eine sie als „etwas wie ein leider unvermeidlicher Unfall" sehe, kündige sich in seiner Schrift von 1914 *„Erinnern, Wiederholen, Durcharbeiten"* schon das heute anerkannte Verständnis an. Hier schreibt er vom „Zwischenreich", das der Übertragung entstamme und durch welches der „Übergang" zur Heilung führe.[435]

War das Phänomen der Gegenübertragung lange auch ein poimenisches Anathema, so stellt Cooper-White dieses radikal in Frage, indem sie der Gegenübertragung einen zentralen Stellenwert in der seelsorglichen Begleitung einräumt und ihr sogar zugesteht, anders kaum zu erschliessende Informationen über die Seelsorge Suchende mitteilen zu können. Dank der Neubewertung dieses Phänomens wird die SeelsorgerIn mit all ihren Sinnen umfassend in den Prozess miteinbezogen. Nicht mehr nur kognitive Reaktionen in Form von Fantasien, Ideen etc. sind von Bedeutung, sondern physiologische Reaktionen insgesamt erfahren eine Aufwertung. Folge dieser Neuinterpretation ist auch ein neues Rollenverständnis der SeelsorgerIn. In Analogie zum/r AnalytikerIn bezahlt er/sie das neue Erkenntnisinstrument seines eigenen Selbst mit einem Verlust an Sicherheit.[436] Die Deutung als bisheriges analytisches Hauptinstrument wird im

---

feelings and thoughts that are the analyst's own issues, preoccupations, concerns and have nothing to do with this particular patient."

[434]   Vgl. COOPER-WHITE (2004), 5. Zu den Vorläufern dieses Verständnisses gehört zweifelsohne Sàndor Ferenczi (1920), der als Erster auf die Rolle des Therapeuten im analytischen Prozess in einem umfassenderen Sinne hinwies.

[435]   RAGUSE (1994), 64.

[436]   Vgl. POTTHOFF (2007), 330f.: „Der Analytiker verliert durch die relationale Sicht tendenziell ein Stück Sicherheit, die ihm die alte Rolle der zurückhaltenden Neutralität, Anonymität und Ab-

relationalen Ansatz abgelöst durch die Beziehung. Das Phänomen der Gegenübertragung genoss in der Geschichte der psychoanalytischen Bewegung „wachsende[r] Aufmerksamkeit von seiten der Analytiker, besonders insofern die Behandlung immer mehr als eine Beziehung verstanden und beschrieben wurde [...]".[437] Der Analytiker muss den Verlust seiner bisherigen Deutungshoheit erdulden, da er mit dem Patienten gemeinsam die interpersonale Realität erschafft, „in der keiner von beiden über die Wahrheit gebietet und in der beide zwangsläufig agieren werden."[438] Die Analyse ist „nicht Redekur, sondern ‚Erfahrungskur'".[439]

Anwendung und Erfolg von Cooper-Whites Methode setzt ein ausserordentlich hohes Mass an Selbsterkenntnis voraus, das häufig erst eine jahrelange Therapieerfahrung und Supervision voraussetzt. Hier liegt m.E. genau die Schwierigkeit in der Beurteilung ihrer Methode, die einerseits faszinierende neue Möglichkeiten eröffnet, indem bisher gemiedene Kommunikationskanäle in die seelsorgliche Reflexion und Praxis miteinbezogen und ausgewertet werden, andererseits sollte genau dies nicht ohne Scheu und Zurückhaltung bzw. ohne gründliche Ausbildung und langjährige Praxiserfahrung geschehen.

Um Cooper-Whites Beitrag besser einordnen und dementsprechend würdigen zu können, ist m.E. ein Blick auf ihr spezifisches Psychoanalyseverständnis hilfreich. Für Cooper-White ist Psychoanalyse mehr als eine Wissenschaft. Psychoanalyse ist für sie nämlich eine Art des Denkens, des Verstehens, sie ist Aesthetik und Hermeneutik, ja sie ist für sie sogar ein „*commitment*".[440] Psycho-

---

stinenz gab. [...] Indem die analytische Situation als gemeinsame, gegenseitige, wenn auch asymmetrische Beziehung verstanden wird, ist der Analytiker in seinen Ausdrucks- und Verhaltensmöglichkeiten deutlich weniger eingeschränkt. Er darf und sollte vielleicht seine Subjektivität einbringen, hat neben Klärung und Deutung ein breiteres Repertoire an Interventionsmöglichkeiten, was auch das Stellen und Beantworten von Fragen betrifft. [...] Er darf akzeptieren, dass ihm der Patient Wichtiges auch über ihn selbst sagt und er sich [...] in der analytischen Situation auch entwickeln kann und sogar sollte."

[437] LAPLANCHE / PONTALIS (1973), 164. Vgl. ebd.: „Von der Abgrenzung des Begriffes her gesehen besteht eine große Variationsbreite."

[438] FONAGY / TARGET (2007[2] [2006]), 299. So sehen die beiden Autoren eine besondere Leistung relationaler Theorievertreter darin, dass „sie die epistemologischen Probleme beleuchten, die mit der Annahme verbunden sind, daß die Wahrnehmungen des Analytikers korrekt seien. Tatsächlich sind sich relationale und interpersonale Theoretiker weiegehend darin einig, daß die positivistische epistemologische Position, wonach der Analytiker die objektive Realität auf irgendeine privilegierte Weise zu erkennen vermöge, nicht länger haltbar ist" (ebd., 301).
Vgl. kritisch dazu Ilka QUINDEAU, die ein Konzept des Primats des Anderen entwickelt hat. DIES. (2007): Psychoanalyse und Sexualität – eine Neubestimmung 100 Jahre nach Freud, in: SPRINGER / MÜNCH / MUNZ, 305–317, hier 314: „Während das Konzept der Intersubjektivität von zwei Subjekten ausgeht, die miteinander in eine wechselseitige Beziehung treten, wird mit dem Konzept des Primats des Anderen die Asymmetrie fokussiert, welche die Beziehung zwischen einem Erwachsenen mit einer ausgebildeten psychischen Struktur und einem Säugling kennzeichnet, dessen psychische Struktur gerade in Entwicklung begriffen ist. Der Primat des Anderen betont ferner die fundamentale, einseitige Angewiesenheit des Säuglings auf die Erwachsenen, ohne deren Hilfeleistungen er nicht überleben würde."

[439] FONAGY / TARGET (2007[2] [2006]), 299.

[440] COOPER-WHITE (2007), 4.

analyse ist für Cooper-White weder Schwindel noch primär Wissenschaft, sondern zuerst und zuvorderst eine Kunst. Von diesem Verständnis her lassen sich m.E. bis zu einem gewissen Grad Unklarheiten in der Terminologie und einige inhaltliche Unschärfen erklären: Mit ihrem Verständnis von Gegenübertragung als „the sum total of thoughts, feelings, fantasies, impulses, and bodily sensations, conscious and unconscious, that may arise in the pastoral caregiver in relation to any person who has come for help" verliert der Begriff seine ursprüngliche Bestimmung und wird verflacht.[441] Es ist zu fragen, ob eine solche Weite nicht bloss einen Gewinn, sondern auch einen Verlust bedeutet, nämlich ein Verlust an Präzision. Offenbar realisierte Cooper-White genau dies, denn entgegen ihrer Definition verwendet sie den Begriff in ihrer Seelsorgemethode in einem doppelten Sinn, wobei sie ihn in der *pastoral assessment* zuerst einmal in einem klassisch-eingeschränkten Sinn benutzt.

Indem Cooper-White einen klar christlich-theologischen Rahmen vorgibt, nimmt sie den Begriff Gegenübertragung aus seinem psychoanalytischen Referenzrahmen und verallgemeinert ihn. Derselbe christlich-religiöse Rahmen macht aus dem sog. „freien Assoziieren" ein lediglich halbfreies bzw. gerichtetes, nämlich ein Assoziieren möglichst im Verstehenshorizont biblisch-theologischer Bezüge. Die Gegenübertragung wird verseelsorglicht und schliesslich noch hypostasiert, wenn Cooper-White plötzlich schreibt:

> „The intersubjective space created between two persons in the pastoral relationship is sacred space. We enter with awe, with fear and trembling."[442]

Dementsprechend wird auch der Begriff Weisheit nirgends definiert. Nun kann jedoch aus dem gemeinsamen Pool zwischen AnalytikerIn und AnalysandIn nicht nur Weisheit kokreiert und geteilt werden, sondern auch Abwehr und Torheit. Die Bestimmung von Kriterien zur Unterscheidung des einen vom anderen scheinen mir dringend geboten zu sein. Als kritischer Vorbehalt soll

---

[441] COOPER-WHITE (2004), 5. Vgl. dazu Thomas H. OGDEN (1999 [1994]): The Analytic Third: Working with Intersubjective Clinical Facts, in: MITCHELL / ARON, 459–492, hier 470 (Anm. 3): „I believe the use of the term countertransference to refer to everything the analyst thinks and feels and experiences sensorially, obscures the simultaneity of the dialectic of oneness and twoness, of individual subjectivity and intersubjectivity that is the foundation of the psychoanalytic relationship. To say that everything the analyst experiences is countertransference is only to make the self-evident statement that we are each trapped in our own subjectivity. For the concept of countertransference to have more meaning than this, we must continually re-ground the concept in the dialectic of the analyst as a separate entity and the analyst as a creation of the analytic intersubjectivity."
Vgl. auch FONAGY / TARGET (2007[2] [2006]), 302: „Was bei einer solchen Überstrapazierung des Begriffs übersehen wird und verlorengeht, ist die Subjektivität des Analytikers, das heißt die unverwechselbare Art und Weise, wie er – mit seinen gesunden und weniger gesunden Anteilen – zur Konstruktion des analytischen Prozesses beiträgt. Indem wir alles und jedes als Gegenübertragung bezeichnen, verwischen wir den Unterschied zwischen dem, was durch das Material des Patienten ausgelöst wird (Gegenübertragung), und dem, was tatsächlich zum Analytiker gehört (Subjektivität)."
[442] Ebd., 129.

schliesslich in Aufnahme von William J. Collins, der als erster 1982 die Gegenübertragung als nützliches Instrument in der Seelsorge verwenden wollte und
dabei zwischen einem klassischen und einem umfassenden Verständnis unterschied, daran erinnert werden, dass der Versuch, das eigene Unbewusste zu erkennen, dem Unternehmen gleicht, den eigenen Hinterkopf anschauen zu wollen.[443] Dies gilt jedoch für den klassischen analytischen Rahmen genau gleich wie
für die Seelsorge. So handelt es sich bei dem Neuansatz von Pamela Cooper-
White – trotz mancher methodischer Anfragen, die jenen an Christoph Morgenthalers Modell z.T. gleichen – um einen faszinierenden ganzheitlich-schöpfe-
rischen Zugang zur Seelsorge.

3.3 „From the West to the rest"? Interkulturelle Seelsorge: Emmanuel Y. Lartey

3.3.1 Hinführung

Das Bewusstsein für die Notwendigkeit, Seelsorgekonzepte zu entwickeln, die die
kulturellen Hintergründe und Bedürfnisse verschiedener Ethnizitäten und Ge-
sellschaftsgruppen berücksichtigen, entwickelte sich in den Vereinigten Staaten
aufgrund der starken Einwanderung und der ethnisch durchmischten Bevölkerung früher und in weit stärkerem Ausmass als in Europa.[444] Doch darf dies nicht
über die Tatsache hinwegtäuschen, dass sich auch in den USA die Erkenntnis
nur langsam durchsetzte, dass bisherige Seelsorgemodelle auf Weisse und in
westlichen Industriestaaten sozialisierte Individuen meist männlichen Ge-
schlechts und auf ihre Werte und Normen ausgerichtet sind und nur einen
schmalen Ausschnitt globaler Realitäten im Blick haben.[445] Noch 1996 konstatierte *Elaine L. Graham* für den gesamten englischsprachigen Raum, die Reflexion der: „implications of ethnic, cultural and racial diversity are underdeveloped
in contemporary pastoral literature".[446]

---

[443] Vgl. COLLINS (1982), 135. Collins entlehnte diesen Vergleich M. LITTLE (1960): Countertransference, in: British Journal of Medical Psychology, Vol. 33, 29–31.

[444] Die erste (und nach wie vor einzige) deutschsprachige interkulturelle Seelsorge erschien erst
2001. Vgl. Christoph SCHNEIDER-HARPPRECHT (2001): Interkulturelle Seelsorge, Göttingen
(Vandenhoeck & Ruprecht). Vgl. auch Karl FEDERSCHMIDT / Eberhard HAUSCHILDT / Christoph SCHNEIDER-HARPPRECHT / Klaus TEMME / Helmut WEISS (Hg.) (2002): Handbuch Interkulturelle Seelsorge, Neukirchen-Vluyn (Neukirchener Verl.); Helmut WEISS / Karl FEDER-
SCHMIDT / Klaus TEMME (Hg.) (2005): Ethik und Praxis des Helfens in verschiedenen Religionen. Anregungen zum interreligiösen Gespräch in Seelsorge und Beratung, Neukirchen-Vluyn
(Neukirchener Verl.).

[445] Vgl. RAMSAY (2004), 18f.: Es seien „European American, liberal, Protestant men" gewesen,
die die geltenden Normen der *clinical pastoral method* bestimmt hätten. Vgl. schon über die
Anfänge der *CPE* HUNTER / PATTON (1995), 32f.: „The early clinical pastoral pioneers – Boisen,
Cabot, Dunbar, Dicks, Hiltner, Johnson, Guiles, and others […] were in fact all heirs to, and
representatives of, a single, broad theological tradition, that of liberalism in Protestant
theology". DIES., 33 weisen aber auch auf den Einfluss des Pietismus auf die *pastoral care
movement* hin.

[446] Elaine L. GRAHAM (1996): Transforming Practice: Pastoral Theology in an Age of Uncertainty,
London (Mowbray), 47.

Im Zuge der neu erworbenen Sensibilität für kulturelle Verschiedenheiten wurde man auch darauf aufmerksam, dass die Vielzahl der Seelsorgemodelle ein Beziehungsgefälle zwischen SeelsorgerIn und Seelsorge Beanspruchende/n voraussetzt. Stillschweigend wird meist angenommen, dass der/die SeelsorgerIn weiss, männlich, heterosexuell und ökonomisch abgesichert ist, während der/die Seelsorge Suchende einer Minoritätengruppe angehört und auf der sozialen Stufenleiter weiter unten steht.[447] Beziehungen, in denen das Gefälle umgekehrt verläuft, in denen also der/die SeelsorgerIn z.B. eine Schwarze aus der Mittelschicht und der Seelsorge Suchende ein von der Fürsorge abhängiger Weisser ist, dienen selten als Exempel. Darin spiegelt sich die über Jahrhunderte tradierte und nicht nur kognitiv zu überwindende rassistische Vorstellung von der weissen Superiorität. Vollends unberücksichtigt und unreflektiert bleiben in aller Regel Seelsorgebeziehungen, in welchen zwar beide dieselbe Hautfarbe haben, Unterschiede jedoch z.B. in der sexuellen Orientierung bestehen: die Seelsorgerin etwa eine weisse Heterosexuelle und die Seelsorge Suchende eine weisse Lesbe ist.[448]

Vor dem Hintergrund seiner eigenen Erfahrungen als schwarzer Universitätsdozent, d.h. als Angehöriger einer in den USA nach wie vor diskriminierten Minderheit einerseits und als Mitglied der sozial und ökonomisch privilegierten Mittelschicht andererseits, wies der aus Ghana stammende und in Atlanta lehrende Methodist *Emmanuel Y. Lartey* auf die Einseitigkeit spezifischer Denkstrukturen hin, die modernen Seelsorgelehren häufig zugrundeliegen. Im Bestreben, diese zu überwinden, legte er 1997 mit seinem Œuvre *„In Living Color"* einen interkulturellen Zugang zur Seelsorge vor, der in den Vereinigten Staaten auf grosse Beachtung stiess. 2004 schilderte er den Paradigmenwechsel, den interkulturelle Sensibilität im Bereich der Pastoralpsychologie einleitete in einem Aufsatz über *„Globalization, Internationalization, and Indigenization of Pastoral Care and Counseling".*[449] 2006 veröffentlichte er ein darauf aufbauendes Werk mit dem Titel *„Pastoral Theology in an Intercultural World".*[450] Diesen Schriften soll im Folgenden die Aufmerksamkeit gelten.

Im Vergleich zu nicht-westlichen Kontexten beschreibt Lartey die US-amerikanische Seelsorge als „individualistic, rationalistic, emotional-expressive, with a focus on the promotion, development and fulfilment of the self (ego) above all else".[451] Die von Lartey angeprangerten und noch näher zu erörternden Defizite

---

[447] Vgl. dazu auch MILLER-MCLEMORE (2004), 52f. über HOLIFIELD (1983).

[448] Vgl. Emmanuel Y. LARTEY (2003 [1997]): In Living Color. An Intercultural Approach to Pastoral Care and Counselling, London/Philadelphia (Jessica Kingsley), 14. Zu den Unterschieden zwischen dem meist stillschweigend vorausgesetzten normativen „referentiellen Selbst", das auf das Individuum fokussiert, und seines Unterschieds zum „Index-Selbst", das eine Person von ihrem systemischen Umfeld her und nicht abgelöst davon versteht, vgl. SCHNEIDER-HARPPRECHT (2001), 163f.

[449] In: Nancy J. RAMSAY (ed.) (2004): Pastoral Care and Counseling. Redefining the Paradigms, Nashville/TN (Abingdon Press), 87–108.

[450] Emmanuel Y. LARTEY (2006): Pastoral Theology in an Intercultural World, Cleveland/OH (The Pilgrim Press).

[451] LARTEY (2006), 50.

westlich-abendländischer Pastoralpsychologie gewichten umso mehr, als sie die weltweite Ausrichtung der Disziplin bestimmen, denn:

„what is written in the West, and in the disciplines of pastoral theology, care and counselling in particular, invariably ends up informing and shaping the practices of pastoral care and counselling around the world."[452]

Lartey belegt dies mit einem eindrücklichen Beispiel: Als Student in Ghana in den 1970er Jahren verwendete er als Textbuch Howard Clinebells *„Basic Types of Pastoral Counseling"* *(1966)*. Später erfuhr er von einem Kollegen, dass dieser während seiner Ausbildung auf den Fidji-Inseln dasselbe Werk als Grundlagenbuch gebraucht hatte, und auch eine von Larteys späteren Studentinnen aus Finnland hatte es als Einführung in die Seelsorge gedient. So bilanziert er: „Our practice of pastoral counselling in Africa, the Pacific and Northern Europe was shaped and influenced by one North American author's insights."[453] In diesem kleinen, aber aussagekräftigen Beispiel verdichtet sich Larteys prägende Erfahrung von der Dominanz und vom Durchsetzungswillen des keineswegs nur uniform verstandenen Westens.[454] Sie führt ihn zu folgender Überzeugung, die zugleich seine Kritik am Euro- und Anglozentrismus offenbart, der auch in der Seelsorge vorherrschend ist:

„The scope of pastoral theology in the twenty-first century has to lie beyond the confines of the geographical boundaries of Europe, the United Kingdom and the United States."[455]

Im Rückblick auf die vergangenen zwei Jahrzehnte sieht Lartey weltweit drei Entwicklungsrichtungen in *Pastoral Care and Counseling*, die er mit den Stichworten „globalization, internationalization, and indigenization" zusammenfasst und die er im Sinne eines historisch fortschreitenden Prozesses versteht.[456] *Pasto-*

---

[452] LARTEY (2006), 10. Ebd., 43 spricht Lartey in diesem Zusammenhang von der Globalisierung: „Globalization happens when, in whole or in part, the lifestyle, world view, values, theology, anthropology, paradigms and forms of practice developed in North America and Western Europe are exported or imported into different cultures and contexts." In dem Sinne wurde auch die Pastoraltheologie globalisiert: „What is clear is that the flow, in terms of products, lifestyle and values, has overwhelmingly been from the economically advantaged towards the less well off. [...] Globalization in pastoral care and counselling has followed similar social and economic patterns" (ebd., 44). Die Fliessrichtung sei „from the West to the rest" (ebd., 44). Im Westen kommt dann insbesondere den USA eine Machtposition zu, vgl. DERS. (2004), 87: „[...] any survey of theories and practices of pastoral care and counseling demonstrates the central place the United States occupies in these disciplines."

[453] LARTEY (2006), 45.

[454] Vgl. LARTEY (2006), 50: „For one who has spent a vast amount of my professional life in Britain and being now for the last few years domiciled in the United States, the differences within and between nations that are perceived from outside as constituting ‚the West' are very apparent."

[455] LARTEY (2006), 29.

[456] LARTEY (2004), 88: „Three types of processes seem to characterize developments in pastoral care and counseling on the global scene over the past two decades. [...] There appears to be a progression from globalization through internationalization toward indigenization in many areas of the world [...]."

ral Care and Counseling hätte sich in Analogie zum Marktgeschehen ebenfalls globalisiert, wobei dieser Ausdruck nichts aussage über die deutlich vorherrschende Fliessrichtung. Diese sei klar von Westen nach Osten und Norden nach Süden, von den wirtschaftlich Stärkeren zu den wirtschaftlich Schwächeren. Diese wiederum hätten fremde Produkte – auch in Form westlicher Seelsorgemodelle – höher eingeschätzt als eigene. Internationalisierung bedeute einen weiteren Schritt in Richtung gleichberechtigten Dialogs, der das Vorhandensein unterschiedlicher Kontexte mehr berücksichtige als bisher. Organisationen wie das *International Council on Pastoral Care and Counseling (ICPCC),* die *Society for Intercultural Pastoral Care and Counseling (SIPCC)* und die *International Academy of Practical Theology (IAPT)* rechnet Lartey diesem Stichwort zu, welches auch in ihren Namen vorkomme.[457] Indigenisierung wiederum fände an den wenig beachteten Rändern der globalen Bewegung statt. Hier sei eine Rückbesinnung auf eigene Heilungstraditionen zu beobachten. Im Sinne einer Emanzipation aus der Abhängigkeit von westlichen Werten und Normen würden eigene Ressourcen entdeckt und wertgeschätzt. Für im Westen ausgebildete Seelsorgende bedeute dies anzuerkennen, dass eigene Modelle nicht universell anwendbar, sondern ebenfalls kontextuell gebunden seien: „All thoughts and feelings of superiority in matters therapeutic or interpersonal need also to be eschewed."[458]

Im Folgenden soll zuerst dargelegt werden, was Lartey unter interkultureller Seelsorge versteht und worin sich sein Ansatz von anderen abhebt bzw. was sein Zugang auszeichnet (3.3.2). Anschliessend wird die Frage aufgeworfen, wie Freud und die Psychoanalyse in Larteys Konzept beurteilt werden (3.3.3), ob sie als eurozentrisch und deshalb mit einem interkulturellen Zugang unvereinbar betrachtet und verworfen werden oder ob sie doch in irgendeiner Form Spuren hinterlassen haben – vielleicht sogar aufgrund gemeinsamer Anknüpfungspunkte.

3.3.2 Larteys interkultureller Seelsorgeentwurf

Lartey setzt sich kritisch mit postmodernen Seelsorgeentwürfen auseinander, will sich bewusst von solchen absetzen, die als „cross-cultural" oder „trans-cultural" bezeichnet werden, und nennt seinen eigenen Zugang „inter-cultural". Er verfolgt damit die Absicht, das Augenmerk nicht nur auf die Komplexität der *zwischen* Gruppen vorhandenen Unterschiede zu richten, sondern auch auf jene, die *in* diesen selbst bestehen.[459] Er möchte ein Individuum nicht bloss als Mitglied einer Gruppe verstanden wissen, deren Werten und Vorstellungen es sich zu unterwerfen hat, sondern selbst als Konglomerat verschiedener Einflüsse.[460] Seine

---

[457] Vgl. http://www.icpcc.net/; http://www.sipcc.org/; http://www.ia-pt.org.
[458] LARTEY (2004), 107.
[459] In dem Sinne handelt es sich um einen inter- und intrakulturellen Seelsorgeentwurf.
[460] Vgl. dazu SCHNEIDER-HARPPRECHT (2001), 16: „In pluralistischen Gesellschaften zeigt sich die Spannung und Vermischung von Elementen globaler, regionaler und lokaler Kultur auch im Mikrobereich des persönlichen Lebens". Vgl. DERS. (2001), 17: „Nur eine kontextuelle und kul-

Forderung nach einer kulturell sensiblen Seelsorge beinhaltet also zugleich eine Kritik an ihr: der Einzelne ist zwar Teil einer Gruppe, geht jedoch nicht in ihr auf. Auch wenn in einem interkulturellen Zugang kulturelle Einflüsse auf Denken und Handeln ernst genommen würden, so seien sie nicht als allein bestimmende und ein Individuum festlegende Faktoren zu verstehen. So begründet Lartey seine Wortwahl zusammenfassend:

> *„The term intercultural, in preference to cross-cultural or transcultural, is used to attempt to capture the complex nature of the interaction between people who have been influenced by different cultures, social contexts and origins, and who themselves are often enigmatic composites of various strands of ethnicity, race, geography, culture and socio-economic setting".*[461]

Lartey will die seiner Ansicht nach bisher vernachlässigte Einzigartigkeit des Einzelnen in seinem Seelsorgemodell gewahrt wissen. Die in verschiedenen cross- und transkulturellen Seelsorgeentwürfen von ihm beobachteten Vereinfachungen und Stereotypisierungen versteht er als Ausdruck der Unfähigkeit, mit Komplexität und Unterschieden umzugehen. Im Gegensatz dazu werde in einem interkulturellen Zugang Vielfalt und Buntheit besonders geschätzt.[462]

Ein interkultureller Seelsorgeentwurf öffne – so Lartey – auch den Blick für die Vielzahl möglicher Seelsorgesituationen und -beziehungen. Vor dem Hintergrund einer pluralistischen, postmodernen und postkolonialistischen Zeit und angesichts des multikulturellen Kontexts, in dem Seelsorge heute in westlichen Industrieländern stattfindet, hält Lartey es für nötig, einen kritischen und das heisst weiten, integrativen und inklusiven bzw. holistischen Zugang zur Seelsorge zu entwickeln.[463] Zu diesem Zweck beschäftigt er sich mit verschiedenen zeitgenössischen Ansätzen, die Multikulturalismus in Rechnung zu stellen beanspruchen, um dann die besonderen Schwerpunkte seines eigenen davon abheben und besser erläutern zu können.

Da ein interkultureller Zugang beträchtliche Unterschiede zwischen den Mitgliedern derselben Gruppe berücksichtige, beuge er der Gefahr vor, eine bestimmte kulturelle Erfahrung absolut zu setzen und zu verallgemeinern.[464] Interkulturelle Seelsorge sei darum bemüht, verschiedenen und einander zum Teil widersprechenden Stimmen von vielen verschiedenen Hintergründen Gehör zu verschaffen. Sie – und zwischen den Zeilen dringt Larteys Kritik an der herrschenden westlich-akademischen Theologie durch – „does not then rush to analyze or systematize them [sc. different perspectives; IN] into overarching theories that can explain and fit everything neatly into place. Instead, it ponders the glo-

---

turell sensible Seelsorge wird auch dem Evangelium von Jesus Christus gerecht, das uns als inkulturierte Botschaft, innerhalb und mittels der Sprache, der Denkformen und Erzähltraditionen bestimmter Völker, von Juden, Griechen, Römern überliefert wurde und wird."
[461] LARTEY (2003 [1997]), 13.
[462] Vgl. ebd., 32f.
[463] Vgl. ebd., 13.
[464] Vgl. ebd., 32.

rious variety and chaotic mystery of human experience for clues to a more adequate response to the exigencies of human life".[465]

Die Besonderheit eines interkulturellen Seelsorgezugangs zeige sich auch im bewussten Einbezug von Kunst wie z.B. Figuren und Skulpturen. Künstlerische Ausdrucksformen seien stark vernachlässigt worden in der westlich-akademisch bestimmten Seelsorge, deren Fokus sich fast ausschliesslich auf schriftliche Werke richtete und textorientiert sei.[466] So fragt Lartey emphatisch:

„In our theologies do we continue to emphasize and study the verbal and literary expressive or do we give place to aesthetic, non-verbal expressive forms?"[467]

Die Basis von Larteys interkulturellem Seelsorgekonzept bildet eine triadische Formulierung, die auf *Kluckholn* und *Murray* zurückgeht und aus dem Jahre 1948 stammt.[468] In Analogie zur Dreifaltigkeit beansprucht jede Aussage für sich Wahrheit, muss aber stets in Verbindung mit den beiden anderen betrachtet werden. Jeder Mensch ist in gewisser Hinsicht:

„1. wie alle anderen
2. wie einige andere
3. wie kein anderer".[469]

Ein interkultureller Zugang behält stets alle drei Ebenen im Auge. Dies bewahrt SeelsorgerInnen davor, kulturelle Einflüsse weder unbeachtet zu lassen noch sie zu überschätzen und den Einzelnen überzustülpen, ohne auf ihre Individualität zu achten. Interkulturelle Seelsorge beugt auch einer „Wir – die anderen-Mentalität" vor.[470] Der Zugang ist *inter* kulturell, weil er Interaktionen zwischen und unter vielen verschiedenen Menschen, Gruppierungen und Sichtweisen wahrnimmt. Interkulturelle Seelsorge und Beratung erfordert nach Lartey folgende Fragestellungen:

„What of the universal experience of humanity is to be found here? [...] What is culturally determined about this way of thinking, feeling or behaving? [...] What in this experience can be said to be uniquely attributable to this particular person?"[471]

In Larteys interkulturellem Seelsorgeansatz gelangen Individuum und Kultur bzw. gesellschaftliche Einflüsse in ein Gleichgewicht: beide werden berücksichtigt, aber keines als alleiniger oder ausschlaggebender Faktor strapaziert. Sein eigenes aussergewöhnliches kulturübergreifendes *Curriculum* ermächtigt Lartey

---

[465] Ebd., 32.
[466] Vgl. ebd., 29.
[467] LARTEY (2006), 126.
[468] Vgl. C. KLUCKHOLN / H. MURRAY (1948): Personality in Nature, Society and Culture, New York (Alfred Knoff).
[469] LARTEY (2003 [1997]), 34: „Every human person is in certain respects: 1. like all others, 2. like some others, 3. like no other."
[470] Ebd., 36.
[471] Ebd., 36.

in besonderer Weise daran zu erinnern, dass Menschen nicht bloss von ihrer jeweiligen Kultur her zu verstehen, sondern zugleich etwas unverwechselbar Eigenes sind.[472]

3.3.3 Zum Stellenwert der Psychoanalyse

In einem eigenen kurzen Kapitel wendet sich Lartey verschiedenen Seelsorgemodellen zu, deren Kurzbeschreibung einige Rückschlüsse auf sein eigenes Verständnis von Seelsorge zulässt.[473] Er unterscheidet fünf Hauptmodelle: „Pastoral care as therapy", „ministry", „social action", „empowerment" und „personal interaction". Hier von Interesse sind seine Skizzen von Seelsorge als Therapie und als persönliche Interaktion.

Kennzeichen eines therapeutischen Seelsorge-Modells sei sein problemzentrierter Fokus. Lartey sieht den Vorzug dieses verbreiteten Modells darin, dass es bei einem nachvollziehbaren und klar umrissenen Problem ansetze, zu dem eine Lösung existiere.[474] Seelsorge werde zu einer Form von Psychotherapie. Es gehe darum, Probleme zu lösen und Seelsorge Suchende in Richtung Besserung oder Heilung zu verändern. Der/die SeelsorgerIn selbst erhalte eine „messianische Funktion", da er/sie heile, helfe oder errette.[475] Dieses nach wie vor verbreitete Seelsorgeverständnis trage jedoch auch Mitschuld daran, dass in der weissen, euro-amerikanischen Seelsorge die Krise im Zentrum stehe.[476] Seelsorge selbst verkomme so zur „ambulance service".[477] Lartey kontrastiert dieses Verständnis mit jenem der *Black Church*, in welcher der Aspekt der Ermutigung und der Mobilisierung bestehender Ressourcen sowohl Einzelner als auch der Gemeinde betont werden.[478]

Im Modell einer Seelsorge als persönliche Interaktion konzentriere man sich auf das Individuelle und trachte nach innerer Selbsterkenntnis. In der Beziehung

---

472 LARTEY (2006), 5 beschreibt sich selbst als „a practising Christian minister who has lived and worked on three continents and been influenced by ecumenical, interfaith and intercultural experiences over many years". Aus diesem Grund bezeichnet er seine Wirklichkeit als „pluriform" und hält fest: „My ‚own people' are a whole bunch – and diverse to the core" (ebd., 10).

473 Vgl. LARTEY (2003 [1997]), 55–59.

474 Vgl. ebd., 56.

475 Ebd., 55. Vgl. auch HUNTER (1995), 17, der im Zusammenhang mit der im liberalen Protestantismus fundierten therapeutischen Tradition von *Pastoral Care and Counseling* vom „fundamental commitment to healing or ‚therapeutics' as its master metaphor and operative principle" spricht. Vgl. ebd.: „Historically and institutionally, the therapeutic tradition of pastoral care is rooted in the religion and health movement, the religious education movement, and the academic interest in psychology of religion that developed around the turn of the twentieth century."

476 Vgl. ebd., 24.

477 Ebd., 23.

478 Vgl. ebd., 24. Vgl. dazu Edward P. WIMBERLY (2003): Claiming God, Reclaiming Dignity. African American Pastoral Care, Nashville/TN (Abingdon Press), 15: „Chapter One: The Quest for Worth and Value. What does it mean to be persons of worth and value in our contemporary culture?"; DERS. (2006): African American Pastoral Care and Counseling. The Politics of Oppression and Empowerment, Cleveland/OH (The Pilgrim Press).

mit einer geschulten Person wird an der Veränderung von Denken, Fühlen und Verhalten gearbeitet. Kognitive Fähigkeiten werden genutzt. Verbale Ausdrucksfähigkeit, Beschreiben von Gefühlen, Entdecken und Erhellen eigener Reaktionsweisen etc. sind von zentraler Bedeutung.

Unter den Beratungsmodellen unterscheidet Lartey vier verschiedene Hauptrichtungen. Die erste umfasst „insight-oriented-approaches".[479] Diese setze sich zum Ziel, die Einsicht des Klienten in die Dynamik seiner persönlichen Problembildung und (bisher meist misslungenen) -lösungsfindung zu fördern und werde primär aus der psychoanalytischen Tradition gespiesen.

Lartey zählt zu den Hauptkritikpunkten an Seelsorge und Beratung ihren Individualismus und ihre Betonung intrapsychischer Vorgänge. Das Erstaunliche ist nun aber, worin er dessen Ursache sieht. In seiner Kritik an der gegenwärtigen Pastoralpsychologie unterscheidet er sich nicht von der deutschsprachigen. Differenzen bestehen jedoch darin, *wie* der Individualismus bzw. *wie* sein Entstehen erklärt wird. Anders als im deutschsprachigen Raum, in dem etwa Isolde Karle Freud oder die Psychoanalyse aufgrund ihres überwältigenden Einflusses auf die Seelsorge verantwortlich dafür macht, sieht Lartey im Individualismus generell einen Ausdruck bzw. ein Abbild westlicher Kultur. In anderen Kulturen, in denen Menschen stärker im Kontext ihrer Gemeinschaft und interpersonell gesehen werden, wird Seelsorge bedeutend stärker kommunal und in der Kirchengemeinde verortet. Sie ist nicht das Werk eines einzelnen Seelsorgers, sondern einer Gemeinschaft. Sie findet nicht nur *in* der Kirchengemeinde statt, sondern *durch* diese. Nicht der mangelnde Einfluss der Psychoanalyse zeichnet dafür verantwortlich, sondern kulturelle Bedingtheiten, die sich auch auf das jeweilige Seelsorgeverständnis auswirken. So legt Lartey auch besonderen Wert auf den Hinweis, wie stark bisherige Seelsorgekonzepte von spezifischen im Westen geprägten anthropologischen Prämissen ausgehen, die in aller Regel unreflektiert bleiben und so unterdrückerisch und naiv wirken. Kognitiv-verhaltenstherapeutische Modelle können z.B. für Nicht-westliche Kulturen angemessener sein als die im Westen gerne favorisierten humanistischen Zugänge.[480]

Wenn Lartey die Individualität moderner Seelsorge kritisiert, so ist Freud ebenfalls nur ein Ausdruck dafür, aber nicht deren Verursacher. Lartey sieht die Seelsorge demnach in einem grösseren kulturellen Kontext, der einzelne auf die Theoriebildung und Geschichte der Disziplin einwirkende psychotherapeutische Richtungen weit übersteigt. So wird verständlich, weshalb Lartey zwar immer wieder auf die Interdisziplinarität der Pastoraltheologie rekurriert[481] und auch von der Geschichte des Faches handelt, die Psychoanalyse jedoch selten explizit erwähnt.

In Zukunft wird der auch bei Lartey noch wenig reflektierte korrelierende Zusammenhang zwischen einzelnen gesellschaftlichen Strukturkategorien, näm-

---

[479] Ebd., 83f. Die anderen Richtungen sind „behavioristic", „relationship-oriented" und „transpersonal" (83).

[480] Vgl. ebd., 16.

[481] Vgl. z.B. LARTEY (2006), 13: „the interdisciplinary nature of pastoral theology".

lich z.B. sexuelle Orientierung und Armut oder afroamerikanische Bevölkerungsminderheit und Bildung, thematisiert werden. Dies haben auch die aufgeflammten Diskussionen an der *AAR-meeting* in Chicago 2008 deutlich gezeigt. So ist gerade in der *Black Church* eine hitzige Debatte aufgebrochen über die in ihren Reihen stattfindende Diskriminierung von Homosexuellen.[482] Deren Überwindung tut Not gerade angesichts folgender Bestimmung der Pfarrrolle:

„The pastor [...] is a facilitator of difference. She or he values difference and enables communities to respect and cohere in the midst of difference. Indeed the aim is for communities to cherish difference instead of being havens of neurotic ethnocentrism."[483]

Vielversprechend dürfte in Zukunft zudem die Auseinandersetzung mit der Frage sein, welchen spezifischen Beitrag die Psychoanalyse in Form der Ethnopsychoanalyse an ein interkulturelles Seelsorgemodell leisten könnte,[484] und das Gespräch mit den gerade in den USA entwickelten verschiedenen Formen interkultureller Psychotherapie,[485] die beide – wie ein Blick in die dementsprechenden Literaturverzeichnisse zeigt – in *Pastoral Care and Counseling* noch kaum rezipiert werden.

4. Über Dialogchancen, Lernfelder und theologische Notwendigkeiten

4.1 Vergleichsaspekte

Im Unterschied zur manchmal stärkeren und manchmal schwächeren, aber nie ganz unterbrochenen US-amerikanischen Rezeption verschiedener psychoanalytischer Theorie- und Schulrichtungen in der Pastoralpsychologie – von der Ich- bis zur Selbstpsychologie und zu Objektbeziehungstheorien – brach die deutschsprachige Rezeption nach Pfister ziemlich abrupt ab. Es waren u.a. antisemitische Ressentiments, der Zweite Weltkrieg und der Einfluss der Dialektischen Theologie, aber auch – wie von psychoanalytischer Seite gerne betont wird – die stets mitvorhandene Abwehr von der bedrohlichen (Über-)Macht unbewusster seelischer Vorgänge, die zur theologischen Rezeptionssperre führten. Erst Joachim

---

[482]   Vgl. schon Edward P. WIMBERLY (2003): Claiming God, Reclaiming Dignity. African American Pastoral Care, Nashville/TN (Abingdon Press), 53–65; DERS. (2006), 65–70; Horace L. GRIFFIN (2006): their own receive them not. African American Lesbians & Gays in Black Churches, Cleveland/OH (The Pilgrim Press).

[483]   LARTEY (2004), 108.

[484]   Vgl. u.a. Johannes REICHMAYR (2003): Ethnopsychoanalyse: Geschichte, Konzepte, Anwendungen, Giessen (Psychosozial-Verl.); Psychoanalytisches Seminar Zürich (Hg.) (2006): Ethnopsychoanalyse: Paul Parin zum 90. Geburtstag, Giessen (Psychosozial-Verl.) [Journal f Psychoanal 26 (2006), Nr. 47, H.2].

[485]   Vgl. z.B. Uwe P. GIELEN / Juris G. DRAGUNS / Jefferson M. FISH (eds.) (2008): Principles of Multicultural Counseling and Therapy New York / London (Routledge); Laura R. JOHNSON / Gilberte BASTIEN / Michael J. HIRSCHEL (2009): Psychotherapy in a Culturally Diverse World, in: Sussie ESHUN / Regan A.R. GURUNG (eds.): Culture and Mental Health. Sociocultural Influences, Theory, and Practice, West Sussex (Wiley-Blackwell), 115–148.

Scharfenberg und weitere andere entdeckten Freud über den Umweg über die Vereinigten Staaten wieder als wichtigen Gesprächspartner für die Theologie und überwanden ihre Abschottung gegenüber den Befunden der psychoanalytischen Forschung im Bereich der Pastoralpsychologie. Die Beschäftigung sowohl mit Freud als auch der Psychoanalyse hält seither an. Ebenso die an ihre Adresse – bzw. an die Adresse der psychoanalytisch orientierten Seelsorge – gerichteten Vorwürfe. Sei es jener der soziologischen Naivität (Karle), des ungenügenden Gesellschaftsbegriffs (Pohl-Patalong), der individualistischen Engführung (Karle),[486] der mangelnden Berücksichtigung von familiären, beruflichen und weiteren das Individuum übergreifenden Systemen bzw. der ungenügenden kontextualisierenden Orientierung (Morgenthaler, Karle), der Einseitigkeit und der Ergänzungsbedürftigkeit durch andere Modelle (Morgenthaler, Schibler) oder der Problem- und Heilungsorientiertheit (Lartey), des Ethnozentrismus (Lartey, Cooper-White), des Ungenügens angesichts moderner Problemlagen (Ramsay) – um nur überschlagartig ein paar der Vorwürfe aufzuzählen, denen wir bereits begegnet sind.

Anders als die US-amerikanische Pastoralpsychologie stand die Rezeption Freuds nach seiner Wiederentdeckung Ende der 1960er Jahre in der deutsch-sprachigen Pastoralpsychologie mehr oder weniger im Windschatten eines einzigen Fachvertreters, nämlich Joachim Scharfenbergs. Meinte er von Pfister, er hätte eine weitere Rezeption Freuds verhindert, so gilt umgekehrt von Scharfenberg, dass er sie u.a. auch dank seiner besonderen Kommunikationsgabe, die ich insbesondere anhand seiner Vortrags- und Übersetzungstätigkeit aufzuzeigen versuchte (vgl. oben 2.1.4), erst wieder ermöglichte. Seine Vermittlerrolle und seine Schlüsselfunktion im Wissensimport gingen so weit, dass manche Pastoral-psychologInnen sich schliesslich beinahe mehr mit ihm auseinandersetzten als mit Freud selbst, trotz Scharfenbergs expliziter Forderung nach dem ganzen und zwar unvermittelten Freud.

Nach der Darstellung der Rezeption der Psychoanalyse bei ausgewählten Pas-toralpsychologInnen der Gegenwart im deutschen Sprachraum und in den USA lässt sich feststellen: Dass die Psychoanalyse in den Vereinigten Staaten nicht bloss konkurrierende theoretische Erweiterungen und Revisionen, sondern im Gegensatz zu ihrer ursprünglichen deutschsprachigen Heimat neue differente Schulrichtungen generierte, musste auch Auswirkungen auf ihre länderspezifi-

---

[486] Während jedoch in der deutschsprachigen Pastoralpsychologie ein Hang auszumachen ist, den Einfluss Freuds bzw. die Psychoanalyse dafür verantwortlich zu machen, sieht die US-amerika-nische Forschung die Psychoanalyse lediglich als Teil bzw. Ausdruck eines gesamtgesellschaftli-chen Phänomens. Dem Vorwurf des Individualismus erwuchs von Seiten der US-amerikani-schen Pastoralpsychologie jedoch auch Widerstand: „Every historical typology has the danger of oversimplification. Pastoral theology and care has never been quite as individualistically or personally focused as often portrayed." MILLER-MCLEMORE (2004), 52. Ebd.: „One could even argue that the original turn to psychology by pastoral theologians included a public dimension. As Hunter notes, ‚pastoral counseling represents a profoundly important expression of the liberal churchs' social mission". Dies lässt sich an Pfister, aber auch an Boisen verfolgen. Vgl. HUNTER (2001) u. (2003), dessen Einschätzung sich sehr von jener von HOLIFIELD (1983) unter-scheidet.

sche pastoralpsychologische Rezeption zeitigen. Dabei gilt zu bedenken, dass sich die neu entstandenen Richtungen oftmals auch überschneiden und sich deshalb zuweilen nur schwer eindeutig voneinander unterscheiden lassen: „Um die Theoriegebäude aufzurichten, werden die gleichen Bausteine verwendet, da und dort durch neue ergänzt. Aber es sind die unterschiedlichen Baupläne, aus denen sich sehr verschiedene und eigenständige Architekturen ergeben, die je für sich stehen."[487]

Das trieb- und strukturtheoretische Modell Freuds wirkte stärker nach im deutschsprachigen Raum als in den USA, die viel früher schon auf den Beziehungskontext und die menschliche Soziabilität fokussierten. Im Vergleich zum angloamerikanischen gelten im deutschsprachigen Raum hingegen z.B. Objektbeziehungstheorien im Hinblick auf ihre Rezeptionspräsenz als verspätet. Ein Blick in die Ausgaben der Zeitschrift *Pastoral Psychology* verrät, wie kontinuierlich das Gespräch mit psychoanalytischen Theorierichtungen in ihrer ganzen Breite bis zum heutigen Tag in den USA gesucht wird, wobei die Selbstpsychologie Kohuts, die auch dort entstanden war, lange Vorrang genoss vor der erst seit den 1980er Jahren – dann jedoch begeistert – rezipierten britischen Objektbeziehungstheorie.[488] Dass dabei ihre Vereinbarkeit gerade mit moralisch-ethischen Anliegen gerne untersucht wird, mag aus europäischer Sicht verwunderlich sein, nach US-amerikanischem Empfinden aber handelt es sich dabei um eine Rezeptionsvoraussetzung.[489] Nachwirkungen calvinistisch-puritanischen Einflusses in der Seelsorge zeigen sich in ihrer spezifischen Art, „values" und „moral stan-

---

[487] HEINE (2005), 185.

[488] Vgl. COOPER-WHITE (2004), 23f. Aus der Vielzahl der Beiträge vgl. z.B. Donald W. CAPPS (1993): The Depleted Self in a Narcisstic Age, Minneapolis/MN (Fortress Press); Walter E. CONN (1997): The Self in Post-Freudian Psychoanalytic Theory, in: PastPsy 46/2, 85–97; Chris R. SCHLAUCH (1999): Rethinking Selfobject and Self: Implications for Understanding and Studying Religious Matters, in: PastPsy 48, 57–78; Peter J. GORDAY (2000): The Self Psychology of Heinz Kohut: What's It All About Theologically?, in: PastPsy 48/6, 445–467; Donald CAPPS (2000): The Oedipus Complex and the Role of Religion in the Neurosis of Father Hunger, in: PastPsy 49/2, 105–119; James W. JONES (2002): The Experience of the Holy: A Relational Psychoanalytic Analysis, in: PastPsy 50/3, 153–164; Pamela COOPER-WHITE (2002): „Higher Powers and Infernal Regions": Models of Mind in Freuds' *Interpretation of Dreams* and Contemporary Psychoanalysis, and Their Implications for Pastoral Theology, in: PastPsy 50/5, 319–343; Michael S. KOPPEL (2004): Self Psychology and End of Life Pastoral Care, in: PastPsy 53/2, 139–151.

[489] Sehr wirksam in Zusammenhang mit Kohut z.B. Don BROWNING (1987): Religious Thought and the Modern Psychologies. A Critical Conversation in the Theology of Culture, Philadelphia (Fortress Press), 204–237. Vgl. dazu die übergreifende Beobachtung von BROCKER (2005), 8: „Ebenso wie die Religiosität der Amerikaner Europäer befremdet, irritiert umgekehrt die Amerikaner die fortschreitende Säkularisierung auf unserem Kontinent." Zu historischen Gründen vgl. Berndt OSTENDORF (2005): (K)eine säkulare Gesellschaft? Zur anhaltenden Vitalität der amerikanischen Religionen, in: BROCKER, 13–31, hier 20: „Trotz der Trennung von Kirche und Staat gingen einige der Gründungsväter davon aus, dass die religiöse Moral für die Ausübung der Staatsgeschäfte unverzichtbar sei; daher übernahm die Politik der jungen Republik das moralische Gerüst eines weit definierten Protestantismus. Also leistete Religion nicht institutionelle Hilfe wie in Deutschland, sondern eine moralische."

dards" zu betonen.[490] Zahlte man es Freud posthum heim, dass er sein „Dollaria" bei aller auch vorhandenen Faszination letztlich tief verabscheute, indem man ihn einer Bashing-Welle aussetzte oder ihn kirchlich-kompatibel machte? Ist das auffallende Fehlen seiner Religionskritik im innerpastoralpsychologischen Diskurs als auch im interdisziplinären Gespräch der Pastoralpsychologie mit der Psychoanalyse Folge seiner Domestizierung? Gegenwärtig finden sogar von psychoanalytischer Seite Annäherungsbemühungen an Religion und Theologie statt.[491] Die gesellschaftliche Akzeptanz von Religion und Kirche ist in den USA unvergleichlich höher als in Europa,[492] auch wenn die Ansicht, ihre „religiöse Vitalität" hätte in vergangener Zeit noch zugenommen „weitgehend eine europäische Fehlperzeption" ist.[493] Man empfand in den USA aus historischen Gründen nie die Notwendigkeit, sich in solch grundlegender Weise von Kirche und Religion abzugrenzen wie in Europa. Dies darf mit als Grund dafür zählen, weshalb die Religionskritik Freuds im deutschsprachigen Raum noch häufiger Auseinandersetzungen provoziert als im US-amerikanischen. Während hier Pamela Cooper-White neueste Einsichten der Psychoanalyse für die Poimenik in Form einer neuen Seelsorgemethode zu verwerten weiss, dabei aber in empirisch-pragmatischer Manier keinerlei methodische Vorüberlegungen zur Übertragbarkeit psychoanalytischer Theorieelemente auf die Seelsorge bzw. keinerlei metatheoretische Selbstreflexion über ihren Wissenstransfer anstellt und die religionskritische Tradition der Psychoanalyse unerwähnt lässt, lässt Emmanuel Lartey in seinem interkulturellen Ansatz noch unausgeschöpfte Potentiale der Psychoanalyse vollständig brachliegen.

Es sollen nun aus der Vielzahl möglicher Themenbereiche zwei näher betrachtet werden, die vor dem bisher Behandelten einen Dialog über Sprach- und Landesgrenzen hinweg besonders herausfordern: 1. die Frage nach der Übertragbarkeit psychoanalytischer Theorieelemente auf die Seelsorge am Beispiel des

---

[490] Vgl. die Aussage von Ostendorf (2005), 17: „[...] die Radikalität der Überzeugung, im Recht zu sein, führte zu einer Art Null-Summen-Denken im Rahmen eines manichäischen Weltbildes. Dieser ideologische Rigorismus hat sich bis heute gehalten [...]. Jene lauen agnostischen Mittelpositionen, die für Europa geradezu typisch sind, sind in diesem moralischen System nicht vorgesehen." Ebd., 18: „Auf dem amerikanischen Kontinent definierten sich die diversen religiösen Gruppen nicht so sehr durch eine potentiell demokratiefeindliche, weil hegemonial verordnete Doktrin als durch angewandtes Christentum (also durch einen moralischen Lebenswandel)". Vgl. Berg (2005), 48: „Das Festhalten an bekenntnisübergreifender Religion als Grundlage des nationalen Lebens leistet einem oft penetranten Moralismus und der zivilreligiösen Sakralisierung der Nation Vorschub."

[491] Vgl. Blass (2004).

[492] Dies trotz der verfassungsmässigen Trennung von Kirche und Staat, die eine regelrechte religiös-kirchliche Durchdringung von Alltag und Politik etc. nicht ausschliesst. Das friedliche Zusammenleben der inzwischen auf über 1000 angestiegenen Religionsgemeinschaften in den USA zu ermöglichen, gehört seit deren Gründung „durch protestantische Kolonisten unterschiedlichster konfessioneller und nationaler Provenienz zu den zentralen Aufgaben der bundesstaatlichen politischen Ordnung. Dabei entschied man sich für eine verfassungsrechtliche Regelung, die einerseits eine weitgehende Religionsfreiheit vorsieht, andererseits die Kirche(n) vom Staat trennt." Brocker (2005), 9.

[493] Brocker (2005), 8. Sie ist lediglich „öffentlich *sichtbarer* geworden." Ebd.

Übertragungs- und Gegenübertragungsphänomens und 2. der Öffentlichkeitsauftrag von Seelsorge.

4.2 Zur Frage der Übertragbarkeit psychoanalytischer Theorieelemente auf die Seelsorge am Beispiel von Übertragung und Gegenübertragung

Die mit Oskar Pfister einsetzenden Anfänge der theologischen Rezeption Freuds, die zur Gründung der neuen Disziplin der Pastoralpsychologie führten, wurden relativ bald überschattet von Zweifel an der fachlichen Qualifikation des Zürcher Pfarrers. Im Zentrum der Kritik, die mit zu einem Eklat in der frühen Geschichte der psychoanalytischen Bewegung in der Schweiz beitrug, stand Pfisters Ausübung der Psychoanalyse. Seine Überzeugung von der theologischen Anknüpfungsfähigkeit und von der Übertragbarkeit der Psychoanalyse auf ein kirchlich-seelsorgliches Setting weckte Unmut. Seine Begeisterungsstürme, seine zahlreichen Werbeschriften und seine kurztherapeutischen Erfolgsmeldungen offenbaren u.a. einen vom herkömmlichen abweichenden Umgang mit dem Phänomen der Übertragung. Beanstandet wurde neben anderem, dass er ihre Bedeutung im therapeutischen Verfahren zu gering achtete und letztlich nicht verstand. Seine Kurzanalysen schlossen eine fachgerechte Behandlung der Übertragung aus. Er setzte sich ihr nicht aus, sondern benutzte sie als Pfarrer, um sie an Gott weiterzuleiten. Während Freud dies anfänglich noch zu billigen schien und darin eine spezifische Chance sah, um die er Seelsorger beneidete, wie sein Brief vom 9. Februar 1909 belegt, hielt er Pfister beinahe zwanzig Jahre später entgegen, nicht die von ihm geforderte Synthese sei vonnöten, sondern „vielmehr eine[r] gründliche[n] Analyse besonders der Übertragungssituation".[494] Auch hier zeigt sich, dass Pfister nur den frühen Freud rezipierte.

Fast ein Jahrhundert nach diesen Auseinandersetzungen um die Übertragungsthematik entwickelten Christoph Morgenthaler und Gina Schibler in der Schweiz ein Beratungsmodell, in welchem u.a. – in Anlehnung an Joachim Scharfenberg – an einer Einzelfallbesprechung die Möglichkeit einer religiösen Handhabung der Übertragung aufgezeigt wird, die darin besteht, diese auf Gott weiterzulenken. Zeitgleich entwickelte die US-amerikanische Pastoralpsychologin Pamela Cooper-White ein relationales Seelsorgemodell, in welchem dem psychischen Vorgang der Übertragung und Gegenübertragung eine hervorragende Rolle eingeräumt wird, indem sie als entscheidendes Instrument zum Verständnis dessen dienen, was im Gegenüber vor sich geht. Was einst als zu wenig berücksichtigt heftig kritisiert wurde, bildet nun das Herzstück einer eigenen Seelsorgemethode.

Schaut man auf die deutschsprachige Pastoralpsychologie, so bot das Thema der Übertragung und Gegenübertragung im Jahre 2002, also im selben Jahr, als Morgenthaler und Schiblers Beratungsmodell veröffentlicht und Cooper-Whites Seelsorgemethode entwickelt wurde, Anlass zu einer beachtenswerten Auseinan-

---

[494] Brief Freuds an Pfister vom 22.10.1927 (F/P, 121).

dersetzung in der Fachzeitschrift *Pastoraltheologie*. Der an der Universität Augsburg lehrende Praktologe Godwin Lämmermann verfasste einen Beitrag mit dem Titel: *„Sex und Seelsorge. Übertragung und Gegenübertragung in problematischen Seelsorgebegegnungen".*[495] Darin gibt Lämmermann ein aus den Anfängen der Psychoanalyse stammendes Verständnis von Übertragung und Gegenübertragung wieder und hält fest, Psychotherapie und Seelsorge seien „zumindest hinsichtlich der Gefahren von Übertragung und Gegenübertragung [...] durchaus vergleichbar."[496] Den Begriff der Übertragung erklärt er dem unkundigen Leser folgendermassen: „Übertragung meint, vereinfacht gesagt: Der Klient oder die Klientin verlieben sich in ihre Therapeut(inn)en bzw. Seelsorger(innen).[497] Das im Beitrag vermittelte Fachwissen scheint fast ausschliesslich von der Lektüre von Freuds Schrift *„Bemerkungen über die Übertragungsliebe"* von 1915 zu stammen. So fährt Lämmermann fort: „Nun ist aber die Übertragungsliebe keine wirkliche Verliebtheit, sondern ein Trick der Psyche, sich gegen die Analyse und ihre möglichen Wirkungen zu wehren."[498] Schliesslich meint er: „Natürlich nehmen Seelsorger und Seelsorgerinnen, sofern sie nicht speziell ausgebildet und sensibilisiert sind, Übertragungen nur unbewusst wahr; dementsprechend reagieren sie ‚aus dem Bauch'."[499]

Eine alternative Geschichte der Psychoanalyse schreibt Lämmermann, wenn er daran erinnert: „Sigmund Freud erkannte bekanntlich recht frühzeitig – anlässlich der Affären von Breuer, Jung und Ferenczi mit Klientinnen – das Problem der so genannten Übertragungsliebe".[500] Unter dem Begriff Laienanalyse versteht Lämmermann Analysen von psychoanalytisch zu wenig geschulten bzw. nichtausgebildeten Personen statt Analysen von Nichtmedizinern.[501] So schreibt er:

„Freuds bekannte Skepsis gegen Laienanalysen wurzelte in diesem Phänomen der Gegenübertragung – und trotz der (rudimentären) Seelsorgeausbildung von Pfarrer(innen) bleiben seelsorgerliche Aktionen tendenziell Laienanalysen. Gerade deshalb wächst hier die Gefahr,

---

[495] Godwin LÄMMERMANN (2002): Sex und Seelsorge. Übertragung und Gegenübertragung in problematischen Seelsorgebegegnungen, in: Pastoraltheol 91, 375–392. Darauf aufbauend lancierte er 2006 ein an der Universität Augsburg angesiedeltes Projekt, dessen Kurzbeschrieb lautet: *„Das Projekt untersucht Übertragungsphänomene in seelsorgerlichen Beziehungen; dabei stehen vor allen Dingen Situationen der Alltagsseelsorge in der Kasualbetreuung im Vordergrund. Geprüft werden soll, inwieweit Übertragung und Gegenübertragung, wie sie aus therapeutischen Prozessen bekannt sind, auch in gelegentlichen seelsorgerlichen Begegnungen vorkommen und welche Formveränderungen sie dabei erleben. Ziel ist es, die Wahrnehmungsfähigkeit von SeelsorgerInnen zu stärken."*
http://www.philso.uniaugsburg.de/lehrstuehle/evangtheol/relpaed/mitarbeiter/laemmermann/forschung/Seelsorgetheorie/ (15.06.2009).

[496] Ebd., 377.

[497] Ebd., 377.

[498] Ebd., 378.

[499] Ebd., 378.

[500] Ebd., 377. Von Breuer ist nicht bekannt, dass er eine Affäre mit einer Klientin gehabt hätte. Als sich Anna O.'s Übertragung und seine eigene Gegenübertragung ihm zu stark wurden, brach er die Behandlung blitzartig ab und ergriff die Flucht. Hier setzten Freuds Überlegungen an.

[501] Bedenklich ist auch, dass Lämmermann zwischen Pädophilie und Homosexualität nicht genügend zu unterscheiden weiss (vgl. 384ff.).

dass Übertragungslieben und Projektionen allzu persönlich genommen und nicht nur seelisch, sondern auch körperlich ausagiert werden. Eine der Gefahren der Laienanalyse ist – wegen der fehlenden Lehranalyse und nicht stattfindenden Supervisionen – die genannte Gegenübertragung. In jeder Seelsorgesituation brechen auch bei den Seelsorger(inne)n unbewusste Erinnerungen auf; verdrängte Triebwünsche kehren wieder und alte Objektbeziehungen werden reaktiviert. Aus dem Fundus des Verdrängten feiern – je nach Situation – unbearbeitete Konflikte und Sehnsüchte Auferstehung. Wie gesagt vollziehen sich solche Gegenübertragungen sehr rasch und schon bei der Erstbegegnung.[502]

Nun war Freud nicht gegen, sondern für die Laienanalyse, d.h. für das Ausüben der Psychoanalyse von dazu ausgebildeten Nichtmedizinern. 1926 verfasste er eine eigene Schrift über „Die Frage der Laienanalyse", die er als Reaktion auf die 1925 erfolgte Anklage Theodor Reiks wegen Kurpfuscherei und wegen seines Ärgers über Entwicklungen in den USA schrieb, die Nichtmedizinern die Psychoanalyse zu verbieten suchten.[503] Mit seiner Schrift stärkte Freud jedoch auch Pfister den Rücken. Gleich in den ersten beiden Sätzen hielt Freud fest: „Der Titel dieser kleinen Schrift ist nicht ohne weiteres verständlich. Ich werde ihn also erläutern: Laien = Nichtärzte und die Frage ist, ob es auch Nichtärzten erlaubt sein soll, die Analyse auszuüben."[504] Die Schnittlinie verlief zwischen Medizinern und Nichtmedizinern und nicht zwischen Analyse Ausübenden mit Lernanalysen und Supervisionserfahrungen und jenen ohne.

Lämmermanns Artikel löste eine Kontroverse aus, jedoch nicht, wie zunächst zu vermuten wäre, wegen unsachgemässer Darstellung des psychoanalytischen Übertragungskonzepts und weiterer Theorieelemente. Die Reaktion der Pastoralpsychologin *Julia Strecker* zeigt, dass sich die Kritik an Lämmermann daran entzündete, dass er eine bei einem solchen Thema dringend zu berücksichtigende Genderperspektive völlig ausser Acht gelassen hatte.[505] Nicht etwa ungenügende psychoanalytische Kenntnisse oder ein mangelhaftes Verständnis der Thematik werden hervorgehoben, sondern dass Lämmermann „das Faktum des realen Missbrauchs von überwiegend Männern an Frauen" nicht erwähne.[506] Strecker fährt weiter:

„Entsprechend zur unter geschlechtsspezifischer Perspektive uneindeutigen Analyse fehlt hier der Verweis auf Schritte zur Aktion und Prävention. Ich will darum hier kurz andeuten, was mir nötig und beachtenswert erscheint. Zu bedenken ist dabei: So wie die alleinige Verantwortung für alle Formen von Machtmissbrauch in Seelsorge und Beratung bei den SeelsorgerInnen liegt, so obliegt ihnen auch die Hauptverantwortung für alle vorbeugenden Maßnahmen. Diese beziehen sich auf die eigene Person und ihre Weiterbildung.[507]

---

[502] Ebd., 381.
[503] GW XIV, 209–296.
[504] Ebd., 209.
[505] Julia STRECKER (2002): Sexuelle Grenzverletzungen und Übergriffe in Seelsorge und Beratung. Zum Artikel von Godwin Lämmermann, in: Pastoraltheol 91, 393–402.
[506] Ebd., 393.
[507] Ebd., 401: „Supervision und/oder kollegiale Beratungen/Fallbesprechungen in regelmäßigen Abständen sind notwendig. Die eigene Auseinandersetzung mit der Macht in der eigenen Rolle und dem Abhängigkeitsgefälle zwischen SeelsorgerIn und Klientin sowie dem Thema sollte sich

Auch bei Strecker zeigt sich eine in der Tradition eines engen und frühen Verständnisses von Übertragung und Gegenübertragung stehende Verknüpfung des Themas mit Sexualität. Übertragung und Gegenübertragung werden stets im Zusammenhang mit Sexualität kontextualisiert. Dieser Umstand – die aus den Anfängen der Psychoanalyse stammende und zeitgeschichtlich bedingte Verknüpfung des Übertragungs-Gegenübertragungskonzepts mit Sexualität – trug m.E. massgeblich mit dazu bei, dass es so lange dauerte, bis ein neuer Zugang zum Phänomen gefunden werden konnte.

Die Frage nach der seelsorglichen Handhabung von Übertragung und Gegenübertragung verweist weiter auf die übergreifende methodische Frage nach dem Transferprozess psychoanalytischer Theorieelemente in ein ausserpsychoanalytisches Setting und erst recht in ein religiös-kirchliches Umfeld. Sie wird in Kapitel V wieder aufgenommen werden.

4.3 Psychoanalytisch orientierte Seelsorge und Öffentlichkeit

Steinmeiers Frage nach dem Menschen- und Wirklichkeitsverständnis, Morgenthalers psychosystemischer Ansatz und sein mit Schibler entwickeltes religiös-existentielles Beratungsmodell, Cooper-Whites relationale Seelsorgemethode – alle zeigen m.E. eines deutlich: die Integrations-, Wandel- und Lern*fähigkeit* psychoanalytisch orientierter Poimenik. Larteys um ethnopsychoanalytische und interkulturelle psychotherapeutische Erkenntnisse anreicherbare Zugang, Karles Kritik und Pohl-Patalongs Analysen verweisen auf ihre Lern*notwendigkeit*. Die ausgewählten engagierten Untersuchungen verweisen mit ihren Fragestellungen, ihrem Pochen auf den Einbezug sozialwissenschaftlicher Perspektiven und ihrer durchgängigen Forderung nach mehr Beziehungsgerechtigkeit in eine Richtung, die in den USA viel stärker schon thematisiert und ausgebildet wurde als im deutschen Sprachraum und in der *Black Church* schon viel verwurzelter ist als in den euroamerikanischen Kirchen, nämlich in Richtung des sog. vierten Bereichs („fourth area").[508] SeelsorgerInnen sind täglich konfrontiert mit z.T. verheerenden Auswirkungen des gesellschaftlichen Gesamtsystems auf Einzelne und ihre

---

auch in Aus- und Fortbildungen niederschlagen. In der Seelsorgebeziehung zur Klientin sind eine gründliche Aufklärung über den seelsorgerlichen Prozess und eine Transparenz der Methoden und Interventionen von großer Unterstützung für die vertrauensbildenden Prozesse. Empathisches, wertschätzendes und ressourcenorientiertes Arbeiten ist auf jeden Fall wesentlich. Zugleich sollte der/die SeelsorgerIn auf gute und klare Grenzen achten. Falls es zur bekannten Dynamik von Übertragungsphänomenen kommt, ist es allein Aufgabe des Seelsorgers/der Seelsorgerin sich von Annäherungen seitens der Klientin abzugrenzen. Die Verantwortung für die Grenzen liegt immer beim Seelsorger. Besondere Vorsicht bei Körperinterventionen! Folgende Frage sollte jede/r SeelsorgerIn sich stellen: Wie gehe ich mit Macht um? Wie gehe ich mit Sexualität, mit meiner Rolle als Frau/Mann in der seelsorgerlichen Begegnung um? Wie ist die Perspektive der Ratsuchenden? Wie nimmt Kirche als Institution ihre Verantwortung wahr?"

508 So die Terminologie in Anlehnung an Schleiermacher, vgl. MILLER-MCLEMORE (2004), 63. Die anderen drei Bereiche sind: 1. die Bibel, 2. Kirchengeschichte und 3. Systematische Theologie.

Familien. Sie verfügen deshalb über eine Art „microscopic lab report" über all die tiefgreifenden sozialen Ungerechtigkeiten, die beendet werden müssten.[509]

Mit der Aufhebung der individualistischen Engführung von Seelsorge geht implizit ein neues professionelles Selbstverständnis von Seelsorgenden einher. Sie müssen um die Zusammenhänge zwischen Individuum und Gesellschaft, zwischen Scheidung, Krise und Ökonomie wissen.

„Learning how to intervene pastorally on a congregational, social, or cultural level now needs the same kind of extended attention, discussion, and programmatic strategizing. It will require closer allegiance with other areas of study, such as social ethics, and investment in other forms of practice, such as public networking or community action. Ministers will now have to know how to analyze communal resources, enter and organize communities for action, and balance ministry to individuals in crisis and social advocacy".[510]

Seelsorge findet nicht mehr nur „unter vier Augen" statt, sondern in jedem Augenblick und im übertragenen Sinn vor aller Augen. Seelsorge hat nicht mehr nur den Einzelnen im Blick, sondern sieht auch dessen Makrosozialsystem. Die Arbeit mit Einzelnen hört demnach nicht auf, aber „the individual is simply understood in new, possibly more complex ways."[511] „Resisting, empowering, and liberating" sind neue Seelsorgeziele. SeelsorgerInnen sollen ihrem Selbstverständnis nach gesellschaftlich engagierte AkteurInnen sein, öffentliche TheologInnen („public theologians"). Seelsorge *must go public*. Dies setzt auch voraus, auf die Stimmen zu hören „from practitioners who have different cultures from the Euro-American frame of reference". Geschieht dies nicht, so befürchtet James G. Emerson Jr. „that the church generally and practitioners of pastoral psychology specifically will have less and less to say in the coming decades."[512]

In Aufnahme von Boisens „living human document" sprechen *public theologians* vom „living human web".[513] Politische, soziale Faktoren sowohl auf lokaler als auch auf globaler Ebene müssen in die poimenische Reflexion miteinbezogen werden.[514] Religion, die aufgrund der vermeintlichen Trennung von Kirche und

---

[509] So Oates schon 1974, zit. nach MILLER-MCLEMORE (2004), 54.

[510] MILLER-MCLEMORE (2004), 61.

[511] Ebd., 62.

[512] EMERSON (2000), 253.

[513] Vgl. MILLER-MCLEMORE (2004), 51: „My focus is less on who offers care (clergy or laity) or how care is offered (hierarchically or collaboratively) and more on what care involves today. Genuine care now requires understanding the human document as necessarily embedded within an interlocking public web of constructed meaning." Vgl. dazu WIMBERLY (2006), 132: „The notion of the living human web came as a result of the influence of womanist and feminist images of human nature, family therapy, systems family analysis, intercultural and global conversation, and liberation and political theologies."

[514] Federführend in der Neukonzeptualisierung von Seelsorge als öffentlicher Theologie waren die Universität von Chicago und die Befreiungstheologie. Zur Auseinandersetzung zwischen der Chicagoer (kompromisshafter – aufweichender) und der in Yale vertretenen (postliberal) Richtung vgl. ebd., 48f. Zur Chicagoer Schule zählten Tillich, Tracy, Gustafson, Browning. Befreiungstheologien richten sich – anders als z.B. Tillich – nicht mehr an ein wissenschaftliches Publikum, sondern an Marginalisierte, zum Schweigen und aus der Öffentlichkeit zum Verschwinden Gebrachte. Feministische Theologie wiederum wies darauf hin, dass das Persönliche nicht

Staat privatisiert wurde, sollte als ernstzunehmende Stimme aufs Parkett konkurrierender Meinungen treten und sich wieder einbringen.[515] Pamela Couture sieht darin eine natürliche Rückbesinnung auf die Wurzeln der Pastoralpsychologie im „social gospel".[516] Inwiefern diese neue Strömung auch in Zusammenhang mit dem „neuen ‚awakening[s]" steht, das „die Trennung von Kirche und Staat aufheben und christliche Politik globalisieren möchte", muss hier offenbleiben, aber zumindest erwähnt sein.[517]

Nun handelt es sich hier um eine Perspektive, die in der *Black Church* am frühesten und am stärksten ausgearbeitet und eingefordert wurde, wie Edward P. Wimberly in seiner kritischen Besprechung der Ausführungen von Larry Kent Graham und von Bonnie Miller-McLemore aufzeigt.[518] Nicht zufällig erwuchs aus ihren Reihen schon in den frühen 1980er Jahren die in den Schriften von Edward P. Wimberly und Archie Smith vertretene Überzeugung von „the communal and public nature" von Seelsorge. Smith machte auf die theologische Notwendigkeit aufmerksam, sozial aktiv zu werden angesichts des verheerenden Rassismus in den USA. Gerade Seelsorge an Schwarzen machte die Auswirkungen niederträchtiger und abwertender Stereotypien sichtbar, die stets auch latent vorhanden sind und gegen die es anzukämpfen gilt. Nirgends war der Zusammenhang von Individuum und Gesellschaft so klar wie hier:

> *„It is important to release the gifts of personal agency within people; it is equally important to address those forces in culture that recruit persons into negative stories, plots, and images that destroy personal agency and full participation in society."*[519]

Auch Wimberly beobachtet eine starke Tendenz in den USA, Religion abzudrängen und von der öffentlichen Bühne zu vertreiben, was aus europäischer Sicht eine bemerkenswerte Einschätzung ist.[520] Demgegenüber sei es die Aufgabe von SeelsorgerInnen als öffentliche TheologInnen die heilende Kraft von Religion einzubringen in die Debatten.[521] Die von Wimberly favorisierte Methode beruht auf der „conversational theory" des australischen Familientherapeuten Michael White. Sie sei ein „approach to public theology that enables us to connect the private and public lives of people as well as the private and public spheres of our

---

nur politisch ist, sondern auch sozial konstruiert wird. Vgl. Bonnie J. MILLER-MCLEMORE (2004): Pastoral Theology as Public Theology: Revolutions in the „Fourth Area", in: RAMSAY, 45–64, hier 45.

[515] MILLER-MCLEMORE (2001), 47: „The United States context is especially shaped by divergent interpretations of the First Amendment's constitutional separation of church and state."

[516] Pamela COUTURE (2001): Pastoral Care and the Social Gospel, in: C.H. EVANS (ed.): The Social Gospel Today, Louisville/KY (Westminster John Knox Press), 160–169, hier 161.

[517] OSTENDORF (2005), 24. Vgl. ebd.: „Motiviert werden diese Erweckungsprediger […] vom Traum eines besseren Amerika (oder einer besseren Welt)".

[518] Vgl. WIMBERLY (2006), 131–138.

[519] Edward P. WIMBERLY (2006): African American Pastoral Care and Counseling. The Politics of Oppression and Empowerment, Cleveland/OH (The Pilgrim Press), 121.

[520] Wimberly spricht von einem „aggressive Secularism". WIMBERLY (2006), 124.

[521] Vgl. WIMBERLY (2006), 124; „Pastoral counselors as public theologians seek to keep the positive and healing role of religion in public debates and to resist any efforts to marginalize religion."

life together."[522] Demgegenüber seien psychologische Richtungen, die den sozialen Kontext nicht miteinbezögen, irrelevant geblieben in *African American Pastoral Care*: „[…] psychological approaches to solving human problems did not seem relevant. Only the psychology that addressed human problems within a social context was given a hearing."[523] Sehr eindrücklich schildert Wimberly, wie Unterdrückungserfahrungen im immer wieder aufkeimenden Rassismus in den USA psychologische Zugänge, die sich auf das Intrapsychische konzentrierten statt auf den Gemeinschaftsbezug des Menschen, wirkungslos blieben. „Social forces such as inequality, injustice, and racism necessitated a personality theory that was contextual in nature."[524] Die lokale Kirchengemeinde der *Black Church* diente als Auffangbecken, als Halt und als „a cathartic center", um beschädigten Menschen aufzuhelfen mit Heilungsritualen, mit Geschichten, die ihr Selbstwertgefühl wieder aufbauen halfen, die Solidarität in erlebten sozialen Abwertungen erfahren liessen etc. Die *public theology*-Bewegung war in den Erfahrungen und Einsichten der *African American Pastoral Care* schon vorweggenommen.

Müssen nun psychoanalytisch orientierte Seelsorgende plötzlich PolitikerInnen werden? Nein, aber prophetisches Feuer und öffentliche Sichtbarkeit statt durchgehend vornehme Zurückhaltung sind mit dem Seelsorgeauftrag vereinbar. Insofern liesse sich wieder an Pfister erinnern, der gerade als analytisch orientierter Seelsorger an der Gestaltung der Gesellschaft aktiv mitwirkte, und an Scharfenbergs Forderung, als religiöse Figuren erkennbar zu sein.

Der Analytiker müsse – so damals Freud – im Gegensatz zum Seelsorger „zurückhaltender sein".[525] Umgekehrt lässt sich formulieren: Der/die SeelsorgerIn muss im Gegensatz zum/r AnalytikerIn selbstbewusster und sichtbarer auftreten. Er/sie hat mehr Freiheiten. Eine zukünftige Rezeption Freuds in der Seelsorge könnte in Aufnahme des Richtungssinns seiner Theoriebildungen auf die in den USA schon seit einiger Zeit lebendigen Bewegung der *public theology* weisen, auf deren Notwendigkeit die *Black Church* schon seit langem aufmerksam macht.

---

[522]   WIMBERLY (2006), 127.
[523]   WIMBERLY (2006), 134.
[524]   WIMBERLY (2006), 135.
[525]   Brief Freuds an Pfister vom 22.10.1927 (F/P, 120).

IV. Ausgewählte Beispiele neuerer religionspsychologischer Auseinandersetzungen mit der Psychoanalyse

1. Einführung

Im Zuge des seit der Mitte der 1990er-Jahren konstatierten Aufschwungs der noch jungen Disziplin der Religionspsychologie erschien eine auffallende Zahl sowohl englisch- als auch deutschsprachiger Lehr- und Handbücher, Einführungen und Nachschlagewerke, die ihren Gegenstandsbereich meist durch eine möglichst angemessene Zusammenfassung und Aufbereitung seines Themenhorizonts und seiner inzwischen kaum noch zu überblickenden Fülle an Theorieansätzen und Forschungsmethoden zu erfassen suchten.[1]

So geht es z.B. – um dies anhand einiger neuerer deutschsprachiger Werke aufzuzeigen – Michael Utsch in seiner *„Religionspsychologie"* (1998) um einen „Forschungsüberblick" bzw. um eine Gegenüberstellung der „wichtigsten der sehr unterschiedlich aufgebauten religionspsychologischen Forschungsansätze".[2] Er erörtert zunächst „anthropologische Voraussetzungen" und „wissenschaftstheoretische Grundlagen", „um daraufhin einen synoptischen Forschungsüberblick leisten zu können".[3] Christian Henning, Sebastian Murken und Erich Nestler wollen in ihrer *„Einführung in die Religionspsychologie"* (2003) „einen aktuellen Überblick über den Verlauf der Geschichte der Religionspsychologie im deutschsprachigen Raum geben, die wichtigsten Themen religionspsychologischer Forschung vorstellen und in das Methodeninventar einführen, das den wissenschaftlichen Standard der heute betriebenen Religionspsychologie garantiert".[4] Hansjörg Hemminger behandelt in seinem Werk *„Grundwissen Religionspsychologie. Ein Handbuch für Studium und Praxis"* (2003) eine subjektive Auswahl verschiedener religionspsychologischer Themenkreise unter Einbeziehung religionssoziologischer Erkenntnisse. Die Geschichte des Faches bleibt unberücksichtigt wie auch u.a. „Sigmund Freuds wonnige Geschichte über den Vatermord in der Urhorde oder auch die Spekulationen aus der psychoanalytischen Theorie des Selbst".[5] In methodischer Hinsicht bekennt der Autor, dass er sich an die „wissenschaftliche Psychologie" halte und nicht an die Existenz einer spezifisch „christlichen Religionspsychologie" glaube, ohne jedoch näher zu erläutern, von wem er sich genau abgrenzen möchte, und ohne zu merken, dass er womöglich alte Vorurteile (Wissenschaft vs. Christentum) pflegt.[6]

---

[1] Zu den massgeblichen englischsprachigen Werken zählen v.a. HOOD / SPILKA / HUNSBERGER / GORSUCH (1996[2] [1985]); SPILKA / MCINTOSH (1997); WULFF (1997[2] [1991]); PALOUTZIAN / PARK (2005a); zu den deutschsprachigen vgl. v.a. UTSCH (1998); HEMMINGER (2003); HENNING / MURKEN / NESTLER (2003); HEINE (2005); LÄMMERMANN (2006); GROM (2007[3] [1992]); HUBER (2007).

[2] UTSCH (1998), 13.

[3] Ebd., 13 u. 271.

[4] HENNING / MURKEN / NESTLER (2003), 7.

[5] HEMMINGER (2003), 7.

[6] Ebd., 7. Zur Diskussion um eine „theologische" Religionspsychologie vgl. UTSCH (1998), 216ff.

Im Bemühen, sich von der Flut religionspsychologischer Einleitungs- und Überblickswerke, die um die Jahrhundertwende herum entstanden, durch eine eigenständige Erkenntnisperspektive abzusetzen, veröffentlichte die an der Evangelisch-Theologischen Fakultät in Wien lehrende österreichische Theologin und Philosophin Susanne Heine als einzige Inhaberin eines Lehrstuhls im deutschen Sprachraum, der die Religionspsychologie – neben der Praktischen Theologie – mit im Titel führt, im Jahre 2005 eine Einleitung in die *„Grundlagen der Religionspsychologie".*[7] Etwa einen Drittel ihres Werkes nimmt die Darstellung von Religion in psychoanalytischen Konzepten ein. In ihrer umfassenden Studie untersucht Heine – unter bewusster Ausklammerung von „Konzepte[n] im theologischen Referenzrahmen" – eine repräsentative Auswahl der wichtigsten religionspsychologischen Modelle in Vergangenheit und Gegenwart mit dem Ziel, ihre „oft recht versteckten philosophischen Vorannahmen aufzudecken", und eröffnet damit zugleich eine längst fällige und schon von Michael Utsch (1998) angestossene innerdisziplinäre methodologische Debatte.[8] Diese wurzelt in der philosophischen Erkenntnis, dass Theorieentwürfe häufig von Prämissen bestimmt sind, die, ohne je offen gelegt zu werden, nicht nur die Anthropologie und das Religionsverständnis jeweiliger Konzepte fundieren, sondern auch deren Forschungslogik. Im Folgenden konzentrieren wir uns auf Heines Versuch, dies anhand von Freuds Theoriebildung darzustellen (vgl. 2.1). Dass Heine hier als würdige Nachfolgerin in der Tradition von Karl Beth steht, der siebzig Jahre vorher an derselben Fakultät mit religionspsychologischen Fragen und mit seinem Zeitgenossen Freud beschäftigt war, wird ausgeführt. Besondere Aufmerksamkeit erfährt zudem Heines Neuinterpretation von Freuds berühmter Moses-Schrift, die mehrere Jahrzehnte in Vergessenheit geraten war und nun plötzlich „seit etwa 15 Jahren zu den meistdiskutierten Büchern vermutlich des 20. Jh. überhaupt (gehört)."[9]

Von besonderem Reiz ist es – angesichts der in Hauptteil II gezeigten unterschiedlichen konfessionellen Rezeption Freuds –, ein weiteres religionspsychologisches Grundlagenbuch zu untersuchen, das von katholischer Seite her stammt: 2007 veröffentlichte der in München lehrende Jesuit Bernhard Grom eine dritte, vollständig überarbeitete und aktualisierte Neuausgabe seiner erstmals 1992 erschienenen „*Religionspsychologie".*[10] Es wird auf dem Umschlag vom Verlag als „das umfassende Standardwerk zur Religionspsychologie" gepriesen und soll auf

---

[7]   Vgl. Susanne HEINE (2005): Grundlagen der Religionspsychologie. Modelle und Methoden, Göttingen (Vandenhoeck & Ruprecht), 44. Hans-Jürgen FRAAS meint, es handele sich vielmehr um „Voraussetzungen" der Religionspsychologie statt um „Grundlagen". DERS. (2007): Rez. zu: HEINE (2005), in: ThLZ 132/1, 21–23, hier 21. Der erwähnte Lehrstuhl war bis in die Mitte der 1990er Jahre an der Universität Zürich angesiedelt.

[8]   HEINE (2005), 13.

[9]   Jan ASSMANN (2008): Freuds Moses und das kollektive Gedächtnis, in: Eveline LIST (Hg.): Der Mann Moses und die Stimme des Intellekts. Geschichte, Gesetz und Denken in Sigmund Freuds historischem Roman, Innsbruck (Studienverl.), 81–96, hier 81.

[10]   Bernhard GROM (2007³ [1992]): Religionspsychologie, München (Kösel).

seine Darstellung Freuds und der Psychoanalyse hin näher untersucht werden (vgl. 2.2).

Mit demselben Anspruch auf Wissenschaftlichkeit wie Heine und Grom verfasste einer der im deutschsprachigen Raum wohl bekanntesten Psychoanalytiker – Wolfgang Schmidbauer – 2007 ein Buch mit dem Titel *„Warum der Mensch sich Gott erschuf. Die Macht der Religion"*.[11] Ausführlich wendet er sich darin Freuds *„Zukunft einer Illusion"* zu. Die Veröffentlichungen von Schmidbauer, der als Lehranalytiker in München wirkt und Ehrenvorsitzender der *Gesellschaft für analytische Gruppendynamik* ist, weisen eine Auflagenzahl auf, die um ein Vielfaches jener der hier behandelten FachvertreterInnen übersteigen und ihm zu Recht den Ruf eines Bestsellerautors einbrachten. Seine Aufnahme in diesen Reigen ist nicht der Qualität seiner religionspsychologischen Arbeiten zu verdanken, sondern seinem Bekanntheitsgrad und seiner Popularität. Ich gestehe, dass ich mir nicht sicher bin, ob ich richtig entschieden habe, sein Werk hier zu besprechen (vgl. 2.3). So viele andere wichtige und wegweisende Untersuchungen stünden zur Diskussion. Ausschlaggebend war für mich schliesslich die Überlegung, dass Wissenschaft nicht immer nur höflich, aber Nase rümpfend über breitenwirksame Veröffentlichungen wie jene Schmidbauers schweigen und sich pikiert-überheblich abwenden darf, sondern diese in ihre Analysen miteinbeziehen soll. Dass Erfolg nicht auf Qualität beruhen muss und dass Peter Gays schon eingangs zitierte Frage, ob „die Psychoanalyse eine Wissenschaft, eine Kunst oder ein Schwindel" sei, zuweilen eindeutig im letzteren Sinne zu beantworten ist, kann m.E. an kaum einem besseren Beispiel als am religionspsychologischen Werk von Schmidbauer nachgewiesen werden.[12]

David M. Wulffs grundlegendes Œuvre *„Psychology of Religion. Classic and Contemporary Views"* (1997² [1991]) ist ein für die Beschäftigung mit der Religionspsychologie unerlässliches Nachschlagewerk. Als US-amerikanischer „Doyen auf dem Gebiet der Erforschung der Geschichte der Religionspsychologie"[13] gehört er zugleich zu den vehementesten Kritikern des Faches. Seine wichtigsten Klagen und Forderungen sollen dargestellt werden (vgl. 3.1).

Als Reaktion auf Wulffs radikale Fundamentalkritik an der Ausrichtung, den Akteuren und den Themensetzungen des Faches veröffentlichten *Raymond F. Paloutzian* und *Crystal L. Park* ein währschaftes *„Handbook of the Psychology of Religion and Spirituality"* (2005). Darin verfassten die beiden Religionspsychologen *Jozef Corveleyn* und *Patrick Luyten* einen Beitrag über *„Psychodynamic Psychologies and Religion. Past, Present, and Future"*, der auch Unterschiede in der deutschsprachigen und der US-amerikanischen psychoanalytisch fundierten Religionspsychologie thematisiert (vgl. 3.2).

Zu einem kaum beachteten Unterschied gehört der Umstand, dass die US-

---

[11] Wolfgang SCHMIDBAUER (2007): Warum der Mensch sich Gott erschuf. Die Macht der Religion, Stuttgart (Kreuz).

[12] Natürlich lässt sich einwenden, dass es sich hierbei nicht um Psychoanalyse, sondern um eine Fehlform derselben handelt. Doch der Anspruch, Psychoanalyse zu treiben, und die mit ihm verbundene institutionelle Macht bleiben bestehen.

[13] HENNING / NESTLER (2000), Zum Geleit, 9.

amerikanische Religionspsychologie anders als im deutschsprachigen Raum einen eigenen – spezifisch feministischen – Forschungszweig hervorgebracht hat, der sich mit der Strukturkategorie Geschlecht beschäftigt. Während er sich in den USA in den vergangenen vier Jahrzehnten – wesentlich in Auseinandersetzung mit der Psychoanalyse und hier insbesondere in Anknüpfung an die Objektbeziehungstheorie – lebhaft entwickelt hat und sich als ernstzunehmende, aber dennoch immer wieder gefährdete Stimme innerhalb der Disziplin Gehör verschaffen konnte,[14] bleiben seine Fragestellungen und Befunde in der deutschsprachigen Religionspsychologie beinahe vollständig unbeachtet.[15] Dies gilt sogar für solche Studien, die sich ausdrücklich objektbeziehungstheoretischen Ansätzen zuwenden. Sie bereiteten besonders fruchtbaren Boden für genderorientierte Perspektiven auf religionspsychologische Themen, werden jedoch ebenfalls im Gegensatz zu den USA im deutschen Sprachraum erst allmählich zur Kenntnis genommen.[16] Feministische Religionspsychologie ist im deutschen Sprachraum in auffälligem Gegensatz zu den Vereinigten Staaten *terra incognita* und soll hier deshalb einen Schwerpunkt bilden. Zu ihren Hauptvertreterinnen gehört zweifelsohne die Vizerektorin der *Santa Clara University* in Kalifornien, die Religionswissenschaftlerin *Diane Jonte-Pace*. Ihre Werke zählen zu den bedeutendsten Beiträgen im Bereich feministischer Religionspsychologie (vgl. 3.3).

Zum Schluss dieses Hauptteils soll ein bisher noch kaum zur Kenntnis genommener Vorschlag von *Hellmut Santer*, wie Theologie und Psychologie an-

---

14   So rezipiert WULFF (1997[2] [1991]) etwa einschlägige feministische Beiträge wie z.B. von Diane Jonte-Pace (vgl. ebd., 362 u. den Eintrag „Feminism" im Stichwortverz., ebd., 745). Vgl. auch Diane JONTE-PACE (2001b): Analysts, critics, and inclusivists. Feminist voices in the psychology of religion, in: DIES. / William B. PARSONS (eds.): Religion and Psychology: Mapping the Terrain. Contemporary Dialogues, Future Prospects, London/New York (Routledge), 129–146, hier 142: „[…] feminist theories and methods are now widely accepted within the psychology of religion." Dagegen fehlt diese Perspektive in PALOUTZIAN / PARK (2005a) vollständig. Vgl. auch ebd., 16 („Participants").

15   Dies, obwohl Hans-Günter HEIMBROCK (1998): Art. Religionspsychologie II, in: TRE 29, 7–19, hier 12 „feministische Religionspsychologie" als eigenen Punkt (3.6) aufführt. Susanne HEINE als einzige Lehrstuhlinhaberin für Praktische Theologie und Religionspsychologie im deutschsprachigen Raum zählt zwar „Gender Studies" zu ihren Schwerpunkten, berücksichtigt erwähnte Literatur jedoch kaum. BOBERT-STÜTZEL befasst sich mit Julia Kristeva, erwähnt Naomi R. Goldenberg, kennt Diane Jonte-Pace jedoch nicht.

16   So anerkennt z.B. SANTER (2003), dass die Objektbeziehungstheorie „nicht nur dem Phänomen der Religion im Allgemeinen offener gegenübersteht und von sich aus religionspsychologische Studien von einem neuen Blickwinkel her aufgenommen hat […] und insgesamt als wichtiges Korrektiv zur orthodoxen Psychoanalyse aufzufassen" sei, doch bleibt auch bei seiner Fragestellung, „ob und inwiefern die religionspsychologischen Impulse der Objektbeziehungstheorie die praktisch-theologische Reflexion insbesondere der Gottesbildfrage anregen und weiterführen kann", der Bereich feministischer Religionspsychologie unerwähnt. Ebd., 25. Vgl. ebd., 17: „Dass die deutschsprachige Pastoral- und Religionspsychologie bisher von dieser Entwicklung [sc. der Objektbeziehungstheorie] sehr wenig Notiz genommen hat, ist umso verwunderlicher, als von Seiten der Objektbeziehungstheorie geradezu Einladungen zum Dialog vorliegen". Das gilt insbesondere auch von der feministischen, v.a. an der Objektbeziehungstheorie orientierten Religionspsychologie.

hand ihrer anthropologischen Prämissen unterschieden werden können, besprochen werden (4.).

2. Deutscher Sprachraum

2.1 Wissenschaftstheoretische und methodologische Reflexion der Theoriebildung Freuds: Susanne Heine

2.1.1 Hinführung

In ihrer 2005 veröffentlichten Studie über die „Grundlagen der Religionspsychologie" fokussiert Heine ihr Erkenntnisinteresse auf die metatheoretische Reflexion fachspezifischer Modelle und Methoden und richtet ihren Blick „hinter die Kulissen psychologischer Theoriebildung".[17] Mit ihrem Werk will Heine sowohl implizite Vorannahmen der jeweiligen Theorieentwürfe herausarbeiten und die Sensibilität für ihr Vorhandensein fördern als auch „für Wirkungen und Widersprüche, die sie innerhalb eines Konzepts auslösen, denn alle weiteren Entwicklungen bauen adaptiv auf diesen Grundlagen auf."[18] Insgesamt leistet Heine mit ihrer Untersuchung einen „wissenschaftstheoretischen Beitrag zur Methodologie und [...] zur Grundlagenforschung" der religionspsychologischen Disziplin.[19] Der Umstand, dass genuin theologische Modelle ausdrücklich unberücksichtigt bleiben, da die „Grundlagen der Religionspsychologie" Inhalt des Buches seien, lässt auf ein bestimmtes Verständnis von Religionspsychologie und ihres Verhältnisses zur Theologie rückschliessen.[20] Es zeigt, wem Susanne Heine die Bezeichnung Religionspsychologe vorbehält, nämlich Psychologen, die sich mit Religion beschäftigen.[21] Das Aussparen theologischer Beiträge zur Religionspsychologie widerspiegelt sich darin, dass auch „die praktisch-theologische Anwendungsreflexion (Pastoralpsychologie, Seelsorge, religiöse Entwicklungspsychologie) völlig ausgespart bleib[t]."[22] Dies ist umso bemerkenswerter, als es doch gerade die Theologie ist, die den Rahmen für die religionspsychologische Forschungs- und Lehrtätigkeit der Nichtpsychologin Susanne Heine abgibt und diese einen Lehrstuhl für Praktische Theologie und Religionspsychologie innehat. So bleiben die beiden Disziplinen mehr oder weniger unvermittelt nebeneinander stehen.

---

[17] HEINE (2005), 13.
[18] HEINE (2005), 13.
[19] HEINE (2005), 13.
[20] HEINE (2005), 13.
[21] So hält Hans-Jürgen FRAAS (2007): Rez. zu: HEINE (2005), in: ThLZ 132/1, 21–23, hier 21 zum Umstand, dass Heine „‚Konzepte im theologischen Referenzrahmen' bewusst ausspart", fest: „Das Beziehungsgeflecht zwischen Religion und Psyche bzw. Theologie/Religionswissenschaft und Psychologie, wie es der Begriff ‚Religionspsychologie' impliziert, wird also eingeschränkt auf die Darstellung von Psychologen in ihrer expliziten oder impliziten Beschäftigung mit Religion."
[22] Ebd., 23.

304

Mit ihrer Intention, „hinter die Kulissen [...] zu schauen", ihrer Annahme, dass „oft recht verstecktes" das Religionsverständnis und die gesamte Anthropologie und Methodologie jeweiliger Konzepte bestimmt, ihrer Terminologie („aufzudecken", also eigentlich bewusst zu machen), und ihrer Begründung („alle weiteren Entwicklungen bauen adaptiv auf diesen Grundlagen auf") kommt Susanne Heines Forschungsperspektive einer klassisch psychoanalytisch motivierten Suchhaltung auffallend nahe.

Nach einem Abriss über die Geschichte der Religionspsychologie und einem Kapitel über das die Disziplin heute nachhaltig bestimmende empirische Verfahren wendet sich Heine zentralen, paradigmatisch ausgewählten Theorieentwürfen zu. William James leitet die Reihe der monografischen Darstellungen ein, die dann – in zwei Hauptteile gefasst – den Überschriften *„Körper und Geist: Religion in psychoanalytischen Konzepten"* und *„Die natürliche Selbstentfaltung: Religion im ontologischen Denkmodell"* zugeordnet werden. Beide machen je ein Drittel des ganzen Œuvres aus. Der erste Hauptteil setzt mit Sigmund Freud ein, auf dem zweifelsohne einer der Schwerpunkte des ganzen Buches liegt.[23] Dessen Darstellung trägt in Aufnahme der Hauptthese seines religionskritischen Werks *„Die Zukunft einer Illusion"* von 1927 die Überschrift *„Religion als hartnäckige Illusion"*. Nach Freud selbst wendet sich Heine dann Konzepten zu, die als kritische Weiterentwicklungen in seiner Nachfolge bzw. als Varianten seines Theorieentwurfs zu betrachten sind.

Im Folgenden gilt das Interesse Susanne Heines Darstellung von Sigmund Freud, deren wichtigsten Gehalte kurz wiedergegeben und analysiert werden sollen. Es handelt sich bei dieser um mehr als nur eine Wiedergabe seiner Theoriebildung und eine Beschreibung ihrer Vorannahmen. Heine legt hier erstmals eine nicht nur in der religionspsychologischen Forschungsliteratur, sondern in der Freudforschung allgemein in verschiedener Hinsicht bemerkenswerte neue Interpretation des bedeutenden Werkes *„Der Mann Moses und der Monotheismus"* von 1939 und eine neue Lesart von Freuds Theorien überhaupt vor, indem sie die Funktion von Mythen fokussiert. Bevor das Augenmerk jedoch hierauf gerichtet wird (vgl. 2.1.3 und 2.1.4), widme ich mich zuerst dem in der Einleitung formulierten Hauptanliegen Heines, nicht deklarierte philosophische Vorannahmen aufzudecken (vgl. 2.1.2). Heines ein Jahr später veröffentlichter Aufsatz über *„Sigmund Freuds biblisches Menschenbild" (2006)* gleicht einem Kommentar und einer Vertiefung der hier im Zentrum stehenden grundlegenden Darstellung Freuds und wird beigezogen, wo er der besseren Verständlichkeit dient.[24] Heines Hauptthese, nämlich dass das jüdisch-biblische Menschenbild den Hintergrund von Freuds Theoriekonzept bilde, knüpft zwar an ihren Beitrag von 2005 an, führt aber deutlich über diesen hinaus und muss eigens besprochen werden (vgl.

---

[23]   Ebd., 145–183. Seine Darstellung nimmt mit 38 Seiten vergleichsweise auch am meisten Platz ein.

[24]   Susanne HEINE (2006): Erkennen und Scham. Sigmund Freuds biblisches Menschenbild, in: Wiener Jb. f. Theol. 6, hg. v. der evang.-theol. Fak. der Univ. Wien, Wien (LIT), 233–249.

2.1.5).[25] Den Schluss bildet die Beschäftigung mit der Frage, welches spezifische Wissen bzw. welche möglichen Implikationen Heines religionspsychologischer Beitrag über Freud für die Pastoralpsychologie bereithält (vgl. 2.1.6).

2.1.2 Implizite Prämissen des Freudschen Theorieentwurfs

Um versteckte, aber umso wirkungsvollere Vorannahmen aus der Frühzeit der Psychoanalyse aufdecken zu können, zeichnet Heine in aller gebotenen Kürze zuerst ein Lebensbild Freuds und entwirft einen groben Umriss seiner Theoriebildung. Um dem möglichen Missverständnis vorzubeugen, letztere lasse sich von ersterem ableiten, bestimmt Heine vorgängig das Verhältnis von Biografie und Theorieentwicklung als jenes einer Wechselbeziehung.[26] Die Frage, wie sich diese konkret bei Freud gestaltet, zieht sich wie ein roter Faden durch Heines Beitrag.

In ihrer Zusammenfassung seiner Triebtheorie vom ersten zum zweiten topischen Modell erfährt das Über-Ich als dritte Instanz aufgrund seiner Bedeutung für den Ödipuskomplex gesondert Beachtung. Als wichtiges Zwischenfazit legt Heine in Aufnahme der Terminologie *Marcia Cavells* ein auffälliges und für Freud charakteristisches Schwanken in seiner Theoriebildung offen: sein Leben lang wechsle er hin und her „zwischen der Sprache des Geistes und der Sprache des Körpers" bzw. „zwischen biologischen, triebtheoretischen und sozialen, beziehungstheoretischen Ansätzen".[27] Es handele sich um einen „Widerstreit von Denkmodellen" und damit auch von Prämissen.[28]

Dasselbe gelte für Freuds Beschäftigung mit Religion, die in seinen Schriften als stets wiederkehrendes Thema begegnet. Da er sie nie losgelöst von seiner Kulturtheorie behandle, fährt Heine zuerst mit einer Beschreibung selbiger fort.[29] Auf diese aufbauend leitet sie dann über zu Freuds Religionstheorien. Schwerpunkte bilden zunächst sein erster religionspsychologischer Beitrag, der in der allerersten Ausgabe der vom Mediziner Johann Bresler und vom evangelischen Pfarrer Gustav Vorbrodt herausgegebenen *Zeitschrift für Religionspsychologie* erschienene Essay über *„Zwangshandlungen und Religionsübungen"* von 1907, in welchem Freud Religion in Analogie zu den Störungen seiner PatientInnen als „universelle Zwangsneurose" bezeichnet, und sein religionskritisches Hauptwerk *„Die Zukunft einer Illusion"* von 1927, in welchem er Religion als Wunschgebilde

---

[25]   Vgl. HEINE (2006). Im Grundsatz vertrat schon Joachim Scharfenberg diese These. Vgl. DERS. (1972b), 117: „Ich versuche ja gerade nachzuweisen, daß Freud, ohne es selbst zu wissen, sehr viel stärker von der Überlieferung, nämlich von seiner jüdischen Überlieferung, von seinem lebenslangen Umgang mit dem Phänomen Moses geprägt ist, als er dies selber zugestehen wollte."
[26]   Vgl. HEINE (2005), 14.
[27]   HEINE (2005), 156. Vgl. ebd., 158: „Freuds Schwanken lässt sich darauf zurückführen, dass er beide Perspektiven monokausal aus einem einzigen natürlichen Ursprung erklären will."
[28]   HEINE (2005), 156 u. 158.
[29]   Vgl. HEINE (2005), 161.

zu verstehen sucht. Dieses Werk wurde wie schon erwähnt titelgebend für Heines Abhandlung über Freud.

In der Frage nach Freuds Verhältnis zur Religion sieht Heine eines der zentralen Missverständnisse, denen er stets ausgesetzt blieb.[30] Bisherige Darlegungen des Freudschen Religionsverständnisses divergieren stark voneinander: sie sind entweder von einem antireligiösen Impetus geprägt und betonen, Religion sei für Freud nichts weiteres als Ausdruck infantiler Wünsche und Hoffnungen gewesen, die es als Erwachsener zu überwinden gelte, oder sie bemächtigen sich Freuds, indem sie ihn auf der Basis seines Spätwerks in die jüdische Tradition zu integrieren versuchen, ihn zum Gläubigen erklären und so seine Religionskritik entschärfen.[31] Heine sieht die Spannweite bisheriger Auslegungen u.a. in Freuds komplexer Einstellung zur Religion selbst begründet. Da Heine es nicht bei der Feststellung belässt, Freud behandle Religion stets im Zusammenhang seiner Kulturtheorie, sondern ihr auch in der Interpretation seiner Einstellung zur Religion Rechnung trägt, entgeht sie jener häufig zu beobachtenden Einseitigkeit; es ermöglicht ihr, Freuds Ambivalenz, sein erneutes Schwanken auch in seiner Einschätzung von Religion, wahrzunehmen.[32] Heine weist auf in der Regel gerne übersehene Äusserungen Freuds hin. Während dieser nämlich einerseits religiöse Denkverbote scharf anprangert, erkennt er schon in seinem Beitrag von 1907 durchaus auch den kulturbildenden Wert der Religion.[33] Er würdigt ihre Forderung nach notwendigem Triebverzicht und die Bedeutung ihrer tröstenden und entschädigenden Funktion. Heine zeigt, worauf sich Freuds Urteil über Religion stützt, nämlich auf empirisch vorhandene und das heisst von ihm selber beobachtete konkrete Ausgestaltungen von Religion. Seine Kritik richtet sich demnach gegen ganz bestimmte Formen von Religiosität, d.h. gegen jene Formen religiöser Betätigungen und Haltungen, die er in Analogie zu Zwangshandlungen sog. Neurotiker setzt und aufgrund deren allgemeinen Verbreitung er negative Rückschlüsse auf Religion selbst zieht. Freuds Ambivalenz in seiner Einstellung zur Religion gründet demnach in ihrer eigenen Ambivalenz, nämlich in ihren gleichermassen kulturfördernden als auch -verhindernden Auswirkungen.[34] Heine gelangt zum Schluss: Freuds „Hauptargument gegen die Religion ist [...] nicht, dass sie Verbote gegen das Ausleben der Bedürfnisse aufstellt, sondern dass sie dies übertreibt und den dadurch verursachten berechtigten Widerstand mit Denkverboten beantwortet."[35] Dies gewichtet umso mehr, je deutlicher man sich vor Augen führt, dass für Freud gerade die kognitiven Fähigkeiten des Men-

---

[30] Vgl. HEINE (2006), 233.

[31] Vgl. GRUBRICH-SIMITIS (1994), 10f. Dass auch ein anregend differenzierter Zugang möglich ist, beweist der Beitrag von Eberhard Th. HAAS (2006).

[32] Vgl. HEINE (2006), 239: „Die Einschätzung der Religion durch Freud bleibt ambivalent".

[33] Vgl. HEINE (2006), 239.

[34] Siehe die Kapitelüberschrift „Die Ambivalenz von Religion" in: HEINE (2006), 237. Vgl. auch die Aussage Freuds in seinem Brief an Silberstein vom 18.09.1874, die GAY (2004⁵ [1989]), 591 paraphrasiert wiedergibt: „Man könne sagen, daß die Religion, mäßig genossen, die Verdauung fördere, ihr aber im Übermaß schade."

[35] HEINE (2005), 164 u. (2006), 239f.

schen – so Heine – sein wichtigstes Mittel im Umgang mit der vorfindbaren Wirklichkeit sind. Heine führt dies in ihrem Beitrag von 2006 aus: Mit ihren Denkverboten „schlage die Religion dem Menschen das einzige Mittel aus der Hand, das einen Umgang mit Versagungen möglich macht und damit auch das Selbstwertgefühl stärkt: die Vernunft."[36]

Der Stellenwert von Gewissen und Vernunft in Freuds Theorieentwurf werde nach Heine oft unterschätzt.[37] In Freuds „Primat der Intelligenz" bzw. „Primat des Geistes",[38] die er in seinen späteren Werken hervorhebt, sieht Heine schliesslich „eine Prämisse seiner gesamten Anthropologie".[39] Dieser Primat der Vernunft könne jedoch nicht der Beobachtung entstammen oder naturwissenschaftlich verifiziert werden. Es handele sich wie beim (Über-)Ich und beim Gewissen um eine „Denkvoraussetzung"[40] bzw. um eine Prämisse über die Natur des Menschen. Heine sieht in seiner „szientistischen Anthropologie" die Grundlage von Freuds Religionsverständnis.[41] Er gehe von einem „immer gleichen Wesen des Menschen" aus, „dessen innerpsychische Dynamik er in die Geschichte einschreibt".[42] Es handele sich um einen Zirkelschluss, denn Freud „muss das Ich, das Gewissen und die Vernunft voraussetzen, um sich überhaupt die Frage nach deren Genese stellen zu können."[43] Freud „setzt voraus, was er zu beweisen sucht".[44] Das bedeutet, dass nicht bloss die Säulen seines Konzepts, sondern Freuds grösste Hoffnung selbst, nämlich dass der Mensch sich als Triebwesen durch seine Vernunft im Verlauf der Entwicklung im Namen der Humanität selber zunehmend Grenzen setzen werde, auf einer nicht weiter zu begründenden Vorannahme beruht.

Indem Heine Zirkelschlüsse in Freuds Argumentation identifiziert, bewegt sie sich in der Nachfolge von Karl Beth, der schon 1929 auf Freuds axiomatische Annahmen in seiner Religionskritik aufmerksam machte und festhielt: „Sollte wirklich aus der Furcht vor dem fortlebenden Geist des erschlagenen Urvaters der Gottglaube entstanden, der Urvater deifiziert worden sein, dann hätte für diesen Gedankenprozess die Idee der Gottheit schon zur Verfügung gestanden haben müssen. Ohne die Idee der Gottheit ist die Deifizierung nicht möglich, sie ist ihre Voraussetzung."[45] Was Beth anhand von Freuds Religionstheorie auf-

---

[36] HEINE (2006), 240.
[37] Vgl. HEINE (2006), 233.
[38] HEINE (2006), 237.
[39] HEINE (2005), 165.
[40] HEINE (2006), 240.
[41] HEINE (2005), 177.
[42] HEINE (2005), 177. Vgl. dazu YERUSHALMI (1992 [1991]), 80, der meint, Freud sei „felsenfest davon überzeugt, daß der jüdische Charakter seit seiner Prägung im Altertum unverändert geblieben sei".
[43] HEINE (2005), 177. Unklar bleibt in Heines Terminologie m.E. die Unterscheidung von Über-Ich und Gewissen. Während sie häufig synonym verwendet werden, reklamiert HEINE (2006), 238 ein *Prae* des Über-Ichs, aus welchem sich dann das Gewissen erst mit dessen eigenen zunehmenden Entwicklung herausgebildet hätte.
[44] HEINE (2005), 177.
[45] BETH (1929), 87.

zeigte, wies Rudolf Allers – mit Zustimmung von Erwin Stransky – schon in der öffentlichen Aussprache über Psychoanalyse 1920 in Wien nach (vgl. II.3.1), nämlich dass in der Psychoanalyse „mit Diallele und Petitio principii gearbeitet" werde.[46] Bei aller Wertschätzung sah sich Allers dennoch „außerstande [...], die psychoanalytische Methode und viele in ihr ausgesprochene oder unausgesprochene implizierte Annahmen gelten zu lassen". Die Psychoanalyse „setzt in jedem ihrer Teile das Ganze der Theorie voraus, die sie zu begründen behauptet".[47] Der Vorwurf des Zirkelschlusses steht demnach in einer langen Tradition und wurde schon in der Frühzeit der Psychoanalyse just in Wien gegen Freud erhoben und taucht gegenwärtig in neu-altem religionspsychologischem Gewande theologischer Provenienz wieder auf.

2.1.3 Freuds Moses-Schrift: Vom Monotheismus zum Antisemitismus

Susanne Heine wendet sich nach Freuds Religionsverständnis seinem zuletzt publizierten Werk zu: „*Der Mann Moses und der Monotheismus*" von 1939, dessen erste Fassung schon 1934 als „historischer Roman" vorlag.[48] Über Jahrzehnte hinweg unbeachtet, rückte dieses Buch in den 1990er-Jahren zunehmend ins Zentrum der Freud-Forschung und brachte eine Zahl höchst relevanter und tiefsinniger, zunächst englischsprachiger Interpretationen hervor.[49] Inzwischen gilt es als eines der wichtigsten Werke Freuds überhaupt. Freud sucht hier auf der Grundlage der Darwinschen Urhordentheorie (psycho-)historische Wurzeln des Monotheismus zu rekonstruieren, um die Macht der Religion über Menschen erklären zu können. Dass sein Konstrukt einer historischen Grundlage entbehrt, ist hinlänglich besprochen worden und blieb auch Freud selbst nicht verborgen, auch wenn er von der Richtigkeit seiner Thesen zutiefst überzeugt schien.[50] Sein Versuch, dieses Konstrukt mit seiner psychologischen Theorie zu verbinden, die den Mord am aristokratisch-ägyptischen Religionsstifter Moses als eine Neuauflage der verdrängten Ermordung des Urvaters versteht, widerspiegelt nach Ansicht Heines erneut Freuds Hin und Her zwischen der Sprache des Körpers und jener des Geistes.[51] So interessiere es ihn trotz seiner histori-

---

46   Siehe oben S. 146.

47   STRANSKY (1922), 21.

48   Vgl. zur Entwicklungsgeschichte dieses Werkes GRUBRICH-SIMITIS (1994), 81–104.

49   Vgl. u.a. GRUBRICH-SIMITIS (1994 [1991]), YERUSHALMI (1992 [1991]), DERRIDA (1997), ASSMANN (1998 [1997]), BERNSTEIN (2003 [1998]), SCHÄFER (2003).

50   RAGUSE (2008), 78 meint: „Und dass sich Freud der Unsicherheit seiner Begründungen bewusst ist, hebt ihn positiv von manchem Fachhistoriker ab." Vgl. GRUBRICH-SIMITIS (1994), 24 u. BERNSTEIN (2003 [1998]), 46. YERUSHALMI (1992 [1991]), 39, findet es nicht überraschend, „daß Freud sich der Geschichte zuwandte, um die jüdischen Rätsel zu lösen, die ihn bewegten, ist doch Geschichtsbewußtsein in der einen oder anderen Form seit dem frühen 19. Jahrhundert fester Bestandteil des modernen jüdischen Denkens, während die ‚historische' Orientierung sowohl theoretisch als auch therapeutisch zum innersten Wesen der Psychoanalyse gehört."

51   Vgl. HEINE (2006), 242.

schen Bemühungen letztlich auch nicht, „wie es wirklich gewesen ist, sondern wie Ereignisse *erinnert* oder warum sie *nicht erinnert* werden."[52]

Treibende Kraft zur Beschäftigung mit dem Monotheismus war nach Heine Freuds Erfahrungen mit dem Antijudaismus, dem er schon von früher Kindheit an ausgesetzt war. Gerade die Anfang der 1930er-Jahre bedrohlich anwachsende antisemitische Hetze nötigte Freud zur Beschäftigung mit seiner eigenen jüdischen Identität. Freud suchte eine Erklärung dafür, „was eigentlich den besonderen Charakter des Juden geschaffen" und warum er sich „diesen unsterblichen Haß zugezogen" hat.[53] Der Monotheismus lieferte ihm den ersehnten Schlüssel zum Verständnis. Seine Theorie über den Monotheismus diente Freud zur Erklärung sowohl der Macht der Religion über Menschen als auch des Ursprungs des Antisemitismus.

Indem Susanne Heine den „*Mann Moses*" vor dem zeithistorischen Hintergrund des Nationalsozialismus interpretiert, stimmt sie überein mit dem Gros moderner Freud-Forscher.[54] Jan Assmann sieht in der Theorie über den Monotheismus ebenfalls Freuds Antwort auf die quälende Frage nach dem Ursprung des Antisemitismus, auch wenn er dies mit einem gewissen Vorbehalt formuliert: „Obwohl Freud […] eine eindeutige Antwort auf die Frage nach dem Ursprung des Judenhasses vermeidet, wird doch deutlich erkennbar, daß er ihn als eine Reaktion auf die ‚monotheistische Religion' mit ihren Ansprüchen nach Vergeistigung und Triebverzicht deutet."[55] Dass die Entstehung des Monotheismus nach Freuds Theorie für den Antisemitismus verantwortlich ist, darin sind sich die InterpretInnen im allgemeinen einig; *wie* der Monotheismus den Antisemitismus jedoch nach Freuds Theorie hervorgerufen haben soll, darin unterscheiden sie sich erheblich. Während Assmann als Grund für den Judenhass die Forderungen ihrer Religion „nach Vergeistigung und Triebverzicht" bezeichnet,

---

[52] HEINE (2006), 243. Demgegenüber hält Hartmut RAGUSE, der den primär alttestamentlichen Forschungsstand zur Zeit, als Freud in den 1930er Jahren seine Moses-Schrift schrieb, sehr gut zusammenfasste, fest, dass Freud trotz seiner Einführung des Phantasieprinzips und der Fiktivität 1897 „an der Realität des Traumas festhielt." Freud war „die *historische* Wahrheit der Religion so wichtig", weil sie zu diesem „ursprünglichen Trauma zurück(führte)." DERS. (2008): Der biblisch-historische Hintergrund von Freuds Schrift „Der Mann Moses und die monotheistische Religion", in: Eveline LIST (Hg.): Der Mann Moses und die Stimme des Intellekts. Geschichte, Gesetz und Denken in Sigmund Freuds historischem Roman, Innsbruck (Studienverl.), 63–79, hier 63 u. 78.

[53] Brief an Lou Andreas Salomé vom 6. Januar 1935: F/AS, 222; GRUBRICH-SIMITIS (1991), 21–24 und MOLNAR (1996), 309: Brief an Arnold Zweig vom 30. September 1934; B, 436, p. 102. BERNSTEIN (2003 [1998]) vertritt die These, dass Freud im „*Mann Moses*" die im Vorwort zur hebräischen Ausgabe von „*Totem und Tabu*" 1930 aufgeworfene Frage nach dem Wesen des und seines eigenen Judeseins zu beantworten suche (vgl. ebd., 10). Zum Antisemitismus als Thema des Werkes vgl. ebd., 50 u. 123.

[54] Vgl. YERUSHALMI, 34. SCHÄFER (2003) geht auf die Bedeutung des Antisemitismus für die Entstehung dieses Werks von Freud, das er als dessen „Vermächtnis" versteht, nicht ein. Ebd., 8.

[55] ASSMANN (2006), 183. ASSMANN (1998), 241f. hielt noch uneingeschränkt fest, Freud führe den Hass gegen Juden „auf den Monotheismus und das mit ihm verbundene Überlegenheitsgefühl zurück. […] Der Hass auf die Juden, d.h. auf die Monotheisten, ist die Rache der durch die Mosaische Unterscheidung Ausgegrenzten. […] Nicht der Jude, sondern der Monotheismus zieht diesen unauslöschlichen Hass auf sich."

sieht Heine ihn in der Weigerung des jüdischen Volkes, sich seiner Schuld zu erinnern.[56] Während Freud nach Assmann als markantes Kennzeichen des „jüdischen Volkscharakters" bis in die Gegenwart „an erster Stelle ein besonderes Selbstwertgefühl" nenne, dem jedoch der von der monotheistischen Religion geforderte Triebverzicht zur Seite stehe, interpretiert Heine Freud dahingehend, dass das seines Erachtens teilweise berechtigte „christliche Überlegenheitsgefühl als Ursprung des Antisemitismus" zu gelten habe.[57] Im Gegensatz zum jüdischen Volk, das den Mord am Urvater nach wie vor verdränge, hätten die Christen nämlich ihre Schuld eingestanden und seien durch die regelmässige Teilnahme an der Feier des Abendmahls bzw. der Kommunion entsühnt.[58] Den Vorwurf der Christen an die Juden, Gottesmörder zu sein, könne übersetzt werden als Vorwurf, dass sie sich ihren Mord nicht eingestehen wollen bzw. sich weigern, sich seiner zu erinnern.[59]

Die zwischen Assmanns und Heines Interpretation bestehende Spannung, wie der Monotheismus zum Antisemitismus führte, wird noch deutlicher, wenn man Assmanns Hinweis berücksichtigt, dass Freud sich dem von Yerushalmi eruierten Doppelthema Monotheismus und Gedächtnis „als Arzt (nähert), sein Impuls ist therapeutisch, und der Eindruck, dass es hier etwas zu heilen gilt, leitet seine Forschung und führt ihm die Feder."[60] Seine Diagnose des Monotheismus ist aus therapeutischer Sicht bestimmt durch die Forderung nach Triebverzicht und dem übermächtigen und deshalb verdrängten Schuldgefühl über die Unfähigkeit, ihm selber nicht gerecht geworden zu sein. Handelte es sich bei Assmanns und Heines Interpretationen lediglich um Kehrseiten desselben Phänomens, dann müssten sich die Christen schuldig fühlen, weil sie dem Anspruch des Triebverzichts und der Geistigkeit nicht Genüge tun konnten. Die Auslegungsunterschiede sind frappant und es bleibt offen, weshalb Assmann die eine, nämlich die Seite des Triebverzichts, und Heine die andere, nämlich der verweigerten Erinnerung eigener – jüdischer – Schuld, betonen. Es wäre sicher zu kurz gegriffen, die Ursache lediglich als genderperspektivische Differenz zu bestimmen oder auf Heine als Theologin, der das Thema Schuld näher liegt, und Assmann als Kulturwissenschaftler, dem das Thema Triebverzicht primär erscheint, zu verweisen.

---

[56] Vgl. HEINE (2005), 170: „Es habe seine Schuld verdrängt und damit selbst die Feindschaft gestiftet, unter der es leidet."

[57] HEINE (2005), 170.

[58] Vgl. HEINE (2005), 169f.

[59] Vgl. HEINE (2005), 170. YERUSHALMI (1992 [1991]), 138 fragt angesichts dieses Vorwurfs: „Selbst wenn es so wäre, weshalb sollte eigentlich eine solche unbewußte Wahrnehmung Haß auslösen und nicht eher Mitleid?" Er sieht „die verdrängte und geleugnete Schuld" auf seiten des „Brudermörders, der das Recht der Erstgeburt usurpiert hat". Yerushalmi kritisiert die These der Ermordung von Moses heftig und bezichtigt Freud des Irrtums: „Was Ihnen entging, war der ungewöhnlichste Aspekt der jüdischen Tradition seit der Bibel – nämlich die geradezu penetrante Weigerung, die Missetaten der Juden zu vertuschen" (125). „Wäre Moses tatsächlich von unseren Vorfahren getötet worden, so wäre der Mord nicht nur nicht verdrängt, sondern im Gegenteil erinnert und festgehalten worden, eifrig, unversöhnlich und in allen Einzelheiten, als unüberbietbares Extrembeispiel für Israels Sünde des Ungehorsams" (127).

[60] ASSMANN (2008), 82.

Susanne Heine zieht nun jene logische Konsequenz, die genauso aus der Interpretation Assmanns folgt, bei ihm jedoch unerkannt und unausgesprochen bleibt: Sei es aufgrund seiner verdrängten Schuld und der Weigerung, sich zu erinnern, oder sei es aufgrund seiner schwer zu erfüllenden Anforderungen nach Vergeistigung und Triebverzicht – aus der Theorie Freuds muss man rückschliessen, dass das jüdische Volk letztlich selbst den Antisemitismus verursacht hätte.[61] „Freuds Botschaft an die Juden" sieht Heine deshalb darin, „den Mord zu erinnern, in der Hoffnung, dass damit dem Antisemitismus endlich der Boden entzogen würde."[62] Heine bringt die Schlussfolgerung aus Freuds Theoriekonstrukt folgendermassen zusammenfassend auf den Punkt: „Durch seine einseitige psychodynamische Argumentation, die nicht auf geschichtliche Überlieferungen schaut, unterstützt Freud dadurch mittelbar den christlichen Antisemitismus."[63]

So erschreckend und verstörend diese Quintessenz der Interpretation Freuds sein mag, sie korreliert mit grundlegenden Erkenntnissen der Viktimologie. Die in der Mitte des 20. Jahrhunderts entstandene neue Disziplin richtete ihr Augenmerk zunächst vor allem auf die Frage nach dem Bestehen möglicher Opfer(prä)dispositionen. Sie interessierte, inwiefern Opfer zu ihrer eigenen Viktimisierung beitragen und diese geradezu selber (mit)verursachen.[64] Diese als positivistisch bezeichnete Perspektive darf inzwischen als überwunden gelten. So hielt Walklate 1989 fest: „[t]his notion of making victims responsible to whatever extent, for their own victimisation, ‚blaming the victim', has been a considerably problematic one for victimology".[65] Parallel zu dieser disziplinären Selbstkritik steht die empirische Beobachtung, dass sich Opfer selber häufig an dem ihnen begangenen Unrecht mitschuldig fühlen.[66] Sie versuchen, ihrer Hilflosigkeit und Ohnmacht zu entfliehen, indem sie (Mit-)Verantwortung für das selbst erlittene Unrecht übernehmen und sich mit dem Täter identifizieren. Die unerträgliche (passive) Opferrolle wird durch Übernahme zumindest eines Teils der (aktiven) Täterrolle gemildert, um wenigstens fiktiv einen Teil der eigenen Autonomie zurück zu erlangen. Auch Freud scheint in seinem Werk „*Der Mann Moses und der Monotheismus*" diesem Mechanismus der Vertauschung der Opfer-Täter-Relation erlegen zu sein, was weiters nicht erstaunt, wurde dieses „Dokument der Überforderung und des partiellen Scheiterns" doch unter äusserster existentieller Bedrohung verfasst.[67] Freud kreist darin um die Frage, wieso das Judentum sich

---

[61] Vgl. FREUD (1939), 538, 581 u. 535.

[62] HEINE (2006), 244.

[63] HEINE (2005), 170.

[64] Drei Hauptrichtungen werden in der Viktimologie unterschieden: neben der positivistischen tritt die radikale und die kritische. Vgl. Sandra WALKLATE (1989): Victimology: The Victim and the Criminal Justice Process, London (Unwin Hyman), 2f., zit. nach: Pamela DAVIES / Peter FRANCIS / Victor JUPP (eds.) (2003): Victimisation: Theory, Research, and Policy, London (Macmillan Press), 3.

[65] Ebd.

[66] Vgl. dazu die Aussage Assmanns, dass Freuds „wichtigster Beitrag zur Moses-Debatte [...] die Entdeckung der zentralen Rolle [sei], die das Thema Schuld in der Religion [...] spielt". DERS. (1998), 241.

[67] GRUBRICH-SIMITIS (1994), 23.

„diesen unsterblichen Hass zugezogen" und nicht, weshalb Christen einen solchen Hass entwickelt hatten.[68] Nach den Ursachen einer Viktimisierung zu fragen statt nach den Gründen einer schuldhaften Tat führt tendenziell zu einer
Antwort, die primär das Opfer statt den Täter als Akteur fokussiert. Dies Vorgehen, wurde argumentiert, entspringt u.a. dem Bedürfnis, an eine gerechte Welt
zu glauben und am Gerechtigkeitsprinzip im Sinne eines Tun-Ergehen-Zusam-
menhangs festzuhalten: „this tendency to blame victims for their victimization –
attributing their predicaments to deficits in their abilities and character – is typi-
cally motivated by an understandable desire to see the world as a fair and just
place, one where people get what they deserve and deserve what they get. Most
people, when confronted with evidence of an unfair outcome that is otherwise
difficult to explain, find a way to blame the victim."[69] Diese Interpretation greift
insgesamt gewiss zu kurz und weist doch auf etwas Entscheidendes hin: des Menschen Bedürfnis nach Logik und Sinn und – nach Gerechtigkeit.[70]

Der fast gleichaltrige und mit Freud befreundete Thomas Mann, dessen ersten
beiden Joseph-Romane den „Mann Moses" wohl formal beeinflussten,[71] beschäftigte sich ebenfalls intensiv mit dem grassierenden Hass gegen Juden. Nach dem
Emporkommen der Nationalsozialisten betätigte er sich „als ‚Ursachenforscher‘
der deutschen Katastrophe'". Doch Mann als Angehöriger des Tätervolkes fragte
nach der „‚psychologischen Motivierung‘" der Täter und nicht der Opfer.[72] Sein
erkenntnisleitendes Interesse und seine Perspektive unterscheiden sich deutlich
von jenen Freuds.

Susanne Heines Urteil, Freud unterstütze mit den in seinem letzten veröffent-

---

[68] MOLNAR (1996), 309: Brief an Arnold Zweig vom 30. September 1934. Vgl. schon BERNSTEIN
(2003 [1998]), 123f.; ASSMANN (1998), 17 u. 241.

[69] Elliot ARONSON / Timothy D. WILSON / Robin M. AKERT (2005⁵): Social Psychology, International Edition, Upper Saddle River/NJ (Pearson Prentice Hall), 455. Vgl. Melvin J LERNER (1991):
The Belief in a Just World and the „Heroic Motive": Searching for „Constants" in the Psychology of Religious Ideology, in: IJPR I/1, 27–32.

[70] Der „gerechte-Welt-Theorie" zufolge entwickeln Menschen „a need to believe that they live in a
world where they can get what they deserve. To maintain this fundamental belief, when necessary people filter [...] or reinterpret their experiences to be consistent or at least not seriously
threatening to the integrity of this belief." LERNER (1991), 28. Besonders interessant scheint der
Hinweis auf den Gebrauch von „‚existential charades‘ or ‚exchange fictions‘ by people whose
experiences prevent them from denying the obvious evidence of injustices in their world while
their intellects preclude their blaming the victims. At the level of public and private dialogue,
these people construe the injustices as merely another manifestation of the operation of natural
laws and social forces. However, the research suggests that this way of talking to oneself and
others is a ‚charade‘ that enables people to function simultaneously at two levels of consciousness. The charade enables people to pretend to themselves as well as to others that they have a
‚realistic‘ view of injustices while, at a consciously nonretrievable level, they remain committed
to a belief in a just world. In this manner, intellectually sophisticated people can actually plan
their lives as if they lived in a world where people ultimately got what they deserved while sta-
ting openly that they have no faith in such ‚fairy tales‘." Ebd., 28.

[71] Vgl. GRUBRICH-SIMITIS (1994), 68 u. ASSMANN (2006), 182.

[72] Hans Rudolf VAGET (2006): Seelenzauber. Thomas Mann und die Musik, Frankfurt a.M. (Fischer), zit. nach: Andreas KUHLMANN: Musik und Macht, in: DIE ZEIT Nr. 6 vom 1. Februar
2007, 55.

lichten Werk verwendeten Argumentationsfiguren mittelbar den Antisemitismus, steht in auffälligem Widerspruch zu anderen Interpreten, die genau das
Gegenteil feststellen. Nach Assmann war Freud der grösste Dekonstrukteur der
sog. Mosaischen Unterscheidung, mit welcher er „die Unterscheidung zwischen
wahr und unwahr im Bereich der Religion" bezeichnet.[73] Mit dem Hinweis darauf, dass sich diese Dekonstruktion „auch gegen den Antisemitismus richten"
konnte, wie schon das Beispiel Gotthold Ephraim Lessings zeigte, der die Mosaische Unterscheidung bekämpfte und gleichzeitig für die Emanzipation und
Gleichstellung von Juden einsetzte, insinuiert Assmann, dass Freud sich in seiner
Schrift über den Mann Moses gegen den Antisemitismus wehrte, erkennt jedoch
die Tragik nicht, die in der eigenen Verwendung antijüdischer Argumentationsgänge besteht.[74] Als Beleg kann die Interpretation der Ägyptisierung von Moses
als Kampf Freuds gegen den Antisemitismus gelten: „Indem Freud Moses zum
Ägypter machte, konnte er die ausgrenzende Unterscheidung, die Quelle der
Intoleranz und Negation, einschliesslich ihres äusseren auszeichnenden Zeichens, des Zeichens der Erwählung, nämlich der Beschneidung, aus dem Judentum heraus und nach Ägypten zurückverlegen."[75] Die Schwierigkeit, in der
Ägyptisierung des Moses eine Form jüdischer Selbstbehauptung gegen den Antisemitismus zu sehen, besteht darin, dass eine solche Argumentation strukturell
antisemitischem Denken verhaftet bleibt. Beschneidung etc. als „Quelle der Intoleranz" zu verstehen, entspricht judenfeindlichem Gedankengut. Sich davon
befreien zu wollen, indem die Herkunft ausserjüdisch verortet wird, heisst, in
antijüdischen Zuschreibungen gefangen zu bleiben. Insofern ist auch die Ägyptisierung des Moses ein Beleg für die bisher unerkannt gebliebene Tragik der vermeintlichen Bekämpfung des Antisemitismus durch die Akzeptanz und Übernahme seiner ideellen Vorgaben.

Susanne Heines Interpretation, dass Freud in seinem „*Mann Moses*" mittelbar
den Antisemitismus gar unterstützte,[76] erhält eine besondere Note durch Grubrich-Simitis' „Vermutung, dass in der Innenwelt des schwerkranken alten Freud
der Terror der Nazi-Verfolgung an jene frühkindliche Traumatisierung rührte",[77]
deren Auslöser u.a. der in der bisherigen Forschung vernachlässigte, „vor Stabi-
lisierung der Selbst-Objekt-Grenzen sich ereignende Säuglingstod des Bruders

---

[73] ASSMANN (1998), 17.
[74] ASSMANN (1998), 22.
[75] ASSMANN (1998), 242. Dagegen hielt YERUSHALMI 1991 fest: „Daß Moses ein Ägypter war, war
      der Ausgangs-, aber nicht der springende Punkt. Genetisch war der Monotheismus zwar ägyp-
      tisch, historisch aber jüdisch." (Ebd., 82). Vgl. schon Freud in seinem Brief an Arnold Zweig
      vom 16. Dezember 1934: „[...] daß Moses ein Ägypter ist, ist nicht das Wesentliche, obwohl der
      Ausgangspunkt dafür." Ernst L. FREUD (Hg.) (1968): Sigmund Freud und Arnold Zweig, Brief-
      wechsel, Frankfurt a.M. (Fischer), 109.
[76] Diese Interpretation müsste mit folgender ins Gespräch gebracht werden: „Freud, der mit seiner
      Religionskritik sein Judentum hinter sich bringen wollte, fand in der Gestalt des Moses zuerst
      eine psychische, dann eine vermeintlich historische Wahrheit der Religion und zuletzt sich
      selbst als Jude." HEINE (2005), 24.
[77] GRUBRICH-SIMITIS (1994), 44.

Julius" war,[78] den sich der in seinem zweiten Lebensjahr befindende Freud herbeigewünscht hatte und bei dessen Erfüllung sich Schuldgefühle und auch eine plötzliche Veränderung der „Zuwendungsqualität der Mutter bezüglich des Erstgeborenen" eingestellt hatten.[79] Grubrich-Simitis versteht Freuds Moses-Buch als Text, „der von der Aktualisierung jener frühen Verwundung förmlich geschüttelt erscheint".[80] Freud fühlte sich als Kind schuldig am Tod des Bruders bzw. an der doppelten Trauer seiner Mutter, die kurz vor dem Tod ihres Kindes Abschied von einem Bruder gleichen Vornamens nehmen musste.[81] Anders als Heine erkennt Grubrich-Simitis in Freuds *„Mann Moses"* und der darin vertretenen Hypothese, Moses sei gar kein Jude, sondern ein Ägypter gewesen, u.a. einen Versuch, „eine der Ursachen des jahrtausendealten Antisemitismus, der nach Hitlers Machtergreifung zur kollektiven Vernichtungspsychose exazerbierte, zu relativieren".[82] Auch hier ist darauf hinzuweisen, dass sich schon im Bemühen, Moses zu ägyptisieren, antisemitische Ressentiments widerspiegeln.[83]

Heine wendet sich schliesslich dem zentralen Ausdruck „Fortschritt in der Geistigkeit" zu, mit dem Freud den Intellekt bzw. „eine Aktivität des Bewusstseins" bezeichne.[84] Gemeint sei jener Fortschritt, den Moses mit dem Monotheismus initiierte. Der Triebverzicht um des Über-Ichs willen stärke das Selbstgefühl und sei in dem Sinne eine Ersatzbefriedigung.[85] Nochmals richtet Heine das Augenmerk auf die Gestalt des Moses, den die Juden in Wiederholung des Urmords in der prähistorischen Horde getötet hätten.

„Der empfindlichste Widerspruch" in Freuds Konstrukt sieht Heine darin, dass das mosaische Bilderverbot, das noch strenger als das ägyptische gewesen sei, die Juden zu einer höheren Geistigkeit geführt hätte, ohne jedoch die Dynamik der Verdrängung aufgehoben zu haben. Dieser Widerspruch „arbeitet dem Antisemitismus in die Hände" und habe zur Folge, dass man „das Judentum gegenüber Freuds Verständnis des Judentums [...] verteidigen" müsse.[86] Die Ursache für diese seltsame Situation sieht Heine – wie schon Karl Beth – darin, „dass Freud innerhalb seiner psychodynamischen Theorie keine schlüssige Ant-

---

78 GRUBRICH-SIMITIS (1994), 40.
79 GRUBRICH-SIMITIS (1994), 41. Vgl. dazu auch YERUSHALMI (1992 [1991]), 136f., der daran erinnert, dass „das erste Verbrechen, von dem die Bibel berichtet [...] kein Vatermord, sondern eben ein Brudermord" gewesen sei.
80 GRUBRICH-SIMITIS (1994), 43.
81 Vgl. GRUBRICH-SIMITIS (1994), 40f.
82 GRUBRICH-SIMITIS (1994), 58.
83 Zum selben Urteil gelangt man bei der Interpretation von TREML (1997), 21: „War Altägypten [...] einerseits Metapher für das katholische Christentum mit seinem Marien- und Heiligenkult, so firmierte es in der religionshistorischen Konstruktion Freuds andererseits als Ursprungsland, aber auch als Gegenpart des Judentums." Auch wenn die christliche Religion als „eine kulturelle Regression gegen die ältere, jüdische" betrachtet wird (ebd., 29, Anm. 70), bleibt die Frage offen, weshalb Moses Ägypter werden musste.
84 HEINE (2006), 237.
85 Vgl. HEINE (2006), 243f.
86 HEINE (2005), 173. Vgl. dazu v.a. auch SCHÄFER (2003), der festhält, dass an Freuds Rekonstruktion des Judentums „religionsgeschichtlich so ziemlich nichts daran stimmt." Ebd., 25. Sie hätte „mit der historischen Realität dieser Religion nichts zu tun." Ebd., 28.

wort darüber geben kann, wie es von Gott als Vaterfigur bzw. Vaterersatz und von einem verdrängten Urmord zu einer abstrakten Gottesidee und von dort zu einer höheren Geistigkeit kommt."[87]

Heine fragt nun nach Möglichkeiten, solche Widersprüche in Freuds Religionstheorie biografisch zu begründen. Auch wenn es allgemein zutreffe, dass ein Werk nie lediglich als ableitbares Produkt einer bestimmten Vita, sondern als etwas Genuines anzusehen sei, „leitet die Biografie die persönlichen Interessen, die Motivation und auch die Ergebnisse."[88] Nach Heine lässt sich Freuds Werk weder von seinem Judentum ableiten, noch ohne dieses wirklich verstehen. So zählt Heine verschiedene religiöse Prämissen von Freuds Theorie auf, darunter „die jüdische Lehre, dass der Mensch einen guten und einen bösen Trieb besitzt und den bösen beherrschen muss; die jüdische Selbstkritik aus der biblisch-prophetischen Tradition, wonach jedes Unheil, das dem Volk Israel widerfährt, auf eigene Verschuldung zurückgeführt wird; der Ursprungsmythos vom Sündenfall, der im Erwachen des erkennenden Bewusstseins und der Sexualität besteht; das Aufrechterhalten der Hoffnung in auswegloser Lage; schliesslich die für das Judentum konstitutive Kategorie des Erinnerns [...]." Daraus zieht Heine das Fazit, dass „Freuds Werk insgesamt in einem tieferen Sinne ein religionspsychologisches" sei.[89]

2.1.4 Eine ätiologische Hermeneutik als neue Lesart Freuds

Den Schluss ihrer Darstellung krönt Heine mit einer in der Forschungsliteratur neuen Lesart Freuds. Dass seine Schrift „Der Mann Moses" zahlreiche und einander diametral entgegen stehende Interpretationen hervorrief, ist bekannt.[90] Dies mag u.a. daran liegen, dass es sich um ein „verdichtetes, überdeterminiertes Gebilde" handelt und es „nicht erschöpfend gedeutet werden" kann.[91] So meint Grubrich-Simitis denn auch, dieses Werk sei „vielerlei zugleich: Religionspsychologie, Bibelkritik, *fiktive Umschrift eines Mythos*, Geschichte der Freudschen Theoriebildung, Monographie über die Entstehung individueller und kollektiver Neurose, Rekapitulation der Kulturtheorie, Psychohistorie, politisches Traktat, metaphorische Selbstdarstellung."[92]

Eine der neuesten und bedeutendsten Neuinterpretationen stammt von Hartmut Raguse, der in folgendem Satz die „Schlüsselstelle" zum Verständnis von Freuds Text sieht: „Der uns vorliegende biblische Bericht enthält wertvolle, ja unschätzbare Angaben, die aber durch den Einfluss mächtiger Tendenzen entstellt und mit den Produktionen dichteri-

---

[87] HEINE (2005), 173.
[88] HEINE (2005), 175.
[89] HEINE (2005), 175f. Vgl. HEINE (2006), 248f.
[90] Vgl. dazu das Urteil von YERUSHALMI (1992 [1991]), 25: „Die Schwierigkeiten bei der Interpretation von *Der Mann Moses* hängen direkt mit der Schwierigkeit zusammen, das Wesen von Freuds jüdischer Identität zu begreifen."
[91] GRUBRICH-SIMITIS (1994), 31.
[92] GRUBRICH-SIMITIS (1994), 30 [Hervorhebung IN].

scher Erfindung ausgeschmückt worden sind."[93] Freuds Identifikationsfigur werde zum Märtyrer, der zuerst sterben müsse, ehe er wieder auferstehe und mit seiner Botschaft, dass der Geist über das Animalische triumphiere, den Sieg davontrage. Raguse weist auf die zeitlebens geäusserten Klagen Freuds hin, nicht genügend gewürdigt zu werden und Anerkennung zu finden, sondern stets und immer wieder auf Ablehnung zu stossen. In seiner Mose-Schrift sieht Raguse den „Versuch […], diese Kränkung in ihr Gegenteil zu verkehren." Freud beschäftige sich hier „mit seiner eigenen Grösse und Unsterblichkeit".[94] Er erhoffe sich als Entdecker der Psychoanalyse, eine zu Lebzeiten ausstehende umfassende Anerkennung seiner Leistungen und insbesondere eine grossartige Zukunft für die Psychoanalyse. Diese Hoffnungen wurden virulent angesichts der existentiellen Bedrohung von Seiten des Nationalsozialismus.

Die Vielfalt an „Bedeutungsebenen" lädt zu einer Relektüre Freuds ein,[95] und um eine solche handelt es sich auch bei Heines folgender These: „Freuds Theorien können aber auch anders gelesen werden, nämlich als ein Ursprungsmythos, der im Gewande einer Begründung nicht mehr erzählt, als *dass es so ist, wie es ist*. In dieser Perspektive zeigen Freuds Anthropologie und Seelentheorie ein hohes Maß an Plausibilität, und vielleicht liegt die nachhaltige Wirkungsgeschichte auch darin begründet."[96] Ausgehend von der Annahme, dass Freuds Theorien auch ätiologisch verstanden werden können, nämlich als „Erzählungen von einem Ursprung", die Erfahrungen verdichtet wiedergeben und eher dazu bemächtigen, einen Umgang mit der drängenden Frage nach dem Woher zu finden, statt sie mit Fakten abschliessend zu beantworten, eruiert Heine einen neuen und überraschenden Bedeutungsgehalt von Freuds Theorien. Nach Heine zeigt sich, „dass hinter seiner Theoriebildung eine nicht empirisch gewonnene Anthropologie steht, die von ‚metapsychologischen' Annahmen über das ‚Wesen' des Menschen als Prämissen ausgeht."[97] Mythen können „als Prämissen in narrativer Gestalt" interpretiert werden, da auch Prämissen keiner weiteren Begründung bedürften.[98] Heine weist auf Parallelen Freuds zu Platon hin. Auch dieser verwende den Mythos als Prämisse in narrativer Gestalt, wenn auch mit unterschiedlicher Absicht. Platon und Freud beschäftige die Korrelation zwischen Körper und Geist. In ihrer Anthropologie bestünden grosse Gemeinsamkeiten. Beide legen Gewicht auf die Spannung des Menschen zwischen Triebwesen und aus Gewissen und Vernunft Handelndem. „Freuds Anthropologie und Seelenkonzept sind nicht so ungeschichtlich, wie er selbst annahm, sondern von diesem abendländischen Geist durchdrungen, weshalb es sich auch als schwierig

---

93 RAGUSE (2008), 76.
94 Ebd., 77.
95 GRUBRICH-SIMITIS (1994), 31.
96 HEINE (2005), 178.
97 HEINE (2005), 178.
98 Vgl. dazu die Formulierung von Eveline LIST (2008): Moses, Gesetz und Intellekt, in: DIES. (Hg.), 161–172, hier 163: „Wie das Phantasieren, das, solange wir leben, niemals ruht und unseren psychischen Stoffwechsel reguliert, ist die Mythenbildung und -tradierung eine Art psychosozialer Stoffwechsel der Kulturen, die Trieb und Abwehr im Kollektiv organisiert und die Institutionen sichert."

erweist, sein Konzept in andere kulturelle Kontexte zu übertragen."[99] Interessant bleibt, dass das Denken des grossen Religionskritikers Freud in dieser Deutung seiner Theorien als Mythos ursprungslogisch ist, sich also einer vortheoretischen Begründungsform bedient.

Heine kehrt zum Schluss noch einmal zur Frage nach der Religion zurück. „Wünsche und Fantasien sind für Freud der Stoff, aus dem die Religion gemacht ist, und der er durch eine Erziehung zur Realität meint, den Nährboden entziehen zu können."[100] Entscheidendes Kriterium ist für Freud das Ausmass: Triebverzicht könne sowohl zur Verdrängung als auch zur Geistigkeit führen. Wann das eine und wann das andere resultiere, vermochte er jedoch nicht zu beantworten. Heine zieht eine Parallele zur Illusion. Auch hier sei es das Ausmass, das entweder zur Neurose oder zur entlastenden Fantasie führe. Heine appliziert nun das Kriterium des Masses auf die Religion: auch diese brauche nicht automatisch die Realität wahnhaft und illusionär zu verleugnen, sondern könne „auch eine Quelle des Einsatzes für eine humanere Welt sein".[101] Heine belegt dies mit dem Hinweis auf die alttestamentlichen Propheten, die Freud so faszinierten.

„Neben dem Widerstreit der Denkmodelle zieht sich durch Freuds Werk als roter Faden noch ein anderes, ein existenzielles Schwanken zwischen unnachsichtiger Wahrnehmung der Realität und einer ungebrochenen Hoffnung auf eine bessere Zukunft, die hart an der Grenze zur Illusion vorbeischrammt."[102] Darin widerspiegelt sich nach Heine nicht nur Freud als „begeisterter Szientist, sondern auch etwas von Religion, von Freuds Judentum, von einem Leben zwischen Ergebung ins Schicksal und dem Widerstand der Geistigkeit. Dieser Art von Schwanken liegt freilich kein methodisches Problem zugrunde, sondern die conditio humana, [die die jüdische Bibel vor Augen führt, und] der Freud seine unüberhörbare Stimme gegeben hat."[103]

2.1.5 Zur biblischen Anthropologie Freuds

Ihre ätiologische Hermeneutik der Theorieentwürfe Freuds führt Heine in einem im darauf folgenden Jahr erschienenen Aufsatz vertiefend weiter aus. Die schon 2005 konstatierte Ambivalenz in Freuds Religionsverständnis bezeichne – so Heine in ihrem Aufsatz von 2006 – keinen Widerspruch, sondern sei „aus dem biblischen Menschenbild, das im Hintergrund seiner Theoriebildung steht", zu erklären.[104] Um der Gefahr des naheliegenden und vorbelasteten Missverständnisses vorzubeugen, Freud solle religiös vereinnahmt und zum Gläubigen ge-

---

99   HEINE (2005), 180.
100   HEINE (2005), 181.
101   HEINE (2005), 182.
102   HEINE (2005), 182.
103   HEINE (2005), 182. Zusatz in eckigen Klammern: HEINE (2006), 249.
104   HEINE (2006), 233.

macht werden, erinnert Heine gleich zu Beginn an Freuds Selbstverständnis als „gottlosem Juden".[105]

In diesem Aufsatz wendet sich Heine gleich dem zweiten topischen Modell zu. Sie sieht im Instanzenmodell, das Freuds Anthropologie beinhalte, die notwendige Grundlage zu seinen „verschiedenen Zugangsweisen zur Religion".[106] Heine erläutert die grundlegende Theorie vom Ödipuskomplex, aus welchem sich das Über-Ich und das Gewissen entwickelte. Da sich Phylo- und Ontogenese entsprechen, wird das Überich auch zum Träger der Werte und Normen, die Produkt der Stammesgeschichte sind. Heine rekurriert auf Marcia Cavell, die die „Versagung von Liebesobjekten, aus der sich das Gewissen herausbildet, treffend Freuds ‚Version des Sündenfalls'" bezeichnet.[107]

Ihre These, Freuds Theorien könnten auch als Ursprungsmythen gelesen werden, veranschaulicht Heine an der Erzählung vom Sündenfall in Genesis 3: „Menschen sind mit Bewusstsein ausgestattet – Freuds Geistigkeit – und erkennen sich als geschlechtliche Wesen – Freuds Triebe. Im Mythos steht für das eine der Baum der Erkenntnis, für das andere die Scham".[108] Genesis 3 verfolgt nicht die Absicht zu erklären, weshalb der Mensch zwar zur Unterscheidung zwischen gut und böse fähig ist, von dieser Fähigkeit jedoch so selten Gebrauch macht. Genesis 3 erinnert daran, dass der Mensch mit dieser Gabe ausgestattet ist und gut daran tut, sie zu nutzen. Nach Heine zeigt sich, „dass hinter seiner Theoriebildung eine nicht empirisch gewonnene Anthropologie steht, die deutlich von diesem biblischen Menschenbild geprägt ist: Der Mensch steht in der Spannung von Erkennen und Scham."[109]

Heines Beschäftigung mit dem Menschenbild Freuds steht im grösseren Kontext der geschichtlich vorbelasteten Bemühungen, jüdische Wurzeln der Psychoanalyse auszumachen mit der Absicht, diese als minderwertige Wissenschaft zu diskreditieren.[110] Während z.B. Peter Gay in seiner Freud-Biografie zwischen „persönlicher Identität und wissenschaftlichem Engagement" Freuds meinte deutlich unterscheiden zu müssen, hielt ihm Ygal Blumenberg entgegen, es sich „zu leicht gemacht" zu haben, indem er „die Einheit der Person Freuds auf eine merkwürdige Weise fraktionier(e)."[111] Auch Heine widerspricht mit ihrer Interpretation diametral der Ansicht Gays, „Aussagen über das Jüdische der Psychoanalyse, das auf ihrem Material oder ihrem geistigen Erbe beruhe, haben sich als unbegründbar erwiesen."[112] In dem Moment, da „jüdisch" oder „Judentum"

---

[105] Vgl. dazu die Freud-Interpretation von YERUSHALMI (1992 [1991]), 33: „Jude ist er weder kraft der Religion, des Volkes oder der Sprache […], und doch bleibt er in irgendeinem tiefen Sinne Jude."

[106] HEINE (2006), 233.

[107] HEINE (2006), 235.

[108] HEINE (2006), 245.

[109] HEINE (2006), 246.

[110] Vgl. dazu YERUSHALMI (1992 [1991]), 35: „Der Kampf gegen die Juden brachte auch einen Frontalangriff gegen die Psychoanalyse als ‚jüdische Wissenschaft' mit sich – mikrokosmische Spiegelung der Gesamttragödie."

[111] GAY (1988), 156. BLUMENBERG (1997), 35. Vgl. dazu BERNSTEIN (2003 [1998]), 138f.

[112] GAY (1988), 156.

nicht mehr pejorativ oder diskriminierend verwendet werden, dürfen jüdische Wurzeln (an)erkannt werden. In dem Sinne kann Heines Interpretation als Ausdruck eines gewandelten christlich-jüdischen Verhältnisses und Selbstverständnisses gedeutet werden.[113] Heine legt jene Wurzeln offen, deren Wirkung sich Freud zunehmend selbst bewusst wurde.[114] 1935 wies Freud erstmals darauf hin.[115] Grubrich-Simitis rechnet mit einer intensivierten Bibellektüre Freuds beim Ausarbeiten seiner Moses-Studie: „Dieses Wiederholen der Toralektüre seiner Kindheit – eine Art Heimkehr in die Geborgenheit der einst vom Vater vermittelten tiefvertrauten Sprach- und Bilderwelt – hat seine jüdische Identität noch einmal nachhaltig gekräftigt."[116] Gerade im Begleittext seiner Kindheitsbibel der Edition Ludwig Philippsons liessen sich „vielfältige Verbindungslinien zu Freudschen Konzepten und Theorien ziehen."[117] Indem Heine nicht bloss einzelne Linien auszieht, sondern Freuds Konzept auf die Hebräische Bibel selbst zurückbezieht, bindet sie den Kern seiner Theoriebildung biblisch an. Das Aufdecken dieser unlösbaren Beziehung macht die hohe Affinität der Pastoralpsychologie für die Psychoanalyse plausibel.[118]

2.1.6 Schlussbemerkung

Susanne Heine beschliesst ihr Grundlagenwerk mit folgender Aussage, die im Blick auf die in der Einleitung vorliegender Untersuchung formulierten Grundannahmen bedeutsam ist: „Wie weit Theologie und Seelsorge von der Religionspsychologie lernen können, steht auf einem anderen Blatt; jedenfalls wird es nützlich sein, sie nicht einfach zu übergehen."[119] Heines zentrales Anliegen war es, implizite Prämissen repräsentativer religionspsychologischer Modelle aufzudecken und zu zeigen, dass „auch wissenschaftliche Theorien Rekonstruktionen

---

[113] In dem Sinne erscheint auch die Unterscheidung der Frage „nach jüdischen Wurzeln der Psychoanalyse" von jener, „ob die jüdische Tradition nicht wesentliche Bedingungen für die Entstehung und Entwicklung psychoanalytischen Denkens und Forschens bereitgestellt" habe, m.E. künstlich. LUZIFER-AMOR 19 (1997): Die jüdischen Wurzeln der Psychoanalyse, Vorwort der Herausgeber, 5. Die Abgrenzung der Psychoanalyse gegenüber einer „jüdischen Wissenschaft" – was auch immer darunter genau zu verstehen sein mag – mit der Begründung, Freud habe sich stets „dem methodologischen Atheismus der neuzeitlichen Wissenschaft verpflichtet" (5), übersieht, dass auch zwischen christlicher Theologie und anderen Wissenschaftsdisziplinen gerade in der Methodologie keinerlei Unterschiede bestehen.

[114] Vgl. z.B. Freud an Arthur Schnitzler: […] das Judentum bedeutet mir noch sehr viel affektiv" (zit. nach GAY (2004[5] [1989]), 673).

[115] Vgl. die 2. Aufl. seiner Selbstdarstellung in: FREUD (1987), 763.

[116] GRUBRICH-SIMITIS (1994), 70. Schon YERUSHALMI wies darauf hin, dass die Analogie zwischen Freuds „Mann Moses" und biblischer Geschichtsauffassung bislang unerkannt geblieben ist: „In allen historischen Berichten der Bibel ist das ständige Oszillieren zwischen Erinnern und Vergessen ein Hauptthema." DERS. (1992 [1991]), 58f.

[117] GRUBRICH-SIMITIS (1994), 72.

[118] Vgl. KLESSMANN (2004), 27.

[119] HEINE (2005), 396.

von Wirklichkeit und nicht deren beschreibendes Abbild sind."[120] Mit der kritischen Analyse konzeptioneller Grundlagen der Freudschen Psychoanalyse und der Offenlegung ihr inhärenter und sowohl Anthropologie als auch Religionsverständnis beeinflussender Vorannahmen, leistet Heines wissenschaftstheoretische Selbstreflexion eine auch für die Seelsorge unerlässliche und von dieser häufig vernachlässigte Grundlagenarbeit. Die eklektische Übernahme verschiedenster psychologischer Modelle in der Seelsorge ohne vorherige gründliche kritische Reflexion ihr zugrundeliegender Erkenntnisprämissen hat zu einer unübersichtlichen schier uneingeschränkten Zahl pastoralpsychologischer Methoden geführt. Eine Lösung kann – so verständlich diese Position ist – m.E. nicht darin liegen, wie für die Religionspsychologie vorgeschlagen wurde, nur jene in Betracht zu ziehen, „die auf dem Boden christlicher Leitüberzeugungen gebildet sind".[121] Eine wissenschaftlich fundierte Seelsorge bedarf vor einer etwaigen Rezeption psychologischer Theorien der Klärung, auf welchen Prämissen diese ruhen und inwiefern diese mit eigenen „Leitüberzeugungen" kompatibel sind, ihnen widersprechen, sie herausfordern oder schlichtweg andere Schwerpunkte setzen. In dieser Weise lässt sich Seelsorge zur Behebung eigener wissenschaftstheoretischer und methodologischer Defizite anregen, die sich in ihrer Praxis widerspiegeln. Wichtig scheint mir jedoch anzuerkennen, dass auch psychologische Theorien, die eventuell nicht „christlichen Leitüberzeugungen" entsprechen, nichtsdestotrotz wirksam und hilfreich sein können und schon aus diesem Grunde Beachtung finden sollten.[122] Liesse sich etwa gegen das in der akademischen Psychologie momentane Vorherrschen kognitiv-verhaltenstherapeutischer Ansätze einwenden, sie verleugneten des Menschen freien Willen, beruhten auf einem „anthropologischen Pessimismus" und könnten „zu einer völligen Absolutierung des ‚extra nos'" führen, so darf dies doch nicht über deren therapeutischen Erfolge hinwegtäuschen.[123] Die Übereinstimmung mit christlichen Leitüberzeugungen als Kriterium der Rezeption psychologischer Theorien zu fordern, greift m.E. zu kurz. Sich selbst zum Massstab zu nehmen, fördert keinen Dialog. Ein sinnvolles Kriterium – neben weiteren anderen! – hingegen bestünde in der Forderung, vor einer Rezeption kritisch Rechenschaft abzulegen über jeweils implizit vorherrschende anthropologische Prämissen, ohne diese jedoch selber zum Lackmustest für Rezeptionsfreiheit zu erheben. Aufgrund der Komplexität des gesamten Forschungsbereichs könnte es durchaus drinliegen, dass nicht „auf dem Boden christlicher Leitüberzeugungen" gebildete psychologische Theorien dennoch rezeptionstauglich und -würdig sind und zwar aufgrund ihrer faktischen Validität.

Heine kommt das Verdienst zu, dank ihres theologischen (!) und nicht psy-

---

[120] HEINE (2005), 158.

[121] So Kirsten HUXEL (2000): Die empirische Psychologie des Glaubens. Historische und systematische Studien zu den Pionieren der Religionspsychologie, Stuttgart (Kohlhammer), 423.

[122] Wie auch falsche Prämissen nicht eine falsche Konklusion zur Folge haben müssen.

[123] SCHARFENBERG (1987⁴ [1972]), 114. Vgl. HAUSCHILDT (2000), 17: „Die Seelsorgebewegung hat sich sehr deutlich von der Verhaltenstherapie distanziert […]". Hauschildt fordert in seiner 9. These, „die Abwehr gegenüber verhaltenstherapeutischen Schulen […] aufzugeben […]."

chologischen Blickes Zusammenhänge zwischen Hebräischer Bibel, Judentum und Freuds Theorienbildung aufgezeigt zu haben.[124] Die Psychoanalyse war und bleibt für die Seelsorge gerade aufgrund des in ihr wirksamen biblischen Menschenbilds eine besondere Gesprächspartnerin. Gerade das von ihr immer wieder zu Tage beförderte Wissen, dass der Mensch sich über sich selber häufig täuscht, dass er sich über seine eigenen Motive oft nicht im Klaren ist und sich gerne etwas vormacht, ist von unschätzbarem Wert und könnte die Seelsorge nicht vor der Übernahme, jedoch vor der *unkritischen* Übernahme psychologischer Theoriebildungen besser bewahren, die auf anthropologischen Konzepten basieren, die dem Menschen z.B. eine Verfügungsmacht zugestehen, die er nach jüdisch-christlichem und psychoanalytischem Verständnis eben gerade nicht hat. Sie könnte aber auch ein Interesse dafür wecken, weshalb die eklektische Übernahme verschiedener psychologischer Modelle in der Seelsorge meist negativ, nämlich als eigentlich unerwünschter Wildwuchs, betrachtet wird. Trotz aller sicherlich auch berechtigten Bedenken hinsichtlich des wissenschaftstheoretischen Fundaments und der mangelnden Reflexion impliziter Prämissen lässt sich m.E. auch behaupten: die breite Rezeption psychologischer Konzepte in der Seelsorge ist auch Ausdruck lebendiger Vielfalt, akademisch-kreativer Freiheit und einer beeindruckenden Dialog- und Lernbereitschaft einer Disziplin mit einer langen Geschichte.

2.2 Bernhard Grom über die Unhaltbarkeit von Freuds religionstheoretischem Denken

Mit dem Anspruch, „das umfassende Standardwerk zur Religionspsychologie" zu sein, wurde 2007 ein vollständig überarbeitetes Werk des Jesuiten Bernhard Grom mit dem Titel *„Religionspsychologie"* veröffentlicht. Darin behandelt er die Psychoanalyse im Rahmen des ersten Teils („Religiosität als Bestandteil der Persönlichkeit") seiner zweiteiligen, gliederungsmässig nicht leicht durchschaubaren Darstellung.[125]

Im ersten Kapitel („Religiosität in der Vielfalt intrinsischer Motive") dieses

---

[124]   Dieser Blickwinkel lässt sie auch auffallenderweise stets erwähnen, wenn ein Religionspsychologe Pfarrerssohn ist!

[125]   Die Systematik von Teilen, Kapiteln, Sektionen, Unterkapiteln, Exkursen und Anhang und die verschiedenen grafischen Darstellungsweisen sind nicht leicht verständlich. Der zweite Teil steht unter der Überschrift „Religiosität im Wirkungsfeld sozialer Einflüsse". Das Literaturverzeichnis zeigt, dass nicht nur Veröffentlichungen aus dem Jahre 2005, sondern sogar von 2006 darin Aufnahme fanden (vgl. GROM [2007³], 296 [Abdel-Khalek], 310 [Kernis] u. 324 [van der Slik/König]), das Werk von Susanne HEINE (2005) jedoch nicht erwähnt wird. Konfessionelle Gründe mögen angesichts der Auflistung von UTSCH (1998) oder von HENNING / MURKEN / NESTLER (2003) ausgeschlossen werden. Diese vermutlich unbeabsichtigte Auslassung ist bedauerlich, da Heine gerade in ihrer Beurteilung Freuds stark von Grom abweicht und eine inhaltliche Auseinandersetzung mit ihren Ergebnissen interessant gewesen wäre. Es muss aber auch festgehalten werden, dass in Heines Werk Groms Religionspsychologie zwar im Literaturverzeichnis aufgeführt wird, darüber hinaus aber ebenso unbeachtet bleibt.

ersten Teils unterscheidet Grom zwei so genannte Sektionen, wobei erstere in sieben Unterkapiteln eine „historisch-systematische Diskussion" über Motive entfaltet. Insgesamt drei Unterkapitel beschäftigen sich mit der Psychoanalyse.[126] Grom skizziert zuerst Pawlows instinkttheoretischen Ansatz, den Ansatz von Bronislaw Malinowski und die Terror-Management-Theorie, bevor er sich im dritten Unterkapitel Freuds Theoriebildung zuwendet. Durch die Behandlung der Psychoanalyse Freuds als eines von sieben Unterkapiteln, das kapitelhierarchisch etwa mit dem Ansatz Malinowskis gleichwertig ist, wird die – nicht nur für die Geschichte der Religionspsychologie – herausragende und revolutionäre Bedeutung Freuds kaum mehr ersichtlich. Diese historisch und systematisch anfechtbare Einschätzung der wissenschaftshistorischen und -theoretischen Rolle Freuds widerspiegelt sich auch in Groms Darstellung seines Theorieentwurfs.

Grom unterscheidet zwei Phasen in Freuds religionstheoretischem Denken. In einer ersten, monokausalen Phase favorisierte er die „Zwangsneurosen-Hypothese", und in der zweiten, bikausalen Phase strich er zudem die Funktion von Religion heraus, das tiefe menschliche Schutz- und Trostbedürfnis zu stillen. Schon hier fällt auf, dass Freuds Moses-Schrift unerwähnt bleibt.

Schon im allerersten Satz macht Grom deutlich, welches Bild von Freuds Religionstheorien er vermitteln möchte. Während Susanne Heine noch – m.E. zu Recht und ausgewogen – von einem „ambivalenten" Religionsbild Freuds sprach, urteilt dieser Grom zufolge „entschieden negativ" über Religiosität. Ihre von Freud ausführlich dargelegte kulturtheoretische Bedeutung als wichtiges Mittel ethischer Förderung bleibt unerwähnt.[127] So wird auch die dritte der drei von Grom wiedergegebenen Funktionen von Religion nur unvollständig und daher missverständlich als „ethische Forderung" bezeichnet, was keine eigentliche Funktion bezeichnet.[128] Erst in der Verortung von Religion in Freuds Kulturtheorie – und nicht nur in der Persönlichkeitstheorie – wird die Funktion ersichtlich, die Grom nicht zur Darstellung bringt.

Wie in keiner anderen religionspsychologischen Darstellung des Freudschen Ansatzes wird in derjenigen von Grom die Bedeutung des Schuldbewusstseins in der Ausbildung von Religion betont.[129] Ein widersprüchliches Bild der Theorie Freuds entsteht durch die Interpretation Groms, Freud sei einerseits davon überzeugt gewesen, „dass aller Religion Schuldgefühle zugrunde liegen" und „aus dem Schuldbewusstsein [...] auch die Totemreligion hervor(ging)", während er noch zwei Sätze zuvor festhielt, nach Freuds Urhordentheorie hätte sich bei den

---

[126] Dass im Sachregister nur jenes Freud selbst betreffende Unterkapitel zur „Psychoanalyse" (ebd., 329) gerechnet wird und dass Grom auch in seiner Aufzählung „die Psychoanalyse, die Objektbeziehungs-, Bindungs- und Attributionstheorie" (ebd, 29) schreibt, zeigt, dass er unter Psychoanalyse nur den triebtheoretischen Ansatz Freuds selbst versteht. Seine Terminologie steht quer zum heutigen und auch früheren Sprachgebrauch.

[127] GROM (2007³), 38.

[128] GROM (2007³), 44. Die anderen beiden Funktionen sind: „Belehrung über die Herkunft und Entstehung der Welt" und „Tröstung und Angstbeschwichtigung". Ebd., 43.

[129] Unverständlich bleibt, weshalb er es zu den „egoistischen, sozialschädlichen Trieben" zählen will. GROM (2007³), 39.

Brüdern nach der Ermordung und Verspeisung des Urhordenvaters doch auch deren „Liebe zu ihm durch(gesetzt)", die „ein Schuldbewusstsein und tiefe Reue schuf".[130] Während in der ersten Aussage zuerst das Schuldbewusstsein da war und aus ihm Religion entstand, gab es in der zweiten Aussage Religion schon ehe die Liebe dann das Schuldbewusstsein weckte. Es gelingt nur schwer, der Komplexität von Freuds Religionstheorie durch eine korrekte Wiedergabe derselben gerecht zu werden. Dies mag damit zusammenhängen, dass sich Freuds Beitrag zur Religionspsychologie in der Darstellung Groms auf dessen Religionskritik beschränkt, und genau diese lehnt Grom vehement ab. Zentrale Begriffe wie das „Unbewusste" oder grundlegende psychoanalytische Erkenntnisse zur Anthropologie sucht man vergebens in diesem Unterkapitel, wie auch den Versuch, Freud zeithistorisch einzuordnen. Dies fällt umso mehr auf, da Grom Ausdrücke wie Über-Ich in die eigene Diktion selbstverständlich übernimmt. So argumentiert er mit Kursivsetzung der Schrift gegen Freud: „Es gibt nicht nur zwanghafte, im Über-Ich verwurzelte, sondern auch erfüllungsmotivierte, im Ich verankerte Religiosität".[131]

Groms Einschätzung, Freud sehe in der Religion „eine Gefahr für die Zukunft der Menschheit", ist eine simplifizierende Wiedergabe von Freuds Analysen.[132] Es handelt sich um ein Zitat Freuds, das im vollen Wortlaut heisst: „Was sich, wie das Denkverbot der Religion, einer solchen Entwicklung widersetzt, ist eine Gefahr für die Zukunft der Menschheit."[133] Die Aussage, Freud hätte „seine religionstheoretischen Überlegungen ohne ein einziges Fallbeispiel und ohne statistische Hinweise" vorgelegt, mag mit der Erwähnung des Aufsatzes *„Eine Teufelsneurose im siebzehnten Jahrhundert" (1923)* oder *„Ein religiöses Erlebnis" (1928)* als widerlegt gelten. Die Forderung nach „statistische[n] Hinweise[n]" ist ein anachronistischer Anspruch an einen Schriftsteller Anfang des 20. Jahrhunderts.[134]

Wenn Grom schreibt: „Die Religionspsychologie hat also nicht – wie es Freud aufgrund positivistischer Voreingenommenheit und in Überschreitung der Kompetenzgrenzen der Psychologie tat – über den Illusions- oder Realitätscharakter von religiösen Überzeugungen zu befinden",[135] so muss daran erinnert werden: über den Illusionscharakter religiöser Überzeugungen zu befinden, heisst, den Anteil des Wunsches an ihnen zu benennen, jedoch kein Urteil über deren Realitätscharakter zu fällen. An diesem Unterschied hält Freud ausdrücklich fest.

---

[130] GROM (2007³), 40.
[131] GROM (2007³), 46.
[132] GROM (2007³), 45.
[133] FREUD (1933 [1932]): Neue Folge der Vorlesungen zur Einführung in die Psychoanalyse, GW XV, 185.
[134] Vgl. auch Bernhard GROM (2005): Art. Religionspsychologie, in: Neues Hb. theol. Grundbegriffe, Bd. 3, hg. v. Peter EICHER, München (Kösel), 446–475, hier 447. Auch hier wirft Grom Freud „die pauschale Pathologisierung jedweder Religion" vor, die dieser „ohne Fallanalysen und statistische Beobachtungsdaten" vorzulegen vorgenommen hätte.
[135] GROM (2007³), 13.

Grom hält Freuds „Zwangsneurosenhypothese" für „rundum unhaltbar".[136] In seiner Begründung zeigen sich m.E. jedoch unzutreffende Wiedergaben Freuds wie z.B. in folgender Aussage: „Die Gleichsetzung der religiösen Riten mit ‚Zeremoniellhandlungen' ist in doppelter Hinsicht verfehlt: [...] religiöse Riten (können) – so wie profane auch – sehr fröhlich, ohne Gewissensängstlichkeit vollzogen werden".[137] Freud sprach in seinem Aufsatz jedoch nicht von einer Gleichsetzung, sondern um Entsprechungen, die eben nicht alle Einzelheiten umfassen müssen.

Wenn Grom schliesslich von Freuds Ödipustheorie meint, sie werde „weder der Religiosität noch der weiblichen Sexualität gerecht", so irritiert letzteres, da von ihr zuvor nie die Rede war und für dieses Urteil auch ein Beleg z.B. von feministischer Seite fehlt wie auch kein Hinweis auf die inzwischen schon einige Jahrzehnte alte religionspsychologische Diskussion darüber gegeben wird.[138] Dass Grom seine Aussage, dass es „keine Bestätigung für (den) Ödipuskomplex" gäbe, mit Studien belegen will, deren jüngste (Justice & Lambert, 1986) ihn ausgerechnet zu belegen scheint, scheint ein Missgeschick zu sein.[139] Insgesamt gewinnt man den Eindruck, Grom könne in seiner Darstellung Freuds Theoriebildung nichts abgewinnen. Dass „Der Mann Moses" und gerade die um ihn sich in den letzten Jahrzehnten rankenden religionspsychologischen Auseinandersetzungen unerwähnt bleiben, ist gerade für „das umfassende Standardwerk zur Religionspsychologie" bedauerlich.

Nach Grom ist die Religionspsychologie „ein Bereich Angewandter Psychologie" und sollte „idealerweise institutionell dort verankert sein, wo die nötige Kompetenz gewährleistet ist: in den psychologischen Fachbereichen.[140] Die Religionswissenschaft und die Theologie(n) sollten ihr als Gesprächspartner willkommen sein, bringen aber von ihrer Forschungstradition, Fragestellung und Methodik her eine andere, eigene Art von Sachverstand mit".[141] Grom insinuiert mit seiner Formulierung, dass weder die Theologie noch die Religionswissenschaft die „nötige Kompetenz" aufbringen und nur über wünschenswert zu berücksichtigendes, aber nicht notwendiges Wissen für die Religionspsychologie besitzen. Groms Position offenbart sich m.E. am Deutlichsten, wenn er der Theologie zugesteht, die empirische Religionspsychologie „auf wichtige Fragestellungen und Phänomene" hinzuweisen und „im Gespräch mit ihr Begriffe, die die biblisch-kirchliche Überlieferung in *vorwissenschaftlichen* Ausdrücken beschreibt, in *angemessene* psychologische Konstrukte (zu) übersetzen."[142] Als Beispiele solcher Übersetzungen ins wissenschaftlich und psychologisch Angemessene nennt er „‚Heil' in ‚glaubensgestütztes subjektives Wohlbefinden', ‚Umkehr' in ‚Einstellungsänderung', ‚Nächstenliebe' in ‚religiös motiviertes prosoziales

---

[136] GROM (2007³), 45.
[137] GROM (2007³), 45.
[138] GROM (2007³), 46. Vgl. dazu unten JONTE-PACE (3.3).
[139] GROM (2007³), 166.
[140] Also nicht wie der Wiener Lehrstuhl an einer theologischen Fakultät.
[141] GROM (2007³), 13.
[142] GROM (2005), 449. Hervorhebung IN.

Empfinden und Verhalten', ‚Vertrauen' in ‚Belastungsbewältigung auf religiöser Grundlage'".[143] Bei diesen Beispielen handele es sich um die „Erarbeitung einer angemessenen Fachsprache".[144] Spätestens hier wird man ernsthafte theologische Anfragen formulieren, auf eine mangelnde hermeneutische Vorsicht hinweisen und auch die Normativität des hier vertretenen Anspruchs kritisch hinterfragen müssen.[145]

Als Fazit kann festgehalten werden, dass Freud und die Psychoanalyse in der Darstellung des Jesuiten Bernhard Grom keinen Schwerpunkt bilden – wie überhaupt hermeneutisch orientierte Studien ihn nur mässig interessieren.[146] So sind denn „aus der psychoanalytischen Tradition nur jene Konstrukte (wissenschaftsfähig), die durch Fragebögen operationalisiert wurden."[147] Es ist zu vermuten, dass ein Grund für Groms so eindeutige Ablehnung Freuds auch im Zusammenhang mit seiner langen Verwerfung von katholisch-kirchlicher Seite gesehen werden kann. Die Rezeption Freuds und der Psychoanalyse hat von protestantischer und hier insbesondere reformierter Seite her früher begonnen, ist intensiver gewesen und hat zu fruchtbareren Auseinandersetzungen geführt.[148]

Das Interesse von Grom gilt ohne jeden Zweifel den Fragestellungen, Methoden und Ergebnissen empirisch-quantitativer Forschungen.[149] In deren Verarbeitung und Veranschaulichung ist das Werk sehr hilfreich und weiterführend – wie etwa das Kapitel über Religiosität und subjektives Wohlbefinden eindrücklich belegt. Deutlich wird somit auch, dass man dem Werk mit der hier gewählten Fragestellung, nämlich nach seiner Rezeption der Psychoanalyse, letztlich genauso wenig gerecht werden kann wie die im Werk gewählte Forschungsperspektive Freud und der Psychoanalyse gerecht zu werden vermochte.

---

[143] Ebd., 449.

[144] Ebd.

[145] gl. auch ebd., 452: „Die in den letzten Jahren von Sozialwissenschaftlern und Kulturanthropologen geförderte qualitativ-hermeneutische Erforschung von Religiosität kann zwar eine genaue und farbige Phänomenologie religiösen Erlebens in den eigentheoretischen, vorwissenschaftlichen Kategorien der Befragten erarbeiten. Allerdings müsste dieses ‚Verstehen' ergänzt werden durch eine Interpretation in wissenschaftlichen Konzepten und durch Hypothesen, die quantitativ überprüft werden und verallgemeinerungsfähige Aussagen erlauben."

[146] Darin mag auch der Grund dafür liegen, weshalb HEINE (2005) unberücksichtigt blieb.

[147] GROM (2005), 451.

[148] Vgl. auch Heribert WAHL (2001): Art. Freud, Sigmund, in: Lexikon der Religionspädagogik, hg. v. Norbert METTE / Folkert RICKERS, Neukirchen (Neukirchener Verl.), 638–640, hier 639: „Nach langer katholisch-kirchlicher Ablehnung […] ist – in der evangelischen Theologie intensiver als in der katholischen – eine kritische Rezeption und pastoral- wie religionspsychologisch fruchtbare Aneignung dieser Revolution des Menschenbildes erst in Ansätzen in Gang gekommen."

[149] Vgl. dazu Susanne HEINE (2004): Art. Religionspsychologie, in: RGG^4 7, 371–375, hier 372: „Auch heute noch stellt in der R. das empirische Modell mit seinem Prinzip der Abstraktion und der Bildung von Konstrukten aus den Indikatoren als Meßinstrumenten zum Zwecke der statistischen Berechenbarkeit die dominierende Arbeitsweise dar."

2.3 Psychoanalyse als Schwindel? Wolfgang Schmidbauers These einer homosexuellen Traumatisierung Freuds

Dass die Psychoanalyse zuweilen auch im Gewand eines „Schwindels" daher-kommt, mag das Beispiel des im deutschen Sprachraum wohl schreibfreudigsten und medial bekanntesten Psychotherapeuten Wolfgang Schmidbauer zeigen. Als Lehranalytiker in München und Ehrenvorsitzender der *Gesellschaft für analytische Gruppendynamik* hat er sich in den vergangenen Jahrzehnten den Ruf eines Bestsellerautors erworben, der mit feinem Gespür in erstaunlichem Tempo auf aktuelle Themen schriftstellerisch zu reagieren vermag. 2007 verfasste er ein Buch mit dem Titel *„Warum der Mensch sich Gott erschuf. Die Macht der Religion"*. Ausführlich wendet er sich darin Freuds *„Zukunft einer Illusion"* zu, ohne jedoch den Begriff von Illusion, wie ihn Freud verwendete, je zu erläutern oder seine Auseinandersetzung mit Pfister auch nur zu erwähnen. Insgesamt handelt es sich bei dem Werk Schmidbauers um ein Sammelsurium verschiedener Aufsätze zum Thema Religion, wobei sich eine klare Fragestellung nicht erkennen lässt und der Aufbau unersichtlich bleibt. Verschiedene Brüche kennzeichnen den Text. Karl Fallends Urteil über ein früheres Werk Schmidbauers trifft genauso auf dieses letzte zu: „Neben Schreib- und Druckfehlern, verstört ein zusammengeschriebenes Literaturverzeichnis, von dem sich die wenigsten Titel im Text verarbeitet finden."[150] In Schmidbauers Buch werden Freud und Jung zu Religionsgründern.[151] Seinen Abschnitt mit dem Titel „Wer wird Religionsgründer?" beginnt folgendermassen:

„Aber für das Verständnis der religiösen Dynamik taugen die existentiellen Krisen besser. Extreme verdeutlichen die Normalität, auch an jenen Personen, die eine Bekehrung erleben und ihr Schicksal künftig in den Begriffen eines neu gewonnenen Glaubens verarbeiten. Es sind Grenzsituationsindividuen, Genies, Menschen, die tiefe Verletzungen überlebt haben und diese nun einordnen müssen. Daher ist der traumatisierte, vom Vater missbrauchte, in elender Armut aufgewachsene Sigmund Freud ein Kämpfer gegen die Lüge geworden, die er mit der Religion verband. [...] Was ist das, was wir ein ‚erschütterndes Erlebnis' nennen, das der Bekehrung vorausgeht? Es kann ein Kindheitstrauma sein, wie bei Freud [...]."[152]

Hinter Freuds Atheismus und der Psychoanalyse stehe also eine Bekehrung Freuds, die verursacht wurde durch ein traumatisches Erlebnis, nämlich durch einen Missbrauch vom Vater. Das Rätsel dieser merkwürdig anmutenden Kausalerklärung, die sonst nirgends im Buch erläutert wird und auf die man sich keinen Reim machen kann, weil auch sonst keine Anmerkung weiter verweisen würde, löst sich auf, wenn man ein früheres Buch von Schmidbauer zur Hand nimmt. Rechtzeitig vor Anbruch des Freud-Jubiläumsjahres veröffentlichte der

---

150   Karl FALLEND (1999): Wenn die Tinte nicht zu stoppen ist. Rez. zu: Wolfgang SCHMIDBAUER (1998): „Ich wußte nie, was mit Vater ist." Das Trauma des Krieges, Reinbek bei Hamburg (Rowohlt), in: Presse-Spectrum vom 08.05.1999.

151   Zu Jungs „Karriere als Religionsstifter" vgl. Wolfgang SCHMIDBAUER (2007): Warum der Mensch sich Gott erschuf. Die Macht der Religion, Stuttgart (Kreuz), 136.

152   SCHMIDBAUER (2007), 128f.

in breiten Kreisen unter anderem durch seinen Bestseller „*Die hilflosen Helfer*" (1977; bzw. „Hilflose Helfer" [2001[10]]) bekannte Psychoanalytiker 2005 eine neue Freud-Biografie. Der Titel lautet „*Der Mensch Sigmund Freud*", und der Untertitel besteht aus der Frage „*Ein seelisch verwundeter Arzt?*" und aus der Ankündigung „*Ein neuer Ansatz*".[153]

Im Vorwort setzt der Autor gleich mit einem Zitat aus einem Brief Freuds vom 28. April 1885 ein, in welchem dieser seiner Verlobten davon berichtet, zahlreiche Dokumente vernichtet zu haben, damit sie nicht in die Hände seiner zukünftigen Biografen gelangen. Mit genau diesem selben Zitat Freuds setzt auch der im Internet veröffentlichte Vortrag von *Christfried Tögel* über „*Tendenzen und Probleme der Freud-Biographik*" ein, was nicht weiter verwundern würde, wiese er nicht exakt dieselben beiden Versehen wie im Vorwort Schmidbauers auf.[154] Letzterer erwähnt den Beitrag Tögels zwar einige Abschnitte später als „nachdenklichen Essay", jedoch nicht als Vorlage, deren Aufbau er zu Beginn seines eigenen Vorworts übernimmt und die er ohne Verweis wörtlich zitiert.[155]

Solche an und für sich unzulässigen Übernahmen mag man im Zeitalter des Computers, in welchem man fremde Abschnitte kurzerhand markieren, kopieren und in den eigenen Text einfügen kann, einfach zur Kenntnis nehmen.[156] Sollte einem dies schwer fallen, mag man sich immerhin bemühen, von ihnen nicht voreilig auf die inhaltliche Qualität des Werks und seiner These selbst rückzuschliessen.

Schmidbauer erläutert in seinem Vorwort, er verfolge die Absicht, „Freud neu zu sehen", und spitzt dies zu: „Ich will ihn anders sehen, als er selbst sich sehen konnte".[157] Er begründet dies damit, dass Freud „zwar den Begriff des Narzissmus eingeführt, aber nur sehr wenig davon auf sich selbst und sein Verhalten zu seinen Schülern angewandt" hätte.[158] Damit verknüpft der Autor die Hoffnung,

---

[153]   Wolfgang SCHMIDBAUER (2005): Der Mensch Sigmund Freud. Ein seelisch verwundeter Arzt? Ein neuer Ansatz, Stuttgart (Kreuz).

[154]   Referate der 2. Fachtagung zur Geschichte der Psychologie, Hagen, 14.–17. September 1989, Vgl. www.freud-biographik.de [05.08.2009]. Bei den beiden kleinen Versehen handelt es sich um einen (wohlwollenden) Druck- und einen (unbedeutenden) Zählfehler: Freud schreibt seiner Braut nicht „Da du **noch** nicht erraten wirst, was für Leute ich meine" (SCHMIDBAUER [2005], 7), sondern – wie in der von Schmidbauer als Beleg angegebenen Quelle nachzulesen ist – „Da du **doch** nicht erraten wirst, was für Leute ich meine", und Freud war beim Verfassen dieser Zeilen nicht „29 Jahre alt", sondern erst 28jährig. E.L. FREUD (Hg.) (1968): Sigmund Freud. Brautbriefe, Frankfurt (Fischer), 144f. SCHMIDBAUER (2005), 197 (Anm. 1).

[155]   SCHMIDBAUER (2005), 8. So folgen in Schmidbauers Vorwort Sätze Freuds an Fritz Wittels, die – unter Auslassung eines „dann" – mit den Worten Tögels eingeleitet werden, von dem auch der ganze nächste Abschnitt wörtlich übernommen wurde: „Auch die Nachricht, daß Stefan Zweig ein literarisches Porträt von ihm begonnen habe, entlockte Freud nur die bissige Bemerkung, ‚dass er'" – und nun wird dieses „er" wie bei Christfried Tögel näher erläutert, doch der Satz fährt statt wie bei diesem mit „‚(Zweig, C.T.) gegenwärtig in Hamburg mich zu einem Essay verarbeitet […]'" mit „‚(Zweig, W.S.) gegenwärtig in Hamburg mich zu einem Essay verarbeitet […]'" fort. SCHMIDBAUER (2005), 7f.

[156]   In seiner „Liebeserklärung an die Psychoanalyse" (SCHMIDBAUER [1988]) bemühte er sich noch, „möglichst genau und objektiv zu bleiben" (ebd., 7).

[157]   SCHMIDBAUER (2005), 9.

[158]   SCHMIDBAUER (2005), 9.

„das Verständnis dafür zu vertiefen, warum die Psychoanalyse durch Freud so geschaffen wurde, wie es geschah, und welche unbewussten Grundkonflikte der psychoanalytischen Bewegung durch seine Biographie eingepflanzt wurden".[159]

Nach verschiedenen historischen Ungenauigkeiten in der Biografie Freuds,[160] bedenklichen Einschätzungen,[161] merkwürdig anmutenden vermeintlichen Gewissheiten[162] und patriarchalen Stilblüten und Zuschreibungen[163] steuert Schmidbauer seiner Hauptthese zu: Er vertritt die Ansicht, dass Freud „selbst prüde war und viel verschwieg" und dass er „die Sexualität dämonisiert (hat), weil er sich sehr vor ihr fürchtete".[164] Diese Sichtweise wiederholt er: „Freud hatte Angst vor der Sexualität, und sein Interesse an Sexualität hängt damit zusammen, dieses ängstigende Element im menschlichen Leben möglichst genau kennen zu lernen – nicht um es auszuleben, sondern um es zu kontrollieren".[165] Entsprechend suchte Freud auch die psychoanalytische Bewegung, aber auch den therapeutischen Prozess selbst zu kontrollieren.[166]

Diese Interpretation Freuds widerspricht m.E. diametral seinen eigenen Anliegen. Nicht um eine ängstliche Kontrolle von Sexualität war es Freud gelegen, sondern um ein Anerkennen derselben und ihrer Bedeutsamkeit. Liest man Schmidbauer, gewinnt man den Eindruck, es handele sich bei Freud um einen

---

[159] SCHMIDBAUER (2005), 9.

[160] Z.B. wird Amalie Freud zu „Freuds Stiefmutter" (ebd., 14); der Brief an Fliess, aus dem zitiert wird, stammt aus dem Jahre 1900 und nicht von „1895" (ebd., 17), die Tafel sollte am Haus (vgl. Brief an Fliess vom 12.06.1900) und nicht „über seinem Tisch in einem Restaurant" angebracht werden (ebd., 17).

[161] Schmidbauer spricht von einer „rassistische(n) Überwältigung", die Deutschland ereilt hätte und angesichts derer auch Jung „selbst überwältigt wurde". Dies „halten ihm seine Kritiker bis heute vor, obwohl es nichts beweist als einen Zug, den wir auch bei Freud beobachten können. Es ist die Bedenkenlosigkeit, mit der gerade die begabtesten Psychologen ihrem Gesprächspartner oder dem Zeitgeist schlechthin nach dem Munde reden" (ebd., 71f.). Die realitätsverschleiernde Wahl der Passivform, den Antisemitismus auf einen Zeitgeist zu reduzieren und Jungs judenfeindliche Äusserungen vor dem Hintergrund der Shoah mit Äusserungen Freuds hinsichtlich Mussolini in einen Topf zu werfen, halte ich für höchst fragwürdig. Zumindest merkwürdig mutete schon an, dass SCHMIDBAUER (1988) in seinen „historischen Überlegungen" (ebd., 20) zu Psychoanalyse und Macht nicht erwähnt, dass Psychoanalytiker während der 30er und 40er Jahre zu einem Grossteil Juden waren, sondern genau den gegenteiligen Eindruck erweckt (vgl. ebd.).

[162] Während Schmidbauer einerseits erklärt, dass wir „von seinem Sexualleben (…) aus seinen eigenen Berichten wenig (wissen)" (ebd., 49), berichtet er auf derselben Seite, dass „Freuds spätere Lebensführung sehr dafür (spricht), dass er wenig Genuss an der Sexualität fand. Seine Potenz war leicht störbar und von hypochondrischen Ängsten überlagert, die ihn zur Erklärung der Angstneurose als Folge des coitus interruptus veranlassten. Sie führten auch dazu, dass er lieber auf Sexualität verzichtete, als ein Kondom zu benutzen" (ebd., 49).

[163] Schmidbauer zieht es mit wenigen Ausnahmen vor, weibliche Wesen in seinem Werk entweder gar nicht (s. z.B. die fehlenden Namen der Schwestern Freuds, ebd., 15) oder lediglich mit ihrem Vornamen zu erwähnen (z.B. S. 96). Freud hätte sich nach Schmidbauer „seinen engen Freunden gegenüber eher weiblich (eingestellt)" und erläutert dies näher mit dem Hinweis auf seine Ohnmachtsanfälle vor Jung (S. 87).

[164] SCHMIDBAUER (2005), 48f.

[165] SCHMIDBAUER (2005), 51.

[166] Vgl. SCHMIDBAUER (2005), 69.

Zeitgenossen Anfang des 21. Jahrhunderts. Freud erscheint merkwürdig aus seinem damaligen gesellschaftlichen Kontext in Wien heraus gerissen und enthistorisiert. So fährt Schmidbauer mit seiner Analyse fort und hält fest, man treffe ein solch ausgeprägtes „Interesse an Sexualität, ein Bestreben, sie überall aufzuspüren, [...] vor allem bei sexuell Traumatisierten" an.[167] Nach Schmidbauer hätte Freud aufgrund seiner „ständig in ihm schlummernde(n) Angstbereitschaft" seine Sexualität bereits mit 40 „nicht mehr lustvoll erlebt(e)" oder gemieden trotz noch vorhandener Potenz.[168] Als Folge seiner Angst hätte er auch „ein(en) wissenschaftliche(n) Überwachungs- und Beobachtungsapparat aufgebaut". So findet Schmidbauer es „glaubwürdig, wenn C.G. Jung berichtet, Freud habe ihn sichtlich aufgeregt und besorgt gebeten, doch um gar keinen Preis die Sexualtheorie der Neurose aufzugeben".[169] Damit insinuiert Schmidbauer, diese Aussage Jungs stünde zur Diskussion und würde bestritten. Den Grund für das Scheitern der Beziehung zwischen Freud und Jung sieht Schmidbauer in deren „Selbstgefühlsproblemen".[170] Woher auf Seiten Freuds diese Probleme, die sich auch in seiner Nikotinsucht zeigen, rühren, will Schmidbauer aufzeigen. Er vermutet, es seien „zwei Geheimnisse (...), die Freud mit Hilfe seiner Nikotinsucht bekämpfte".[171] Dank dieser sei er „überhaupt erst leistungsfähig" gewesen, da „sie ihm half, das Ausmass der Verletzungen seines Selbstgefühls durch frühe Missbrauchserfahrungen zu kompensieren. Seine heterosexuelle Orientierung war instabil. (...) Man könnte sagen, dass Freud nur in der Distanz und in der Phantasie ein überzeugter Heterosexueller war".[172] Die beiden Geheimnisse Freuds, die Schmidbauer zu lüften meint, lauten also:

1. Freud wurde als Kind von seinem Vater sexuell missbraucht, und 2. Freud hatte in Folge dieser Traumatisierung zeitlebens damit zu tun, homosexuelle Wünsche und Strebungen abzuwehren.

Im Sinne einer wissenschaftlichen Beweisführung listet Schmidbauer nun seine Indizien auf. Der für das gesamte Werk zentrale Abschnitt soll vollständig wiedergegeben werden:

„Wenn es zutrifft, dass Freud als Kind von seinem Vater missbraucht wurde und diese Ereignisse verdrängte, weil er zu sehr auf ein positives Vaterbild angewiesen war, verstehen wir einige Motive, die sonst nicht erklärt werden können:
1. Seine ‚Missdeutung' der Geierphantasie von Leonardo da Vinci, die viel plausibler einen (homo)sexuellen Missbrauch als eine Fixierung an die Mutterbrust darstellt. Leonardo hatte geschrieben, man habe ihm erzählt, dass ihm als Säugling ein Milan [...] mit seinem Schwanz den Mund geöffnet und darin kräftig herumgefahren sei; Freud deutete das als Gelüsten des Kindes nach der Mutterbrust.
2. Die Sexualisierung seiner Phantasietätigkeit, verbunden mit höchsten ethischen Anforderungen an das reale Sexualverhalten.

---

[167] SCHMIDBAUER (2005), 50.
[168] SCHMIDBAUER (2005), 51.
[169] SCHMIDBAUER (2005), 51.
[170] SCHMIDBAUER (2005), 71.
[171] SCHMIDBAUER (2005), 159.
[172] SCHMIDBAUER (2005), 159.

3. Die Sehnsucht nach einer engen Liebesbeziehung zu von ihm überschätzten Männern, verbunden mit heftigen Ängsten, dass sich die traumatische sexuelle Szene wiederholen könnte.
4. Ohnmachten als Angstsymptom, wenn er seine leidenschaftlichen Gefühle für einen Mann nicht mehr anders kontrollieren konnte.
5. Die Faszination durch die unerschöpfliche Stärke des (Totem)Vaters, welche nach dessen Ermordung zutage tritt."[173]

Entgegen der Ansicht Schmidbauers bedürfen sämtliche der fünf eben zitierten „Motive, die sonst nicht erklärt werden können", nach meinem Dafürhalten keiner sexuellen Traumatisierung Freuds. Dass homoerotische Gefühle ins allgemeine Repertoire menschlichen Fühlens gehören und nicht Produkt einer frühkindlichen Traumatisierung sind, ist heute anerkannter Bestand entwicklungspsychologischen Allgemeinwissens. Dass homoerotische Gefühle jedoch auch heute noch, wenn auch in unvergleichlich geringerem Masse, aber erst recht zu Freuds Zeiten aufgrund ihrer gesellschaftlichen Ächtung angstbesetzt sind, darf als ebenso unbestritten gelten. Nicht eine frühkindliche sexuelle Traumatisierung, sondern Angst vor Homosexualität allein genügt, die oben erwähnten fünf Punkte, deren Angemessenheit zuerst geklärt werden müsste, besser zu verstehen. Von einer „Sehnsucht nach einer engen Liebesbeziehung" (s. oben Punkt 3) war Freud zu Martha Bernays getrieben, wie die Lektüre seiner so genannten „Brautbriefe" offenbart. In Punkt 3 setzt Schmidbauer voraus, was er zu beweisen sucht, nämlich eine „traumatische sexuelle Szene", d.h. eine „homosexuelle Traumatisierung Freuds" durch seinen Vater. Schon die verspürte „Sehnsucht nach einer engen Liebesbeziehung" zu einer gleichgeschlechtlichen Person ist oftmals Grund genug für tiefe Ängste; die Annahme eines sexuellen Missbrauchs in der Kindheit braucht es zum Verständnis des Gefühls von Angst nicht. Doch ist damit Schmidbauers „Hypothese einer homosexuellen Traumatisierung Freuds" schon widerlegt?[174]

Die beiden Hauptprobleme in der Argumentation Schmidbauers bestehen darin, dass er nicht zwischen Pädophilie bzw. -sexualität und Homosexualität unterscheidet[175] und dass er die diskriminierende Mär von der Entstehung homosexuellen Verlangens aus traumatisierenden frühkindlichen Erlebnissen prolongiert. Dieses altbekannte Paradigma liegt seinem so genannten „neuen Ansatz" nämlich zugrunde. Schmidbauers im Jahre 2005 vorgetragene „Hypo-

---

[173] SCHMIDBAUER (2005), 161f.
[174] SCHMIDBAUER (2005), 198 (Anm. 30).
[175] Dies zeigt sich nicht zuletzt in seinem Sprachgebrauch. Die Schieflage offenbart sich einem beim Vergleich: Es käme niemanden in den Sinn, beim Missbrauch eines Mädchens durch einen erwachsenen Mann von einem heterosexuellen Missbrauch zu sprechen. Das primär Horrende beim sexuellen Kindsmissbrauch betrifft nicht die Geschlechterfrage (ob männlich oder weiblich), sondern die Verhältnis- und Machtfrage Erwachsener-Kind. Sollte Freud von seinem Vater sexuell missbraucht worden sein, wäre nicht der Fakt, dass es sich um einen Mann handelte, traumatisierend, sondern dass es ein Erwachsener war und dazu noch der eigene Vater. Es handelte sich auch nicht um eine „homosexuelle Traumatisierung", sondern um eine pädosexuelle.

these einer homosexuellen Traumatisierung Freuds" wirkt deshalb anachronistisch und überholt.

Leider hat Schmidbauer wie zu Beginn seines Buches auch hier gegen Ende desselben unerwähnt gelassen, dass seine These schon früher und lange vor ihm formuliert worden war. Die Aufgabe der Verführungstheorie Freuds veranlasste Marianne Krüll 1979 erstmals die These eines Missbrauchs Freuds durch den Vater vorzutragen.[176] Auch Krüll führt Schmidbauer zwar im Literaturverzeichnis auf, erwähnt sie jedoch kein einziges Mal im Text selber. 1999 noch meinte Schmidbauer mit Bezug auf Krüll, er habe „Spekulationen über eine homosexuelle Neigung immer für weit hergeholt gehalten; die Quellen sind nicht gesichert."[177] Wenn Thomas Köhler über Krüll urteilt, ihre „Beweisführung beruht (...) in großen Teilen auf Spekulation"[178] und ihre These könne „als empirisch unzureichend gestützt zurückgewiesen werden"[179], so trifft dieses Urteil auch auf die schwindelerregenden Ausführungen von Schmidbauer zu.

3. Vereinigte Staaten von Amerika

3.1 David M. Wulff als Doyen der Religionspsychologie

David M. Wulff, der Verfasser der nach wie vor wichtigsten und umfassendsten Monografie zur Religionspsychologie, hält darin fest, was zu dessen Studium u.a. gehört, nämlich: „systematic knowledge of diverse kinds: of a great variety of psychological theories, principles, and methods as well as essential aspects of neighboring fields such as neurophysiology and sociobiology; of the history of religions along with elements of theology and philosophy; and of the history of psychology of religion itself, and of the lives of its chief contributors."[180] Wulff, der genau diesen breiten Wissenshorizont in seinen Veröffentlichungen eindrücklich unter Beweis stellt, mischt das Fach immer wieder mit kritischen Beobachtungen, Statements und Forderungen auf.[181] Die drei wichtigsten davon sollen erwähnt werden:

3.1.1 Zur Historiografie

Darstellungen der historischen Entwicklung des Faches Religionspsychologie orientieren sich in aller Regel an einem Drei-Phasen-Schema von dramatischem Aufstieg über völligen Niedergang bis zu einem erneuten wundersamen Aufle-

---

[176]   Marianne KRÜLL (1979): Freud und sein Vater: Die Entstehung der Psychoanalyse und Freuds ungelöste Vaterbindung, München (Beck) [überarb. NA 1992 Frankfurt a.M. (Fischer)].
[177]   Wolfgang SCHMIDBAUER (1999): Freuds Dilemma. Die Wissenschaft von der Seele und die Kunst der Therapie, Reinbek bei Hamburg (Rowohlt), 28.
[178]   KÖHLER (1996), 110.
[179]   Ebd., 11.
[180]   WULFF (1997² [1991]), vii.
[181]   Vgl. oben S. 52f.

ben der Disziplin („rise, fall, and resurgence").[182] Das erste Aufblühen des Faches wird durchweg im Zusammenhang mit den berühmten *Gifford Lectures* von William James und deren Veröffentlichung unter dem Titel „*The Varieties of Religious Experience*" im Jahre 1902 gesehen; sein Abwärtstrend wird hauptsächlich dem Einfluss des Behaviorismus bzw. seinem Desinteresse an religiös-spirituellen Inhalten und seiner reduktionistischen Methodik angelastet, und als Auslöser für das Wiedererwachen der Religionspsychologie in den 1950er Jahren wird Gordon W. Allports berühmtes Konzept einer intrinsischen und extrinsischen religiösen Motivation aufgeführt.[183]

Diese eingängige und lange unangefochtene Dreiteilung der Geschichte des Faches stellt David M. Wulff in Frage.[184] Er zeigt auf, wie stark die Darstellung der Geschichte des Faches von der länderspezifischen Perspektive ihres jeweiligen Verfassers abhängt. So ist das erwähnte Drei-Phasen-Schema ein Konstrukt der amerikanischen Religionspsychologie. Europäische AnhängerInnen einer psychoanalytisch orientierten Sichtweise z.B. unterteilen die Geschichte des Faches in eine eher unergiebige Anfangsphase und eine mit Freud und seinen Anhängern einsetzende fruchtbare Periode.[185] Für Vertreter der Dorpat Schule wiederum markieren die Werke Karl Girgensohns den entscheidenden historischen Einschnitt, sodass just das Jahrzehnt zwischen 1920 und 1930, in welcher die amerikanische Religionspsychologie ihren Tiefpunkt erlitt, für sie eine Blütezeit war. Wulff schliesst daraus, dass die Geschichte der Religionspsychologie aufgrund ihres jeweils länder- und auch richtungsspezifischen Verlaufs nicht in einem allgemein übergreifenden Schema zusammengefasst werden könne, wenn sie sich angesichts ihrer Komplexität überhaupt schematisieren lässt.[186]

---

[182] Michael E. NIELSEN (2000): Psychology of Religion in the USA, 12 Ms.-Seiten, hier 1 [http://www.psywww.com/psyrelig/USA.html; 15.07.2009]. Der erste Entwurf eines solchen historischen Verlaufs des Faches stammt von Benjamin BEIT-HALLAHMI (1971): The Rise and Fall of the Psychology of Religion Movement, in: Proceedings of the Annual Convention of the APA 6/2, 727f.

[183] Vgl. Gordon W. ALLPORT (1950): The Individual and His Religion: A Psychological Interpretation, New York (Macmillan).

[184] Vgl. David M. WULFF (1998): Rethinking the Rise and Fall of the Psychology of Religion, in: Arie L. MOLENDIJK / Peter PELS (eds.): Religion in the Making: the Emergence of the Sciences of Religion, Leiden / Boston (Brill), 181–202, hier 183: „The portrait of the rise and fall of the psychology of religion […] is in many respects more or less accurate. Yet in significant ways it is also seriously misleading. A close examination of historical evidence suggests […] that the rise-and-fall formula both oversimplifies and exaggerates the dynamic of change that occured early in this field."

[185] Vgl. WULFF (1998), 183.

[186] Ebd., 184: „A country-by-country survey would likewise yield rather different trajectories – if indeed there is any developmental pattern at all." Wulff stellt dies schliesslich für die USA fest: „If we were to limit ourselves, however, to work undertaken in the United States, […] would the rise-and-fall formula then be accurate? It is my judgment that it would still mislead us." Ebd., 185.

3.1.2 Psychologie und Religion

In den USA lassen sich grob sechs verschiedene religionspsychologische Schulrichtungen unterscheiden: die klassisch-psychoanalytische, die analytische im Gefolge Jungs, die objektbeziehungstheoretischen, die transpersonalen, die phänomenologischen und die *Measurement*-Schulen. Letztere spielen in der amerikanischen Religionspsychologie die Hauptrolle, da sie sich methodisch an die Mainstream-Psychologie anlehnen.[187] Einen grossen Einfluss auf diese Richtung übte über drei Jahrzehnte hinweg Allports schon erwähntes intrinsisch-extrinsisches-Modell aus.[188] Versuche, Freuds Religionstheorien empirisch zu verifizieren, hängen mit der Akzeptanz von Religion als Forschungsgegenstand in den USA zusammen. Sie sind als Besonderheit der nordamerikanischen Freud-Rezeption zu betrachten.[189]

Nach der Infragestellung der bisherigen religionspsychologischen Historiografie konfrontiert David M. Wulff mit der Analyse, Religion sei als Forschungsgebiet in der Mainstream-Psychologie nie sehr geschätzt, sondern stets als eher lästige, wenn nicht sogar verhasste Randerscheinung behandelt worden, von der man sich möglichst fern zu halten trachtete: „there is no evidence that religion was ever a popular subject among American academic psychologists, as it is sometimes claimed.“[190] Wulff weist dies u.a. anhand der Auswertung fachspezifischer Publikationen und zum Teil sogar ihrer Auflagenzahlen und Rechnungsabschlüsse akribisch genau nach. Die Veröffentlichung religionspsychologischer Untersuchungen blieb bis zu einem gewissen Grad stets von der Gunst und persönlichen Neigung einzelner Herausgeber abhängig wie das Überleben der Dis-

---

[187] Vgl. HOOD, Jr. / SPILKA / HUNSBERGER / GORSUCH (1996² [1995]), 448: „Compared to North American psychologists of religion, Europeans are less measurement-oriented and more receptive to phenomenological and dynamic studies. These cultures are also less overtly committed to institutional religion. Thus the European psychology of religion promises to challenge North American supremacy in this area, both because of European psychology's greater breadth and scope, and because of North American psychology's tendency to take apologetic religious-psychological stances. In addition, Asian studies in the psychology of religion are emerging – with much less distinct lines between psychology, religion, and science.“

[188] PALOUTZIAN / PARK (2005c): Integrative Themes in the Current Science of the Psychology of Religion, in: DIES. (eds.) (2005a), 3–20, hier 10 sprechen von „two independent psychologies of religion, one of ideas and one of numbers. The two continued as if they were on two separate tracks, with neither helping the other to become more refined.“ Doch seien hier gerade in jüngster Zeit einschneidende Veränderungen im Gang („these trends have recently changed dramatically“).

[189] Vgl. u.a. Joseph MASLING (ed.) (1990): Empirical Studies of Psychoanalytic Theories, 3 Vol., Hillsdale/NJ (The Analytic Press); Seymour FISHER / Roger P. GREENBERG (1996): Freud Scientifically Reappraised. Testing the Theories and Therapy, New York (Wiley).

[190] WULFF (1998), 188. Vgl. ebd., 196: „[...] the perennial lack of interest, if not suspiciousness or even outright hostility, of psychologists toward religion.“ Vgl. auch WULFF (1997² [1991]), 15–18. Auch Raymond F. PALOUTZIAN und Crystal L. PARK (2005c), 10 sehen eine gewisse Diskrepanz zwischen der empirischen Bedeutung von Religion und ihrem Stellenwert in der psychologischen Forschung.

ziplin insgesamt bis auf den heutigen Tag von der kleinen Schar an ihr interessierter Forschenden abhängt.[191]

Für die Entwicklung des Faches von grosser Bedeutung war die Gründung eigens dafür geschaffener Organe wie des *Journal for the Scientific Study of Religion*, der *Review of Religious Research, The International Journal for the Psychology of Religion* und die Einrichtung der *Division 36 (Psychology of Religion)* der *American Psychological Association (APA)*. Nach wie vor jedoch verdankt sich das Weiterbestehen des Faches dem Engagement einiger weniger ForscherInnen. Sein Status lässt sich auch nicht annähernd mit demjenigen etablierter Subdisziplinen wie z.B. der klinischen oder kognitiven Psychologie vergleichen.

Das spezifische religionspsychologische Interesse von PastoralpsychologInnen, die sich v.a. in der *American Association of Pastoral Counselors* organisiert haben,[192] gelte – so das Urteil des Psychologen *Michael Nielsen* – vornehmlich Fragen im Bereich psychischer Gesundheit. Aufgrund ihrer fachfremden bzw. nicht-psychologischen Grundausbildung und ihres zumeist allgemein geringeren akademischen Abschlusses – meistens ein *master's* und kein *doctoral degree* – gelangt Nielsen zum Urteil: „they are not held in high esteem by mainstream psychology".[193] Als weiteren Grund für ihren minderen Status nennt Nielsen ihre besonderen Werte wie z.B. das Gewicht, das sie der Spiritualität beimessen, und ihre Verwendung von Psychologie, um spirituelles Wachstum zu fördern.[194] Dies wecke das Misstrauen zahlreicher PsychologInnen, die darin einen Missbrauch ihres Faches wittern, das sie möglichst wertneutral halten wollen.[195] Besondere Schwierigkeiten bereitet dem gemeinsamen Austausch der Umstand, dass PsychologInnen in der Regel Phänomene erforschen, deren Wirklichkeitsgehalt sie nicht zur Diskussion stellen: „Psychologists who study religion, however, address ‚an object whose reality can be received only in the state of faith'".[196]

---

[191]   So wirkte z.B. James Henry Leuba als Herausgeber des *Psychological Bulletin* von 1904 bis 1928. Vgl. WULFF (1998), 195: „One should well hesitate to infer a field's decline from the retirement of a single proponent, even one so prominent as Leuba." Vgl. ebd., 196: „Worldwide, the field remains to this day exceptionally dependent on the interests, health, and vocational opportunities of a small number of individual scholars."

[192]   NIELSEN (2000), 4. Diese dürften gemeint sein mit der von Nielsen erwähnten, aber nicht existierenden *„American Association of Pastoral Psychologists"*. Vgl. https://aapc.org/.

[193]   NIELSEN (2000), 4.

[194]   Ein Blick, insbesondere auf die *Mission Statement und Core Values*, bestätigt diese Gewichtung, vgl. https://aapc.org/content/mission-and-goals [10.08.2009].

[195]   Vgl. dagegen PALOUTZIAN / PARK (2005a). Im Vorwort erwähnen die Herausgeber lediglich: „many of our colleagues now call this area of research ‚the psychology of religion and spirituality'." DIES. (2005b): Preface, in: ebd., xi–xiii, hier xi. Vgl. auch DIES. (2005c), 15: Spiritualität sei „as a term and as a construct in scientific discussion a relatively new kid on the block". Zur Beliebtheit des Gebrauchs dieser Wörter vgl. ebd., 16: „Thus people call themselves religious *and* spiritual, religious *but not* spiritual, spiritual *but not* religious, *neither* spiritual *nor* religious, and, very interestingly, a hairsplitting blend of religious spirituality plus nonreligion (e.g., [...] ‚I am a spiritual Christian *but not* religious')."

[196]   WULFF (1991), 32 [zit. nach NIELSEN (2000), 5].

David M. Wulff veröffentlichte 2003 einen Beitrag, in dem er für die Religionspsychologie nichts Weniger fordert als einen Neustart.[197] Bevor wir uns dieser verstörenden Forderung näher zuwenden, soll zunächst noch einmal an die von Wulff und anderen vertretene Sicht der gegenwärtigen Lage der Disziplin erinnert werden.[198]

Die Flut religionspsychologischer Neuerscheinungen sowohl in den USA als auch im deutschen Sprachraum um die Jahrtausendwende herum dürfe nicht darüber hinwegtäuschen, dass die Zukunft der Religionspsychologie ungewiss bleibt. Schwierigkeiten bereiten vor allem der personelle und der finanzielle Mangel: Längsschnittstudien würden benötigt, die jedoch besonders kostspielig und für deren Durchführung zu wenig FachexpertInnen vorhanden seien.[199] Zwar zeige der Erfolg des Buches von Richards und Bergin (1997), dass PsychologInnen im Rahmen ihrer praktischen beruflichen Tätigkeit mit Religion ringen und sich fragen, ob es sich bei ihr vielleicht doch um mehr als bloss um eine *Coping*-Strategie handele.[200] Trotzdem: auch wenn das Interesse an Religion gerade auf Seiten praktizierender PsychologInnen wächst, so schränkt deren Praxistätigkeit eigene Forschungsarbeit wiederum ein. David M. Wulff schlussfolgert: „What the psychology of religion lacked most fundamentally – and still lacks today – was not methodological sophistication but the broad and sustained interest of dedicated psychologists."[201] Was Wulff schon 1998 beklagte, nämlich den Mangel an engagierten und an Religion interessierten PsychologInnen, spitzt sich in seinem Beitrag von 2003 zu: nicht mehr nur die geringe *Zahl* solcher ReligionspsychologInnen steht zur Diskussion, sondern die *Gesinnung* des schon bestehenden Kreises von FachkollegInnen. Wulffs Hauptkritik gilt nicht mehr nur dem *ungenügenden* Interesse von PsychologInnen an Religion, sondern dem *fehlgeleiteten* Interesse heutiger ReligionspsychologInnen: Apologetische Interessen bestimmen seiner Ansicht nach Ausrichtung und Themenauswahl der Disziplin.

Im Blick auf die ca. 100jährige Geschichte der Religionspsychologie konstatiert Wulff einen „*conservative turn"*, der mit den Anfängen des Faches im Kontrast stehe und dessen Wirkung noch zugenommen hätte. Während die ersten Religionspsychologen – allen voran William James – als Liberale vom Verlangen getrieben waren, neue Interpretationsweisen von Religion zu eröffnen

---

[197]   David M. WULFF (2003): A Field in Crisis: is it Time for the Psychology of Religion to Start Over?, in: Peter H.M.P. ROELOFSMA / Jozef M.T. CORVELEYN / Joke W. VAN SAANE: One Hundred Years of Psychology of Religion. Issues and Trends in a Century Long Quest, Amsterdam (VU Univ. Press), 2–32.

[198]   Siehe oben S. 45f.

[199]   Vgl. NIELSEN (2000), 9. Den finanziellen Mangel beklagt auch Richard Gorsuch, vgl. Michael E. NIELSEN (1995): Psychology of Religion's Future [http://www.psywww.com/psyrelig/porfutur. htm; 15.07.2009].

[200]   P. Scott RICHARDS / Allen E. BERGIN (1997): A Spiritual Strategy for Counseling and Psychotherapy, Washington D.C. (APA).

[201]   WULFF (1998), 196.

und den Verstehenshorizont zu erweitern, dominiere heute das Bemühen, Religion und religiöse Traditionen zu bewahren und zu verteidigen.[202] Dementsprechend sei auch die Reichweite religionspsychologischer Perspektiven im Vergleich zu früher kleiner geworden: Heute stünde das Bedürfnis, die gesundheitsfördernde Wirkung von Religion aufzuzeigen, im Zentrum.[203]

Die konservative Wende lasse sich nach Wulff am besten an den verschiedenen Definitionen von Religion nachweisen: James berühmte Definition – „the feelings, acts, and experiences of individual men in their solitude, so far as they apprehend themselves to stand in relation to whatever they may consider the divine" – war so weit gefasst, dass z.B. auch nichttheistische Perspektiven Berücksichtigung fanden.[204] Insgesamt lasse sich nach Wulff zeigen, dass frühe Religionspsychologen von Definitionen ausgingen, die *„nominal"* und *„functional"* waren und die ihnen als unvollkommene und situationsabhängige Hilfsmittel dienten, während heutige Definitionen eher *„real"* und *„substantive"* seien:

> *„The early contributors to the field offered definitions, in sum, that were usually nominal – that is, they were designed for certain instrumental purposes in a specific context – and frequently also functional, suggesting what it is psychologically that religion does. Today, in contrast, definitions tend to be real and substantive: religion is defined in terms of essential, unchanging features, and it is addressed in terms of what it is rather than how it functions. Furthermore, the essential features commonly include belief as the human stance and a god or something close to it as the object."*[205]

Als Folge des *„positivistic sweep"* in der Psychologie hätten sich ReligionspsychologInnen dem Measurement-Paradigma zugewandt mit dem Ziel, operationalisierte Definitionen von Religion zu gewinnen.

Wulff beklagt weiter die Tendenz, Religion mit evangelikalem Christentum bzw. wie in der *Allport-Ross Religious Orientation Scale* mit konservativer Frömmigkeit in Form der „church-going piety of Midwestern America" gleichzusetzen, in welchem Allport aufgewachsen war.[206] Überhaupt hätten religiös-konservative PsychologInnen Zielsetzungen und Anliegen evangelikaler Theologie

---

[202] Der „conservative turn" setzte ein, nachdem der Behaviorismus an Einfluss einzubüssen und Religionspsychologie langsam wieder aufzuleben begann. Vgl. WULFF (2003), 16: „Largely gone was the impulse to reform religion or to encourage individuals to develop new, more liberal understandings of it."

[203] Vgl. WULFF (2003), 17: „In the *Varieties*, James had put forward a broad, threefold agenda: (1) description of personal religious experience; (2) explanation of its causal origins; and (3) clarification of religion's valu, its helpfulness in the attainment of human ideals. […] In its new incarnation, the psychology of religion has largely limited itself to the third item on James's agenda, the identification of religion's fruits for life; […] whereas the fruits that James had in mind were ‚helpfulness in general human affairs' and the promotion of lofty yet attainable ideals, many of today's researchers narrow theirs to physical and mental health, a distinctly individualistic, even narcisstic concern […]."

[204] Zit. nach WULFF (2003), 18.

[205] WULFF (2003), 19.

[206] WULFF (2003), 20. Vgl. Gordon W. ALLPORT / J. Michael ROSS (1967): Personal Religious Orientation and Prejudice, in: Journal of Personality and Social Psychology 5, 432–443.

übernommen und der Religionspsychologie übergestülpt.[207] Dies zeige sich auch darin, dass selten religionspsychologische Projekte verfolgt würden, die sich mit den negativen Auswirkungen von Religion beschäftigten.[208] Wulff meinte schon 1998:

„It is time for psychologists of religion [...] to seek a broader, more phenomenologically accurate, and ultimately more useful perspective on the subject matter of this field. And if the psychology of religion should continue to be driven by practical and theological concerns, as it has from its very beginnings, we may hope that they, too, will be broader and more deeply informed – informed not only by a more profound appreciation for the world's religious traditions and the faith that they have fostered but also by a heightened awareness of the social, political, and ecological contexts in which these traditions continue to evolve."[209]

Mit dieser Hoffnung zielte Wulff in dieselbe schon in der Pastoralpsychologie beobachtete Richtung von Interkulturalität und -religiosität und zunehmender Kontextsensibilität. In Erinnerung an die Begründer des Faches rüttelt Wulff seine FachkollegInnen auf und fordert von ihnen mehr Mut ein:

„The early proponents of the field tended to be forthright about their own views and the changes they hoped their work would bring about in religious attitudes and practices. Today's psychologists of religion tend to be far more reticent about their personal commitments and goals, and when these silently clash, they are commonly debated under the subterfuges of statistical or methodological issues. Psychologists of religion might do well to be more open about this matter, acknowledging its reality and addressing the difficult issues it raises."[210]

Auch in der Religionspsychologie begegnen wir also wie schon in der US-amerikanischen Pastoralpsychologie dem Ruf nach einer Rückbesinnung auf die

---

[207]   Vgl. WULFF (2003), 26. Zu ihren Publikationsorganen zählt Wulff (ebd.) das *Journal for Psychology and Theology* und das *Journal of Psychology and Christianity*. Zudem weist er darauf hin, dass die Grenzen zwischen „the disinterested and nonsectarian psychology of religion and the evangelical Christian integration effort" zumindest durchlässig seien wie das Beispiel einiger Mitglieder der Division 36 der APA zeige. Diese Durchlässigkeit werde gefördert durch den immensen Einfluss der religiös konservativen „Templeton Foundation". Wulff verweist auf die grossen Gefahren, sich in Abhängigkeit eines solch gewichtigen Geldgebers zu begeben und von ihm die Themen setzen zu lassen. Vgl. dazu Sebastian MURKEN (1999): Die John Templeton Foundation, in: EZW Materialdienst 62, 313–315.

[208]   Vgl. WULFF (2003), 28: „Seldom for example, do summaries by American scholars of research on religion and mental health give equal attention to religion's negative potential and hence provide a genuine critique of religion. [...] psychologists of religion have to this day served more as caretakers than as critics of religion."

[209]   WULFF (1998), 197f.

[210]   Ebd., 197. Vgl. schon UTSCH (1998), 125: „Die persönliche Religiosität gehört zur intimen Subjektivität des Individuums und besitzt als Grundüberzeugung und Weltanschauung eine hohe Bedeutsamkeit – auch für Wissenschaftler. Weil viele dieser identitätsbildenden Prozesse unbewußt verlaufen sind, erscheint mir gerade für den Forschungszweig der Religionspsychologie die Offenlegung der weltanschaulichen Grundlagen jedes Forschungsvorhabens unverzichtbar. Erst durch eine Reflexion und Transparenz der impliziten Voraussetzungen des Wissenschaftlers schützt sich dieser davor, auf die ideologie- und wunschbildanfällige Dimension dieses Forschungsgegenstandes hereinzufallen und subjektive Wahrheit für objektive Wahrheit zu halten."

Gründungsväter und daran anknüpfend der Forderung nach einem verstärkten sozialen und politischen Bewusstsein. Das Entstehen des Faches in den USA war sowohl der Reformbewegung des Progressivismus zu verdanken, dessen Anhänger vom liberalen Protestantismus und von den sich ausbildenden modernen Sozialwissenschaften beeinflusst waren, als auch der *Social Gospel*-Bewegung. Wulff erinnert daran, wie viele der sozial engagierten Begründer der Disziplin ursprünglich Pfarrer werden wollten und es, wie z.B. Edward Scribner Ames, z.T. auch wurden:

„*Ames's life-long commitment to ‚liberating religion' from dogmatic authority and transforming it into ‚the religion as the social gospel' – ‚a nontheological, practical faith' that is ‚scientifically intelligent and experimentally adventurous in dealing with social problems' – was expressed throughout his professional career in concurrent appointments as professor of philosophy at the University of Chicago and as minister of the University Church of the Disciples of Christ.*"[211]

Der Abstieg des Faches in den 1920ern hing mit dem Schwinden des Progressivismus ab 1917 zusammen und dem steilen Niedergang der liberalen Theologie. Die *American religious depression* setzte nach dem Ersten Weltkrieg ein und band optimistisch-reformerische und auf Veränderung hin arbeitende Kräfte zurück. Die Dialektische Theologie schliesslich stellte Gottes Souveränität und seine Offenbarung in der Bibel ins Zentrum ihrer Überlegungen, nicht die religiösen Erfahrungen und Urteile des Einzelnen, die die Religionspsychologie beschäftigten.

Während die Gründungsväter des Faches noch an eine Veränderung der Gesellschaft glaubten, suche das Gros gegenwärtiger Religionspsychologen, das „white, male, middle-class Americans" mit christlichem Hintergrund und „highly individualistic in orientation" sei,[212] den *Status quo* zu verteidigen.[213] Nochmals sei *Wulffs* beachtenswerte selbstkritische Aufforderung zitiert:

„*We have to become more sensitive to the individualism and relatively asocial character of mainstream psychology and find ways to transcend this regrettable bias. We need, further, to contextualize the forms and functions of our own activities and professed knowledge [...]. We should reopen ourselves to qualitative or naturalistic approaches [...] and to follow a more inductive and discovery-oriented path. Such actions will certainly not win the respect of mainstream psychologists [...], but I think we doom ourselves to failure if we take their respect as the measure of our success.*"[214]

---

[211] Ebd., 193. Vgl. ebd.: „The church, Ames says, served as ‚a kind of laboratory for cultivation and observation of the living processes of religion, while the university was a place for their systematic study." Dies erinnert stark an die Äusserungen Pfisters über sein Pfarramt und sein unentwegtes akademisch-theologisches Interesse.

[212] Ebd., 24.

[213] So verweist WULFF (2000), 25 etwa auf die vielfach kritisierte und kaum wissenschaftlichen Zwecken dienende, dennoch nach wie vor verwendete „intrinsic-extrinsic scale" von Allport-Ross hin.

[214] Ebd., 26.

Als Versuch, Wulffs als Schwarzmalerei gebrandmarkte Einschätzung über den seines Erachtens bedenklichen Zustand der Disziplin zu widerlegen, veröffentlichten seine Fachkollegen Raymond F. Paloutzian und Crystal L. Park ein „Handbook of the Psychology of Religion and Spirituality" (2005).[215] In dem auch als Reaktion auf Wulffs vehemente Kritik an seinen FachkollegInnen konzipierten währschaften Handbuch verkünden die beiden Herausgeber in ihrem programmatischen Vorwort, das Fach, dem Wulff empfahl, nochmals von vorne zu beginnen, sei vielmehr: reif![216]

„The field is so ripe with good ideas and good methods that it is poised to make contributions that could not be imagined in the past."[217]

Welche der fundamental gegensätzlichen Positionen die Realität besser widerspiegelt, wird sich letztlich an der Frage entscheiden, ob und wie sich die Religionspsychologie im universitären Fächerkanon, dem sie bislang nur am Rande zugehörte, behaupten kann. Es lässt sich vermuten, dass in der Auseinandersetzung zwischen den beiden Lagern der eher konservativ-bewahrenden, mehrheitlich empirisch arbeitenden und den kritisch-progressiven und mehrheitlich hermeneutisch arbeitenden Forschenden in der US-amerikanischen Religionspsychologie zur Zeit zumindest eher Erstere befriedigt zu sein scheinen, weshalb sie die Lage bedeutend rosiger sehen als Letztere. Psychoanalytisch orientierte Religionspsychologie als mehrheitlich hermeneutische Religionspsychologie neigt sich eher Wulffs Einschätzung zu. Mit besonderem Interesse verfolgt man denn auch, wie die Psychoanalyse in einem von Vertretern ersterer Richtung herausgegebenen Handbuch dargestellt und bewertet wird. So wenden wir uns im Folgenden dem einschlägigen Beitrag von Jozef Corveleyn und Patrick Luyten über „Psychodynamic Psychologies and Religion: Past, Present, and Future" zu (2.2).

---

[215] Vgl. Raymond F. PALOUTZIAN / Crystal L. PARK (eds.) (2005): Handbook of the Psychology of Religion and Spirituality, New York / London (The Guilford Press), 13. WULFF (2003), 28 vertrat die Auffassung: „If persons of the stature of James Gibson and Henry Gleitman can conclude that a fresh start is necessary, and that we would profit from looking back at our intellectual origins, surely even those psychologists of religion anxious for the respect of other psychologists may dare to rethink their agendas." Vgl. James J. GIBSON (1985): Conclusions from a century of research on sense perception, in: S. KOCH / D. E. LEARY (eds.): A century of psychology as science, New York (McGraw Hill), 224–230, hier 229f.

[216] Vgl. PALOUTZIAN / PARK (2005), Preface, xi.

[217] PALOUTZIAN / PARK (2005c), 13. Zum Streit, ob quantitative oder qualitative Methoden Verwendung finden sollten, vgl. ebd., 12: „Those favoring quantitative methods emphasize the objectivity of the data and the requirement that there be public agreement about what the data are, although not necessarily about what the data mean. Other endorse qualitative methods, especially hermeneutical interpretations of personal texts and methods based on the principle that data are culturally relative and that their interpretation must be culturally sensitive. These researchers point out that the meaning attributes to data [...] cannot be divorced from the cultural context of the subjects and the culture-bound biases of the researcher, and that therefore it is essential that those judgments define the data categories in a unique way from study to study."

340

3.2 Über Vergangenheit, Gegenwart und Zukunft der Psychoanalyse in der Religionspsychologie: Jozef Corveleyn und Patrick Luyten

Auch wer sich vornimmt, einen möglichst ausgewogenen Überblick über psychodynamische und insbesondere psychoanalytische Zugänge zu Religion zu verfassen, gerät – so die Autoren dieses Aufsatzes im *Handbook of the Psychology of Religion and Spirituality (2005)*[218] – unweigerlich zwischen die Fronten: während nämlich die einen den Beitrag der Psychoanalyse zur Religionspsychologie in den höchsten Tönen loben und sie für unersetzbar, ja geradezu revolutionär halten,[219] meinen andere, sie sei manchmal „overly simplistic, often reductionistic, and generally not empirically supported".[220] Die Spannweite der unterschiedlichen Einschätzungen der Rolle und des Stellenwerts der Psychoanalyse in der Religionspsychologie mache es beinahe unmöglich, einen einigermassen objektiven und umfassenden Beitrag zum Thema zu verfassen. Die Autoren formulieren stattdessen als Ziel, allgemein einige Stärken und Grenzen psychoanalytisch orientierter Ansätze in der Religionspsychologie darzustellen. Sie setzen dabei ein mit der Unterscheidung zwischen Religion als kulturellem Phänomen und als persönlicher Erfahrung: „Any psychoanalytic – and for that matter any psychological – approach to religion should distinguish between religion as a general *cultural* and *social* fact, on the one hand, and *personal* religion, on the other hand."[221] In Analogie zu dieser Unterscheidung verhielte sich auch Freuds Parallelisierung von Onto- und Phylogenese. Während Freud sich primär für die phylogenetische Perspektive interessierte, also für die Frage, wie Religion als kulturelles Phänomen entstand und sich entwickelte, wenden sich heutige psychoanalytisch orientierte ReligionspsychologInnen mehrheitlich der persönlichen Religion Einzelner zu aufgrund des Einflusses der Objektbeziehungstheorie und der Selbstpsychologie. Diese hätten auch unter PsychoanalytikerInnen eine Haltungsänderung Religion gegenüber bewirkt.[222]

In einer kurzen, aber differenzierten und ausgewogenen Darstellung von Freuds eigener Haltung Religion gegenüber wird aufgezeigt, dass seine reduktio-

---

[218] Man beachte den Zusatz „and Spirituality", der einerseits die gegenwärtige Problematik signalisiert, einen einheitlichen Religionsbegriff zu definieren, und andererseits die Ausweitung der bisherigen Forschungsperspektive auf nicht notwendigerweise religiöse Phänomene markiert.

[219] Vgl. z.B. Benjamin Beit-HALLAHMI (1996): Psychoanalytic studies of religion: A critical assessment and annotated bibliography, Westport/CT (Greenwood Press), 12: Psychoanalyse „clearly led to a revolution in the study of religion in general and in the psychology of religion in particular". Ebd.: There would be „no substitute and no theoretical alternative to psychoanalysis, as the most, and the only, comprehensive theoretical approach to the psychology of religion". Zit. nach CORVELEYN / LUYTEN (2005), 80.

[220] CORVELEYN / LUYTEN (2005), 80.

[221] CORVELEYN / LUYTEN (2005), 81. Die Schwierigkeiten, die sich gerade bei dieser Unterscheidung ergeben, zeigt sich sogleich in der Einschätzung der Autoren, Religion als kulturelles Phänomen sei „always a ‚given' that cannot be explained, let alone explained away, by psychology" (ebd., 81). Genau dies getan zu haben, hat Freud nach meinem Dafürhalten nämlich beansprucht.

[222] Vgl. BLASS (2004).

nistische Sicht von Religion bis auf den heutigen Tag im Kreuzfeuer der Kritik steht. Dabei hätte ihn seine stets eingeforderte und ihn selbst auszeichnende Neutralität auch vor einem einseitigen Urteil über Religion bewahren sollen, meinen die beiden Autoren. Sei es doch Freud selbst gewesen, der stets betonte, Psychoanalyse sei keine Weltanschauung.

In einem weiteren Abschnitt stellen die Autoren Weiterentwicklungen der Psychoanalyse dar und unterscheiden mit Pine (1990) vier – nicht miteinander konkurrierende, sondern komplementäre – Richtungen: die Trieb-, die Ich-, die Objektbeziehungs- und die Selbstpsychologie.[223] Die Autoren wenden sich im Folgenden jedoch nur den ersten drei zu, da letztere kaum einen Einfluss in der Religionspsychologie gezeigt hätte. Während die genuin von Freud initiierte und deshalb auch oft als „klassisch" bezeichnete triebpsychologische Richtung die Grundlage vor allem älterer religionspsychologischer Literatur bildete und stark im Werk von Jacques Lacan weiter tradiert wurde, führen die Autoren als paradigmatische Beispiele für die ichpsychologische Richtung die Studien von Erik Erikson an, aber auch William Meissners Untersuchung über Ignatius von Loyola, und für die Objektbeziehungstheorie das Werk von Ana-Maria Rizzuto über die Bildung von Gottesrepräsentanzen.[224] Winnicotts Übergangsraum bzw. seine These von der Religion als eines Übergangsphänomens hätte zu einer offeneren Haltung in der Psychoanalyse Religion gegenüber geführt wie z.B. das Werk von Paul W. Pruyser belege.[225]

Vor dem geschilderten Hintergrund wenden sich die Autoren nun aktueller empirischer Forschung in der Psychoanalyse zu und zeigen, dass die Einzelfallstudie ihre bisher bevorzugte Methode der Erkenntnisgewinnung bildete. Trotz aller ihr zu verdankenden Ergebnisse beruhe sie dennoch lediglich auf einer selektiven Datenbasis: „Because of this selective release and virtual absence of data, [...] psychoanalysis as a whole has shown a remarkable resistance against falsification."[226] Dies gelte auch für ihre spezifisch religionspsychologischen Beiträge. Dieselben Phänomene seien immer und immer wieder erforscht worden,

---

[223] Vgl. Fritz PINE (1990): Drive, ego, object and self: A synthesis for clinical work, New York (Basic Books).

[224] Vgl. u.a. Erik ERIKSON (1958): Young Man Luther: A Study in Psychoanalysis and History, New York (Norton); DERS. (1969): Gandhi's Truth: On the Origin of Militant Nonviolence, New York (Norton); William W. MEISSNER (1992): Ignatius of Loyola: The Psychology of a Saint, New Haven/CT (Yale Univ. Press); Ana-Maria RIZZUTO (1979): The Birth of the Living God: A Psychoanalytic Study, Chicago (Univ. of Chicago Press).

[225] Vgl. Henry N. MALONY / Bernard SPILKA (eds.) (1991): Religion in Psychodynamic Perspective: The Contributions of Paul W. Pruyser, New York (Oxford Univ. Press). Vgl. auch William W. MEISSNER (2000): Psychoanalysis and Religion. Current Perspectives, in: James K. BOEHNLEIN (Ed.): Psychiatry and Religion. The Convergence of Mind and Spirit, Washington DC/London (American Psychiatric Press), 53–69, hier 58: „His [sc. Winnicott's; IN] seminal contribution provided a breakthrough in analytic thinking about religion." Ebd. 60: „The concept of transitional phenomena [...] laid the ground for more fruitful dialogue between psychoanalysis and religious thinking." Vgl. dazu GROM (2007³ [1992]), 50: „[...] reicht allerdings auch die objektbeziehungstheoretische Sicht mit ihren unüberprüfbaren Vorannahmen über den Status einer lockeren Kombination und Spekulation nicht hinaus."

[226] CORVELEYN / LUYTEN (2005), 86.

so dass ein Blick auf die Geschichte psychoanalytisch orientierter Religionspsychologie folgendes Bild ergebe:

„When the Oedipus complex was the shibboleth of psychoanalysis, almost every religious behaviour or belief was considered to be an expression of Oedipal conflicts or tendencies. When ego psychology started to take off, these same conflicts and tendencies were suddenly seen as an expression of the adaptation of the ego to reality. And when object relation theories were in their heyday, studies linking religious phenomena to the development, structure, and/or content of object relations mushroomed."[227]

Als Folge dieser Entwicklung steht heute eine Vielzahl konkurrierender und alternativer psychoanalytischer Theorien und Erklärungen in Geltung, die einander eigentlich ausschliessen. Neue Theoriebildungen haben ältere nicht abgelöst oder zum Verschwinden gebracht. Sie koexistieren nebeneinander weiter.

In empirischer Hinsicht seien kaum irgendwelche Fortschritte erzielt worden. Die Autoren begründen ihr Urteil mit der Übersicht von Beit-Hallahmi über psychoanalytische Religionsstudien von 1996.[228] Mehr als 95% der aufgeführten Untersuchungen verwendeten eine qualitative Methodologie. Zugrundegelegt wurden in aller Regel historische Quellen und Fallstudien. Ende der 1980er Jahre führte der schwindende Einfluss der Psychoanalyse zu einem Umdenken, und die Einsicht wuchs, dass es für ihr Überleben notwendig ist, andere Forschungsmethoden und Perspektiven als nur stets jene von Fallstudien zu verwenden („other research methods than the traditional case study method").[229] Seither sei sowohl ein „boom" in psychodynamisch orientierter empirischer Forschung auszumachen wie auch eine stärkere Dialogbereitschaft zwischen Psychoanalyse und Mainstream-Psychologie. Neue Methoden würden erarbeitet, die komplexe psychodynamische Hypothesen besser erforschen helfen.[230] Zur selben Zeit liesse sich in der Mainstream-Psychologie beobachten, dass die Zahl idiografischer Studien und Untersuchungen über Erfahrungen Einzelner wachse.[231] Leider hätte sich diese Entwicklung noch kaum auf die Religionspsychologie ausgewirkt. Die Autoren machen sich für einen Methodenpluralismus und damit für eine Entkrampfung beider (religions)psychologischen Lager stark:

„[...] we also would like to make a strong plea for methodological pluralism because we believe that the existing divide within the psychology of religion between a hermeneutic, interpretive approach that focuses on understanding (Verstehen) and meaning, on the one hand, and a (neo-)positivistic approach that focuses on explanation (Erklären) and general laws, on the other hand, is not only to a large extent artificial, but also unfruitful [...]. Any

---

227   Ebd., 86.
228   Vgl. BEIT-HALLAHMI (1996).
229   CORVELEYN / LUYTEN (2005), 86.
230   Die Autoren verweisen ebd., 86 z.B. auf D. WESTEN (1998): The Scientific Legacy of Sigmund Freud: Toward a Psychodynamically Informed Psychological Science, in: Psychological Bulletin 124, 333–371.
231   Die Autoren verweisen ebd., 86 z.B. auf J.L. SINGER / J. KOLLIGIAN (1987): Personality: Developments in the Study of Private Experience, in: Annual Review of Psychology 38, 533–574.

scientific endeavor involves interpretation and meaning, just as all scientific research inclu-
des a process of systematic testing and falsification."[232]

Während (quasi)experimentelle Untersuchungen im Bereich der Religionspsychologie der Komplexität ihres Untersuchungsgegenstands mehr Rechnung
tragen sollten, stehen hermeneutische Forschungen vor der Aufgabe, klarere
interpretative Beurteilungskriterien als bisher zu erarbeiten und strengere Forschungsmethoden zur Anwendung zu bringen. Die Autoren plädieren für eine
komplementär-ergänzende und harmonisierende Sicht zwischen beiden Zugängen. Gerade kontrollierte Fallstudien geniessen zunehmend Ansehen in der
Mainstream-Psychologie und verhiessen Gutes gerade für psychoanalytisch
orientierte Forschung. Insgesamt schauen die beiden Autoren verheissungsvoll
in die Zukunft, weil sie eine gewisse Annäherung zwischen Psychoanalyse und
Mainstream-Psychologie meinen ausmachen zu können, die auch über kurz oder
lang Auswirkungen auf die Religionspsychologie allgemein haben werde. Ihre
Prognose exemplifizieren sie anhand dreier Themenkomplexe, nämlich der Forschung im Bereich religiöser Erfahrung, der Gottesrepräsentanz und der Beziehung zwischen Gesundheit und Religion. Im ersten Bereich verweisen sie auf die
Forschungen von Vergote, der zeigen konnte, dass es keine religiösen Erfahrungen an sich gibt.[233] Es sind die zugeschriebenen Bedeutungen, die eine Erfahrung
zu einer religiösen werden lassen: „Hence, people tend to interpret certain experiences congruent with their preexisting beliefs. [...] experiences as such are not
religious, nor spiritual, nor mystical. They are endowed with such meanings by
human beings."[234] Von daher ergibt sich die Notwendigkeit, die zuvor entwickelte Glaubensstruktur eines Individuums, die wiederum mit dessen gesamter
Biografie verwoben ist, als wichtigen Faktor in die Analyse miteinzubeziehen.
Dies heben die Autoren besonders hervor, weil sie eine Tendenz feststellen, religiöse Erfahrung von historischen, soziokulturellen und persönlichen Faktoren zu
isolieren. Die komplexere Betrachtung solcher Erfahrungen ergibt, dass sie nur
einen Aspekt oder eine Phase bilden im Rahmen eines länger dauernden Prozesses oder einer wechselvollen Geschichte. Religiöse Erfahrungen können so z.B.
Teil eines Trauerprozesses nach einem Verlust sein oder einer Sinnsuche vor
oder nach einer Depression. Langzeitstudien sind auch hier vonnöten, und die
Analyse longitudinaler Daten mit Hilfe eines Wachstumskurvenmodells könnte
sowohl idiografische als auch nomothetische Perspektiven integrieren und der
Komplexität des Themas gerecht werden.

Als zweites Beispiel, in welchem Trends zwischen Psychoanalyse und
Mainstream-Psychologie zu weiteren Erfolgen führen dürften, nennen die Autoren das Konzept der Gottesrepräsentanz.[235] Cross-kulturelle Forschungen hätten

---

[232] CORVELEYN / LUYTEN (2005), 88.
[233] Vgl. Antoine VERGOTE (1996): Religion, belief and unbelief: A psychological study, Leuven,
Belgium / Atlanta, GA (Leuven Univ. Press / Rodopi Press).
[234] CORVELEYN / LUYTEN (2005), 89.
[235] Vgl. demgegenüber GROM (2007³ [1992]), 50f.: „Die Kernthese Rizzutos von der Entstehung der
Gottesvorstellung im Bereich der Übergangsobjekte bezieht sich auf so frühe Stadien sprach-

ergeben, dass zwischen der symbolischen und der aktuellen Repräsentanz Gottes unterschieden werden müsse. Letztere basiert auf der persönlichen Geschichte des Individuums, während erstere sich auf die in der Kultur bestehende Repräsentanz bezieht und vor allem auch mütterliche Qualitäten mitberücksichtigt. Auch hier sind Längsschnittstudien nötig.

Beim dritten Beispiel, Religion und geistige Gesundheit, verweisen die Autoren auf den Umstand, dass gerade psychodynamische Theoriebildungen und Forschungen den wechselseitigen Einfluss beider zeigen, bisherige empirische Studien zu diesem Bereich jedoch oftmals von einem einseitigen Einfluss ausgingen. Sie stellten die Beziehung zwischen beiden als „linear and nonrecursive" statt als „intrinsically interwoven" dar.[236] Zudem würde auch der Faktor Kultur häufig nicht in die Analyse miteinbezogen.[237] Dabei seien es wesentlich kulturelle Normen, die den Ausschlag dafür gäben, ob etwas als sog. gesund oder pathologisch taxiert werde.

Zum Schluss ihres Beitrags besprechen die beiden Autoren Unterschiede zwischen nordamerikanischen und europäischen Forschenden und meinen:

„In several recent North American publications, several, often far-reaching, proposals have been made to integrate religion and/or spirituality and psychotherapy. [...] In Europe, in contrast, one hardly finds such standpoints in scientific publications."[238]

Die Autoren wollen sich bewusst eines Urteils über die dahinterliegenden Gründe enthalten, vermuten dann aber dennoch, EuropäerInnen seien sich womöglich stärker als ihre nordamerikanischen KollegInnen bewusst, dass man aus der positiven Korrelation zwischen Religion und Gesundheit keine „spiritual strategy" machen und Religion somit funktionalisieren dürfe. Stattdessen schlagen sie im therapeutischen Setting jene von Freud favorisierte Haltung einer wohlwollenden Neutralität vor, die ungeachtet der persönlichen Haltung Religion gegenüber eingehalten werden könne.

Zum Schluss fassen die Autoren nochmals zusammen, dass psychoanalytisch orientierte Religionspsychologie mehr Aufmerksamkeit als bisher auf die empirische Überprüfbarkeit ihrer Theorien und Thesen richten müsse. Sie halten es für sehr wahrscheinlich, dass gerade die Psychoanalyse in der Religionspsychologie eine wichtige Rolle auch in der Zukunft spielen werde, sowohl theoretisch aufgrund ihrer detaillierten individuellen Fallstudien als auch methodisch, da ihre komplexen Theoriebildungen auch komplexe Forschungsdesigns nötig machen und sowohl quantitative als auch qualitative Methoden erfordern. Auf diese Weise können sie zu einer Überwindung der Frontenbildung zwischen beiden

---

licher und bildnerischer Ausdrucksmöglichkeiten, dass sie erfahrungswissenschaftlich, durch Mitteilungen des Kleinkindes, nicht zu belegen oder zu korrigieren ist. Auch die Säuglings- und Kleinkindforschung [...] kann eine solche Aussage nicht überprüfen, und aus den Erinnerungen von Erwachsenen lassen sich so frühe, angeblich unbewusste Gottesvorstellungen nicht zuverlässig rekonstruieren."

[236] Ebd., 91.
[237] Vgl. ebd., 92.
[238] Ebd., 93.

Zugängen beitragen. Nichtsdestotrotz lassen auch diese Autoren den Ruf nach mehr Theorie respektive nach mehr *guter* Theorie erschallen.[239]

Das ernsthafte Bemühen der beiden Autoren fällt auf. In ruhig-abwägendem Ton versuchen sie, eine ausgewogene Darstellung des Beitrags psychodynamischer und insbesondere psychoanalytischer Ansätze in der Religionspsychologie zu geben und beiden Seiten möglichst gerecht zu werden – so gerecht, dass ein beinahe etwas allzu harmonisches Bild entsteht. So konzedieren sie der Psychoanalyse schliesslich sogar, zur Überwindung des Parteienstreits zwischen qualitativer und quantitativer Forschung beizutragen. Dabei steht die Psychoanalyse selbst im Kreuzfeuer akademischer Psychologie. Diese Tendenz zur Harmonisierung stimmt überein mit dem Gesamtkonzept des Handbuchs. Dessen Ziel war es ja, die „Reife" der Disziplin Religionspsychologie darzulegen. Dabei stellt man fest, dass zu den erwähnten Fragestellungen, Methoden und theoretischen Neuerungen, die erwähnte Reife signalisieren sollen, z.B. just genderorientierte Untersuchungen nicht dazu gehören. Dies, obwohl die Herausgeber ausdrücklich festhalten, dass ReligionspsychologInnen inzwischen alle nur erdenklichen Themen von „racism, sexism, gender, poverty, aggression and violence, and the effects of mass media" studierten, sodass sie im Rückblick auf die Vorbereitung des Bandes meinen: „It was apparent to us almost immediately that this book had to be comprehensive. Thus the breadth of topics from the micro (e.g., neuropsychology of religious experience) to the macro (e.g., the role of religion in international violence and terrorism)."[240] Der ganze Bereich genderreflektierter Religionspsychologie, den Wulff noch rezipierte, bleibt jedoch ausgespart. Damit eng zusammenhängend findet die von Freud akzentuierte gesellschaftskritische Dimension der Psychoanalyse z.B. in Form der Frage, ob Religion empirisch betrachtet statt bloss gesundheitsfördernd nicht allzu oft krank machend wirkt, oder nach der Korrelation moralischer Normen und individuellem Umweltverhalten keine Berücksichtigung. Ebenfalls unbeachtet bleibt die Geschichte des Faches. Auch in Teil II, der Religion unter entwicklungspsychologischer Perspektive behandelt, stösst man zwar auf *„Religion's Role in Marriage and Parenting in Daily Life and during Family Crises"*, jedoch auf keine spezifische geschlechterkritische Sicht oder auf einen heterosexuelle Normativität überschreitenden Beitrag. Da aber genau dies u.a. die US-amerikanische Rezeption der

---

[239] Vgl. CORVELEYN / LUYTEN (2005), 87: „[...] we would like to add that what the psychology of religion needs is not so much theory per se, because there is in fact an abundance of theories, but *good* theories – that is, theories that are not only capable of providing an overarching view of human nature, including humanity's relationship with religion, but that are also able to generate a coherent, theoretically based research program. Here, we believe that psychoanalytic theories, in conjunction with recent methodological developments both within psychoanalysis and within mainstream psychology, have much to offer." Vgl. HOOD / SPILKA / HUNSBERGER / GORSUCH (1996), 446: „Within the psychology of religion, the cry for good theory has reached the level of cacophony." Vgl. auch Bernard SPILKA / Daniel N. MCINTOSH (eds.) (1997): The Psychology of Religion. Theoretical Approaches, Boulder, CO / Oxford (Westview Press), xi: „Good psychology is premised on good theory and good research." C. Daniel BATSON (1997), 4: „We need better theories".

[240] Ebd., Preface, xii.

Psychoanalyse in der Religionspsychologie im Vergleich zur deutschsprachigen auszeichnet, wenden wir uns im Folgenden einer der HauptvertreterInnen, wenn nicht der Hauptvertreterin feministisch-psychoanalytischer Religionspsychologie in den USA zu, nämlich der Vizerektorin der *Santa Clara University* in Kalifornien, der Religionswissenschaftlerin Diane Jonte-Pace. Ihre Werke zählen zu den bedeutendsten Beiträgen im Bereich feministischer Religionspsychologie, weshalb ihnen im Folgenden unsere Aufmerksamkeit gilt.

3.3 Feministische Religionspsychologie: Diane E. Jonte-Pace

3.3.1 *Hinführung: kritisch-, inklusiv- und analytisch-feministische Religionspsychologie*

Anders als im deutschsprachigen Raum hat die US-amerikanische Religionspsychologie einen eigenen – spezifisch feministischen – Forschungszweig hervorgebracht, der sich mit Geschlecht als gesellschaftlicher Strukturkategorie beschäftigt und damit eine politisch-emanzipatorische Perspektive verbindet. Während dieser sich in den USA in den vergangenen vier Jahrzehnten – insbesondere in Auseinandersetzung mit der Objektbeziehungstheorie – produktiv entwickeln und einiges Ansehen verschaffen konnte,[241] findet er in der deutschsprachigen Religionspsychologie bis heute kaum Resonanz.[242] Dies gilt sogar für solche Studien, die sich explizit mit objektbeziehungstheoretischen Ansätzen beschäftigen.[243] Feministische Religionspsychologie ist im deutschen Sprachraum in auffälligem Gegensatz zu den Vereinigten Staaten vorwiegend Neuland. Dabei verdankt die Disziplin im Urteil von Diane Jonte-Pace gerade feministischer Forschung einige dramatische Veränderungen – „asking new questions, utilizing new methodologies, making new discoveries, and pointing toward ‚new directions‘ in the psychology of religion".[244] Jonte-Pace hält jedoch deutlich fest, dass diese vergleichsweise grosse Offenheit für feministische Forschung keineswegs bedeute, dass die Disziplin der Religionspsychologie nicht auch an manifesten und verborgenen Androzentrismen leide.[245] Einen der Gründe für diese Offenheit innerhalb der US-amerikanischen Religionspsychologie sieht Jonte-Pace in der Positionierung bzw. randständigen Existenz dieser Disziplin im Fächerkanon: Religionspsychologie „cannot be characterized as a ‚mainstream‘ area of Religious Studies – it is, in a sense, a liminal discipline, a discipline at the boundaries of the traditional disciplines, and even at the margins of Religious Studies itself."[246] Die Aussenseiterrolle fördere, so Jonte-Pace, die Rezeption neuer Per-

---

[241]   Siehe oben S. 303 (Anm. 14).
[242]   Siehe oben S. 303 (Anm. 15).
[243]   Siehe oben S. 303 (Anm. 16).
[244]   Diane JONTE-PACE (1997b): New Directions in the Feminist Psychology of Religion: An Introduction, in: Journal of Feminist Studies in Religion 13/1, 63–74, hier 64.
[245]   Vgl. JONTE-PACE (2002), 101.
[246]   Ebd., 100.

spektiven: „because the psychology of religion is itself outside of the Religious Studies mainstream, it has offered minimal resistance to Women's Studies."[247] In den USA schöpft die Religionspsychologie demnach jene Freiheiten aus, die sich etablierte und in Gestalt universitärer Lehrstühle akademisierte Statusfächer oft weniger zu nehmen trauen.

Schwerpunktmässig im Bereich hermeneutisch orientierter Religionspsychologie angesiedelt setzt sich feministisch-religionspsychologische Forschung vorwiegend – wenn auch beileibe nicht einzig – mit tiefenpsychologischen Theorien auseinander und entwickelt sie weiter:[248] „Feminist research, flourishing within the interpretive territory of the psychology of religion, is particularly prominent in relation to the work of theorists influenced by depth psychology: Freud, Jung, the object relations theorists, and the post-structuralists."[249]

Jonte-Pace unterscheidet im Gebiet psychoanalytischer Forschung drei feministische Richtungen: eine kritische, eine inklusive und eine analytische.[250] Frühe Vertreterinnen der ersten Richtung wie z.B. Betty Friedan und Kate Millet prangerten ganz im Zeichen einer Hermeneutik des Verdachts Freuds Andro- und Phallozentrismus und den Ausschluss von Frauen bzw. die „womanlessness" des Faches allgemein an und kritisierten heftig z.B. am Ödipuskomplex das Fehlen von Frauen ausser als Objekte männlicher Begierde.[251] Unter anderem ihnen ist es zu verdanken, wenn David M. Wulff in seinem Standardwerk selbstverständlich festhalten kann: „Freud's psychology of religion is [...] clearly centered in masculine reactivity. It is the *male's* ambivalent relation with his father, both in his own and in the race's childhood, that lies at the core of religion as Freud views it".[252]

In der inklusiven Richtung wird versucht, Frauen wie z.B. Sabina Spielrein sichtbar zu machen, sie einzubeziehen, ihre Gedanken und Beiträge ans Licht zu

---

[247] Ebd., 100.

[248] Dies gilt für den gesamten Bereich der von der „empirical" zu unterscheidenden „interpretive literature", die „even today centers on reviewing, elaborating, and critiquing the views of the classic interpreters, especially Freud and Jung." WULFF (2001), 22. Dass dies auch für den deutschsprachigen Raum Gültigkeit hat, zeigt z.B. HEINE (2005).

[249] JONTE-PACE (2001b), 129. Hermeneutisch orientierte Religionspsychologie befasst sich nach David M. Wulff primär mit religiösen Inhalten und empirische Religionspsychologie mit religiösen Individuen, vgl. WULFF (2001), 22: „Whereas the empirical approach is inherently a psychology of religious persons and is therefore focused on individual differences in piety, the interpretive perspective is foremost a psychology of religious contents and thus seeks out the meaning of the images, objects, stories, and rituals that together compose the religious traditions. Even when this content is idiosyncratically appropriated or transformed in individual lives, the accent remains on its meaning, not the range of its variations."

[250] Vgl. JONTE-PACE (1997b), 64–66; DIES. (2001a): Speaking the Unspeakable. Religion, Misogyny, and the Uncanny Mother in Freud's Cultural Texts, Berkeley/Los Angeles/London (Univ. of California Press), 7–11; DIES. (2001b); DIES. (2002): The Impact of Women's Studies on the Psychology of Religion: Feminist Critique, Gender Analysis, and the Inclusion of Women, in: Arvind SHARMA (Ed.): Methodology in Religious Studies. The Interface with Women's Studies, Albany/NY (State Univ. of New York Press), 97–146.

[251] JONTE-PACE (1997b), 64. Vgl. Betty FRIEDAN (1963): The Feminine Mystique, New York (Norton); Kate MILLET (1970): Sexual Politics, Garden City/NY (Doubleday).

[252] WULFF (1997² [1991]), 285.

348

bringen und insbesondere auch die entscheidende Rolle der zuvor vernachlässigten präödipalen Mutter-Kind-Beziehung ins Bewusstsein zu heben.[253]

Sich selbst rechnet Jonte-Pace zu den Vertreterinnen einer dritten, sog. analytischen Richtung, die zwischen Psychoanalyse und Feminismus eine Zusammenarbeit anstrebt.[254] Diese setzt den Schwerpunkt auf Fragen rund um die
Wechselwirkungen von Kultur, Erfahrung und *Gender*. Im Zentrum des Interesses stehen spezifische Ängste – insbesondere vor Frauen, die Konstruktion von
Frauen als „Andere" etc. Diese Muster und Schemata wirken in einer patriarchalen Geschlechterordnung im Unbewussten, womit ausgesagt werden soll, dass
ihre Aufdeckung schwer fällt und Gegendruck erzeugt.[255] Zu den paradigmatischen Texten dieses Zugangs rechnet Jonte-Pace an erster Stelle das bahnbrechende Werk von Juliet Mitchell von 1974 mit dem Titel „*Psychoanalysis and
Feminism*".[256] Mitchell brachte das Motto dieser Richtung auf den Punkt, indem
sie darauf hinwies, dass „psychoanalysis is not a recommendation for a patriarchal society, but an analysis of one."[257] Feministinnen könnten es sich von daher
nicht leisten, Freud zu übergehen, und in Analogie dazu meint Jonte-Pace, „reli-
gionists cannot afford to reject Freud: Freud's ‚unfriendly' theory of religion
represents a careful analysis of the unconscious dimensions of religious ideas in
modernity."[258] In dieser Tradition stehen auch das einflussreiche Werk von Judith van Herik über „*Freud on Femininity and Faith*" von 1982 und Julia Kriste-
vas im selben Jahr veröffentlichte poststrukturalistische Lektüre religiöser Rituale
in „*Powers of Horror*".[259] Besonders gewichten auch die – nicht in engerem Sinne

---

[253] Vgl. z.B. Nancy CHODOROW (1978): The Reproduction of Mothering: Psychoanalysis and the
Sociology of Gender, Berkeley, CA (Univ. of California Press); DIES. (1989): Feminism and Psychoanalytic Theory, New Haven (Yale Univ. Press).

[254] Als Grundlagenwerk dieser Richtung zählt Mari Jo BUHLE (1998): Feminism and its Discon-
tents: A Century of Struggle with Psychoanalysis, Cambridge (Harvard Univ. Press).

[255] Vgl. JONTE-PACE (2001b), 129: „Feminist *critics* have exposed and challenged the androcentric
methods and theories previously regnant in the field [...]. Feminist *inclusivists* have proposed
new methods and theories capable of interpreting and illuminating women's religious lives and
experiences. And feminist *analysts* have exposed both the cultural and religious construction of
gender and the gendered construction of religion and culture."

[256] Juliet MITCHELL (1974): Psychoanalysis and Feminism: Freud, Reich, Laing, and Women, New
York (Random House). Dt.: (1976): Psychoanalyse und Feminismus. Freud, Reich, Laing und
die Frauenbewegung, Frankfurt a.M. (Suhrkamp).

[257] Zit. nach JONTE-PACE (2001a), 9. Vgl. DIES. (1999): In Defense of an Unfriendly Freud: Psychoanalysis, Feminism, and Theology, in: PastPsy 47/3, 175–181, hier 176: „Juliet Mitchell has argued, [...] that feminists can find much of value in Freud's texts: in her view the psychoanalytic
theory of gender is an accurate and precise analysis of the unconscious construction of gender in
patriarchy. She maintains, [...] that Freud's ‚unfriendliness' to women may in fact be valuable in
exposing and critiquing the ideologies and structures of patriarchal society."

[258] JONTE-PACE (1999), 176.

[259] Vgl. JONTE-PACE (1997b), 65; (2001b), 131f. u. 139f.; vgl. auch die Rez. von JONTE-PACE (1986):
Freud On Femininity and Faith, in: Theology Today 43/1, 123–126, u. DIES. (1997a): Julia
Kristeva and the Psychoanalytic Study of Religion: Rethinking Freud's Cultural Texts, in: Janet
JACOBS / Donald CAPPS (eds.): Religion, Society, and Psychoanalysis: Readings in Contemporary
Theory, Boulder (Westview Press), 240–268; DIES. (2008): Melancholia and Religion in French

religionspsychologische – Arbeiten in *Jewish cultural studies* von Jay Geller, Sander Gilman und Daniel Boyarin, die in Freuds Schriften u.a. eine Reaktion auf die antisemitische Ideologie erkennen, die Juden als „feminin" und homosexuell darzustellen und damit zu verunglimpfen versuchte.[260] Ihr gegenüber habe Freud ein maskulinisiertes Judentum vertreten.[261]

Jonte-Pace sieht alle drei Richtungen feministischer Religionspsychologie im notwendigen Zusammenspiel: „Feminist scholars will have to demonstrate again and again that traditional research in the field has been androcentric, that women's agency can and must be explored and promoted, and that the construction of gender and the sources of misogyny must be analyzed."[262]

Im Unterschied zu den kritisch- und den analytisch-feministischen ReligionspsychologInnen hätten sich „inclusivists", die zu den frühesten AnhängerInnen des Feminismus gehörten, selten Freuds Texten zugewandt.[263] Sie bevorzugten Jungs analytische Psychologie, Objektbeziehungstheorien und Kohuts Selbstpsychologie als Grundlage ihrer Auseinandersetzung.[264] Objektbeziehungstheorien lägen jedoch auch häufig analytisch-feministischen Untersuchungen im Bereich Religionspsychologie zugrunde.[265] Im inklusiv-objektbeziehungstheoretischen Zugang herrsche die Annahme vor, dass Religion „valuable, adaptive, and benign" sei und dass „a loving relationship with a good or ‚good enough‘ mother [...] provides the psychological foundations of faith, mysticism, ritual, and God representations. This perspective [...] assumes that religion is good and mothers are ‚good enough‘."[266] Im Gegensatz dazu herrsche im analytischen Zugang die Annahme vor, dass Religion „sometimes functions as a carrier for psychological and cultural fears of destructive and vengeful women, and that the psychological source of these fears and fantasies lies in anxiety over the relation with the mother."[267] Analytisch-feministische Arbeiten im Bereich der Religionspsychologie nähmen häufig Kleins Konzept der inneren Objekte und der guten und bösen Mutterbrust auf: „Scholars in this tradition [...] have examined religious ascetism, sacrificial ritual, and melancholic religious experiences as manifestations of fear of the mother, anxiety about the maternal body, or discomfort around issues

---

Feminist Theory, in: William B. PARSONS / DIES. / Susan E. HENKING (eds.): Mourning Religion, Charlottesville / London (Univ. of Virginia Press), 81–94.

[260] Vgl. Jay GELLER (1999): The Godfather of Psychoanalysis: Circumcision, Antisemitism, Homosexuality, and Freud's „Fighting Jew", in: Journal of the AAR 67/2, 355–386; Sander GILMAN (1993): Freud, Race, and Gender, Princeton (Princeton Univ. Press); Daniel BOYARIN (1997): Unheroic Conduct: The Rise of Heterosexuality and the Invention of the Jewish Man, Berkeley (Univ. of California Press).

[261] Vgl. JONTE-PACE (2001a), 10.

[262] JONTE-PACE (1997b), 66.

[263] Vgl. JONTE-PACE (2001b), 136: „Among the object relations theorists the ‚inclusive‘ and the ‚analytic‘ projects of feminism are most prominent. The earliest feminists were inclusivists; later projects have been analytic."

[264] Vgl. JONTE-PACE (2001b), 132f.

[265] Vgl. ebd., 139.

[266] Ebd., 137.

[267] Ebd., 137.

350

of separation and individuation. The analytic approach thus suggests that neither mothers nor religions are unambiguously good or ‚good enough‘.“[268] In engem Zusammenhang mit der analytisch-feministischen Richtung sieht Jonte-Pace das von ihrem Lehrer Peter Homans initiierte Projekt, das Entstehen des Faches Psychologie als Reaktion auf den Verlust wertevermittelnder religiöser Systeme in der säkularen Moderne und als Ausdruck des Betrauerns dieses Verlustes zu verstehen.

Exkurs: Zum inflationären Gebrauch des Begriffs Trauern

JONTE-PACE (2008) setzt sich in Aufnahme von FREUD (1916): Trauer und Melancholie und anhand von Julia Kristeva damit auseinander, inwiefern „religious studies“ Ausdruck und Folge des „mourning religion“ seien: „In this volume the contributors ask whether religious studies as a discipline represents a kind of mourning of religion in the Western world. Following Kristeva, we might nuance this question to ask whether melancholia provides a better frame for this question than mourning“ (ebd., 89f.). Jonte-Pace gelangt zum Schluss: „Religious studies as a discipline embodies precisely what Kristeva articulates as a creative if interminable response to melancholia“ (ebd., 92). Die in den USA entbrannte Diskussion, die sich auf Freuds Schrift *„Trauer und Melancholie“* und auf Mitscherlichs beruft, bleibt hinter den im deutschsprachigen Raum gewonnenen Erkenntnissen zurück. So hat Christian SCHNEIDER kürzlich in glänzender Weise den Diskussionsstand im deutschen Sprachraum zusammengefasst und auf die „Trivialisierung“ hingewiesen, die die Wendung „Unfähigkeit zu trauern“ erfahren hat. Während allgemein „‚Erinnern‘ faktisch mit Trauerarbeit identifiziert“ werde, ist Trauer nach Freud „zunächst ein spontaner, ja kreatürlicher Akt. Wenn sie sich nicht spontan einstellt, bleibt auch aller späterer reflexiver Bezug auf das zu betrauernde Ereignis leer. […] Trauerarbeit hat […] eigentlich nicht Erinnerung, sondern […] ihre *Auflösung* zum Ziel. […] Man trauert also […], um die Erinnerungen blass werden zu lassen. Wem das nicht gelingt, der verfällt, so Freud, der Melancholie.“ Dass das Ziel von Trauer eben gerade das Vergessen sei, wurde „streng tabuisiert.“ Schneider bringt die Problematik auf den Punkt, indem er klarmacht, dass man „mit dem Begriff der Trauer eine auf das Problem nicht anwendbare Kategorie einführt und damit Trauer metaphorisiert und inflationiert.“ Auf den Verlust von Religion angewendet heisst dies: man kann den Verlust von Religion nicht betrauern, genauso wenig wie man – wie impliziert wird – fähig sein kann, ihn zu betrauern.[269]

3.3.2 Zur „implicit sensitivity“ der Objektbeziehungstheorie für feministische Anliegen

In ihrer kritischen Auseinandersetzung mit dem Buch des amerikanischen Religionspsychologen James W. Jones über *„Religion and Psychology in Transition“ (1996)*, wirft Jonte-Pace ihm vor, Freud lediglich als Negativfolie zu benutzen, um die Objektbeziehungstheorie positiv von ihm abheben zu können. Freud

---

[268] Ebd., 137.
[269] Christian SCHNEIDER (1998): Die Unfähigkeit zu trauern: Diagnose oder Parole?, in: Mittelweg 36, Zs. des Hamburger Instituts für Sozialforschung, Aug./Sept., 69–79.

selber sei „irrelevant for Jones's project."[270] Auch wenn sie Jones' Lesart Freuds nicht zustimmen könne, so teile sie dennoch seine Einschätzung, die Objektbeziehungstheorie ermögliche einen wichtigen Wandel, nämlich „from a patricentric to a matricentric universe".[271] Während die klassische Triebtheorie eine individualpsychologisch-biologische Perspektive verfolge, werden nun Bezogenheit bzw. das Bedürfnis nach Beziehung und die soziale Natur ausdrücklich als primäre Dimension menschlicher Entwicklung anerkannt. Objektbeziehungstheoretische Ansätze machen „female development normative rather than problematic."[272] Diese Verschiebungen führen auch zu einer veränderten Sicht von Religion: „religion is adaptive and beneficial; God is relational and personal. The theory is ‚friendly to religion'",[273] ohne dies nach Jonte-Pace immer sein zu müssen.

Während Jones Freud für sein Religionsverständnis kritisiert und die Unvereinbarkeit seiner Triebtheorie, in welcher die individuelle Befriedigung von Triebimpulsen ausschlaggebend ist, mit der Betonung des Beziehungskontextes in der Objektbeziehungstheorie postuliert, meint Jonte-Pace, sie sei nicht davon überzeugt, dass Freuds Absichten so kolossal verschieden seien von jenen von Fairbairn, Winnicott, Chodorow und Gilligan: „The goal of psychoanalysis, Freud often argues, is to enable human beings to ‚love and work' [...]. And, in *The Future of an Illusion* he names his two central concerns, which, he maintains, he shares with religion: ‚the love of humanity and the decrease of suffering'. Are these not relational goals?"[274]

Schon über zehn Jahre vor ihrer Auseinandersetzung mit Jones wies Jonte-Pace in einem ausführlichen Beitrag auf die „implicit sensitivity" der Objektbeziehungstheorie für feministische Themen wie „women's experience, relationality, the ethics of interdependence, and the nature of mothering" hin.[275] Den besonderen Potentialen einer auf der Objektbeziehungstheorie und ihren lange

---

[270] JONTE-PACE (1999), 177.
[271] Ebd., 177.
[272] Ebd., 177.
[273] Ebd., 177.
[274] Ebd., 176. Vgl. auch Diane JONTE-PACE (1987): Object Relations Theory, Mothering, and Religion: Toward a Feminist Psychology of Religion, in: Horizons 14/2, 310–327, hier 312, wo sie lieben und arbeiten „interactive goals" nennt. Als Gewährsmänner für ihre Freud-Interpretation führt sie Erich Fromm und Ernest Wallwork an und meint: „In my view, Fromm and Wallwork are right: Freud's goal is to make a space – not a ‚transitional space' perhaps, but a space nevertheless – for relationship." JONTE-PACE (1999), 177. Demgegenüber hält WULFF (1997² [1991]), 364 fest, dass Freuds Triebmodell und die Objektbeziehungstheorie von grundsätzlich verschiedenen Annahmen ausgingen: „Freud's drive model takes as its basic unit of study the individual mind driven to seek private gratification of its biological needs. In contrast, the relational model takes as its irreducible unit the individual in his or her relational context; fulfillment takes the form of satisfying and enduring relationships with others. Tracing the roots of these two models – one individualistic, the other social – back into the history of Western social and political philosophy, Greenberg and Mitchell (1983, p. 403) suggest that they are no more reconcilable than Hobbes is with Rousseau and Marx. Any combination of them is bound to be unstable." Es handelt sich hier m.E. um ein an der Differenz orientiertes ausschliessendes Denken.
[275] JONTE-PACE (1987), 311.

unerkannt gebliebenen genderthematischen Bezüge basierenden feministischen Religionspsychologie gilt Jonte-Pace' Aufmerksamkeit. Sie geht davon aus, dass gerade die Objektbeziehungstheorie Ressourcen zur Überwindung eines reduktionistischen und sexistischen Religionsverständnisses zur Verfügung stelle.

In ihrem zweiteiligen Essay untersucht Jonte-Pace zuerst drei Themen, die sowohl in der Objektbeziehungstheorie als auch im Feminismus von zentraler Bedeutung sind: „relationality, mature dependency, and the mother-infant relationship".[276] Anschliessend zegt sie auf, wie die Objektbeziehungstheorie in Richtung einer feministischen Religionspsychologie weist.

Die Objektbeziehungstheorie fokussiere auf intrapsychisch fantasierte interpersonelle Beziehungen statt auf Triebe, schätze Abhängigkeit bzw. Angewiesensein und nicht bloss Autonomie und betone die Bedeutung der präödipalen Mutter-Kind-Beziehungserfahrung für die Persönlichkeitsentwicklung: „Object relations theory thus challenges psychoanalytic assumptions through its understanding of human motivation as relational, its acceptance of mature forms of dependence, and its exploration of the pre-oedipal period."[277] Mit dem Hervorheben dieser drei Themen widerspreche die Objektbeziehungstheorie Freuds Androzentrismus und seiner Misogynie.[278] Sie könne gesehen werden „as a preliminary step toward a feminist approach."[279] Die Objektbeziehungstheorie teile feministische Anliegen – sei es z.B. Carol Gilligans Betonung von Beziehung und Interdependenz oder Carol P. Christs Fokus auf der Mutter-Kind-Beziehung.[280] Die Objektbeziehungstheorie „resonates with the concerns of second stage feminism: it brings renewed attention to women's experience, women's roles and the mother-infant relationship. In this manner, it relativizes the oedipus complex and serves to counter Freud's androcentrism."[281]

Ein Blick auf die Geschichte der Objektbeziehungstheorie offenbare nach Jonte-Pace, „that feminism is at the heart of the history of object relations theory."[282] Sie hätte also nicht bloss eine inhaltliche, sondern auch eine historische

---

[276]   Ebd., 311.

[277]   Ebd., 314.

[278]   Die Objektbeziehungstheorie „implicitly challenged his misogyny." Ebd., 314.

[279]   Ebd., 314.

[280]   Vgl. GILLIGAN (1982); Carol P. CHRIST (1992 [1979]): Why Women Need the Goddess: Phenomenological, Psychological, and Political Reflections, in: DIES. / Judith PLASKOW (eds.): Womanspirit Rising. A Feminist Reader in Religion, San Francisco (HarperSanFrancisco), 273–287.

[281]   JONTE-PACE (1987), 318. Jonte-Pace nimmt hier Juliet MITCHELL (1986): Reflections on Twenty Years of Feminism, in: DIES. / Ann OAKLEY (eds.): What is Feminism?, New York (Pantheon), 43f. auf, nach welcher die feministische Bewegung in ihrer ersten Phase darum bemüht war, „to put right the wrongs of women", und im zweiten Stadium Bedeutungen und Qualitäten von Frausein betonte. Vgl. ebd., 315.

[282]   Ebd., 318. Sie bezieht sich hier auf Juliet MITCHELL, die gezeigt habe, dass die Objektbeziehungstheorie „emerged in the context of a debate around 1924 between Freud and other members of the psychoanalytic community regarding the meaning of the castration complex, penis envy, and gender differences. As the controversy developed, the focus of concern gradually shifted away [...] to a focus on female sexuality and the mother-infant-relationship." Ebd., 318.

Beziehung zu feministischem Gedankengut. „But as object relations theory developed, the feminist intent of these early questions was forgotten."[283]

Im zweiten Teil ihres Beitrags will Jonte-Pace nachweisen, inwiefern die Objektbeziehungstheorie über ein unbeachtetes Potential verfügt, Freuds Misogynie entgegenzuwirken. Fairbairn, Guntrip und Winnicott wiesen auf die Mutter-Kind-Dyade hin, die als psychologische Grundlage für religiöses Erleben diene. War für Freud die Vater-Sohn-Beziehung ausschlaggebend für religiöses Empfinden und fürs Gottesbild, sehen die ObjektbeziehungstheoretikerInnen die präödipale Phase als Quelle und Grundlegung von Religion. Winnicott nahm Freud ernst darin, dass Illusionen nicht der Wirklichkeit zu widersprechen brauchen. Er vollzog eine gänzliche Umdeutung, indem er behauptete, Illusionen seien weder gefährlich, unreif oder gar pathologisch, sondern lebensnotwendig:[284]

„Winnicott's illusion is both a developmentally necessary bridge between infantile self-absorption and involvement in reality and an essential component of human experience corresponding to profound human needs for symbolic, artistic, and religious meaning and involvement. Human existence, for Winnicott, is not a question of mere matter and satisfaction of biological needs. Human have higher needs that transcend the merely physical and that lead them to seek meaning and self-expression in the world around them. Without illusion and it's correlative creativity, human existence would be bleak indeed. Winnicott's argument again subsumed a point of view articulated in Pfister's retort to Freud's Future."[285]

Indem in der Objektbeziehungstheorie der Fokus auf die Bezogenheit, das Angewiesensein und auf die Mutter-Kind-Beziehung gerichtet sei und sie anstelle von Trieben die Grundlage menschlicher Motivation bildeten, werde implizit Freuds Patrizentrismus in Frage gestellt. Schliesslich verweist Jonte-Pace auch auf die wegweisende klinische Studie von Ana-Maria Rizzuto. Sie basiert auf der Grundlage von Winnicott und leitet die Fähigkeit zur Entwicklung von Übergangsobjekten wiederum aus der Mutter-Kind-Beziehung ab. So hält Jonte-Pace fest:

„I have argued that their [sc. object relations theorists; IN] rethinking of the psychoanalytic understanding of religion leads toward a feminist psychology of religion. While Freud insisted that ,God is really the father', I have suggested that God is also the mother."[286]

---

[283] Ebd., 318.

[284] Vgl. dazu J. F. TURNER (2002): A Brief History of Illusion: Milner, Winnicott and Rycroft, in: Int J Psychoanal 83, 1063–1082; Jan ABRAM (2008): Donald Woods Winnicott (1896–1971), in: Int J Psychoanal 89, 1189–1217.

[285] MEISSNER (2000), 59. Mit Interesse verfolgt man, wie Anhänger der Objektbeziehungstheorie sich von Freud absetzen, indem sie ihm eine biologistisch-reduktionistische Anthropologie unterstellen. Dass Winnicott erstmals über die Lektüre Pfisters mit der Psychoanalyse in Bekanntschaft trat, zeigt sich auch in seiner Aussage: „Human have higher needs", vgl. PFISTER (1928), 105: „Nichts berechtigt zur Behauptung, ein tierisches Vegetieren entspreche dem Wesen des Menschen besser, als ein kulturgemäßes Heranwachsen und Sichbestätigen."

[286] Ebd., 326.

Nach Jonte-Pace bewirkt die Verbindung der Mutter-Kind-Beziehung mit Religion eine radikale Wende im psychoanalytischen Denken.[287] Insofern besitzt die Objektbeziehungstheorie „the potential of lifting the major burdens of Freud's legacy: his reductionism toward religion and his androcentrism."[288]

Im Folgenden soll Jonte-Paces Hauptbeitrag im Bereich feministischer Religionspsychologie, nämlich das Aufspüren einer Freuds Ödipustheorie begleitenden, aber nie von ihm ausgearbeiteten Gegenthese dargestellt werden.

3.3.3 „Masterplot" und „Counterthesis": eine feministische Gegenthese zum Ödipuskomplex

In der Einleitung zu ihrem 2003 in der Reihe „Teaching Religious Studies" herausgegebenen Werk „Teaching Freud" stellt Jonte-Pace lakonisch fest, dass Freuds Ruf wohl noch nie so schlecht gewesen sei wie heute, meint aber apodiktisch: „To understand our culture, we need to understand Freud: cultural studies cannot avoid psychoanalytic studies."[289] Wenn sich Jonte-Pace selbst der analytischen Richtung feministischer Religionspsychologie zuordnet, so stellt sie sich damit auch in die Tradition Freuds selbst, denn dieser war „not only a *critic* of religion, he was also an *analyst* of religion."[290] Und zu den Grundlagen sowohl seiner Religionskritik als auch -analyse gehört der sog. Ödipuskomplex.

Die Zentralität des Ödipuskomplexes in Freuds Theoriebildung ist unbestritten. Hinweise auf feindselige Wünsche dem Vater und sexuelles Begehren der Mutter gegenüber gehörten zu Freuds *ceterum censeo*, dem man in seinem ganzen Schrifttum immer wieder begegnet. Er selbst bezeichnete die Annahme der ödipalen Konfliktkonstellation als „Schibboleth" der Psychoanalyse.[291] Ödipus gehört zur Grundlage psychoanalytischer Anthropologie und Religionspsychologie. Dieses von Jonte-Pace in Aufnahme eines Ausdrucks von Peter Brooks als Freuds „Oedipal masterplot" genanntes Konzept unterzieht sie einer genaueren Betrachtung.[292] Ausgangspunkt ihrer Studie ist die Beobachtung, dass gewisse Elemente, Interpretationen, Aussagen und Bilder Freuds nicht zu seiner Ödipustheorie zu passen scheinen. Auffällige, aber bisher nicht beachtete Brüche, Ungereimtheiten und Lücken („gaps") verstören. Wird man ihrer gewahr, so stellt sich die Frage, wie sie mit seiner erst ab 1910 als Komplex bezeichnete, aber schon lange zuvor entwickelte und schliesslich lebenslang vertretene Theorie

---

[287] Vgl. ebd., 327: „[...] a radical shift in psychoanalytic thought."

[288] Ebd., 327.

[289] Diane JONTE-PACE (2003a): Introduction: Teaching Freud and Religion, in: DIES. (ed.): Teaching Freud, New York (Oxford Univ. Press), 3–14, hier 4.

[290] Ebd.

[291] Brief Freuds an Pfister vom 27.05.1919 (F/P, 71). Als „Komplex" wurde diese Konstellation erst 1910 von Freud ausgearbeitet.

[292] JONTE-PACE (2001a), 1. Vgl. Peter BROOKS (1989): Freud's Masterplot, in: David RICHTER (ed.): The Critical Tradition: Classic Texts and Contemporary Trends, New York (St. Martin's Press), 710–720.

übereinstimmen. Ziel der Untersuchung von Jonte-Pace ist der Nachweis einer Gegenthese, die Freuds Hauptthese – und zwar am Ort ihrer Brüche und Widersprüche – begleitet, sie unterwandert und ihr in ihrer Allgemeingültigkeit widerspricht. Diese Gegenthese sei insbesondere in seinen Schriften über Religion gleich unter der Oberfläche aufzufinden.[293] Oftmals sei sie gerade in jenen von Freud verwendeten Bildern und Metaphern anzutreffen, die er eigentlich zur Untermauerung seiner Hauptthese eingeführt hätte.[294] Im Kern besagt die Gegenthese, dass die ödipalen Rollen auch vertauscht werden können: Die Mutter ist nicht nur – wie im Ödipuskomplex – Objekt sexueller Begierde, während der Vater Aggressionen und Angst auslöst; die Mutter selber kann auch zur Zielscheibe vehementer Todeswünsche werden und Ursache abgrundtiefer Angst sein.[295] Von diesem Kern aus spürt Jonte-Pace weitere Bilder und Themenkomplexe auf, die assoziativ mit diesem ödipalen Rollentausch zusammenhängen.

Jonte-Pace wendet sich jenen Ausnahmen zu, in denen Freud – zwar stets mit einiger Zurückhaltung – nicht über Todesfantasien dem Vater, sondern der Mutter gegenüber schreibt. An einigen Stellen – insbesondere wenn ein Mutter-Körper vorkommt – spricht Freud die Angst vor der Mutter, Wünsche nach deren Tod und Unsterblichkeitsfantasien an.[296] Diese Textpassagen und ihre spezifische vom Ödipuskomplex abweichende Thematik sind Teil der oftmals nur schemenhaft aus dem Dunkeln auftauchenden Gegenthese, die am deutlichsten in Freuds kulturellen Schriften zur Religion anzutreffen sei, nämlich in „Totem und Tabu", „Die Zukunft einer Illusion", „Das Unbehagen in der Kultur" und „Der Mann Moses und der Monotheismus". In ihnen sei Religion nicht bloss zentraler Hauptinhalt, sondern werde selber Teil der Gegenthese. Diese zeige sich jedoch auch in kleineren Beiträgen über Religion und Mythologie wie dem „Medusenhaupt" (1940) oder dem „Motiv der Kästchenwahl" (1913), und sogar in Texten sei sie anzutreffen, die sich nur indirekt mit religiösen Themen beschäftigten wie z.B. in der „Traumdeutung". Weitere Schriften Freuds, in denen die Gegenthese fassbar werde, befassten sich mit dem Körper der Mutter, dem Tod, dem Leben danach, dem Judentum, dem Antisemitismus und mit Trauer und Melancholie. Diese Textstellen handeln nicht bloss von inter- oder intrapersonellen Dynamiken, sondern markieren Schnittstellen von Körper, Psyche und Gesellschaft.[297] Ungeachtet des Umstands, dass die Gegenthese von Freud nie vollständig entwickelt wurde, so gilt dennoch:

---

[293] JONTE-PACE (2001a), 1 passim spricht i.d.R. von einer „counterthesis", zuweilen aber auch von einer „second thesis" (3). Vgl. ebd., 15: „His counterthesis has lain undeveloped beneath the Oedipal masterplot, its rich implications, both for challenging his dominant arguments and for interpreting culture, unexamined." Vgl. DIES. (2003a), 22: „a non-Oedipal theory occasionally emerges in Freud's writings, a theory that anticipates feminist interpretations of mythic and cultural misogyny."

[294] Vgl. ebd., 2.

[295] Zu ergänzen wäre, auch wenn Jonte-Pace dies erstaunlicherweise unerwähnt lässt: und der Vater kann auch zum Objekt sexueller Begierde werden, wie verschiedene Krankengeschichten Freuds belegen.

[296] Vgl. ebd., 2.

[297] Vgl. ebd., 3.

„the counterthesis points toward a psychoanalytic theory of the loss of religion and the absence of God: it represents a step toward an analysis of religion in absentia, of Jewishness in the context of secularism, assimilation, and modernity. When one becomes attentive to the eruptions of this second thesis into the more immediately apparent Oedipal narrative, Freud's theory of religion emerges as a more complex theory and as a theory which points toward a feminist analysis of deeply rooted forms of cultural misogyny and xenophobia."[298]

Drei verschiedene Weisen („three kind of intrusions") unterscheidet Jonte-Pace, in welchen sich die Gegenthese in Freuds Ödipuskomplex einmische: In der ersten unterbreche und unterwandere sie ihn, in der zweiten werde das Ausmass seiner Gültigkeit eingeschränkt und diese Begrenzung ausdrücklich anerkannt, und in der dritten werde dazu angesetzt, eine anti-ödipale Analyse zu entwickeln.[299] Diese drei Arten sich einzumischen, an denen sich die von Jonte-Pace veranschlagte Gegenthese aufspüren lasse, veranschaulicht sie an ausgewählten Texten und Textstellen Freuds (vgl. u. 3.3.5). Anhand des Traumbuches zeigt Jonte-Pace auf, dass Brüche in Freuds Argumentation Elemente aufscheinen lassen, die nicht zur Ödipustheorie passen und ihre Gültigkeit eingrenzen. In seiner Schrift *„Ein religiöses Erlebnis"* unterbrechen non-ödipale Themen Freuds Ödipustheorie und unterlaufen sie – „almost against Freud's will".[300] Texte wie *„Das Unheimliche"*, *„Trauer und Melancholie"* und *„Über Vergänglichkeit"* betrachtet Jonte-Pace als „subversions of the Oedipal masterplot".[301] Über sie schreibt Jonte-Pace: „Characterized by fears and fantasies focused on a dead or deadly mother, the counterthesis constructs a fragmentary theory of death, immortality, and the afterlife, a tentative analysis of the canniness of Jewish identity to the Jew and the uncanniness of the Jew to the anti-Semite, and a hesitant analysis of the loss of religion and the absence of God."[302]

Die Gegenthese, die Freud nie explizit ausgearbeitet hat und von seinen Interpreten deshalb bisher unbeachtet geblieben ist, weise jedoch auf neue Richtungen in der psychoanalytisch orientierten Religionspsychologie hin, indem sie eine feministische Analyse von Freuds kulturellen Texten über Religion eingeleitet habe. Jonte-Pace kündet an, dass die Beschäftigung mit Freuds Analyse von Religion nicht bloss eine Beschäftigung mit Gott beinhalte, sondern auch mit der Abwesenheit Gottes, nicht bloss ein Leben danach, sondern auch den Widerstand dagegen sichtbar werden lasse, nicht bloss Judentum, sondern auch dessen Verlust zu Tage fördere. Die Abwesenheit von Religion sei deshalb ebenso Thema wie auch ihre Präsenz. Jonte-Pace will aufzeigen, wie Freuds unvollständig entwickelte Gegenthese eine feministische Analyse und Kritik von „misogyny and xenophobia in culture and the unconscious" ermögliche.[303] Um dies an einigen ausgewählten Beispielen veranschaulichen zu können, soll zunächst ein kur-

---

[298] Ebd., 3.
[299] Vgl. ebd., 3.
[300] Ebd., 4.
[301] Ebd., 4.
[302] Ebd., 19.
[303] Ebd., 4.

zer Überblick über die zentrale Schrift von Jonte-Pace gegeben werden, in welcher sie diese Gegenthese zu plausibilisieren versucht.

3.3.4 Kurze Inhaltsangabe von „Speaking the Unspeakable" (Jonte-Pace 2001a)

Ausgangspunkt der Studie von Jonte-Pace ist die Überzeugung, Misogynie und Xenophobie liessen sich nur überwinden, wenn ihre Quellen und ihre Manifestationen eingehend analysiert würden. Hier helfe Freud weiter, dessen Werke zeigen, dass Frauenhass und -furcht in engster Nähe zu religiösen Fantasien über Unsterblichkeit und Leben nach dem Tod, zu antisemitischen, fremdenfeindlichen und homophoben Ideen und zur Angst vor der Säkularisierung angesiedelt seien.[304] Dies sei jedoch nur zu erkennen, wenn man verstehe, dass es nicht *den* Freud gebe, sondern vielerlei Freuds: „there are many Freuds."[305]

In einem *ersten* Kapitel spürt Jonte-Pace in Freuds Traumbuch und in seinem bedeutend späteren Aufsatz über „*Ein religiöses Erlebnis" (1928)* die Gegenthese auf und zeigt somit deren über Jahrzehnte anhaltende Geltung an Stellen, die den *Oedipal masterplot* durchkreuzen, unterlaufen und begrenzen.

Im *zweiten* Kapitel konzentriert sich Jonte-Pace auf „themes of death, immortality, and the afterlife" und belegt das Vorhandensein der Gegenthese mit Stellen, in denen Freud Bilder von toten Müttern und von Müttern als Todesvermittlerinnen verwendet. Der Begriff „das Unheimliche", dessen Bedeutung sich in sein Gegenteil verkehren wird, ist zentral für die Gegenthese. Sowohl Tod, Unsterblichkeit als auch der Mutterkörper werden als „(un)heimlich" beschrieben. Jonte-Pace zeigt auf, dass Freud ein und dasselbe Begriffsfeld verwendete, um die Vorstellung eines Lebens nach dem Tode ein „Heim im Unheimlichen" und die mütterlichen Genitalien ein „unheimliches Heim" zu bezeichnen.[306]

Im *dritten* Kapitel beschäftigt sich Jonte-Pace mit dem Vorstellungskreis des in Europa verbreiteten Topos des „unheimlichen Juden" und zeigt Überschneidungen zwischen Judentum, Assimilation, Tod und Mutter auf. Die Unheimlichkeit des Judentums für Juden selbst belegt Jonte-Pace an Freuds Äusserungen zur eigenen jüdischen Identität.

Im *vierten* Kapitel wendet sich Jonte-Pace Freuds Äusserungen über die unlösbare Verbindung von Antisemitismus und Misogynie zu. Freuds Beschreibung von Kastrationsangst und Beschneidung als wichtige Auslöser sowohl für die Angst vor Juden als auch vor Müttern führt weiter zu Überlegungen über die Abwertung („the abject") als Quelle von Fremdenangst und Frauenhass.

Im *fünften* Kapitel stehen Freuds 1915 verfasste Schriften über „*Trauer und Melancholie"* und „*Das Vergängliche"* im Zentrum, an denen gezeigt werden

---

[304] Vgl. ebd., 12.
[305] JONTE-PACE (1999), 175; DIES. (2003a), 6 „several Freuds"; (2003b), 22: „the presence of a number of different ‚Freuds'."
[306] Ebd., 5.

kann, dass die Themen der unheimlichen Mutter und der jüdischen Identität gerade unter der Oberfläche dieser Texte vorkommen. Freud offenbart sich in diesen Texten als „a successful mourner of religion in transition, but an unsuccessful or ‚melancholic' mourner of the lost mother".[307] Fragen zur assoziativ-unbewussten Verknüpfung von Sterblichkeit und Mütterlichkeit werden behandelt.

Im *Epilog* beschäftigt sich Jonte-Pace schliesslich mit modernem Frauenhass und konsultiert zu diesem Zweck Anti-Abtreibungs-Web sites im Internet.[308] Sie seien ein lebhaftes Beispiel für die Gegenthese in unserer gegenwärtigen Kultur. Gefährliche und tote Mütter werden mit Unsterblichkeit und Holocaustbildern assoziiert. Jonte-Pace äussert die Hoffnung, dass mit dem Eingeständnis des Unaussprechbaren der Gegenthese die Möglichkeit eröffnet wird „of reconciliation between the opposing voices in the abortion debates."[309] Abschliessende Bemerkungen über die Bedeutung von Freuds Gegenthese für das Studium von Religion in der Moderne runden das Werk ab.

3.3.5 Vom Traumnabel

In Freuds wohl bedeutendstem Werk, seiner „*Traumdeutung*" (1900), formuliert er erstmals seine Ödipustheorie. Er lädt den/die LeserIn ein, ihm auf dem Königsweg zur Kenntnis des Unbewussten im menschlichen Seelenleben zu folgen. Die Interpretation eines Traumes – so Freud am Anfang des letzten Kapitels im Buch – beginne an jener Stelle, an welcher der/die AnalysandIn einen Widerstand offenbare, der sich in einer Änderung in der erneuten Wiedergabe des Traumes manifestiere. Diese Schwachstelle diene dem/r AnalytikerIn wie einst die Stelle in Siegfrieds Umhang Hagen ihren Dienst verübte. Hagen erfuhr von Kriemhild, die als einzige die Stelle kannte, die Siegfried verwundbar machte, wo sich diese befand. Der Traum ist wie Hagens gewobener Umhang. Wörter bilden ein Gewebe und Gewebsveränderungen weisen auf eine verletzliche Stelle hin, bei der die Deutung ansetzen kann.

In Freuds Vergleich – so Jonte-Pace – entspricht Hagens Ansinnen, den Helden Siegfried zu töten, Freuds eigener Absicht, den Traum zu deuten und seine Botschaft zu enträtseln. Der heroische, arisch-germanisch geschilderte Siegfried wird schliesslich vom im Stereotyp des Juden gezeichneten Hagen ermordet. Die Traumdeutung ist demnach dem Akt eines jüdischen Antihelden vergleichbar. Seine Kenntnisse heimlicher und versteckter Zeichen und Hinweise statten den jüdischen Traumdeuter aus mit Hagens Macht – der Macht über Tod und über andere. Es handelt sich dabei um eine Umkehrung der Verhältnisse: In Realität war es gerade das Zeichen der Beschneidung, das Juden kennzeichnete und Antisemiten die Macht über deren Leben und Tod beschied.

---

[307] Ebd., 5.
[308] Vgl. ebd., 6.
[309] Ebd., 6.

Während der Anfang der Traumdeutung mit einer versteckten und verletzlichen Stelle verglichen wird, so ist ihr Ende der Traumnabel. In einer frühen Anmerkung hält Freud fest: „Jeder Traum hat mindestens eine Stelle, an welcher er unergründlich ist, gleichsam einen Nabel, durch den er mit dem Unerkannten zusammenhängt."[310] Dieser Traumnabel erscheint viel später im Buch wieder:

> *„In den bestgedeuteten Träumen muß man oft eine Stelle im Dunkel lassen, weil man bei der Deutung merkt, daß dort ein Knäuel von Traumgedanken anhebt, der sich nicht entwirren will, aber auch zum Trauminhalt keine weiteren Beiträge geliefert hat. Dies ist dann der Nabel des Traums, die Stelle, an der er dem Unerkannten aufsitzt. Die Traumgedanken, auf die man bei der Deutung gerät, müssen ja ganz allgemein ohne Abschluß bleiben und nach allen Seiten hin in die netzartige Verstrickung unserer Gedankenwelt auslaufen. Aus einer dichteren Stelle dieses Geflechts erhebt sich dann der Traumwunsch wie der Pilz aus seinem Mycelium."[311]*

Hier setzt Jonte-Pace an und fragt, weshalb Freud sich genau hier vom Traum abwendet und das Deuten sein lässt. Welche Stelle, und was lässt Freud im Dunkeln? Nach Jonte-Pace ist Freuds Sprachgebrauch bezeichnend und auffällig. Der Traumnabel erinnert an den menschlichen Nabel, „the bodily mark of the passage through the maternal genitals and into the world. The interpretation of the dream, which began at the point of the embroidered mark where Hagen slew Siegfried, must come to an end at another mark, the birthmark, the scar that marks the site of connection to and separation from the mother. It is the site of connection to and separation from the mother that Freud cannot interpret."[312] Die Stelle, an welcher eine Deutung aufhöre, sei „both navel and knot, birthmark and tangle of threads".[313] Das Begriffsfeld von Nabel, Knäuel, netzartiger Verstrickung und Geflecht lasse aufhorchen und wecke Assoziationen.

Zwanzig Jahre nach Erscheinen der Traumdeutung veröffentlichte Freud einen kurzen Essay, der nach Jonte-Pace entscheidende Hinweise zur Lösung des Rätsels liefert. Im „*Medusenhaupt"* nämlich identifiziert Freud das Knäuel explizit als das Haar, welches die Genitalien der Mutter schütze.[314] Auch hier muss der Held sich abwenden. Wie Perseus wendete sich Freud auch ab, da das Entwirren des Knäuels den Anblick auf die Genitalien der Mutter freigegeben hätte. Er anerkennt damit die Grenze seiner Ödipustheorie. Er wendet sich ab vom Nabel, dem Zeichen, das an den Verlust der Mutter erinnert durch das Durchschneiden der Schnur. Hier endet der königliche Weg zur Kenntnis des Unbewussten. Freud weiche vor dem Entwirren des Knäuels zurück:

> *„He turned away at the tangle of maternal hair and at the navel, the site of the scar memorializing the loss of the mother through the cutting of the cord which once linked infant to*

---

[310] Sigmund FREUD (1900): Die Traumdeutung, GW II, 115 (Anm. 2).
[311] Ebd., 530.
[312] JONTE-PACE (2001a), 30.
[313] Ebd., 30.
[314] Vgl. ebd., 31.

mother, for he knew that the Oedipal road, the royal road, although it theorizes an erotic reunion with the mother, could not take him to this uncanny destination."[315]

Nabel und Knäuel verweisen auf den Körper der Mutter. Was nun erstaunt, ist, dass Freud wegschaut, denn: „From an Oedipal perspective, Freud should not turn away from the fantasy of the mother's body."[316] Stattdessen lösen Nabel und Knäuel „Grauen" aus. „They are the unspeakable."[317]

3.3.6 Tote Frauen und erotische Mütter

Jonte-Pace's These besagt: „The counterthesis interrupts the Oedipal masterplot at the site of the body of the dead mother."[318] Sie will diesen Unterbruch anhand zweier weiterer Beispiele belegen, in welchen die Ödipustheorie Risse und Brüche offenbare. Am Beispiel des kurz nach „Die Zukunft einer Illusion" (1927) verfassten Schriftstücks „Ein religiöses Erlebnis" (1928) und eines in der Traumdeutung veröffentlichten Kindheitstraums zeigt Jonte-Pace, dass Freud tote Mütter erotisierte und deren Tod verleugnete.

Nach einem Interview, in welchem Freud seine Areligiosität und seine „Gleichgiltigkeit gegen eine Fortdauer nach dem Tode" äusserte, erhielt er von einem amerikanischen Arzt eine Reaktion, in welcher dieser folgendes Erlebnis schilderte:[319] Im Seziersaal wurde gerade der Körper einer verstorbenen alten Frau hereingetragen mit einem so lieben und entzückenden Gesicht, dass ihn plötzlich die Einsicht überfiel, es könne keinen Gott geben, denn sonst liesse er es nicht zu, dass eine solche Frau sterbe. Eine innere Stimme bat ihn jedoch zuzuwarten und seinen Entscheid, nicht mehr an Gott glauben zu können, nochmals zu überdenken. Schliesslich erhielt er eine Offenbarung, die ihn fortan seines Glaubens an Gott gewiss sein liess.

Freud deutet dieses Erlebnis so: die tote alte Frau hätte den Arzt an seine Mutter erinnert, ihr nackter Körper hätte „die aus dem Ödipuskomplex stammende Muttersehnsucht geweckt, die sich auch sofort durch die Empörung gegen den Vater vervollständigt".[320] Die Szene endet dem Ödipuskomplex entsprechend mit der „Unterwerfung unter den Willen Gott-Vaters".[321]

Nach Jonte-Pace fällt auf, dass die tote Frau, die Auslöserin der Glaubenskrise des amerikanischen Arztes war, von Freud als die erotisch begehrte Mutter und die vom Arzt behauptete Abwesenheit Gottes als Ausdruck des Hasses dem Vater

---

[315]   Ebd., 31.
[316]   Ebd., 32.
[317]   Ebd., 32. Siehe Titel.
[318]   Ebd., 34.
[319]   FREUD (1928), 393.
[320]   FREUD (1928), 395.
[321]   Ebd., 396.

gegenüber gedeutet wird.[322] Jonte-Pace beanstandet, dass Freud das sonst zentrale Fehlen des Penis und das naheliegende kastrative Element nicht erwähne, obwohl es so offensichtlich sei: die Frau, die den amerikanischen Arzt Freud zufolge an die Mutter erinnert, sei dreifach kastriert: sie sei weiblich, tot und im Begriff seziert zu werden. Die Frau sei „a multivocal embodiment of castration imagery, lacking the penis, lacking life, and under the knife."[323] Aus zunächst unerklärlichen Gründen analysiert Freud dieses naheliegende Element seiner Theorie nicht, sondern lässt es unbeachtet. „Freud missed a significant opportunity to sharpen an Oedipal argument."[324] Jonte-Pace vermutet, es hätte mit der Nähe der toten Frau in diesem Text zu Gott und zum Leben nach dem Tode zu tun: „The fact that the dead mother in this text lies in close proximity to God and the afterlife – and to the absence of God – complicates her Oedipal credentials."[325] Jonte-Pace fasst ihre Beobachtungen folgendermassen zusammen: „Freud transformed a dead mother in the text into an erotic mother in the theory, substituting sex for death. Freud was quite comfortable with fantasies of dead and murdered fathers, but he did not easily tolerate images of dead mothers."[326]

Gemäss Jonte-Pace seien Fantasien von toten Müttern Ausdruck der Ambivalenz ihnen gegenüber, und genau diese Ambivalenz sei Freud verwehrt geblieben zu artikulieren und zu analysieren. In der Freudschen Gegenthese zur eigenen Hauptthese sind Ambivalenz der Mutter gegenüber und Todesfantasien von ihr gewichtiger denn die ödipalen Dynamiken der erotischen Liebe für sie.[327] Freud macht aus der toten Frau des amerikanischen Kollegen, welche dieser in einen abwesenden und dann anwesenden himmlischen Vater transformiere, eine lebende und begehrenswerte Mutter: „maternal absence becomes erotic maternal presence."[328]

Jonte-Pace weist auch darauf hin, dass es sich bei der Auseinandersetzung zwischen dem amerikanischen Arzt und Freud um einen Austausch zwischen einem Christen und einem Juden handelt. Der Atheist Freud wehrt sich gegen

---

[322] Vgl. dazu JONTE-PACE (2001a), 35: „Where the American doctor saw a dead woman and felt the absence of God, Freud's interpretation transformed the dead woman into an erotic mother and the absent God into a hated father."

[323] Ebd., 36.

[324] Ebd., 36. Vgl. ebd.: „Whether castration anxiety is introduced by an explicit paternal threat or whether it emerges as a result of the shock of seeing the female genitals, the fear of castration motivates renunciatory morality."

[325] Ebd., 36.

[326] Diane JONTE-PACE (2003b): Teaching Freud in the Language of Our Students: The Case of a Religiously Affiliated Undergraduate Institution, in: DIES. (ed.), Teaching Freud, Oxford / New York (Oxford Univ. Press), 17–33, hier 21.

[327] JONTE-PACE (2001a), 37: „In that counterthesis, ambivalence toward the mother – and matricidal fantasies – are more significant and more prominent than the Oedipal dynamics of erotic love toward mothers." Die Aussage, sowohl der amerikanische Arzt als auch Freud „encounter death in in the guise of a mother, and both displace the dead women" (37) ist nicht genau genug, da der amerikanische Arzt die tote Frau nicht ausdrücklich mit der Mutter identifiziert, sondern ihm dies von Freud unterstellt wird, wie dieser selbst eingesteht, vgl. Sigmund FREUD (1928): Ein religiöses Erlebnis, GW XIV, 393–396, hier 395.

[328] JONTE-PACE (2001a), 37.

die christlichen Konversionsbemühungen, indem er auf seine jüdische Identität zurückgreift. Jonte-Pace sieht im Widerstand Freuds gegen die Aufnahme der naheliegenden kastrativen Interpretation einen Ausdruck seiner unbewusst empfundenen Identifizierung mit der zu sezierenden Frau. Die Sektion erinnere ihn unbewusst an die eigene Beschneidung. Die tote Mutter komme dem „infidel Jew" zu nahe. Sein Humor schütze ihn vor dieser unangenehmen Nähe.[329] Die Lücke in Freuds Text, das Unerwähntlassen der Kastrationsangst, sei assoziiert sowohl mit der toten Mutter als auch mit der Beschneidung und verweise demnach auf die Gegenthese.

Jonte-Pace führt als zweites Beispiel für die Gegenthese einen Kindheitstraum an, den Freud in der Traumdeutung erwähnt. Es handelt sich um einen spezifischen Angsttraum, von dem Freud dem Leser folgendes berichtet:

„Er [...] zeigte mir die geliebte Mutter mit eigentümlich ruhigem, schlafendem Gesichtsausdruck, die von zwei (oder drei) Personen mit Vogelschnäbeln ins Zimmer getragen und aufs Bett gelegt wird. [...] Nicht daß ich ängstlich war, weil ich geträumt hatte, daß die Mutter stirbt; sondern ich deutete den Traum in der vorbewußten Bearbeitung so, weil ich schon unter der Herrschaft der Angst stand."[330]

Freuds Darstellung erinnert in geradezu unheimlicher Weise an jene des amerikanischen Arztes. Freud insistiert, dass seine Angst nicht von dem Wunsch nach dem Tod der Mutter herrührte, sondern dass „ein dunkles, offenkundig sexuelles Gelüste"[331] sie verursacht hatte. Diese Interpretation findet Jonte-Pace auffällig. Während Freud nämlich in der „Traumdeutung" an anderer Stelle ausdrücklich erwähnt, der Traum eines geliebten, aber toten Menschen drücke einen gegen diesen unbewusst gehegten Todeswunsch aus, will er dies nicht bei seinem eigenen Traum gelten lassen. Hier lehnt er schnell ab. Jonte-Pace fragt nun aber, ob die tote Mutter so ohne Weiteres durch eine erotisch begehrte Mutter ersetzt werden könne bzw.: „Can the intimations of a counterthesis be displaced so quickly by the Oedipal master thesis?"[332]

Freuds Ersetzen von Tod durch Sexualität ist nach Jonte-Pace wenn nicht störend, so doch zumindest sehr auffällig. So fragt sie schliesslich: „Might the dead maternal bodies we've found in these texts provide traces which ‚resemble a murder', a murder that Freud preferred not to uncover, that is, a fantasy of matricide?"[333]

Freuds Verknüpfung von toter und erotischer Mutter sowohl in „Ein religiöses Erlebnis" als auch in seinem Kindheitstraum beweise für Feministinnen der kriti-

---

[329] Vgl. ebd., 39.

[330] FREUD (1900): Die Traumdeutung, GW II, 589f.

[331] Ebd., 590.

[332] JONTE-PACE (2001a), 41.

[333] Ebd., 42. Dem schliesst sich Franz MACIEJEWSKI an: „Die meisten Interpreten sind der angewiesenen Spur des Ödipus bereitwillig gefolgt, ohne indes zu bedenken, ob Freud nicht den *Inzestwunsch* möglicherweise deshalb ins Spiel gebracht hat, um die Erkundung des verstörenden *Todeswunsches* mit seinen unkalkulierbaren Untiefen zu vermeiden." DERS. (2006): Der Moses des Sigmund Freud. Ein unheimlicher Bruder, Göttingen (Vandenhoeck & Ruprecht), 123.

schen Richtung wie z.B. für Sarah Kofman eine tiefsitzende Frauenfeindlichkeit in psychoanalytischer Theoriebildung, während Todesfantasien gegenüber Müttern für andere wie z.B. für die poststrukturalistische Psychoanalytikerin Julia Kristeva eine entwicklungspsychologische Notwendigkeit darstellen.[334] Jonte-Pace gibt beiden Recht, indem sie sowohl die verheerenden Auswirkungen des Frauenhasses wahrnimmt, als auch anerkennt, dass wir in unserer Gesellschaftsform und kulturellen Entwicklung ohne solche Todesfantasien nicht auskommen können. Sie meint jedoch, diese Positionen könnten weiter kontextualisiert werden: „conscious awareness of these unconscious fantasies may enable us to break their destructive cycles."[335] Jonte-Pace fügt den Analysen von Tod und Erotik einen weiteren, bisher nicht bemerkten Aspekt hinzu: Unsterblichkeit. So war es Freuds Unbekümmertheit hinsichtlich der Frage eines Lebens nach dem Tod, das den amerikanischen Arzt motivierte, sich an ihn zu wenden. Die Vogelköpfe, die seine Mutter im Traum trug, stammen nach Freud von einem ägyptischen Beerdigungsritual; diesen Vögeln kam die Aufgabe zu, den Toten sicher in die Ewigkeit hinüberzuführen.

Während Freuds persönliche Ansichten und seine Theorien vom Tod in aller Regel im Kontext seiner Ödipustheorie gesehen und als Beleg für sie verstanden werden, nämlich Todeswünsche dem Vater gegenüber und Todesängste vor dessen Rache als zeitlose ontologische Fakten, will Jonte-Pace aufzeigen, dass eine ganze Reihe von Aussagen und Textstellen in Freuds Schriften Tod im Zusammenhang mit der idealisierten und erotisierten Mutter thematisieren. Unsterblichkeit und Leben nach dem Tod werden mit Mutter und Mütterlichem assoziiert. Jonte-Pace filtert drei solche mit Unsterblichkeit und Leben nach dem Tod assoziierte Vorstellungen aus Freuds Schriften heraus: Bilder von verstorbenen Müttern, von Müttern als Todesanweiserinnen („instructors in death") und von unheimlichen Körpern von Müttern.[336] Jonte-Pace meint, dass Freuds Aussagen von Unsterblichkeit und von einem Leben nach dem Tod bisher wenig Aufmerksamkeit gewidmet wurden. Sie spricht von einer „virtually unexamined territory within Freud's psychology of religion".[337] Hier findet sie Material für die mit der Ödipustheorie in Spannung stehende und unentwickelte Gegenthese, die darauf hinzuweisen vermag, dass Misogynie und Furcht vor der Mutter in nächster Nähe zum gedanklichen Vorstellungsfeld von Unsterblichkeit und Leben nach dem Tod liegen.

Im Zentrum ihrer Untersuchungen zu Freuds Gegenthese, in welcher Unsterblichkeit, Leben nach dem Tod und Mutter eng aufeinander bezogen sind, stehen jene Freuds gesamtes Werk durchziehende Stellen, in denen Körper toter Mütter vorkommen. Wie schon u.a. in *„Ein religiöses Erlebnis"* werde auch in der den Todestrieb einführenden Schrift *„Jenseits des Lustprinzips"* und im *„Medusenhaupt"* die Anwesenheit einer toten Mutter verleugnet. In der berühmten

---

[334] JONTE-PACE (2001a), 42.
[335] Ebd., 42.
[336] Ebd., 46.
[337] Ebd., 46.

Erzählung vom Fort-Da-Spielprinzip erwähnt Freud in einer Anmerkung, dass die Mutter des Kindes, seine Tochter Sophie, verstorben war.[338] In einem Brief an Ferenczi schreibt Freud, dass er aufgrund seiner Irreligiosität niemanden beschuldigen könne, da er wisse, dass niemand da sei, um seine Klage entgegen zu nehmen.[339] In dieser Äusserung kommt die Abwesenheit Gottes deutlich zum Ausdruck. Jonte-Pace zitiert Peter Homans: „Freud was able to add the idea of God only by way of negation".[340] Jonte-Pace will nicht Freuds Aussage in Frage stellen, er hätte den Todestrieb schon vor dem Ableben seiner Tochter entwickelt statt als Reaktion darauf. Sie interessiere, dass er diesen Text mit mütterlicher Abwesenheit und mütterlicher Sterblichkeit verknüpfe. Tod handelt hier also gerade nicht vom Vater und dessen Rache, sondern betrifft die Mutter. Der Todestrieb ist nach Freud „a physiological, biological, or cellular ‚pulsion' toward death, a physical drive with psychological manifestations in the ‚repetition compulsion', a drive with connections to maternal presence and absence."[341] Dieser Text handelt nicht bloss vom Tod, sondern auch von der Unsterblichkeit. Während Unsterblichkeit den Tod ausschalte, impliziere die Vorstellung von einem Leben nach dem Tod eine irgendwie geartete Existenz nach dem Tod.

In Freuds Essay „Das Medusenhaupt" – einem weiteren paradigmatischen Text zur Darlegung der Gegenthese – verkörpert das schreckliche Haupt, das man nicht direkt ansehen kann, die mütterlichen Genitalien. Medusa ist die Mutter. In Freuds Weigerung, die Schrift noch zu Lebzeiten zu veröffentlichen, interpretiert Jonte-Pace erneut seinen Widerstand gegen die Gegenthese.[342]

In der Schrift „Das Motiv der Kästchenwahl" (1913) werde wiederum Tod mit Sexualität ersetzt, denn: „Ersetzungen durch das volle kontradiktorische Gegenteil bereiten der analytischen Deutungsarbeit keine ernste Schwierigkeit."[343] So wird das dritte der drei Kästchen bzw. Frauen, die einem Manne zur Wahl stehen, zur Liebes- statt Todesgöttin. Die Kästchen bzw. Frauen symbolisieren „die drei für den Mann unvermeidlichen Beziehungen zum Weibe [...]: Die Gebärerin, die Genossin und die Verderberin. Oder die drei Formen, zu denen sich ihm das Bild der Mutter im Laufe des Lebens wandelt: Die Mutter selbst, die Geliebte, die er nach deren Ebenbild gewählt, und zuletzt die Mutter Erde, die ihn wieder aufnimmt. Der alte Mann aber hascht vergebens nach der Liebe des Weibes, wie er sie zuerst von der Mutter empfangen; nur die dritte der Schicksalsfrauen, die schweigsame Todesgöttin, wird ihn in ihre Arme nehmen."[344]

---

[338] Vgl. Sigmund FREUD (1920): Jenseits des Lustprinzips, GW XIII, 14 (Anm. 1).

[339] Vgl. Ernest JONES (1957): Sigmund Freud. Life and Work, Vol. 3, London (Hogarth), 20f.

[340] Peter HOMANS (1989), 99, zit. in: JONTE-PACE (2001a), 48.

[341] Ebd., 49.

[342] Vgl. ebd., 53.

[343] FREUD (1913a): Das Motiv der Kästchenwahl, GW X, 24–37, hier 33.

[344] Ebd., 37.

Auf die von ihr propagierte Gegenthese Freuds – eine seiner Ödipustheorie ent-
gegenlaufende, sie in ihrem umfassenden Geltungsanspruch einschränkende und
ihr zuweilen fundamental widersprechende Mutterambivalenzthese – stösst
Jonte-Pace durch die Lektüre von Freuds Schriften über Religion: „The hesitant
non-Oedipal speculations in which Freud analyzes death and the fantasy of immortality in association with the mother are part of what I call the counterthesis.
They occur most visibly in Freud's writings on religion."[345] Sollte es zutreffen,
dass diese von Jonte-Pace aufgespürte und unentwickelt gebliebene Gegenthese
Freuds seine Hauptthese vom ödipalen Konflikt begleitete, zuweilen unterwan-
derte, gewiss aber begrenzte, und sich dies in seinen Schriften zur Religion zeigen
lässt, dann weckt dies die Frage, ob sich die Gegenthese Freuds nicht erst recht in
seinen Briefen aufspüren lässt. Briefe sind in aller Regel nicht für die Öffentlichkeit und zur Publikation bestimmt. Freud schrieb sie meist in einem Guss abends
nieder und schickte sie am nächsten Morgen ab. Er trug sie nicht in zig Versio-
nen über Wochen und Monate mit sich herum, überarbeitete sie nicht und un-
terwarf sie nicht derselben strengen Zensur wie seine Bücher. Die Spontaneität
und private Geschütztheit der Briefform müsste die Gegenthese erst recht sichtbar werden lassen. Die Suche kann noch eingeschränkt werden: müsste die Gegenthese nicht erst recht in Freuds Briefen nachzuweisen sein, die von Religion
handeln und das heisst insbesondere in seinem Briefwechsel mit dem einzigen
Anhänger, mit dem er sich in seinen religiösen Ansichten grundlegend unterschied und dennoch dreissig Jahre lang bis zu seinem Tod befreundet blieb,
nämlich mit dem Pfarrer Oskar Pfister?[346]

Was Jonte-Pace in Freuds Schriften akribisch genau nachzuweisen versuchte,
scheint in seinem Briefwechsel mit Pfister von ihm selbst bestätigt zu werden.
Am 18. März 1909 bedankt sich Freud bei Pfister für die Zusendung seines Aufsatzes *„Ein Fall von psychanalytischer Seelsorge und Seelenheilung" (1909)* und
fügt einige Bemerkungen dazu an.[347] Freud äussert Verständnis für die Rücksicht,
die Pfister auf „Örtlichkeit und Publikum", d.h. auf den kirchlichen Rahmen
nehmen musste. Diese hätten ihn genötigt, sich ein Stückweit anzupassen und
seine analytischen Deutungen zurückhaltender als sonst zu formulieren. Mit
dieser Äusserung seines Verständnisses teilt Freud indirekt mit, dass Pfister sein
Thema zu wenig gründlich bzw. in lediglich abgeschwächter, mundgerechter
Form behandelt hätte.[348] Insbesondere die Deutung eines Traumes findet Freud
ungenügend. Er zitiert die betreffende Stelle daraus: „Das Fräulein springt in den

---

[345] JONTE-PACE (2001a), 2.
[346] Vgl. Jozef CORVELEYN / Patrick LUYTEN (2005): Psychodynamic Psychologies and Religion.
       Past, Present, and Future, in: PALOUTZIAN / PARK (eds.), 80–100, hier 82: „In fact, the only real
       opponent of Freud's perspective on religion who did not become a dissident during his lifetime
       was the Lutheran pastor and psychoanalyst Oskar Pfister." Pfister war reformiert und nicht
       lutherisch.
[347] PFISTER (1909c). Vgl. Brief Freuds an Pfister vom 18.03.1909 (F/P, 16–19).
[348] Ebd., 16.

See, ich wollte ihr nacheilen, allein sie hielt sich selbst über Wasser ... sie war sofort ganz trocken."[349] Freud deutet dies als Geburtstraum und klärt Pfister auf mit einer bezeichnenden Gleichung:

„Aus dem Wasser kommen ist also gleich = geboren werden. Dem entspricht die Umkehrung: ins Wasser gehen = gebären. (Infolge der unlösbaren Verknüpfung von Tod und Sexualität kann das arme Weib, das sich vom Leben befreien will, es nur auf dem Wege der symbolischen Durchführung einer sexuellen Phantasie tun: Sie geht ins Wasser, d.h. sie gebärt [...]. Wegen der Leichtigkeit der Darstellung durch das Gegenteil werden die Symbolismen von Gebären und Geborenwerden auch häufig vertauscht."[350]

Schon bevor Pfister und Freud einander persönlich kennenlernten, lässt sich hier an der belehrenden Deutung Freuds von Pfisters Aufsatz zeigen, wie Freud das „Fräulein" mit einem „Weib" ersetzt und wie die Gegenthese auch hier durchschlägt: „das Gegenteil" von „geboren werden" ist nämlich nicht „gebären", sondern sterben. Auch hier umgeht Freud den Tod durch Sexualisierung. Interessant ist dabei, dass er selber auf diesen Zusammenhang ausdrücklich hinweist, nämlich auf den Umstand „der unlösbaren Verknüpfung von Tod und Sexualität". Was Freud hier bei dem Fräulein beobachtet, entspricht genau demjenigen, das Jonte-Pace bei ihm feststellt: beide – Fräulein und Freud – ersetzen den Tod durch Sexualität.

Freud fährt fort mit seiner Reaktion auf Pfisters Aufsatz und kommt auch gleich auf das Thema der Mutter und ihrer Genitalien zu sprechen – notabene zu einer Zeit, da sich die beiden noch gar nicht persönlich kennengelernt und ihre Korrespondenz miteinander gerade erst aufgenommen hatten:

„Die Behauptung, der Traum sei nichts Neues, er habe schon ähnliches geträumt, stimmt gut zu den sonstigen Zurückführungen. Es kommt nämlich oft vor, daß man im Traum eine Landschaft sieht und dazu die Empfindung hat: da war ich schon einmal. Diese Landschaft ist dann immer das Genitale der Mutter, gewiß jener Ort, von dem man am sichersten behaupten kann, man sei da schon einmal gewesen. Man wäre sonst nämlich gar nicht auf der Welt. Dieselbe Bedeutung hat es: Diesen Traum habe ich schon einmal geträumt (diesen Wunsch habe ich schon öfter gehabt – nach dem Genitale der Mutter). Ich weiß wohl, dieses Stück der Traumdeutung konnten Sie, auch wenn es für Sie durchsichtig war, nicht so leicht darstellen wie das andere von der jungfräulichen Geburt."[351]

Schon in seiner Reaktion vom Juni 1910 auf Pfisters Zinzendorf-Werk verweist ihn Freud auf den Zusammenhang von Wunde und weiblicher Genitale: „Beim Wundenkultus liegt es nahe, an die Angabe der ‚Traumdeutung' zu denken, daß das weibliche Genitale in der Kindheit als ‚Wunde' beurteilt wird."[352] Freuds Ausführungen erinnern an den Anfang der Traumdeutung, die mit Siegfrieds verwundbarer Stelle umschrieben wird.

---

[349]   Ebd.
[350]   Brief Freuds an Pfister vom 18.03.1909 (F/P, 16f.).
[351]   Ebd., 18.
[352]   Brief Freuds an Pfister vom 17.06.1910 (F/P, 39).

In seiner Traumdeutung bestimmt Freud das Ende der Deutung als Traumnabel. Nabel und Knäuel verweisen nach Jonte-Pace auf den Körper der Mutter. Dabei erstaune es, dass Freud wegschaue, denn seiner Ödipustheorie zufolge dürfte Freud einer Fantasie über den mütterlichen Körper nicht ausweichen, sondern sich im Gegenteil von ihr angezogen fühlen und gedanklich bei ihr verweilen: „Freud should not turn away from the fantasy of the mother's body."[353] Die von Jonte-Pace aufgespürte Gegenthese besagt: „The counterthesis interrupts the Oedipal masterplot at the site of the body of the dead mother."[354] Nun hat aber Freud im Ödipuskomplex nicht „an erotic reunion with the mother" theoretisiert, sondern lediglich den Wunsch danach. Als literarisch-mythisches Vorbild dieses Wunsches diente die Ödipussage. Wäre die – auch phantasierte – Vereinigung mit der Mutter ohne Weiteres möglich, wäre der in diesem Konzept bezeichnete Konflikt bedeutend geringer. Es handelt sich jedoch um die Unerfüllbarkeit dieses Wunsches, denn seine Erfüllung würde einerseits die Kastrationsdrohung unweigerlich in einem unerträglichen Ausmass verstärken und auch die inzestuöse Übertretung bedeuten, die eben im Ödipuskomplex nicht vollzogen werden darf und in der Sage selbst unwissentlich geschah. Insofern passt die Abwendung Freuds am Nabel m.E. sehr wohl zu seiner Theorie. Die „Gegenthese" unterbricht den *Oedipal masterplot* demnach nicht, sondern vervollständigt ihn. Was von Jonte-Pace als Gegenthese zur Ödipus-Hauptthese bezeichnet wird, lässt sich m.E. von daher auch als Komplementärthese betrachten. „Die Vatersehnsucht, die nach Freud den Kern des religiösen Wünschens ausmacht, hat viel mit der Sehnsucht zu tun, den Bedrohungen zu entrinnen, die für ein Kind von der Mutter ausgehen. Die Liebe zum Vater gilt immer auch dem, der als Retter vor der Allmacht der Mutter erscheint."[355] Ödipus- und Gegenthese sind beide Elternambivalenzthesen und gehören zusammen. Nicht bloss der Hass auf den Vater und die Liebe zur Mutter, sondern auch der Hass auf die Mutter und die Liebe zum Vater können dank beider einander ergänzenden Thesen wahrgenommen werden. Zukunftsweisend wäre m.E. auch die Beschäftigung mit dem Elektrakomplex als Analogie zum Ödipuskomplex, der Einbezug eines „Laius- bzw. Iokaste-Komplexes" und die Beschäftigung mit ebenso tabuisierten hasserfüllten Wünschen von Eltern ihren Kindern gegenüber.[356]

Auch wenn einen zuweilen einiges eher als eisegesiert statt exegesiert anmutet, so sind die Widersprüche und Lücken, die Jonte-Pace aufzeigen konnte, doch

---

[353] JONTE-PACE (2001a), 32.
[354] Ebd., 34.
[355] Gerhard VINNAI (1999): Jesus und Ödipus, Frankfurt a. M. (Fischer), 153. Vgl. ebd.: „Während der oralen Entwicklungsphase soll der Vater vor dem Verschlungenwerden durch die Mutter bewahren, auf der analen Stufe soll er den mit der Sauberkeitserziehung verbundenen kontrollierenden Zugriff der Mutter auf den kindlichen Körper hemmen, auf dem ödipalen Niveau richtet er eine rettende Schranke auf, die die vernichtende Sackgasse des Inzests verschließt."
[356] Vgl. M.S. BERGMANN (1992): In the Shadow of Moloch: The Sacrifice of Children and Its Impact on Western Religions, New York (Columbia Univ. Press).

auffällig und erklärungsbedürftig. Die Problematik, inwiefern das Mütterlich-Weibliche zur männlichen Identitätsbildung entwertet werden muss, hat Jonte-Pace klar herausgearbeitet. Die religionspsychologische Abhandlung von Jonte-Pace deckte die bisher unbeachtete Kehrseite der erotisch begehrten Mutter auf, nämlich die unheimliche und zu Tode gefürchtete Mutter. Dass es sich hier um unbewusst zusammenhängende Bildfolgen und Assoziationen handelt, zeigt Jonte-Pace in schockierender Weise u.a. anhand legaler Websites von Abtreibungsgegnern. Der Sprung in die Realität befremdet, hat aber auch seine eigene Überzeugungskraft, um Jonte-Pace's These zu belegen: Mütter, die abtreiben, werden mit Nazis verglichen, die Juden im Konzentrationslager vernichten. Es ist vom „amerikanischen Holocaust" die Rede. Die Betreiber solcher Websites agieren – so Jonte-Pace – Ängste und Fantasien aus, die mit der Komplementärthese verknüpft sind, statt sie zu verarbeiten: „The ‚acting out' on these web sites is a repetition without understanding of the fears and fantasies of the counterthesis."[357] Das Unausgesprochene bleibe unausgesprochen und werde ausgelebt bzw. ausagiert statt in Worte gefasst und dem Bewusstsein zugeführt. Insgesamt lässt sich festhalten, dass es sich bei der Studie von Jonte-Pace um einen anregenden, weil kontroversen Beitrag zur psychoanalytisch orientierten geschlechterreflektierten Religionspsychologie handelt, der für Unterschwelliges, Unangenehmes und geradezu Unheimliches sensibilisiert.

4. *Unterschiedliche ontologische Prämissen als Grenzziehung zwischen Theologie und Psychologie?*

Hellmut Santer, ein Schüler von Susanne Heine, hat in seiner vortrefflichen Dissertation über „*Persönlichkeit und Gottesbild*", die 2003 veröffentlicht wurde, einen bedenkenswerten Vorschlag unterbreitet, wie ein Dialog zwischen Theologie und Psychologie im Hinblick auf die Religionspsychologie gelingen könnte. Er schreibt:

„Als wichtigstes Kriterium für das Gelingen des Gesprächs oder den erfolgreichen Dialog zwischen Theologie und Psychologie wird in der einschlägigen Literatur – wie auch hier – die Klärung der jeweiligen ontologischen bzw. anthropologischen Prämissen angesehen, die in der Frage der Übernahme psychologischer Erkenntnisse in den Bereich der Theologie oder im religionspsychologischen Diskurs eine entscheidende Rolle spielen."[358]

Aus der vorgängigen Klärung eigener und fremder Prämissen und dem Festhalten, worin sie sich unterscheiden, wird nicht nur das zentrale Kriterium für das Gelingen des interdisziplinären Dialogs zwischen Psychologie und Theologie gesehen, sondern daran auch zugleich das Kriterium der Wissenschaftlichkeit festgemacht. So schreibt Santer weiter:

---

[357] JONTE-PACE (2001a), 144.
[358] SANTER (2003), 173.

„Das Kriterium der Wissenschaftlichkeit liegt nicht im Verzicht auf vorgängige ontologische Prämissen als Ausgangspunkt der objektivierenden Selbsterforschung, sondern in der Reflexion dieses erkenntnisleitenden Vorverständnisses, der daraus resultierenden Anthropologie sowie dessen konstitutionellem Zusammenhang mit den Fragerichtungen und der Interpretation der Forschungsergebnisse."[359]

Santer exemplifiziert dies am Beispiel von Gerhard Ebelings „relationaler Ontologie", die vom Menschen als Beziehungswesen ausgeht. Um die Grenze zwischen Theologie und Psychologie festzusetzen, schlägt Santer schliesslich vor, sie

„darin zu sehen, dass die Theologie [...] in ihrem Seinsverständnis ein dem Menschen begegnendes, tätiges Sein mit voraussetzt, oder noch anders ausgedrückt, dass das Sein des Menschen mit einem anderen tätigen Sein in Verbindung gesehen wird. Die Psychologie als realwissenschaftlich orientierte Disziplin hingegen versucht ihre Forschungen und Theoriebildungen auf Basis eines Seinsverständnisses aufzubauen, das auf diese Implikation verzichtet. Es wird versucht, die Bedingung der Möglichkeit menschlichen Verhaltens so weit wie möglich auf Basis einer Ontologie zu erklären, die noch ohne die Einführung der Bedingung eines nicht verifizierbaren, außerhalb des Menschen liegenden tätigen Seins auskommt."[360]

In diesem Vorschlag eines „prinzipiellen Unterschied[s] hinsichtlich der ontologischen Prämissen", nämlich theologischerseits „in der Annahme der Existenz eines Gottes, der mit dem Menschen etwas zu tun hat" bzw. psychologischerseits mit dem „Verzicht auf die Annahme eines ausserhalb der menschlichen Lebenswirklichkeit tätigen Seins",[361] sieht Santer die Möglichkeit für einen Dialog zwischen Theologie und Psychologie eröffnet, von der gerade die Religionspsychologie „profitieren" könnte:

„Denn dem hoch bewährten theoretischen und methodischen Instrumentarium der Psychologie in der Erforschung menschlichen Erlebens und Verhaltens steht auf theologischer Seite eine hochdifferenzierte und reflektierte Erkenntnistradition gegenüber, die die Fokussierung des jeweiligen religionspsychologischen Forschungsbereichs theoretisch und methodologisch präzisieren kann."[362]

---

[359] SANTER (2003), 176. Ebd., Anm. 30 verweist er auf UTSCH (1998), 57, „der von der ‚wissenschaftstheoretischen Einsicht' ausgeht, ‚dass empirische Forschung ohne theoriegeleitete Hypothesen wenig Sinn macht und theoretische Modelle abhängig sind von anthropologischen und metaphysischen Vorentscheidungen". So sind auch „psychologisch-empirische Erkenntnisse abhängig von ontologischen Leitbegriffen."

[360] SANTER (2003), 177.

[361] Ebd., 174f.

[362] SANTER (2003), 177f. Vgl. HEINE (2004), 375: „Unterschiedliche anthropologische Prämissen, die sich auf das Religionsverständnis auswirken, stellen eine bleibende Differenz zwischen Psychologie und Theologie dar. Aber die entscheidende Adresse theologischer Kritik ist die Beschränkung der Psychologie und Religionspsychologie auf einen Zugang, der Empirisches nur aus anderem Empirischem, somit auch die Genese und Gestalt von Religion empirisch-historisch erklärt. [...] Bleiben jedoch psychologische Konzepte hinsichtlich der religiösen Dimension formal im Sinne der Ausrichtung des Menschen auf die ‚Welt im Ganzen' (z.B. Rizzuto) und damit inhaltlich offen für eine nicht empirisch begründbare Theologie, wird es möglich, ohne wechselseitige Grenzüberschreitungen miteinander zu arbeiten: durch weitergehende Be-

So einleuchtend dieser differenzorientierte Vorschlag klingt, er basiert ebenfalls auf impliziten Prämissen, die ich im Folgenden in Form von Anfragen und Thesen zu thematisieren versuche:

1. *Definitorische Anfrage*: Genügt es, einen „Unterschied hinsichtlich der ontologischen Prämissen" festzustellen, und dabei jene der Psychologie ausschliesslich von ihrer negativen Verhältnisbestimmung zu jenen der Theologie her zu definieren? Zeichnet psychologische Prämissen demnach nur aus, dass sie nicht theologisch sind? Reicht dieses Negativ-Kriterium zur Bestimmung psychologischer Prämissen? Eine solche Definition weckt die Frage nach ihren eigenen, sie positiv auszeichnenden und nicht exklusiv über die Abgrenzung von der Theologie her bestimmten Prämissen. Wenn in der vorgängigen Klärung jeweiliger Vorverständnisse das zentrale Kriterium für das Gelingen des interdisziplinären Dialogs zwischen Psychologie und Theologie gesehen wird, die Prämissen der Psychologie jedoch lediglich als Nicht-Theologie-Prämissen definiert werden, schleicht sich m.E. durch die Hintertür genau jener Dialogbegriff wieder ein, der explizit verhindert werden sollte, nämlich einer, der von zwei ungleichgewichtigen Partnern ausgeht und die Einseitigkeit des Interesses verdeckt.[363] Echter Dialog hiesse ein Offenlegen der Prämissen aller am Gespräch Beteiligter.

2. *Pluralitätsthese I: Es gibt keine einheitliche religionspsychologische Prämisse.* Will man sich bei der Bestimmung der Prämissen der Psychologie nicht darauf beschränken, dass sie lediglich keine theologischen beinhalten, sondern sie auffordern, ihre eigenen auch explizit zu benennen, muss man unweigerlich von verschiedenen Schulen und Richtungen der Religionspsychologie bzw. von einer Pluralität von Religionspsychologien sprechen. Da es kaum gelingen dürfte, gemeinsame – positive – Prämissen zu definieren, die alle haben – ausser jene, dass sie keine theologische haben, womit man sie aber von ihrer negativen Verhältnisbestimmung zur Theologie her definierte –, wird man logisch festhalten müssen, dass es „die" Psychologie bzw. „die" Religionspsychologie nicht gibt, sondern nur eine Vielfalt verschiedener Ausprägungen von Religionspsychologie, die a) durch ihren Forschungsgegenstand und b) durch die reflektierte Zulassung grundsätzlich *aller* psychologischen wissenschaftlichen Methoden bestimmt sind und c) durch die Reflexion über ihre Prämissen ihre Wissenschaftlichkeit und Dialogfähigkeit erweisen.

3. *Pluralitätsthese II: Es gibt auch keine einheitliche theologische Prämisse.* Es ist zu fragen, ob hier nicht ein relativ eindimensionales Theologieverständnis vorausgesetzt wird. Es gibt zahlreiche verschiedene theologische Traditionen, die über die Jahrhunderte hinweg komplexe und sehr unterschiedliche Theologieverständnisse herausgebildet haben bis hin zu einem atheistischen, was als eine

---

achtung spiritueller Krisen im klinischen Bereich und die Aufmerksamkeit für die Religionspsychologie in der kirchlichen Praxis."
[363] Vgl. SANTER (2003), 169f.

contradictio in adiecto erscheinen mag. Die Auseinandersetzungen rund um die atheistische Theologie bzw. um Versuche, Theologie atheistisch zu reflektieren oder als AtheistIn gleichzeitig TheologIn zu sein, zeigen, dass auch die von Santer propagierte Prämisse der Theologie selbst zur Diskussion gestellt werden kann. Sog. theologische Prämissen sind demnach (fast) genau so offen und strittig wie aussertheologische. Eine klare Grenzziehung ist nur schon aus diesem Grunde unmöglich, und man wird deshalb Religionspsychologie nur im Sinne von 1 a–c definieren können. Damit ist klar, dass TheologInnen durchaus ReligionspsychologInnen sein können.

4. *Was die Theologie ausmacht, ist ihre Fragestellung.* Was Theologie zusammenhält, ist nicht eine gemeinsame ontologische Prämisse, nicht ein Gegenstandsbereich, nicht eine Methode, sondern ihre Fragestellung.[364] Diese „ist komplex und kann verschieden akzentuiert werden: als Frage nach Gott, nach der Welt in Beziehung auf Gott, nach Gottes Heilswirken für den sündigen Menschen, nach der Kirche, der Religion u. a. m. Je nach Bestimmung dieser Leitfrage ergeben sich verschiedene und nicht ohne weiteres kompatible Theologiekonzepte."[365] Dass die jeweilige Fragestellung implizite Prämissen aufweist, ist zweifellos richtig, doch soll hier bestritten werden, dass sie sich aus ihnen ableiten lässt. Ein gelingendes Gespräch zwischen Theologie und Psychologie setzte m.E. ein bei der Frage nach den eigenen Forschungsinteressen, nach den eigenen Fragestellungen, die wiederum ein Konglomerat verschiedener gemeinsamer und unterschiedlicher Prämissen beinhalten. Starre Bilder und hartnäckige Vorurteile der anderen Disziplin gegenüber liessen sich so m.E. am ehesten verflüssigen.

5. *Vertiefung:* Die Problematik wird besonders deutlich, wenn man das Differenzmuster theologische Prämisse = „Annahme der Existenz eines Gottes, der mit dem Menschen etwas zu tun hat", *versus* psychologische Prämisse = „Verzicht auf die Annahme eines ausserhalb der menschlichen Lebenswirklichkeit tätigen Seins" auf diejenigen anwendet, die Theologie und Psychologie betreiben.[366] Es gibt durchaus eine wachsende Zahl von Psychologen, die mit der Existenz eines Gottes rechnen, wie sich nicht nur in den USA beobachten lässt. Ein genauerer Blick auf VertreterInnen der Psychologie und der Theologie zeigt m.E., dass sich ihre Prämissen nicht so deutlich der jeweiligen Disziplin zuordnen lassen wie angenommen wird, sondern dass sie oftmals variieren und quer durch die Disziplinen bestehen. So gibt es christgläubige PsychologInnen, die eine Tendenz zu spezifischen, einen transzendenten Gott miteinbeziehende Prämissen bevorzugen. Es gibt z.B. auch (gemeinsame) Bruch- und Berührungslinien zwischen asiatischen PsychologInnen und TheologInnen und europäischen. Bereits die Ablösung der Psychologie von der Theologie und die Existenz

---

[364] Vgl. DALFERTH (2001), 6: Theologie „wird [...] durch keinen Gegenstandsbereich und keine Methoden, sondern nur durch ihre Fragestellung zusammengehalten".

[365] Ebd., 6 (Anm. 5).

[366] In Anlehnung an DALFERTH (2001), 8.

von Theologie und die dadurch bestimmte Gesprächslage ist ein spezifisch europäisches Phänomen. Die Trennlinie verläuft demnach nicht wie angenommen einfach klar zwischen Theologie und Psychologie, sondern zwischen einzelnen Forschenden.

6. *Die Prämissenfrage ist von der Frage der wissenschaftsorganisatorischen Zuordnung zu trennen*: Schliesslich ist die Frage der Prämissen von der Frage der wissenschaftsorganisatorischen Zuordnung der Religionspsychologie zu unterscheiden. Verstehe ich Religionspsychologie im Sinne von 1b) von ihren Methoden her, so ist die Zuordnung zur Psychologie naheliegend; verstehe ich sie von ihrem Gegenstand, also 1a) her, so muss ich sie der (methodisch pluralistischen und multidisziplinären) Religionswissenschaft zuordnen. Aber hier stösst man auf das Problem, dass die Religionswissenschaft im kulturwissenschaftlichen Zeitalter Mühe hat, ihren eigenen Gegenstand klar zu definieren. Deshalb wird sich heute die Religionspsychologie aus Gründen des eigenen Selbstüberlebens eher der Psychologie zuordnen.

Und wie steht es mit der Theologie? Sie hat ja überhaupt keinen eigenen „Gegenstand" ihrer Wissenschaft, und auch keine eigene Methode, sondern sie partizipiert (heute) an zig anderen Wissenschaften, meist als deren Unterdisziplin (z.B. Kirchengeschichte / allgemeine Geschichte), und ihren Methoden. Sie beruht (wesentlich) auf „Prämissen", zunächst historischen, institutionellen, auch inhaltlichen, die aber nie unstrittig sind. In diesem Sinn ist sie als Wissenschaft nicht universal, sondern ein Sonderfall, nämlich an eine bestimmte Religion und geistes- und kulturgeschichtliche Entwicklung gebunden. Dass die Religionspsychologie sich davor hütet, sich bleibend an die Theologie zu binden, ist von daher naheliegend.

Anhand des Beispiels des religionspsychologischen Ansatzes von Hans-Jürgen Fraas führt Santer schliesslich an zahlreichen Stellen sog. „Kategorienwechsel" und „anthropologische Übergriffe" vor, die eben keinen gleichwertigen Dialog zwischen Theologie und Psychologie kennzeichnen, sondern vereinnahmend und „grenzüberschreitend" seien.[367] So weist Santer darauf hin, dass

„die Differenz in der Ontologie eine wesentliche Rolle (spiele) insofern die Entscheidung, religionspsychologisch zu arbeiten, auch das Einlassen und Ernstnehmen des wissenschaftlichen Rahmens der Psychologie beinhalten muss. Die Berücksichtigung der Paradigmen psychologischer Forschung und ihrer durch die impliziten ontologischen Prämissen gesetzten Grenzen ist besonders dann einzufordern, wenn die Theologie sich mit Religionspsychologie beschäftigt, da die geringe Dialogbereitschaft von Seiten der Psychologie im religionspsychologischen Diskurs [...] wesentlich auf dem Misstrauen gegenüber den weltanschaulichen Prämissen der Theologie beruht, durch die sie vereinnahmt oder instrumentalisiert zu werden befürchtet."[368]

---

[367] SANTER (2003), 182–191.
[368] SANTER (2003), 185.

Santers Ausführungen machen deutlich – ohne dies explizit auszusprechen –, dass er die Religionspsychologie von ihrer Geschichte als klassischem Querschnittsfach ablösen und einer eindeutigen Zuordnung zur Psychologie zuführen möchte. Zeichnete die Religionspsychologie lange aus, dass verschiedene ontologische Prämissen eingebracht und sichtbar werden durften, so wird nun gefordert, dass – konkret die Theologie – ihre eigenen Prämissen zurückhalten soll und das heisst, sich im Namen des Dialogs den Vorgaben der Psychologie im Feld der Religionspsychologie anpassen soll.

Sieht man von der – von Beginn an stark theologisch beeinflussten – Geschichte des Faches ab, und setzt man voraus, dass Religionspsychologie eine Subdisziplin der Psychologie ist, muss man Santer zustimmen. Will man jedoch die Entstehung und historische Entwicklung des Faches stärker berücksichtigen und sich – aufgrund der damit verbundenen spezifischen Chancen und Freiheiten – einer eindeutigen akademisch-disziplinären Zuordnung verweigern, auch um den Preis der Respekteinbusse bzw. bleibenden Marginalisierung, so ist das Vorgehen von Hans-Jürgen Fraas, den eigenen Standort als „ein[en] theologische[n]" zu deklarieren und seine eigenen Kategorien – auch normierend – einzubringen, nicht verwerflich. Was den wissenschaftlichen Dialog belebt, sind ja gerade positionelle Stellungnahmen. Was die Religionspsychologie bisher zumindest auszeichnete, war der Umstand, dass solche pointierte disziplinäre Beiträge möglich waren und nicht bloss als Übergriffe, sondern als spannende Perspektiven gesehen werden konnten, die zur Auseinandersetzung anregten. Dann wäre der Fokus nicht auf Dialoggrenzverletzungen gerichtet, sondern auf das Bemühen, vom deklarierten Standort aus z.T. konkurrierende Denkbewegungen mitzuverfolgen und von dieser Haltung aus auch zu kritisieren. Und dann wäre es auch möglich, gerade aus theologischer Sicht religionspsychologischen „Konzepte[n] im theologischen Referenzrahmen" einen Platz einzuräumen, denn – so hält Fraas m.E. zu Recht fest: „Der Komplexität religiöser Phänomene entsprechend ist Religionspsychologie ein Feld der Überschneidung mehrerer Wissenschaften und würde darum am besten in Teamarbeit betrieben."[369]

---

[369] FRAAS (2000), 105.

V. Ausblick:
Anforderungen an eine zukünftige Psychoanalyserezeption in der Seelsorge

1. Einführung

Die Beschäftigung mit der Psychoanalyserezeption in der Pastoral- und Religionspsychologie hat anhand deutschsprachiger und US-amerikanischer Beispiele aus Vergangenheit und Gegenwart ergeben, wie stark und mit welchem Ertrag Freud und die in seiner Nachfolge stehenden Weiterentwicklungen der Psychoanalyse trotz ihres unsicheren wissenschaftstheoretischen Status bis auf den heutigen Tag diese beiden Fachgebiete prägen.[1] Zwei verbreitete Missverständnisse konnten im Hinblick auf die Pastoralpsychologie berichtigt werden: Weder wurde die Psychoanalyse – trotz der Rede vom „Hilfsmittel" – einfach nur instrumentalisiert und selektiv ausgebeutet, um was gerade nützlich und verwertbar erschien, „in theologisches Herrschaftswissen umzumünzen und dann in kirchliches Handeln umzusetzen",[2] noch wurden psychoanalytische Wissensbestände integriert, indem man sie lediglich deduktiv auf die Seelsorgepraxis applizierte und Theologie somit an die Psychologie auslieferte.[3] Beide Urteile verkennen die ernsthaften, wenn auch gewiss zum Teil misslungenen Bemühungen, Impulse der Psychoanalyse, von Theoriekonzepten sowie Methodenreflexionen, für Theologie und Kirche fruchtbar zu machen.

Schon von allem Anfang an – am Beispiel von Oskar Pfister – zeigte sich, dass die Seelsorge produktiv an Freud anschliessen konnte. Dies heisst jedoch nicht, dass sie psychoanalytische Theoriebildung und Methoden unverändert übernahm und dem eigenen Kontext einfügte, sondern dass sie diese – im Dialog mit der Psychoanalyse und ihren Protagonisten selbst – prüfte, modifizierte und weiterentwickelte. Insofern mutierte Seelsorge weder zur rücksichtslosen Ausbeuterin noch zur unkritischen Abnehmerin bzw. zur simplen Anwendungswissenschaft der Psychoanalyse. Seelsorge verarbeitete ihre Erkenntnisse in kritischer Auseinandersetzung mit ihr, so dass sich beide – Seelsorge und Psychoanalyse in ihrer pastoralpsychologischen Rezeption – durch den Dialog ver-

---

[1]   Ob sich der Status der Psychoanalyse längerfristig angesichts des „mentalistic turn" und der interdisziplinären Gespräche mit den experimentellen Wissenschaften wie den Kognitions- und Neurowissenschaften – hier insbesondere mit den Neurobiologen – verbessern wird, gilt noch nicht als entschieden. Befürworter und Skeptiker halten sich gegenwärtig die Waage. Vgl. Patrizia GIAMPIERI-DEUTSCH (2002) (Hg.): Psychoanalyse im Dialog der Wissenschaften, Bd.1: Europäische Perspektiven, Stuttgart / Berlin / Köln (Kohlhammer).

[2]   Dagegen verwehrt sich Heribert WAHL (2000): Selbst- und objektbeziehungstheoretische Überlegungen zur Religions- und Pastoralpsychologie, in: BASSLER, 67–91, hier 68. Ebd.: „Man nimmt dann gar nicht erst wahr, was ein eigenständiger Dialogpartner wie die Psychoanalyse – durchaus auch kritisch – in eine interdisziplinäre Begegnung einzubringen hätte."

[3]   Vgl. WINKLER (1995), 13.

änderten und wechselseitig beeinflussten.[4] Dies wurde besonders deutlich am Beispiel des grundlegenden Übertragungs- und Gegenübertragungsphänomens, das im Kontext von Seelsorge seine eigene Bedeutung und Handhabung erhielt.[5] Seelsorgende wie Pfister konnten sich dabei auf Freud selbst abstützen, der seine Theorien und Behandlungsanweisungen oft in weitaus grösserer Freiheit handhabe als manche seiner Adepten, so dass man heute im Urteil allgemein übereinstimmt, „das Auseinanderklaffen von Theorie und Praxis" sei „ein wesentliches Merkmal, das sich durch das gesamte Werk Freuds durchzieh[e]."[6]

2. Vom Nutzen der (psychoanalytischen) Religionspsychologie als poimenischer Bezugswissenschaft bzw. als Perspektive für die Seelsorge

Trotz der Berichtigung von Missverständnissen hinsichtlich der poimenischen Psychoanalyserezeption muss jedoch gleichzeitig festgehalten werden: Gerade die Pastoralpsychologie hat sich der Psychoanalyse mehrheitlich als therapeutischer Theoriebildung unter Absehung ihrer Religionskritik zugewendet. Dabei betonte schon Freud selbst mehrfach, dass ihn eigentlich weniger der klinisch-therapeutische Aspekt der Psychoanalyse interessiere als vielmehr ihre gesellschaftstheoretischen Implikationen. So schrieb er Pfister 1928:

„Außerdem habe ich oft gesagt, daß ich die wissenschaftliche Bedeutung der Analyse für wichtiger halte als ihre medizinische und in der Therapie ihre Massenwirkung durch Aufklärung und Bloßstellung von Irrtümern für wirksamer als die Herstellung einzelner Personen."[7]

Aus diesem Grund wehrte sich Freud auch gegen einen Ausschluss von Laien, denn die Psychoanalyse sollte „kein Spezialfach der Medizin" und damit klinisches Heilverfahren werden.[8] Joachim Scharfenberg formulierte 1968 in seiner ersten Leitlinie deshalb die Forderung, sich mit dem ganzen Freud auseinanderzusetzen, d.h. mitsamt seinem weltanschaulichen Hintergrund und seiner Kultur- und Religionstheorie. Diese Forderung richtete sich an eine Pastoralpsychologie, die v.a. im Zuge der Seelsorgebewegung zwar wieder aufzuleben begann, aber im Gegensatz zu ihren Anfängen „sozusagen ohne religionspsychologische Beine dastand".[9] Gelangte sie mit Freuds Religionskritik in Kontakt,

---

[4] Auch die Psychoanalyse erhielt Anstösse von der Seelsorge, wie Pfisters Einfluss auf Freuds Libidobegriff zeigte.

[5] Vgl. oben S. 235f.

[6] LEITNER (2001), 78.

[7] Brief Freuds an Pfister vom 18.01.1928 (F/P, 129).

[8] FREUD (1926), 289.

[9] WAHL (2000), 70. Dass die Anfänge der Pastoralpsychologie auch deutlich religionspsychologische Wurzeln vorweisen, gilt sowohl dies- als auch jenseits des Atlantiks, wie die Beispiele von Pfister und Boisen belegt haben. Vgl. auch John PATTON (2000): Introduction to Modern Pastoral Theology in the United States, in: James WOODWARD / Stephen PATTISON (eds.): The Blackwell Reader in Pastoral and Practical Theology, Oxford/Malden, MA (Blackwell), 49–58, hier 50. William James, Anton T. Boisen und Seward Hiltner zählen zu den Begründern der modernen Pastoraltheologie in den USA.

„behalf sie sich religionspsychologisch zumeist mit einer expliziten oder auch stillschweigen-
den Aufspaltung: Man übernahm aus der psychoanalytischen Theorie zentrale Konzepte wie
Unbewußtes, Abwehr, Konflikt, psychische Struktur, Widerstand, Übertragung usw., man
blendete aber Freuds Aussagen zu Religion und Religiosität als ideologische Verallgemeine-
rungen aus oder ließ sie allenfalls als kritische Prüfsteine für krasse Fehlentwicklungen und
pathologische Deformationen religiösen Glaubens gelten."[10]

Betrieben die ersten Pastoralpsychologen noch zugleich religionspsychologische
Studien, so verlaufen die beiden Wissenschaftsdiskurse dieser Disziplinen heute
– zumindest im deutschsprachigen Raum – beinahe vollständig unabhängig
voneinander. Forderte Scharfenberg zu Recht einst die Rezeption des ganzen
Freud, so schlug Heribert Wahl (2000) in Anknüpfung an Scharfenberg vor,
psychoanalytische Religionspsychologie nicht nur als „Teilgebiet", sondern als
„fundierende Dimension der Pastoralpsychologie" zu verstehen, die selber wiederum „eine unverzichtbare *Grunddimension* der Theologie überhaupt" sein
müsse.[11] Christoph Morgenthaler (2002) wiederum zählte Gründe auf für eine
Ersetzung der „Pastoralpsychologie als Bezugsdisziplin der Poimenik durch Religionspsychologie".[12]

Im Folgenden soll die Religionspsychologie als eine ihrer bevorzugten Dialog-
partnerinnen mit einer eigenständigen, multidisziplinären Perspektive gewürdigt
werden. Pastoral- und Religionspsychologie bezeichnen unterschiedliche Blickwinkel auf religiöses Erleben und Verhalten und haben verschiedene Fragestellungen, orientieren sich jedoch z.T. an gleichen psychologischen Theorierichtungen wie z.B. eben an den psychoanalytischen. Eine kritische zukünftige Psychoanalyserezeption in der Seelsorge wird nicht bloss über die Pastoral-, sondern
auch über die Religionspsychologie als gleichwertige poimenische Primärbe-
zugswissenschaft stattfinden.

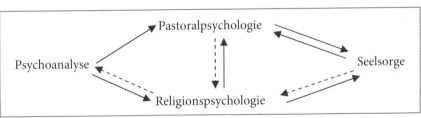

Abb. 1:
(Psychoanalytisch orientierte) Pastoral- und Religionspsychologie als Bezugswissenschaf-
ten der Seelsorge[13]

---

10   WAHL (2000), 70.
11   WAHL (2000), 68f. Vgl. dazu oben S. 19. Nach meinem Dafürhalten handelt es sich bei der Reli-
     gionspsychologie nicht um ein Teilgebiet, sondern um eine Bezugswissenschaft der Pastoral-
     psychologie.
12   MORGENTHALER (2002), 300. Vgl. aber auch ebd.: „Einiges spricht [...] dafür, dass etwas Ver-
     gleichbares wie Pastoralpsychologie als eine Disziplin angewandter Religionspsychologie erhal-
     ten bleiben muss."
13   Natürlich wünschte man sich auch einen gestrichelten Pfeil in umgekehrter Richtung, nämlich
     von der Seelsorge zur Psychoanalyse (wie z.B. noch bei Freud/Pfister). Doch dies ist gegenwärtig

In Anknüpfung an die Rede von Religions- und Pastoralpsychologie nicht nur als poimenische Bezugsdisziplinen, sondern insbesondere auch als spezifische für die Seelsorge herausragende Perspektiven, d.h. in Aufnahme der Erkenntnis, dass Flächenvorstellungen und auch ein Nebeneinander von Anwendungsgebieten sich nicht eignen „für die Integration und den Transfer von Wissen", wird in einer zweiten Abbildung versucht, statt mit quasisektoralen Formen von Sachbereichen mit perspektivischen Betrachtungsweisen zu operieren, denn: „Man sollte sich bei der Organisierung des Wissens nicht vorrangig an der Strukturierung des Wissenschaftsfeldes [...] orientieren, sondern an der – angenommenen – Struktur des Gegenstandes", der aus unterschiedlichen Blickwinkeln betrachtet wird.[14]

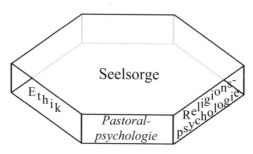

Abb. 2:
(Psychoanalytisch orientierte) Pastoral- und Religionspsychologie als zentrale Perspektiven auf Seelsorge[15]

Religionspsychologie als poimenische Bezugswissenschaft bzw. spezifische, in die Seelsorge einfliessende und sie fundierende Perspektive führt zurück zur einleitend zitierten enigmatischen Feststellung von Susanne Heine, es werde für Theologie und Seelsorge „nützlich sein", die Religionspsychologie „nicht einfach zu übergehen", auch wenn die Frage, „wie weit" sie von ihr „lernen können, [...] auf einem anderen Blatt steht".[16]

Den Nutzen *empirischer* Religionspsychologie für die Seelsorge nachgewiesen zu haben, gehört zum Verdienst von Christoph Morgenthaler. Schon 2002 zeigte er diesen Nutzen anhand des religiösen Copings auf und gelangte dabei zum Schluss:

---

noch *so sehr* Zukunftsmusik, dass ich mich nicht getraue, einen zu zeichnen! Seelsorge und Pastoralpsychologie werden von psychoanalytischer Seite nicht beachtet. Vgl. Isabelle NOTH (2007a): Seelsorge zwischen Erinnern und Vergessen – Zur Einseitigkeit des Dialogs mit der Psychoanalyse, in: DIES. / MORGENTHALER, 9–14. Zu den Gesprächen zwischen Religionspsychologie, Pastoralpsychologie und Seelsorge vgl. die sich in der Reihe *Praktische Theologie heute* in Vorbereitung befindende Veröff.: Isabelle NOTH / Christoph MORGENTHALER / Kathleen J. GREIDER (eds.): Pastoral Psychology and Psychology of Religion, Stuttgart (Kohlhammer).

[14]   Hans-Peter NOLTING / Peter PAULUS (1999): Psychologie lernen, Weinheim/Basel (Beltz), 25.

[15]   Vgl. ebd., 26.

[16]   HEINE (2005), 396. Dass die Psychologie von der Religionspsychologie lernen kann, da diese sie an ihre philosophischen Wurzeln erinnert, darauf weist NIELSEN (2000), 12 hin.

„Poimenik könnte (...) mit Forschungsansätzen, Methodologien und Fragestellungen der allgemeinen Religionspsychologie das Repertoire ihrer Methoden und Themen entscheidend erweitern, mit ihrer eigenen Tradition hermeneutisch-qualitativ orientierter Forschung zusammenbringen und eine breiter interdisziplinär verantwortete Sicht der Religiosität für einzelne Menschen in ihren Netzwerken entwickeln."[17]

Da Susanne Heine ihr Werk zwar u.a. als „Einführung in die Grundlagen der Psychologie" verstanden wissen will, als Theologin jedoch selbst ihrer eigenen hermeneutisch-qualitativen Tradition verhaftet bleibt, lässt sie die selbst aufgeworfene Frage offen.[18] Da Psychologie und Religionspsychologie heute weitgehend einer ursprünglich naturwissenschaftlichen, empirischen Forschungsmethodik verpflichtet sind, bedarf es der doppelten Qualifikation – Theologie *und* Psychologie –, um die Frage des Nutzens der Religionspsychologie für Theologie und Seelsorge umfassend zu beantworten.

Noch zu wenig beachtet wird der Umstand, dass Religionspsychologie religiöses Erleben und Verhalten *allgemein* untersucht, nicht *christliches* Erleben und Verhalten, auch wenn dies bisher faktisch ihr primärer Untersuchungsgegenstand gewesen ist.[19] So vermag gerade die Religionspsychologie in einer multikulturellen und pluralistischen Gesellschaft angesichts der Vergleichsmöglichkeiten

---

[17] MORGENTHALER (2002), 287. Auf Morgenthaler trifft gerade nicht zu, was GROM (2005), 448 beobachtet: „Die Arbeitsweise und Resultate der empirischen Religionspsychologie [...] bleiben vielen Theologen auch deshalb fremd, weil sie einer ganz anderen Fragestellung, Methode und Wissenschaftsauffassung entspringen." Zu Themen, bei denen sich eine Kooperation zwischen Theologie und Religionspsychologie besonders lohnen (u.a. aussergewöhnliche Erlebnisse und religiöse Einflüsse auf subjektives Wohlbefinden), vgl. GROM (2005), 452ff.

[18] 2007 unternahm sie den Versuch, die Frage zu beantworten, wobei ihr dies für die psychoanalytisch-hermeneutische Religionspsychologie leichter fiel als für die empirische. Vgl. ihr Urteil über die Relevanz der Religionspsychologie für die Praktische Theologie: Dem psychoanalytischen Modell verdanke man Einsicht in „die Bedeutung der Vitalität" im emotionalen Bereich, aber auch in die „Gefahr der Religion" im intellektuellen Bereich. Von Rizzuto sei zu „lernen", „dass Religion aufs Ganze geht". Besonders interessant ist das letztlich wiederum enigmatische Urteil, was vom – in der Religionspsychologie dominanten – empirischen Modell zu lernen sei, das als Letztes behandelt wird: dieses „hat seine deutlichen Grenzen, denn das Problem der Abstraktion bleibt: Je mehr Faktoren einbezogen werden, desto ungenauer muss das Ergebnis sein. Es kann aber, wenn man die Ergebnisse nicht mit der gesamten Wirklichkeit verwechselt und den Wahrscheinlichkeitsvorbehalt ernst nimmt, eine Fülle konkreter, auch religiöser Erfahrungswelten entdecken lassen, die sich der unmittelbaren Wahrnehmung entziehen." HEINE (2007a), 793f. Vgl. DIES. (2007b).

[19] Vgl. Karl HOHEISEL (1998): Art. Religionspsychologie, I. Religionswissenschaftlich, in: TRE XXIX, 1–7, hier 1: „Obwohl sich westliche Religionspsychologen bisher kontinuierlich nur mit dem Christentum und erheblich weniger mit dem Judentum beschäftigt haben, ist Religion als Transzendenzbezug so weit zu fassen, daß alle außerchristlichen Traditionen darunter fallen"; Jacob A. BELZEN (2004): Like a Phoenix from Its Ashes? On the Fate and Future of the International Association for the Psychology of Religion, in: PastPsy 52/6, 441–457, hier 455: „It is certain that the psychology of religion, as a branch of psychology in general, is primarily a Western enterprise that has mainly had Christianity as its object of investigation. Hence it must be considered extremely desirable, in the first place, to move other than Christian denominations and phenomena into psychology of religion's field of vision"; K. Helmut REICH / Peter C. HILL (2008): Quo Vadis Psychology of Religion? Introduction to the Special Section, in: Archive for the Psychology of Religion 30, 5–18, hier v.a. 10f. („Challenges Ahead").

daran zu erinnern, dass Seelsorge eine professionell von PfarrerInnen ausgeübte Tätigkeit und spezifisch christliche Form religiös-existentieller Begleitung neben verschiedenen anderen ist. So sind die Begriffe „Seelsorge" im Deutschen und „pastoral care" im Englischen durch und durch christlich geprägt und mit aus dieser Tradition gespiesenen anthropologischen Vorstellungen verbunden.[20] Eine religionspsychologische Perspektive auf Seelsorge kann also deutlich machen, dass sie von der Sache her in allen religiösen Traditionen bekannt ist und deshalb als spezifisch christliche (und nicht als die einzige und bleibend dominante) Ausgestaltung religiös-existentieller Begleitung neben anderen Formen solcher Begleitungen zu verstehen ist.

Was den Nutzen einer spezifisch *psychoanalytischen* Religionspsychologie für die Seelsorge anbelangt, seien zunächst zwei Punkte genannt, die mir im Verlauf der Untersuchung wichtig geworden sind:

1. Psychoanalytisch orientierte Religionspsychologie knüpft an „das Gottes- und Menschenverständnis der jüdischen Tradition [erg. an; IN]. Psychoanalyse und christliche Theologie sind beide deren gemeinsame Erben".[21] Gerade eine psychoanalytisch-religionspsychologische Fundierung von Seelsorge achtet ihre theologischen Wurzeln, nämlich die jüdisch-biblische Anthropologie.

2. Psychoanalytische Religionspsychologie als poimenische Bezugswissenschaft bindet das therapeutische Geschäft bzw. das klinische Interesse zurück an Freuds gesellschaftskritische Intention der Psychoanalyse.[22] Eine psychoanalytisch-religionspsychologisch fundierte Seelsorge hätte deshalb die Möglichkeit, Machtverhältnisse, die Freud primär auf individualpsychologischer Ebene analysierte, auch systemkritisch umfassend zu thematisieren wie dies z.B. in Cooper-White's Seelsorgemodell geschieht, das Jonte-Pace's geschlechterreflektierte psychoanalytisch-religionspsychologische Sicht rezipiert. Sie stellt ein Instrumentarium zur Verfügung, die Seelsorge befähigt, auch *public theology* zu sein.

Die Einordnung von Seelsorge ins Gesamtgefüge religiös-existentieller Begleitungen, die Anknüpfung an die jüdisch-biblische Anthropologie und der Einbezug von Freuds gesellschafts- und religionskritischem Impetus – dies sind drei für mich wesentliche Aspekte, weshalb die Auseinandersetzung mit Religionspsychologie allgemein und insbesondere in ihrer psychoanalytischen Ausrichtung für die Seelsorge von besonderem Wert ist.

Wenn psychoanalytisch orientierte Seelsorge bedeutet, „zentrale methodische

---

[20] Deshalb sollten sie m.E. auch nur für den christlichen Kontext verwendet werden.

[21] RAGUSE (2000), 64. So meint er (ebd.), „daß die Entsprechungen zwischen christlicher Theologie und Freudscher Psychoanalyse sehr groß sind, größer vermutlich als gegenüber anderen Therapieverfahren. Von daher nähert sich die christliche Seelsorge auch der psychoanalytischen Psychotherapie."

[22] Vgl. dazu HEINE (2005), 396: „Die Religionspsychologie kann für den Umgang mit dem Phänomen Religion in der Öffentlichkeit einen Beitrag leisten, der differenzierter ist als die üblichen moralischen Urteile [...]. Gerade aus der Grundlagenforschung lassen sich für pädagogische und politische Strategien neue Perspektiven gewinnen."

und sachliche Einsichten der Psychoanalyse auf derem aktuellen Entwicklungs-
stand (zu) berücksichtigen",[23] so soll als nächstes das Gespräch direkt mit der
zeitgenössischen Psychoanalyse gesucht werden. Zuerst frage ich im Bereich der
psychoanalytisch orientierten Religionspsychologie nach der schon mehrfach
erwähnten Veränderung im Religionsverständnis und nach dem Verbleib von
Freuds Religionskritik (3). Anschliessend wende ich mich der aktuellen Diskussion im klinischen Bereich über die Fragen psychoanalytischer Kompetenzen zu
(4).

3. Zum Paradigmenwechsel in der psychoanalytischen Religionspsychologie

3.1 Winnicott als Meilenstein im psychoanalytischen Religionsverständnis

Schaut man auf die derzeit in der psychoanalytischen Religionspsychologie führenden Konzeptionen – sei es die bahnbrechende klinische Studie „The Birth of
the Living God" (1979) der ursprünglich aus Argentinien stammenden Psychoanalytikerin Ana-Maria Rizzuto,[24] die darauf aufbauende Untersuchung über
Glauben und Gottesbild des katholischen Theologen John McDargh,[25] die verschiedenen Beiträge des Jesuiten und Psychoanalytikers William W. Meissner[26]
oder des Religionsphilosophen und Psychologen James W. Jones[27] –, stets gelangt
man zum Schluss: sie alle fussen letztlich auf Donald W. Winnicotts Theorie vom

---

[23] WAHL (2009[2] [2007]), 229.
[24] Ana-Maria RIZZUTO (1979): The Birth of the Living God. A Psychoanalytic Study, Chicago/IL
      (Univ. of Chicago Press). Vgl. dazu GROM (2007[3] [1992]), 50f.: „Die Kernthese Rizzutos von der
      Entstehung der Gottesvorstellung im Bereich der Übergangsobjekte bezieht sich auf so frühe
      Stadien sprachlicher und bildnerischer Ausdrucksmöglichkeiten, dass sie erfahrungswissen-
      schaftlich, durch Mitteilungen des Kleinkindes, nicht zu belegen oder zu korrigieren ist. Auch
      die Säuglings- und Kleinkindforschung, die übrigens die Annahme einer ursprünglichen Einheit
      von Säugling und Mutter in Frage stellt (Dornes, 1993), kann eine solche Aussage nicht über-
      prüfen, und aus den Erinnerungen von Erwachsenen lassen sich so frühe, angeblich unbewusste
      Gottesvorstellungen nicht zuverlässig rekonstruieren."
[25] Vgl. John MCDARGH (1983): Psychoanalytic Object Relations Theory and the Study of Religion:
      On Faith and the Imaging of God, Lanham/MD (Univ. Press of America).
[26] Vgl. u.a. William W. MEISSNER (1984): Psychoanalysis and Religion, New Haven/CT (Yale Univ.
      Press); DERS. (1987): Life and Faith: Psychological Perspectives on Religious Experience,
      Washington DC (Georgetown Univ. Press); DERS. (1999): To the Greater Glory – A Psychologi-
      cal Study of Ignatian Spirituality, Milwaukee/WI (Marquette Univ. Press).
[27] James W. JONES (1991): Contemporary Psychoanalysis and Religion, Transference and Tran-
      scendence, New Haven/CT (Yale Univ. Press); DERS. (2002): Terror and Transformation. The
      Ambiguity of Religion in Psychoanalytic Perspective, New York (Taylor & Francis). Vgl. ebd., 3:
      „I am neither a Freudian nor a Jungian. I am a professor of religion and a practicing therapist
      with doctorates in both philosophy of religion and clinical psychology. My own commitments
      in both my theorizing about religion and my clinical work are informed by a psychoanalytic
      paradigm that is more relational than Freudian or Jungian in orientation." DERS. (2008): Blood
      That Cries Out From the Earth. The Psychology of Religious Terrorism. Oxford/New York (Ox-
      ford Univ. Press).

Übergangsobjekt.[28] So unterscheidet auch Meissner in seinem Überblicksaufsatz über *„Psychoanalysis and Religion"* Freud, Winnicott und „Beyond Winnicott":[29]

„Winnicott's analysis of transitional phenomena and his suggestion that the realm of transitional experience included cultural experience led to a definitive break with the Freudian tradition. [...] The traditional dialogue had faltered on an almost Cartesian split between subjectivity and objectivity. One might have caricatured Freud's approach in terms of its insistence on the subjectivity of religious experience – that is, Freud regarded religious beliefs and experiences exclusively as products of inner mental life without objective reference. Diametrically opposed was the conviction of religious thinkers that their beliefs had objective reference and truth-value. [...] Winnicott made it possible to understand that the subject-object split could be surpassed and supplanted by a way of understanding religious phenomena that declined this dichotomy. Like the transitional object of the child, religious objects could be regarded as transitional, and therefore as neither subjective nor objective."[30]

Den entscheidenden Paradigmenwechsel im Verhältnis von Psychoanalyse und Religion ist zweifellos dem englischen Kinderarzt Donald Woods Winnicott (1896–1971) zu verdanken. Er absolvierte eine Analyse bei James Strachey und leitete vierzig Jahre lang die Psychiatrische Kinderklinik in London.[31] Er gehörte u.a. neben Michael Balint zu den Protagonisten der sog. englischen *middle group*, die sich im Zuge der Konflikte, die zwischen orthodoxen Freudianern und Anhängern Kleins in der Britischen Psychoanalytischen Gesellschaft ausgebrochen waren, keinem Lager anschliessen wollte und sich zwischen den Fronten positionierte.

Mit seiner Entdeckung und Beschreibung des sog. „Übergangsobjekts" („transitional object"), das die Mutter zugleich repräsentiert als auch ersetzt, und somit dem Kind ermöglicht, es zumindest eine gewisse Zeit lang ohne sie als primärer Bezugsperson auszuhalten, erzielte Winnicott einen Durchbruch im psychoanalytischen Verständnis von Religion.[32] Im Übergangsraum zwischen Mutter und Kind siedelte Winnicott das Reich der Illusionen an. Sie kennzeichnet, dass sie weder subjektiv noch objektiv sind. Die Mutterbrust, die sich dem Kind idealerweise dann genau zuwendet, wenn es Hunger hat, ist zugleich eine subjektive Schöpfung als auch eine objektive Realität. Sie ist eine subjektive Schöpfung, weil

---

[28] Zu einer pointierten Kurzbesprechung dieser Konzeptionen vgl. BOBERT-STÜTZEL (2000), 92–99, aber auch SANTER (2003), 229–272. Zu Rizzuto siehe auch die Arbeiten von Constanze THIERFELDER (1998): Gottesrepräsentanz. Kritische Interpretation des religionspsychologischen Ansatzes von Ana-Maria Rizzuto, Stuttgart u.a. (Kohlhammer). Auf Winnicotts Bedeutung für genderreflektierte Religionspsychologie wurde schon im Zusammenhang mit Jonte-Pace hingewiesen (siehe oben IV.3.3).

[29] MEISSNER (2000), 60.

[30] MEISSNER (2000), 60.

[31] Zu seiner Biografie vgl. Brett KAHR (1996): D.W. Winnicott: A Bibliographical Portrait, Madison/CT (Int. Universities Press); Jan ABRAM (2008): Donald Woods Winnicott (1896–1971), in: Int. J. Psychoanal. 89, 1189–1217.

[32] Vgl. Donald W. WINNICOTT (1951): Transitional Objects and Transitional Phenomena, in: Int. J. Psychoanal. 34, 89–97, dt.: Übergangsphänomene und Übergangsobjekte, in: DERS. (1979): Vom Spiel zur Kreativität, Stuttgart (Klett-Cotta), 10–36.

die Brust just dann auftaucht, wenn das Kind Hunger hat und für das Kind so mit seinem Bedürfnis gekoppelt erscheint, dass das Kind meint, sie selbst geschaffen zu haben. Sie ist objektive Realität, da sie als Körperteil der Mutter real existiert. Übergangsobjekte sind demnach nie bloss subjektiv oder objektiv, sondern stets beides. Die Frage nach dem Realgehalt eines Übergangsobjekts stellt sich nicht. Sie ist irrelevant.

Winnicott weitete seine Untersuchungen auf Übergangsphänomene aus. Gerade im Spiel im sog. intermediären Raum („potential space"), der zwischen seelischer Innenwelt und äusserer, gemeinsamer Realität vermittelt, übt das Kind.[33] Es kreiert imaginäre Bedeutungswelten. Entscheidend ist nun, dass Winnicott sich von Freuds normativer Beurteilung von Illusionen abwendet und sie einerseits als entwicklungspsychologische Notwendigkeit gelten lässt, diese aber auch einem menschlichen Bedürfnis nach Symbol, Kunst und Religion entsprechen. „Without illusion and its correlative creativity, human existence would be bleak indeed."[34] So „würdigt" Winnicott Illusionen „als eine für das menschliche Wesen notwendige Möglichkeit, ein bleibendes Grundproblem auch dann kreativ zu bewältigen, wenn die Bedeutung der frühen Übergangsobjekte schwindet."[35]

Galt es bisher, Freuds Kritik zu entgegnen, dass auch der Nachweis eines bestehenden korrelierenden Zusammenhangs, nämlich zwischen menschlichem Wunsch und Religion, noch kein Beweis für eine Kausalitätsrelation (Religion leitet sich vom menschlichen Wunsch ab) ist, so lässt Winnicott diese Hermeneutik des Verdachts hinter sich. Das Denken in Übergangskonzepten ermöglicht eine Dialektik des Sowohl-als-auch statt des Entweder-oders. So bezeichnet Martin Weimer Winnicott als „den Denker des ‚sowohl – als auch', nicht der des ‚Entweder – oder'. [...] Mit Winnicott aber kommt nun die Psychoanalyse im 20. Jahrhundert an."[36]

Ein Hinweis, auf den man in der Literatur zuweilen stösst, der aber bisher nirgends zum Anlass einer weitergehenden Untersuchung geworden ist, handelt von der ersten Begegnung Winnicotts mit der Psychoanalyse. Während seines Medizinstudiums las er Oskar Pfisters *Die psychanalytische Methode*, die 1915 ins Englische übersetzt und in London veröffentlicht worden war.[37] Sie war sein allererster Kontakt mit der Psychoanalyse, und sie kann als „Urszene" der Wurzel des Übergangsobjekts bzw. des intermediären Raums gelesen werden.[38] Ein

---

33   „Es ist ein dritter Bereich zwischen Innen und Aussen. Beim Kind war der Raum der Übergangsphänomene und der Illusion von zeitweiliger Einheit. Und beim Erwachsenen tritt an seine Stelle die kulturelle Welt." RAGUSE (1994), 165.

34   MEISSNER (2000), 59.

35   HEINE (2005), 202.

36   WEIMER (2001), 117. Gerade in diesem ‚sowohl – als auch' sieht Weimer „Winnicotts verborgene Theologie." Vgl. ebd., 121.

37   F. Robert RODMAN (1995): Einleitung zu Donald W. Winnicott: Die spontane Geste, Stuttgart, 11. Freud und der bekannte Religionspsychologe Stanley Hall hatten je eine Einführung verfasst. Vgl. oben S. 60f. WEIMER (2001), 129f.

38   Vgl. KAHR (1996), 35f.: „Medical school not only provided Winnicott with a basis for his later professional activities, but during this period, he also had the opportunity to encounter the work

näherer Blick zeigt nämlich, dass Winnicott mit Pfister einiges verbindet. Zum Offensichtlichsten zählt, dass Winnicott „[ä]hnlich wie Oskar Pfister [...] versucht [...], seine grundlegend positive Beziehung zur (christlichen) Religion mit der Psychoanalyse zu vereinen (sowohl als auch!).“[39] Weimer meinte: „Man hätte das erleben mögen: Winnicott trifft Pfister. Ich bin sicher, beide hätten sich wunderbar verstanden. Glaubten nicht beide, dass die Liebe grösser ist als der Hass?“[40] Beide lehnten auch Freuds Todestriebhypothese ab, die ihrer sehr ähnlichen Anthropologie widerstrebte. Winnicott besuchte just bei dem Arzt eine Analyse, der Pfisters Handhabung der Übertragung und Gegenübertragung am nächsten kam, nämlich James Strachey.[41] Strachey durch seine hervorgehobene Rolle als Arzt und Pfister als „religiöse Figur“ arbeiteten mit der Übertragung, indem sie aus einem rigiden und strengen Über-Ich ein milderes, dem Menschen freundlicher zugewandtes zu machen suchten.

Pfisters Kontakte nach England und die englische Pfister-Rezeption sind ein noch dringend zu erforschendes und m.E. vielverprechendes Gebiet. Sicher ist, dass Pfister zumindest einen Nährboden für jene Gedanken bildete, die dann bei Winnicott ausformuliert und die Grundlage einer psychoanalytischen Neukonzeptualisierung von Religion wurden. So war es Pfister, der die Einseitigkeit von Freuds triebtheoretischem Konzept hervorstrich, und es war Pfister, der 1928 schon auf „die innige Verquickung des Wunsch- und Realdenkens“ hinwies und „die Frage auftauchen (sah), ob es in der Religion, wie in einem sehr großen Teil der Wissenschaft überhaupt, eine reinliche Entmischung gibt, oder ob nicht in beiden Gebieten das Realdenken sich in weitem Umkreis vergeblich abmüht, die reine Gegenständlichkeit jenseits des Wünschens oder aus dem Wunschergebnis herauszuschälen.“[42]

Sabine Bobert-Stützel hält es für „erstaunlich, dass gerade der objektbeziehungspsychologische Ansatz in der deutschsprachigen theologischen Diskussion

---

of Sigmund Freud and the field of psychoanalysis for the first time – a discovery that would prove transformational. It seems that Winnicott used to remember his dreams quite well, but after the First World War he lost the capacity to do so, and this worried him. In an effort to seek some assistance with this personal predicament, Winnicott went to [...] the leading bookshop and lending library in London [...] and he requested a book on dreams [...]. The librarian [...] offered Winnicott a book by the philosopher Henri Bergson, but this proved of little immediate value. When he returned this volume, a member of the staff recommended instead a book written by the Swiss pastor and psychoanalyst Oskar Robert [sic, IN] Pfister – presumably Pfister's (1913) textbook on psychoanalysis, which first appeared in English translation in 1915 under the title *The Psychoanalytic Method*. Shortly thereafter, in 1919, Winnicott read the English translation of Freud's magnum opus, *Die Traumdeutung* [...]. Although Winnicott initially had planned to become a country doctor after he received his medical qualifications, the books by Pfister and Freud absolutely captivated him, and he knew at once that psychoanalysis would have to feature in his life in some way“.

[39]   WEIMER (2001), 129f.
[40]   Ebd.
[41]   Vgl. oben S. 105 [Anm. 281].
[42]   PFISTER (1928), 103.

erst spät zur Wirkung kam, zumal diese Richtung in ihrer Entstehungsgeschichte auf theologische Anregungen zurückgegriffen hatte."[43]

3.2   Zur Frage nach dem Verbleib von Freuds Religionskritik

1995 formulierte *Klaus Winkler* vier Thesen im Hinblick auf die neuere psychoanalytische Religionspsychologie. In seiner ersten – in ihrer Allgemeinheit anfechtbaren – These, die sich jedoch nicht speziell auf die psychoanalytische, sondern auf die Religionspsychologie insgesamt bezieht, hält er fest: „Religionspsychologie schließt grundsätzlich ein religionskritisches Moment ein".[44] Ob Religionspsychologie „grundsätzlich" ein solches Moment einschliesst, halte ich für zweifelhaft. Ohne Zweifel jedoch hat sich mit den neuen Möglichkeiten seit Winnicott, Religion zu verstehen, das kritische Element Freuds zurückgebildet.

In seiner zweiten, spezifischeren These schreibt Winkler: „Tiefenpsychologische Religionspsychologie zeichnet sich dadurch aus, daß sie [...] auch im Hinblick auf religiöses Erleben der spekulativen Grösse ‚Unbewußtes' eine entscheidende Rolle zumißt."[45] Grundlegend ist der Umstand, dass moderne Psychoanalyse trotz Freuds Einseitigkeit seiner Religionspsychologie und -kritik eine „veränderte Einstellung zu für Freuds Religionskritik ausschlaggebenden Phänomen ‚Regression'" hat.[46] Regression ist auch (re-)kreativer Raum. Insbesondere Winnicott und sein „intermediärer Raum" und „Übergangsobjekt" ermöglichen ganz neue Perspektiven auf Entstehen und Entwicklung religiösen Erlebens.[47] Das zentrale Anliegen Winklers liegt in der Warnung, Freuds Religionskritik für erledigt zu halten angesichts der Modifikationen und Weiterentwicklungen der Psychoanalyse gerade im Hinblick auf Religion:

„Gerade diese Veränderungen [...] sollten [...] nicht zu dem Kurzschluß führen, die Freud'sche Religionskritik habe sich somit ‚erledigt'!"[48]

„Das zentrale religionskritische Element" in Freuds religionspsychologischem Schrifttum sieht Winkler im Umstand, dass kein Mensch, egal welchen Alters und welcher Herkunft, um die Macht des Wunsches umhinkommt:

---

[43]   BOBERT-STÜTZEL (2000), 75. Pfister bleibt unerwähnt. Vgl. auch SANTER (2003), 215. Anders als Bobert-Stützel findet Martin Weimer, Winnicott werde heute „zu viel gedudelt – wie Mozart in der Warteschleife am Telefon, wenn man keine Verbindung kriegt." WEIMER (2001), 115f.

[44]   Klaus WINKLER (1995): Anmerkungen zur neueren psychoanalytischen Religionspsychologie, in: Pastoraltheologie 84/1, 3–14, hier 3.

[45]   Ebd., 4.

[46]   Ebd., 8.

[47]   Vgl. hierzu v.a. Hans-Günter HEIMBROCK (1977): Phantasie und christlicher Glaube. Zum Dialog zwischen Theologie und Psychoanalyse, München (Kaiser).

[48]   WINKLER (1995), 9.

„In Tag- und Nachtträumen setzt er ein Lebelang [sic; IN] der alltäglichen Realität dieser Welt gezielt die Illusion einer anderen, einer ,wünschenswerten' Befindlichkeit entgegen. Ihren deutlichsten Niederschlag findet diese Illusion in der Religion."[49]

Winkler weist auf neueste Erkenntnisse in der psychoanalytischen Theorieentwicklung hin und meint, dass gerade „die präödipalen Zuordnungs- und Erklärungsmodelle einen neuen Verstehenshorizont eröffnen."[50] Doch die Religionskritik bleibt: „Wird doch mit den neuren Erkenntnissen eine funktionalistische Betrachtungsweise der Religion unter rein psychologischem Vorzeichen mitnichten relativiert oder gar ausgesetzt!"[51] In der Betonung des „extra nos" sieht Winkler die Herausforderung der Theologie für die Psychoanalyse und gegenüber allen Humanwissenschaften. Dem stimmt Meissner zu und hält für die Zukunft fest:

„Psychoanalysts must be sensitive to the limits of analytic understanding and method. The psychoanalytic perspective is at best limited and partial – it does not and should not attempt to explain everything, and what it explains is only one dimension of a complex and dense reality. By the same token, theologians and students of religion cannot assume that their analyses and interpretations encompass the full meaning and significance of their subject matter. Whatever the dogmatic or theological implications of a given religious belief or formulation, there are additional reverberations concerning the interpenetration of beliefs, values, and dogmatic truths with human intentionalities and motivations. These reverberations are the province not only of theology but also of psychology. The boundaries between psychoanalysis and religion must remain intact if the dialogue is to have meaning without unneccessary confusion or obfuscation."[52]

Eine psychoanalytisch-religionspsychologische Fundierung verleiht Seelsorge im Anschluss an diese Aussagen ein Profil, wie es Ulrike Wagner-Rau in Aufnahme Scharfenbergs zeichnete:

„Es gehe nicht darum, die pfäffische Autorität zu nutzen, um die Glaubensaussage in der Seelsorge zu untermauern. Man dürfe nicht so viel wissen, sondern müsse vielmehr [...] den Raum für das Nichtwissen lassen. Insgesamt gehe es nicht primär darum, Antworten zu geben [...], sondern in eine Solidarität gemeinsamer Ratlosigkeit bzw. gemeinsamen Fragens nach der Wahrheit einzutreten."[53]

Seelsorge auch religionspsychologisch und nicht bloss pastoralpsychologisch zu fundieren, heisst, die Spannung zwischen verschiedenen Realitäten, faktischen, erfundenen, erhofften, erfahrenen, erlittenen und ersehnten, zu erhöhen. Die Ambivalenz von Religion tritt schärfer hervor. Wo in der Psychoanalyse die Abstinenzregel ihren notwendigen Platz als kritische Instanz einnimmt, da ist es

---

[49] WINKLER (1995), 7.
[50] Ebd., 12.
[51] Ebd., 13.
[52] MEISSNER (2000), 65f.
[53] WAGNER-RAU (2008), 27. Vgl. SCHARFENBERG (1991[5] [1972]), 64, der von der „Solidarität einer gemeinsamen Fragens nach Wahrheit" sprach.

in der Theologie der Zweifel und in der Seelsorge das eben erwähnte Nichtwissen. Dieses jedoch ermöglicht eine wechselseitige Kritik und Korrektur – einen Dialog, der diesen Namen verdient.

4. Zur Übertragbarkeit psychoanalytischer Kompetenzen

Mit zu den Langzeitfolgen von Freuds Offenheit bzw. zu ihrer Kehrseite gehört u.a. der Umstand, dass bis vor kurzem noch kein Bemühen um eine objektive Bewertung psychoanalytischer Kernfähigkeiten zu erkennen war: „Erst in allerjüngster Zeit werden explizite Kriterien bei der Beurteilung psychoanalytischer Kompetenz erarbeitet (Körner 2003; Tuckett 2005; Will 2006)."[54] Der Versuch, schulübergreifende „Übereinstimmungen in Basisfragen des psychoanalytischen Handelns explizit zu formulieren", kennzeichnet die neueste Entwicklung in der Psychoanalyse, die David Tuckett auf einen „Liberalisierungsprozess" zurückführt.[55] Nach Tuckett hätten die bestehenden „Beurteilungskriterien wenig zu tun [...] mit Transparenz, Fairness oder Nutzen."[56] Während die bisherige „Suche nach Qualifikation" „sachverhaltszentriert" gewesen sei, „orientiert sich die Suche nach Kompetenz am handelnden Subjekt."[57] Kompetenzen wiederum „entstehen aus der Verschränkung von Wissen mit Erfahrungen, die in subjektiv bedeutsamen Erlebensprozessen gemacht werden."[58] Dabei ist klar, dass „[...] das Erlernen der Psychoanalyse nicht nur mit praktischen Fertigkeiten, sondern in einem ganz besonderen Ausmaß mit einer Entwicklung der Persönlichkeit verbunden ist [...]. [...] Hauptziel der Ausbildung [ist], sich unbewussten Prozessen öffnen zu lernen".[59]

Will unterscheidet in Aufnahme von Tuckett (2005) drei „miteinander verknüpfte Rahmenbedingungen des psychoanalytischen Arbeitens":

der „teilnehmend-beobachtende Rahmen bezieht sich darauf, wie Unbewusstes wahrgenommen werden kann, während Analytiker und Patient zusammen sind",[60] der „konzep-

---

54 THOMÄ (2007), 284.

55 WILL (2006), 13. Zur Methodik und zur Diskussion („neue Normierung und Über-Ich-Variante"?) um diesen Katalog vgl. ebd., 21.
David TUCKETT (2007): Ist wirklich alles möglich? Über die Arbeit an einem System zur transparenteren Einschätzung psychoanalytischer Kompetenz, in: Forum Psychoanal 23, 44–64, hier 44. Früher erschienen (2005): Does anything go?, in: Int. J. Psychoanal. 86, 31–49.

56 TUCKETT (2007), 45. Ebd., 62: „Fakt ist, dass wir gegenwärtig über Kompetenz intuitiv urteilen, d.h. oft nach impliziten Regeln vorgehen."

57 WILL (2006), 15f. Vgl. ebd.: „Sie versucht, kompetente Praxis in einzelne Fähigkeiten zu zerlegen, diese zu definieren, prüfbar und gezielt veränderbar zu machen."

58 WILL (2006), 16.

59 WILL (2006), 17.

60 Vgl. ebd., 23: „Der Analytiker ist dabei einerseits mit dem Patienten zusammen und in die aktuelle Beziehung involviert (‚teilnehmend'). Andererseits ist er damit beschäftigt, das, was er hört, erlebt, phantasiert, handelt und erspürt, ‚beobachtend' wahrzunehmen. So oszilliert er psychisch zwischen einer teilnehmenden und einer beobachtenden Haltung. [...] Dabei nutzt er

tuelle Rahmen lenkt den Blick darauf, wie Unbewusstes mithilfe von impliziten oder expliziten Theorieelementen konzeptualisiert wird", und der *„Interventionsrahmen [...] führt zur Frage, wie Unbewusstes angesprochen oder in Worte gefasst werden kann."*[61]

Dieser Dreischritt setzt folgende Fähigkeiten voraus:

„1. Wahrnehmen: Eine äussere und innere Situation herstellen, in der relevantes Material (Affekte, unbewusste Bedeutungen und Beziehungserleben) auftauchen und im Zusammensein mit den Patienten erspürt werden kann.
2. Nachdenken: Das Gespürte konzeptuell erfassen (sei es implizit oder explizit).
3. Sprechen: Auf der Basis dessen Deutungen formulieren sowie deren Wirkung wahrnehmen und damit arbeiten."[62]

Grundlage der nun folgenden Kompetenzliste bildete die Auswertung von 30 Stellungnahmen von 19 LehranalytikerInnen und SupervisorInnen zwischen 2000 und 2004 an der Akademie für Psychoanalyse und Psychotherapie in München, die ein Institut der *Deutschen Gesellschaft für Psychoanalyse, Psychotherapie, Psychosomatik und Tiefenpsychologie (DGPT)* ist. Zehn Basisfertigkeiten, die Tucketts Dreischritt zugeordnet werden, bildeten einen Konsens:

„Der teilnehmend-beobachtende Rahmen
1. *Die Fähigkeit zur gleichschwebenden Aufmerksamkeit und Zurückhaltung*
2. *Die Fähigkeit, mit der Gegenübertragung zu arbeiten*
3. *Die Fähigkeit zur psychoanalytischen Interaktion und Intersubjektivität*
4. *Die Fähigkeit, eine als hilfreich erlebte Beziehung herzustellen*
5. *Die Fähigkeit, mit Angst, Spannungen und Konflikten umzugehen*
6. *Die Fähigkeit, den Patienten psychischen Raum und Entwicklungsfreiheit zu geben und sie nicht durch eigene Bedürfnisse oder Unzulänglichkeiten einzuschränken*
Der konzeptuelle Rahmen
7. *Die Fähigkeit, einen analytischen Prozess einzuleiten, zu gestalten und zu beenden*
8. *Die Fähigkeit theoretische Konzepte heranzuziehen*
9. *Die Fähigkeit zur Selbstreflexion*
Der Interventionsrahmen
10. *Die Fähigkeit, in förderlicher Weise zu deuten."*[63]

Ist es nun möglich, psychoanalytische Basiskompetenzen auf ihre Anwendbarkeit in der Seelsorge zu untersuchen, ohne sie dadurch zu einem Hilfsmittel der Seelsorge zu degradieren und stattdessen „in ihrem eigenen, fremden Anspruch ernst" zu nehmen?[64] Und wenn dies für möglich erachtet werden sollte, *welche* psychoanalytische Richtung nähme man zur Grundlage? *Die Psychoanalyse gibt*

---

die drei geläufigen Wahrnehmungskanäle des Zuhörens (gleichschwebende Aufmerksamkeit), der Emotionalität (Gegenübertragung) und der Handlungssprache (Interaktion, Szene)."
[61] WILL (2000), 22.
[62] WILL (2000), 23.
[63] WILL (2000), 25.
[64] MORGENTHALER (2007), 66.

es schon lange nicht mehr, es existiert lediglich eine Vielzahl unterschiedlicher auch behandlungstechnischer Schul- und Theorierichtungen.

Mit der Erarbeitung dieses Kompetenzenkatalogs, der „die Fachterminologie einzelner Theorie- und Therapieansätze zu vermeiden (sucht)", wurde ein wichtiger Schritt in Richtung auf eine gemeinsame Basis über Schul- und Theorierichtungen hinweg gemacht.[65] Indem nicht – wie sonst üblich – Differenzen herausgearbeitet und elaboriert werden, sondern der Fokus auf Gemeinsames, Integrierendes und Verbindendes gerichtet wird, eröffnen sich auch für die Seelsorge neue Chancen und Anknüpfungsmöglichkeiten, ohne dass sie unter Verdacht gerät, bloss herauszupicken, was ihr bekömmlich ist.

Der Hauptgrund, weshalb Seelsorge an diese Liste anknüpfen kann, liegt jedoch woanders: Während von psychoanalytischer Seite erst in allerjüngster Zeit professionelle Kompetenzen systematisiert und explizit gemacht werden, hat sich die Seelsorge diesem Thema schon seit längerem gewidmet. Was Will in Aufnahme von Tuckett als Dreischritt formuliert, existiert im Seelsorgediskurs um berufliches Rollenhandeln u.a. als „Wahrnehmungskompetenz", „Gesprächskompetenz", „theologische Kompetenz", „symbolische oder Deutungskompetenz", „rituelle Kompetenz" und „personale Kompetenz".[66]

Seelsorge und Psychoanalyse bezeichnen zweifelsohne unterschiedliche Handlungsfelder.[67] Die von Raguse erwähnte „evangelische Botschaft", die „zumindest im Hintergrund" den „Verstehenshorizont" bildet, unterscheidet Seelsorge deutlich von Psychoanalyse.[68] Letzterer dient die psychoanalytische Theorie als „Erklärungshorizont, und die spezifische analytische Situation ist der Ort, an dem Analyse überhaupt nur stattfinden kann."[69] Heribert Wahl fragt zu Recht: „Welcher Gemeindepfarrer weist die nur durch jahrelange Ausbildung zu erwerbende Kompetenz auf, um in kurzen, fokaltherapeutischen Beratungen oder gar in analytischen Langzeitbehandlungen mit Menschen arbeiten zu können?"[70]

Trotz beträchtlicher Unterschiede weist der Psychoanalytiker und Theologe Hartmut Raguse darauf hin, dass sich die konkreten Ziele von Seelsorge und Psychoanalyse dennoch in einigem sehr ähnlich sind.[71]

---

[65] WILL (2000), 25f.

[66] KLESSMANN (2008), 325ff.

[67] Vgl. Hartmut RAGUSE (2000): Grenzübertritte zwischen Seelsorge und Psychoanalyse, in: Markus BASSLER (Hg.): Psychoanalyse und Religion. Versuch einer Vermittlung, Stuttgart (Kohlhammer), 53–65, hier 53.

[68] Ebd. Vgl. ebd., 57: „Unterschied […] liegt darin, daß die theoretischen Vorverständnisse sich deutlich voneinander unterscheiden."

[69] Ebd.

[70] WAHL (2009² [2007]), 228.

[71] Vgl. RAGUSE (2000), 60. Der Heilige Geist wird z.T. zur Entsprechung der „guten Brust" in der Psychoanalyse, der Verzicht auf die Theodizee entspreche der „Anerkennung des elterlichen Geschlechtsverkehrs als eines im höchsten Maße schöpferischen Aktes" (60) bzw. der Verzicht darauf, das elterliche Geheimnis lüften zu müssen und „die Auflösung der ödipalen Situation" (62), die Anerkennung des Todes sei beiden sicher. Raguse erläutert „Analogie[n] zwischen analytischen Zielsetzungen und theologischen Grundüberzeugungen" (63). Sie gelten ihm von Seiten der Psychoanalyse als vorausgesetzt. „Beide Wissenschaften sprechen verschiedene Sprachen, die sich aber teilweise ineinander übersetzen lassen." Ebd.

War es einst die Übertragung, der die Hauptaufmerksamkeit in der therapeutischen wie in der analytisch orientierten Seelsorge-Begegnung galt, so ist es in dieser Liste die Gegenübertragung. Sie „erschliesst die Emotionen beider Beteiligten".[72] Nicht mehr der Patient oder die Seelsorge Suchende stehen im Fokus, sondern die therapeutische bzw. seelsorgliche Beziehung. Was Scharfenberg noch als „das bevorzugte Arbeitsfeld des Pastoralpsychologen"[73] bezeichnete, nämlich sog. religiöse Übertragungen, wird nun im Bewusstsein um den interaktiv-kommunikativen Charakter der Seelsorgebeziehung zur Seelsorgearbeit mit der Gegenübertragung.

Seelsorglich mit der Gegenübertragung zu arbeiten, kann dann z.B. heissen, in der Rolle und in der Verantwortung als kirchlich-theologische Funktionsträgerin – als von der Kirche beauftragte Seelsorgerin – bzw. als sog. „religiöse Figur" eigene Wünsche, Stimmungen und Hoffnungen, Bilder und Phantasien, spontane körperliche Regungen und Emotionen, Sehnsüchte und Gedankenblitze, Melodien und Träume etc. wahrzunehmen, in Zusammenhang mit der Seelsorgesituation, mit der Seelsorge suchenden Person und mit sich selber zu bringen und auf ihren religiösen Gehalt hin zu befragen. Seelsorglich mit der Gegenübertragung zu arbeiten heisst, sich selbst als Teil der Seelsorgesituation und -beziehung zu begreifen. Eine solche Kompetenz wird inhaltlich in der Seelsorgemethode von Cooper-White gefordert und umrissen.

Die von Herbert Will veröffentlichte Kompetenzenliste fokussiert die Zweierbeziehung im analytischen Setting. Dabei richtet sie das Augenmerk insbesondere auf die Selbstkompetenz des Psychoanalytikers. Da auch in ihrer seelsorglichen Abwandlung nach heutiger Auffassung „das wichtigste Instrument seelsorglicher Arbeit [...] die Persönlichkeit des Seelsorgenden selbst" ist, erhält die Gegenübertragung den zentralen Stellenwert, den einst die Übertragung hatte.[74]

Seelsorge – welcher Richtung auch immer – wird jedoch nicht bei der Reflexion der seelsorglichen Zweierbeziehung und der Selbstkompetenz stehen bleiben, sondern verschiedene Dimensionen von Seelsorge, u.a. den kirchengemeindlichen und auch gesamtgesellschaftlichen Horizont miteinbeziehen.[75] Sie wird im Sinne spezifischer psychosystemischer Beziehungs- und Kontextkompetenz Seelsorgende befähigen, „sich in ihrem Umfeld professionell zu vernetzen und Beziehungen zu Berufskolleginnen und -kollegen, zu Angehörigen anderer Berufsgattungen und Angestellten von Institutionen wie Krankenhaus oder Gefängnis kooperativ zu gestalten."[76] Sie wird Kirche als seelsorgliche Ressource auch beanspruchen und u.a. strukturell bedingte Ungerechtigkeiten kritisch hinterfragen. Der Sozialbezug, das Wissen um das eigene kirchliche Eingebundensein und um das Eingebundensein der Kirche, gehört wesentlich zu einer Identität als Seelsorger/-in.

---

[72] WILL (2006), 31.

[73] SCHARFENBERG (1990² [1985]), 118.

[74] MORGENTHALER (2009), 227.

[75] Zu den fünf Dimensionen von Seelsorge (Beziehung, Person, Themen, Kontext, Transzendenz) vgl. MORGENTHALER (2009), 22–25.

[76] MORGENTHALER (2009), 226ff.

Freud schrieb 1927 an Pfister:

„Sie als Seelsorger haben natürlich Recht, alle Hilfstruppen, die Ihnen verfügbar sind, heran-
zuziehen. Wir müssen als Analytiker zurückhaltender sein und den Hauptakzent auf die
Bemühung verlegen, den Patienten selbständig zu machen [...].Aber ich bin auch sonst nicht
so weit von Ihrem Standpunkt, wie Sie meinen. Sie wissen, welche Neigung die Menschen
haben, Vorschriften wörtlich zu nehmen."[77]

Freud erkannte und anerkannte, dass der Seelsorger einen grösseren Handlungs-
spielraum hat als ein Psychoanalytiker. Als religiöse Symbolfigur stehen ihm – in
der kriegsgeschwängerten Semantik Freuds – spezifische „Hilfstruppen" zur
Verfügung, auf die der Psychoanalytiker nicht zurückgreifen kann. Aus poimenischer Perspektive wird hier nun v.a. auf die sog. „spirituell-theologische Kompetenz" hinzuweisen sein. Sie zeichnet professionelle Seelsorgende aus. Sie

„beinhaltet die Wahrnehmung, Reflexion und Gestaltung dieses Transzendenzbezugs. Sie
umfasst die Fähigkeit, sich selbst und das Gegenüber in der je spezifischen Beziehung zu
einer transzendenten Wirklichkeit bewusst wahrzunehmen, Menschen seelsorglich bei der
Entwicklung ihrer je eigenen religiösen Kompetenz und Spiritualität zu unterstützen und
auch die eigene Glaubenshaltung weiterzuentwickeln. [...]
Das setzt voraus, dass Seelsorgende selbst ihre Beziehung zu Gott als umfassende Wirklich-
keit gestalten und leben und sich immer neu in einem umfassenden Vertrauen zentrieren.
*Spirituell-theologische Kompetenz umfasst zudem die Fähigkeit, **die eigene Rolle als reli-***
giöse Übertragungsfigur zu erkennen, ein Amt im kirchlich-institutionellen Rahmen in
produktiv-kritischer Form zu übernehmen und mit der damit verbundenen Beziehungs-
***dynamik umzugehen** – etwa mit spirituellen oder magischen Erwartungen, aber auch mit*
Gefühlen der Enttäuschung und Wut, welche Seelsorgende als Vertreter von Kirche oder
Gott auslösen. Eine wichtige Dimension dieser spirituellen Kompetenz ist zudem die be-
wusste theologische Reflexion und Verankerung des seelsorglichen Geschehens im Horizont
biblischer und kirchlicher Traditionen."[78]

Hier zeigt sich, dass von seelsorglicher Seite her gerade das grundlegende Phänomen von Übertragung und Gegenübertragung eine doppelte Kompetenz
erfordert: aufgrund der spezifischen – religiösen – Übertragungen, die Seelsorgende auslösen können, benötigen sie ausser einer personalen auch eine besondere, nämlich theologisch-spirituelle Kompetenz.

Bei allen Positionierungen und Favorisierungen dieser oder jener psychoanalytischen Richtung (oder dieses oder jenes Seelsorgekonzepts!) sei zum Schluss
an Ralf Zwiebel erinnert, der meinte:

„Der moderne Analytiker ist nicht Freudianer, Kleinianer oder gar Bionianer, sondern
‚integriert' diese Modelle in der klinischen Situation je nach der spezifischen Problematik
seines Analysanden, seiner eigenen Möglichkeiten und Grenzen und der einmaligen, ak-
tuellen analytischen Situation."[79]

---

[77]   Brief Freuds an Pfister vom 22.10.1927 (F/P, 120).
[78]   MORGENTHALER (2009), 228f. Hervorhebung IN.
[79]   Zit. nach Herbert WILL (2006a): Psychoanalytische Kompetenzen. Standards und Ziele für die
        psychotherapeutische Ausbildung und Praxis, Stuttgart (Kohlhammer), 12 (Anm. 2).

Damit sei „keine theoretische Beliebigkeit verbunden [...], sondern im Gegenteil eine undogmatische Offenheit für das spezifische Verstehen der aktuellen Dringlichkeit der jeweiligen analytischen Situation."[80] Von dieser Offenheit legt gerade die Seelsorge in der Vielzahl ihrer Konzepte, von denen das psychoanalytisch orientierte ein dominantes ist, beredt Zeugnis ab.

Wenn am Anfang dieser Untersuchung die Frage von Peter Gay stand, ob denn Psychoanalyse eine Kunst, eine Wissenschaft oder ein Schwindel sei, so hat ihre Rezeption in der deutschsprachigen und US-amerikanischen Pastoral- und Religionspsychologie gezeigt, dass alle drei Antworten möglich sind, dass sich in ihnen aber die bleibende Bedeutung Freuds und der Psychoanalyse längst nicht erschöpft.

---

[80] Ebd. Interessant ist in diesem Zusammenhang der Hinweis auf die empirische Studie von Victoria HAMILTON (1996). Sie befragte 65 AnalytikerInnen verschiedener Schulrichtungen in London und Nordamerika und fand heraus, dass die 34 nordamerikanischen AnalytikerInnen im Gegensatz zu den LondonerInnen sich nicht eindeutig einer Schule zuordnen liessen, sondern eklektisch vorgingen. Vgl. WILL (2006a), 13 (Anm. 2).

Anhang

Zum Buch von Herman Westerink (2009): Controversy and Challenge. The Reception of Sigmund Freud's Psychoanalysis in German and Dutch-speaking Theology and Religious Studies, Wien (LIT Verl.), 322 S.

Die Habilitationsschrift von Herman Westerink ist fast zeitgleich zu meiner erarbeitet worden. Ich vermochte sie nicht mehr rechtzeitig einzuarbeiten. Da wir verschiedene Zugänge verwenden und es nur gewisse Überschneidungen im deutschsprachigen Teil gibt, haben wir in Wien vereinbart, unabhängig voneinander unsere Studien zu betreiben. Westerink verfolgt einen primär ideengeschichtlichen und theologischen Zugang, ich einen historischen und praktisch-theologischen Zugang. Dabei hält Westerink fest: „My reading of Freud is relatively undogmatic – as a non-psychoanalyst I am not affiliated to a specific psychoanalytic school or association. I consider the latter fact an advantage when one wants to read Freud with an open-mind" (8f.). Wichtig scheint mir in Zusammenhang mit Freud und seiner Religionskritik, die eigene theologische Standortgebundenheit zu deklarieren: wir sind beide ordinierte Pfarrer/-innen einer protestantischen westeuropäischen Kirche.

Westerinks Studie gliedert sich in sechs Kapitel. In einem ersten und für das Verständnis der gesamten Untersuchung grundlegenden Kapitel erläutert er „Freuds theories and ideas on religion", deren Dreh- und Angelpunkt das Schuldgefühl sei: „the key issue in Freud's writings on religion is the sense of guilt" (8).[1] Es handelt sich dabei um eine Zusammenfassung seiner 2005 zuerst in holländisch veröffentlichten Monografie: „A Dark Trace: Sigmund Freud on the Sense of Guilt".[2] Diese Schrift hatte „no implicit theological aim or objective – the aim was to contribute to our understanding of Freudian psychoanalysis and to study the meaning of the issue of the sense of guilt in contextualized Freudian thought. It was a new reading of Freud [...]" (8).

Seiner Habilitationsschrift legt Westerink seine Freud-Interpretation zugrunde. Das Schuldgefühl wird nun zum Schlüssel an sich für Freuds kultur- und religionstheoretischen Schriften: „I [sc. Westerink; IN] have shown that the sense of guilt is a key issue throughout Freud's writings, even *the* issue in his writings on culture and religion" (266). Am Ende dieses ersten Kapitels stellt Westerink explizit jene Fragen, die 2005 nicht im Blickfeld waren: „How did theologians read Freud? How did their theological views and interests interact with Freud's disturbing ideas on man and religion? And what is the potential of Freud's psychoanalytic theories and ideas on religion for current and future theology?" (50) Dabei hält er fest: „My own reading of Freud serves as a reference for a critical assessment the way scholars have interpreted Freud" (11). So widmet sich Westerink in einem zweiten Kapitel der Rezeption Freuds „in German-speaking theology until the 1960s with a special interest in the reception and non-reception of his ideas on the sense of guilt" (51). Er hält gleich zu Beginn fest, dass bis in die 1960er Jahre hinein mit

---

[1] Dass genau die Schuldproblematik in Freuds zentralstem religionskritischen Werk, *Die Zukunft einer Illusion (1927)*, keinen Schwerpunkt bildet, erkennt Westerink selber: „However, other important perspectives on religion are also presented by Freud, especially and to some extent paradoxically in *the* text on religion, The Future of an Illusion." Ebd. Hervorhebung i.O.

[2] Leuven (Leuven Univ. Press) 2009. [Engl. Übers. v.: Het schuldgevoel bij Freud. Een duister spoor, Amsterdam (Boom) 2005].

Ausnahme von Pfister, Beth, Thurneysen und Tillich kein breiteres theologisches Interesse an Freud bestanden hätte (51).[3]

Im dritten Kapitel befasst sich Westerink mit der niederländischen Rezeption und legt einen Schwerpunkt auf die 1950er und 1960er Jahre. Kapitel vier behandelt das „engagement with Freud in theology and religious studies in the German-speaking world from the 1960s until the present" (132). Hauptreferent ist in diesem Kapitel Scharfenberg: „His writings will serve as the guideline and point of reference in further discussion on various issues and developments in the dialogue between theology [...] and psychoanalysis from the 1960s until the present day. Further we will discuss the reception of Freud in exegesis and biblical hermeneutics, and the ‚rediscovery' of Freuds Moses and Monotheism" (132). In Kapitel fünf wendet sich Westerink der „Flemish connection" zu. Kapitel sechs sind „assessments", in welchen nochmals ausführlich die Schuldgefühlsproblematik thematisiert wird.[4]

Westerink hat mit seiner spezifischen Perspektive auf das Schuldgefühl dessen verschiedentlich schon zuvor beobachtete wichtige Bedeutung für die Theoriebildung Freuds herausgearbeitet[5] und seinen Finger in m.E. überzeugender Weise auf eine Schwachstelle in der theologischen Rezeption der Psychoanalyse gelegt, für die er auch bedenkenswerte Erklärungen findet. Die Frage nach den hintergründigen Motiven zur Abkehr von Freuds Psychoanalyse und der damit verbundenen Abwendung vom Körper, beantwortet er mit dem Hinweis auf die unbequemen, geradezu irritierenden Theorien Freuds selbst und umgekehrt mit der Attraktivität ich- und selbstpsychologischer Theorien, die „a steady consistent core in the subject" (186) voraussetzen oder suchen.[6] Freud hingegen dekonstruiere auch das (religiöse) Selbst mitsamt seinen Reifungsprozessen. „Consequently, theologians who ultimately seek a positive core in the subject, whether in terms of ego or self, meaning or balance, love or responsability, become ‚un-Freudian', neglecting, ignor-

---

[3] Ich hoffe, diese Sicht historisch um verschiedene weitere Namen erweitert zu haben (vgl. oben II). Überhaupt gibt es hier aus historischer Perspektive mehreres zu berichten – sei es, dass Pfister nicht erst über die Lektüre von Freuds Traumdeutung auf diesen gestossen war (ebd., 51), sei es, dass sowohl die Bedeutung der Folgen der Industrialisierung wie auch Pfisters konkrete Seelsorgeerlebnisse und seine Selbstzeugnisse darüber unberücksichtigt bleiben. Auch die Aussage, Pfister zeige „an almost naive faith in the complementary character of Jung's and Freud's theories",[3] widerspricht seinen eigenen Aussagen. Ebd., 60. Vgl. oben S. 96 und 103.

[4] Die Fokussierung auf das Thema Schuldgefühl hätte m.E. an Präzision gewinnen können, wenn die einflussreichen Genderbeiträge zu diesem Thema, die ja gerade auch von psychoanalytischer Seite stammen, berücksichtigt worden wären. Vgl. schon früh u.a. Janine CHASSEGUET-SMIRGEL (1974): Die weiblichen Schuldgefühle, in: DIES. (Hg.): Psychoanalyse der weiblichen Sexualität, Frankfurt a.M. (ed. suhrkamp); Nancy J. CHODOROW (1985): Das Erbe der Mütter, München (Frauenoffensive). Vgl. die damit zusammenhängende Diskussion um den Sündenbegriff: Lucia SCHERZBERG (2002² [1991]): Art. Sünde / Schuld, Gegenwartsdiskussion, in: Wörterbuch der Feministischen Theologie, hg. v. Elisabeth Gössmann u.a., Gütersloh (Gütersloher Verlagshaus), 526–528.

[5] Vgl. schon Raguse (1994), 240: „[...], eine wie wesentliche Bedeutung für Freud die Schuldgefühle haben." Auch die Beobachtung, dass die Schuldgefühlsthematik in der theologischen Rezeption oftmals eine Lücke bezeichnete, ist nicht so neu. Vgl. schon die Kritik A.-J. Storfers von 1934 an der eben erschienenen RGG: „Einen Artikel Schuld oder Schuldgefühl hat das Wörterbuch nicht, aber einen 27 Spalten langen Artikel über ‚Sünde und Schuld' [...]. Wir vermissen hier, ebenso im Artikel ‚Strafe' jeden Hinweis auf die psychoanalytischen Forschungsergebnisse über das Schuldgefühl und das Strafbedürfnis." A.-J. STORFER (1934): Die Psychoanalyse in Sammelwerken und Enzyklopädien, in: Imago 20, 240–246, hier 246.

[6] Vgl. ebd., 185: „The body is [...] ever-present in Freudian thought", während „in the longing for a consistent and integrated subject (ego or self) the ‚body' is neglected".

ing or ,neutralizing‘ the perversities, weaknesses, regressive, aggressive and destructive forces that are ever present in Freudian thought“ (187).

Ich stimme Westerink zu, dass gerade Freuds unbestechlichem Blick für Unangenehmes, Verunsicherndes und Beängstigendes nach wie vor eine kritische Funktion zukommt, auf die man nicht unbeschadet verzichten kann (188). Besonders interessierte mich hier Westerinks Einschätzung der aktuellen US-amerikanischen Rezeption des *relational turn* in der Seelsorge (s. oben Cooper-White), die bewusst den Körper wieder miteinzubeziehen versucht.

Ich will abschliessend eine Anfrage formulieren, die m.E. diskutiert werden müsste: So legitim und ertragreich Westerinks Vorgehen ist, habe ich in methodischer Hinsicht den Eindruck, die Frage, wie Theologen Freud rezipiert haben, gälte es von jener schon auf expliziten Vorannahmen beruhenden Frage, wie Theologen Freuds Thematik des Schuldgefühls aufnahmen bzw. übergingen, stärker zu unterscheiden. Wer seine eigene Freud-Interpretation als Erkenntnisprämisse formuliert, sie als neue Lesart einführt und faktisch zum Massstab erhebt, an der die Rezeption Freuds dann gemessen wird, kommt kaum umhin, sich metatheoretisch Rechenschaft darüber abzulegen, wie es dennoch gelingen kann, den eigenen Anliegen und Erkenntnissen der von ihm untersuchten Studien wirklich gerecht zu werden. Ein mehrheitlich auf das Schuldgefühl eingeschränkter und defizitorientierter Blick steht in der Gefahr, die Eigenintentionen und die weiterführenden Forschungsbeiträge der untersuchten Autoren nicht gebührend aufzunehmen.[7]

Ich gestehe schliesslich meine Schwierigkeit mit der Festlegung eines Autoren – zumal eines solchen, der ein solch breites und umfassendes Oeuvre wie Freud verfasst hat – auf einen einzigen Schlüsselaspekt. War es bei Drewermann die Angst, so ist es nun hier das Schuldgefühl. Ohne die Wichtigkeit dieses Aspekts in Frage stellen zu wollen, die Westerink zweifellos eindringlich deutlich gemacht hat, halte ich den Fokus darauf dennoch für etwas einseitig. Gerade angesichts der theologischen Herkunft der Studie darf man fragen, ob sie – bedenkt man die disziplinäre Affinität zum Thema Schuld – evtl. zeigt, dass die fachliche Herkunft genauso prägend sein kann bei der Lektüre Freuds wie die Zugehörigkeit zu einer spezifischen psychoanalytischen Schule oder dass es paradoxerweise vielleicht gerade die theologische Herkunft war, die dieses Defizit wieder aufzudecken vermochte?

---

[7]   Vgl. ebd., 12: „Why was the sense of guilt in Freud's writings for a long period overlooked?“

Quellen- und Literaturverzeichnis

1. Handschriftliche und ungedruckte Quellen

Bern: Privatbesitz Fr. Christine Kammer-Burri
Nachlass Hans Burri: Lebenserinnerungen
Briefe Eduard Thurneysens an Hans Burri vom 28.04.1925 und 21.07.1922
Briefe Anna Tumarkins an Hans Burri vom 12.09.1906 und am 02.01.1921: 08.01.1946
Briefe Hermann Rorschachs an Hans Burri vom 03.12.1919, 15.01.1920 und 05.11.1921
Brief Paul Fredi de Quervains an Rudolf Bohren aus dem Jahre 1977 [o. D.]

Colchester: Albert Sloman Library, University of Essex
Special Collections, The Freud Collection, X120-1: Correspondence between Sigmund Freud and Oskar Pfister (1909–39)

Washington D.C.: Library of Congress (LoC)
38,23 Oskar Pfister, Sigmund Freud Papers, Sigmund Freud Collection, Manuscript Division

Wien: Archiv des Evang. Oberkirchenrates, Wien
Gustav Entz: Erinnerungen aus fünfzig Jahren kirchlicher und theologischer Arbeit, Masch. Ms. o.J.

Wien: Archiv der Universität
Index zum Exhibitenprotokoll 1937/38, Exhibit Nr. 271, ThE 6.5: „Versetzung in den Ruhestand".

Zürich: Staatsarchiv
Nachlass Leonhard Ragaz: Briefe Oskar Pfisters an Leonhard Ragaz [W I 67 108.2]

Zürich: Zentralbibliothek
Nachlass Oskar Pfister 1–13

2. Gedruckte Quellen und andere Literatur

ABRAM, Jan (2008): Donald Woods Winnicott (1896–1971), in: Int J Psychoanal 89, 1189–1217.
ADEN, Leroy / ELLENS, J. Harold (eds.): Turning Points in Pastoral Care. The Legacy of Anton Boisen and Seward Hiltner, Grand Rapids/MI (Baker Book House).
ADOLF, Helene (1935): Analyse der religiösen Ergriffenheit, in: ZRPs 8, 31–38.
ASQUITH, Jr., Glenn H. (1990): An Experiential Theology, in: ADEN / ELLENS, 19–31.
ASQUITH, Jr., Glenn H. (ed.) (1992): Vision From a Little Known Country. A Boisen Reader, JPC Publ., Inc.
ASSMANN, Jan (2008): Freuds Moses und das kollektive Gedächtnis, in: Eveline LIST (Hg.): Der Mann Moses und die Stimme des Intellekts. Geschichte, Gesetz und Denken in Sigmund Freuds historischem Roman, Innsbruck (Studienverl.), 81–96.

BALLY, Gustav / RÖSSLER, Dietrich (1961): Art. Psychotherapie, in: RGG³ 5, 709–718.

BASSLER, Markus (Hg.) (2000a): Psychoanalyse und Religion. Versuch einer Vermittlung, Stuttgart (Kohlhammer).

BASSLER, Markus (2000b): Psychoanalyse und Religion – eine thematische Einführung, in: DERS. (2000a), 9–16.

BAUMGARTNER, Isidor (1990): Pastoralpsychologie. Einführung in die Praxis heilender Seelsorge, Düsseldorf (Patmos).

BAUTZ, Friedrich Wilhelm (1990): Art. Beth, Karl, in BBKL I, 564f.

BEHN, Siegfried (1930): Die Illusion einer Gegenwart. Streiflichter über die preisgekrönte Psychoanalyse, in: Hochland 28/1, 397–416.

BEIT-HALLAHMI, Benjamin (1971): The Rise and Fall of the Psychology of Religion Movement, in: Proceedings of the Annual Convention of the American Psychological Association 6/2, 727f.

BEIT-HALLAHMI, Benjamin (1992): Between Religious Psychology and the Psychology of Religion, in: Mark FINN / Paul GARTNER (eds.): Object Relation Theory and Religion / Clinical Applications, Westport/CT / London, 119–128.

BEIT-HALLAHMI, Benjamin (1996): Psychoanalytic studies of religion: A critical assessment and annotated bibliography, Westport/CT (Greenwood Press).

BELZEN, Jacob A. van (1996): Die blühende deutsche Religionspsychologie der Zeit vor dem Zweiten Weltkrieg und eine niederländische Quelle zur Geschichte der deutschen Psychologie, in: Horst GUNDLACH (Hg.), Untersuchungen zur Geschichte der Psychologie und der Psychotechnik, München (Profil), 75–93.

BELZEN, Jacob A. van (1997): Hermeneutical Approaches in Psychology of Religion, Amsterdam / Atlanta/GA (Rodopi).

BELZEN, Jacob A. van (1998): Errungenschaften, Desiderata, Perspektiven – Zur Lage der religionspsychologischen Forschung in Europa: 1970–1995, in: HENNING / NESTLER, 131–158.

BELZEN, Jacob A. van (2004): Like a Phoenix from Its Ashes? On the Fate and Future of the International Association for the Psychology of Religion, in: PastPsy 52/6, 441–457.

BELZEN, Jacob A. (2010): Pionierin der Religionspsychologin: Marianne Beth (1890–1984), in: ARPs 32, 125–145.

BERG, Manfred (2005): Die historische Dimension: Vom Puritanismus zum religiösen Pluralismus, in: BROCKER, 32–49.

BERGER, Elisabeth (2002): Ich will auch studieren. Zur Geschichte des Frauenstudiums an der Universität Wien, in: WGBl 57, 269–290.

BERGMANN, P. (1937): Die Psychoanalyse in deutschen Dissertationen, in: Imago 23, 125–127.

BERNHARDT, Reinhold (2005): Vom Wohnrecht der Theologie im Haus der Wissenschaften. Streit um die Theologie an der Universität – ein Rückblick, in: Ref. 54/3, 182–191.

BESIER, Gerhard (1980): Seelsorge und Klinische Psychologie. Defizite in Theorie und Praxis der ‚Pastoralpsychologie‘, Göttingen (Vandenhoeck & Ruprecht).

BETH, Karl (1910): Entwicklung und Entfaltung, in: ZThK, 406–417.

BETH, Karl (1926a): Einführung, in: Religionspsychologie. Veröffentlichungen des Wiener Religionspsychologischen Forschungs-Institutes durch die Internationale Religionspsychologische Gesellschaft, hg. v. Karl BETH, Heft 1, 1–3.

BETH, Karl (1926b): Die Aufgaben der Religionspsychologie, in: Religionspsychologie. Veröffentlichungen des Wiener Religionspsychologischen Forschungs-Institutes durch die Internationale Religionspsychologische Gesellschaft, hg. v. Karl BETH, Heft 1, 4–14.

BETH, Karl (1926c): Karl Beth, in: Erich STANGE (Hg.): Die Religionswissenschaft der Gegenwart in Selbstdarstellungen, Leipzig (Felix Meiner), 1–40.

BETH, Karl (1928a): Religionspsychologie und Seelsorge, in: ZRPs 1, 5–25.

BETH, Karl (1928b): Statische und dynamische Religiosität, in: ZRPs 1, 5–31.

BETH, Karl (1928c) [Rez.]: Carl CLEMEN (1928): Die Anwendung der Psychoanalyse auf Mythologie und Religionsgeschichte, Sonderdruck aus AGPs 61, H. 1/2, in: ZRPs 1, 78f.

BETH, Karl (1929): Die Religion im Urteil der Psychoanalyse. Sigmund Freuds Kampf gegen die Religion, in: ZRPs 2, 76–87.

BETH, Karl (1931): Religion als Metabiontik. I. Der Fall R. Sch., in: ZRPs 4, 25–37.

BETH, Karl (1932a): Die Krisis des Protestantismus, Berlin (Kranzverl.).

BETH, Karl (1932b): Institution oder Pneuma?, in: ZRPs 5, 72–84.

BETH, Karl (1932c): Die religiöse Simulation des Verbrechers. Psychologische Anmerkungen zu den Fällen Matuschka und Gorgulof, in: ZRPs 5, 145–159.

BETH, Karl (1932d): Jüngste Stimmen zum deutsch-religiösen Ringen, in: ZRPs 5, 172–180.

BETH, Karl (1933): [Rez.:] Wilhelm SCHMIDT (1930): Handbuch der vergleichenden Religionsgeschichte zum Gebrauch für Vorlesungen an Universitäten, Seminaren usw. und zum Selbststudium, Münster (Aschendorffsche Verlagsbuchhandlung), in: ZRPs 6, 247f.

BETH, Karl (1935): Unsere religiöse Situation. Christentum — Heidentum – Atheismus, in: ZRPs 8, 129–150.

BETH, Karl (1936): Art. Psychoanalyse, in: Handwörterbuch des deutschen Aberglaubens, Bd. VII, Berlin / Leipzig (de Gruyter), 366–381.

BETH, Karl (1938): Drei Gesetze der ontischen und phyletischen Wandlung der Religiosität, in: ZRPs 11, 1–13.

BETH, Karl (1941): The Contribution of Freud's and Jung's Depth Psychology to the Understanding of the Christian Message, in: The Journal of Liberal Religion, Vol II, Nr. 3, Chicago, 112–124.

BETH, Marianne (1930): Materialien zur Typologie der Religiosität unserer Tage, in: ZRPs 3, 57–96.

BETH, Marianne (1935): Unglaube als Ausfalls-Erscheinung, in: ZRPs 8, 208–225.

BETH, Marianne (1936): [Rez:] Anna FREUD: Einführung in die Psychoanalyse für Pädagogen, in: ZRPs 9, 117f.

BITTNER, Günther (1973): Oskar Pfister und die ‚Unfertigkeit‘ der Psychoanalyse, in: WzM 25, 465–479.

BITTNER, Günther (1974): Das andere Ich. Rekonstruktionen zu Freud, München 1974 (R. Piper).

BLASS, Rachel B. (2004): Beyond Illusion: Psychoanalysis and the Question of Religious Truth, in: IJP 85, 615–634.

BLEULER, Eugen (1910): Die Psychanalyse Freuds. Verteidigung und kritische Bemerkungen, in: Jahrbuch II, 623–730.

BLUMENBERG, Ygal (1995), Psychoanalyse – eine jüdische Wissenschaft, in: Forum der Psychoanalyse XII, 156–178.

BLUMENBERG, Ygal, Freud – ein „gottloser Jude“? Zur Frage der jüdischen Wurzeln der Psychoanalyse, in: Luzifer–Amor 19 (1997), 33–80.

BOBERT-STÜTZEL, Sabine (2000): Frömmigkeit und Symbolspiel. Ein pastoralpsychologischer Beitrag zu einer evangelischen Frömmigkeitstheorie, Göttingen (Vandenhoeck & Ruprecht).

BOISEN, Anton T. (1953): The Present Status of William James' Psychology of Religion, in: Glenn H. ASQUITH, Jr. (ed.) (1992), 109–112.

BOISEN, Anton T. (1960): Out of the Depths. An Autobiographical Study of Mental Disorder and Religious Experience, New York (Harper & Brothers).

BONHOEFFER, Thomas (1985): Vorwort, in: Oskar Pfister, Das Christentum und die Angst, Frankfurt a.m./Berlin/Wien, VII–XXVII.

BRANDEWIE, Ernest (1990): When Giants Walked the Earth. The Life and Times of Wilhelm Schmidt SVD, Studia Instituti Anthropos Vol. 44, Fribourg (Univ. Pr.).

BRECHT (1930): Art. Pfister, Oskar, in: RGG² 4, 1155.

BROCKER, Manfred (Hg.): God Bless America. Politik und Religion in den USA, Darmstadt (Primus).

BROWN, Stephen H. (1981): A Look at Oskar Pfister and His Relationship to Sigmund Freud, in: JPC Vol. 35, No. 4, 220–233.

BROWN, Stephen H. (1981): Pfister Bibliography, in: JPC 35, No. 4, 234–239.

BRUEHL, Richard G. (1990): Art. countertransference, in: Rodney J. HUNTER (ed.): Dictionary of Pastoral Care and Counseling, Nashville/TN (Abingdon Press), 239–241.

BUCHER, Anton (1999): Religionspsychologie – Ein Forschungsüberblick, in: Int. Journal for Practical Theology 3, 94–126.

BUESS, Eduard / MATTMÜLLER, Markus (1986): Prophetischer Sozialismus. Blumhardt – Ragaz – Barth, Freiburg/CH (Exodus).

BUNTZEL, Walter (1926): Die Psychoanalyse und ihre seelsorgerliche Verwertung, Göttingen (Vandenhoeck & Ruprecht).

BURRI, Hans (1928/29): Psychoanalyse und christlicher Glaube. Vortrag gehalten am Ferienkurs in Rüdlingen, August 1928, in: Die Schulreform 22/23, 251–276.356–368.379–391.

CAPPS, Donald (ed.) (2001): Freud and Freudians on Religion. A Reader, New Haven (Yale Univ. Press).

CLEBSCH, William A. / JAEKLE, Charles R. (1964): Pastoral Care In Historical Perspective. An Essay With Exhibits, Englewood Cliffs/NJ (Prentice-Hall).

COLLINS, William J. (1982): The Pastoral Counselor's Countertransference as a Therapeutic Tool, in: JPC 36, 125–135.

COOPER-WHITE, Pamela (2001): The Use of the Self in Psychotherapy: A Comparative Study of Pastoral Counselors and Clinical Social Workers, in: American Journal of Pastoral Counseling 4/4, 5–35.

COOPER-WHITE, Pamela (2004): Shared Wisdom. Use of the Self in Pastoral Care and Counseling, Minneapolis (Fortress Press).

COOPER-WHITE, Pamela (2007): Many Voices. Pastoral Psychotherapy in Relational and Theological Perspective, Minneapolis (Fortress Press).

CORVELEYN, Jozef / LUYTEN, Patrick (2005): Psychodynamic Psychologies and Religion. Past, Present, and Future, in: PALOUTZIAN / PARK (2005a), 80–100.

COUTURE, Pamela (2001): Pastoral Care and the Social Gospel, in: C.H. EVANS (ed.): The Social Gospel Today, Louisville/KY (Westminster John Knox Press), 160–169.

DALFERTH, Ingolf U. (2001): Theologie im Kontext der Religionswissenschaft. Selbstverständnis, Methoden und Aufgaben der Theologie und ihr Verhältnis zur Religionswissenschaft, in: ThLZ 126/1, 3–20.

DAVIES, Pamela / FRANCIS, Peter / JUPP, Victor (2003): Victimology, Victimisation and Public Policy, in: DIES. (eds.): Victimisation: Theory, Research and Policy, 1–27.

DICENSO, James J. (1999): The Other Freud. Religion, Culture and Psychoanalysis, London/New York (Routledge).

DIERCKS, Christine / SCHLÜTER, Sabine (Hg.) (2007): Die großen Kontroversen der Psychoanalyse, Sigmund Freud-Vorlesungen Wien, Wien (Mandelbaum).

DIETTRICH, Gustav (1917): Seelsorgerische Ratschläge zur Heilung seelisch bedingter Nervosität, Gütersloh (Bertelsmann).

DIETZ, Walter (2000): Zur psychoanalytischen Religionskritik aus theologischer Sicht, in: BASSLER, 33–51.

DITTES, James E. (1990): Boisen as Autobiographer, in: ADEN / ELLENS, 225–231.

DOBER, Hans Martin (2008): Seelsorge bei Luther, Schleiermacher und nach Freud, Leipzig (Ev. Verlagsanstalt).

DONAHUE, Michael J. (1989): Disregarding Theology in the Psychology of Religion: Some Examples, in: Journal of Psychology & Theology 17, 329–335.

DONAT, Josef (1932): Über Psychoanalyse und Individualpsychologie, Innsbruck (Rauch).

DRECHSEL, Wolfgang (2007): Die Psychoanalyse und ihre Kritik in der Selsorgetheorie, in: NOTH / MORGENTHALER, 122–136.

DREWERMANN, Eugen (2005): Art. Tiefenpsychologie, in: Neues Handbuch theologischer Grundbegriffe, Bd. 3, hg. v. Peter EICHER, München (Kösel), 430–446.

DUBOIS, Paul (1905): Die Psychoneurose und ihre psychologische Behandlung, Bern (A. Francke).

ECK, Diana L. (2001): A New Religious America: How A „Christian Country" Has Become the World's Most Religiously Diverse Nation, San Francisco (Harper).

EISSLER, Kurt R. (1986): Sic gloria ingenii. Die Inschrift am Freud-Denkmal in Wien, in: Psyche 2, 1139–1144.

ELLENBERGER, Henri F. (2005³ [1985]): Die Entdeckung des Unbewußten. Geschichte und Entwicklung der dynamischen Psychiatrie von den Anfängen bis zu Janet, Freud, Adler und Jung, aus dem Amerikan. v. Gudrun Theusner-Stampa, Zürich (Diogenes).

EMERSON JR., James G. (2000): Pastoral Psychology in the Dynamic of the New Millenium, in: PastPsy 48/4, 251–291.

EMMONS, Robert A. / PALOUTZIAN, Raimond F. (2003): The Psychology of Religion, Annual Review of Psychology 54, 377–402.

ENGEMANN, Wilfried (Hg.) (2007): Handbuch der Seelsorge, Leipzig (Ev. Verlagsanstalt).

ENTZ, Gustav (1937): 400 Jahre Protestantismus in Österreich, Wien (Brand).

FEDERSCHMIDT, Karl / HAUSCHILDT, Eberhard / SCHNEIDER-HARPPRECHT, Christoph / TEMME, Klaus / WEISS, Helmut (Hg.) (2002): Handbuch Interkulturelle Seelsorge, Neukirchen-Vluyn (Neukirchener Verl.).

FERENCZI, Sandor (1914): Zwangsneurose und Frömmigkeit, in: IZ II, 272.

FERM, Vergilius Ture Anselm (1955): A Dictionary of Pastoral Psychology, New York (Philosophical Library).

FINE, Reuben (1990): The History of Psychoanalysis, New Expanded Edition, New York (Continuum).

FISHER, Seymour / GREENBERG, Roger P. (1996): Freud Scientifically Reappraised. Testing the Theories and Therapy, New York (John Wiley).

FONAGY, Peter / TARGET, Mary (2007² [2006]): Psychoanalyse und die Psychopathologie der Entwicklung, Stuttgart (Klett).

FRAAS, Hans-Jürgen (1993² [1990]): Die Religiosität des Menschen. Religionspsychologie, Göttingen (Vandenhoeck & Ruprecht).

FRAAS, Hans-Jürgen (2000): Anthropologie als Basis des Diskurses zwischen Theologie und Psychologie, in: HENNING / NESTLER, 105–121.

FREUD, Sigmund (1972⁴): Gesammelte Werke (GW), Bde. 1–18, hg. v. Anna FREUD u.a. Frankfurt a.M. (S. Fischer).

FREUD, Sigmund (1900a): Die Traumdeutung, GW II/III, 1–642.

FREUD, Sigmund (1901b): Zur Psychopathologie des Alltagslebens, GW IV.

FREUD, Sigmund (1905a [1904]): Über Psychotherapie, GW V, 27–145.

FREUD, Sigmund (1905d): Drei Abhandlungen zur Sexualtheorie, GW II.

FREUD, Sigmund (1907b): Zwangshandlungen und Religionsübungen, GW VII, 127–139.

FREUD, Sigmund (1910a): Über Psychoanalyse. Fünf Vorlesungen gehalten zur zwanzig-jährigen Gründungsfeier der Clark University in Worcester, Mass., September 1909, GW VIII, 1–60.

FREUD, Sigmund (1910b): Die zukünftigen Chancen der psychoanalytischen Therapie, GW VIII, 104–115.

FREUD, Sigmund (1912b): Zur Dynamik der Übertragung, GW VIII, 364–374.

FREUD, Sigmund (1912e): Ratschläge für den Arzt bei der psychoanalytischen Behandlung, GW VIII, 376–387.

FREUD, Sigmund (1912–13a): Totem und Tabu, GW IX.

FREUD, Sigmund (1913a): Das Motiv der Kästchenwahl, GW X, 24–37.

FREUD, Sigmund (1913b): Geleitwort zu: PFISTER, Oskar (1913): Die psychanalytische Methode, Leipzig, IV–VI, GW X, 448–450.

FREUD, Sigmund (1914b): Der Moses des Michelangelo, GW X, 171–201.

FREUD, Sigmund (1914d): Zur Geschichte der psychoanalytischen Bewegung, GW X, 44–113.

FREUD, Sigmund (1915a): Bemerkungen über die Übertragungsliebe, GW X, 306–321.

FREUD, Sigmund (1915b): Zeitgemässes über Krieg und Tod, GW X, 210–232.

FREUD, Sigmund (1920g): Jenseits des Lustprinzips, GW XIII.

FREUD, Sigmund (1921c): Massenpsychologie und Ich-Analyse, GW XIII, 71–161.

FREUD, Sigmund (1923a [1922]): Psychoanalyse und Libidotheorie, GW XIII, 209–233.

FREUD, Sigmund (1925d): Selbstdarstellung, GW XIV, 33–96.

FREUD, Sigmund (1926e): Die Frage der Laienanalyse, GW XIV, 207–286.

FREUD, Sigmund (1927c): Die Zukunft einer Illusion, GW XIV, 325–380.

FREUD, Sigmund (1928a): Ein religiöses Erlebnis, GW XIV, 393–396.

FREUD, Sigmund (1930a): Das Unbehagen in der Kultur, GW XIV, 421–506.

FREUD, Sigmund (1931b): Über die weibliche Sexualität, GW XIV, 517–537.

FREUD, Sigmund (1933a [1932]): Neue Folge der Vorlesungen zur Einführung in die Psychoanalyse, GW XV, 170–197.

FREUD, Sigmund (1939a): Der Mann Moses und die monotheistische Religion, GW XVI, 103–246.

FREUD, Sigmund (1941e): Ansprache an die Mitglieder des Vereins B'nai Brith, GW XVII, 51f.

FREUD, Sigmund (1968): Brautbriefe, hg. v. Ernst L. FREUD, Frankfurt (S. Fischer).

FREUD, Sigmund / ZWEIG, Arnold (1968): Briefwechsel, hg. v. Ernst L. FREUD, Frankfurt a.M. (S. Fischer).

FREUD, Sigmund / JUNG, Carl Gustav (1974a): Briefwechsel, hg. v. William MCGUIRE / Wolfgang SAUERLÄNDER, Frankfurt a.M. (S. Fischer).

FREUD, Sigmund / PFISTER, Oskar (1980² [1963]): Briefe. 1909–1939, hg. v. Ernst L. FREUD / Heinrich MENG, Frankfurt a.M. (S. Fischer).

FREUD, Sigmund / ANDREAS-SALOME, Lou (1980): Briefwechsel, hg. v. Ernst PFEIFFER, Frankfurt a. M. (S. Fischer).

FREUD, Sigmund (2004): Briefe an Maria [Mitzi] Freud und ihre Familie, hg. v. Christfried TÖGEL / Michael SCHRÖTER, in: Luzifer-Amor 33, 51–72.

FREUD, Sigmund / EITINGON, Max (2004): Briefwechsel 1906–1939. Bd. 2, hg. v. Michael SCHRÖTER, Tübingen (ed. diskord).

GAY, Peter (1988): „Ein gottloser Jude". Sigmund Freuds Atheismus und die Entwicklung der Psychoanalyse, Frankfurt a.M. (S. Fischer).

GAY, Peter (2004⁵ [1989]): Freud. Eine Biographie für unsere Zeit, aus dem Amerikan. v. Joachim A. FRANK, Frankfurt a.M. (S. Fischer).

GENNRICH, Alfred (1978): Religionspsychologie und Pastoralpsychologie. Eine Verhältnis-bestim-mung, in: ARPs 13, 123–135.

GERKIN, Charles (1986): Widening the Horizons: Pastoral Responses to a Fragmented Society, Philadelphia/PA (Westminster Press).

GERLACH, Alf / SCHLÖSSER, Anne-Marie / SPRINGER, Anne (Hg.) (2004): Psychoanalyse des Glaubens, Gießen (Psychosozial-Verl.).

GERMANN-GEHRET, R. (1987): Oskar Pfister (1873–1956). Pionier einer tiefenpsycholo-gisch orientierten Psychotherapie bei Jugendlichen und Kinder, Zürich.

GESTRICH, Reinhold (1998): Die Seelsorge und das Unbewußte, Stuttgart/Berlin/Köln (Kohlhammer).

GIAMPIERI-DEUTSCH, Patrizia (2002) (Hg.): Psychoanalyse im Dialog der Wissenschaften, Bd. 1: Europäische Perspektiven, Stuttgart / Berlin / Köln (Kohlhammer).

GRAF-NOLD, Angela (1988): Der Fall Hermine Hug-Hellmuth. Eine Geschichte der frühen Kinder-Psychoanalyse, München / Wien (Verl. Int. Psa.).

GRAHAM, Larry Kent (1992): Care of Persons, Care of Worlds: A Psychosystems Approach to Pastoral Care and Counseling, Nashville (Abingdon Press).

GRAHAM, Larry Kent (1997): Discovering Images of God: Narratives of Care with Lesbians and Gays, Louisville/KY (Westminster John Knox Press).

GRAHAM, Larry Kent (2000): Neue Perspektiven von Theorie und Praxis der Seelsorge in Nordamerika, in: Christoph Schneider-Harpprecht (Hg.), Zukunftsperspektiven für Seelsorge und Beratung, Neukirchen-Vluyn (Neukirchener Verl.), 35–52.

GRÖZINGER, Albrecht (1994): Art. Pfister, Oskar, in: BBKL VII, 419f.

GRÖZINGER, Albrecht (2003): Wandlungen in der Praktischen Theologie? Beobachtungen zu zehn Jahren „Pastoraltheologie", in: Pastoraltheol. 92, 480–487.

GROM, Bernhard (2005): Art. Religionspsychologie, in: Neues Handbuch theologischer Grundbegriffe, Bd. 3, hg. v. Peter EICHER, München (Kösel), 446–475.

GROM, Bernhard (2007³ [1992]): Religionspsychologie, München (Kösel).

GRUBRICH-SIMITIS, Ilse (1994 [1991]): Freuds Moses-Studie als Tagtraum. Ein biographi-scher Essay, Frankfurt a.M. (S. Fischer).

GRUEHN, Werner (1960² [1956]): Die Frömmigkeit der Gegenwart. Grundtatsachen der empirischen Psychologie, Konstanz (Friedrich Bahn).

HAAS, Eberhard Th. (2004): Freud und/oder Girard? Psychoanalyse und Christentum?, in: WzM 56, 74–85.

HAENDLER, Otto [1958]: Art. Freud, Sigmund, in: RGG³ 2, 1127f.

HAENDLER, Otto (1960³ [1941]): Predigt: tiefenpsychologische Grundlagen und Grundfra-gen, Berlin-West (Alfred Töpelmann).

HÄRLE, Wilfried (2004): Ehrlich – lernbereit, in: HUBER, 27–38.

HALE JR., Nathan G. (1995): Freud and the Americans. The Beginnings of Psychoanalysis in the United States, 1876–1917, New York / Oxford (Oxford Univ. Press).

HALE JR., Nathan G. (1995): The Rise and Crisis of Psychoanalysis in the United States. Freud and the Americans, 1917–1985, New York / Oxford (Oxford Univ. Press).

HAMANN, Brigitte (2006⁸ [1996]): Hitlers Wien, München (Piper).

HART, Curtis W. (2001): Notes on the Psychiatric Diagnosis of Anton Boisen, in: JRHe 40/4, 423–429.

HARTUNG, B.M. (1990): Art. Pastoral Psychotherapy, in: Rodney J. HUNTER (ed.): Dictio-nary of Pastoral Care and Counseling, Nashville/TN (Abingdon Press), 860f.

HAUSCHILDT, Eberhard (1994): Ist die Seelsorgebewegung am Ende? Über alte und neue Wege zum Menschen, in: WzM 46, 260–273.

HAUSCHILDT, Eberhard (2000): Zur Seelsorge zwischen Spezialisierung und Globalisie-

rung. 10 Thesen mit Erläuterungen, in: Christoph Schneider-Harpprecht (Hg.): Zukunftsperspektiven für Seelsorge und Beratung, Neukirchen-Vluyn (Neukirchener
Verl.), 12–18.

Heer, Friedrich (1977): Das Wagnis der schöpferischen Vernunft, Stuttgart u.a. (Kohlhammer).

Heer, Friedrich (2001³): Der Kampf um die österreichische Identität, Wien/Köln/Weimar
(Böhlau).

Heimbrock, Hans-Günter (1977): Phantasie und christlicher Glaube. Zum Dialog zwischen Theologie und Psychoanalyse, München (Kaiser).

Heimbrock, Hans-Günter (1998), Art. Religionspsychologie II. Praktisch-theologisch, in:
TRE 29, 7–19.

Heine, Susanne (2000): On the Origin of Magical Thinking in the Contemporary Context,
in: ARPs 23, 82–101.

Heine, Susanne (2002): Religion und Natur. Über die Wiederkehr der verdrängten Ontologie in anderer Gestalt, in: Klaus Dethloff et al. (Hg.): Religion, Moderne, Postmoderne. Philosophisch-theologische Erkundungen, Berlin (ParErga), 185–202.

Heine, Susanne (2004): Art. Religionspsychologie, in: RGG⁴ 7, 371–375.

Heine, Susanne (2005): Grundlagen der Religionspsychologie. Modelle und Methoden,
Göttingen (Vandenhoeck & Ruprecht).

Heine, Susanne (2006): Erkennen und Scham. Sigmund Freuds biblisches Menschenbild,
in: Wiener Jahrbuch für Theologie 6, hg. v. der evang.-theolog. Fakultät der Univ.
Wien, Wien (LIT Verl.), 233–249.

Heine, Susanne (2007): In Beziehung zur Welt im Ganzen. Der Ertrag der Objektbeziehungstheorie für Theologie und Seelsorge, in: Noth / Morgenthaler, 108–121.

Heine, Susanne (2007): Religionspsychologie, in: Wilhelm Gräb / Brigit Weyel (Hg.):
Handbuch Praktische Theologie, Gütersloh (Gütersloher Verlagshaus), 783–795.

Held, Peter (2003): Einführung, in: Ders. / Uwe Gerber (Hg.): Systemische Praxis in der
Kirche, Mainz (Matthias Grünewald-Verl.), 13–17.

Hemminger, Hansjörg (2003): Grundwissen Religionspsychologie. Ein Handbuch für
Studium und Praxis, Freiburg i. Br. (Herder).

Henning, Christian (1996): Phönix aus der Asche. Die Wiedergeburt des Christentums
aus dem Geist der Psychoanalyse bei Oskar Pfister (1873–1956), in: Vom Weltbildwandel zur Weltanschauungsanalyse. Krisenwahrnehmung und Krisenbewältigung um
1900, hg. v. Volker Drehsen / Walter Sparn, Berlin (Akademie Verl.), 131–165.

Henning, Christian (1998): Die Funktion der Religionspsychologie in der protestantischen Theologie um 1900, in: Ders. / Nestler, 27–78.

Henning, Christian / Murrmann-Kahl, Michael (1998): Jenseits von Integration und
Negation. Zur Neubestimmung des Verhältnisses von Religionspsychologie und
Theologie, in: Ders. / Nestler, 99–116.

Henning, Christian / Nestler, Erich (Hg.) (1998): Religion und Religiosität zwischen
Theologie und Psychologie. Bad Boller Beiträge zur Religionspsychologie, Frankfurt
a.M. u.a. (Peter Lang).

Henning, Christian / Nestler, Erich (Hg.) (2000a): Religionspsychologie heute, Frankfurt
a.M. u.a. (Peter Lang).

Henning, Christian (2000b): Zankapfel Psychoanalyse. Ein Rückblick auf das gespannte Verhältnis von Theologie und Psychologie im 20. Jahrhundert, in: Ders. / Nestler, 67–102.

Henning, Christian / Murken, Sebastian / Nestler, Erich (Hg.) (2003): Einführung in die
Religionspsychologie, Paderborn (Schöningh).

Henseler, Heinz (1995): Religion – Illusion? Eine psychoanalytische Deutung, Göttingen
(Vandenhoeck & Ruprecht).

HILTNER, Seward (1950): The Meaning of Pastoral Psychology. An Editorial, in: PastPsy 1/4, 7f.

HILTNER, Seward (1955): Freud for the Pastor, in: PastPsy 5, 41–57.

HITSCHMANN, Eduard (1914): [Kritiken und Referate:] Oskar Pfister: Die ‚psychanalytische Methode', in: IZ 2, 185f.

HOHEISEL, Karl (1998): Art. Religionspsychologie, I. Religionswissenschaftlich, in: TRE XXIX, 1–7.

HOLIFIELD, E. Brooks (1983): A History of Pastoral Care in America. From Salvation to Self-Realization, Nashville, Tennessee (Abingdon Press).

HOLM, Nils G. (1990): Einführung in die Religionspsychologie, Basel (Ernst Reinhardt).

HOLM, Nils G. (1997): Religionspsychologie gestern und heute. Einige Entwicklungslinien, in: ARPs 22, 15–27.

HOLM, Nils G. (1997): Psychology of Religion. Towards a Synthesis for a Challenging Discipline, in: Jacob VAN BELZEN / Owe WIKSTRÖM (eds.), Taking a Step Back. Assessments of the Psychology of Religion, Uppsala (Uppsala Univ.), 97–109.

HOLM, Nils G. (1998): Historische Einführung, in: Christian HENNING / Erich NESTLER (Hg.): Religion und Religiosität zwischen Theologie und Psychologie, Bad Boller Beiträge zur Religionspsychologie, Bd. 1, Frankfurt a.M. u.a. (Peter Lang), 15–26.

HOLM, Nils G. (2000): Bericht über die Arbeit der Internationalen Gesellschaft für Religionspsychologie und Religionswissenschaft, in: Christian HENNING / Erich NESTLER (Hg.), Religionspsychologe heute, Frankfurt a.M. u.a. (Peter Lang), 59–65.

HOMANS, Peter (1970): Theology After Freud. An Interpretive Inquiry, Indianapolis (Bobbs-Merrill Company, Inc.).

HOOD, Ralph W., Jr. / Bernard SPILKA / Bruce HUNSBERGER / Richard GORSUCH (1996² [1995]): The Psychology of Religion. An Empirical Approach, New York / London (The Guilford Press).

HOOD, Ralph W., Jr. (1997): Psychoanalysis and Fundamentalism: Lessons From a Feminist Critique of Freud, in: Janet L. Jacobs & Donald Capps (eds.), Religion, Society, and Psychoanalysis, Boulder/CO (Westview Press), 42–67.

HOOVER, E.A. (2005² [1990]): Art. Pastoral Psychology, in: Dictionary of Pastoral Care and Counseling [= DPCC], ed. by Rodney J. HUNTER / Nancy J. RAMSAY, Nashville/TN (Abingdon Press), 859f.

HOPING, Helmut (Hg.) (2007): Universität ohne Gott? Theologie im Haus der Wissenschaften, Freiburg/Basel/Wien (Herder), 205–238.

HUBER, Stefan (1996): Dimensionen der Religiosität. Skalen, Messmodelle und Ergebnisse einer empirisch orientierten Religionspsychologie, Freiburg (Universitätsverl.).

HUBER, Stefan (2007): Religionspsychologie. eine Anleitung zur Selbstreflexion, Bern (Huber).

HUBER, Wolfgang (1977): Psychoanalyse in Österreich seit 1933 (Veröffentlichungen des Ludwig Boltzmann-Instituts für Geschichte der Gesellschaftswissenschaften 2), Wien/Salzburg (Geyer-Edition).

HUBER, Wolfgang (2004): Gute Theologie, in: DERS. (Hg.): Was ist gute Theologie?, Stuttgart (Kreuz), 39–45.

HUNTER, Rodney J. (ed.) (1990): Dictionary of Pastoral Care and Counseling, Nashville/TN (Abingdon Press).

HUNTER, Rodney J. (1995): The Therapeutic Tradition of Pastoral Care and Counseling, in: Pamela D. COUTURE / DERS. (eds.): Pastoral Care and Social Conflict, Nashville/TN (Abingdon Press), 17–31.

HUNTER, Rodney J. / PATTON, John (1995): The Therapeutic Tradition's Theological and Ethical Commitments Viewed Through its Pedagogical Practices: A Tradition in Transition, in: COUTURE / HUNTER, 32–43.

HUXEL, Kirstin (2000): Die empirische Psychologie des Glaubens. Historische und systematische Studien zu den Pionieren der Religionspsychologie, Stuttgart (Kohlhammer).

IRWIN, John E.G. (1973): Pfister und Freud: Die Wiederentdeckung eines Dialogs, in: WzM 25, 455–465.

JÄGER, Hans Ulrich (1973): Oskar Pfister und die Anfänge des religiösen Sozialismus, in: WzM 25, 451–455.

JAHN, Ernst / ADLER, Alfred (1933): Religion und Individualpsychologie. Eine prinzipielle Auseinandersetzung über Menschenführung, Wien/Leipzig (Passer).

JOCHHEIM, Martin (1993): Die Anfänge der Seelsorgebewegung in Deutschland. Ein Beitrag zur neueren Geschichte der Pastoralpsychologie, in: ZThK 90, 462–493.

JOCHHEIM, Martin (1998): Seelsorge und Psychotherapie. Historisch-systematische Studien zur Lehre von der Seelsorge bei Oskar Pfister, Eduard Thurneysen und Walter Uhsadel, Bochum (Dieter Winkler).

JONES, Ernest (2008⁵ [1957]): Das Leben und Werk von Sigmund Freud, 3 Bde., Eschborn (Dietmar Klotz).

JONES, James W. (1991): Contemporary Psychoanalysis and Religion, Transference and Transcendence, New Haven/CT (Yale Univ. Press).

JONES, James W. (1996): Religion and Psychology in Transition: Psychoanalysis, Feminism, and Theology, New Haven/CT (Yale Univ. Press).

JONES, James W. (1997): Playing and Believing: The Uses of D. W. Winnicott in the Psychology of Religion, in: Janet L. Jacobs & Donald Capps (eds.), Religion, Society, and Psychoanalysis, Boulder/CO (Westview Press).

JONES, James W. (2002): Terror and Transformation. The Ambiguity of Religion in Psychoanalytic Perspective, New York, NY (Taylor & Francis).

JONTE-PACE, Diane (1987): Object Relations Theory, Mothering, and Religion: Toward a Feminist Psychology of Religion, in: Horizons 14/2, 310–327.

JONTE-PACE, Diane (1997a): Julia Kristeva and the Psychoanalytic Study of Religion: Rethinking Freud's Cultural Texts, in: Janet J. JACOBS / Donald CAPPS (eds.): Religion, Society, and Psychoanalysis: Readings in Contemporary Theory, Boulder (Westview Press), 240–268.

JONTE-PACE, Diane (1997b): New Directions in the Feminist Psychology of Religion: An Introduction, in: Journal of Feminist Studies in Religion 13/1, 63–74.

JONTE-PACE, Diane E. (ed.) (1999): In Defense of an Unfriendly Freud: Psychoanalysis, Feminism, and Theology, in: PastPsy 47, 175–182.

JONTE-PACE, Diane E. (ed.) (2001a): Speaking the Unspeakable: Religion, Misogyny, and the Uncanny Mother in Freud's Cultural Texts, Berkeley/Los Angeles/London (Univ. of California Press).

JONTE-PACE, Diane (2001b): Analysts, critics, and inclusivists. Feminist voices in the psychology of religion, in: DIES. / William B. PARSONS (eds.), Religion and Psychology: Mapping the Terrain, London / New York (Routledge),129–146.

JONTE-PACE, Diane (2002): The Impact of Women's Studies on the Psychology of Religion: Feminist Critique, Gender Analysis, and the Inclusion of Women, in: Arvind SHARMA (Ed.): Methodology in Religious Studies. The Interface with Women's Studies, Albany/NY (State Univ. of New York Press), 97–146.

JONTE-PACE, Diane E. (ed.) (2003a): Teaching Freud in Religious Studies, Oxford / New York (Oxford Univ. Press).

JONTE-PACE, Diane E. (2003b): Teaching Freud in the Language of Our Students: The

Case of a Religiously Affiliated Undergraduate Institution, in: DIES. (ed.), Teaching Freud, Oxford / New York (Oxford Univ. Press), 17–33.

JONTE-PACE, Diane (2008): Melancholia and Religion in French Feminist Theory, in: William B. PARSONS / DIES. / Susan E. HENKING (eds.): Mourning Religion, Charlottesville / London (Univ. of Virginia Press), 81–94.

JUNG, Carl Gustav (1995): Psychoanalyse und Seelsorge, in: DERS., GW XI, Solothurn (Walter Verl.), 377–383.

JUNKER, Detlef (2005): Auf dem Weg zur imperialen Hypermacht? Die manichäische Falle ist besetzt. U.S.-Außenpolitik nach dem 11. September, in: Manfred BROCKER (Hg.): God Bless America. Politik und Religion in den USA, Darmstadt (Primus), 208–223.

KAHR, Brett (1996): D. W. Winnicott: A Bibliographical Portrait, Madison/CT (Int. Univ. Press).

KARLE, Isolde (1996): Seelsorge in der Moderne. Eine Kritik der psychoanalytisch orientierten Seelsorgelehre, Neukirchen-Vluyn (Neukirchener Verl.).

KELLER, Adolf (1913): Art. Psychoanalyse, in: RGG 4, 1970–1973.

KENNER, Clara (2005): Art. Allers, Rudolf, in: Personenlexikon der Psychotherapie, hg. v. Gerhard STUMM et al., Wien (Springer), 13–15.

KIENAST, H.W. (1973): Die Bedeutung der Tiefenseelsorge Oskar Pfisters, in: WzM 25, 479–494.

KLESSMANN, Michael (1998): Über die Seelsorgebewegung hinaus …?, in: PTh 87, 46–61.

KLESSMANN, Michael (2004): Pastoralpsychologie. Ein Lehrbuch, Neukirchen-Vluyn (Neukirchener Verl.).

KOCH, Traugott (1973): Das Ende des „Kinderglaubens". Freuds Religionskritik als Anstoß für den Gottesglauben, in: WPKG 62, 455–462.

KÖHLER, Thomas (1996): Anti-Freud-Literatur von ihren Anfängen bis heute. Zur wissenschaftlichen Fundierung von Psychoanalyse-Kritik, Stuttgart/Berlin/Köln (Kohlhammer).

KÖHLER, Thomas (2006): Freuds Schriften zu Kultur, Religion und Gesellschaft. Eine Darstellung und inhaltskritische Bewertung, Giessen (Psychosozial-Verl.).

KOLLMAR-PAULENZ, Karénina (2004): Die Religionswissenschaft – Zur Relevanz eines „kleines Fachs" in der akademischen Landschaft. Berner akademische Reden 2003, Bern (Haupt).

KOLLMAR-PAULENZ, Karénina (2005): Für eine Klärung der Standorte. Zum Verhältnis von Religionswissenschaft und Theologie, in: Ref. 3, 175–181.

KOLLMAR-PAULENZ, Karénina (2005): Zur Relevanz der Gottesfrage für eine transkulturell orientierte Religionswissenschaft, in: Ulrich H.J. KÖRTNER (Hg.), Gott und Götter, Neukirchen-Vluyn (Neukirchener Verl.), 23–49.

KÖRNER, Jürgen (2007): Die Attraktivität der Psychoanalyse im 21. Jahrhundert, in: Edith GEUS-MERTENS (Hg.): Eine Psychoanalyse für das 21. Jahrhundert, Stuttgart (Kohlhammer), 21–30.

KÖRTNER, Ulrich H.J. (2001): Theologie des Wortes Gottes. Positionen – Probleme – Perspektiven, Göttingen (Vandenhoeck & Ruprecht).

KÖRTNER, Ulrich H.J. (2004): Mut machen, von Gott zu reden, in: Wolfgang HUBER (Hg.): Was ist gute Theologie?, Stuttgart (Kreuz), 77–87.

KÖRTNER, Ulrich H.J. (2005a): Zur Einführung. Die Gottesfrage in Theologie und Religionswissenschaft, in: DERS. (Hg.): Gott und Götter. Die Gottesfrage in Theologie und Religionswissenschaft, Neukirchen-Vluyn (Neukirchener Verl.), 1–22.

KORHERR, Edgar Josef (1993): Von Freud bis Drewermann. Tiefenpsychologie und Religionspädagogik, Innsbruck (Tyrolia).

KRÜLL, Marianne (1979): Freud und sein Vater: Die Entstehung der Psychoanalyse und Freuds ungelöste Vaterbindung, München (C.H. Beck) [überarb. NA 1992 Frankfurt a.M. (Fischer Tb. Verl.)].

KUENKAMP, Annette (1995): Psychoanalyse ohne Seele? Zur englischen Übersetzung der psychoanalytischen Terminologie Sigmund Freuds, in: Heinz Leonhard KRETZENBACHER / Harald WEINRICH (Hg.): Linguistik der Wissenschaftssprache, Berlin / New York (de Gruyter), 121–154.

LÄMMERMANN, Godwin (2002): Sex und Seelsorge. Übertragung und Gegenübertragung in problematischen Seelsorgebegegnungen, in: Pastoraltheol. 91, 375–392.

LÄMMERMANN, Godwin (2006): Einführung in die Religionspsychologie. Grundfragen – Theorien – Themen, Neukirchen-Vluyn (Neukirchener Verl.).

LÄPPLE, Volker / SCHARFENBERG, Joachim (Hg.) (1977): Psychotherapie und Seelsorge (WdF 454), Darmstadt (Wiss. Buchgesellschaft).

LANG, Bernhard (1978): Friedrich Wilhelm Foerster als Religionspsychologe, in: ARPs 13, 290–295.

LANG, Bernhard (1997): Ein therapeutisches Christentum: Oskar Pfister und Eugen Drewermann, in: ARPs 22, 116–135.

LARTEY, Emmanuel Y. (2003 [1997]): In Living Color. An Intercultural Approach to Pastoral Care and Counseling, London/Philadelphia (Jessica Kingsley).

LARTEY, Emmanuel Y. (2006): Pastoral Theology in an Intercultural World, Cleveland/OH (The Pilgrim Press).

LEE, David D. (2002): Art. Pfister, Oskar Robert, in: Dictionnaire International de la Psychanalyse, 1215f.

LEITNER, Marina (2001): Ein gut gehütetes Geheimnis. Die Geschichte der psychoanalytischen Behandlungs-Technik von den Anfängen in Wien bis zur Gründung der Berliner Poliklinik im Jahr 1920, Gießen (Psychosozial-Verl.).

LEUPOLD-LÖWENTHAL, Harald (1993): Psychoanalyse und Religion, in: Anton SZANYA (Hg.): Religion auf der Couch. Von den unbewussten Wurzeln himmlischer Mächte, Wien (Picus Verl.), 13–29.

LEUPOLD-LÖWENTHAL, Harald (1996 [1984]): Zur Geschichte der „Frage der Laienanalyse", in: Hans-Martin LOHMANN (Hg.): Hundert Jahre Psychoanalyse. Bausteine und Materialien zu ihrer Geschichte, Stuttgart (Int. Psychoanalyse), 196–219.

LIST, Eveline (Hg.) (2008): Der Mann Moses und die Stimme des Intellekts. Geschichte, Gesetz und Denken in Sigmund Freuds historischem Roman, Innsbruck (Studienverl.).

LIST, Eveline (2008): „Es hat mich mein ganzes Leben durch verfolgt", in: DIES. (Hg.): Der Mann Moses und die Stimme des Intellekts, Innsbruck (Studienverl.), 7–16.

LÖCHEL, Elfriede / HÄRTEL, Insa (2006): Vorwort, in: DIES. (Hg.): Verwicklungen. Psychoanalyse und Wissenschaft (Psychoanalytische Blätter, Bd. 27), Göttingen (Vandenhoeck & Ruprecht), 5–11.

LÖFFLER, W. (2001): Art. Donat, Josef, in: LThK 11, Sp. 61f.

LOHMANN, Hans-Martin (2002[5] [1986]): Sigmund Freud zur Einführung, Hamburg (Junius).

LOHMANN, Hans-Martin, (2004): Rez. zu: Herbert WILL (2003): Was ist klassische Psychoanalyse? Ursprünge, Kritik, Zukunft, Stuttgart (Kohlhammer), in: Luzifer-Amor 33, 176f.

LOHMANN, Hans-Martin / PFEIFFER, Joachim (Hg.) (2006): Freud Handbuch, Stuttgart/Weimar (J. B. Metzler).

LÜTHI, Kurt / MICKSEY, Koloman N. (Hg.) (1991): Theologie im Dialog mit Freud und seiner Wirkungsgeschichte, Wien/Köln/Weimar (Böhlau).

LUZ, Ulrich (2005): Ein Plädoyer für Zusammenarbeit. Theologie und Religionswissenschaft aus theologischer Sicht, in: Ref. 3, 164–174.

MACIEJEWSKI, Franz (2006): Der Moses des Sigmund Freud. Ein unheimlicher Bruder, Göttingen (Vandenhoeck & Ruprecht).

MALONY, Henry Newton (ed.) (1992): Psychology of Religion: Personalities, Problems, Possibilities, Grand Rapids/MI.

MALONY, Henry Newton (1995): The Psychology of Religion For Ministry, New York (Paulist Press).

MARKSCHIES, Christoph (2004): Evangelische Theologie in der Universität, in: HUBER, 99–112.

MASLING, Joseph (ed.) (1990): Empirical Studies of Psychoanalytic Theories, 3 Vol., Hillsdale/NJ (The Analytic Press).

MATTHEWS, F.H. (1967): The Americanization of Sigmund Freud: Adaptations of Psychoanalysis before 1917, in: Journal of American Studies 1, 39–62.

MATTMÜLLER, Markus (1957): Leonhard Ragaz und der religiöse Sozialismus. Eine Biographie, Zollikon (Ev. Verl.).

MCDARGH, John (1983): Psychoanalytic Object Relations Theory and the Study of Religion, Lanham, MD (Univ. Press of America).

MECENSEFFY, Grete (1972): Die historischen Vorgänge um die Eingliederung der Evang.-theol. Fakultät in die Universität Wien, in: Geschichtsmächtigkeit und Geduld. FS der Evang.-theolog. Fakultät der Univ. Wien, hg. v. Gottfried FITZER, München, 14–21.

MEISSNER, William W. (1984): Psychoanalysis and Religious Experience, New Haven/CT (Yale Univ. Press).

MEISSNER, William W. (1987): Life and Faith: Psychological Perspectives on Religious Experience, Washington DC (Georgetown Univ. Press).

MEISSNER, William W. (1999): To the Greater Glory – A Psychological Study of Ignatian Spirituality, Milwaukee, WI (Marquette Univ. Press).

MEISSNER, William W. (2000): Psychoanalysis and Religion. Current Perspectives, in: James K. BOEHNLEIN (ed.): Psychiatry and Religion. The Convergence of Mind and Spirit, Washington, DC / London (American Psychiatric Press), 53–69.

MERTENS, Wolfgang (2005[6] [1981]): Psychoanalyse. Grundlagen, Behandlungstechnik und Anwendung, Stuttgart (Kohlhammer).

MEYER-PALMEDO, Ingeborg / FICHTNER, Gerhard (1999 [1989]): Freud-Bibliographie mit Werkkonkordanz, 2., verb. u. erw. Aufl., Frankfurt a.M. (Fischer).

MICHAELS, Axel (1997): Einleitung, in: DERS. (Hg.): Klassiker der Religionswissenschaft. Von Friedrich Schleiermacher bis Mircea Eliade, München (Beck), 7–16.

MILLER-MCLEMORE, Bonnie J. (2004): Pastoral Theology as Public Theology: Revolutions in the „Fourth Area", in: RAMSAY, 45–64.

MILLS, Liston O. (2005 [1990]): Art. Pastoral Care (History, Traditions, and Definitions), in: DPCC, 836–844.

MITCHELL, Stephen A. / BLACK, Margaret J. (1995): Freud and Beyond. A History of Modern Psychoanalytic Thought, New York (Basic Books).

MITCHELL, Stephen A. (1995): Interaction in the Kleinian and Interpersonal Traditions, in: Contemporary Psychoanalysis 31, 65–91.

MITCHELL, Stephen A. / ARON, Lewis (1999): Preface, in: DIES. (eds.): Relational Psychoanalysis. The Emergence of a Tradition, New York / London (The Analytic Press).

MÖLLER, Hans Martin (1986): Art. Homiletik, in: TRE XV, 526–565.

MOLNAR, Michael (Hg.) (1996): Sigmund Freud: Tagebuch 1929–1939. Kürzeste Chronik, Frankfurt a.M. (Stroemfeld).

MOOSBRUGGER, Helfried / ZWINGMANN, Christian / FRANK, Dirk (Hg.) (1996): Religiosität, Persönlichkeit und Verhalten. Beiträge zur Religionspsychologie, Münster (Waxmann).

MORGENTHALER, Christoph (1992): Der religiöse Traum. Erfahrung und Deutung, Stuttgart/Berlin/Köln (Kohlhammer).

MORGENTHALER, Christoph (2002): Von der Pastoralpsychologie zur empirischen Religionspsychologie? Das Beispiel ‚religiöses Coping‘, in: WzM 54, 287–300.

MORGENTHALER, Christoph / SCHIBLER, Gina (2002): Religiös-existentielle Beratung. Eine Einführung, Stuttgart / Berlin / Köln (Kohlhammer).

MORGENTHALER, Christoph (2006⁴ [1999]): Systemische Seelsorge. Impulse der Familien- und Systemtherapie für die kirchliche Praxis, Stuttgart (Kohlhammer).

MORGENTHALER, Christoph (2007): Zur Funktion der Psychoanalyse in der gegenwärtigen Pastoralpsychologie. Acht Thesen mit Erläuterungen, in: NOTH / MORGENTHALER, 59–67.

MORGENTHALER, Christoph (2009): Seelsorge, Gütersloh (Gütersloher Verlagshaus).

MÜHLLEITNER, Elke (1992): Biographisches Lexikon der Psychoanalyse. Die Mitglieder der Psychologischen Mittwoch-Gesellschaft und der Wiener Psychoanalytischen Vereinigung 1902–1938, Tübingen (edition diskord).

MÜLLER, Christian (2001): „Sie müssen an Ihre Heilung glauben!“: Paul Dubois (1848–1918), ein vergessener Pionier der Psychotherapie, Basel (Schwabe).

MÜLLER, Christian (2005): Der Briefwechsel zwischen Henri Ellenberger (1905–1993) und Oskar Pfister (1873-1956), in: DERS..: Abschied vom Irrenhaus. Aufsätze zur Psychiatriegeschichte, Bern (Huber), 115–143.

MÜLLER-BRAUNSCHWEIG, Carl (1928): Freuds „Zukunft einer Illusion“, in: Zs. für Sexualwissenschaft 15, 55–58.

MÜLLER-POZZI, Heinz (2002³): Psychoanalytisches Denken, Bern (Huber).

MURKEN, Sebastian (1998): Gottesbeziehung und psychische Gesundheit. Die Entwicklung eines Modells und seine empirische Überprüfung, Münster (Waxmann).

MURKEN, Sebastian (1998): Hilft die Gottesbeziehung bei der Lebensbewältigung? Eine beziehungstheoretische Analyse, in: HENNING / NESTLER, 205–236.

MURKEN, Sebastian / WAHL, Heribert (2002): Editorial, in: WzM 54/4, 183–184.

MURKEN, Sebastian (2002): Religionspsychologie in Deutschland: eine Bestandesaufnahme, in: Psychologie auf dem Prüfstand psychologischer Forschung, WzM 54, 185–196.

NAHRHAFT, Otto (1931): Der Erste Internationale Religionspsychologische Kongress, in: ZRPs 4, 97–109.

NASE, Eckart / SCHARFENBERG, Joachim (Hg.) (1977): Psychoanalyse und Religion (WdF 275), Darmstadt (Wiss. Buchgesellschaft).

NASE, Eckart (1993): Oskar Pfisters analytische Seelsorge. Theorie und Praxis des ersten Pastoralpsychologen, dargestellt an zwei Fallstudien, Berlin/New York (de Gruyter).

NASE, Eckart (1996): Phönix aus der Asche. Die Wiedergeburt des Christentums aus dem Geist der Psychoanalyse bei Oskar Pfister (1873–1956), in: V. DREHSEN / W. SPARN (Hg.), Vom Weltbildwandel zur Weltanschauungsanalyse. Krisenwahrnehmung und Krisenbewältigung um 1900, Berlin (Akademie-Verl.), 131–165.

NASE, Eckart (2000): The Psychology of Religion at the Crossroads. Oskar Pfister's Challenge to Psychology of Religion in the Twenties, in: Jacob A. BELZEN (ed.): Aspects in Contexts – Studies in the History of Psychology of Religion, Amsterdam/Atlanta, GA (Rodopi), 45–89.

NASE, Eckart (2001): Art. Oskar Pfister, in: NDB, Bd. XX, Berlin, 337f.

NASE, Eckart (2003): Art. Pfister, Oskar, in: RGG⁵ 6, 1243f.

NAUER, Doris (2001): Seelsorgekonzepte im Widerstreit. Ein Kompendium, PTHe Bd. 55, Stuttgart/Berlin/Köln (Kohlhammer).

NEIDHART, W. (1979): Die Beziehungen zwischen Tiefenpsychologie und evangelischer Theologie, in: Die Psychologie des 20. Jahrhunderts, Bd. 15, Zürich (Kindler), 183–189.

NESTLER, Erich (2000b): Wenn Seelsorge therapeutisch wird. Versuch einer Verhältnisbestimmung von psychologischer und theologischer Religionspsychologie am Beispiel der Seelsorgetheorie, in: HENNING, Christian / NESTLER, Erich (Hg.): Religionspsychologie heute, Frankfurt a.M. u.a. (Peter Lang), 181–200.

NØRAGER, Troels (2000): Villiam Grønbaek and the Dorpat School. Elements of a „History" based on the Correspondence between Villiam Grønbaek and Werner Gruehn, in: Aspects in Contexts. Studies in the History of Psychology of Religion, ed. Jacob A. Belzen, Amsterdam / Atlanta, GA (Editions Rodopi), 173–233.

NORTH, Carol / CLEMENTS, William M. (1981): The Psychiatric Diagnosis of Anton Boisen: From Schizophrenia to Bipolar Affective Disorder, in: JPC 35/4, 264–275.

NOTH, Isabelle (2005): Klare Profile. Religionswissenschaft – Von einer theologischen Hilfs- zur Nachbarsdisziplin, in: Ref. 3, 162f.

NOTH, Isabelle / MORGENTHALER, Christoph (Hg.) (2007): Seelsorge und Psychoanalyse, PTHe Bd. 89, Stuttgart (Kohlhammer).

NOTH, Isabelle (2007a): Seelsorge zwischen Erinnern und Vergessen – Zur Einseitigkeit des Dialogs mit der Psychoanalyse, in: DIES. / MORGENTHALER, 9–14.

NOTH, Isabelle (2007b): „Deine Ehrfurcht und meine Liebe" – Oskar Pfister (1873–1956) und Albert Schweitzer (1875–1965), in: DIES. / MORGENTHALER, 46–58.

NOTH, Isabelle (2008): Albert Schweitzer und die Psychoanalyse, in: Luzifer-Amor. Zs. zur Geschichte der Psychoanalyse 43, 133–143.

NOTH Isabelle (2010): Pastoralpsychologie – ein übergangenes Kind Freuds? Zur Rezeption der Psychoanalyse in der Seelsorge, in: Luzifer-Amor. Zs. zur Geschichte der Psychoanalyse 46, 139–152.

OGDEN, Thomas H. (1999 [1994]): The Analytic Third: Working with Intersubjective Clinical Facts, in: MITCHELL / ARON, 459–492.

OSTENDORF, Berndt (2005): (K)eine säkulare Gesellschaft? Zur anhaltenden Vitalität der amerikanischen Religionen, in: BROCKER, 13–31.

PALOUTZIAN, Raymond F. / PARK, Crystal L. (eds.) (2005a): Handbook of the Psychology of Religion and Spirituality, New York / London (The Guilford Press).

PALOUTZIAN, Raymond F. / PARK, Crystal L. (2005b): Integrative Themes in the Current Science of the Psychology of Religion, in: DIES. (2005a), 3–20.

PATTISON, E. Mansell (1965): Transference and Countertransference in Pastoral Care, in: JPC 19, 193–202.

PATTON, John (1993): Pastoral Care in Context: An Introduction to Pastoral Care, Louisville/KY (Westminster John Knox Press).

PATTON, John (2000): Introduction to Modern Pastoral Theology in the United States, in: WOODWARD, James / PATTISON, Stephen (eds.): The Blackwell Reader in Pastoral and Practical Theology, Oxford / Malden/MA (Blackwell), 49–58.

PFISTER, Oskar (1907): Die soziale Entwicklung als Kampf um die Menschenwürde. Ein Mahnwort, in: Für's Heim 4, 134–136.140–143.148–151.157f.

PFISTER, Oskar (1909a): Wahnvorstellung und Schülerselbstmord, in: Schweizerische Blätter für Schulgesundheitspflege und Kinderschutz 7, Nr. 1 (Jan.): 8–15.

PFISTER, Oskar (1909b): Psychanalytische Seelsorge und experimentelle Moralpädagogik, in: PrM 13, 6–42.

PFISTER, Oskar (1909c): Ein Fall von psychanalytischer Seelsorge und Seelenheilung, in: EvFr 9, 108–114.139–149.175–189.

PFISTER, Oskar (1910a): Die Psychanalyse als wissenschaftliches Prinzip und seelsorgerliche Methode, wieder abgedruckt in: LÄPPLE / SCHARFENBERG (1977), 11–54.

PFISTER, Oskar (1910b): Analytische Untersuchungen über die Psychologie des Hasses und der Versöhnung, in: Jahrbuch für psychoanalytische und psychopathologische Forschungen II, Leipzig/Wien, 134–178.

PFISTER, Oskar (1910c): Autoreferat, in: Carl Gustav JUNG: Referate über psychologische Arbeiten schweizerischer Autoren (bis Ende 1909), in: Jahrbuch für psychoanalytische und psychopathologische Forschungen II, Leipzig/Wien, 356–388, hier 378–380.

PFISTER, Oskar (1910d): Die Frömmigkeit des Grafen Ludwig von Zinzendorf. Ein psychoanalytischer Beitrag zur Kenntnis der religiösen Sublimierungsprozesse und zur Erklärung des Pietismus, Leipzig/Wien [2. verb. Aufl. 1925].

PFISTER, Oskar (1911): Zinzendorfs Frömmigkeit im Lichte Lic. Gerhard Reichels und der Psychoanalyse, in: SthZ 28/5 + 6, 224–238 u. 280–293.

PFISTER, Oskar (1911/12): Hat Zinzendorf die Frömmigkeit sexualisiert? Eine offene Frage an Herrn Lic. Lehmann, zugleich eine Verteidigung, in: ZRPs 5, 56–60.

PFISTER, Oskar (1912a): Anwendungen der Psychanalyse in der Pädagogik und Seelsorge, in: Imago 1, 56–82.

PFISTER, Oskar (1912b): Die Ursache der Farbenbegleitung bei akustischen Wahrnehmungen und das Wesen anderer Synästhesieen, in: Imago 1, 265–275.

PFISTER, Oskar (1913): Die psychanalytische Methode. Eine erfahrungswissenschaftlich-systematische Darstellung, Leipzig (Julius Klinkhardt).

PFISTER, Oskar (1914a): Prof. Dr. Ernst Dürr und seine Stellung zur Psychoanalyse, in: IZ 2, 18–24.

PFISTER, Oskar (1914b): Psychanalyse und Theologie, in: ThLZ 39, 379–382.

PFISTER, Oskar (1915): Die Dehistorisierung in der Psychoanalyse, in: IZ III, 350–352.

PFISTER, Oskar (1918a): Wahrheit und Schönheit in der Psychanalyse, Zürich (Rascher).

PFISTER, Oskar (1918b): Ein neuer Zugang zum alten Evangelium. Mitteilungen über analytische Seelsorge an Nervösen, Gemütsleidenden und anderen seelisch Gebundenen, Gütersloh.

PFISTER, Oskar (1920): Zum Kampf um die Psychoanalyse, Leipzig/Wien/Zürich (Int. Psychoanalytischer Verlag).

PFISTER, Oskar (1922): Die Religionspsychologie am Scheidewege, in: Imago 8/4, 368–400.

PFISTER, Oskar (1923a): Zur Psychologie des philosophischen Denkens. Bern (Ernst Bircher).

PFISTER, Oskar (1923b): Die alte und die neue Pädagogik. Schweizerische pädagogische Zeitschrift, 33: 97–102, 129–138, 161–164 u. 193–197.

PFISTER, Oskar (1923c): Der seelische Aufbau des klassischen Kapitalismus und des Geldgeistes, Bern (Ernst Bircher).

PFISTER, Oskar (1924[3] [1913]): Die psychanalytische Methode. Eine erfahrungswissenschaftlich-systematische Darstellung, 3., stark umgearb. Auflage, Leipzig (Julius Klinkhardt).

PFISTER, Oskar (1926): Die menschlichen Einigungsbestrebungen im Lichte der Psychoanalyse. Von Kant zu Freud, in: Imago 12, 126–135.

PFISTER, Oskar (1927a): Analytische Seelsorge. Einführung in die praktische Psychanalyse für Pfarrer und Laien, Göttingen.

PFISTER, Oskar (1927b): Oskar Pfister, in: Die Pädagogik der Gegenwart in Selbstdarstellungen, Bd. 2, hg. v. Erich Hahn, Leipzig, 160–207.

PFISTER, Oskar (1928a): Sünde und Herzensreinheit im Lichte der Tiefenseelsorge, in: ZRPs 1/3, 5–27.

PFISTER, Oskar (1928b): Die Illusion einer Zukunft, in: Imago XIV, 149–184 [Reprint in: NASE / SCHARFENBERG (1977), 101–141].

PFISTER, Oskar (1928c): Art. Freud, Sigmund, in: RGG² 2, 777f.

PFISTER, Oskar (1929): Psychoanalyse und Seelsorge. Antwort, in: Psychotherapie und Seelsorge, hg. v. Volker Läpple / Joachim Scharfenberg, Darmstadt 1977, 87–98.

PFISTER, Oskar (1930): Art. Psychoanalyse, in: RGG² 4, 1634–1638.

PFISTER, Oskar (1931a): Der innerste Richter und seine seelsorgerliche Behandlung, Leipzig (Eduard Pfeiffer Verl.) [unveröff.]

PFISTER, Oskar (1931b): Aus der Analyse eines Buddhisten. Eine Studie zum psychologischen Verständnis des Buddhismus, in: Psychoanalytische Bewegung, Heft 4 (Sonderh.: „Schweiz"), hg. v. A.J. STORFER, 307–328.

PFISTER, Oskar (1934): Neutestamentliche Seelsorge und psychoanalytische Therapie, in: Imago 20, 425–443.

PFISTER Oskar, (1943): Die psychohygiene Aufgabe des theologischen Seelsorgers, in: Praxis der seelischen Hygiene. Erfahrung und Experiment, Bd. V der Sammlung „Psychohygiene – Wissenschaft und Praxis", hg. v. Heinrich MENG, Basel (Benno Schwabe), 111–150.

PFISTER, Oskar (1985² [1944]): Das Christentum und die Angst, Frankfurt a.M./Berlin/ Wien (Ullstein).

PFISTER, Oskar (1949): Die ethischen Grundzüge der Psychoanalyse Sigmund Freuds, in: Der Psychologe. Berater für gesunde und praktische Lebensgestaltung, Bd. 1 [Sonderh. 7/8], 287–294.

PFISTER, Oskar (1957⁵ [1939]): Psychoanalyse und bildende Kunst, in: Das Psychoanalytische Volksbuch, hg. v. Paul FEDERN / Heinrich MENG, Bern/Stuttgart (Huber), 372–383.

PFISTER, Oskar (1977 [1928b]): Die Illusion einer Zukunft, in: NASE / SCHARFENBERG, 101–141.

PFLEIDERER, Georg (2007): Urbanität als Zukunft der Universitätstheologie. Ein Beitrag zur theologischen Selbstverständigungsdebatte, in: Helmut HOPING (Hg.): Universität ohne Gott? Theologie im Haus der Wissenschaften, Freiburg/Basel/Wien (Herder), 205–238.

PINE, Fritz (1990): Drive, ego, object and self: A synthesis for clinical work, New York (Basic Books).

PLIETH, Martina (1994): Die Seele wahrnehmen. Zur Geistesgeschichte des Verhältnisses von Seelsorge und Psychologie, Göttingen (Vandenhoeck & Ruprecht).

POHL-PATALONG, Uta (1996): Seelsorge zwischen Individuum und Gesellschaft. Elemente zu einer Neukonzeption der Seelsorgetheorie, Stuttgart / Berlin / Köln (Kohlhammer).

POHL-PATALONG, Uta (1999): Individuum und Gesellschaft in der Seelsorge, in: DIES. / Frank MUCHLINSKY (Hg.), Seelsorge im Plural. Perspektiven für ein neues Jahrhundert, Hamburg (E.B.-Verl.), 113–126.

POTTHOFF, Peter (2007): Relationale Psychoanalyse – auf dem Weg zu einer postmodernen Psychoanalyse?, in: Anne SPRINGER / Karsten MÜNCH / Dietrich MUNZ (Hg.): Psychoanalyse heute ?! Tagungsband der 57. Jahrestagung der Deutschen Gesellschaft für Psychoanalyse, Psychotherapie, Psychosomatik und Tiefenpsychologie 2006, Giessen (Psychosozial-Verl.), 319–335.

PRUYSER, Paul W. (1967): Anton T. Boisen and the Psychology of Religion, in: ASQUITH, 145–156.

PSYCHOLOGIE – RELIGION – THEOLOGIE. Berührungspunkte und Konflikte, Sonderheft der Zeitschrift: Praktische Theologie 35/2 (2000).

412

QUACK, Anton (2000³): Art. Wilhelm Schmidt, in: LThK 9, Sp. 182.

QUERVAIN, Paul Fredi de (1977): Psychoanalyse und dialektische Theologie. Zum Freud-Verständnis bei K. Barth, E. Thurneysen und P. Ricœur, Bern/Stuttgart/Wien (Huber).

QUINDEAU, Ilka (2006): Rezeption in den angloamerikanischen Ländern, in: LOHMANN / PFEIFFER, 287–291.

QUINDEAU, Ilka (2007): Psychoanalyse und Sexualität – eine Neubestimmung 100 Jahre nach Freud, in: SPRINGER / MÜNCH / MUNZ, 305–317.

RACKER, Heinrich (1995): Freud und die Religion, in: WzM 47, 439–458.

RAGAZ, Leonhard (1906): Das Evangelium und der soziale Kampf der Gegenwart, Basel (C. F. Lendorff).

RAGUSE, Hartmut (1994): Der Raum des Textes. Elemente einer transdisziplinären theologischen Hermeneutik, Stuttgart/Berlin/Köln (Kohlhammer).

RAGUSE, Hartmut (1999) [2000]: Grenzübertritte zwischen Seelsorge und Psychoanalyse, in: WzM 51, 462–474 [wieder abgedruckt in: Markus BASSLER (Hg.): Psychoanalyse und Religion. Versuch einer Vermittlung, Stuttgart (Kohlhammer), 53–65.]

RAGUSE, Hartmut (2008): Scharfenbergs Religionskritik, in: WzM 60/1, 33–40.

RAGUSE, Hartmut (2008): Der biblisch-historische Hintergrund von Freuds Schrift „Der Mann Moses und die monotheistische Religion", in: Eveline LIST (Hg.): Der Mann Moses und die Stimme des Intellekts. Geschichte, Gesetz und Denken in Sigmund Freuds historischem Roman, Innsbruck (Studienverl.), 63–79.

RAMSAY, Nancy J. (2004): A Time of Ferment and Redefinition, in: DIES. (ed.): Pastoral Care and Counseling. Redefining the Paradigms, Nashville/TN (Abingdon Press), 1–43.

RANK, Otto / SACHS, Hanns (1912): Entwicklung und Ansprüche der Psychoanalyse, in: Imago 1.1, 1–16.

REICH, K. Helmut / OSER, F.K. / SCARLETT, W.G. (Hg.) (1999): Psychological Studies on Spiritual and Religious Development. Being Human: The Case of Religion, Vol. 2, Lengerich (Pabst Science Publishers).

REICH, K. Helmut (1999): Müssen ReligionspsychologInnen religiös gläubig sein? Welche besonderen Anforderungen an Psycholog(inn)en stellt die sachgerechte Untersuchung der religiösen Entwicklung?, in: WzM 51, 496–505.

REICH, K. Helmut / HILL, Peter C. (2008): Quo Vadis Psychology of Religion? Introduction to the Special Section, in: ARPs 30, 5–18.

REICHMAYR, Johannes (1994 [1990]): Sozialdemokratische Spuren auf Freuds Wegen bis zur Gründung der Internationalen Psychoanalytischen Vereinigung, in: DERS. (Hg.): Spurensuche in der Geschichte der Psychoanalyse, Frankfurt a.M. (Fischer), 23–28.

REICHMAYR, Johannes (1994 [1990]): Zur Vorgeschichte der Frage der ‚Laienanalyse‘, in: DERS., 99–106.

REICHMAYR, Johannes (2003): Ethnopsychoanalyse: Geschichte, Konzepte, Anwendungen, Giessen (Psychosozial-Verl.).

REIK, Theodor (1914): Oskar Pfister: Psychoanalyse und Theologie, in: IZ 2, 474f.

REIK, Theodor (1914): J. H. Schultz: Die Psychoanalyse, in: IZ 2, 474.

REIK, Theodor (1927): Dogma und Zwangsidee: eine psychoanalytische Studie zur Entwicklung der Religion, Wien (IPV).

REIK, Theodor (1927): [Rez. zu:] Religionspsychologie. Veröffentlichungen des Wiener Religionspsychologischen Forschungsinstitutes, hg. v. Karl BETH, Heft 1–3, Wien / Leipzig 1926f., in: Imago 13, 550f.

REIK, Theodor (1930): Endphasen des religiösen und zwangsneurotischen Glaubens, in: Imago 16, 23–38.

REIK, Theodor (1977 [1928]): Bemerkungen zu Freuds „Zukunft einer Illusion", in: NASE / SCHARFENBERG, 25–40.

RICŒUR, Paul (1977 [1966]): Der Atheismus der Psychoanalyse Freuds, in: NASE / SCHARFENBERG, 206–218.

RIEMANN, Fritz (1974): Die Persönlichkeit des Predigers aus tiefenpsychologischer Sicht, in: Richard RIESS (Hg.): Perspektiven der Pastoralpsychologie, Göttingen (Vandenhoeck & Ruprecht), 152–166.

RIVINIUS, K.J. (2000): Art. Wilhelm Schmidt, in: BBKL XVII, Sp. 1231–1246.

RIZZUTO, Ana-Maria (1979): The Birth of the Living God: A Psychoanalytic Study, Chicago (Univ. of Chicago Press).

RIZZUTO, Ana-Maria (2003): Psychoanalysis: The Transformation of the Subject by the Spoken Word, in: The Psychoanalytic Quarterly LXXII, 287–323.

RÖSSLER, Dietrich (1961): Die Tiefenpsychologie als theologisches Problem, in: EvTh 4, 162–173.

RÖSSLER, Dietrich (1983): Art. Freud, Sigmund, in: TRE XI, 578–584.

RÖSSLER, Dietrich (1997⁵): Seelsorge und Psychotherapie, in: Friedrich WINTZER u.a.: Praktische Theologie, Neukirchen-Vluyn (Neukirchener Verl.), 122–133.

ROTH, Gerhard (2004): Wie das Gehirn die Seele macht, in: Patrizia GIAMPIERI-DEUTSCH (Hg.): Psychoanalyse im Dialog der Wissenschaften, Bd. 2: Angloamerikanische Perspektiven, Stuttgart (Kohlhammer), 171–191.

ROTH, Michael (2000): Oskar Pfister – der Beginn einer problematischen Freud-Rezeption innerhalb der theologie. Eine Problemanzeige, in: Praktische Theologie 35/1, 40–57.

SANTER, Hellmut (2003): Persönlichkeit und Gottesbild. Religionspsychologische Impulse für eine Praktische Theologie, Göttingen (Vandenhoeck & Ruprecht).

SANTOS, Hugo N. (2000): Oskar Pfister: pastor, psicoanalista y pedagogo, in: Cuadernos de Teologi'a, Vol. XIX, 261–289.

SARASIN, Philipp (1931): Die Psychoanalyse in der Schweiz, in: Psychoanalytische Bewegung, H. 4 (Sonderh.: „Schweiz"), hg. v. A.J. STORFER, 289–291.

SCHARFENBERG, Joachim (1961): Übertragung und Gegenübertragung in der Seelsorge, in: Forschung und Erfahrung im Dienst der Seelsorge. Festgabe für Otto Haendler zum 70. Geburtstag, hg. v. Ernst-Rüdiger KIESOW / Joachim SCHARFENBERG, Göttingen (Vandenhoeck & Ruprecht), 80–89.

SCHARFENBERG, Joachim (1970² [1968]): Sigmund Freud und seine Religionskritik als Herausforderung für den christlichen Glauben, Göttingen (Vandenhoeck & Ruprecht).

SCHARFENBERG, Joachim (1972a): Die Begegnung von Psychoanalyse und Theologie – eine Zwischenbilanz, in: Heinz ZAHRNT (Hg.): Jesus und Freud, Ein Symposion von Psychoanalytikern und Theologen, München (Pieper), 93–107.

SCHARFENBERG, Joachim (1972b): Diskussion mit Heinz Zahrnt, in: Heinz ZAHRNT (Hg.): Jesus und Freud. Ein Symposion von Psychoanalytikern und Theologen, München (Pieper), 108–118.

SCHARFENBERG, Joachim (1972c): Religion zwischen Wahn und Wirklichkeit. Gesammelte Aufsätze zur Korrelation von Psychoanalyse und Theologie, Hamburg (Furche).

SCHARFENBERG, Joachim (1972d [1968]): Verstehen und Verdrängung, in: DERS. (1972c), 136–150.

SCHARFENBERG, Joachim (1972e [1968]): Sprache, Geschichte und Überlieferung bei Sigmund Freud, in: DERS. (1972c), 116–135.

SCHARFENBERG (1972f [1970]): Individuum und Gesellschaft im Lichte der Psychoanalyse, in: DERS. (1972c), 11–24.

SCHARFENBERG, Joachim (1972 [1968]): Das Problem der Angst im Grenzgebiet von Theologie und Psychologie, in: DERS. (Hg.): Religion zwischen Wahn und Wirklichkeit. Gesammelte Beiträge zur Korrelation von Theologie und Psychoanalyse, Hamburg (Furche), 172–188.

SCHARFENBERG, Joachim (1975): Religionspsychologie nach Freud, in: WzM 27, 433–448.

SCHARFENBERG, Joachim (1977 [1970]): Zum Religionsbegriff Sigmund Freuds, in: EvTh, 367–378 [wieder abgedr. in: NASE / SCHARFENBERG, 296–310]

SCHARFENBERG, Joachim (1978 [1969]): Bewußtwerdung und Heilung bei Johann Christoph Blumhardt, in: Friedrich WINTZER (Hg.): Seelsorge. Texte zum gewandelten Verständnis und zur Praxis der Seelsorge in der Neuzeit, München (Kaiser), 175–190.

SCHARFENBERG, Joachim / KÄMPFER, Horst (1980): Mit Symbolen leben. Soziologische, psychologische und religiöse Konfliktbearbeitung, Olten/Freiburg i. Br. (Walter).

SCHARFENBERG, Joachim (1981): Die Rezeption der Psychoanalyse in der Theologie, in: Johannes CREMERIUS (Hg.): Die Rezeption der Psychoanalyse in der Soziologie, Psychologie und Theologie im deutschsprachigen Raum bis 1940, Frankfurt a.M. (Suhrkamp), 255–338.

SCHARFENBERG, Joachim (1990² [1985]): Einführung in die Pastoralpsychologie, Göttingen (Vandenhoeck & Ruprecht).

SCHARFENBERG, Joachim (1991⁵ [1972]): Seelsorge als Gespräch. Zur Theorie und Praxis der seelsorgerlichen Gesprächsführung, Göttingen (Vandenhoeck & Ruprecht).

SCHIEDER, Rolf (1994): Seelsorge in der Postmoderne, in: WzM 46, 26–43.

SCHLAUCH, Chris (1991): Illustrating Two Complementary Enterprises at the Interface of Psychology and Religion Through Reading Winnicott, in: PastPsy 39, 47–63.

SCHLAUCH, Chris (1996): Mapping the Terrain of Pastoral Psychology, in: PastPsy 44/4, 237–249.

SCHMIDBAUER, Wolfgang (1988): Liebeserklärung an die Psychoanalyse, Reinbek bei Hamburg (Rowohlt).

SCHMIDBAUER, Wolfgang (1999): Freuds Dilemma. Die Wissenschaft von der Seele und die Kunst der Therapie, Reinbek bei Hamburg (Rowohlt).

SCHMIDBAUER, Wolfgang (2005): Der Mensch Sigmund Freud. Ein seelisch verwundeter Arzt? Ein neuer Ansatz, Stuttgart (Kreuz Verl.).

SCHMIDBAUER, Wolfgang (2007): Warum der Mensch sich Gott erschuf. Die Macht der Religion, Stuttgart (Kreuz).

SCHMIDT, Wilhelm (1929): Der Ödipus-Komplex der Freudschen Psychoanalyse und die Ehegestaltung des Bolschewismus. Eine kritische Prüfung ihrer ethnologischen Grundlagen, Wien (Erneuerungs-Verl.).

SCHMIDT, Wilhelm (1930): Handbuch der vergleichenden Religionsgeschichte zum Gebrauch für Vorlesungen an Universitäten, Seminaren usw. und zum Selbststudium, Münster (Aschendorffsche Verlagsbuchhandlung).

SCHMIDT-ROST, Reinhard (1996): Oskar Pfister. Der erste Pastoralpsychologe, in: Christian MÖLLER (Hg.): Geschichte der Seelsorge in Einzelporträts, Bd. 3, Göttingen, 185–200.

SCHNEIDER, Christian (1998): Die Unfähigkeit zu trauern: Diagnose oder Parole?, in: Mittelweg 36, Zs. des Hamburger Instituts für Sozialforschung, August/September, 69–79.

SCHNEIDER, Erwin (1953): Das Lebenswerk Karl Beths, in: ThLZ 78, Sp. 695–704.

SCHNEIDER, Peter (2003 [1999]): Sigmund Freud, München (Deutscher Taschenbuch Verl.).

SCHNEIDER-HARPPRECHT, Christoph (2001): Interkulturelle Seelsorge, Göttingen (Vandenhoeck & Ruprecht).

SCHNEIDER-HARPPRECHT, Christoph (Hg.) (2000): Zukunftsperspektiven für Seelsorge und Beratung, Neukirchen-Vluyn (Neukirchener Verl.).

SCHRÖDER, Bernd (2004): Praktische Theologie evangelischer Prägung in Deutschland. Themen und Tendenzen seit der Wiedervereinigung Deutschlands, in: IJPT 8, 288–314.

SCHÜLEIN, Johann August (2006): Soziologie, in: LOHMANN / PFEIFFER, 417–422.

SCHULTZ, J.H. (1914): Die Psychoanalyse, in: ThLZ (17. Januar 1914).

SCHUSTER, Peter / SPRINGER-KREMSER, Marianne (Hg.) (1997⁴ [1991]): Bausteine der Psychoanalyse. Eine Einführung in die Psychoanalyse, Wien (WUV-Universitätsverl.).

SCHWARZ, Karl (1997): „Haus in der Zeit": Die Fakultät in den Wirrnissen des Jahrhunderts, in: DERS. / WAGNER, 125–208.

SCHWARZ, Karl (1998): Tore der Erinnerung, in: Historie und Geist. Universitätscampus Wien I, hg. v. Alfred EBENBAUER / Wolfgang GREISENEGGER / Kurt MÜHLBERGER, Wien (WUV-Universitätsverl.), 165f.

SCHWEITZER, Albert (2006): Theologischer und philosophischer Briefwechsel 1900–1965, hg. v. Werner ZAGER, München (Beck).

SECHZIG Jahre „Der Mann Moses". Zur Religionskritik von Sigmund Freud, Sonderheft der Zeitschrift „Wege zum Menschen" 51 (1999).

SEILER, Dieter (1998): Zum Verhältnis von Psychoanalyse und Religion. Eine Literaturübersicht, in: WzM 50, 479–485.

SEILER, Dieter (1999): Imago dei – Bild Gottes. Zum Gespräch zwischen Psychoanalyse und religiösem Glauben, in: WzM 51, 474–483.

SEILER, Dieter (2007): Symbol und Glaube, in: NOTH / MORGENTHALER, 82–94.

SPIELER, Willy (2006): Zur Geschichte der religiös-sozialen Bewegung in der Schweiz, in: Neue Wege 6, 199–210.

SPILKA, Bernard / MCINTOSH, Daniel N. (eds.) (1997): The Psychology of Religion. Theoretical Approaches, Boulder, CO / Oxford (Westview Press).

SPRINGER, Anne / MÜNCH, Karsten / MUNZ, Dietrich (Hg.) (2007): Psychoanalyse heute?! Tagungsband der 57. Jahrestagung der Deutschen Gesellschaft für Psychoanalyse, Psychotherapie, Psychosomatik und Tiefenpsychologie 2006, Gießen (Psychosozial Verl.).

STADLER, Friedrich (Hg.) (1987): Vertriebene Vernunft I. Emigration und Exil österreichischer Wissenschaftler 1930–1940, München.

STALLA, Bernhard Josef (2007): Art. Friedrich Wilhelm Foerster, in: BBKL XXVII, 445–451.

STANGE, Erich (1926): Die Religionswissenschaft der Gegenwart in Selbstdarstellungen, Bd. II, Leipzig (Felix Meiner).

STEIGER, Johann Anselm (1993): Die Geschichts- und Theologie-Vergessenheit der heutigen Seelsorgelehre, in: KuD 39, 64–67.

STEIGER, Johann Anselm (2000): Art. Seelsorge I. Kirchengeschichtlich, in: TRE 31, 7–31.

STEINMEIER-KLEINHEMPEL, Anne M. (1991): „Von Gott kompt mir ein Frewdenschein." Die Einheit Gottes und des Menschen in Philipp Nicolais „FrewdenSpiegel deß ewigen Lebens", Frankfurt a.M. u.a. (Peter Lang).

STEINMEIER, Anne M. (1998): Wiedergeboren zur Freiheit. Skizzen eines Dialogs zwischen Theologie und Psychoanalyse, Göttingen (Vandenhoeck & Ruprecht).

STEINMEIER, Anne M. (2007): Sprachgewinn. Überlegungen im Anschluss an Joachim Scharfenberg, in: NOTH / MORGENTHALER, 68–81.

STIRN, Aglaja (2002): Gegenübertragung, in: Psychotherapeut 47/1, 48–58.

STOKES, Allison (1985): Ministry After Freud, New York (The Pilgrim Press).

STOKES, Allison (2005 [1990]): Art. Dunbar, Helen Flanders, in: Dictionary of Pastoral Care and Counseling, ed. by Rodney J. HUNTER, Nashville (Abingdon Press), 320.

STOLLBERG, Dietrich (1968): Was ist Pastoralpsychologie?, wiederabgedruckt in: LÄPPLE / SCHARFENBERG (1977), 350–359.

STOLLBERG, Dietrich (1969): Therapeutische Seelsorge. Die amerikanische Seelsorgebewegung. Darstellung und Kritik, München (Chr. Kaiser).

STOLLBERG, Dietrich (1980): Art. Religionspsychologie I, in: W. ARNOLD / H.J. EYSENCK / R. MEILI (Hg.): Lexikon der Psychologie, Neuausgabe, Bd. 3, 1881–1890.

STORFER, A.-J. (1934): Die Psychoanalyse in Sammelwerken und Enzyklopädien, in: Imago 20, 240–246.

STRANSKY, Erwin / DATTNER, Bernhard (Hg.) (1922): Über Psychoanalyse. Einleitender Vortrag von Rudolf ALLERS in Wien mit daranschliessender Aussprache im Verein für angewandte Psychopathologie und Psychologie in Wien (S.-S. 1920) [Abhandlungen aus der Neurologie, Psychiatrie, Psychologie und ihren Grenzgebieten. Beihefte zur Monatschrift für Psychiatrie und Neurologie hg. v. K. BONHOEFFER, Heft 16], Berlin.

STRECKER, Julia (2002): Sexuelle Grenzverletzungen und Übergriffe in Seelsorge und Beratung. Zum Artikel von Godwin Lämmermann, in: Pastoraltheol. 91, 393–402.

STRUNK JR., O. (1990): Art. Psychotherapy, in: Rodney J. HUNTER (ed.): Dictionary of Pastoral Care and Counseling, Nashville/TN (Abingdon Press), 1022–1027.

SULLIVAN, Harry Stack (1964): The Fusion of Psychiatry and Social Science, New York (Norton), 33.

THIERFELDER, Constanze (1998): Gottesrepräsentanzen. Kritische Interpretation des religionspsychologischen Ansatzes von Ana-Maria Rizzuto, Stuttgart.

THIERFELDER, Constanze (2001): Gott im Werden. Gottesvorstellungen in psychoanalytischer Perspektive, in: International Journal for Practical Theology 5, 227–248.

THILO, Hans-Joachim (1986³): Beratende Seelsorge, Göttingen (Vandenhoeck & Ruprecht).

THOMÄ, Helmut (2007): Über „Psychoanalyse heute?!" – und morgen, in: Psychoanalyse heute?! Tagungsband der 57. Jahrestagung der Deutschen Gesellschaft für Psychoanalyse, Psychotherapie, Psychosomatik und Tiefenpsychologie 2006, hg. v. Anne SPRINGER / Karsten MÜNCH / Dietrich MUNZ, Gießen (Psychosozial Verl.), 273–303.

THURNEYSEN, Eduard (1949): Psychologie und Seelsorge. Korreferat, in: Erziehung und Seelsorge hg. v. Carl GÜNTHER et al., Zürich, 50–62.

THURNEYSEN, Eduard (Hg.) (1974): Karl Barth – Eduard Thurneysen: Briefwechsel, Bd. 2, Zürich (TVZ).

TILLICH, Paul (1977 [1960]): Der Einfluß der Psychotherapie auf die Theologie, in: LÄPPLE / SCHARFENBERG, 259–271.

TREML, Martin (1997): Zum Verhältnis von Jacob Bernays und Sigmund Freud, in: Luzifer-Amor 19, 7–32.

TSCHANK, Ingrid (1994): Karl Beth – Auf dem Weg von der modern-positiven zur religionsgeschichtlichen Theologie, Diplomarbeit an der evang.-theol. Fakultät Wien.

TSCHANK, Ingrid (1994): Positive Theologie der Moderne: Der „österreichische" Theologe Karl Beth, in: Martin BERGER (Hg.): Gott und die Moderne. Theologisches Denken im Anschluß an Falk Wagner, Wiener Beiträge für Theologie und Gemeinde II, Sondernummer 1A (Beiheft von Amt und Gemeinde), Wien (Evang. Presseverb. In Österreich), 116–122.

TRÜB, Fridolin (2006): Die Verschwörung von Tägerschen, in: Neue Wege 6, 197f.

TUCKETT, David (2005): Does anything go? Towards a framework for the more transparent assessment of psychoanalytic competence, in: Int J Psychoanal 86, 31–49.

TUCKETT, David (2007): Ist wirklich alles möglich? Über die Arbeit an einem System zur transparenteren Einschätzung psychoanalytischer Kompetenz, in: Forum Psychoanal 23, 44–64.

TUMARKIN, Anna (1931): Aufgaben der Religionspsychologie, in: ZRPs 4, 60–64.

UTSCH, Michael (1998a): Religionspsychologie. Voraussetzungen, Grundlagen, Forschungs-überblick, Stuttgart / Berlin / Köln (Kohlhammer).

UTSCH, Michael (1998b): Religionspsychologie zwischen Wissenschaft und Weltanschauung, in: HENNING / NESTLER, 117–129.

UTSCH, Michael (2000): Aufgaben und Grenzen der Religionspsychologie, in: PT 35 , 98–108

UTSCH, Michael (2005): Religiöse Fragen in der Psychotherapie. Psychologische Zugänge zu Religiosität und Spiritualität, Stuttgart (Kohlhammer).

VETTER, Helmuth (1989): Die Katholisch-theologische Fakultät 1938–1945, in: Willfährige Wissenschaft. Die Universität Wien 1938–1945, hg. v. Gernot HEIß u.a., Wien (Verl. für Gesellschaftskritik), 179–196.

VORBRODT, Gustav (1926): Arbeitsprogramm für zukünftige Religionspsychologie, in: Religionspsychologie. Veröff. des Wiener Religionspsychologischen Forschungs-Institutes durch die Int. Religionspsychologische Gesellschaft, hg. v. Karl BETH, H.1, 91–98.

VORBRODT, Gustav (1928): Zur Religionspsychotherapie: Begriff und Typen, in: ZRPs 1, 28–47.

WAARDENBURG, Jean Jacques (1986): Religionen und Religion. Systematische Einführung in die Religionswissenschaft, Berlin (de Gruyter).

WAARDENBURG, Jean Jacques (1999): Classical Approaches to the Study of Religion, New York (de Gruyter);

WAGNER-RAU, Ulrike (2007): Religionskritik und Glaube in der Seelsorge, in: NOTH / MORGENTHALER, 95–107.

WAGNER-RAU, Ulrike (2008): Seelsorge als Gespräch. Relecture eines Klassikers der Pastoralpsychologie, in: WzM 60/1, 20–32.

WAHL, Heribert (1998): „Zwischen" Theologie und Psychoanalyse: Joachim Scharfenbergs Impulse für die Religionspsychologie und Pastoralpsychologie, in: WzM 49, 439–458.

WAHL, Heribert (2000): Selbst- und objektbeziehungstheoretische Überlegungen zur Religions- und Pastoralpsychologie, in: Markus BASSLER (Hg.): Psychoanalyse und Religion. Versuch einer Vermittlung, Stuttgart (Kohlhammer), 67–91.

WAHL, Heribert (2001): Art. Freud, Sigmund, in: Lexikon der Religionspädagogik, hg. v. Norbert METTE / Folkert RICKERS, Neukirchen (Neukirchener Verl.), 638–640.

WAHL, Heribert (2004): Sich berühren lassen – wider die routinierte Betäubung, in: WzM 56, 210–221.

WAHL, Heribert (2009² [2007]): Tiefenpsychologische Aspekte des seelsorglichen Gesprächs, in: Wilfried ENGEMANN (Hg.): Handbuch der Seelsorge. Grundlagen und Profile, Leipzig (Ev. Verlagsanstalt), 227–251.

WALSER, Hans H. (1976): Psychoanalyse in der Schweiz, in: D. EICKE (Hg.): Die Psychologie des 20. Jahrhunderts, Bd. II: Freud und die Folgen (I). Von der klassischen Psychoanalyse bis zur allgemeinärztlichen Psychotherapie, Zürich (Kindler), 1192–1218.

WEIMER, Martin (2001): Psychoanalytische Tugenden. Pastoralpsychologie in Seelsorge und Beratung, Göttingen (Vandenhoeck & Ruprecht).

WALLWORK, Ernest / WALLWORK, Anne Shere (1990): Psychoanalysis and Religion. A Current Status of a Historical Antagonism, in: Joseph H. SMITH / Susan A. HANDELMAN (eds.), Psychoanalysis and Religion, Baltimore / London, 160–173.

WANGH, Martin (1997): Ist die Psychoanalyse eine jüdische Wissenschaft?, in: Luzifer–Amor 19, 151–154.

WEINRICH, Michael (2004): Theologie in Zeiten ihrer Marginalisierung, in: KÖRTNER, 129–139.

WEISS, Helmut / FEDERSCHMIDT, Karl / TEMME, Klaus (Hg.) (2005): Ethik und Praxis des Helfens in verschiedenen Religionen. Anregungen zum interreligiösen Gespräch in Seelsorge und Beratung, Neukirchen-Vluyn (Neukirchener Verl.).

WEIZSÄCKER, O. VON (1926): Seelenbehandlung und Seelenführung nach ihren biologischen und metaphysischen Grundlagen betrachtet, Gütersloh.

WIEDEMANN, Wolfgang (1996): Krankenhausseelsorge und verrückte Reaktionen. Das Heilsame an psychotischer Konfliktbearbeitung, Göttingen (Vandenhoeck & Ruprecht).

WILL, Herbert (2006a): Psychoanalytische Kompetenzen. Standards und Ziele für die psychotherapeutische Ausbildung und Praxis, Stuttgart (Kohlhammer).

WILL, Herbert (2006b): Die Zukunft einer Illusion (1927), in: LOHMANN / PFEIFFER, 174–177.

WIMBERLY, Edward P. (2003): Claiming God, Reclaiming Dignity. African American Pastoral Care, Nashville/TN (Abingdon Press).

WIMBERLY, Edward P. (2006): African American Pastoral Care and Counseling. The Politics of Oppression and Empowerment, Cleveland/OH (The Pilgrim Press).

WINKLER, Klaus (1986): Karl Barth und die Folgen für die Seelsorge, in: PTh 75, 458–470.

WINKLER, Klaus (1993): Die Seelsorgebewegung. Selbstkritische Anmerkungen, in: WzM 45, 434–442.

WINKLER, Klaus (1995): Anmerkungen zur neueren psychoanalytischen Religionspsychologie, in: Pastoraltheol. 84/1, 3–14.

WINKLER, Klaus (1997): Ist Seelsorge überprüfbar?, in: WzM 49, 402–413.

WINKLER, Klaus (1997): Art. Psychoanalyse/Psychotherapie, in: TRE XXVII, 677–684.

WINKLER, Klaus (2000): Psychoanalyse und Religion, in: WzM 52, 177–186.

WINKLER, Klaus (2000a): Die Seelsorge zwischen Spezialisierung und Globalisierung, in: Christoph SCHNEIDER-HARPPRECHT (Hg.): Zukunftsperspektiven für Seelsorge und Beratung, Neukirchen-Vluyn (Neukirchener Verl.), 3–11.

WINKLER, Klaus (2000b): Pastoralpsychologie und Psychoanalyse – Gemeinsames und Trennendes, in: Markus BASSLER (Hg.): Psychoanalyse und Religion. Versuch einer Vermittlung, Stuttgart/Berlin/Köln (Kohlhammer), 93–106.

WINNICOTT, Donald W. (1951): Transitional Objects and Transitional Phenomena, in: Int. J. Psycho-Anal. 34, 89–97, dt.: Übergangsphänomene und Übergangsobjekte, in: DERS. (1979): Vom Spiel zur Kreativität, Stuttgart (Klett-Cotta), 10–36.

WITTELS, Fritz (1924): Sigmund Freud. Der Mann, die Lehre, die Schule, Leipzig/Wien/Zürich (E.P. Tal & Co. Verl.).

WITTRAHM, Andreas (2001): Seelsorge, Pastoralpsychologie und Postmoderne, Stuttgart/Berlin (Kohlhammer).

WULFF, David M. (1997² [1991]): Psychology of Religion. Classic and Contemporary Views, New York u.a. (John Wiley & Sons, Inc.).

WULFF, David M. (1998): Rethinking the Rise and Fall of the Psychology of Religion, in: Arie L. MOLENDIJK / Peter PELS (eds.): Religion in the Making: the Emergence of the Sciences of Religion, Leiden / Boston (Brill), 181–202.

WULFF, David M. (2000): On the Current Status of the Psychology of Religion in the United States, in: Christian HENNING / Erich NESTLER (Hg.): Religionspsychologie heute, Frankfurt a.M. u.a. (Peter Lang), 13–28.

WULFF, David M. (2001): Psychology of religion. An overview, in: Diane JONTE-PACE / William B. PARSONS (eds.): Religion and Psychology: Mapping the Terrain. Contemporary Dialogues, Future Prospects, London/New York (Routledge), 15–29.

WULFF, David M. (2003): A Field in Crisis: is it Time for the Psychology of Religion to Start Over?, in: Peter H.M.P. ROELOFSMA / Jozef M.T. CORVELEYN / Joke W. VAN

SAANE: One Hundred Years of Psychology of Religion. Issues and Trends in a Century Long Quest, Amsterdam (VU Univ. Press), 2–32.

YERUSHALMI, Yosef Hayim (1992): Freuds Moses. Endliches und unendliches Judentum, Berlin (Klaus Wagenbach).

ZAHRNT, Heinz (1972): Jesus und Freud. Ein Symposion von Psychoanalytikern und Theologen, München (Piper).

ZIEMER, Jürgen (2003): Art. Pastoralpsychologie, in: RGG⁴ 6, 993–996.

ZIEMER, Jürgen (2009² [2007]): Psychologische Grundlagen der Seelsorge, in: Wilfried ENGEMANN (Hg.): Handbuch der Seelsorge, Leipzig (Ev. Verlagsanstalt), 34–62.

ZULLIGER, Hans (1966): Oskar Pfister (1873–1956). Psychoanalysis and Faith, in: ALEXANDER, Franz / EISENSTEIN, Samuel / GROTJAHN, Martin (eds.): Psychoanalytic Pioneers, New York/London (Basic Books), 169–179.

Personenregister